OS REIS TAUMATURGOS

MARC BLOCH

Os reis taumaturgos

O caráter sobrenatural do poder régio

França e Inglaterra

Prefácio
Jacques Le Goff

Tradução
Júlia Mainardi

2ª edição

2ª reimpressão

Companhia Das Letras

Grafia atualizada segundo o Acordo Ortográfico da Língua Portuguesa de 1990, que entrou em vigor no Brasil em 2009.

Título original
Les Rois Thaumaturges: Étude sur le caractère surnaturel attribué à la puissance royale, particulièrement en France et en Angleterre

Indicação editorial
Renato Janine Ribeiro

Capa
Claudia Espínola de Carvalho

Imagem de capa
Ilustração da página 2 do livro *Cidade de Deus*, de Santo Agostinho, circa 1480. Ville de Mâcon. Bibliothèque municipale / IRHT - CNRS

Revisão de tradução e preparação
Mário Vilela

Revisão
Lucíola S. de Morais
Carmen S. da Costa
Maria Prado

Coordenação editorial
Página Viva

A publicação desta obra contou com o apoio dos Ministérios da Cultura e de Relações Exteriores do governo francês

Dados Internacionais de Catalogação na Publicação (CIP)
(Câmara Brasileira do Livro, SP, Brasil)

Bloch, Marc, 1886-1944.
Os reis taumaturgos : O caráter sobrenatural do poder régio, França e Inglaterra / Marc Bloch ; prefácio Jacques Le Goff; tradução Júlia Mainardi. — 2ª ed. — São Paulo Companhia das Letras, 2018.

Título original: Les Rois Thaumaturges : Étude sur le caractère surnaturel attribué à la puissance royale, particulièrement en France et en Angleterre.
Bibliografia.
ISBN 978-85-359-3055-9

1. Anéis medicinais — Uso terapêutico — História 2. Cura — História 3. França — Reis 4. Idade Média — História 5. Inglaterra — Reis 6. Moedas — Uso terapêutico — História 7. Toque por reis — História I. Le Goff, Jacques, 1924-2014. II. Título.

17-11485 CDD-909.07

Índices para catálogo sistemático:
1. Idade Média : Reis : Poder curativo: 909.07
2. Reis : Poder curativo : Idade Média: História 909.07

[2021]

EDITORA SCHWARCZ S.A.
Rua Bandeira Paulista, 702, cj. 32
04532-002 — São Paulo — SP
Telefone: (11) 3707-3500
www.companhiadasletras.com.br
www.blogdacompanhia.com.br
facebook.com/companhiadasletras
instagram.com/companhiadasletras
twitter.com/cialetras

Sumário

Livro segundo

GRANDEZA E VICISSITUDES DAS REALEZAS TAUMATÚRGICAS

Prefácio

Durante os aproximadamente trinta anos que se seguiram à morte heroica de Marc Bloch — torturado pela Gestapo, depois fuzilado aos 57 anos a 16 de julho de 1944, em Saint-Didier-de-Formans (Ain), perto de Lyon, por causa de sua participação na Resistência —, sua reputação como historiador teve tríplice fundamento. Primeiro, o papel de cofundador e codiretor, com Lucien Febvre, da revista *Annales*,[1] a qual renovou os métodos históricos. Em seguida, dois grandes livros: *Les caractères originaux de l'histoire rural française* [O caráter primordial da história rural francesa] (1931), apreciado principalmente pelos especialistas, que nele viram, com razão, o coroamento da história geográfica à francesa e o ponto de partida de uma nova visão da história rural na Idade Média e na época moderna; *La société féodale* [A sociedade feudal] (1939-40), síntese eficiente e original que transfigurava a história das instituições por meio de uma concepção global da sociedade, integrando a história econômica, a história social e a história das mentalidades, e atingia um público mais amplo. A isso acrescentava-se um tratado (póstumo) sobre o método histórico, *Apologie pour l'histoire ou Métier d'historien* [Apologia da história, ou ofício de historiador] (publicado graças aos cuidados de Lucien Febvre em 1949), ensaio inacabado em que algumas percepções profundas e originais decompunham-se de tempos em tempos numa confusão que o autor decerto teria corrigido antes da publicação.

De alguns anos para cá, Marc Bloch é, para um número crescente de pesquisadores em ciências humanas e sociais, antes de tudo o autor de um livro pioneiro, seu primeiro verdadeiro livro, *Les rois thaumaturges. Étude sur le caractère surnaturel attribué à la puissance royale, particulièrement en France et en Angleterre* (1924), que faz desse grande historiador o fundador da antropologia histórica.[2]

GÊNESE DE "OS REIS TAUMATURGOS"

No estado atual de nossos conhecimentos sobre Marc Bloch, e esperando que o que se conservou de suas cartas e das de seus correspondentes talvez nos traga precisões, se não revelações, pode-se dizer que a gestação de *Os reis taumaturgos* estendeu-se por uma dúzia de anos e beneficiou-se de três experiências principais, duas de ordem intelectual e no intervalo entre estas uma de ordem existencial.[3]

A primeira tem por teatro a Fondation Thiers, em Paris, onde Marc Bloch (que em 1908 saíra da École Normale Supérieure como professor *agrégé* de história) foi pensionista de 1909 a 1912. Depois vem a experiência da guerra de 1914-8, que ele terminou capitão, após ter sido citado quatro vezes por bravura e ter recebido a Croix de Guerre.

Enfim, deve-se considerar a atmosfera da faculdade de letras da Universidade de Estrasburgo, em que ele foi nomeado *chargé de cours* em dezembro de 1919 e *professeur* em 1921.

A atividade científica de Marc Bloch começa em 1911-2. Ele publica seus primeiros artigos. Até a guerra, esses estudos testemunham três centros de interesse, claramente ligados entre si. De início, a história institucional do feudalismo medieval, sobretudo o lugar da realeza e o da servidão no sistema feudal, primeiros passos de um estudo que depois da guerra será paralisado (em virtude das disposições tomadas em favor dos universitários ex-combatentes) num embrião de tese: "Rois et serfs — un chapitre d'histoire capétienne" [Reis e servos — um capítulo de história capetíngia]. Em seguida (no quadro de geografia histórica que teve, a partir de Vidal de la Blache e dos sucessores deste, influência tão grande sobre a nova escola histórica francesa do período entre as duas guerras), uma região: a Île-de-France. Enfim, uma primeira dissertação sobre o método: a pouquíssimo conhecida preleção pronunciada na distribuição dos prêmios do liceu de Amiens em 1914, às vésperas da Grande Guerra: "Critique historique et critique du témoignage" [Crítica histórica e crítica do testemunho].

Entre esses primeiros ensaios, um, que apareceu em 1912, merece atenção especial: "Les formes de la rupture de l'hommage dans l'ancien droit féodal"[4] [Formas da ruptura da homenagem no antigo direito feudal]. Marc Bloch descreve ali um "rito" feudal: o "arremesso da palha" e, às vezes, a "ruptura" da palha (*exfestucatio*), significando, realizando a ruptura da homenagem. Interesse precoce, portanto, pelo ritual nas instituições do passado; e, ante a indiferença da quase totalidade dos historiadores em geral e dos historiadores do direito medieval francês em particular (duas notas de Gaston Paris e uma alusão de Jacques Flach), Marc Bloch volta-se para os historiadores alemães do direito medieval, então abertos à etnografia e ao comparatismo: um artigo de Ernst von Moeller e, sobretudo, "o grande trabalho do sr. Karl von Amira", *Der Stab in der germanischen Rechtssymbolik*[5] [O báculo no simbolismo legal germânico].

O TRIO DA FONDATION THIERS

Onde está então Marc Bloch? Depois de diversas passagens por universidades alemãs em 1908-9, em Berlim e em Leipzig, ele termina sua permanência na Fondation Thiers. Reencontrou ali dois antigos companheiros da École Normale, Louis Gernet, o helenista (formado em 1902), e Marcel Granet, o sinólogo (da turma de 1904, como Marc Bloch). Os três jovens eruditos organizaram entre si um pequeno grupo de pesquisas. Parece que a influência de Granet sobre seus dois amigos foi particularmente importante. A problemática e os métodos daquele que iria renovar a sinologia contribuíram a orientar Louis Gernet e Marc Bloch para percepções mais amplas que as da historiografia tradicional acerca da Grécia antiga e do Ocidente medieval. Antes que *Os reis taumaturgos* apareça em 1924, Marcel Granet terá publicado *Fêtes et chansons anciennes de la Chine* [Festas e canções antigas da China] (1919) e *La religion des chinois* [A religião dos chineses] (1922) e iniciado a reflexão e as pesquisas que o conduzirão às duas grandes sínteses: *La civilization chinoise* [A civilização chinesa] (1929) e *La pensée chinoise* [O pensamento chinês] (1934). Escreveu também *La féodalite chinoise* [O feudalismo chinês], publicado em 1932 em Oslo, onde também viera a lume no ano anterior *Les caractères originaux de l'histoire rurale française* de Marc Bloch, a quem Granet seguira à capital norueguesa como convidado estrangeiro do Instituto para o Estudo Comparado das Civilizações (apresentado por Marc Bloch nos *Annales* em 1930, pp. 83-5). Desde suas primeiras fases, a obra de Granet contribuiu para confirmar o interesse de Marc Bloch pelos ritos e mitos, pelas cerimônias e lendas, pela psicologia coletiva comparada, pelos "sistemas de pensamento" e de crença das sociedades do passado.[6]

Louis Gernet, cujo ensinamento ficou em seguida restrito, por muito tempo, à Universidade de Argel (verdade é que ele acolheu ali um jovem historiador chamado Fernand Braudel) e cuja obra foi escandalosamente marginalizada pelo helenismo universitário reinante, não está menos próximo de Marc Bloch por seu pensamento e por seu comportamento. A partir de 1917, Gernet publicou suas *Recherches sur le développement de la pensée juridique et morale en Grèce* [Pesquisas sobre o desenvolvimento do pensamento jurídico e moral na Grécia]. Sua grande síntese, *Le génie grec dans la religion* [O espírito grego na religião], escrita com André Boulanger para o período helenístico, é publicada em 1932 — mas sua notoriedade data apenas de sua reedição em 1970, quando a compilação póstuma de seus artigos, *Anthropologie de la Grèce antique* [Antropologia da Grécia antiga] (1968, reeditada em 1982), permite enfim avaliar sua envergadura e compreender sua influência sobre a grande escola francesa contemporânea de antropologia histórica da Grécia antiga (Jean-Pierre Vernant; Pierre Vidal-Naquet; Marcel Detienne, vindo de Liège; Nicole Loraux; François Hartog; e outros). As discussões de Marc Bloch (e de Granet) com Gernet só fizeram aprofundar sua atenção para o etnolegalismo, o mito, o ritual, o comparatismo perspicaz e prudente.[7]

A GRANDE GUERRA

Depois, vem a segunda experiência: a guerra de 1914-8. Para Marc Bloch, foi uma aventura extraordinária. As memórias que escreveu durante o primeiro ano do conflito o mostram aliar com simplicidade um patriotismo ardente, uma sensibilidade aguda para os dramas e misérias cotidianas dos soldados, um desejo de nada esconder a respeito das realidades sórdidas e cruéis da vida dos combatentes. Mas conserva sempre uma lucidez que lhe permite, mesmo durante a ação mais acirrada, contemplar com desprendimento a ação, lançar um olhar repleto de humanidade (ainda que sem condescendência) sobre os homens a seu redor e sobre si mesmo. Esforça-se constantemente para, como historiador, refletir sobre o que vê e sobre o que vive. No primeiro dia em que é lançado na batalha, 10 de setembro de 1914, observa que: "O senso de curiosidade, o qual raramente me abandona, não me deixara". À *curiosidade*, primeiro estímulo da história, junta-se em seguida um trabalho de pesquisa da *memória*. Sempre anota num caderno os acontecimentos do dia, até que, depois de 15 de novembro de 1914, um ferimento e a doença o impeçam de continuar esse registro de marcha. No início de 1915, quando uma doença grave faz que seja enviado para a retaguarda e obriga-o a um período de repouso para convalescença, ele apressa-se a escrever suas lembranças. Não quer ficar na dependência da memória: esta opera no passado "uma triagem que frequentemente me parece pouco judiciosa". Ao final dessas recordações dos cinco primeiros meses de guerra, tira, na qualidade de historiador, as conclusões de sua experiência de combatente. Esboça os temas que retomará em 1940 em *L'étrange défaite*[8] [A estranha derrota]. Mas para Marc Bloch o essencial é aquilo que concerne à psicologia, psicologia individual dos soldados e dos oficiais, psicologia coletiva dos grupos de guerreiros.[9]

Com muita perspicácia e sutileza, Carlo Ginzburg revelou e analisou a maneira pela qual *Os reis taumaturgos* nasceram da experiência da guerra de 1914-8. Marc Bloch viu ali a reconstrução de uma sociedade quase medieval, uma regressão a uma mentalidade "bárbara e irracional". A propagação de notícias falsas, segundo ele a principal forma dessa regressão, inspirou-lhe um de seus artigos mais notáveis: "Réflexions d'un historien sur les fausses nouvelles de la guerre"[10] [Reflexões de um historiador sobre as falsas notícias da guerra]. Sobretudo, mostra como a censura, desacreditando os materiais escritos que foram submetidos a seu exame repressivo, acarretou "um renovamento prodigioso da tradição oral, mãe antiga das lendas e dos mitos". Desse modo, a guerra oferece ao historiador um inesperado meio de observar diretamente o passado medieval: "Por um golpe ousado, que o mais audacioso dos experimentadores jamais se atreveu a sonhar, a censura, abolindo os séculos decorridos, reconduz o soldado do front aos meios de informação e ao estado de espírito das idades antigas, antes do jornal, antes da folha de notícias impressa, antes do livro". Mas o ceticismo que o historiador adquire em face da difusão das falsas notícias não atinge a "história jurídica, econômica ou religiosa" nem, ainda menos, a história da psicologia coletiva: "Aquilo que há de mais profundo em história poderia ser também aquilo que há de mais seguro". Assim serão *Os reis taumaturgos*, um mergulho na história "profunda".[11]

Daí o diagnóstico que, no final da obra, Marc Bloch dará acerca do milagre régio: uma "gigantesca notícia falsa". Expressão que retomará em 1932 para definir o fenômeno estudado por Georges Lefebvre em outro grande livro de história das mentalidades: *La Grande Peur de 1789*[12] [O Grande Medo de 1789].

A experiência da guerra reforçou em Marc Bloch a convicção de que, se "a incompreensão do presente nasce fatalmente da ignorância do passado", não é menos verdadeiro que se faz preciso "compreender o passado pelo presente", como relembrará em *Métier d'historien*. Donde a importância que ele atribui ao "método regressivo". A psicologia dos soldados e dos homens de 1914-8 esclarecerá a atitude das gentes da Idade Média (até o século XVIII) para com o milagre régio.

Em todo o caso, o projeto da pesquisa que iria terminar na redação de *Os reis taumaturgos* concretizou-se no espírito do jovem historiador durante a Grande Guerra. Seu colega Charles-Edmond Perrin revelou que em fevereiro de 1919, durante excursão que fizeram juntos aos Vosges, quando ainda não haviam sido desmobilizados, Marc Bloch disse-lhe: "Quando eu tiver concluído meus rurais, abordarei o estudo da unção na sagração real de Reims".[13]

ESTRASBURGO

Insistirei menos (porque é mais bem conhecida) na terceira circunstância que favoreceu a escolha definitiva e a redação do estudo sobre o milagre régio: o ambiente da Universidade de Estrasburgo, da qual Marc Bloch foi nomeado *maître de conférences* em outubro de 1919.[14] Assim que a guerra terminou, a Universidade de Estrasburgo, cidade que voltara a ser francesa, recebia dos poderes públicos uma atenção especial, destinada a eclipsar a lembrança da universidade alemã e a fazer daquela instituição reencontrada uma vitrine intelectual e científica da França ante o mundo germânico. Jovens mestres muito brilhantes foram nomeados para lá: o historiador Lucien Febvre (nascido em 1878), o qual é necessário nomear antes de todos porque ali se deu o encontro decisivo que resultaria na fundação conjunta dos *Annales d'Histoire Économique et Social* em 1929; e outros, como o especialista em Antiguidade romana André Piganiol, o medievalista Charles-Edmond Perrin e, sobretudo, o grande historiador da Revolução Francesa Georges Lefebvre. Mas também o fundador da sociologia religiosa na França, Gabriel le Bras; o geógrafo Henri Baulig; o filólogo Ernest Hoepffner; e, principalmente, o médico e psicólogo Charles Blondel e o sociólogo Maurice Halbwachs. Blondel já publicou em 1914 *La conscience morbide* [A consciência mórbida], publicará em 1926 *La mentalité primitive* [A mentalidade primitiva] e trabalha em seu grande livro, *Introduction à la psychologie collective* [Introdução à psicologia coletiva] (1928), que Marc Bloch comentará na *Revue Historique* em 1929. Como destacou Georges Duby, Blondel provocava os historiadores — mas isso acontecia quatro anos depois de *Os reis taumaturgos*! — afirmando que "não era o caso de obstinar-se em determinar de imediato as maneiras universais de sentir, de pensar e de agir". Chamamento para uma história diferencial (no tempo e no espaço) das mentalidades e das condutas. Um ano após *Os reis taumaturgos*, Maurice Halbwachs trazia a lume um livro capital para todo o domínio do que hoje denominamos ciências humanas e sociais: *Les cadres sociaux de la mémoire* [Os esquemas sociais da memória]. No ano de sua publicação, Marc Bloch consagrou-lhe longo artigo na *Revue de Synthèse Historique* de Henry Berr, o pioneiro na renovação da história e das ciências humanas.[15] Memória e sociedade, portanto memória e história — qual tema teria mais condição de seduzir Marc Bloch?

Em Blondel e em Halbwachs, Marc Bloch reencontra os alunos do sábio que mais marcou sua formação intelectual, o sociólogo Émile Durkheim, que morreu em 1917. O Durkheim que em 1912 publicou, com base no estudo do sistema totêmico australiano, *Les formes élémentaires de la vie religieuse* [As formas elementares da vida religiosa], em que o sagrado é definido "como uma representação da sociedade".[16] O Durkheim cuja influência sobre Marc Bloch é, com muita perspicácia, definida numa carta que Henri Sée lhe envia para agradecer-lhe e felicitá-lo por *Os reis taumaturgos*, na qual fala também do comentário que Marc Bloch acaba de publicar na *Revue Historique* sobre o livro de Lucien Febvre (com a colaboração de Lionel Bataillon), *La terre et l'évolution humaine. Introduction géographique à l'histoire* [A terra e a evolução humana. Introdução geográfica à história] (1922): "Suas observações acerca do livro de Lucien Febvre", escreve Henri Sée, "parecem-me muito justas. No fundo, a história [...] deve aproximar-se bem mais da sociologia que da geografia; e o método sociológico, tal como o definiu Durkheim, é em grande parte um método histórico". De fato, em 1898 Durkheim colocou no frontispício do primeiro número do *Année Sociologique* uma referência a Fustel de Coulanges, o mesmo Fustel de Coulanges a que Marc Bloch recorre com frequência no *Métier d'historien* e que foi seu inspirador desde a juventude. Em 1909, Christian Pfister na carta em que recomenda à Fondation Thiers a candidatura de Marc Bloch, escreve que este ocupa-se com questões de história social negligenciadas desde Fustel de Coulanges.[17] Marc Bloch expressou no *Métier d'historien* as dívidas que ele mesmo e os historiadores desejosos de escapar à mesmice da história positivista universitária tinham para com Durkheim e sua escola: "A esse grande esforço nossos estudos devem muitíssimo. Ele ensinou-nos a analisar com maior profundidade, a considerar os problemas mais de perto, a pensar, eu ousaria dizer, menos barato".[18]

Portanto, Estrasburgo foi para Marc Bloch o contato vivo, por intermédio dos colegas e amigos, com as ciências sociais, irmãs da história. *Os reis taumaturgos* cresceram nesse humo interdisciplinar. Não surpreende que reencontremos as ciências sociais na obra, como Henri Sée soube tão bem manifestar: "Seu último capítulo, excelente, não interessará apenas aos historiadores; folcloristas, psicólogos e sociólogos ali encontrarão matéria para reflexões".

Para concluir esta evocação do que *Os reis taumaturgos* devem à Estrasburgo dos anos 1919-24, é necessário também pensar na notável biblioteca universitária que alemães (de 1871 a 1918) e franceses, num desafio, tornaram uma questão de honra dotar ricamente. Lucien Febvre disse-o bem: "O pano de fundo era a Bibliothèque, a admirável Bibliothèque Nationale et Universitaire de Strasbourg, com seus tesouros expostos sob nossos olhos, ao alcance de nossas mãos, um instrumento de trabalho incomparável, único na França. Se alguns de nós devem deixar uma obra atrás de si, eles o devem em parte à Bibliothèque. A seus prodigiosos recursos que eles não fizeram senão explorar".[19]

OS MEDIEVALISTAS ALEMÃES

Por fim, dois fatores muito diferentes devem ter contribuído para impelir Marc Bloch ao estudo do mal régio. O primeiro é sua familiaridade com a obra dos medievalistas alemães e a sedução exercida sobre ele pela erudição alemã e pela problemática germânica. Christian Pfister faz alusões a isso em sua já mencionada carta de 1909. As estadas de Marc Bloch em Berlim e em Leipzig, em 1908-9, trouxeram seus frutos. Uma de suas primeiras exposições na *Revue Historique*, em 1921, é consagrada ao livro de Fritz Kern, saído em 1914, *Gottesgnadentum und Widerstandsrecht im früheren Mittelalter. Zur Entwicklungsgeschichte der Monarchie* [Graça de Deus e direito de resistência na alta Idade Média. Contribuição à história do desenvolvimento da monarquia].

Aliás, no dossiê de *Os reis taumaturgos*, entre os papéis de Marc Bloch nos Archives Nationales, há uma carta de agradecimento de Fritz Kern pelo comentário de Marc Bloch. O historiador alemão está profundamente comovido pela atenção que Marc Bloch deu a sua obra e pela delicadeza com que o novo estrasburguês encaminhou-lhe sua recensão. Kern diz que, depois da guerra, só recebe de seus colegas franceses indiferença ou respostas grosseiras. Por isso, está ainda mais tocado.

Os trabalhos alemães, se não inspiraram, pelo menos já serviram Marc Bloch. Em seu artigo de 1912 sobre a "ruptura da homenagem", utilizara representantes alemães de uma disciplina muito negligenciada na França, o etnolegalismo.[20] A historiografia alemã informa-o e o estimula a ultrapassá-la, em direção à história da autoridade monárquica, das imagens e das insígnias do poder, na qual mais tarde adquirirão celebridade P. E. Schramm e sua escola.

O IRMÃO MÉDICO

Enfim, suas afetuosas relações com um irmão médico o levaram a aprofundar o lado clínico de seu tema e os aspectos relativos à medicina popular. No prefácio de *Os reis taumaturgos*, num acréscimo com data de 28 de dezembro de 1923, Marc Bloch lembra a influência desse irmão, o qual, assim como o pai, morrera antes de ver terminada e publicada a obra em que tivera uma participação que Marc Bloch declara decisiva.[21]

HISTÓRIA TOTAL DE UM MILAGRE

Agora, é preciso olhar *Os reis taumaturgos* como Marc Bloch o concebeu e escreveu, esforçando-nos por reinserir o livro no pensamento histórico e antropológico de sua época, o início dos anos 1920.

O que Marc Bloch quis foi fazer a história de um milagre e, simultaneamente, a da crença nesse milagre. Aliás, as duas confundem-se em parte. Marc Bloch mostrou que o milagre existe a partir do momento em que se *pode* (não há determinismo em Marc Bloch, mas correlações racionais entre os fenômenos históricos, sem que se tenha a identificação hegeliana entre o racional e o real) acreditar nele; e que o milagre declina e então desaparece a partir do momento em que não se pode mais acreditar nele. "Se eu não recease tornar ainda mais pesado um título já demasiado longo,[22] teria dado a este livro mais um subtítulo: *História de um milagre*" (p. 51).

A LONGA DURAÇÃO

Esse milagre, ele quer "explicá-lo em sua duração e em sua evolução", no centro de uma "explicação total". Reconhecemos aqui dois dos grandes temas da "escola" dos *Annales*: a *história global ou total* ("explicação total" é tão melhor! É claro, isso permanece um ideal, um caso-limite, um horizonte mais ou menos inacessível) e a *longa duração*, da qual Fernand Braudel, em artigo justificadamente célebre, devia em 1958 explicitar a definição,[23] depois de dela ter dado a mais bela ilustração em *La Méditerranée et le monde méditerranéen à l'époque de Philippe* II [O Mediterrâneo e o mundo mediterrânico na época de Filipe II] (1949). A longa duração não é forçosamente um longo período cronológico; é aquela parte da história, a das estruturas, que evolui e muda o mais lentamente. A longa duração é um ritmo lento. Pode-se descobri-la e observá-la por um lapso de tempo relativamente curto, mas subjacente à história dos eventos e à conjuntura de médio prazo. O pior seria acreditar que a problemática "das origens a nossos dias", raramente compatível com uma problemática histórica científica, é a longa duração perfeita. Mas o caso de *Os reis taumaturgos* — em que o historiador tem a sorte de conhecer o começo e o fim de um fenômeno histórico, de poder estudá-lo durante toda a sua vida histórica, desde seu nascimento e sua gênese até seu declínio e sua desaparição — é uma oportunidade excepcional. Assim, Marc Bloch pode afirmar que o milagre régio, o rito do toque, "nasceu na França em torno do ano 1000, na Inglaterra cerca de um século mais tarde", e que tal rito desapareceu na Inglaterra com a chegada da dinastia de Hanôver em 1714, na França a 31 de maio de 1825, quando Carlos X, após sua sagração (29 de maio), foi o último rei francês a tocar os escrofulosos.

O CULTO ÀS ORIGENS

Por um dúplice paradoxo, a parte de *Os reis taumaturgos* que hoje deve ser revisada é a concernente às *origens* do toque régio. Paradoxo porque Marc Bloch, o qual bem cedo denunciará o que chamará em *Métier d'historien* o "culto às origens" [*idole des origines*], aqui presta sacrifício a esse conceito, que conduz à confusão entre origens, fontes (outra palavra perigosa, como se em história as coisas surgissem sem esforço* ou por parto natural) e causas. Ora, desde *Os reis taumaturgos* Marc Bloch deixava perceber conceitos mais fecundos: herança, escolha, nascimento, gênese, com a ideia básica de que "um fenômeno histórico jamais se explica plenamente fora do estudo de seu momento". O segundo paradoxo está em que a erudição, sempre necessária, fundamental a um historiador, não é objetivamente mais sólida que as hipóteses, as interpretações, as ideias. Perigosa ilusão essa dos historiadores que pensam que a erudição bem praticada pode fazer chegar a certezas absolutas, a conclusões definitivas. Também a erudição — mesmo a melhor — é frágil. Surgem outros documentos, modificando o lugar que um documento precedentemente conhecido ocupava na sequência cronológica. Um novo ponto de vista dá novos sentidos ao documento antigo, inclusive no âmbito da literalidade e da historicidade. Graças às descobertas, às novas técnicas, o passado tem, desde o nível da documentação, um belo futuro diante de si. Sejamos então, desde a fase erudita do trabalho histórico, bastante modestos, humildes em face tanto do futuro quanto do passado.

* Há aí um jogo de palavras intraduzível, entre *sources* ("fontes") e o idiomatismo *couler de source* ("surgir, produzir-se naturalmente, sem esforço"). (N. T.)

O caso de *Os reis taumaturgos* parece-me exemplar. Em seguida a uma coleta e a uma crítica de documentos que mesmo os eruditos menos seduzidos pelo método de Marc Bloch elogiaram por atender às exigências científicas mais rigorosas, ele isola do lote de documentos um texto. É uma carta de um clérigo de origem francesa, Pierre de Blois, que vive na corte do rei Henrique II da Inglaterra. Ele escreve por volta de 1180: "Confesso que assistir o rei é [para um clérigo] cumprir uma tarefa santa; pois o rei é santo; é o ungido [*christus*] do Senhor; não foi em vão que o rei recebeu o sacramento da unção, cuja eficácia, se por acaso alguém a ignorasse ou a colocasse em dúvida, seria amplamente demonstrada pela desaparição dessa peste que ataca a virilha e pela cura das alporcas".[24]

Em vista de meu interesse pela história da *peste inguinal*, também chamada *peste bubônica* ou *peste negra* na Idade Média, fiquei intrigado, relendo *Os reis taumaturgos*, por esse texto de Pierre de Blois, que atribuía a Henrique II (o qual morreu em 1189) o mérito de ter feito desaparecer uma epidemia dessa peste inguinal. Sabemos hoje (aqui, pode-se falar em saber adquirido, pois um fenômeno maciço como a peste negra forçosamente constaria dos bastante abundantes documentos do século XII) que não houve epidemia de peste inguinal no Ocidente entre o século VII e 1347.[25] Mas há sessenta anos a historiografia estava na mais perfeita confusão sobre a cronologia da Peste Negra, e a grande maioria dos historiadores sérios (incluindo o douto e curioso Marc Bloch) pouco a pouco se ia interessando por essa doença que, não sem motivo, eles não encontravam em seus documentos referentes ao período entre o século VII e meados do século XIV. Contudo, Marc Bloch sente certo desconforto diante dessa indicação. Ele dizia a si mesmo: "Não sabemos ao certo a que aludem essas últimas palavras; talvez a uma epidemia de peste bubônica que, acreditava-se, teria cedido à miraculosa influência do rei. Um excelente historiador da medicina, o dr. Crawfurd, afirma que a confusão entre certas formas de ínguas pestosas e a adenite da virilha não era nada impossível para um homem daquela época. Pierre de Blois não era médico" etc. (p. 70). Mas, se Pierre de Blois não era boa testemunha da peste inguinal, por que o seria das escrófulas?

Ora, Marc Bloch conclui: "Portanto, Henrique II curava os escrofulosos". Se Marc Bloch acreditava poder, com ressalvas, concluir que os textos do século XII permitiam supor que o toque régio existia na Inglaterra desde o começo daquele século, é sem reservas que afirma ser esse texto o mais antigo testemunho *seguro* (p. 76) de que o rei da Inglaterra curava as escrófulas.

Consegui determinar a proveniência muito provável da menção de Pierre de Blois ao desaparecimento de uma epidemia de peste ocasionado pelo poder do rei.[26] Na *Historia Francorum* [História dos francos] (x, i), Gregório de Tours conta que o papa Gregório Magno, no ano de sua elevação ao pontificado (590), ordenou ao povo romano litanias — procissão e cantos de penitência — para fazer cessar a "peste inguinal", esta uma epidemia bem real, que devastava Roma. Essa litania maior, por oposição à litania menor das Rogações, foi daí em diante celebrada por toda a Cristandade dia 25 de abril e entrou na liturgia regular. Já no começo do século vii, Beda a menciona em sua *Homilia 97, De major litania* (*P. L.*, t. 94, col. 499). Pouco antes do momento em que Pierre de Blois escreve sua carta, o liturgista parisiense Jean Beleth, em sua *Summa de Ecclesiastias officiis*, no capítulo "Das litanias", relembra a origem da grande litania que Gregório Magno instituiu a fim de fazer desaparecer uma "*pestis inguinaria*".[27] No século xiii, o fato ainda é relatado por Iacopo da Varazze na *Legenda aurea* (em torno de 1255); e o dominicano Jean de Mailly, em sua obra inédita *Abbreviatio in gestis et miraculis sanctorum* (em torno de 1243), descreve a *major letania* recordando a origem desta. Ele conta a lenda segundo a qual, depois da litania, Gregório Magno viu no alto de um palácio romano um anjo enxugar sua espada ensanguentada e recolocá-la na bainha, donde o nome Santo Angelo dado ao monumento. Acrescenta que essa procissão é chamada a das "cruzes negras".[28] Era realizada no dia de s. Marcos, 25 de abril, e Joinville relembra que s. Luís nasceu nesse dia (1214), o que foi um sinal premonitório de sua trágica morte diante de Túnis.

Pierre de Blois, portanto, apenas reproduziu uma tradição literária e uma prática litúrgica bem conhecidas, as quais subsistiram durante séculos em que não houve nenhuma epidemia de peste negra. Por conseguinte, Henrique ii não fez desaparecer peste alguma, mas Pierre de Blois atribuiu-lhe um milagre de Gregório Magno que permanecia na hagiografia e na liturgia. No que se refere à cura das escrófulas, não terá Pierre de Blois feito a mesma coisa? Não se pode afirmá-lo porque (diferentemente do que verifiquei acerca da desaparição da peste negra) não encontrei nenhuma tradição anterior precisa a respeito disso; no entanto, a carta de Pierre de Blois está bem desacreditada no que concerne à historicidade dos milagres de Henrique ii.

Ora, sem destacar essa carta, mas analisando com muita atenção os outros textos nos quais Marc Bloch baseia sua demonstração de que a origem do toque régio das escrófulas está no começo do século XII na Inglaterra e no século XI na França, um historiador britânico, Frank Barlow, acaba de demonstrar convincentemente que nenhum desses textos permite afirmar com segurança que as coisas tenham sido assim. Segundo Barlow, e essa era minha impressão, se no século XII temos para os reis da França uma única menção segura ao toque régio das escrófulas (por Luís VI), não há nenhuma prova de que eles as tenham tocado de maneira regular antes de s. Luís. Quanto aos reis da Inglaterra, é preciso fazer recuar a 1276 a primeira menção segura a esse rito.[29]

Desse modo, é provável que apenas em meados do século XIII o rito régio da cura das escrófulas se tenha tornado uma prática habitual na França e na Inglaterra. Mas a essência da demonstração de Marc Bloch mantém-se intacta. No decorrer da Idade Média, graças a um conjunto de ritos e a uma crença especial, dois reis cristãos tornaram-se personagens sagradas, curandeiros milagrosos. É uma variante cristã da realeza sagrada. Deus, ao lado dos santos, escolhe os reis de duas nações para operar milagres em Seu nome. A Igreja deve conceder esse novo poder régio, ainda que o controlando. Só que esses reis levaram mais tempo para adquirir esse poder do que Marc Bloch presumiu. Talvez o contexto do século XIII (posição dos leigos, evolução dos ritos e dos gestos, concepção da santidade, atitudes para com o corpo e a doença etc.), muito mais que seus aspectos propriamente políticos, esclareça o milagre régio com mais exatidão do que Marc Bloch pôde fazê-lo situando seu estabelecimento mais cedo.

UNÇAO E POLÍTICA

Pesquisando as "origens" — quer dizer, o começo cronológico do milagre régio —, Marc Bloch já encontra os dois temas essenciais de sua obra: o vínculo entre o poder taumatúrgico e a *sagração* (ou, mais precisamente, a *unção*); e as políticas desse recurso ao sagrado.

Como o indicam os manuais litúrgicos da sagração dos reis da França (as *ordines* da sagração) no século XIII,[30] a cerimônia de Reims compreende dois aspectos que são também duas fases sucessivas da cerimônia: a consagração ou unção e a coroação. Da unção os reis da França derivam seu poder miraculoso. No final da Idade Média, o monarca francês será chamado o rei cristianíssimo, colocando-o acima dos outros reis da cristandade — e isso porque o óleo com o qual se o unge na sagração é o único a ter origem sobrenatural. Esse óleo provém da Santa Âmbula e foi trazido por uma pomba (o Espírito Santo ou sua mensageira) para o batismo de Clóvis por s. Remígio [Rémi]. O rei da França é o único a ser ungido com um óleo divino, vindo do céu (toma-se bastante cuidado para que a rainha seja ungida apenas com um óleo natural). No século XIV, contudo, a monarquia inglesa reivindicará o mesmo privilégio. Em 1318, um dominicano inglês, frei Nicholas of Stratton, vai a Avignon explicar ao papa João XXII que o famoso arcebispo Thomas Becket (canonizado em 1173, três anos depois de morrer), enquanto estava exilado na França, recebeu da Virgem uma âmbula destinada a ungir o quinto rei da Inglaterra depois de Henrique II (ou seja, o monarca reinante em 1318, Eduardo II) porque, ao contrário de seu antepassado que mandara matar Becket, esse quinto rei seria um "homem de valor, defensor da Igreja", e desejaria "reconquistar a Terra Santa ao domínio da gente pagã". João XXII nem desdenha nem reconhece oficialmente essa história. Mas, pelo menos na Inglaterra, instala-se a convicção de que o rei inglês também era ungido com um óleo sobrenatural.

Ao mesmo tempo, Marc Bloch observava nessa gênese do toque régio o clima político que aí se afirmava desde o início do jogo. Política dos reis para com a Igreja, mas também política dos reis ingleses e franceses em seus respectivos reinos e em face um do outro. Na França e na Inglaterra, a conquista de um poder miraculoso vai a par com a afirmação do poder monárquico confrontado com os grandes senhores feudais, os barões. É um instrumento dinástico. Marc Bloch via aí um dos meios pelos quais os dois reis adquiriam um poder dominante, diferente do poder da hierarquia feudal. Se é preciso deslocar dos séculos XI-XII para o século XIII a aquisição desse poder, trata-se mais de uma consagração que de um meio de consegui-lo.

Mas é também o lance inicial de uma luta de prestígio entre as duas monarquias — mais precisamente, entre os capetíngios e os Plantagenet. O milagre régio é um dos sinais e um dos objetos de emulação e de concorrência na grande rivalidade franco-inglesa da Idade Média.[31]

A POPULARIDADE DO MILAGRE

Depois das "origens", Marc Bloch chega (entrando visivelmente no que mais lhe interessa) ao problema da "*popularidade*". Para ele, esse termo designa dois fenômenos que não se correspondem inteiramente. De um lado, está a difusão do milagre — donde o estudo da frequência dos toques, do número de participantes, da origem geográfica dos doentes tocados. Nisso, o documento essencial são as contas régias. Infelizmente, no que se refere à França, o incêndio do depósito da Chambre de Comptes no Palais de la Cité, em 1737, deixou apenas fragmentos de registros. Tais fragmentos permitem a Marc Bloch esboçar uma das primeiras verificações quantitativas de uma prática ritual, de um fenômeno de mentalidade. Ele introduziu nesse domínio uma preocupação estatística.[32]

Mas *popularidade* é também a maneira pela qual o milagre é "recebido" pelo "povo". Por isso, uma história da "recepção" de um fenômeno histórico é esboçada por Marc Bloch numa perspectiva sociopsicológica que conhece hoje, como se sabe, grande sucesso, mormente no campo da história literária.[33] Coloca um problema essencial para o historiador: como um fenômeno que, sejam quais forem seus alicerces mágicos e folclóricos, foi elaborado pelos meios restritos situados no alto da hierarquia cultural social (o rei e seu círculo, prelados, liturgistas e teólogos) pode atingir e atinge a massa? Essas relações entre teorias e práticas da elite, de um lado, e crença e mentalidade "comuns", do outro, estão no âmago do milagre régio, assim como no de todos os milagres. Eis-nos longe da história das ideias tradicional, de tradição positivista ou idealista (a *Geistesgeschichte* dos mestres alemães), acantonada no céu das ideias e sobre os cimos da sociedade.

É claro, para responder a essa questão Marc Bloch investiga a opinião eclesiástica, a qual tem os privilégios da ideologia oficial. Mas, acima de tudo, explora o campo que lhe parece o mais pertinente a essa questão: o da medicina popular, do folclore medical. Ajudado por seu irmão, multiplica pesquisas e leituras. Nessa área, sua bibliografia é muito rica, e seus papéis testemunham a amplitude de uma curiosidade da qual a obra conservou apenas parte das inquirições e dos resultados. No livro, ele insiste sobretudo na maneira pela qual o toque das escrófulas, justamente quando desaparecem as censuras eclesiásticas a um rito que era suspeito de magia e de paganismo, tornou-se "um lugar-comum medical" nos tratados de medicina erudita. Sempre um estimulador de ideias, um indicador de pistas, Marc Bloch aventa a utilidade de fazer um estudo comparado da evolução das ideias medicais e da ideologia religiosa.[34]

RITOS

Provavelmente, interessa-se ainda mais por uma particularidade do rito inglês, a qual não existe no ritual francês: "o segundo milagre da realeza inglesa, os anéis medicinais". A partir do começo do século XIV, na Sexta-feira Santa o rei da Inglaterra, depois de ter depositado moedas sobre um altar, "resgatava-as" colocando em seu lugar uma soma equivalente em não importa que metal sonante; então, mandava que daquelas primeiras moedas se fizessem anéis, os quais em seguida eram dados a certos doentes, especialmente os epilépticos, que ficavam curados pelo uso desses anéis chamados *cramp-rings*.

Marc Bloch faz uma descrição exemplar do rito e dos gestos que os reis da Inglaterra cumprem (pp. 153-4). Relaciona-os ao uso de diversos talismãs, a fim de demonstrar "as origens mágicas do rito dos anéis" e evidenciar o fato de que "o nó da ação" residia numa "operação que, de certo modo, é de natureza jurídica: a oferenda das moedas de ouro e de prata e seu resgate por uma soma equivalente" (p. 159). Em seguida, sublinha que esse processo baseado em tradições mágicas é um processo *histórico*; é "a conquista de uma receita mágica pela realeza miraculosa" (pp. 162 ss.). Sua atenção para os elementos do cerimonial denota uma atitude de antropólogo. Primeiro, dedica-se a determinar os quadros espaciais e temporais,[35] essenciais no domínio do sagrado. No dossiê de seus papéis que traz o título "sagração francesa", há na capa duas perguntas: "Onde" e "Quem oficia?".

A documentação iconográfica que Marc Bloch reuniu, e cujo estudo ele apenas esboçou, deveria ser completada e metodicamente analisada. A crer nessas imagens, a localização da cerimônia do toque régio dá a impressão de variar de uma igreja a um lugar propriamente real, como o palácio do rei, ou mesmo um lugar ao ar livre — onde quer que se encontre o rei, o qual cria ao redor de si um tipo de pequeno território régio sagrado. Parece que, por motivos tanto simbólicos quanto práticos, amiúde se recorreu a um meio-termo: capela do palácio real, jardim de uma igreja etc. A ligação com a missa e, às vezes, com a comunhão do rei é frequentemente encontrada. Como observa Marc Bloch, os reis ingleses parecem ter tido mais dificuldade em escapar a uma espécie de absorção num espaço eclesiástico. O tocar as escrófulas torna-se verdadeira liturgia eclesiástica. O milagre dos *cramp-rings* ocorre na capela do palácio na Sexta-feira Santa, com o altar desempenhando papel central e essencial.

Nesse rito, quem conduz e controla o ritual? Na sagração e na unção do rei da França, é a Igreja, personificada pelo arcebispo de Reims e pelos bispos sufragâneos que o cercam. Nas sessões de toque das escrófulas, o próprio rei não é a um só tempo o agente e o oficiante?

Enfim, Marc Bloch sublinha a importância que os *objetos sagrados* têm no rito. Em suas anotações, faz o inventário do que chama "elementos" da realeza sagrada: "o sinal régio; a âmbula de s. Tomás Becket, a Santa Âmbula de Reims; a pedra de Scone; os leões e os reis; as flores-de-lis (e a auriflama); a comunhão sob as duas espécies; a Santa Lança; a espada; as fórmulas da coroação; o cetro; a coroa; o anel [e os *cramp-rings*]". No entanto, Marc Bloch indica muito sagazmente que esses objetos não são utilizados numa sociedade sem história (supondo-se que exista alguma sociedade assim), pois os homens da Idade Média lhes conferem uma identidade histórica adquirida em determinada época, em determinadas circunstâncias. A Santa Âmbula de Reims faz sua entrada na história terrestre no dia do batismo de Clóvis em Reims; a de Thomas Becket, na época do exílio do santo bispo na França; a de Marmoutier, após a queda de s. Martinho no mosteiro, quando um anjo lhe traz um bálsamo divino para curar sua costela quebrada. A Âmbula de Marmoutier foi usada para a sagração de Henrique IV em Chartres em 1594, depois de ter sido trazida a Luís XI em seu leito de morte e (lendariamente) utilizada para a sagração de Luís VI em Orléans em 1108.[36] O título de uma pasta dos papéis de Marc Bloch é "os objetos da coroação adquirem valor histórico"; e o título de uma ficha, "tendência a ver no objeto simbólico do início um objeto histórico". O historiador Marc Bloch colhia a profunda tendência do cristianismo a inscrever-se na historicidade. Tradição, folclore, símbolos são transportados à história.

Daí ele passa com naturalidade ao problema mais geral da "realeza miraculosa e sagrada" no Ocidente medieval. Então, abre primeiro o dossiê da realeza sacerdotal. O resultado é exíguo. Pois, se em Bizâncio o basileu conseguiu dominar o espiritual e o secular, não houve no Ocidente nada de semelhante, nada de cesaro-papismo. Os reis (e o imperador) oscilaram entre duas atitudes ou tentaram combiná-las. Ou distinguirem claramente o espiritual e o secular e tornarem-se os independentes senhores do secular, o que denominarei averroísmo político (segundo a doutrina das duas verdades, a da fé e a da razão). Ou — assim como os papas que, por causa do poder de absolver ou não em razão do pecado (*ex ratione peccati*), reivindicaram um direito de vigiar o secular — adquirirem um poder no domínio espiritual, obtendo certo estatuto *sacerdotal*. Aqui, Marc Bloch chama a atenção para o fato de que, mais que a noção de *rex-sacerdos* avançada pelos teólogos e teóricos da Querela do Sacerdócio e do Império, é no domínio litúrgico (mediante a análise dos tratados ou, melhor ainda, dos rituais) que se podem perceber as analogias pelas quais os reis tentaram infiltrar-se na hierarquia eclesiástica. Do lado da Igreja, a tendência era confinar os monarcas num papel próximo ao de *subdiáconos*, ao passo que o cerimonial sagrado revela certo esforço do rei e de sua corte para modelar sua "ordenação" pela do bispo. Mas é um estudo em que quase tudo está por fazer.

LEGENDAS

Em seguida, Marc Bloch percorre o caminho das *legendas* que ilustraram a monarquia sagrada medieval e, mais particularmente, "o ciclo monárquico francês". Aqui, Marc Bloch reúne um feixe de crenças, ligadas pelo caráter sobrenatural de determinado número de insígnias régias que deram origem a legendas, e acrescenta a elas o toque das escrófulas: "A Santa Âmbula, as flores-de-lis trazidas do céu, a auriflama, também de origem celeste; acrescentemos o dom de curar; teremos então o feixe maravilhoso que os apologistas da realeza capetíngia deviam daí em diante oferecer, sem tréguas, à admiração da Europa" (p. 206). Assim, ao lado das insígnias régias propriamente ditas, das *regalia* que, ao contrário da Santa Âmbula conservada na abadia Saint-Rémi de Reims, são guardadas na abadia real de Saint-Denis (a coroa; o gládio; as esporas de ouro; o cetro dourado; a Virgem com mão de marfim; os calções de seda violeta enfeitados com lírios de ouro; a dalmática "com que os subdiáconos vestem-se para a missa"; a sobrecota sem capuz, igualmente violeta),[37] há os objetos sobrenaturais vindos do céu e o poder de curar. Esses objetos e esse poder colocam o rei em comunicação direta com Deus, mas o intermediário eclesiástico é (até certo ponto) mantido: a Santa Âmbula foi trazida a s. Remígio; o abade de Saint-Rémi é quem a conserva, traz e leva de volta no dia da sagração; o arcebispo de Reims é quem unge o rei. Ademais, se o arcebispo Hincmar de Reims, o primeiro a relatar a legenda por escrito (no século IX), tomou-a emprestada, como pensa Marc Bloch, às tradições folclóricas locais, então o arcebispo decerto registrou o milagre para servir, antes de tudo, às pretensões de supremacia eclesiástica da Igreja de Reims e para afirmar, à moda carolíngia, o controle da monarquia pela Igreja.

Marc Bloch não compara o poder de curar dos reis da França e da Inglaterra na Idade Média ao dos chefes carismáticos de outras sociedades, pois já percebe os limites de um método comparatista ao qual, no entanto, é levado. Servindo-se de seu principal guia em antropologia, Frazer, ele evoca as crenças e práticas das tribos da Oceania e os poderes dos chefes das ilhas Tonga, na Polinésia. Mas trata-se de um caso isolado, e Marc Bloch formula uma das leis mestras do bom comparatismo: "O estudo das tribos da Oceania esclarece a noção de realeza sagrada, tal como ela floresceu sob outros céus, na Europa antiga ou mesmo medieval; mas não poderíamos esperar encontrar na Europa todas as instituições da Oceania. [...] Entre os primeiros missionários, muitos acreditavam reencontrar nos 'selvagens', mais ou menos apagadas, todas as espécies de concepções cristãs. Evitemos cometer o erro inverso e não transportemos para Paris ou para Londres os antípodas por inteiro" (p. 79).

Depois, Marc Bloch faz um desvio até duas legendas que ficaram à margem da cristianização do legendário monárquico: o sinal régio e a atitude dos leões para com os reis. Segundo a crença estritamente popular, não admitida pela Igreja, o rei da França, à semelhança de outros soberanos, é dotado de um sinal na pele, uma mancha, um nevo em forma de cruz, de cor vermelho-vivo, quase sempre sobre o ombro direito, mais raramente sobre o peito. Muito provavelmente, foi o sinal que Carlos VII mostrou em privado a Joana d'Arc em Chinon, para provar-lhe que era de fato o filho legítimo de Carlos VI e não um bastardo. Essa crença é encontrada tanto na Antiguidade helênica quanto nas pretensões de certos charlatães da Europa moderna. Por outro lado, o bom povo acredita que "os leões jamais ferem um verdadeiro rei". E em 1340 um dominicano, embaixador de Eduardo III em Veneza, conta ao doge que o rei da Inglaterra "teria aceitado reconhecer Filipe de Valois como rei da França se esse príncipe, havendo-se exposto a leões famintos, saísse ileso das garras destes" (pp. 46 e 218-20).

Enfim, ao término de longo estudo pessoal e original, Marc Bloch analisa a contaminação (fundamental fenômeno do folclore, que o historiador deve acolher em seu próprio domínio) entre o culto de um santo e o rito régio da cura das escrófulas. Desde o começo do século X, existia em Corbeny, no Aisne, a devoção popular a um santo vindo do Cotentin: Marculf ou Marcoul, o qual, aparentemente no século XIII, especializou-se também na cura dos escrofulosos, provavelmente em virtude de um jogo de palavras etimológico com *mar*, mal, e *cou(l)*, pescoço. Esse poder foi relacionado ao poder dos reis, e os dois cultos uniram-se. Do século XIV ao século XVII, após a sagração os reis da França, exceto Henrique IV, fizeram um desvio por Corbeny para receber nas mãos a cabeça (o crânio) do santo e, em seguida, tocar escrofulosos com um poder aumentado pelo do santo. Luís XIV e seus sucessores mandaram vir a Reims no momento da sagração o relicário que continha os restos do santo.

À contaminação entre o culto de s. Marcoul e o milagre régio Marc Bloch acrescenta uma terceira crença popular, que esteve historicamente ligada às duas primeiras. Em alguns lugares, acreditava-se que o sétimo de uma série contínua de filhos varões possuía poderes de mágico e, especialmente, de curandeiro. Por assimilação ao poder de curar dos reis, dizia-se que esses sétimos filhos não apenas tinham o dom de sarar os escrofulosos mas também nasciam com uma marca distintiva sobre o corpo. Por fim, torna-se costume que, antes de exercer seus dons, esses sétimos filhos façam uma peregrinação a Corbeny, até as relíquias de s. Marcoul. Marc Bloch, o qual reuniu um volumoso dossiê sobre essa crença nas províncias francesas, na Europa e até na América (cherokees), interessou-se sobretudo pelo mecanismo de interpenetração dos três fenômenos e por esse encontro histórico entre uma crença popular e as práticas toleradas ou integradas pelos clérigos.

O FIM DO MILAGRE

Marc Bloch termina a mais longa parte de seu livro — em que cruzou cronologia e temática, ainda um bom método de historiador — com o estudo das vicissitudes do milagre régio entre o século XVI e o século XVIII, "no tempo das lutas religiosas e do absolutismo" e, depois, na época do "declínio" e da "morte" dessa crença.

É a demonstração de que em novos contextos históricos uma estrutura, o toque régio, muda de lugar e de significado sem mudar essencialmente de forma. A morte do rito: na Inglaterra, ele sofre fortemente o ataque do protestantismo e desaparece com a mudança dinástica de 1714; na França, seu fim coincide com a Revolução e a queda da monarquia, não obstante o breve e anacrônico ressuscitamento que teve em 1825, na sagração de Carlos x. Ora, o fundamental não está nesses acontecimentos, por mais importantes que sejam. Um fenômeno histórico, sobretudo uma crença, um fato mental, raramente é assassinado. Morre mais ou menos lentamente, seguindo o ritmo da mudança tanto da mentalidade quanto das condições em que essa mentalidade apareceu.

Aqui, Marc Bloch abandona os ritos, os gestos, as imagens; não recorre mais ao folclore, à etnografia, à medicina. As "coisas profundas", a "psicologia coletiva" sofrem a influência decisiva da evolução intelectual das elites. O que matou o milagre régio foi o espírito "racionalista" que, a partir do século XVII, procurou encontrar uma explicação racional para o portento — até que as Luzes, no século XVIII, renunciam a essa pesquisa e proclamam que pura e simplesmente o milagre não existe. Não podendo ser elucidado mediante alguma razão natural (o sangue, por exemplo), o milagre régio desaparece da crença erudita, junto com todos os outros milagres, com "toda uma concepção do universo" à qual era "aparentado". Sempre lúcido, Marc Bloch vê que na "opinião comum" setecentista há uma cisão entre os espíritos esclarecidos e o "vulgo", o qual continua a acreditar numa "ação miraculosa" (pp. 318-9).

EXPLICAÇÃO: UM "ERRO COLETIVO"

A Marc Bloch, racionalista, herdeiro das Luzes, judeu ateu que acreditou mais que ninguém nos grandes valores laicos vindos da tradição, só resta, portanto, apresentar a si mesmo uma questão: "Como se acreditou no milagre régio?". Aqui, como historiador-explorador que se apoia na antropologia e na sociologia, ele esboça uma explicação que se esforça por evitar o anacronismo e o positivismo redutor. Antes de mais nada, embora os reis "jamais [tenham devolvido] a saúde a alguém", "os príncipes-médicos" não eram impostores (p. 323). Todas as pessoas (a quase totalidade da sociedade, desde a Idade Média até as Luzes) que acreditaram nesse poder curativo fizeram-no, essencialmente, por duas razões. A primeira é que os próprios fatos fisiológicos, medicais, permitiam que se acreditasse no milagre. Às vezes, as doenças mais ou menos confundidas sob o nome de escrófulas ou alporcas [*écrouelles*] curavam-se espontaneamente, se bem que amiúde de forma incompleta ou temporária. A natureza fazia o milagre. Como em geral a cura acontecia bastante tempo depois do cumprimento do rito de cura, as pessoas acreditavam facilmente na realidade de um milagre retardado.

Marc Bloch dá (mas não desenvolve) uma explicação que permanece na base da história das mentalidades e da psicologia histórica: "O que criou a fé no milagre foi a ideia de que ali devia haver um milagre".

Mas essa explicação — a qual, em todo caso, é demasiado breve e demasiado sumária — traz a marca do racionalismo de que seu autor ainda estava imbuído. É a famosa conclusão: "Assim, é difícil ver na fé no milagre régio outra coisa senão o resultado de um erro coletivo" (p. 329). No entanto, como reprovar a Marc Bloch não escapar à sua própria problemática? O Marc Bloch que no *Métier d'historien* cita o provérbio árabe: "Os homens assemelham-se mais a seu tempo que a seus pais", o que vale também para os grandes homens. Depois que em seu livro ele abriu caminhos ainda hoje novos, como censurá-lo por ter trazido à baila a exigência de verdade que, para um historiador, deve demarcar os limites da imersão no passado? Certa história das mentalidades que se contenta em penetrar as ideias e o vocabulário das gentes do passado e satisfaz-se com ter evitado o anacronismo cumpriu apenas metade da tarefa do historiador. Este tem o dever de, após encontrar a autêntica tonalidade do passado, explicá-la com os instrumentos do saber científico de sua época.

A INSTRUMENTÁRIA CONCEITUAL DE MARC BLOCH

Antes de medir a distância que nos separa (e também nos aproxima) de *Os reis taumaturgos*, eu gostaria de reunir alguns dados essenciais sobre o projeto de Marc Bloch, seu método, sua instrumentária conceitual.

O vocabulário de Marc Bloch revela algumas hesitações, certa indecisão devida ao caráter pioneiro de suas pesquisas; ao fato de que a eficácia dos novos conceitos estava em parte ligada à própria fluidez desses conceitos;[38] e, enfim, à sua vontade de fugir dos esquemas conceituais muito rígidos. A propósito do caráter primordial da zona rural francesa, ele bem disse que preferia à noção de sistema a noção de regime porque esta era mais flexível e, portanto, mais próxima da realidade histórica.

Os fenômenos que estuda — e que designa com expressões nas quais frequentemente, como uma obsessão, *coletivo* se reveza com *comum* — são apresentados como "hábitos de pensamento" (p. 85); um "pensamento mais popular que erudito" (pp. 198, 219); "ideias coletivas" (p. 69); a "opinião coletiva" (p. 149); a "opinião comum" (pp. 195, 197, 211-2), que ele opõe às sutilezas dos teólogos, das "representações coletivas" (pp. 77, 79, 214), das "representações mentais" (p. 78), das "representações intelectuais e sentimentais" (p. 221); e, enfim, as "imagens" (p. 48), "imagens simbólicas" (p. 200), "imaginações" (pp. 200, 212), "imaginação comum" (p. 218).

No caso das imagens, a imaginação[39] conceitual ou simbólica levou Marc Bloch a conceder particular importância à *iconografia* (por exemplo, nas pp. 51, 141) e a reunir rico dossiê iconográfico, que apresentou no Apêndice 2. Sem dúvida, ainda aqui Marc Bloch não examinou a fundo o estatuto que a imagem tem na história e no pensamento histórico. Mas chamou a atenção dos historiadores para esse documento privilegiado. Objeto específico, a imagem é importante, reveladora, bem além do que dela demandam os historiadores da arte e mesmo os iconógrafos e iconólogos modernos. A imagem, no que concerne a seu relacionamento com os textos, seu lugar no funcionamento das sociedades históricas, sua estrutura e sua localização, deve ser cuidadosamente estudada. Hoje, a renovação da história da arte é uma das prioridades da pesquisa histórica.

Ao par texto-imagem Marc Bloch ajunta o gesto,[40] em cuja significação insiste com frequência (pp. 88-9, 93, 103, 105, 180 etc.). Evidentemente, também acrescenta os *ritos* (pp. 47, 153-4 etc.), os quais analisa com um método muito seguro. Não lhe escapou que a aquisição do poder pelos reis dava-se durante uma cerimônia no curso da qual o monarca mudava de natureza. Por conseguinte, Marc Bloch falou em *ritos de passagem* (pp. 87, 181-2), mas sem tirar todo o proveito dessa noção essencial. Refere-se apenas discretamente à "mudança de estado que daí resultava para o príncipe" (p. 182).

Enfim, como conceito global, Marc Bloch fala tanto de "consciência coletiva" (pp. 88, 100, 219 etc.) quanto, mais raramente, de *mentalidade*. Assim, faz alusão ao "abismo que separa duas mentalidades" (p. 47). *Mentalidade* é um termo que irá acompanhá-lo quase confidencialmente em todas as suas obras, desabrochando no trecho mais original de *La société féodale* para aparecer uma última vez, como derradeira mensagem, ao fim da parte concluída de *Métier d'historien*: "[...] certas condições sociais — portanto, em sua natureza profunda, mentais [...]". Por trás das mentalidades, estendem-se sempre essas "coisas profundas" (pp. 100, 116, 122 etc.) que parecem exercer sobre seu espírito uma vaga sedução. Não se deve esquecer que a "profundidade" é uma metáfora que, sem conduzir a história até a psicanálise, tem sido já há meio século um desses conceitos flexíveis que ajudaram essa disciplina a transpor os limites e as barreiras, a ir além, mais longe, mais ao âmago dos fenômenos, dos homens e das sociedades históricas.

Quanto às ciências existentes ou nascentes de que Marc Bloch ou se utilizou ou deseja o desenvolvimento, são elas a "psicologia coletiva" (p. 210), o "folclore" (pp. 105, 214 etc.), a "medicina popular comparada" (p. 154), a "etnografia comparada" (p. 50). Enfim, a "biologia" (p. 51), pois em *Os reis taumaturgos* há também o esboço de uma história do corpo — corpo nos gestos curativos do rei; corpos doentes e sofridos de escrofulosos que o mal físico transforma em símbolos culturais e sociais; sobretudo, "toque", "contato" dos corpos, sublinhado por Marc Bloch; corpos transformados nas ossadas e na poeira das relíquias mágicas.

Deixei de lado um termo — e seus afins — que revela um aspecto "tradicional" da "mentalidade" de Marc Bloch; aquele termo que, apesar da expressão original "erro coletivo", inspira a conclusão de *Os reis taumaturgos*. Trata-se da palavra "superstição", a qual ele emprega em diversas formas — "superstição popular" (p. 148), "práticas supersticiosas" (p. 157), "superstições" simplesmente (pp. 148, 219-20) — e que ele faz seguir de expressões como "diz que diz popular" (p. 201), "puerilidade" (p. 203) etc.[41]

Portanto, Marc Bloch retoma o velho termo, pejorativo, acusador, que a Igreja empregou desde a alta Idade Média até nossos dias (até ontem, senão até hoje) e que atingiu um apogeu no século XVIII, quando confluem a velha atitude eclesiástica (mais e mais penetrada pelo espírito racionalista) e a mentalidade das Luzes;[42] o termo que designava todas as crenças e práticas religiosas que a Igreja não refreara. Nisso, Marc Bloch é tanto um herdeiro dos clérigos medievais e dos homens das Luzes quanto um intelectual do começo do século XX.

A RECEPÇÃO A "OS REIS TAUMATURGOS"

Como foram acolhidos *Os reis taumaturgos* em 1924? Antes de tudo, a obra, livro de erudição, não ultrapassou, o que é normal, o âmbito dos especialistas. No conjunto, a acolhida foi boa. Do dossiê de resenhas reunidas pelo próprio Marc Bloch e das pesquisas em revistas eruditas destaquei três reações excepcionalmente calorosas.

Em primeiro lugar, Lucien Febvre, é claro. Em carta não datada, mas certamente de 1924, escreve a Marc Bloch dizendo que, depois de ter considerado que "o assunto [era] muito limitado" e versava sobre os "acessórios da história", ele acabava de perceber, após a leitura, que se tratava de "um desses livros fundamentais que parecem tornar-nos mais inteligentes à medida que os lemos, esclarecem montes de coisas, despertam curiosidades perpétuas". No dia seguinte à morte de Marc Bloch, ele escrevia: "O livro é de rara qualidade, uma das joias da biblioteca da faculdade de letras de Estrasburgo, biblioteca que ele quase inaugurou. Eu costumava dizer a Bloch que era uma das partes de sua obra de que eu gostava mais — e ele sentia-se reconhecido a minha simpatia 'para com essa criança grande', como dizia alegremente".[43]

Em seguida a Lucien Febvre, temos o grande historiador e amigo belga Henri Pirenne, objeto de viva admiração dos dois e autor de um artigo que aparecerá no primeiro número dos *Annales*. A 4 de maio, em Gand, ele escreve a Marc Bloch uma carta entusiasmada, depois de haver lido as 156 primeiras páginas do livro. Exalta a notável contribuição "ao conhecimento das ideias políticas, religiosas e sociais". Acrescenta: "O caminho que o senhor seguiu serpeia através de toda a história, e admiro o grau em que, sem jamais extraviar-se em digressões nem perder de vista seu objeto, o senhor nos traz descobertas".

Por último, Henri Sée, o qual já citei, louva o caráter pluridisciplinar da obra, a influência de Durkheim, e admite: "Se conhecesse sua obra, eu decerto teria modificado um pouco minha exposição sobre a doutrina absolutista. Sem dúvida, não seria conveniente contentar-se com a 'filosofia social' dos escritores, mas não é fácil, como o senhor sabe, penetrar os sentimentos das massas populares. Você orientará nessa direção os historiadores das ideias políticas".

Entre os eruditos interessados e positivos, parecem-me particularmente notáveis duas reações. Primeiro, a do filólogo Ernest Hoepffner — colega e amigo, é verdade, de Marc Bloch em Estrasburgo. Na revista *Romania* (t. IV, n. 199, 1924, pp. 478-80), Hoepffner indica "esse importante estudo em razão do interesse global que ele apresenta para a história das ideias, sobretudo na Idade Média, e também porque em inúmeras passagens fornecerá informações úteis e novas aos historiadores de nossa literatura antiga", e conclui sobre "a importância desse estudo tão rico e tão novo, mesmo para a história de nossa velha literatura". Já Lucien Lévy-Bruhl (que publicara *La mentalité primitive* em 1922) escreve a Marc Bloch, a 8 de abril de 1924, informando que ainda não leu o livro e que infelizmente não terá tempo de fazer uma resenha para a *Revue Philosophique*, mas acrescenta: "O objeto de seus reis 'taumaturgos' interessa-me no mais alto grau. Não estudo a mentalidade chamada primitiva a não ser nas sociedades tão diferentes da nossa quanto possível; no entanto, sou reconhecido àqueles que estudam uma mentalidade análoga em regiões e em épocas acessíveis à história, como o senhor fez. Ali haverá para mim matéria para reflexões e para comparações preciosas".

Nem todas as cartas e resenhas são tão favoráveis quanto essas. Parece que a maior parte delas, embora lisonjeira, só aceita com tranquilidade a "esquisitice" do assunto porque Marc Bloch demonstra enorme erudição.

Está claro que a importância do livro escapou a muita gente. Na *Revue Historique de Droit* (1927, n. 2, pp. 322-6), Ernest Perrot, depois de ter sido elogioso, lamenta: "Entretanto, nem tudo no livro é de igual interesse para estes estudos [os de direito]. O sr. Marc Bloch quis, sobretudo, insistir numa das manifestações do caráter sagrado da realeza — precisamente a que tem menor valor para um jurista —, o poder taumatúrgico dos reis".

Em resenha na *Revue Belge de Philosophie et d'Histoire* (t. V, 1926, fasc. 2/3, pp. 611-5), o medievalista belga François-L. Ganshof, muito jovem na época, parece não ter gostado muito da obra. Embora louve "a erudição, a sutileza, a firmeza de julgamento", Ganshof escreve: "O grosso volume do sr. Marc Bloch não é um trabalho de história da medicina; também não é — graças a Deus! — um ensaio de sociologia comparada. É um livro de história propriamente dita [...]", mas Marc Bloch sacrificou o "essencial" (a "natureza quase sacerdotal do poder real") ao "acessório" (o toque das escrófulas). Estamos bem longe de Pirenne!

Seja como for, *Os reis taumaturgos* permaneceram únicos na obra de Marc Bloch. Charles-Edmond Perrin observou-o muito bem: "Deve-se assinalar que depois dessa data [1924] Marc Bloch não voltou a tratar da questão da unção real; o trabalho que dedicou a esse tema é único em sua obra; de certa maneira, basta-se a si mesmo, não foi precedido por nenhum artigo e não foi seguido por nenhum estudo complementar".[44]

Por que esse abandono?

Na ausência de qualquer explicação conhecida que tenha sido dada por Marc Bloch, fica-se reduzido às hipóteses.

Primeiro, as exigências e as contingências universitárias fizeram Marc Bloch desviar-se do prosseguimento de tais pesquisas. Os programas eram pouco abertos a esse tipo de problema; Marc Bloch, sempre interessado no comparatismo (o grande artigo "Pour une histoire comparée des sociétés européenes" ["Por uma história comparada das sociedades europeias"] é de 1928), dedica-se a ele no contexto de uma história rural. Quando foi nomeado professor e depois catedrático de história econômica na Sorbonne (1936-7), ficou monopolizado por essa orientação, parcialmente nova para ele.

Pode-se pensar também que o método da antropologia comparada revelara-lhe seus limites. Antes de tudo, por causa da falta de estudos que pudessem ser aproveitados por um historiador tão exigente; em seguida, porque ele não conseguira construir um método que, em matéria de comparatismo, fosse suficientemente rigoroso.

Por fim, pode-se supor que a acolhida (a qual, embora favorável, no fundo foi de incompreensão) a *Os reis taumaturgos* no ambiente universitário acabou por persuadir Marc Bloch a abandonar, pelo menos abertamente, um tipo de pesquisa que decerto não favorecia as satisfações que se podem legitimamente esperar de uma carreira acadêmica. Só alguns pioneiros como ele haviam entendido a novidade, o alcance e a futura fecundidade da obra. Na verdade, Marc Bloch não abandonara por completo *Os reis taumaturgos*, pois mantivera alguns "dossiês abertos"; e num destes, acerca da "sagração", o historiador, depois de haver feito anotações sobre dois trabalhos de P. E. Schramm (o livro sobre a coroação inglesa e o artigo sobre a coroação francesa, de 1937), escreve numa ficha: "a sagração: Fawtier, in Glotz, p. 62, esforça-se por demonstrar que ela conta pouco".[45] A universidade francesa não mudara muito desde 1924.

"OS REIS TAUMATURGOS" HOJE: COMPARATISMO

Que leitura um historiador pode hoje fazer de *Os reis taumaturgos*?

Ainda e sempre, o primeiro fascínio vem do horizonte comparatista da obra. Recentemente, uma controvérsia agitou alguns historiadores americanos a propósito do comparatismo de Marc Bloch. Na *American Historical Review* de 1980, Arlette Olin Hill e Boyd H. Hill Jr. (baseando-se principalmente no artigo de 1928 "Pour une histoire comparée", por um lado, e nas teorias linguísticas, por outro)[46] retomaram a distinção que Marc Bloch fizera entre comparatismo universal e comparatismo histórico. Os Hill, afirmando que de fato existem apenas esses tipos de comparatismo, censuram Marc Bloch por este ter misturado os dois, sobretudo em *Os reis taumaturgos*, e demonstram sua própria preferência pelo comparatismo universal — o qual, visivelmente, tendem a considerar o único interessante, fundamentando-se nas teorias linguísticas de Noam Chomsky. Em seguida a esse estudo, a *American Historical Review* de 1980 publicou duas réplicas muito críticas: de William H. Sewell, autor de notável estudo sobre "Marc Bloch e a história comparativa", de 1967; e de Sylvia L. Thrupp, fundadora da excelente e inovadora revista *Comparative Studies in Sociology and History*. Judiciosamente, Sewell e Thrupp respondem aos Hill que o pensamento e a obra de Marc Bloch não mostram confusão em seu método comparatista, que existem mesmo mais de dois modelos de comparatismo e que um historiador sentir-se-á sempre próximo de Marc Bloch na recusa deste a aceitar, em *Os reis taumaturgos*, algumas comparações em que Frazer generalizou.

Dito isso, o comparatismo preconizado e ilustrado por Marc Bloch parece-me mais que nunca necessário, respeitados os limites de prudência que ele indicava; e ele ficaria feliz por, nesse ponto, haver enfim uma posteridade para *Os reis taumaturgos*.[47] Mas é preciso permanecermos fiéis ao espírito de Marc Bloch, para isso comparando tão somente o que é comparável.

A bem dizer, o comparatismo de Marc Bloch é essencialmente um pouco tímido, parece-me; isso porque ele não dispunha de teorias e de métodos que permitissem ir mais longe sem abandonar as regras de prudência e as exigências de historicidade necessárias à reflexão histórica. De modo especial, acredito que determinadas formas de estruturalismo podem combinar-se muito bem com o trabalho histórico e ajudar o historiador. É o caso do estruturalismo de Lévi-Strauss, desde que o empreguemos para os fins para os quais Lévi-Strauss o criou: a análise interna dos mitos e dos ritos. Mais ainda, as ideias e o método comparatista verdadeiramente científico de Georges Dumézil parecem-me apropriados a trazer esclarecimentos suplementares acerca de fenômenos como o milagre régio. Este, numa perspectiva dumeziliana, situa-se no dificilmente delimitável campo da terceira função.* Ali, a saúde tem seu lugar ao lado da fecundidade, da prosperidade, da beleza. O curandeiro é eminentemente uma personagem da terceira função. Ora, no Ocidente cristão dos séculos XI-XIII vemos os reis esforçarem-se por estar presentes, senão por ser dominantes, em cada uma das três funções.[48] A luta dos reis para adquirir um poder miraculoso desenvolve-se menos no terreno sacerdotal do que na área do sagrado que se situa na terceira função. O adversário do rei é sempre a Igreja. Num período em que a função econômica tende a emancipar-se e a passar para as mãos dos trabalhadores, dos *laboratores*, os reis, malgrado seus resquícios de poder mágico sobre as colheitas (Marc Bloch, relacionando esse poder ao de cura, registrou cuidadosamente em suas anotações exemplos medievais e modernos), só podem impor-se pela beneficência no território da terceira função. Nesse campo, também a Igreja inclina-se a reservar para si um monopólio: instituições de caridade, tutela sobre os pobres, exclusividade na posse de relíquias. No começo do século XI, o monge Helgaud, em sua *Vida do rei Roberto, o Pio*, esforça-se por valorizar essa imagem do soberano caridoso, protetor do pobre e do doente. Mas a imagem do rei que cura é a única adequada a conferir ao monarca um lugar digno na terceira função.

* Com base em comparações linguísticas e no estudo dos ritos religiosos, o historiador Georges Dumézil afirmou que todas as religiões indo-europeias apresentam uma estrutura com três funções hierarquizadas: a primeira é a soberania espiritual; a segunda, a força; e a terceira, a fecundidade. (N. T.)

Em *Os reis taumaturgos*, a grande inovação de Marc Bloch é ter-se tornado também antropólogo, e ele é o pai da antropologia histórica que se desenvolve hoje. Excetuados os estudos folclóricos, utilizou para seu livro de 1924 apenas dois grandes antropólogos: sir James Frazer, que publicara em 1911 seu *The golden bough. A study in magic and religion, I-II. The magic art and the evolution of kings* [O ramo de ouro. Estudo sobre magia e religião, I-II. As artes mágicas e a evolução dos reis] (reeditado em 1922 de forma condensada) e em 1905 suas *Lectures on the early history of the kingship* [Conferências sobre a história dos primórdios da realeza], as quais em 1920 acabavam de ser traduzidas para o francês (mas Marc Bloch lia e falava inglês, assim como alemão e italiano) com o título *Les origines magiques de la royauté* [As origens mágicas da realeza]; e Lucien Lévy-Bruhl. No primeiro, ele encontrara a concepção da origem mágica da realeza; no segundo, a noção da mentalidade primitiva. Entretanto, Marc Bloch soube resistir à tentação tanto do comparatismo indiscriminado que havia em Frazer quanto da assimilação entre os homens medievais e os "selvagens" que podia ser extraída das ideias de Lévy-Bruhl.

Com alguma surpresa, é preciso observar que, embora a grande sombra de Durkheim erga-se por trás do Marc Bloch de 1924, não há menção (e, aparentemente, nem leitura) de duas importantes obras surgidas bem antes de 1924. No *Année Sociologique* (t. VII, 1902-3, pp. 1-146), Marcel Mauss, discípulo e genro de Durkheim, fizera publicar, em colaboração com H. Hubert, seu "Esquisse d'une théorie génerale de la magie" [Esboço de uma teoria geral da magia]. A distinção feita, contra Frazer, entre *rito mágico* e *rito religioso*, a famosa fórmula do pensamento mágico como "gigantesca variação do tema do princípio de causalidade", teria podido ajudá-lo a definir e analisar mais de perto os ritos do milagre real e a melhor situá-los em seu meio ambiente eclesiástico e religioso.[49]

A segunda lacuna surpreendente é o grande livro de Arnold Van Gennep, *Les rites de passage* [Os ritos de passagem] (Paris, 1909). Marc Bloch, que empregou a expressão e reconheceu o rito, teria podido encontrar ali os meios para melhor situar no ritual da sagração e da coroação o toque. É um dos novos poderes resultantes da transformação da personagem "ordenada". Na primeira vez, ele deve exercer-se num momento tão perto quanto possível do rito que permitiu exercê-lo. Os reis tocam praticamente em seguida à sagração. Depois de *Os reis taumaturgos*, numerosos trabalhos, alguns dos quais de primeira ordem, foram consagrados à *realeza sagrada* — como *Kingship and the gods. A study of ancient Near Eastern religion as the integration of society and nature* [A realeza e os deuses. Estudo da antiga religião do Oriente Médio enquanto integração da sociedade e da natureza], de H. Frankfort, Chicago, 1948, em que o autor mostra na realeza antiga uma garantia para a boa marcha do universo e para o bom funcionamento da sociedade. A monarquia medieval, vista pelo prisma do milagre régio, põe em relevo essa concepção? Em *Kings and councillors* [Reis e conselheiros], do grande antropólogo inglês Arthur Maurice Hocart, obra que passou despercebida quando de sua publicação em 1936 no Cairo e que cita *Os reis taumaturgos* de Marc Bloch,[50] o autor faz a instituição real originar-se de um ritual destinado a manter a vida. Depois, a organização ritual torna-se instituição governamental. A cidade é criada porque é a morada do rei. No começo, o rei é a personagem central do ritual e conservará muito dessa origem. Em epígrafe, Hocart cita Shakespeare: "*There's much divinity doth hedge a King*" ["Há muito de divino em torno de um rei"] — assim como, também em epígrafe, Marc Bloch cita o Montesquieu de *Lettres persanes* [Cartas persas]: "Esse rei é um grande mágico". Antropologicamente, entretanto, Hocart, embora encontre a mesma raridade de curas miraculosas que impressionara Marc Bloch, nada diz acerca de um poder curativo atribuído aos reis.

Há pouco tempo, a evolução e o enriquecimento dos estudos e das teorias sobre a *realeza sagrada* foram objeto de excelente trabalho de Valerio Valeri, o verbete "Regalità" [Realeza] da *Enciclopédia Einaudi* (vol. XI, 1980, pp. 742-71). Ali, o autor recorda que as teorias sobre as origens do poder régio organizam-se em torno de dois grandes modelos: o da origem mágica e o de uma origem histórica. Esse último, por sua vez, divide-se em duas teses principais, a da força e da conquista (tal foi, por exemplo, a tese de Jean de Meung no *Roman de la rose*) e a do contrato. Sem tratar dessa questão, a qual o interessa apenas pelo esclarecimento que as sobrevivências das origens podem projetar sobre os fenômenos históricos, Marc Bloch parece inclinar-se mais para as teses de seu iniciador em antropologia, Frazer. No mundo dos antropólogos, Frazer entrou em eclipse; ainda hoje, suas ideias são amiúde tanto declaradas ultrapassadas quanto vivamente atacadas.[51] Apesar disso, Valerio

Valeri observou que certo retorno a Frazer se evidencia em Hocart e em Luc de Heusch (*Le roi ivre ou l'origine de l'État* [O rei ébrio ou a origem do Estado], Paris, Gallimard, 1972).

É preciso repetir que Marc Bloch não se interessou pelo problema das origens. Mas seu estudo do milagre régio tende a demonstrar que a radical distinção feita por Hocart entre *ritual* e *política* é, pelo menos no Ocidente medieval, exagerada. O cerimonial do toque é um gesto político.

É desnecessário insistir no fato de que a atitude "racionalista" e "progressista" de Marc Bloch para com os milagres em geral, e o milagre régio em particular, dificilmente poderia ser alardeada hoje em dia. Não porque os historiadores tenham tornado a acreditar no milagre, mas porque os problemas que eles se apresentam limitam-se às questões que Marc Bloch propunha: "Como e por que se acreditou no milagre real? Uma crença ilumina-se fora de sua veracidade científica".

Marcel Detienne notou acertadamente o parentesco entre a tentativa de Frazer e a de Lévy-Bruhl, os dois antropólogos lidos por Marc Bloch. Para Detienne, há uma orientação dominante na antropologia no começo do século xx: "De Frazer a Lévy-Bruhl, a mitologia permanecerá o discurso da demência ou da debilidade mental", e *The golden bough* são apenas "os prolegômenos de uma história de trágicos erros da humanidade enganada pela magia". Mais: "Para Lucien Lévy-Bruhl, as sociedades primitivas são separadas de nós por sua organização mental: seu pensamento, formado de modo diverso do nosso, é de natureza mística; é regido por uma 'lei de participação' que o torna indiferente à lógica da não contradição, sobre a qual repousa todo o nosso sistema de pensamento [...] A obra de Lévy-Bruhl, em concordância profunda com a de Frazer, parece-nos hoje participar de uma operação de contenção do pensamento selvagem".[52]

Não creio que o voltairiano Marc Bloch, em face do rousseauísta Lévi-Strauss, tenha tido consciência de participar de alguma operação desse gênero. Quando muito, um pouco de comiseração pela credulidade de nossos ancestrais.

Em grande parte, está ainda por ser explorado e desenvolvido esse grande estoque de ideias que *Os reis taumaturgos* encerram e que continuam novas: estudo dos ritos, das imagens e dos gestos das sociedades históricas.

Entretanto, mais que a história das mentalidades (já bem elucidada e até um pouco descomposta), o caminho que Marc Bloch nos oferece explicitamente é o de uma nova história política.

Nos dossiês deixados por Marc Bloch (e postos em ordem por seu filho Étienne), as diversas teorias sobre a origem do poder. régio, em vez de combater-se umas às outras, parecem suceder-se nos tempos da história, mostrando certa semelhança com as ideias de Hocart. De início, a realeza sagrada, com suas legendas, suas "superstições", a sagração, a coroação e as insígnias; depois, a "teoria do contrato", derivada do feudalismo, mas a caminho de livrar-se dele; enfim, o novo direito eleitoral e o regime parlamentar. Ao longo de tudo isso, corre o fio condutor das "coisas profundas", a busca de uma história total do poder, em todas as suas formas e com todos os seus instrumentos. Uma história do poder na qual este não seja nem separado de suas bases rituais nem privado de suas imagens e de suas representações. Atrevo-me a dizer que, para compreender a realeza taumatúrgica da sociedade feudal na França e na Inglaterra, é necessário introduzir no modo de produção feudal a produção do simbólico.

A mensagem de Marc Bloch para o amanhã é o apelo ao retorno da história política,[53] mas uma história política renovada, uma *antropologia política histórica* de que *Os reis taumaturgos* serão o primeiro e sempre jovem modelo.

Jacques Le Goff

Prefácios do autor

Poucos livros poderão tanto quanto este ser chamados a obra da amizade: não tenho eu, de fato, o direito de dar o nome de amigos a todos os benévolos colaboradores que aceitaram ajudar-me, alguns deles com uma cortesia ainda mais admirável, já que ela não se dirigia à minha pessoa, pois eles jamais me haviam visto? A extrema dispersão das fontes, a complexidade dos problemas que era obrigado a abordar teriam tornado verdadeiramente impossível minha tarefa, se eu não tivesse encontrado tão grande número de auxílios preciosos. Fico ruborizado só em pensar em todos os mestres ou colegas, de Estrasburgo, Paris, Londres, Tournai, Bolonha, Washington ou outros lugares, que importunei para pedir uma informação ou uma sugestão e que sempre responderam com a mais delicada solicitude. Não poderia agradecer aqui a todos eles, um a um, sob pena de castigar a paciência do leitor com uma lista infinitamente longa. Ademais, a boa vontade deles foi desinteressada o bastante para que me consintam passar em silêncio sobre seus nomes, pelo menos neste prefácio. No entanto, eu faltaria a um verdadeiro dever se neste momento não expressasse meu reconhecimento muito especialmente aos bibliotecários ou arquivistas que consentiram em guiar-me através de seus acervos: sr. Hilary Jenkinson no Record Office, srs. Henri Girard, André Martin e Henri Moncel na Bibliothèque Nationale, sr. Gaston

Robert nos Archives de Reims; se não indicasse de imediato quantas informações úteis devo à incansável ajuda da srta. Helen Farquhar e do reverendo E. W. Williamson; e, por fim, se não relembrasse os inumeráveis passos em falso sobre um terreno que eu sentia escorregadio, os quais evitei graças ao auxílio quase cotidiano que um historiador da medicina particularmente competente, o dr. Ernest Wickersheimer, concordou em prestar-me. Permitam-me também falar de minha respeitosa gratidão ao Institut de France, que, abrindo-me sua casa de Londres, facilitou meu acesso aos arquivos e bibliotecas ingleses.

Mas foi sobretudo em nossa Faculdade de Letras, cuja constituição e procedimentos são tão favoráveis ao trabalho em comum, que me senti cercado de ativa simpatia. Especialmente, meus colegas Lucien Febvre e Charles Blondel reencontrarão muito deles mesmos em algumas das páginas que vêm a seguir, demasiado para que eu possa agradecer-lhes de outra maneira senão assinalando os próprios empréstimos que, com todo o carinho, tomei a suas ideias.*

Quando se publica uma obra como esta, seria presunçoso falar de segunda edição. Mas ao menos é legítimo encarar a possibilidade de complementos. A principal vantagem que espero de minhas pesquisas é chamar a atenção para uma ordem de problemas até aqui muito negligenciados. Entre as pessoas que me lerão, muitos decerto ficarão chocados com erros e, sobretudo, omissões; há trabalhos que guardaríamos eternamente na gaveta se quiséssemos obrigar-nos a evitar não apenas as lacunas imprevistas mas também as que não conseguimos preencher; a obra que hoje apresento ao público está nessa categoria. Ficarei para sempre profundamente agradecido a meus leitores que, da maneira que melhor lhes convier, assinalarem erros e esquecimentos. Nada me pareceria mais agradável que ver prosseguir desse modo uma colaboração à qual este livro, em sua forma atual, já deve tanto.

Marlotte, 4 de outubro de 1923

* Devo igualmente um reconhecimento todo especial a meus colegas P. Alfaric e E. Hoepffner, os quais, entre outros favores, dispuseram-se, junto com L. Febvre, a ajudar-me na correção das provas.

Relendo essas linhas de agradecimento durante a correção das provas, não posso resignar-me a deixá-las sem modificação. Faltam aí dois nomes que uma espécie de pudor sentimental, provavelmente muito suspeitoso, impedira-me de escrever; hoje, não posso mais suportar vê-los passar em silêncio. Sem dúvida, eu jamais teria tido a ideia dessas pesquisas sem a estreita comunhão intelectual que desde longa data vivi com meu irmão; médico e apaixonado por seu ofício, ajudou-me a refletir sobre o caso dos reis-médicos; atraído para a etnografia comparada e para a psicologia religiosa por um gosto singularmente vivo (no imenso domínio que sua infatigável curiosidade percorria com facilidade, esses eram os terrenos de sua predileção), ajudou-me a entender a importância dos grandes problemas que levanto aqui. Devo a meu pai o melhor de minha formação de historiador; suas lições, que se iniciaram em minha infância e desde então jamais cessaram, marcaram-me com uma impressão que eu desejaria indelével. O livro que está aqui, meu irmão só o conheceu no estado de esboço e de quase projeto. Meu pai leu o manuscrito; não o verá impresso. Creio que cometeria uma falta para com o amor filial e fraternal se não recordasse aqui a memória desses dois entes queridos, dos quais, a partir de agora, somente a lembrança e o exemplo poderão servir-me de guias.

28 de dezembro de 1923

Introdução

"Esse rei é um grande mágico"

Montesquieu, *Lettres Persanes*, I, 24.

"O único milagre que se perpetuou na religião dos cristãos e na casa de França [...]"

Pierre Mathieu, *Histoire de Louys XI, roi de France*, 1610, p. 472.

A 27 de abril de 1340, o dominicano frei Francesco, bispo de Bisaccia na província de Nápoles, capelão do rei Roberto de Anjou e no momento embaixador do rei Eduardo III da Inglaterra, apresentou-se ao doge de Veneza.[1] Entre França e Inglaterra vinha de ter início a luta dinástica que devia ser a Guerra dos Cem Anos; as hostilidades já haviam começado, mas a luta diplomática ainda se prolongava. Os dois reis rivais procuravam alianças em todas as partes da Europa. Eduardo encarregara frei Francesco de solicitar o apoio dos venezianos e a amigável intervenção destes junto aos genoveses. Conservou-se um resumo de seu discurso.[2] Como seria de esperar, exalta as disposições pacíficas do soberano inglês. Segundo frei Francesco, o "mui sereníssimo príncípe Eduardo", ardentemente desejoso de evitar o massacre de uma multidão de cristãos inocentes, escrevera a "Filipe de Valois, que se diz rei da França", para propor-lhe três meios, à escolha, de decidir entre os dois, sem guerra, a grande disputa: o primeiro era o combate em campo fechado, verdadeiro julgamento de Deus, na forma ou de um duelo entre os dois pretendentes em pessoa, ou de um combate mais amplo, entre dois grupos de seis a oito sectários; ou, então, uma ou outra das duas provas seguintes: "Se Filipe de Valois fosse, como ele afirmava, o verdadeiro rei da França, que ele o demonstrasse expondo-se a leões famintos, pois os leões jamais ferem um verdadeiro rei; ou que realizasse o milagre da cura de doentes, como costumam realizar os outros verdadeiros reis" — aí entendidos, sem dúvida, os outros verdadeiros reis da França. "Em caso de insucesso, ele se reconheceria indigno do reino." Filipe (sempre nas palavras de frei Francesco) havia, "em sua soberba", rejeitado essas sugestões.[3]

Podemos perguntar se Eduardo as teria realmente feito. O dossiê das negociações anglo-francesas chegou até nós em muito bom estado; ali não se acha nenhum vestígio da carta resumida pelo bispo de Bisaccia. Talvez este, o qual tentava seduzir os venezianos, a tenha inventado por completo. Mas suponhamos que a carta houvesse mesmo sido enviada; nesse caso, não seria necessário levar a prova dos leões ou a do milagre mais a sério que o convite ao duelo, desafio clássico que, no momento de entrar em guerra, os reis dignos desse nome trocavam nesse tempo, sem que jamais se recordasse ter visto algum deles entrar na liça. Tudo isso eram simples fórmulas diplomáticas — ou melhor, no exemplo de que nos ocupamos, palavras ocas de um diplomata demasiado falastrão.

No entanto, esse discurso não merece que os historiadores reflitam sobre ele. Não obstante sua aparente insignificância, projeta sobre coisas profundas uma luz muito viva. Vamos compará-lo ao que hoje um plenipotenciário colocado em circunstâncias semelhantes pronunciaria. A diferença revela o abismo que separa duas mentalidades; pois declarações similares, as quais são destinadas aos basbaques, respondem forçosamente às tendências da consciência coletiva. Frei Francesco não persuadiu os venezianos: nem as provas ostentadas do espírito pacifista de que Eduardo III (diziam-lhes) dera provas até o último momento, nem as promessas mais positivas contidas na sequência do discurso do dominicano convenceram-nos a sair de sua neutralidade, que consideravam proveitosa a seu comércio. Mas a essas ofertas supostamente feitas pelo rei da Inglaterra a seu rival da França os venezianos talvez não se mostrassem tão incrédulos quanto se poderia imaginar. Sem dúvida, não esperavam ver Filipe de Valois descer ao fosso dos leões; no entanto, a ideia de "Que filho de reis os leões não podem comer" tornara-se-lhes familiar, graças a toda a literatura de aventuras de sua época. Sabiam muito bem que Eduardo III não estava disposto a ceder o reino da França a seu rival, mesmo que este conseguisse curas milagrosas. Mas que todo verdadeiro rei da França (assim como todo verdadeiro rei da Inglaterra) fosse capaz de semelhantes prodígios era, de certo modo, um fato incontestado, o qual os mais céticos, no século XIV, nem sonhavam pôr em dúvida. Tanto em Veneza como em toda a Itália acreditava-se que fosse verdadeiro esse poder singular, e quando necessário recorria-se a ele: um documento que por acaso escapou à destruição conservou o relato de quatro honrados venezianos que em 1307 (33 anos antes da missão de frei Francesco) viajaram para a França a fim de ser curados por Filipe, o Belo.[4]

Desse modo, o discurso de um diplomata um tanto blasonador vem oportunamente recordar-nos que nossos antepassados, desde a Idade Média até o coração dos tempos modernos, tinham da realeza uma imagem muito diferente da nossa. Em todos os países, os reis eram então considerados personagens sagradas; pelo menos em certos países, eram tidos como taumaturgos. Durante muitos séculos, os reis da França e os reis da Inglaterra (para usar uma expressão já clássica) "tocaram as escrófulas": significando que eles pretendiam, somente com o contato de suas mãos, curar os doentes afetados por essa moléstia; acreditava-se comumente em sua virtude medical. Durante um período apenas um pouco menos extenso, os reis da Inglaterra distribuíram a seus súditos, mesmo para além dos limites de seus Estados, anéis (os *cram-prings*) que, por terem sido consagrados pelos monarcas, haviam supostamente recebido o poder de dar saúde aos epilépticos e de amainar as dores musculares. Esses fatos, ao menos em suas linhas gerais, são bem conhecidos pelos eruditos e pelos curiosos. Entretanto, devemos admitir que eles são singularmente repugnantes a nosso espírito, visto que o mais das vezes não se fala sobre eles. Historiadores escreveram grossos livros sobre as ideias monárquicas, sem jamais mencioná-los. As páginas a seguir têm como principal objetivo preencher essa lacuna.

A ideia de estudar os ritos de cura e, de forma mais geral, a concepção da realeza que se exprime neles veio-me há alguns anos, quando estava lendo no

Ceremonial dos Godefroy os documentos relativos à sagração dos reis da França. Naquele momento, eu estava bem longe de imaginar a verdadeira extensão da tarefa a que me lançava; a amplitude e a complexidade das pesquisas às quais fui conduzido ultrapassaram de muito a minha expectativa. Apesar disso, terei tido razão em perseverar? Receio que as pessoas a quem confiei minhas intenções tenham-me, mais de uma vez, considerado vítima de uma curiosidade bizarra e, no fim das contas, bastante fútil. Em que vereda eu me metera! "*This curious by path of yours*" [Este seu curioso atalho], dizia-me com palavras adequadas um amável inglês. Não obstante, pensei que esse desvio no caminho merecia ser seguido e, com a experiência, acreditei perceber que ele levava bem longe. Julguei que se podia fazer história com aquilo que, até o presente, era só anedota. Seria fora de propósito tentar nesta Introdução justificar em detalhes meu objetivo. Um livro deve conter em si mesmo sua apologia. Gostaria apenas de indicar muito rapidamente como concebi meu trabalho e quais as diretrizes que me guiaram.

Não se podia pensar em considerar os ritos de cura isoladamente, fora de todo esse grupo de superstições e legendas que formam o "maravilhoso" monárquico; isso teria sido condenar-se antecipadamente a vê-los apenas como uma anomalia ridícula, sem ligação com as tendências gerais da consciência coletiva. Esses ritos serviram-me de fio condutor para estudar, particularmente na França e na Inglaterra, o caráter sobrenatural que por longo tempo foi atribuído ao poder régio, aquilo que poderíamos chamar (usando um termo que os sociólogos desviaram ligeiramente de seu significado inicial) a realeza "mística". A realeza! Sua história domina toda a evolução das instituições europeias. Até nossos dias, quase todos os povos da Europa ocidental foram governados por reis. Durante longo período, o desenvolvimento político das sociedades humanas em nossos países resumiu-se quase unicamente às vicissitudes do poder das grandes dinastias. Ora, para compreender o que foram as monarquias de outrora, para sobretudo dar-se conta de sua longa dominação sobre os espíritos dos homens, não é suficiente apenas esclarecer até o último detalhe o mecanismo da organização administrativa, judiciária, financeira que essas monarquias impuseram a seus súditos; nem é suficiente analisar abstratamente ou procurar extrair de alguns grandes teóricos os conceitos de absolutismo ou de direito divino. É necessário também penetrar as crenças e as fábulas que floresceram em torno das casas principescas. Em muitos pontos, todo esse folclore diz-nos mais do que o diria qualquer tratado doutrinal. Como escrevia em 1575 Claude d'Albon, "jurisconsulto e poeta delfinês", em seu tratado *De la maiesté royalle* [Da majestade real]: "O que colocou os reis em tal veneração foram principalmente as virtudes e poderes divinos que se desenvolveram apenas neles e não nos outros homens".[5]

Entenda-se: Claude d'Albon não acreditava que essas "virtudes e poderes divinos" fossem a única razão de ser do poder régio. Será necessário afirmar que também eu não acredito? Com o pretexto de que os reis do passado, incluídos os maiores entre eles — um s. Luís, um Eduardo I, um Luís XIV —, pretendiam curar por simples toque as doenças, exatamente como os benzedeiros [*panseux de secret*] de nossa zona rural, nada seria mais ridículo do que ver nesses monarcas apenas feiticeiros. Foram chefes de Estado, juízes, comandantes. Com a instituição monárquica, as sociedades antigas atendiam a certo número de necessidades eternas, perfeitamente concretas e de essência perfeitamente humana — as quais as sociedades atuais também experimentam, embora com o inconveniente de em geral satisfazê-las de outra maneira. Mas, afinal de contas, um rei era aos olhos de seus súditos fiéis uma coisa bem diferente de um alto funcionário. Cercava-o uma "veneração" que não se originava unicamente dos serviços prestados. Como poderemos entender o sentimento de lealdade que, em certas fases da história, teve uma força tão extraordinária se preconceituosamente nos recusarmos a ver a auréola de sobrenatural que rodeava as cabeças coroadas?

Não iremos examinar aqui o germe e a causa primeira dessa concepção da realeza "mística". Suas origens escapam ao historiador da Europa medieval e moderna; na verdade, simplesmente escapam à história; só a etnografia comparada parece capaz de projetar alguma luz sobre elas. As civilizações de que a nossa é o resultado direto receberam essa herança de civilizações ainda mais antigas, perdidas na obscuridade da pré-história. Portanto, será que não encontraremos como objeto de nosso estudo apenas aquilo que por vezes é chamado (um pouco desdenhosamente) uma "sobrevivência"?

Mais adiante, teremos ocasião de observar que essa palavra não poderia legitimamente aplicar-se aos ritos curativos aqui considerados; o toque das escrófulas aparecerá como uma criação da França dos primeiros capetíngios e da

Inglaterra normanda; quanto à bênção dos anéis pelos soberanos ingleses, só muito mais tarde a veremos fazer parte do ciclo da realeza miraculosa. Resta a própria noção do caráter sagrado e maravilhoso dos reis — dado psicológico essencial, do qual os ritos de que tratamos foram somente uma entre várias outras manifestações. Muito mais velha que as mais antigas dinastias francesas e inglesas, pode-se dizer que a ideia da realeza maravilhosa e sagrada sobreviveu longo tempo após a desaparição do meio social (quase desconhecido por nós) que propiciara o nascimento de tal ideia. Mas, se (como geralmente se faz) entendermos por "sobrevivência" uma instituição ou uma crença da qual se extraiu toda a verdadeira vida e cuja única razão de ser está em um dia ter correspondido a alguma coisa, não passando de uma espécie de fóssil, testemunha de eras ultrapassadas, então a ideia que nos ocupa não teve nada, desde a Idade Média até pelo menos o século XVII, que autorize a caracterizá-la com o termo "sobrevivência"; sua longevidade não foi uma degenerescência. Essa noção de realeza conserva uma vitalidade profunda; permanece dotada de uma força afetiva que age sem cessar; adapta-se às novas condições políticas e, sobretudo, religiosas; reveste-se com formas até ali desconhecidas, entre as quais os próprios ritos de cura. Não explicaremos as origens dessa noção de realeza, pois para fazê-lo teríamos de sair do campo de nosso estudo; no entanto, explicaremos sua duração e sua evolução, o que também é parte, e muito importante, da explicação total. Em biologia, estudar a existência de um organismo não é apenas pesquisar-lhe o pai e a mãe; é também determinar as características do meio que lhe permitem viver e, simultaneamente, obrigam-no a modificar-se. A mesma coisa acontece — *mutatis mutandis* — com os fatos sociais.

Em suma, o que eu quis dar aqui foi essencialmente uma contribuição à história política da Europa, no sentido amplo, no verdadeiro sentido da expressão "história política".

Por força das próprias circunstâncias, este ensaio de história política precisou tomar a forma de um ensaio de história comparada, tanto porque a França e a Inglaterra tiveram ambas reis-médicos quanto porque a ideia da realeza maravilhosa e sagrada foi comum a toda a Europa ocidental. A forma que adotamos talvez tenha sido uma feliz necessidade, caso seja verdade, como acredito, que a evolução das civilizações de que somos os herdeiros só ficará mais ou menos clara se um dia formos capazes de considerá-la fora do quadro demasiado limitado das tradições nacionais.[6]

Mais: se eu não receasse tornar ainda mais pesado um título já demasiado longo, teria dado a este livro mais um subtítulo: *História de um milagre*. A cura das escrófulas ou da epilepsia pelas mãos dos reis foi de fato, como o bispo de Bisaccia recordava aos venezianos, um "milagre" — na verdade, foi um grande milagre, o qual decerto deve figurar entre os mais notáveis ou, em todo o caso, entre os mais contínuos que o passado apresenta. Inumeráveis testemunhas atestaram esse milagre, e seu brilho se apagou apenas ao fim de perto de sete séculos, durante os quais usufruiu uma popularidade constante e uma glória quase sem nuvens. Poderia a história crítica de semelhante manifestação sobrenatural ser indiferente à psicologia religiosa ou, melhor dizendo, a nosso conhecimento do espírito humano?

A maior dificuldade que encontrei no curso de minhas pesquisas derivou do estado das fontes. Não porque os testemunhos relativos ao poder taumatúrgico dos reis não sejam, no conjunto, bastante abundantes (com exceção dos seus inícios); mas porque estão muitíssimo dispersos e, sobretudo, são de naturezas prodigiosamente diversas. Julgue-se por este único exemplo: nossa mais antiga informação sobre o toque das escrófulas pelos reis da França encontra-se numa pequena obra de polêmica religiosa intitulada *De pignoribus sanctorum* [Das relíquias dos santos]; na Inglaterra, o mesmo rito é atestado pela primeira vez de maneira segura por uma carta privada que, provavelmente, constitui mero exercício de estilo; a primeira menção que se possui dos anéis curativos consagrados pelos reis ingleses deve ser procurada num edito régio. Pata dar seguimento à narrativa, foi necessário buscar a contribuição de grande número de documentos de espécies diferentes: livros de contas, peças administrativas de todas as categorias, literatura narrativa, escritos políticos ou teológicos, tratados médicos, textos litúrgicos, monumentos figurados — e paro por aqui; o leitor verá até um baralho desfilar ante seus olhos. As contas régias, tanto francesas quanto inglesas, não podiam ser aproveitadas sem um exame crítico; dediquei-lhes um estudo especial, mas, como ele iria obstruir inutilmente a Introdução, transportei-o para o fim do volume. O dossiê iconográfico, bem pobre, era relativamente fácil de inventariar; procurei arrolar um catálogo exato, que também poderá ser encontrado em apêndice. As outras fontes pareceram-me demasiado numerosas e demasiado disparatadas para que se pudesse tentar um recenseamento; contentar-me-ei em citá-las e comentá-las à medida que forem utilizadas. Aliás, que poderia ser uma nomenclatura das fontes em semelhante matéria? Algo similar a uma sucessão de manobras com uma sonda. Há bem poucos documentos a respeito dos quais se pode antecipadamente dizer com alguma certeza: "ele fornecerá (ou não) uma indicação útil sobre a história do milagre régio". É preciso ir tateando, confiar na sorte ou no instinto e perder muito tempo para obter um magro resultado. Se ao menos todas as coletâneas de textos tivessem um índice — quero dizer, um índice de matérias! Mas será mesmo necessário recordar quantas são desprovidas deles? Esses indispensáveis instrumentos de trabalho parecem tornar-se mais raros à medida que tratamos com documentos de data mais recente. Sua ausência muito frequente constitui um dos vícios mais chocantes de nossos atuais métodos de publicação. Eu talvez fale disso com um certo rancor, pois amiúde essa malfadada lacuna causou-me muitos estorvos. Por outro lado, mesmo quando o índice existe, ocorre que seu autor tenha sistematicamente descurado de incluir ali as menções relativas aos ritos curativos, decerto porque se considera que essas frívolas práticas estejam abaixo da dignidade da história. Muitas vezes, senti-me como um homem colocado em meio a grande número de cofres fechados, dos quais uns encerravam ouro e outros continham montes de pedrinhas, sem que nenhuma inscrição ajudasse a distinguir entre tesouros e seixos. Com isso, quero dizer que estou muito longe de pretender ser completo. Oxalá este livro incite os pesquisadores a novas descobertas!

Felizmente, não me estava arriscando num terreno inteiramente novo. Longe disso. Pelo que sei, não havia acerca do assunto nenhuma obra histórica que apresentasse a amplitude e o caráter crítico que me esforcei por dar à minha. Não obstante, a "literatura" das curas régias é bastante rica. Na verdade, ela é dupla: há duas literaturas de origens diferentes que seguem lado a lado e, o mais das vezes, ignoram-se mutuamente. Uma compreende os trabalhos de eruditos de profissão; a outra — mais abundante — é obra de médicos. Esforcei-me por conhecer e utilizar ambas. Este volume traz uma lista bibliográfica que, sem dúvida, parecerá bastante longa. Eu não gostaria que algumas obras particularmente importantes, as quais consultei sem cessar, ficassem perdidas nessa multidão. Desejo citar aqui meus guias principais. Os já antigos estudos de Law Hussey e de Waterton prestaram-me grandes serviços. Entre os autores ainda vivos, devo ao sr. François-Delaborde, ao dr. Crawfurd e à srta. Helen Farquhar mais do que seria capaz de expressar.

Também sou imensamente reconhecido a meus predecessores de outra época. Do século XVI ao século XVIII, escreveu-se muito a respeito dos ritos de cura; nessa literatura do Ancien Régime, até a farragem é interessante, pois dali podemos extrair curiosas informações sobre o estado de espírito de então; mas trata-se mesmo de uma farragem. O século XVII, principalmente, viu nascer ao lado de obras ou de panfletos de rara inépcia alguns trabalhos notáveis, tais como as páginas dedicadas às escrófulas por Du Peyrat em sua *Histoire ecclesiastique de la Cour* [História eclesiástica da corte]. Sobretudo, devo destacar duas incomparáveis teses acadêmicas: a de Daniel Georg Morhof e a de Johann Joachim Zentgraff; em parte alguma encontrei abundância de referências úteis. Sinto um prazer muito especial em aqui relembrar o quanto devo à segunda dessas duas dissertações, pois posso saudar seu autor como um colega. Zentgraff era de Estrasburgo. Nascido na cidade livre, tornou-se súdito de Luís XIV, pronunciou um panegírico de Henrique, o Grande,[7] e fez brilhante carreira universitária em sua cidade natal, que passara para o domínio da França. O livro que aqui está aparece entre as *Publications* de nossa ressuscitada Faculdade de Letras; apraz-me a ideia de continuar de algum modo, com um espírito que se ressente da diferença dos tempos, a obra outrora iniciada por um reitor da antiga Universidade de Estrasburgo.

LIVRO PRIMEIRO

AS ORIGENS

1. Os primórdios do toque das escrófulas

AS ESCRÓFULAS

Com os termos *écrouelles* ou, mais frequentemente, *scrofule*, que é apenas uma forma erudita do primeiro (os dois, tanto o popular quanto o erudito, derivam do latim *scrofula*),* os médicos designam hoje a adenite tuberculosa, ou seja, as inflamações dos gânglios linfáticos provocadas pelos bacilos da tuberculose. Obviamente, antes do nascimento da bacteriologia tal especialização desses dois nomes, que remontam à medicina antiga, não era possível. Distinguiam-se mal as diferentes afecções ganglionares; ou, pelo menos, os esforços classificatórios (de antemão condenados ao fracasso) que uma ciência ainda insegura possa ter ensaiado não deixaram nenhum vestígio na linguagem médica corrente. Todas essas afecções eram uniformemente chamadas *écrouelles* em francês e *scrofula* ou *strumae*, em latim; de modo geral, as duas palavras latinas eram consideradas sinônimas. É bom acrescentar que entre as inflamações ganglionares o maior número tem, por larga margem,

* O autor quase sempre emprega a palavra *écrouelles*. De modo geral, a tradução usa o termo *escrófulas*. A expressão *alporcas* foi aplicada quando se julgou adequado especificar que se tratava do nome popular. (N. T.)

origem tuberculosa; portanto, a maior parte dos casos classificados como escrofulosos pelos médicos da Idade Média o seria também por nossos médicos. Mas a linguagem popular se mostrava mais imprecisa que o vocabulário técnico. Os gânglios mais comumente atacados pela tuberculose são os do pescoço, e quando o mal se desenvolve sem tratamento, produzindo supurações, a face é atingida com facilidade — donde uma confusão (visível em muitos textos) entre escrófulas e diversas afecções da face ou mesmo dos olhos.[1] Em nossos dias, as adenites tuberculosas ainda são muito comuns. Que aconteceria outrora, quando as condições de higiene eram nitidamente inferiores às nossas? Adicionemos as outras adenites e esse vago grupo de moléstias de todo tipo que o erro generalizado confundia com as adenites tuberculosas: teremos uma ideia da desolação que podia provocar na Europa antiga isso que denominavam "alporcas". De fato, o testemunho de alguns médicos da Idade Média ou de tempos modernos registra que em certas regiões elas eram verdadeiramente endêmicas.[2] A doença raramente é fatal; mas, sobretudo quando não recebe cuidados adequados, ela incomoda e desfigura. As frequentes supurações tinham algo de repugnante; o horror que elas inspiravam exprime-se candidamente em mais de uma velha narrativa: a face "corrompia-se", as chagas produziam "um odor fétido...". Incontáveis doentes aspiravam ardentemente à cura, prontos a correr para os remédios que a voz pública lhes indicasse. Eis o pano de fundo que o historiador do milagre régio deve ter presente diante de seus olhos.

Já recordei o que foi esse milagre. Na França antiga, as escrófulas eram correntemente chamadas *mal le roi*; na Inglaterra, dizia-se *king's evil*. Os reis da França e da Inglaterra, pelo simples contato de suas mãos, realizado segundo os ritos tradicionais, pretendiam curar os escrofulosos. Quando começaram os monarcas a exercer esse poder miraculoso? Como foram levados a reivindicá-lo? Como os povos foram levados a reconhecer tal poder? Problemas delicados, que tentarei resolver. A sequência de nosso estudo apoiar-se-á em testemunhos seguros, mas aqui, nesta parte dedicada às origens, deparamos com um passado muito obscuro. Resignemo-nos a ceder o maior espaço às hipóteses; estas são permitidas ao historiador, desde que ele não as apresente como certezas. Antes de tudo, procuremos reunir os mais antigos textos que se refiram, como se dizia outrora, aos "príncipes-médicos". Começaremos pela França.

O primeiro documento em que, sem possibilidade de equívoco, aparece o "toque" francês, nós o devemos ao acaso de uma controvérsia bastante singular.[3] Aí pelo começo do século XII, o mosteiro de Saint-Médard de Soissons [no Aisne] afirmava possuir a mais insigne relíquia: um dente do Salvador, um dente de leite, dizia-se.[4] Para melhor divulgar a glória de seu tesouro, os religiosos haviam mandado compor um opúsculo que não mais existe, mas do qual podemos imaginar a natureza, graças a muitos outros exemplos: coletânea de milagres, livreto para uso dos peregrinos, decerto uma produção bastante grosseira.[5] Ora, não muito longe de Soissons vivia então um dos melhores escritores da época, Guibert, abade de Nogent-sous-Coucy. A natureza dotara-o de um espírito justo e aguçado. Pode ser também que alguma obscura querela, hoje esquecida, uma dessas ásperas rivalidades eclesiásticas de que a história daquele tempo está repleta, o instigasse contra seus vizinhos de Soissons[6] e contribuísse para, nesse caso particular, tornar mais exigente seu amor à verdade. Guibert não acreditava na autenticidade do ilustre dente; quando apareceu o escrito encomendado pelos monges de Soissons, ele pegou da pena para desenganar os fiéis, iludidos pelos "falsários"[7] de Saint-Médard. Assim nasceu esse curioso tratado *De pignoribus sanctorum,* que a Idade Média parece ter apreciado pouco (resta apenas um único manuscrito, talvez executado sob as vistas do próprio Guibert),[8] mas no qual hoje temos a satisfação de notar, em meio a muita mixórdia, as provas de um senso crítico bastante sutil, bem raro no século XII. É uma obra muito descosida, que contém, ao lado de historietas divertidas, grande número de considerações um tanto disparatadas sobre as relíquias, as visões e as manifestações milagrosas em geral.[9] Vamos abrir o primeiro livro. Em perfeita conformidade com a doutrina mais ortodoxa, Guibert desenvolve ali a ideia de que os milagres não são necessariamente indícios de santidade. Seu único autor é Deus, e a Sabedoria divina escolhe como instrumentos, "como canais", os homens que convêm a Seus desígnios, ainda que esses homens sejam ímpios. Seguem alguns exemplos tirados da Bíblia e até dos historiadores antigos, que para um letrado daquele tempo eram objeto de uma fé quase tão cega quanto a votada ao próprio Livro Sagrado: a profecia de Balaão e a de Caifás; Vespasiano a curar um aleijado; o mar de Panfúlia a abrir-se diante de Alexandre Magno; por fim, os sinais que tantas vezes anunciaram o nascimento ou a morte dos príncipes.[10] Ao que Guibert acrescenta:

> Que digo eu?! Não temos visto nosso senhor, o rei Luís, usar um prodígio costumário? Com meus próprios olhos, vi doentes que sofriam de escrófulas no pescoço ou em outras partes do corpo ocorrer em profusão, a fim de ser tocados pelo rei — toque a que ele ajuntava um sinal da cruz. Eu estava lá, bem perto dele, e até o defendia contra a importunação. O rei, entretanto, mostrava para com eles uma generosidade inata; afastando-os de sua mão serena, fazia humildemente o sinal da cruz sobre eles. Seu pai, Filipe, também exercera, com ardor, esse mesmo poder miraculoso e glorioso. Não sei que erros cometidos por ele fizeram que o perdesse.[11]

A partir do século XVII, essas poucas linhas foram citadas sem cessar pelos historiadores das "alporcas". Os dois príncipes aí mencionados são Luís VI e seu pai, Filipe I. Que se pode concluir daí?

Primeiro, que Luís VI (cujo reinado vai de 1108 a 1137) era considerado possuidor do poder de curar os escrofulosos; os doentes dirigiam-se a ele em multidão, e o rei, sem dúvida nenhuma convicto da força miraculosa que o céu lhe concedera, submetia-se às preces dos enfermos. Não se trata de uma casualidade, um momento de entusiasmo popular excepcional; estamos na presença de uma prática já "costumária", um rito regular revestido com as mesmas formas que apresentará durante todo o curso da monarquia francesa: o rei toca os doentes e faz sobre eles o sinal da cruz; esses dois gestos sucessivos continuarão tradicionais. Guibert é uma testemunha ocular que não poderíamos recusar; encontra Luís VI em Laon e, provavelmente, também em outras circunstâncias; sua condição de abade dava-lhe um lugar próximo ao de seu soberano.[12]

Há mais. Esse poder miraculoso não era considerado exclusivo do rei Luís. Havia a lembrança de que seu pai e predecessor, Filipe I, cujo longo reinado (1060-1108) remonta quase à metade do século XI, exercera-o antes dele. Contava-se que Filipe perdera tal poder em seguida a "não sei que erros", diz pudicamente Guibert, muito ligado à família capetíngia e disposto a encobrir as faltas desta. Nenhuma dúvida de que se trata da duplamente adulterina união de Filipe com Bertrade de Montfort. Acreditava-se que o rei, excomungado após esse crime, fora atingido pela cólera divina com diversas doenças "ignominiosas".[13] Não é de espantar que ele tivesse simultaneamente perdido o poder curativo. Essa lenda eclesiástica tem bem pouco interesse para nós. Mas deve-se notar que Filipe I é o primeiro soberano francês do qual podemos com segurança afirmar que tocou os escrofulosos.

Convém observar também que esse manuscrito, tão precioso, permanece absolutamente único em sua época. Para encontrar outro texto que faça referência às curas efetuadas pelos reis da França, é necessário chegar ao reinado de s. Luís (1226-70), sobre o qual as informações são bastante abundantes.[14] Se os monges de Saint-Médard não reivindicassem a posse de um dente de Cristo, se Guibert não teimasse em polemizar com eles ou, ainda, se seu tratado desaparecesse como tantas obras do mesmo gênero, decerto ficaríamos tentados a ver em s. Luís o primeiro monarca curandeiro. Na realidade, não há motivo para pensar que entre 1137 e 1226 tenha ocorrido alguma interrupção no exercício do dom miraculoso. Os textos relativos a s. Luís mostram claramente que o poder desse rei é tradicional e hereditário. Mas o silêncio dos documentos, contínuo durante quase um século, precisa ser explicado. Tentaremos fazê-lo mais tarde. Por ora, preocupados em determinar o início do rito, conservemos como um conselho de prudência a observação que acaba de ser feita: um acaso feliz conservou algumas frases em que um escritor do século XII menciona de passagem que seu rei curava os escrofulosos. Outros acasos, menos favoráveis, podem ter-nos roubado indicações análogas referentes a soberanos mais antigos. Afirmando sem mais nem menos que Filipe I foi o primeiro a "tocar as alporcas", nós nos arriscaríamos a cometer um erro similar àquele no qual teríamos caído se, tendo perecido o único manuscrito do *De pignoribus sanctorum*, houvéssemos concluído da ausência de qualquer menção anterior a s. Luís que esse rei foi o iniciador do rito.

Podemos ter a esperança de avançar para antes de Filipe I?

A questão de saber se os reis das duas primeiras dinastias possuíam a virtude medical reivindicada pelos capetíngios não é nova. Foi diversas vezes aventada por eruditos dos séculos XVI e XVII. Tais controvérsias repercutiram até na mesa real. Num dia de Páscoa em Fontainebleau, Henrique IV, após haver tocado as escrófulas, divertiu-se animando seu jantar com uma disputa deste gênero; ele atiçou doutos combatentes: André Du Laurens, seu primeiro-médico; Pierre Mathieu, seu historiógrafo; o capelão Guillaume Du Peyrat.

O historiógrafo e o médico sustentavam que remontava a Clóvis o poder do qual o monarca vinha de dar novas provas; o capelão negava que jamais um merovíngio ou um carolíngio o tivesse exercido.[15] Entremos na lide e procuremos formar uma opinião. O problema, bastante complexo, pode ser decomposto em várias questões mais simples, as quais é preciso examinar uma a uma, sucessivamente.

Primeiro: podemos encontrar nos textos vestígios de que algum rei das duas primeiras dinastias haja porventura pretendido curar os escrofulosos? Nisso, não teremos dificuldade em aderir à opinião negativa, inúmeras vezes expressa com muita energia por Du Peyrat, por Scipion Dupleix, por todos os bons espíritos da erudição do século XVII. Nunca se produziu nenhum texto dessa natureza. Devemos ir mais longe. Nosso conhecimento da alta Idade Média baseia-se em fontes pouco abundantes e, por isso, fáceis de explorar; há vários séculos, eruditos de todas as nações têm conscienciosamente examinado essas fontes; se um texto tal como o que acabo de delinear jamais foi encontrado, pode-se concluir (sem medo de errar) que ele não existe. Mais tarde, teremos ocasião de ver como nasceu no século XVI a narrativa da cura que Clóvis teria operado em seu escudeiro Lanicet. Essa tradição nos parecerá então desprovida de todo fundamento. Irmã caçula das lendas da Santa Âmbula e da origem celeste das flores-de-lis, é preciso relegá-la, com suas irmãs mais velhas, ao depósito de acessórios históricos fora de moda — como, aliás, já se fez há muito tempo.

Convém agora colocar sob forma mais abrangente o problema que estamos estudando. De acordo com o testemunho dos textos, nem os merovíngios nem os carolíngios possuíram essa forma especial do poder curativo que se aplica a uma enfermidade determinada: as escrófulas. Mas não teriam os reis dessas duas dinastias sido considerados capazes de curar tanto alguma outra enfermidade quanto, até mesmo, todas as doenças? Consultemos Gregório de Tours. No livro IX, lê-se a propósito do rei Gontrão, filho de Clotário I, a seguinte passagem:

> Entre os fiéis, conta-se que uma mulher cujo filho sofria com uma febre quartã atravessou sub-repticiamente a multidão até o rei, aproximou-se dele por trás e, sem que o soberano percebesse, arrancou algumas franjas do manto real; ela colocou-as em água e fez o filho beber essa água. A febre logo baixou; o doente

curou-se. De minha parte, não ponho a coisa em dúvida. De fato, eu mesmo vi, bem frequentemente, demônios que habitavam corpos possuídos gritar o nome desse rei e, denunciados pela virtude que emanava dele, confessar seus crimes.[16]

Portanto, Gontrão tinha junto a seus súditos e a seus admiradores (Gregório de Tours, sabe-se, formava com esses últimos) a reputação de curar. Uma força miraculosa fixava-se às vestes que o haviam tocado. Sua presença, ou talvez (o texto não é muito claro) a mera invocação de seu nome, bastava para liberar os possuídos. Toda a questão está em saber se Gontrão partilhava com os de sua dinastia essa capacidade maravilhosa ou se, ao contrário, somente ele a possuía. A memória de Gontrão parece jamais ter sido objeto de um culto reconhecido oficialmente, ainda que no século XIV o hagiógrafo italiano Pietro de Natalibus acreditasse dever colocá-lo em seu *Catalogus sanctorum* [Índice de santos].[17] Mas não podemos duvidar de que muitos de seus contemporâneos (com o bispo de Tours à frente) tenham-no considerado um santo; não porque os costumes de Gontrão fossem particularmente puros ou doces, mas porque ele era tão religioso! "Não o diríamos um rei, mas um bispo", escreve Gregório de Tours algumas linhas antes do trecho que citei. Por outro lado, o próprio Gregório fornece-nos uma imensidão de detalhes sobre os ancestrais, os tios, os irmãos de Gontrão. Fortunato cantou o elogio de vários reis merovíngios; em nenhuma parte de sua obra se vê que algum desses príncipes, louvados como mais ou menos devotos, generosos ou destemidos, tenham curado alguém. O mesmo vale para os carolíngios. A renascença carolíngia deixou-nos uma literatura relativamente rica, que inclui principalmente tratados meio políticos meio morais sobre a realeza e biografias ou coleções de histórias sobre alguns soberanos; seria impossível descobrir aí alguma alusão ao poder de curar. Se com base numa única passagem de Gregório de Tours se confirmasse que os primeiros merovíngios possuíram a virtude medical, seria também necessário supor que tal virtude sofreu um eclipse sob os carolíngios. Por conseguinte, não há nenhum meio de estabelecer uma continuidade entre Gontrão e Filipe I, entre o rei do século VI e o do século XI. É mais simples admitir que a opinião comum atribuiu esses milagres a Gontrão não porque fossem um atributo régio, mas porque pareciam emanar necessariamente do caráter de santidade que os súditos fiéis reconheciam nesse rei — pois aos olhos dos homens daquela época o que seria um santo senão, antes de tudo, um benfeitor taumaturgo? Resta ainda o fato de que, como veremos mais tarde, Gontrão passava mais facilmente por santo do que passava por rei; pertencia a uma dinastia que os francos estavam acostumados, desde longa data, a considerar sagrada. Mas, embora pelo menos parte de sua santidade e, portanto, de seus poderes miraculosos se devesse a sua origem régia, esse dom constituiu uma graça pessoal, que seus avós, seus ancestrais, seus sucessores não possuíram. A série ininterrupta de reis médicos que a França medieval conheceu não começa de nenhum modo com esse pio soberano, caro ao coração de Gregório de Tours.

Neste ponto, talvez alguém queira interromper-me. Sem dúvida, os textos merovíngios ou carolíngios (pelo menos tal como chegaram até nós) não mostram em nenhuma passagem um rei curar as escrófulas e, com exceção do trecho de Gregório de Tours que acaba de ser estudado, jamais nos falam de curas régias, não importa de que espécie; isso é incontestável. Mas, como já mencionei, essas fontes são muito pobres; de seu silêncio devemos extrair apenas uma confissão de ignorância? Não é possível que, sem o sabermos, os soberanos das duas primeiras famílias tenham tocado os doentes? Em todos os tipos de ciência, as provas negativas são decerto perigosas; sobretudo em crítica histórica, o argumento *ex silentio** é sempre cheio de perigos. No entanto, não nos deixemos enganar por *negativo*, esse adjetivo temível. A propósito do mesmo problema de que nos ocupamos aqui, Du Peyrat escreve excelentemente:

> Alguém me dirá, talvez, que argumentar *ab authoritate negativa* não permite concluir nada, mas apresentarei a mesma réplica que Coeffeteau apresentou a Plessis Mornay, o qual afirmou que em história tal método é irrelevante; sustento, ao contrário, que é argumentar afirmativamente; pois todos esses autores, s. Remígio, Gregório de Tours, Hincmar e outros que os seguiram a respeito da segunda linhagem, estariam obrigados como historiadores fiéis a tratar por escrito uma coisa tão memorável, se ela houvesse sido praticada em seu tempo [...] portanto, não ter escrito sobre esse milagre é afirmar que ele foi desconhecido em seu tempo.[18]

* Ou seja, chegar a uma conclusão graças à ausência de provas do contrário. (N. T.)

Em outros termos, toda a questão consiste em saber se os documentos contemporâneos à dinastia merovíngia e à carolíngia são de molde a que a prática das curas reais, caso houvesse existido, não fosse mencionada por eles. É isso que parecerá bem pouco provável, sobretudo no que concerne ao século VI (a época de Fortunato e de Gregório de Tours) e, mais ainda, ao belo período da dinastia seguinte. Se Carlos Magno ou Luís, o Pio, houvessem tocado os enfermos, poder-se-ia acreditar que o monge de Sankt-Gall ou o Astrônomo teriam silenciado sobre esse traço maravilhoso? Que algum desses escritores, os quais eram íntimos da corte real e formavam a brilhante plêiade da "renascença carolíngia", tivesse deixado escapar, ainda que de passagem, a mais fugidia alusão a esse grande fato? Como já mencionei, de Luís VI a s. Luís os documentos são igualmente mudos; mas daqui a pouco interpretarei esse silêncio, que, afinal de contas, durou apenas três reinados. Mostrarei então como esse silêncio tem origem num movimento de pensamento político, surgido da reforma gregoriana, cujas ideias mestras são tão diferentes quanto possível das que animavam os autores de que acabo de falar. O silêncio incomparavelmente mais longo da literatura merovíngia e carolíngia seria verdadeiramente inexplicável, caso não pudesse ser explicado simplesmente pela própria ausência do rito de que em vão procuramos os vestígios. Não há nenhuma razão para acreditar que os descendentes de Clóvis ou os de Pepino tenham alguma vez, na qualidade de monarcas, pretendido curar alguém.

Agora, passemos aos primeiros capetíngios. A vida do segundo príncipe dessa família — Roberto, o Pio — foi escrita, como se sabe, por um de seus protegidos, o monge Helgaud. É um panegírico. Ali, Roberto aparece adornado com todas as virtudes, sobretudo as que deviam agradar aos monges. Helgaud elogia especialmente a bondade do rei para com os leprosos e acrescenta:

> A virtude divina concedeu a esse homem perfeito uma grande graça: a de curar os corpos. Tocando as chagas dos enfermos com sua pientíssima mão e marcando--os com o sinal da cruz, ele livra-os da dor e da doença.[19]

Discutiu-se muito sobre essas poucas palavras. Excelentes eruditos recusaram-se a ver aí o primeiro testemunho do poder curativo dos reis franceses. Examinemos suas razões.

Que diz exatamente a *Vida do rei Roberto*? Que esse príncipe curava os enfermos. Mas por graça especial ou em virtude de uma vocação hereditária que era comum a ele e a todos os de sua estirpe? O texto não o indica. Pode-se justificadamente perguntar se Helgaud (imbuído de admiração pelo rei de quem escrevia os altos feitos e talvez desejoso de preparar os caminhos para uma futura canonização do soberano) não considerava o poder miraculoso que atribuía a seu herói uma manifestação de santidade estritamente individual. Lembremo-nos da passagem de Gregório de Tours que citei há pouco; dela concluímos que o rei Gontrão era julgado pessoalmente santo, e não que os merovíngios eram tidos como uma linhagem de taumaturgos. Não daremos ao testemunho de Helgaud um sentido similar? Mas, examinando-o com atenção, a analogia parece totalmente superficial. O texto de Gregório de Tours emergia como a única exceção ao silêncio universal e prolongado de todos os documentos. Para estabelecer um elo de filiação entre as virtudes medicais do filho de Clotário e o início autêntico do toque das escrófulas sob Filipe I, seria necessário dar um salto de cinco séculos, através de três dinastias; seria necessário supor que fosse muda uma multidão de autores que não tinham nenhum motivo para calar-se. Aqui, não deparamos com nenhuma dificuldade dessa espécie. Entre Roberto II e seu neto Filipe I, há apenas um curto intervalo: 29 anos, só uma geração, um único reinado, o de Henrique I, precisamente aquele do qual menos sabemos entre todos os de seu tempo. Não conhecemos quase nada sobre esse príncipe; ele pode muito bem ter tocado os doentes sem que a memória desse gesto haja chegado até nós, sem que sequer tenhamos o direito de surpreender-nos com nossa ignorância. Por enquanto, admitamos que Roberto II haja sido o iniciador do ilustre rito cuja história procuramos escrever e vejamos o que pode ter acontecido. Seus súditos fiéis acreditavam-no capaz de curar; foi o testemunho que, pela boca de seu biógrafo, forneceram sobre o rei. Pode bem ser, contudo, que considerassem que esse dom era próprio apenas de seu senhor. Mas depois dele seus descendentes e sucessores reivindicaram, a título de herança, esse privilégio. Helgaud, do qual não sabemos se sobreviveu longamente a seu herói, pode ter desconhecido essa pretensão ou, não a desconhecendo, ter preferido, por esta ou aquela razão, silenciar sobre ela. Não podemos permitir-nos a dúvida, pois sabemos por um texto irrecusável que o próprio neto de Roberto, poucos anos depois desse rei, exercia o mesmo poder. Na verdade, nada mais natural que imaginar entre duas gerações tão próximas a continuidade de uma mesma tradição miraculosa ou, melhor dizendo, de um mesmo rito: contato seguido do sinal da cruz. Tanto no caso de Roberto quanto no de Luís vi, os gestos de cura mostram-se todos iguais (nesse aspecto, os textos nada dizem a respeito de Filipe i). Helgaud não parece ter considerado um legado ancestral a "grande graça" que Deus, segundo o monge, concedera a seu rei. Pode-se concluir então, com certa possibilidade de acertar, que Roberto ii foi o primeiro dos reis taumaturgos, e elo original da gloriosa cadeia; mas não se pode concluir (pois isso seria desmentido pelos fatos) que algum rei não curasse depois dele.

Outra dificuldade: Filipe i tocava os escrofulosos. Ora, na frase de Helgaud não se faz nenhuma menção às escrófulas. O trecho situa-se em seguida a uma exposição da conduta do rei para com os leprosos; no entanto, parece que os leprosos não são especificamente o objeto da frase de Helgaud. Não era esta nem aquela afecção tomada à parte, fosse lepra fosse escrófula; são todas as enfermidades indistintamente as que Roberto, no dizer de seus admiradores, sabia curar. "Deve-se notar", escreve o sr. Delaborde, "que as escrófulas não são nomeadas nessa passagem da biografia (na qual se acreditou ver um primeiro exemplo do dom particular de nossos reis) e que aí se trata apenas do poder geral de curar as doenças, comum a todos os santos."[20] De acordo. Mas será que estamos tão seguros de que o dom atribuído ao rei foi, desde a origem, considerado tão "particular"? Por estarmos tão habituados a ver a virtude miraculosa dos príncipes franceses ter por alvo exclusivo as escrófulas, quase não mais nos surpreendemos de que ela tenha tomado essa forma estritamente limitada. No entanto, afirmar que desde o início era esse o caso constituiria um postulado injustificável. Tomemos um ponto de comparação. A maioria dos santos verdadeiramente populares também possui seus talentos específicos: as pessoas dirigem-se a um deles rogando-lhe que cure os males dos olhos; a outro pedem que remedeie os males do ventre; e assim por diante. Mas, até onde se pode ver, essas especializações raramente estão lá desde o início; a maior prova está em que às vezes elas variam. Todo santo passa por médico junto ao povo; pouco a pouco, em virtude de associações de ideias frequentemente obscuras, algumas vezes por um simples calembur, seus fiéis acostumam-se a atribuir-lhe o dom de mitigar sobretudo esta ou aquela enfermidade; o tempo faz sua obra; ao fim de certo número de anos, a crença nesse poder bem determinado tornou-se no pobre mundo dos sofredores um verdadeiro artigo de fé. Um pouco adiante, reencontraremos um desses grandes santos de peregrinação, s. Marcoul de Corbeny. Exatamente como os reis da França, ele foi um curandeiro de escrófulas; por causa disso, adquiriu apreciável celebridade, mas muito tardiamente. Antes, durante muitos séculos, ele não fora mais que um santo igual aos outros, o qual se invocava indiferentemente para toda espécie de males. Sua história, que conhecemos bastante bem, provavelmente apenas repetiu, a algumas centenas de anos de distância, as histórias dos reis da França que se mostram a nós com menos clareza: como o santo de Corbeny, decerto também eles começaram por curar muitas doenças, por especializar-se apenas secundariamente. As representações coletivas das quais saiu a ideia do poder medical dos reis são difíceis de seguir em todas as suas sutilezas, mas não são ininteligíveis. Daqui a pouco, irei esforçar-me por reconstituí-las; ligam-se a todo um ciclo de crenças relativas ao caráter sagrado da realeza, um ciclo que começamos a compreender bem. Mas seria necessário julgar inconcebível que, de repente, os franceses tivessem cismado que seus soberanos eram capazes não de curar os doentes em geral, mas de curar os escrofulosos e tão somente os escrofulosos.

Suponhamos, ao contrário, que as coisas se tenham passado tal qual no caso de s. Marcoul. Os primeiros capetíngios (a partir de Roberto, o Pio, por exemplo) "tocam" e "marcam com o sinal da cruz" todos os coitados que, vítimas de enfermidades diversas, são atraídos pela reputação taumatúrgica desses reis; essa multidão certamente inclui os escrofulosos, pois na Europa desse tempo as escrófulas são uma afecção muitíssimo frequente e temida. No fundo, porém, é uma afecção bastante benigna, mais desagradável na aparência do que verdadeiramente perigosa; sobretudo, é facilmente suscetível de melhoras, mesmo que aparentes e temporárias.[21] Entre os escrofulosos tocados pela sagrada mão do rei, alguns ficarão curados, e muitos outros parecerão curar-se — efeito da natureza, diríamos hoje; efeito da virtude régia, diz-se no século XI. Que alguns casos dessa espécie venham a ocorrer em condições particularmente propícias a impressionar as imaginações; que não se seja levado a colocar os doentes assim curados em contraste com outras pessoas, atingidas por outros males, que o rei terá tocado sem sucesso — eis o bastante para que os espíritos se inclinem a reconhecer no príncipe capetíngio um especialista em escrófulas. Na reconstituição de um encadeamento dessa espécie, forçosamente entra larga margem de hipótese. O processo evolutivo que faz de um curandeiro generalista um curandeiro especializado será sempre difícil de seguir em detalhes, pois tal processo apresenta-se como o resultado de uma profusão de pequenos fatos de natureza diversa que só agem cumulativamente; cada um desses fatos, se tomado isoladamente, é demasiado insignificante para que os documentos o relatem. Trata-se do que os historiadores denominam "acaso" — mas a história do culto dos santos demonstra amplamente que esse processo é possível. Ora, neste nosso caso temos um apoio sólido para induções porque temos um texto. Não há nenhuma razão para rejeitar o testemunho fornecido por Helgaud; nada na evolução que ele nos permite reconstituir prejudica a verossimilhança. Portanto, é preciso mantê-lo.

Permaneceremos em terreno seguro concluindo do seguinte modo: Roberto, o Pio, o segundo dos capetíngios, parecia aos olhos de seus súditos possuir o poder de curar os enfermos. Seus sucessores herdaram o dom, mas essa virtude dinástica, ao transmitir-se de geração a geração, modificou-se — ou melhor, tornou-se pouco a pouco mais específica. Concebeu-se a ideia de que o toque régio era soberano não contra todas as moléstias indistintamente, mas contra uma delas, aliás muito disseminada: as escrófulas. No reinado de Filipe I — o próprio neto de Roberto —, essa transformação já se efetuara.

Assim pudemos determinar, com alguma plausibilidade, os primórdios do toque das escrófulas na França. Resta pesquisar as origens no sentido próprio da palavra: isto é, entender como se começou a ter os reis por médicos prodigiosos. Mas no momento essa investigação não poderia ser empreendida com proveito. Aliás, já que o milagre régio é tão inglês quanto francês, num estudo explicativo de suas origens os dois países não podem ser encarados separadamente. Queremos estabelecer o porquê de o rito de cura aparecer na França em determinado momento e não em outro? Não podemos intentá-lo antes de fixar a época em que o mesmo rito nasceu na Inglaterra. Sem essa indispensável precaução, como saber se os reis da França não se restringiram a apenas imitar seus rivais de além-Mancha? Trata-se de analisar a concepção de realeza que o rito não fez mais que traduzir? Em suas origens, as mesmas ideias coletivas estão presentes nos dois países vizinhos. Então, agora é necessário, antes de qualquer coisa, desenvolver para a Inglaterra uma discussão crítica do mesmo tipo da que teve por objeto os textos franceses.

OS PRIMÓRDIOS DO RITO INGLÊS

Aí pelo final do século XII, vivia na corte do rei Henrique II da Inglaterra um clérigo de origem francesa, Pierre de Blois. Era um dos muitos eclesiásticos letrados que a brilhante corte do Plantagenet reunia — infinitamente mais espirituais, segundo Hauréau,[22] do que os que na mesma época se agrupavam em torno do rei da França. Entre outras obras, temos de Pierre de Blois uma preciosa coleção epistolar. Vamos folheá-la. Encontraremos aí duas cartas muito semelhantes, ambas endereçadas aos clérigos do círculo real: numa, Pierre difama a corte e os cortesãos o máximo possível; na outra, ele se desdiz.[23] Será que essa retratação foi-lhe imposta pelo descontentamento de seu soberano, como acreditaram alguns historiadores?[24] De minha parte, confesso que me recuso a levar a sério essas duas peças: para mim, é difícil vê-las como outra coisa senão dois exercícios de retórica ou de sofística, um *sic et non* que bem era ao gosto da época. Pouco importa. A segunda carta contém a seguinte passagem:

> Confesso que assistir o rei é [para um clérigo] cumprir uma tarefa santa; pois o rei é santo; é o ungido [*christus*] do Senhor; não foi em vão que o rei recebeu o sacramento da unção, cuja eficácia, se por acaso alguém ignorasse ou a colocasse em dúvida, seria amplamente demonstrada pela desaparição dessa peste que ataca a virilha e pela cura das alporcas.[25]

Portanto, Henrique II curava os escrofulosos. Também se atribuía à virtude régia a desaparição (*defectus*) de uma peste que atacava a virilha (*inguinariae pestis*). Não sabemos ao certo a que aludem estas últimas palavras; talvez a uma epidemia de peste bubônica que, acreditava-se, teria cedido à miraculosa influência do rei. Um excelente historiador da medicina, o dr. Crawfurd, afirma que a confusão entre certas formas de línguas pestosas e a adenite da virilha não era nada impossível para um homem daquele tempo.[26] Pierre de Blois não era médico; partilhava dos erros populares. Essa peste bubônica que, segundo ele e (decerto) segundo a opinião corrente em seu círculo, Henrique II combatera miraculosamente, Pierre de Blois possivelmente a considerava um caso particular desse vasto grupo de afecções ganglionares que a Idade Média reunia sob o nome escrófulas. Em suma, as escrófulas eram a especialidade de

Henrique II. Seu poder curativo não era pessoal; devia-o à sua função: era taumaturgo enquanto rei. Ele morreu em 1189. Para o século seguinte, uma série de textos (mais numerosos à medida que nos aproximamos de 1300) mostra seus sucessores tomando-os por herdeiros do mesmo dom.[27] Henrique II ocupa na história do milagre régio na Inglaterra o mesmo lugar que Filipe I na França, a posição de primeiro soberano do qual se pode dizer com certeza: "Esse tocou os escrofulosos". Mas nada nos impede de procurar remontar a uma época anterior a Henrique II — se necessário, ajudados por algumas conjeturas.

Vimos que, conforme alguns eruditos franceses do Ancien Régime, o iniciador do rito neste lado da Mancha foi Clóvis; honra similar foi concedida por um pastor inglês do século XVI, William Tooker, ao rei Lucius, considerado o primeiro monarca cristão a reinar na Grã-Bretanha.[28] Essa narrativa tem pouco crédito e não merece nenhum. Clóvis é ao menos uma personagem verídica; o bom Lucius existiu apenas na imaginação dos eruditos. Passemos à história. Durante a maior parte do período anglo-saxão, não se encontra referência a nenhuma virtude medical atribuída aos reis.[29] É preciso chegar até os tempos imediatamente anteriores à conquista normanda para encontrar um príncipe que, com ou sem razão, pode ser tido como o primeiro da linhagem dos curandeiros: ainda hoje, Eduardo, o Confessor, é quase universalmente considerado o fundador do rito inglês. Essa tradição tem ainda mais força porque Shakespeare (informando-se, como de hábito, em Holinshed) adotou-a numa de suas peças mais brilhantes e mais lidas, *Macbeth*. Malcolm e Macduff, fugindo ao ódio do tirano da Escócia, refugiam-se na corte de Eduardo. Ali, Malcolm testemunha pasmado o milagre e relata-o a seu companheiro:

> [...] doentes atingidos por estranhos males, todos inchados, todos cobertos de úlceras, lamentáveis de ver, desesperançados da medicina, ele cura-os pendurando em seus pescoços uma peça de ouro, com preces santas, e diz-se que transmitirá essa graça curativa aos reis seus sucessores.[30]

Devemos aderir à opinião de Shakespeare?

A vida e, mais especificamente, as virtudes sobrenaturais de Eduardo, o Confessor, são conhecidas graças a sobretudo quatro documentos: algumas passagens de William of Malmesbury em sua *Historia regum* [História do reino] e três biografias, a primeira anônima, as outras duas escritas por Osbert of Clare e Ailred of Rievaulx, respectivamente. Ailred escrevia em 1163, no reinado de Henrique II; Osbert em 1138, no tempo de Estêvão de Blois. William é um pouco mais antigo: a primeira redação de sua *Historia* situa-se na segunda metade do reinado de Henrique I, em 1124 ou 1125. Por fim, a *Vida anônima* é usualmente considerada quase contemporânea de seu herói; teria sido redigida após a morte de Eduardo [ocorrida em 1066], por volta de 1067 ou, o mais tardar, antes de 1076. Essa era a opinião geral, pelo menos até agora. Alhures, procurei demonstrar que ela não tem fundamento e que essa *Vida* data também do reinado de Henrique I, mas de sua primeira fase, entre 1103 e 1120. Aqui, irei pressupor que alcancei esse objetivo.[31]

Eduardo, o Confessor, foi muito cedo considerado santo. Seu culto, ainda desprovido de toda consagração oficial, já existia sob Henrique I. Osbert advogou a canonização de Eduardo, a qual acabara de ser conseguida no momento em que Ailred iniciou seu trabalho. Por conseguinte, não há nada de surpreendente no fato de que as quatro obras que mencionamos atribuam a Eduardo um bom número de curas milagrosas: sendo santo, ele devia ser taumaturgo. Entre esses episódios, apenas um tem sido tradicionalmente mantido pelos historiadores do "toque". É reproduzido de maneira quase igual pelos quatro autores. Ailred, nesse caso como em outros, limitou-se a desenvolver em bom estilo as exposições verbosas e confusas de Osbert. Este conhecia a *Vida anônima*. Os dois escritores mais antigos, William e o desconhecido autor da *Vida*, a quem se costuma designar pelo nome Biógrafo, parecem ter tido como fonte comum uma coletânea de milagres que seguramente foi composta em Westminster e que Osbert, por sua vez, citou. Resumamos brevemente essa historieta célebre:[32]

Havia na Inglaterra uma jovem esposa que estava afligida de um mal terrível: uma inchação das glândulas do pescoço, a qual exalava um cheiro fétido. Instruída por um sonho, ela foi ao rei pedir uma cura. Eduardo, mandando que lhe trouxessem um vaso cheio de água, molhou os dedos e, em seguida, tocou as partes doentes, fazendo sobre estas, várias vezes, o sinal da cruz. Muito em breve, sob a influência da régia mão, o sangue e o pus saíram; a enfermidade pareceu ceder. A paciente foi retida na corte, mas parece que o tratamento não se repetiu. Decorrida apenas uma semana, a feliz mulher estava completamente curada. Que digo eu?! Ela estava livre não apenas de seu mal mas também de uma esterilidade insistente, que a angustiava: no mesmo ano, deu um filho ao marido.

Essa é a trama geral da narrativa. Nossos autores acrescentam-lhe alguns comentários, que merecem nossa atenção, tanto quanto ou mais que o próprio texto. Para começar, eis uma observação que é própria de William of Malmesbury:

> Em nossa época, alguns servem-se desses milagres [o da jovem esposa e outros análogos que se atribuíam, como daqui a pouco veremos, ao Eduardo ainda adolescente] para uma obra de falsidade; afirmam que o rei possuía o poder de curar essa moléstia, não em virtude de sua santidade, mas em caráter hereditário, como privilégio de estirpe real.[33]

Observação duplamente preciosa porque nos informa sobre as ideias de William e, ao mesmo tempo, sobre as de muitos de seus contemporâneos que diferiam das suas. Para o monge de Malmesbury, só os santos fazem milagres; os reis podem fazê-los se forem santos, mas não se forem apenas reis; não há dinastia taumatúrgica. Reencontraremos mais tarde essa concepção, a qual se pode, pensando em Gregório VII, justificadamente qualificar de gregoriana. No momento, o que nos interessa é sobretudo a opinião contrária; combatendo-a, William forneceu dela um testemunho irrefutável.

Estamos na Inglaterra, em 1124 ou 1125. Eduardo, o Confessor, morto faz sessenta anos, passa por ter curado muitos enfermos. Suas curas são todas da mesma natureza? Nem todo mundo pensa assim. Alguns julgam que os milagres de escrófulas devem ser colocados à parte: seria à sua régia origem, não às suas virtudes religiosas, que Eduardo deveria o poder de realizá-los. Evidentemente, os homens que imaginam isso têm razões para acreditar que os reis curam as escrófulas; de onde podem ter tirado semelhante ideia? Sem dúvida, dos fatos que eles têm diante de seus olhos. Seu rei é Henrique I; portanto, será que Henrique I já sustentava possuir aquele dom maravilhoso que, como sabemos, seu neto Henrique II iria reivindicar? É difícil fugir a essa conclusão.

Ora, outro texto mais ou menos contemporâneo da *Historia regum* deve aqui ser levado em conta. Há pouco, citei a famosa passagem de Guibert de Nogent que constitui nosso mais antigo testemunho do rito francês, mas omiti propositalmente as últimas palavras. Vamos transcrevê-las agora:

> Que fazem [escreve Guibert] a respeito da cura das escrófulas os outros reis? Guardarei silêncio nesse ponto. Mas, pelo que sei, o rei da Inglaterra jamais teve a audácia de tentar realizar tal cura.[34]

Faz muito tempo que os historiadores franceses tiraram partido dessa pequena frase para provar que na época em que se escreveu o *De pignoribus sanctorum* (isto é, na própria época em que reinava Henrique I) os reis ingleses ainda não partilhavam do belo privilégio que os capetíngios já detinham.[35] Tal interpretação teria feito a felicidade de Guibert: é a que ele queria impor à posteridade. Mas talvez essa interpretação seja um pouco simplista. Há algo de suspeito no ardor com que o abade de Nogent (cujo patriotismo bajulador é bem conhecido) defende a prerrogativa da dinastia francesa: que necessidade teria ele de, entre todos os soberanos da Europa, escolher o príncipe normando para negar-lhe expressamente o dom medical? Tudo se passa como se da Inglaterra tivesse chegado a seus ouvidos o que o dr. Crawfurd lindamente chama "um vago rumor de usurpação".[36] Por si só, o testemunho de Guibert provavelmente não teria corroborado nada, nem num sentido nem em outro; mas, quando cotejado com o de William of Malmesbury, confirma indireta e involuntariamente nossa indução de momentos atrás. Segundo todas as probabilidades, Henrique I tocou as escrófulas.

Dentre nossas diversas fontes, aquele trecho de William of Malmesbury não é o único comentário à narrativa da cura da mulher escrofulosa. É preciso citar agora uma frase que se encontra quase idêntica em três autores diferentes: o Biógrafo, William e Osbert. Deve-se supor que ela já constava na coletânea de milagres primitiva, da qual os dois primeiros escritores a extraíram. Reproduzo-a do texto do Biógrafo, o mais antigo; para entendê-la, é importante lembrar que Eduardo, expulso de sua pátria pela invasão dinamarquesa, passara toda a juventude na corte dos duques normandos, seus parentes.

> Esse milagre era novo para nós, mas o rei frequentemente o realizara durante sua adolescência, quando vivia na Nêustria, região que hoje é chamada Normandia; disso sabemos pelo testemunho dos franceses.[37]

Eis aí uma observação bem surpreendente! Sem dúvida, santo de casa não faz milagre. Mesmo assim, é difícil compreender por que o jovem exilado

Eduardo teria exercido em proveito de estrangeiros um poder taumatúrgico que depois lhe faltaria em seu próprio reino — ou melhor, é difícil compreender como a ideia de que as coisas se tivessem passado assim pôde germinar na mente de seus hagiógrafos. Ademais, que significa esse apelo às gentes de além-Mancha, aos franceses, a propósito de um santo especificamente inglês? Examinemos mais atentamente a história do reinado de Henrique I; ela nos fornecerá a chave do mistério.[38]

Soberano muito pouco legítimo, Henrique I foi político extremamente hábil. Dedicou-se a adular os sentimentos de seus súditos anglo-saxões; sem dar ouvidos aos gracejos da nobreza normanda, casou-se com uma dama que pertencia à velha estirpe real da ilha. Desse matrimônio nasceu-lhe um filho; Henrique fez então correr uma profecia na qual o jovem príncipe figurava como o representante das aspirações nacionais, como o reverdejante ramo do velho tronco dinástico, outrora cortado pela usurpação de Haroldo e pela conquista. Essa visão precisava de um profeta. Henrique ou seus conselheiros escolheram Eduardo, o Confessor: no leito de morte, o último dos reis anglo-saxões foi encarregado de anunciar a vinda da criança predestinada. Tal episódio ganhou lugar nas vidas de santos; nós o encontramos nas obras já mencionadas, em todas elas com a mesma forma, ou quase. Portanto, seu fundo comum (segundo toda a probabilidade, constituído de uma coletânea de milagres hoje perdida) sofrera a influência de um projeto político: o de Henrique I.

Agora, procuremos interpretar à luz desses fatos a historieta da mulher escrofulosa. Todas as vidas de s. Eduardo a mencionam. Por certo, tais relatos não permitem concluir que o Confessor haja realmente curado ou acreditado curar uma adenite de pescoço; simplesmente, provam que, no tempo em que as mais antigas de tais biografias foram redigidas, narrava-se essa cura prodigiosa; esse tempo é o reinado de Henrique I. Temos sérias razões para pensar que Henrique I tocava as escrófulas. De onde pretendia ele derivar seu poder? William of Malmesbury não nos deixa ignorar o argumento que certas pessoas zelosas (preocupadas em encontrar um precedente para o benemerente gesto de seu príncipe) extraíram do milagre que a opinião pública atribuía a s. Eduardo; sem dúvida, era essa a interpretação oficial. Que origem mais bela poderia ser encontrada para a prerrogativa régia do que ligá-la à lembrança do pientíssimo monarca, que era caro ao coração dos ingleses e de quem o próprio Guilherme, o Conquistador, sempre se dissera o herdeiro? Já vimos que a biografia do santo, tal como ela se formou no decorrer do século XII, traz bastante nitidamente o selo governamental. Nela se introduziu uma profecia; não se teria também introduzido uma cura? Entretanto, não é provável que a aventura da jovem inglesa tenha sido completamente inventada por manipuladores pouco escrupulosos: livrar um escrofuloso de seu mal era para um santo uma ação tão natural e, se é que se pode falar assim, tão clássica quanto devolver a visão a um cego ou o uso dos membros a um paralítico, outros feitos que os hagiógrafos não deixaram de atribuir a s. Eduardo. Mas, encontrando na legenda em vias de formação esse milagre entre tantas outras manifestações análogas, os conselheiros de Henrique I foram muito naturalmente levados a ressaltá-lo para com ele justificar as virtudes taumatúrgicas de seu monarca. Havia apenas uma dificuldade: o milagre era único; durante seu reinado, Eduardo "tocara" as escrófulas somente uma vez, base bem frágil para a especialidade medical reivindicada, na qualidade de herdeiro, por Henrique I. Naquela altura, a legenda já estava firmemente estabelecida; teria parecido importuno e provavelmente sacrílego mudar alguma coisa. Mas Eduardo, antes de reinar, vivera na Normandia, e a tradição inglesa não se ocupava com essa estada no continente. Imaginou-se então dizer que lá, na própria corte dos ancestrais diretos de Henrique I, Eduardo multiplicara as curas de escrófulas. Essa retificação foi introduzida na versão hagiográfica primitiva. Nós a encontramos em todas as biografias antigas. William of Malmesbury recusava as conclusões que se tiravam dos milagres normandos, mas não teve a audácia de contestar uma informação que suas fontes lhe forneciam; como todo mundo, ele acreditou nos prodígios realizados na terra estrangeira. Hoje, temos o direito de ser mais céticos (ou melhor, mais críticos) que William: consideramos também esses prodígios "uma obra de falsidade".[39]

Assim, não há nenhuma razão para acreditar que os soberanos anglo-saxões (Eduardo, o Confessor, tanto quanto seus predecessores) tenham jamais pretendido, na condição de reis, curar os escrofulosos. É certo que Henrique II exerceu esse poder; é provável que já Henrique I tenha-se apropriado dele e, querendo justificá-lo, tenha-o colocado sob a proteção de um grande nome: s. Eduardo.[40] Foram esses, na medida em que podemos conhecê-los, os primórdios do rito inglês.[41]

2. As origens do poder curativo dos reis

A realeza sagrada nos primeiros séculos da Idade Média

A EVOLUÇÃO DA REALEZA SAGRADA: A SAGRAÇÃO

O problema que agora exige nossa atenção é duplo. O milagre régio apresenta-se sobretudo como a expressão de certo conceito de poder político supremo. Desse ponto de vista, explicá-lo será correlacioná-lo ao conjunto de ideias e de crenças de que o milagre régio foi uma das manifestações mais características — pois não é exatamente o princípio de toda a "explicação" científica fazer um caso particular encaixar-se num fenômeno mais geral? Mas, tendo conduzido nossa pesquisa até tal ponto, não teremos ainda terminado nosso trabalho. Parando aí, deixaríamos escapar justamente o particular; faltará entender as razões pelas quais o rito curativo, derivado de um movimento de pensamentos e de sentimentos comuns a toda uma parte da Europa, surgiu em determinado momento e não em outro, na França e na Inglaterra e não em outro lugar. Em suma, temos, de um lado, as causas profundas e, de outro, a ocasião, o empurrãozinho que chama para a vida uma instituição que, desde longa data, estava latente nos espíritos.

Mas talvez alguém pergunte: é verdadeiramente necessária uma longa investigação para descobrir as representações coletivas que estão na origem do toque das escrófulas? Não é óbvio que esse rito, aparentemente tão singular, não foi nas sociedades medievais e modernas senão o último eco dessas crenças "primitivas" que hoje, graças ao estudo dos povos selvagens, a ciência conseguiu reconstituir? Para compreender o rito do toque, não é suficiente percorrer os grandes compêndios levantados com tanto cuidado e talento por sir James Frazer, folhear *O ramo de ouro* ou *As origens mágicas da realeza*? "Que teria dito Luís XIV", escreve o sr. Salomon Reinach, "se alguém lhe provasse que, tocando as escrófulas, ele seguia o exemplo de um chefe polinésio?"[1] E Montesquieu (sob a máscara do persa Usbeck) já falava do mesmo príncipe: "Esse rei é um grande mágico; exerce seu domínio sobre o próprio espírito de seus súditos [...] Chega até a fazê-los acreditar que os cura de todas as espécies de males tocando-os, tão grande é a força e o poder que tem sobre os espíritos".[2] No pensamento de Montesquieu, a palavra mágico era apenas uma expressão irônica. Hoje, de bom grado damos a ela seu sentido pleno. Usei como epígrafe essa pequena frase de Montesquieu; com mais justiça ainda, ela poderia ter sido inscrita no frontispício das belas obras de sir James Frazer, que nos ensinaram a perceber entre certas concepções antigas sobre a natureza das coisas e as primeiras instituições políticas da humanidade vínculos por longo tempo ignorados. Sim, o milagre das escrófulas tem, incontestavelmente, parentesco com todo um sistema psicológico que, por uma dupla razão, se pode qualificar de "primitivo": porque traz a marca de um pensamento ainda pouco evoluído e todo mergulhado no irracional; e porque o encontramos em estado especialmente puro nas sociedades que convencionamos chamar "primitivas". Mas, após havermos dito isso, que teremos feito senão indicar aproximadamente o gênero de representações mentais para as quais é conveniente dirigir nossa pesquisa? A realidade histórica é menos simples e mais rica que semelhantes fórmulas.

Sir James Frazer escreve: "Nas ilhas do Pacífico e em outras partes, alega-se que certos reis vivam numa atmosfera carregada de uma espécie de eletricidade espiritual que, mesmo fulminando os indiscretos que penetram seu círculo mágico, possui também, por uma feliz compensação, o privilégio de conceder a saúde por simples contato. Podemos conjeturar que os predecessores dos monarcas ingleses foram outrora o objeto de ideias análogas: *a escrófula provavelmente recebeu o nome mal do rei porque se acreditava que o toque de um rei fosse suscetível tanto de infligi-la quanto de curá-la*".[3] Entendamos bem. Sir James Frazer não pretende que no século XI ou no século XII os soberanos ingleses ou franceses tenham sido considerados capazes tanto de espalhar as escrófulas em torno de si quanto de curá-las; mas ele imagina que outrora, na noite dos tempos, os antepassados desses soberanos haviam manejado essa faca de dois gumes. Pouco a pouco, ter-se-ia esquecido o aspecto temível do dom real e conservado apenas o lado benéfico. Mas, como já sabemos, os reis taumaturgos dos séculos XI e XII não precisaram rejeitar parte da herança ancestral porque nada de suas miraculosas virtudes vinha de um passado muito distante. Parece que esse argumento poderia ser suficiente. Entretanto, vamos descartá-lo por um instante. Suponhamos que o poder curativo dos príncipes normandos ou capetíngios tenha origens muito longínquas. A hipótese de sir James Frazer adquiriria então mais força? Penso que não. Ela baseia-se no caso das ilhas Tonga, na Polinésia, onde certos chefes, segundo se diz, exercem uma homeopatia dessa espécie. No entanto, de que vale esse raciocínio por analogia? O método comparativo é extremamente fecundo, mas desde que não saia do geral; não pode servir para reconstituir os detalhes. Certas representações coletivas que afetam toda a vida social são encontradas (sempre similares pelo menos em suas linhas gerais) em grande número de povos; parecem sintomáticas de determinados estágios de civilização, variam com eles. No seio de outras sociedades, conhecidas graças apenas a documentos relativamente recentes ou incompletos, tais representações coletivas não são confirmadas historicamente. Seriam ali de fato inexistentes? É provável que não; a sociologia comparada permite reconstituí-las com muita verossimilhança. Mas essas grandes ideias comuns a toda ou a quase toda humanidade evidentemente receberam aplicações diversas, de acordo com os lugares e as circunstâncias. O estudo das tribos da Oceania esclarece a noção da realeza sagrada, tal como ela floresceu sob outros céus, na Europa antiga ou mesmo medieval; mas não poderíamos esperar encontrar na Europa todas as instituições da Oceania. Num arquipélago polinésio — é o único exemplo invocado —, os chefes são tanto fautores de moléstias quanto médicos: assim se traduz a força sobrenatural de que são detentores. Em outro lugar, a mesma força pode ter-se manifestado de forma diferente — por exemplo, trazendo apenas benesses, sem contrapartida desagradável. Entre os primeiros missionários, muitos acreditavam reencontrar nos "selvagens", mais ou menos apagadas, todas as espécies de concepções cristãs. Evitemos cometer o erro inverso e não transportemos para Londres ou Paris os antípodas por inteiro.

Portanto, procuremos retraçar em toda a sua complexidade o movimento de crenças e de sentimentos que, em dois países da Europa ocidental, tornou possível a instauração do rito do toque.

Os reis da França e da Inglaterra puderam tornar-se médicos milagrosos porque já eram, havia muito tempo, personagens sagradas: "*sanctus enim et christus Domini est*" ["o rei e santo; é o ungido do Senhor"], dizia Pierre de Blois, a fim de justificar as virtudes taumatúrgicas de seu monarca, Henrique II. Portanto, convém primeiro indicar de que modo o caráter sagrado da realeza veio a ser reconhecido, antes de explicar a associação de ideias que muito naturalmente depreendeu daí, como uma espécie de conclusão óbvia, o poder curativo dos que eram revestidos com esse caráter sagrado.[4]

Os capetíngios sempre se arvoraram em autênticos herdeiros da dinastia carolíngia; e os carolíngios, em autênticos herdeiros de Clóvis e dos descendentes deste. Os reis normandos da Inglaterra reivindicaram a sucessão dos príncipes anglo-saxões, considerando-a um bem patrimonial. Dos chefes das antigas tribos de francos, anglos ou saxões aos soberanos franceses ou ingleses do século XII, a filiação é direta e contínua. Portanto, deve-se primeiro olhar para as velhas realezas germânicas; por meio delas, tocamos um fundo de ideias e de instituições extremamente arcaicas.

Infelizmente, essas ideias e instituições são muito mal conhecidas. Por falta de uma literatura escrita, toda a Germânia anterior ao cristianismo permanecerá para sempre irremediavelmente obscura. Não se pode entrever mais que alguns clarões. Estes são suficientes para assegurar-nos que a concepção de realeza entre os germânicos, como entre todos os povos no mesmo estágio de civilização, estava impregnada de caráter religioso.[5] Tácito já observava que, de modo diverso do que acontecia no caso dos chefes temporários de guerra, livremente escolhidos em razão de seu valor pessoal, os reis eram entre os germânicos escolhidos apenas em certas famílias nobres — sem dúvida, em determinadas famílias hereditariamente dotadas de uma virtude sagrada.[6] Os reis eram considerados seres divinos ou, pelo menos, originados dos deuses. "Os godos", diz-nos Jordanes, "atribuindo suas vitórias à feliz influência que emanava de seus príncipes, não quiseram ver neles simples homens; deram-lhes o nome *Ases*, isto é, semideuses."[7] Reencontra-se a palavra *Ases* nas antigas línguas escandinavas; ali, ela servia para designar os deuses ou certas categorias destes. Conservamos várias genealogias régias anglo-saxãs: todas remontam a Wotan.[8] Dessa fé na origem sobrenatural dos reis decorria um sentimento lealista. Não era lealdade a este ou àquele indivíduo: a primogenitura não existia; o direito hereditário no interior da dinastia era mal fixado; podia-se mudar o soberano, mas desde que seu sucessor fosse escolhido dentre os membros da mesma dinastia. Atalarico escrevia ao Senado romano: "Assim como aquele que nasce de vós é dito de origem senatorial, assim também aquele que vem da família dos descendentes de Amala — diante da qual toda a nobreza perde o brilho — é digno de reinar"; e o mesmo príncipe, misturando conceitos germânicos com um vocabulário romano, falava do "sangue dessa família, consagrado à púrpura".[9] Essas estirpes predestinadas eram as únicas capazes de dar chefes verdadeiramente eficazes, pois apenas elas detinham essa ventura misteriosa (*quasi fortuna*, como diz Jordanes) na qual as pessoas viam, mais que no talento militar deste ou daquele comandante, a causa do sucesso dos chefes. A ideia da legitimidade pessoal era fraca; a da legitimidade dinástica, muito forte.[10] No século VI, um grupo que se separara da nação hérula estava estabelecido na região do Danúbio; um ramo da linhagem tradicional seguira-o e fornecia-lhe seus chefes. Chegou o dia em que esse ramo pereceu por inteiro. Seu último descendente, como tantos outros príncipes naqueles tempos de violência, estava morto, assassinado pelos próprios súditos. Mas esses bárbaros, que haviam massacrado seu rei, não se resignavam a ficar sem sangue régio. Decidiram mandar buscar um representante da família real na longínqua pátria de onde outrora partira a migração — "em Thule", diz Procópio, decerto se referindo à península Escandinava. O primeiro escolhido morreu durante a viagem; os embaixadores deram meia-volta e escolheram outro. Enquanto isso, os hérulos, cansados de esperar, colocaram na chefia um dos seus, designado por causa apenas de seu valor individual; provavelmente porque não ousavam elegê-lo eles mesmos, haviam pedido que o imperador o nomeasse. Mas, quando o herdeiro legítimo chegou, numa só noite quase toda a gente veio colocar-se a seu lado, embora ele fosse desconhecido por todos.[11]

Julgava-se que esses reis verdadeiramente divinos possuíam certo poder sobre a natureza. Conforme uma concepção que encontramos em outros povos (desenvolveu-se com uma força especial no seio das sociedades chinesas), tais monarcas eram considerados responsáveis pela ordem das coisas. Segundo a lenda coligida no século XIII na *Heimskringla* [Esfera do mundo], o soberano norueguês Halfdan, o Negro, fora "de todos os reis o que tivera mais sorte nas colheitas". Quando ele morreu, seu cadáver, em vez de ser enterrado todo inteiro num só lugar, foi cortado em quatro, e cada pedaço foi sepultado sob um montículo de terra em cada um dos quatro principais distritos do país, pois "a posse do corpo" (ou de um de seus fragmentos) "parecia aos que a obtinham uma esperança de boas colheitas".[12] No século XII, os dinamarqueses ainda acreditavam que um príncipe virtuoso pode, tocando as crianças e os cereais, proporcionar aos homens uma boa progenitura e boas safras.[13] Às vezes, quando a colheita falhava, depunha-se o rei. Em casos semelhantes, esse era o destino dos reis burgúndios, segundo o testemunho de Amiano Marcelino. Com sua inteligência habitual, o historiador romano convidou-nos a comparar esse costume às tradições do velho Egito, pátria clássica da realeza sagrada. O mesmo uso parece ter vigorado na Suécia pagã.[14]

Mestres dos anos de abundância, estendiam os reis germânicos seu poder também às doenças? A *Heimskringla* (que, como já mencionei, foi redigida apenas no século XIII, na Islândia, pelo padre Snorri Sturluson) atribui algumas curas ao rei Olavo, filho de Haraldo, que reinou na Noruega no começo do século XI.[15] Mas Olavo, s. Olavo, era um santo do cristianismo; provavelmente, os milagres que a saga islandesa lhe atribui são apenas o eco de um tema hagiográfico. Sem dúvida, nossos textos são demasiado pobres para permitir-nos afirmar que nenhuma tribo germânica jamais considerou seu rei um médico; portanto, é preferível manter a dúvida que a sábia prudência nos impõe. Deve-se também observar que na sociologia comparada (à qual, na ausência de documentos, será sempre tentador recorrer) nada nos obriga a admitir que na antiga Germânia os reis, por ser dotados de uma virtude divina, fossem todos ou em sua maior parte curandeiros; pois os reis curandeiros parecem ter sido sempre e em todos os lugares bastante raros. Pelo menos, é a impressão que as obras de sir James Frazer nos dão; os exemplos dessa forma da magia régia que encontramos registrados nessas grandes coletâneas são bem pouco numerosos: ali, chefes ualos do Senegal, polinésios das ilhas Tonga reaparecem sem cessar, como esses figurantes de teatro que, girando sempre em torno dos mesmos montantes, representam a imagem de um desfile militar.[16] Na verdade, não há nada de muito surpreendente em tal penúria. A força miraculosa atribuída aos reis pelos "primitivos" é geralmente concebida para fins coletivos destinados a obter o bem-estar do grupo como um todo, e não dirigida para fins particulares. Muito mais que aliviar as misérias individuais, seu papel é fazer a chuva cair ou assegurar a regularidade das colheitas; aliás, seria fácil encher páginas e páginas com os casos de chefes "fazedores de chuva" que os repertórios etnográficos fornecem. Isso talvez explique o porquê de o rito do toque, do qual tratamos aqui, ter-se desenvolvido mais facilmente nas sociedades em que a religião proibia atribuir aos reis uma influência sobre aqueles grandes fenômenos cósmicos que comandam a vida das nações.

Uma revolução religiosa aplica um golpe terrível na antiga concepção de realeza sagrada, tal como esta florescera entre os germânicos. O advento do cristianismo privou-a de seu apoio natural: o paganismo nacional. Os reis subsistiram na qualidade apenas de chefes de Estado. Durante um momento após as invasões, seu poder político foi até mais forte que nunca; mas, pelo menos oficialmente, eles cessaram de ser tidos como personagens divinas. Sem dúvida, as velhas ideias não se esvaeceram de repente. É verossímil que continuassem a viver, mais ou menos secretamente, na consciência popular. Nossos textos permitem resgatar alguns vestígios dessas ideias; provavelmente, encontraríamos muitos outros se nossos documentos não fossem todos de proveniência eclesiástica e, por conseguinte, hostis àquele passado.[17] A longa cabeleira que era o atributo tradicional da dinastia franca (todos os outros homens livres, tão logo atingiam a idade adulta, passavam a usar cabelos curtos) decerto fora na origem um símbolo de ordem sobrenatural; ou melhor, originariamente esses cabelos jamais cortados deviam ser considerados o próprio centro do poder maravilhoso que se reconhecia nos filhos da estirpe eleita; os *reges criniti* [reis de cabelos longos] eram outros Sansões. Esse costume, que atestaram ser muito antigo, durou tanto quanto os próprios merovíngios — mas sem que possamos saber se, pelo menos entre o povo, continuou-se até o fim a atribuir-lhe valor mágico.[18] Muitas personagens pertencentes às casas reais anglo-saxãs foram depois da morte veneradas como santos, e o mesmo aconteceu com os merovíngios, embora em escala menor. Não que essas linhagens fossem particularmente fecundas em virtudes religiosas ou privadas, longe disso; mas de bom grado se rendia culto aos membros das famílias que se estava habituado a considerar sagradas.[19] A partir de Dagoberto, a dinastia merovíngia afundou na impotência; entretanto, esses reis continuaram a reinar, simples fantoches, por mais de um século e meio. O primeiro golpe de Estado tentado contra eles, o de Grimoaldo, fracassou miseravelmente. O próprio Carlos Martelo acreditou-se forte o bastante para suprimir a realeza durante algum tempo, mas não para usurpar o título real. Não há dúvida de que esse fracasso e essa abstenção prudente explicam-se em parte pela rivalidade dos grandes, mas só em parte; é necessário acreditar que a estirpe legítima conservava em seu declínio uma espécie de prestígio. Algumas vezes, comparou-se a situação dos descendentes de Clóvis — reduzidos pelos mordomos do palácio a uma existência totalmente representativa — ao que foi a vida dos micados junto aos xóguns no Japão antigo. Guardadas as devidas proporções, é provável que tanto os príncipes francos quanto os imperadores japoneses tenham sido protegidos durante longo tempo, se não precisamente por sua natureza sagrada, ao menos pelas obscuras lembranças que seu antigo papel deixara nos espíritos. Entretanto, se nos ativermos às aparências oficiais, até o século VIII os reis francos ou ingleses eram apenas cristãos como os outros e, se assim se pode dizer, puros leigos. Nenhuma cerimônia eclesiástica consagrava a elevação ao trono, cujas solenidades, aliás, eram regradas apenas por um costume bastante variável. Nenhuma impressão religiosa particular vinha marcar a fronte do soberano.[20]

Aos soberanos germânicos que, como os merovíngios, depois das invasões encontraram-se reinando num país profundamente romanizado a tradição do povo conquistado oferecia todos os esplendores da religião imperial. Sem dúvida, o cristianismo também passara por ali; mas, embora pouco a pouco tivesse modificado algumas fórmulas, não tocara na essência das coisas. Em Bizâncio, a religião imperial iria perdurar quase tanto quanto o Império.[21] Conhecemos suas pompas oficiais, mas sabemos muito pouco da verdadeira influência que essa religião podia ter sobre as almas. Alguns imperadores foram considerados taumaturgos: Vespasiano, proclamado imperador no Oriente, num meio carregado de esperanças messiânicas, efetuou algumas curas (isso, porém, foi em Alexandria, terra havia milênios habituada a venerar seus chefes como se estes fossem deuses; ademais, suspeitou-se de que os sacerdotes do Serapeu, cuja habilidade é indubitável, tivessem maquinado essas manifestações milagrosas); dizia-se que Adriano curara um cego.[22] Esses exemplos são isolados. Jamais saberemos se a crença no caráter divino dos imperadores era forte o bastante para que a massa fosse levada a considerar verdadeiramente atuante o poder miraculoso desses soberanos. Mas não podemos duvidar de que a religião imperial constituiu um maravilhoso instrumento de governo. Os bárbaros deixaram-no desaparecer.[23] Do mesmo modo, os merovíngios não se arvoraram em sucessores do Império. É verdade que Clóvis (segundo Gregório de Tours, cujo testemunho não me parece que deva ser rejeitado), embora aceitando uma magistratura das mãos do soberano de Bizâncio, fizera-se, por uma espécie de usurpação, chamar Augusto.[24] Seus descendentes não insistiram no título. Todavia, em relação ao Augusto das margens do Bósforo, eles poderiam ter-se sentido mais livres que Clóvis: as conquistas de Justiniano, reintroduzindo no Ocidente as armas "romanas", tinham induzido os reis francos a livrar-se definitivamente de qualquer dependência para com os antigos senhores do mundo; até então, haviam consentido em aceitar a supremacia imprecisa de um imperador distante; mas não queriam permanecer ligados por um vínculo de sujeição (por mais vago que este fosse) a um vizinho muito próximo e muito ameaçador. No entanto, mesmo afirmando sua autonomia (sobretudo mediante a cunhagem de moedas, que traziam seu nome), eles evitaram, ou por um resquício de respeito ou por indiferença, reproduzir a intitulação antiga, tão rica em termos que evocavam o caráter sagrado do príncipe. O culto imperial desapareceu na Gália ao mesmo tempo que a dominação romana. No máximo, pode-se supor que os hábitos de pensamento que tal culto mantivera, certa tendência a confundir as categorias do político e do divino, não pereceram inteiramente com ele.

Mais tarde, Carlos Magno renovou o elo com a tradição romana. O Império ressuscitou.[25] Mas foi um império totalmente cristão. Não podia renascer com ele a religião imperial, pagã em sua essência e interrompida por longo desuso. Em Bizâncio, os imperadores não haviam cessado de qualificar-se de divinos; do alto de sua ortodoxia, Carlos Magno, ou aquele de seus conselheiros que redigiu em nome do soberano franco o prefácio dos *Libri Carolini* [Livros carolíngios], não deixou de reprovar a esses imperadores a soberba.[26] Nessa época, porém, reapareceram algumas expressões mais inofensivas, copiadas da linguagem obsequiosa do Baixo Império; torna-se a falar dos sagrados imperadores, do mui sagrado Augusto, do sagrado palácio.[27] O próprio Hincmar, tão preocupado em negar aos soberanos temporais todo caráter sacerdotal, um dia não se descuidou ao ponto de escrever: "os sagrados olhos" do imperador?[28] Mas esse vocabulário (que aliás, pelo menos na França, não sobreviveu à era carolíngia)[29] não deve iludir-nos. Já em Roma ele fora sendo progressivamente despojado de seu valor original: essas fórmulas de devoção haviam-se transformado em pouco mais que simples fórmulas de cortesia. Nos escritores do século IX, elas indicam apenas uma familiaridade verbal com os textos latinos. Se às vezes os contemporâneos dos primeiros imperadores francos davam sentido pleno a essas palavras de aparência antiga, era porque pensavam não no velho e desusado culto que outrora se exprimira com termos similares, mas num cerimonial jovem e autenticamente cristão. Os soberanos do Ocidente haviam-se tornado oficialmente sagrados graças a uma nova instituição: a consagração eclesiástica e, mais particularmente, seu rito fundamental, a unção. Como veremos, a unção surge nos reinos bárbaros nos séculos VII e VIII. Em Bizâncio, por outro lado, ela só muito mais tarde é introduzida, como evidente imitação dos costumes estrangeiros. No tempo de Carlos Magno, os bizantinos divertiam-se zombando desse gesto que não entendiam; provavelmente por brincadeira, contavam que o papa untara o imperador franco "da cabeça aos pés".[30] Algumas vezes, os historiadores indagaram a si próprios de onde veio essa diferença entre as pompas monárquicas do Ocidente e as do Oriente. A razão parece-me clara. A religião imperial, ainda viva na Roma do Leste, tornava inútil o novo rito.

Em suma, nos reinos surgidos das invasões um grande número de reminiscências de origens diversas, fossem germânicas fossem romano-orientais, mantinha em torno da realeza uma atmosfera de veneração quase religiosa, mas nenhuma instituição regular corporificava esse sentimento vago. Foi a Bíblia o que enfim forneceu o meio de reintegrar na legalidade cristã a realeza sagrada das idades antigas. Antes de tudo, a Bíblia ofereceu comparações úteis. No capítulo 14 do Gênesis, lê-se de que modo Abrão recebeu o pão e o vinho das mãos de Melquisedec, rei de Salém e sacerdote do Deus Altíssimo[31] — episódio misterioso que os exegetas ainda têm dificuldade para explicar. Os primeiros comentadores livraram-se do embaraço atribuindo-lhe sentido simbólico: Melquisedec é uma representação do Cristo; é como o vemos figurado em tantas catedrais. Mas tal aparição enigmática devia instigar também os apologistas da realeza. Esse sacerdote-rei fazia remontar a um passado prestigioso o ideal dos que reconheciam nos monarcas um caráter sobre-humano. No tempo da grande Querela do Sacerdócio e do Império, durante os séculos XI e XII, Melquisedec — s. Melquisedec, como diz o sacramentário carolíngio de Saint-Amand[32] — esteve na moda. Na época merovíngia, já se invocava o exemplo do rei de Salém. Fortunato dizia sobre Childeberto:

"Nosso Melquisedec, [que se denomina] a justo título rei e sacerdote leigo, concluiu a obra da religião".[33]

Mas o Antigo Testamento não era só uma fonte de símbolos; fornecia o modelo de uma instituição muito concreta. No velho mundo oriental, os reis decerto eram considerados personagens sagradas. Seu caráter sobrenatural era por muitos povos marcado com uma cerimônia de sentido bastante claro: quando o soberano ascendia ao trono, certas partes de seu corpo eram ungidas com um óleo previamente santificado. As tabuinhas de Tell el-Amarna conservaram a carta que um dinasta da Síria, Adu Nirari, endereçou lá pelo ano 1500 a.C. ao faraó Amenófis IV para lembrar-lhe o dia em que "Manahbiria, o rei do Egito, teu avô, fez de Taku, meu avô, rei em Nouhassché e derramou-lhe o óleo sobre a cabeça". No dia em que fizermos a compilação dos documentos que ainda nos faltam sobre a sagração de nossos reis, a transcrição desse venerável pedaço de argila poderá figurar no frontispício da obra — pois foi dessas antigas civilizações da Síria e de Canaã (as quais a leitura da Bíblia tornou tão estranhamente familiares aos cristãos dos séculos VII e VIII) que nos veio a unção régia. Os filhos de Israel também a praticavam. Aliás, entre eles (assim como provavelmente entre seus vizinhos) a união não era exclusiva dos reis. Tinha lugar de primeira ordem no cerimonial hebraico; constituía o processo normal para transferir da categoria do profano para a categoria do sagrado um homem ou um objeto.[34] Nessa aplicação geral, os cristãos tomaram-na emprestada à Antiga Lei. Desde muito cedo, a unção teve importante papel no ritual do novo culto, sobretudo no Ocidente, mais particularmente nos países de rito galicano: Espanha, Gália, Grã-Bretanha, Itália setentrional, servindo principalmente para a confirmação dos catecúmenos e a ordenação dos padres e dos bispos.[35] A ideia de retomar em sua totalidade os velhos costumes israelitas, de passar da unção dos catecúmenos ou dos sacerdotes à unção régia, devia ocorrer naturalmente aos espíritos; o exemplo de Davi e de Salomão permitia restituir cristãmente aos reis seu caráter sagrado.[36]

A nova instituição tomou forma primeiro no reino visigótico da Espanha, onde desde o desaparecimento do arianismo a Igreja e a dinastia viviam uma união especialmente íntima; ali, a unção régia surgiu no século VII. Depois, veio a vez do Estado franco.

Os merovíngios jamais haviam sido ungidos reis. Mas vale a pena recordar que Clóvis tampouco o fora: a única unção que recebeu foi a que o rito galicano impunha aos catecúmenos. Mais tarde, como teremos ocasião de ver, a lenda fez da cerimônia realizada em Reims por s. Remígio a primeira sagração régia; na verdade, foi apenas um simples batismo. Em 751, porém, Pepino (assumindo o risco que seu pai, Carlos Martelo, não ousara encarar) resolveu mandar para o convento os últimos descendentes de Clóvis e tomar para si tanto o poder quanto as honras reais; então, ele sentiu a necessidade de disfarçar sua usurpação com uma espécie de prestígio religioso. Aos olhos dos súditos, os antigos reis jamais haviam cessado de parecer personagens muito superiores ao resto do povo; no entanto, a vaga auréola mística que os envolvia devia-se unicamente ao domínio exercido sobre a consciência coletiva por obscuras reminiscências vindas dos tempos pagãos. A nova dinastia, ao contrário, era uma estirpe autenticamente santa e iria afirmar sua consagração com um ato formal, justificado pela Bíblia, plenamente cristão. Todos os teólogos na Gália estavam preparados para aceitar essa ressurreição de uma prática judaica, pois entre eles o Antigo Testamento estava em voga; em parte como consequência das influências irlandesas, as leis mosaicas penetravam a disciplina eclesiástica.[37] Foi assim que Pepino se tornou o primeiro dos reis da França a receber a unção das mãos dos sacerdotes, à semelhança dos monarcas hebreus. "É manifesto", diz altivamente num de seus decretos, "que pela unção a Divina Providência elevou-nos ao trono."[38] Seus sucessores não deixaram de seguir-lhe o exemplo. Aí pelo fim do século VIII, a mesma prática foi implantada também na Inglaterra, provavelmente emulando o que acabava de acontecer no país franco. Pouco depois, o rito generalizou-se em quase toda a Europa ocidental.

Ao mesmo tempo, unia-se a ele outro rito, de origem diversa. A 25 de dezembro de 800, na basílica de São Pedro, o papa Leão III colocara uma "coroa" sobre a cabeça de Carlos Magno, ao proclamá-lo imperador. Era provavelmente um círculo de ouro, similar ao que havia vários séculos substituía, em torno da cabeça dos soberanos bizantinos, o diadema, a tira de tecido adornada com pérolas e pedras preciosas que fora usada por Constantino e seus sucessores imediatos. Não podemos duvidar de que coroa e diadema, adotados pelos imperadores por imitação às monarquias orientais (no caso do diadema, provavelmente à monarquia persa), haviam em sua origem possuído uma virtude religiosa; mas aos olhos de um cristão, na época de Carlos Magno, a coroa não tinha mais nenhum outro caráter sagrado além daquele que advinha das mãos que a entregavam ao príncipe (em Bizâncio as do patriarca, em Roma as do papa) e do ritual eclesiástico de que então se cercava o prelado. Anteriormente ungido ao ser feito rei, Carlos Magno não o foi ao tornar-se imperador. Mas em 816, em Reims, seu filho Luís, o Pio, recebeu do papa Estêvão IV tanto a bênção com óleo quanto a coroa. A partir daí, os dois gestos tornaram-se quase inseparáveis. Para consagrar um imperador, era necessário cumprir ambos; em breve, também para consagrar um rei. Desde o tempo de Carlos, o Calvo, na França, e desde o século IX na Inglaterra, vê-se o rei ser ungido e coroado. Em torno dos dois ritos fundamentais, desenvolveu-se rapidamente em todos os países um amplo cerimonial. Muito depressa, multiplicaram-se as insígnias régias que eram entregues ao novo soberano. Sob Carlos, o Calvo, já aparece o cetro, ao lado da coroa; o mesmo se verifica nos mais velhos textos litúrgicos ingleses. Esses emblemas eram, em sua maior parte, antigos; a novidade foi dar-lhes um papel nas pompas religiosas da elevação ao trono. Por isso, em parte a solenidade foi sempre dúplice: de um lado, a entrega das insígnias, entre as quais a coroa permanecerá a essencial; do outro, a unção, que continuou até o fim a ser o ato santificador por excelência. Assim nasceu a sagração.[39]

Portanto, os reis haviam-se tornado, segundo a expressão bíblica, "ungidos do Senhor", defendidos contra as violências dos maus pelo preceito divino, pois o próprio Deus disse "*Nolite tangere Christum meum*", "Não tocai em meu Cristo, em meu ungido". Já em 787, o Concílio de Chelsea (no decurso do qual, segundo toda a probabilidade, vinha de acontecer a primeira unção régia que a Inglaterra conheceu) relembrava tal preceito.[40] Por este, os inimigos da realeza pareciam transformados em sacrílegos; proteção decerto bastante ilusória, a julgar pela história daqueles tempos agitados, repleta de violências;[41] mas talvez os príncipes dessem ao mandamento bíblico mais valor do que imaginaríamos hoje, e talvez o desejo de beneficiar-se dessas palavras do Livro Sagrado tenha levado mais de um entre eles a procurar a consagração oferecida pela Igreja.

O óleo santo elevava os soberanos a muito acima da multidão; eles não partilhavam com os sacerdotes e com os bispos esse privilégio? Entretanto, havia o reverso da medalha. No decorrer da cerimônia, por um momento o oficiante que ministrava a unção parecia superior ao monarca que devotamente a recebia; dali em diante, podia-se pensar que seria necessário um sacerdote para fazer um rei — sinal evidente da preeminência do espiritual sobre o secular. Muito pouco tempo depois de Carlos Magno, ideias similares já eram defendidas por alguns prelados. Vejam Hincmar de Reims. Ninguém deu maior valor à sagração régia. Essa cerimônia tinha atrás de si um passado bem curto. Como teremos oportunidade de mostrar mais adiante, Hincmar soube encontrar para ela um precedente ilustre e miraculoso; para isso, o arcebispo de Reims, se não inventou, então pelo menos adaptou engenhosamente uma lenda. Que motivos levam esse homem, um dos mais capazes de grandes projetos, a ter tanto interesse por esses gestos litúrgicos? A fim de entender as razões de sua atitude, é suficiente comparar duas passagens de suas obras: "É à unção, ato episcopal e espiritual", escrevia ele em 868 a Carlos, o Calvo, "é a essa bênção, muito mais que a vosso poder terrestre, que deveis a dignidade régia". Portanto, sem consagração não há verdadeiro rei, sejam quais forem seus títulos "terrestres" ao trono; essa ideia já estava presente, em certos meios eclesiásticos, menos de cem anos depois da primeira unção franca. Além disso, os atos do Concílio de Sainte-Macre, redigidos por Hincmar, que presidia a assembleia, dizem: "a dignidade dos pontífices é superior à dos reis porque os reis são sagrados pelos pontífices, ao passo que os pontífices não podem ser consagrados pelos reis".[42] Não se poderia ser mais claro. Provavelmente, o medo de uma interpretação desse tipo foi o que, no século seguinte, levou o rei Henrique I da Alemanha a ser o único, entre todos os monarcas de seu tempo e de sua estirpe, a recusar a unção e a coroa que o arcebispo de Mainz lhe propunha e a reinar (como lhe reprova pela boca do apóstolo s. Pedro o autor de uma vida de santo) "sem a bênção dos pontífices".[43] O novo rito era uma faca de dois gumes.

Não obstante, isso só ficaria visível algumas centenas de anos mais tarde, quando se abriu o grande debate gregoriano. Durante os dois ou três primeiros séculos, parece que o rito contribuiu para, sobretudo, confirmar no espírito das pessoas (exceção feita a alguns teóricos eclesiásticos) a noção do caráter sagrado dos reis. Melhor dizendo: de seu caráter mais que semissacerdotal. É claro que, logo de início, certos espíritos penetrantes depreenderam bastante bem os perigos com que semelhante confusão entre uma dignidade essencialmente temporal e o sacerdócio podia ameaçar a Igreja e até o cristianismo. Também aqui reencontramos Hincmar. Este não se cansa de repetir que nenhum homem, depois da vinda de Cristo, poderia ser a um só tempo sacerdote e rei.[44] Mas sua própria insistência prova o quanto a ideia que o arcebispo combatia expandira-se em torno dele. Que essa ideia tinha tom de doutrina oficial é o que nos mostrará, melhor que qualquer outro documento, a antiga liturgia da sagração.

Folheemos por um momento esses velhos textos. Sem dificuldade, verificaremos que se tentou reunir ali tudo o que podia favorecer a confusão entre os dois ritos quase idênticos que davam acesso, um, ao sacerdócio e, o outro, à realeza; em geral, foi a Antiga Lei o que forneceu as fórmulas necessárias: "Que tuas mãos sejam ungidas com o óleo santificado, o qual ungiu os reis e os *profetas*", diz um ritual muito antigo, contemporâneo dos primeiros tempos da dinastia carolíngia. Uma prece, provavelmente mais recente, desenvolve e fixa o mesmo pensamento; não sabemos quando foi composta; aparece pela primeira vez na história quando Carlos, o Calvo, foi coroado rei da Lorena; naquele dia, por uma curiosa coincidência, é o próprio Hincmar quem faz o gesto consagrador; uma tradição já estabelecida impôs-lhe sem dúvida o emprego das seguintes palavras: "Que Deus te coroe com a coroa da glória [...] e te faça rei pela unção dada com o óleo da graça do Espírito Santo, com este óleo com que Ele ungiu os sacerdotes, os reis, os profetas e os mártires". E o velho cerimonial anglo-saxão: "Ó Deus [...], tu que pela unção com o óleo consagraste sacerdote Aarão, teu servo, e que mais tarde, pela aplicação desse mesmo unguento, constitui para reinar sobre o povo israelita os sacerdotes, os reis e os profetas, [...] nós te pedimos, Pai Todo-poderoso, que condescendas em santificar com tua bênção, por meio desta gordura tomada de uma de tuas criaturas, teu escravo aqui presente e que lhe permitas imitar diligentemente os exemplos de Aarão".[45] Vê-se que diante dos soberanos ingleses ou francos, no dia de sua sagração, evocava-se não apenas a imagem do rei dos judeus mas também a dos sacerdotes e dos profetas, a grande sombra de Aarão, fundador do sacerdócio hebraico. Como surpreender-se de que um poeta da época, celebrando a sagração de um imperador (aliás, um imperador bastante insignificante, Berengário do Friul, mas que importância tem isso?), houvesse ousado dizer de seu herói, no momento em que o mostra avançar em direção à igreja onde se desenvolverá a cerimônia: "em breve ele seria sacerdote", "*mox quipe sacerdos ipse futurus erat*".[46]

Tanto mais que os dirigentes do clero nem sempre haviam falado a linguagem de Hincmar. Na época em que este definia com tanta nitidez a incompatibilidade, sob a Nova Lei, entre a dignidade régia e a presbiteral, a crescente fraqueza da dinastia convidava os prelados a assumir o papel de mentores dos reis; nos belos dias do Estado carolíngio, esse tom não teria sido admissível. Em 794, os bispos da Itália setentrional presentes ao Sínodo de Frankfurt publicaram uma defesa da doutrina ortodoxa contra os adotionistas* espanhóis; essa declaração teológica terminava com um apelo ao soberano, protetor da fé. Ali, Carlos Magno era tratado não apenas de "senhor e pai" e de "mui prudente governador de todos os cristãos" mas também de "rei e sacerdote".[47] Alguns anos antes, o próprio papa Estêvão III, querendo adular Carlos e Carlomano, dos quais precisava, não se furtou a buscar na Primeira Epístola de s. Pedro uma expressão que o apóstolo aplicava aos eleitos e de alterar-lhe um pouco o sentido original para homenagear a dinastia franca: "sois a raça santa, régia e sacerdotal".[48] Malgrado tudo o que depois pudessem dizer todos os Hincmar do mundo, semelhantes expressões jamais foram esquecidas.

Assim, as monarquias da Europa ocidental, já herdeiras de longo passado de veneração, ficaram definitivamente marcadas pelo sinal divino. Isso iria perpetuar-se. A França capetíngia e a Inglaterra normanda, assim como a Alemanha dos imperadores saxões ou sálios, não renegaram essa tradição carolíngia. Muito pelo contrário: no século XI, todo um partido dedicou-se a comparar a dignidade régia ao sacerdócio, mais explicitamente do que até então se fizera. Esses esforços, a respeito dos quais teremos uma palavra para dizer mais tarde, não nos interessam agora. Basta saber que, mesmo independentemente de qualquer assimilação precisa entre a realeza e o sacerdócio, os monarcas continuaram a ser considerados seres sagrados, tanto na França quanto na Inglaterra. É isso que os textos nos mostram de modo inequívoco. Conservamos algumas cartas endereçadas a Roberto, o Pio, pelo bispo de Chartres, Fulbert, um dos mais respeitados prelados de seu tempo. O bispo não teme dar ao rei os títulos "santo padre" e "santidade", os quais os católicos hoje reservam para o chefe supremo de sua Igreja.[49] Já vimos como Pierre de Blois fazia a "santidade" dos reis decorrer da unção; quanto a isso, não se poderia duvidar de que a maior parte de seus contemporâneos pensava como ele.

Mas Pierre de Blois ia mais longe. Ele dizia mais ou menos isto: meu monarca é uma personagem sagrada; portanto, meu monarca pode curar os doen-

* Seita do século VIII, a qual tinha Jesus Cristo como filho apenas adotivo de Deus. (N. T.)

tes. À primeira vista, trata-se de uma dedução singular. Mas veremos que nela uma mente de capacidade normal, no século XII, não podia encontrar nada de muito surpreendente.

O PODER CURATIVO DO SAGRADO

Os homens da Idade Média, ou pelo menos a imensa maioria deles, tinham das coisas da religião uma imagem muito material e, se se pode dizer, extremamente terra a terra. Como poderia ser de outra forma? A seus olhos, não havia um abismo intransponível entre o mundo em que viviam e o mundo maravilhoso para o qual os ritos cristãos abriam a porta; os dois universos penetravam-se mutuamente; se um gesto agia no além, como imaginar que sua ação não se estendia também a este mundo? Certamente, a ideia de intervenções dessa ordem não chocava ninguém, pois ninguém tinha noção exata das leis naturais. Portanto, os atos, os objetos ou os indivíduos sagrados eram imaginados não apenas reservatórios de forças aptas a atuar no outro mundo mas também fontes de energia suscetíveis de influência imediata sobre a vida cá na terra. Afinal, não se fazia dessa energia uma imagem tão concreta que às vezes se chegava até a representá-la pesada? Conforme nos diz Gregório de Tours, um tecido colocado sobre o altar de um grande santo (Pedro ou Martinho) tornava-se mais pesado, desde que, é claro, o santo quisesse manifestar-se.[50]

Os padres, carregados de eflúvios sagrados, eram por muita gente considerados uma espécie de mágicos; nessa qualidade, eram às vezes venerados e às vezes odiados. Em alguns lugares, as pessoas benziam-se ao encontrá-los no caminho porque tal encontro era tido como mau presságio.[51] No reino da Dinamarca, no século XI, os padres, tal qual os feiticeiros, eram considerados responsáveis por intempéries e por contágios; quando a ocasião se apresentava, eram perseguidos como promotores desses males, tão duramente que Gregório VII precisou protestar.[52] Aliás, por que olhar para tão longe na direção norte? É na França, provavelmente no século XIII, que se situa esta instrutiva historieta (o sermonário Jacques de Vitry, que a conta, alegava conhecê-la de "fonte segura"): numa aldeia, grassava uma epidemia; para fazê-la cessar, os camponeses não imaginaram nada melhor que sacrificar seu cura; um dia, quando vestido com suas roupas sacerdotais ele enterrava um morto, os aldeões precipitaram-no na cova, ao lado do cadáver.[53] Essas loucuras (em formas mais anódinas) não sobrevivem ainda hoje?

Assim, às vezes o poder que a opinião comum atribuía ao sagrado revestia-se de um caráter temível e deplorável; mas está claro que o mais das vezes esse poder era julgado benéfico. Ora, existe benefício maior e mais perceptível que a saúde? Facilmente se atribuía poder curativo a tudo o que, em qualquer grau, participasse de uma consagração.[54] A hóstia, o vinho da comunhão, a água do batismo, a água em que o oficiante molhara as mãos depois de ter tocado as santas espécies, os próprios dedos do padre foram também remédios; ainda em nossos dias, em certas províncias se supõe que o pó e o musgo das igrejas possuam essas mesmas propriedades.[55] De quando em quando, esse gênero de ideia levava os espíritos grosseiros a estranhas aberrações. Gregório de Tours contou a história de um desses chefes bárbaros que, sofrendo dos pés, banhava-os numa patena.[56] O clero evidentemente condenava tais excessos; mas deixava prosseguir as práticas que não julgava ofensivas à majestade do culto; ademais, em larga medida as crenças populares escapavam ao controle eclesiástico. Entre todas as coisas de igreja, os santos óleos, sendo o veículo normal das consagrações, pareciam particularmente fecundos em virtudes. Os prevenidos consumiam-no para obter um ordálio favorável. Sobretudo para os males do corpo, esses óleos constituíam um recurso maravilhoso. Era necessário proteger da indiscrição dos fiéis os vasos que continham os óleos.[57] Na verdade, naqueles tempos quem dizia sagrado dizia capaz de curar.

Ora, recordemos o que eram os reis. Quase todo mundo acreditava na, para falar como Pierre de Blois, “santidade” dos monarcas. Há mais. De onde a derivavam? Aos olhos do povo, em grande parte ela tinha origem naquela predestinação familiar à qual as massas, guardiãs das ideias arcaicas, não haviam deixado de dar crédito. Mas também, a partir dos tempos carolíngios, essa “santidade” passou a resultar, mais formalmente e mais cristãmente, de um rito religioso, a unção; em outros termos, desse óleo bento que parecia a tantos enfermos o mais eficaz dos remédios. Portanto, os reis estavam duplamente designados ao papel de benfeitores taumaturgos: primeiro, pelo caráter sagrado que lhes era inerente; depois, mais particularmente, por uma das fontes de onde emanava esse caráter, a mais visível e a mais respeitável. Como não haveriam eles, mais cedo ou mais tarde, de posar de curandeiros?

Entretanto, não se tornaram curandeiros logo em seguida (isto é, assim que a unção régia foi implantada nos Estados da Europa ocidental), nem em todos os países. As considerações gerais que acabam de ser expostas não são suficientes para esclarecer por que o rito do toque apareceu na França e na Inglaterra. Elas mostram-nos que os espíritos estavam preparados, uns, para imaginar e, outros, para admitir semelhante prática. A fim de explicar por que esse rito nasceu numa data precisa e num meio determinado, é necessário apelar para fatos de outra ordem, fatos que podemos classificar de mais fortuitos, pois supõem em maior grau o jogo das vontades individuais.

A POLÍTICA DINÁSTICA DOS PRIMEIROS CAPETÍNGIOS E DE HENRIQUE I BEAUCLERC

O primeiro soberano francês tido como capaz de curar os doentes foi Roberto, o Pio. Ora, Roberto era o segundo representante de uma nova dinastia. Recebeu o título régio e a unção ainda em vida de seu pai, Hugo, em 987 — ou seja, no próprio ano da usurpação. Porque os capetíngios tiveram êxito, temos dificuldade em imaginar o quanto seu poder, naqueles primeiros anos, devia parecer frágil. Sabemos, no entanto, que ele era contestado. O prestígio dos carolíngios era grande; a partir de 936, ninguém mais ousara disputar-lhes a coroa; para tornar possível a sua queda, foi necessário um acidente de caça (aquele em que Luís v encontrou a morte) e uma intriga internacional. Em 987, e mesmo mais tarde, quem poderia estar certo de que tal queda seria definitiva? Decerto havia muitos para os quais o pai e o filho associados no trono eram como escrevia Gerbert em 989 ou 990, apenas reis temporários, "inter-reis" (*interreges*).[58] Durante muito tempo, houve focos de oposição, em Sens, em diversos lugares do Midi. Na verdade, um bem-sucedido ataque de surpresa desfechado no dia de Ramos de 991, pondo em poder de Hugo o pretendente que descendia de Carlos Magno, logo tornou completamente inúteis os esforços que poderiam satisfazer os partidários de uma linhagem cujo chefe estava agora preso e cujos últimos rebentos iriam cair no esquecimento. Mas esse sucesso inesperado não assegurava o futuro. A fidelidade que alguns legitimistas votavam aos descendentes de seus antigos soberanos provavelmente jamais constituíra perigo muito grave para a família capetíngia; a verdadeira ameaça estava em outra parte: no sério dano que esses mesmos acontecimentos de 987, aos quais os novos reis deviam o trono, causara à lealdade dos súditos e, sobretudo, à hereditariedade monárquica. As decisões da assembleia de Senlis arriscavam-se a assinalar o triunfo do princípio eletivo. Por certo, esse princípio não era novo. Conforme vimos, ao menos na antiga Germânia ele tivera por corretivo a necessidade de o rei ser escolhido sempre na mesma família. Não iria agora o direito de livre escolha agir sem entraves? O historiador Richer coloca na boca do arcebispo Adalbéron, arengando aos grandes em favor de Hugo Capet, estas palavras temíveis: "não se obtém a realeza por direito hereditário";[59] e, numa obra dedicada aos próprios reis Hugo e Roberto, Abbon escrevia: "Conhecemos três espécies de eleições gerais: a do rei ou do imperador, a do bispo e a do abade".[60] Essa última expressão deve ser tida como a mais significativa entre todas: o clero, habituado a considerar a eleição a única fonte canônica do poder episcopal ou abacial, estava muitíssimo tentado a nela ver também a mais louvável origem do poder político supremo. Ora, aquilo que uma eleição fizera, outra podia desfazer, se necessário sem esperar a morte do primeiro eleito ou, pelo menos, sem levar em conta as reivindicações de seus filhos; com certeza, não se esquecera o que acontecera durante os cinquenta anos seguintes à morte de Carlos, o Gordo. E para santificar o feliz candidato, fosse qual fosse sua origem, a unção oferecia-se sempre. Em suma, a mais urgente tarefa que se impunha aos capetíngios era restabelecer em proveito próprio uma legitimidade. Por menos conscientes que estivessem dos perigos que os cercavam e dos que não poderiam deixar de abater-se sobre sua descendência, eles devem ter sentido a necessidade de realçar mediante alguma manifestação inédita o brilho de seu nome. Em condições quase idênticas, os carolíngios haviam recorrido a um rito bíblico: a unção régia. A aparição do poder curativo sob Roberto II não se explicaria por preocupações da mesma ordem das que outrora haviam levado Pepino a imitar os príncipes hebreus? Afirmar isso seria presunçoso; mas há motivos para tentar supô-lo.

É claro, nem tudo deve ter sido cálculo. Roberto tinha reputação de ser muito devoto. Provavelmente por causa disso o milagre capetíngio começou com ele e não com seu pai, Hugo. Sem dúvida, a característica de santidade que se conferia à pessoa do rei, acrescida da santidade inerente à dignidade régia, muito naturalmente levou os súditos a atribuir ao monarca virtudes taumatúrgicas. Se se quiser, pode-se supor que agiam espontaneamente os primeiros doentes a (numa data para sempre desconhecida) solicitar que o soberano os tocasse. Quem sabe se, afinal de contas, outros fatos análogos já não se haviam produzido, em estado isolado, durante reinados precedentes, como no tempo de Gontrão? Mas, quando vemos essas crenças até ali erráticas tomar corpo num momento tão oportuno a uma dinastia ainda mal assente, é difícil acreditar que nenhuma intenção política dissimulada haja desempenhado um papel — decerto não na formação original do milagre, mas, se se pode falar assim, na cristalização desse milagre. De resto, não há a menor dúvida de que o próprio Roberto e seus conselheiros tinham fé na eficácia das forças miraculosas que emanavam de sua pessoa. A história das religiões mostra abundantemente que para explorar um milagre não há necessidade de ser cético. Provavelmente, a corte esforçou-se por atrair os doentes e expandir a fama das curas realizadas; no começo, não se devia estar muito preocupado em saber se o poder curativo era exclusivo do monarca do dia ou próprio do sangue capetíngio. De fato, como vimos, os sucessores de Roberto não deixaram que tão belo dom ficasse sem herdeiros; curavam como ele e depressa se especializaram numa doença determinada: as escrófulas.

Podemos perguntar se cada um deles, reivindicando por sua vez uma parte do glorioso privilégio, via algo que não seu interesse pessoal. Mas, talvez inconscientemente, seus esforços reunidos acabaram por favorecer com um caráter sobrenatural toda a estirpe desses monarcas. Aliás, até o reinado de Henrique Beauclerc (que, segundo sabemos, foi o iniciador do rito inglês), isto é, até o ano 1100 pelo menos, os reis descendentes de Roberto II foram os únicos na Europa a tocar os enfermos; os outros "ungidos do Senhor" não o tentavam. Portanto, a unção não era suficiente para conferir esse maravilhoso talento; a fim de que um rei se fizesse verdadeiramente santo, um verdadeiro rei, era necessário mais que uma eleição seguida de sagração; a virtude ancestral ainda contava. A persistência da pretensão taumatúrgica na linhagem capetíngia certamente não criou sozinha essa fé na legitimidade familiar que devia ser um dos melhores apoios da realeza francesa. Bem ao contrário: só se aceitou a ideia desse milagre patrimonial porque nos corações ainda subsistia alguma coisa das velhas noções sobre as famílias hereditariamente sacras. Mas não há como duvidar de que o espetáculo das curas régias contribuiu para fortalecer esse sentimento e para, de alguma maneira, dar-lhe nova juventude. O segundo dos capetíngios encetara o prodígio. Seus descendentes, para maior vantagem da monarquia, fizeram-no prerrogativa não mais de um rei, mas de uma dinastia.

Passemos para a Inglaterra. Também lá encontramos reis-médicos. O eterno problema que se afigura aos historiadores quando estes encontram instituições semelhantes em dois países vizinhos apresenta-se, portanto, também a nós: coincidência ou interação? Se nos inclinamos à segunda hipótese, de que lado, em qual dinastia se devem procurar os modelos ou imitadores? Questão outrora inflamada: durante muito tempo, o patriotismo interessou-se por solucioná-la. Os primeiros eruditos que, no século XVI ou XVII, preocuparam-se com ela não deixavam de concluir a favor da França se eram franceses, ou da Inglaterra se eram ingleses. Hoje, não nos será difícil manter a serenidade. Por certo, as crenças coletivas que estão na origem dos ritos curativos e explicam o sucesso destes eram fruto de um estado político e religioso comum a toda a Europa ocidental e haviam desabrochado espontaneamente tanto na Inglaterra quanto na França. Mas chegou o dia em que, nas duas margens da Mancha, essas crenças se concretizaram numa instituição precisa e regular: o "toque" régio. Foi no nascimento da instituição que a influência de um país sobre o outro pôde fazer-se sentir.

Examinemos as datas. Henrique Beauclerc, o primeiro de sua estirpe do qual sabemos ter tocado os enfermos, começou a reinar em 1100. Naquele momento, Roberto II, que parece ter sido o iniciador do rito na França, estava morto havia 69 anos. Portanto, a anterioridade francesa não pode ser colocada em dúvida. Os capetíngios não foram plagiadores. Foram plagiados? Caso o milagre régio se tivesse desenvolvido na Inglaterra independentemente de qualquer modelo estrangeiro, sua evolução, segundo toda a probabilidade, teria sido a mesma que na França; no começo, a aparição de uma virtude taumatúrgica que se aplicaria indistintamente a todas as enfermidades; depois (pela ação de acasos que para sempre nos serão misteriosos), a progressiva especialização numa moléstia determinada; e não entenderíamos muito bem que também lá o acaso houvesse designado as escrófulas. É certo que as escrófulas são particularmente adequadas ao milagre, pois (como vimos) elas dão facilmente a ilusão da cura. No entanto, há outras afecções que se enquadram no mesmo caso. Conhecemos santos especializados em escrófulas, mas para quantos outros males não se invoca especificamente este ou aquele santo? Ora, vemos que na Inglaterra os reis jamais reivindicaram, nem mesmo na origem, um poder curativo de natureza indeterminada, e a enfermidade que desde o início pretendem poder curar é precisamente a mesma da qual antes deles, como consequência de uma evolução natural, seus vizinhos da França haviam-se constituído os médicos. Henrique I, príncipe mais que meio francês, não podia desconhecer as curas realizadas pelo capetíngio, seu suserano e rival. O monarca inglês devia invejar-lhe o prestígio. Pode-se duvidar de que tenha querido imitá-lo?[61]

Mas Henrique I não confessou a imitação. Num lance feliz, colocou seu poder miraculoso sob a proteção de uma grande figura nacional. O último representante da dinastia anglo-saxã à qual Henrique I procurara ligar-se pelo casamento, o virtuoso soberano que breve se tornaria o santo oficial da monarquia, Eduardo, o Confessor, foi seu patrono e seu fiador. Teve Henrique I dificuldades com a opinião religiosa de seu país? Na época em que Roberto, o Pio, começara a tocar os doentes, ainda não nascera a reforma gregoriana, tão pouco simpática (voltarei ao assunto mais tarde) às prerrogativas régias e, sobretudo, tão hostil a tudo o que cheirava a usurpação dos privilégios sacerdotais. Quando o rito curativo atravessou a Mancha, a reforma alcançava seu auge; são dela as ideias diretrizes que (como vimos na desdenhosa frase de William of Malmesbury) protestam contra a "obra de falsidade" que os crentes na realeza haviam empreendido. Mas é preciso não julgar pelo estado de espírito de William o de todos os eclesiásticos ingleses. Por volta da época em que Henrique I pôs-se a exercer seu talento miraculoso, um clérigo agregado à catedral de York escrevia seus 35 tratados, quintessência de todo o pensamento antigregoriano, nos quais se ostenta a mais absoluta e mais intransigente fé nas virtudes da unção régia, na natureza sacerdotal e quase divina da realeza.[62] O próprio Henrique I, pelo menos durante a primeira parte de seu reinado, ficou em dificuldade com os reformadores. Provavelmente, foram membros de sua roda quem redigiu uma falsa bula papal que, desprezando todos os novos princípios, reconhecia aos reis ingleses "o patrocínio e a proteção [...] de todas as igrejas da Inglaterra" e uma espécie de legação pontifical perpétua.[63] Não deveria surpreender-nos que, provavelmente naquele momento, ele haja implantado em todos os seus domínios a prática taumatúrgica que era uma suprema exaltação da crença na força sagrada dos reis; também não deveria surpreender-nos que dali em diante essa prática haja prosperado num solo favorável.

Nascido na França aí pelo ano 1000, na Inglaterra cerca de um século mais tarde, o rito do toque faz assim sua aparição em dinastias nas quais, contrariamente ao antigo uso germânico, o direito de primogenitura começava a dominar. Nos países muçulmanos, durante os primeiros tempos do Islã, acreditava-se que o sangue régio curava a hidrofobia; mas o sangue do monarca reinante, do califa, não era aos olhos dos crentes o único a possuir essa virtude. Todos os membros da família real em que o califa devia ser escolhido, todo coraixita, via atribuir-se ao líquido que corria em suas veias o mesmo poder milagroso.[64] Isso porque toda a família real era tida como santa: tanto que, em matéria política, os Estados islâmicos jamais reconheceram os privilégios da primogenitura. Na França e na Inglaterra, porém, a cura das escrófulas sempre foi considerada uma prerrogativa estritamente reservada ao soberano: os descendentes de um rei não participavam dela se não fossem eles mesmos reis.[65] Ao contrário do que acontecia na Germânia primitiva, o caráter sagrado não mais se estendia a toda uma linhagem; ele concentrara-se definitivamente numa só pessoa, o chefe do ramo mais velho, único herdeiro da coroa; apenas esse tinha o direito de fazer milagres.

Para todo fenômeno religioso, há dois tipos de explicação tradicional. Um, que podemos chamar voltairiano, prefere ver no fato estudado a obra consciente de um pensamento individual seguro de si mesmo. O outro, ao contrário, procura ali a expressão de forças sociais, profundas e obscuras; eu de bom grado lhe daria a denominação romântico: um dos grandes serviços prestados pelo romantismo não foi acentuar vigorosamente nas coisas humanas a noção do espontâneo? Essas duas formas de interpretação são contraditórias apenas na aparência. Para que uma instituição destinada a atender a fins precisos indicados por uma vontade individual possa impor-se a todo um povo, é necessário ainda que ela seja sustentada pelas tendências profundas da consciência coletiva; e talvez, reciprocamente, para que uma crença um pouco vaga possa concretizar-se num rito regular, não seja indiferente que algumas vontades conscientes ajudem-na a tomar forma. Se as hipóteses que apresentei podem ser aceitas, a história das origens do toque régio merecerá ser colocada na fileira dos já numerosos exemplos que o passado fornece acerca de uma dúplice ação desse tipo.

LIVRO SEGUNDO

GRANDEZA E VICISSITUDES DAS REALEZAS TAUMATÚRGICAS

1. O toque das escrófulas e sua popularidade até o final do século XV

O RITO FRANCÊS E O INGLÊS

Vimos de que modo a prática do toque apareceu na França capetíngia e na Inglaterra normanda. Agora, assistiremos a sua manifestação no decurso dos últimos séculos da Idade Média, até o momento em que uma grande crise, a qual se iniciou aí pelo final do século XV, veio abalar, entre tantas outras velhas ideias, também a crença no poder curativo dos reis. Em primeiro lugar, procuremos evocar o aspecto perceptível sob o qual esse poder corporificou-se aos olhos dos homens durante aquele período.

De início, o rito francês e o inglês foram em tudo iguais. Como poderia ter sido de outra forma? Não fora o segundo copiado do primeiro? Fosse como fosse, ambos eram muito rudimentares. Mas em todo ritual há uma força interna de desenvolvimento; o do toque não escapou a essa lei geral. Pouco a pouco, ele complicou-se, ao mesmo tempo que apareciam diferenças bem profundas entre os dois países. Em boa parte, essa evolução ultrapassa o quadro do presente capítulo; ela desenha-se nitidamente só nos tempos modernos, no momento em que o milagre régio assume lugar determinado entre as pompas, minuciosamente regradas, das quais se cercavam as monarquias absolutas. Por ora, trataremos apenas de formas a um só tempo bastante simples e bastante flutuantes — aliás, imperfeitamente conhecidas, pelo menos em seus detalhes, pois as cortes medievais, precisamente porque a etiqueta era então pouco rigorosa, quase não nos deixaram documentos relativos ao cerimonial.

Essas formas primitivas nada tinham de original. Os reis-médicos foram naturalmente levados a reproduzir os atos imutáveis que uma longa tradição, popularizada graças às vidas de santos, atribuía aos taumaturgos. Tal qual os pios curandeiros de que se contava a história, os reis tocavam com as mãos os doentes — ao que parece, mais amiúde as colocando sobre as partes infectadas. Repetiam assim, sem dele duvidar, um antigo costume, contemporâneo das mais velhas crenças da humanidade — o contato de dois corpos, obtido de uma forma ou de outra, mais particularmente por intermédio das mãos, não parecera sempre a forma mais eficaz de transmitir de indivíduo a indivíduo as forças invisíveis? A esse velho gesto mágico acrescentavam outro, também ele tradicional em seu tempo, mas especificamente cristão: o sinal da cruz feito sobre os pacientes ou sobre as feridas destes. Dizia-se que os santos, traçando dessa maneira a imagem sagrada, haviam em inúmeras circunstâncias triunfado sobre as enfermidades. Os reis seguiram-lhes o exemplo, na França a partir de Roberto II, na Inglaterra (ao que parece) desde a origem do rito do toque. Afinal, se para os devotos o sinal divino acompanhava todas as ações importantes da vida, como não viria ele santificar o rito de cura?[1] Com o sinal da cruz, o rei manifestava aos olhos de todos que exercia em nome de Deus seu poder miraculoso. A expressão que as contas inglesas do século XIII usam correntemente é bem característica; para indicar que o rei toca os doentes, costumam simplesmente dizer que ele os "benze".*[2]

As antigas vidas de Eduardo, o Confessor, contêm uma indicação curiosa. Quando um sonho aconselha a mulher escrofulosa a procurar seu rei, dizem-nos os hagiógrafos, essa revelação informa-a de que ficaria livre de seu mal "se fosse lavada com água por seu rei"; na sequência da narrativa, vê-se o santo (reproduzo a singular expressão da *Vida anônima*) *ungir* com a ponta de seus dedos umedecidos em água as partes doentes. Também aí se reconhece um velho procedimento, legado da mais remota magia: supunha-se que o líquido no qual um taumaturgo molhara as mãos recebia desse contato propriedades

* Em francês, "*qu'il les 'signe'*", isto é, faz o sinal da cruz (*signe de croix*) sobre os doentes. (N. T.)

miraculosas. Deve-se por isso acreditar que os reis tenham em geral usado essa receita? Penso que não. É ao contato direto que todas as descrições autorizadas do rito inglês, assim como do rito francês, atribuem o poder de curar.[3] Das vidas de s. Eduardo não poderíamos extrair informações precisas sobre o ritual seguido na corte inglesa no século XII ou mais tarde, pois decerto a historieta das escrófulas que os conselheiros de Henrique I utilizaram por protótipo do milagre régio não foi de todo inventada por eles; desde antes da ascensão de Henrique, ela devia fazer parte do ciclo do Confessor. Outros episódios semelhantes, nas mesmas biografias, também dão importante papel à água. Estamos tratando não de um traço constitutivo do cerimonial de cura tal como realmente o praticaram os reis ingleses, mas de um tema hagiográfico de que a literatura legendária (aparentemente, sobretudo as obras escritas na Grã-Bretanha) ofereceu grande número de exemplos.[4]

Todavia, nos dois lados da Mancha a água tinha um lugar no cerimonial, mas bem modesto, pelo menos em princípio. Como seria de esperar, depois de ter colocado os dedos sobre tantos tumores desagradáveis os reis lavavam as mãos. Esse gesto, nascido da mais elementar regra de higiene, originariamente não tinha caráter taumatúrgico. Mas como poderia o povo abster-se de atribuir alguma virtude à água das bacias reais? Por ter molhado uma mão capaz de curar, essa água parecia tornar-se remédio. Um monge de Corbie, Etienne de Conty, o qual no início do reinado de Carlos VI compôs um pequeno tratado sobre a realeza francesa, descreveu nesse opúsculo o rito das escrófulas. O rei, diz ele, lava-se depois de ter tocado; a água que serviu para esse uso é recolhida pelos doentes; estes bebem-na durante nove dias, em jejum e devotamente, depois do que estão curados, "sem outra medicina".[5] Essa singular superstição parece jamais ter atravessado a Mancha; mesmo na França, não encontramos dela vestígios nos tempos modernos. Mas na Inglaterra, como veremos mais tarde, a peça monetária entregue aos escrofulosos torna-se o tema de uma crença de tipo que, no fim de contas, é análogo ao francês: tanto num caso quanto no outro, considera-se que o fluido curativo seja capaz de transferir-se da régia mão para uma coisa que essa mão tocou. Em torno do núcleo primitivo formado pelo rito oficial, não podia deixar de pulular todo um folclore.

Ao praticar o ato taumatúrgico, os reis não ficavam em silêncio. Já em tempos muito antigos, os reis da França habituaram-se a acompanhar com algumas palavras sagradas o duplo gesto tradicional. Geoffroy de Beaulieu relata que s. Luís, ao tocar as partes enfermas, pronunciava determinadas palavras "adequadas à circunstância e sancionadas pelo costume, ademais perfeitamente santas e católicas".[6] Segundo se conta, foram essas mesmas palavras "santas e devotas" as que Filipe, o Belo, em seu leito de morte ensinou, ou melhor, relembrou (pois elas não deviam ter nada de muito secreto), ao príncipe Luís, seu sucessor.[7] Quais eram elas? É preciso que decidamos ignorar isso. A fórmula invariável que nossos monarcas adotaram mais tarde, "O rei te toca, Deus te cura", só é atestada para a partir do século XVI. Nem essa frase nem nenhuma outra análoga jamais parece ter sido utilizada além-Mancha. Não é que os soberanos de lá ficassem mudos. Mas de suas bocas saíam apenas rezas.

É claro, a religião não estava ausente da solenidade francesa. Comparecia mediante o sinal da cruz e outras formas. O rei, relata Etienne de Conty, rezava antes de dirigir-se aos doentes. O costume provavelmente era antigo, mas será que se tratava de outra coisa que não uma oração silenciosa? No século XVI, veremos aparecer fórmulas especiais para essa ocasião; no entanto, eram bem curtas e, além disso, continham vestígios de legendas tardias.[8] Em contraste com essa pobreza, a Inglaterra oferece-nos extrema riqueza: lá, o cerimonial do toque assume o aspecto de verdadeiro serviço litúrgico em que o rei, assistido por seu capelão, quase se arvorava em oficiante. Infelizmente, a liturgia inglesa das escrófulas não deixou documentos anteriores aos tempos modernos; o primeiro "serviço para a cura dos enfermos" que chegou até nós data de Henrique VIII, talvez de Henrique VII. Mas não há nenhuma dúvida de que tal documento encerra composições bem mais antigas; sobretudo, não há nenhuma dúvida de que esse desenvolvimento ritual tão particular remonta a muito antes. Num tratado filosófico escrito em 1344, Thomas Bradwardine, capelão de Eduardo III, já observava que seu rei "recolhia-se em preces" antes de curar.[9] Mais: desde o século precedente as contas da chancelaria do palácio inglesa, para exprimir que o rei toca os doentes, dizem não apenas que ele os "benze", mas também, e mais frequentemente, que os "abençoa", termo que se tornou quase clássico; é encontrado no próprio Bradwardine e no médico John of Gaddesden.[10] Como se perceberá em seguida, decerto o valor atribuído especificamente à bênção régia não era então característico da Inglaterra. O poder sagrado que se conferia à mão do soberano manifestava-se graças tanto a esse gesto protetor quanto ao toque considerado capaz de acabar com a doença. Parece que se era naturalmente levado a confundi-los. Os documentos franceses jamais fazem essa aproximação, mas na Inglaterra ela era constante. Isso porque os ingleses tinham diante de si um cerimonial de cura que parecia necessariamente apelar para o uso de uma palavra tirada do vocabulário eclesiástico.

De onde veio tão marcante diferença entre os dois ritos? As razões são obscuras. Talvez (é apenas uma hipótese) seja conveniente procurá-las no próprio meio em que a prática inglesa começou. Ali, a noção do papel sagrado da realeza fora exacerbada pelas polêmicas levantadas em torno da reforma gregoriana: se Henrique I contava em seu círculo muitos clérigos como "o Anônimo de York", não deveríamos surpreender-nos de que o monarca se tivesse deixado persuadir a tomar atitudes quase sacerdotais, depois imitadas por seus sucessores.

Ao que parece, originariamente os reis exerciam seu poder taumatúrgico um pouco ao acaso, à medida que os doentes se apresentavam. É uma multidão bastante desordenada a que Guibert de Nogent mostra-nos apinhar-se em torno de Luís VI. Pouco a pouco, à proporção que as grandes monarquias ocidentais ficavam mais bem organizadas e os hábitos regulares e rotineiros da burocracia iam penetrando até mesmo a vida da corte, introduziu-se certa disciplina nas formas exteriores do milagre régio. S. Luís aparentemente "tocava seus doentes" todos os dias (ou, pelo menos, todos os dias em que o solicitavam), mas apenas numa hora determinada, depois da missa do rei; os retardatários passavam a noite no palácio, onde se preparavam alojamentos e víveres para eles, e no dia seguinte compareciam, no momento oportuno, perante o monarca. O costume de praticar o rito sem seguir uma periodicidade ainda existia sob Filipe, o Belo; o mesmo acontecia na Inglaterra, mais ou menos na mesma época, sob os três Eduardos. Lá, essa prática subsistiu até o final do século XV; Henrique VII não parece ter tido data fixa para o toque. Na França, ao contrário, sob Luís XI os doentes eram agrupados de modo a só ser conduzidos ao rei um dia por semana; para um monarca ativo e ocupado, isso certamente representava considerável ganho de tempo.[11]

Também na França, o mais tardar a partir do século XV, passou-se a fazer uma triagem da pobre gente que vinha pedir ao soberano o alívio para seus males; porquanto agora a especialidade do augusto médico já estava bem estabelecida: ele curava tão somente as escrófulas. Assim, convinha só admitir à presença do monarca os doentes atingidos por essa afecção. Abrir a porta aos outros seria impor inútil perda de tempo ao príncipe e, provavelmente, também arriscar-lhe o prestígio, fazendo-o cumprir gestos curativos destinados, pensava-se, a por certo ser ineficazes. Daí aquele primeiro diagnóstico, mais ou menos sumário, que provavelmente desde essa época foi confiado aos cuidados do médico da corte; quem desejasse obter a graça do contato régio devia primeiro submeter-se a tal exame. Isso nem sempre acontecia sem queixas. Um dia, encontrando-se Carlos VII em Langres, certo Henri Payot, ferrador que habitava perto dessa cidade, quis trazer até o soberano a irmã, a qual diziam ser escrofulosa. Os homens do rei recusaram-se a admiti-la, alegando que ela não tinha escrófulas. Henri Payot, já irritado pelas perdas que as guerras lhe causaram, vingou-se desse mais recente infortúnio com palavras pesadas, invocando a maldição divina sobre seu soberano e sobre a rainha e tratando de louco e louca o casal real. Essas expressões, com outras igualmente malsoantes, foram repetidas; de modo que mais tarde o infeliz viu-se forçado a conseguir um decreto de perdão, pelo qual decerto pagou um belo dinheirinho.[12]

A generosidade para com os pobres deste mundo era um dever que a consciência moral da Idade Média impunha com muita força aos soberanos. Estes exerciam-na sem parcimônia. Todo aquele que examinou as contas de despesas das casas reais, tanto na França, onde os documentos desse tipo são infelizmente bem raros, quanto na Inglaterra, onde eles são infinitamente mais bem conservados, sabe que ali as esmolas ocupam espaço verdadeiramente grande.[13] Ora, entre os doentes que vinham pedir a cura ao rei encontravam-se muitos miseráveis. Muito depressa, formou-se o hábito de dar-lhes algum dinheiro. Na França sob Filipe, o Belo, parece que em princípio só se dava donativo àqueles que vinham de longe (os estrangeiros, os nacionais procedentes dos confins do reino), e o valor era variável, indo de vinte sous (soma que, pelo menos em 1307 e 1308, parece ter constituído a taxa normal) a seis e mesmo doze libras.[14] Não falarei dos reinados seguintes: de Filipe IV a Carlos VIII, não se tem nenhuma informação desse tipo. Na Inglaterra nos reinados de Eduardo I, Eduardo II e Eduardo III, a esmola aos escrofulosos permaneceu sempre igual: um penny.*[15] Era bem menor que na França porque distribuída

* De início, a libra inglesa e a francesa tinham mais ou menos o mesmo valor. O sistema de partição era idêntico: doze pence ou deniers perfaziam um shilling ou sou; vinte shillings ou sous completavam uma libra.

Embora a libra francesa conhecesse variantes — *parisis, tournois, bordelaise* —, estas diferiam apenas ligeiramente em valor. (N. T.)

muito mais amplamente. De fato, todos os doentes, ou quase todos, beneficiavam-se da distribuição; no máximo, pode-se supor que nos primeiros tempos alguns, os mais nobres e mais ricos, ficavam de fora. Essas exceções devem ter sido sempre extremamente raras; caso contrário, as listas de pagamentos não teriam atingido as fantásticas cifras que breve citarei. Sem dúvida, as exceções desapareceram rápido; nos tempos modernos, já não existem mais. Aos olhos do público, a moeda tornara-se então um instrumento essencial ao rito; não recebê-la das mãos do rei seria, na melhor das hipóteses, ter sido miraculado apenas pela metade. Na sequência, estudarei com mais detalhes essa superstição, mas desejava mencioná-la desde já; não poderíamos explicar seu nascimento a não ser pelo hábito, muito cedo difundido na corte inglesa, de sempre acompanhar de uma esmola o gesto curativo dos reis.

Acabamos de ver por meio de que ritos e em que cerimonial os reis exerciam seu poder miraculoso. Falta perguntarmos que sucesso suas pretensões obtinham do público. Os monarcas posavam de taumaturgos. Quem acreditava neles? Posavam de médicos. Qual era sua clientela?

A POPULARIDADE DO TOQUE

Lembramo-nos de que na Inglaterra, em três reinados sucessivos, os de Eduardo I, Eduardo II e Eduardo III (1272-1377), os doentes, após ter sido tocados, recebiam todos (ou quase todos) uma pequena esmola, cujo valor era invariavelmente fixado em um penny. Ainda temos algumas contas que nos dão, para diversos períodos, o montante desses pagamentos, seja globalmente para todo o exercício considerado, seja (o que é preferível) por dias, semanas ou quinzenas. Primeiro, deixemos que essas cifras falem. Elas têm uma espécie de eloquência brutal. Depois, iremos comentá-las.[16]

Dos três soberanos que citei, o mais antigo aparece em nossas fontes (infelizmente, demasiado incompletas para permitir comparações seguras) possuindo o recorde do milagre. Eduardo I "abençoou" 983 indivíduos durante o 28º ano de seu reinado; 1219 durante o 32º; 1736 durante o 18º. Eis outros anos um pouco menos brilhantes: o 25º, com 725; o quinto, com 627; o 17º, com 519; enfim, o 12º, com 197.[17]

Passemos a Eduardo II. Dele, a única cifra anual que conhecemos é chocha: 79 pessoas tocadas durante o 14º ano de seu reinado (8 de julho de 1320 a 7 de julho de 1321). Mas outras informações que não se agrupam no mesmo quadro cronológico dão de seu poder medicinal uma ideia um pouco menos desfavorável: em 1320, de 20 de março a 7 de julho, ou seja, num período de quatro meses, ele recebeu 93 doentes; em 1316, de 27 de julho a 30 de novembro, espaço de tempo ligeiramente superior ao precedente, 214.[18]

Eduardo III efetuou 136 curas entre 10 de julho de 1337 e 10 de julho de 1338. Foi um ano bastante pobre, que não deve ser tomado como padrão. De 12 de julho de 1338 a 28 de maio de 1340 (pouco mais de 22 meses), o número de milagres atingiu 885; por conseguinte, uma média de perto de quinhentos por ano. Em compensação, de 25 de janeiro de 1336 a 30 de agosto de 1337 (dezenove meses) esse rei não foi além de 108 curas.[19]

No conjunto, tais cifras são imponentes. Dão uma ideia do alto prestígio taumatúrgico dos Plantagenet. Thomas Bradwardine, que ao morrer em 1349 era arcebispo de Canterbury, diz-nos (numa obra composta no tempo em que ainda era capelão de Eduardo III) que os milagres realizados por seu soberano eram atestados "por enfermos curados, pelas pessoas que estavam presentes no momento das curas ou que haviam visto seus efeitos, pelos povos das nações, pela fama universal".[20] Exagerava ele a popularidade do rito inglês? Poderíamos ficar tentados a acreditar que sim, se as contas não nos convidassem a levar a sério as afirmações de Bradwardine. A fama universal que o clérigo invoca não é figura de retórica; ela conduzia até os reis da Inglaterra multidões, algumas vezes mais de um milhar de pessoas por ano.

Nenhum documento nos fornece dados numéricos precisos sobre a atividade medical dos reis da França. Não obstante, deve-se supor que na mesma época seu renome não era menor que o de seus vizinhos. Crenças semelhantes nos dois países sustentavam um rito semelhante. Breve descobriremos que Filipe, o Belo, não era procurado apenas por seus súditos imediatos; nos dias de toque, chegavam até ele espanhóis, italianos e, entre os franceses, a gente de feudos distantes e ainda mal subjugados; segundo todas as aparências, o povo de seus próprios domínios não tinha nele uma fé menos robusta que a desses estrangeiros ou semiestrangeiros. Bradwardine, o qual reconhece o poder taumatúrgico tanto dos príncipes franceses quanto dos Plantagenet, diz que "em ambos os reinos a fama, com voz unânime", proclamava o milagre régio. No que concerne à Inglaterra, os documentos atestam por completo o testemunho de Bradwardine; sem nenhuma dúvida, o mesmo aconteceria com as fontes francesas se estas fossem mais completas.

Mas as cifras inglesas, tão consideráveis no total, mostram-se extremamente variáveis em seus pormenores. Não parece que tais diferenças derivem da maneira pela qual as informações nos foram transmitidas; as contas de chancelaria das quais tiramos esses dados não eram menos cuidadosamente estabelecidas no reinado de Eduardo III que no de Eduardo I, nem durante o 12º ano de reinado de Eduardo I o eram menos acuradamente que durante o 18º; os números menores não são menos dignos de fé que os maiores. Por que essas irregularidades?

Para determinados anos, a razão é bastante simples. O rei está em guerra ou em viagem; apenas raramente pôde cumprir um rito pacífico que só muito excepcionalmente é praticado fora do território nacional; algumas vezes, o monarca ficou vários meses impedido de realizar o toque. Como dissemos, de 20 de novembro de 1283 a 19 de novembro de 1284 (12º ano de reinado) Eduardo I tocou somente 197 pessoas. Mas examinemos mais atentamente nossa cifra. Verificaremos que antes de 15 de março apresentaram-se ao rei 185 doentes;[21] precisamente nesta última data, o Plantagenet entrou no País de Gales, cuja submissão queria concluir; ele ainda estava lá em 19 de novembro. Dos doze indivíduos restantes, três vieram a Eduardo I durante uma breve permanência em Cheshire, na fronteira.[22] Os outros nove eram provavelmente soldados ou galeses. Os 983 enfermos registrados de 20 de novembro de 1299 a 19 de novembro de 1300 (28º ano de reinado) pelos livros de contas da chancelaria do palácio não devem em realidade corresponder a doze meses. Nos registros, as menções ao toque cessam bruscamente a 12 de dezembro; dia 13, o rei e seu exército entram na Escócia, ainda em plena revolta. São retomadas a partir de 3 de janeiro: Eduardo I tornara a colocar os pés em terra inglesa. Elas faltam mais uma vez, a partir de 24 de junho: a 5 de julho, a corte está de novo na Escócia. Os 725 doentes que atribuímos ao 25º ano de reinado (20 de novembro de 1296 a 19 de novembro de 1297) foram benzidos durante um lapso de tempo de pouco menos de nove meses, estendendo-se até 18 de agosto; entre 22 e 27 daquele mês, Eduardo atravessou o mar para ir a Flandres, que não deixaria até o fim do exercício financeiro e onde não pretendia curar ninguém. Estamos menos bem informados a respeito de Eduardo III. As cifras só nos são dadas globalmente; referem-se a períodos longos. Entretanto, salta aos olhos que o número de 885 enfermos para o espaço de quase dois anos, indo de 12 de julho de 1338 a 27 de maio de 1340, não poderia representar a média regular, pois, como veremos dentro em pouco, quase todas as curas realizadas nesse período tiveram por teatro o continente.

Em outras circunstâncias, parece que os reis dedicavam pouco tempo ao rito curativo, já que ocupações mais urgentes não lhes deixavam muito tempo livre. De 25 de janeiro de 1336 a 19 de julho de 1338, Eduardo III efetuou pouco menos de 244 curas;[23] é digno de nota que esse período de pouca atividade taumatúrgica coincidiu com um de extrema atividade diplomática e militar, todo dedicado aos preliminares da guerra contra a França. Do mesmo modo, durante o ano de 1283-4, ainda antes de atravessar a fronteira galesa, Eduardo I benzeu apenas 187 pessoas em quatro meses, número sensivelmente inferior aos que em geral atingia; sem dúvida, ele usava seus dias para discutir e ordenar as importantes medidas que preparavam a submissão do velho país celta.

Viagens, guerras, preparativos de guerras, nesses fatos fortuitos que fornecem a razão de algumas de nossas cifras mais baixas nada havia que afetasse a crença nas virtudes da régia mão. Não podemos vangloriar-nos de tudo saber; outras causas de mesma natureza que hoje em dia nos escapam (enfermidades do soberano, festas na corte, epidemias, escassez, falta de segurança nas estradas) podem em outros momentos ter desviado de sua missão taumatúrgica os augustos médicos ou ter estancado, temporariamente, a multidão de fiéis. Seria inútil pretender explicar todas as irregularidades de nossas estatísticas (ou mesmo a maior parte delas) por não se saber quais flutuações na fé no milagre das escrófulas. Todos os três registros contábeis de Eduardo II que se conservaram apresentam cifras notavelmente mais baixas que as do reinado de Eduardo I; deve-se ver nisso uma prova do declínio da crença? Não temos tal direito, pois nenhum desses documentos se refere a um período que possa ser considerado normal. Entretanto, as estatísticas do toque merecem o interesse do historiador que procura retraçar em nuanças a evolução do lealismo monárquico. Os textos literários e os documentos oficiais só nos oferecem desse sentimento uma imagem frequentemente deformada e, ainda assim, duvidosa; nossas contas, na Inglaterra e mesmo na França, permitem-nos examinar ao vivo esse sentimento, numa de suas manifestações mais características e mais espontâneas; às vezes, excepcionalmente, tais contas registram até as variações desse lealismo.

Comecemos por Eduardo II. Todos os cronistas, seguidos pela maior parte dos historiadores modernos, são concordes em dar-nos a impressão de que esse príncipe, de caráter e inteligência medíocres, mal assessorado, suspeito de vícios repugnantes, afinal traído por seus próximos e destinado ao mais miserável dos fins, foi um soberano impopular.[24] Mas essa versão deixa margem a dúvida; podemos recear que apenas reflita o ódio de alguns grandes senhores. Que pensava o povo comum? Interroguemos nossas contas. As três cifras que elas nos fornecem para o reinado de Eduardo II são todas bastante baixas, sem que nenhum deslocamento para fora das fronteiras e nenhum preparativo militar possam explicar sua pobreza.[25] Sobretudo, esses números vão decrescendo: em 1316, 214 doentes benzidos em cerca de quatro meses; de 20 de março de 1320 a 7 de julho do mesmo ano, espaço de tempo bastante similar, não mais que 93; de 8 de julho de 1320 a 7 de julho de 1321, um ano, baixamos para 79. Mil trezentos e vinte e 1321 são os anos nos quais, em face da fraqueza do rei, insurge-se seu sobrinho, Tomás de Lancaster, personagem que, também ele, é de bem pouco valor, mas que a consciência popular transformou em herói; quando, a 22 de março de 1322, Tomás é morto pelo machado do carrasco, o povo atribui-lhe milagres.[26] Não há nenhuma dúvida de que a partir de 1320 a popularidade de Eduardo empalidece diante da estrela de seu rival, a qual cresce sem cessar. A um monarca sem prestígio não mais se pediam curas.

Vimos que em 1299-1300 a força taumatúrgica de Eduardo I parecia cessar bruscamente no momento em que esse príncipe pisava o solo escocês; é porque então quase toda a Escócia se revoltara contra os invasores ingleses. Mas agora nos situemos nessa mesma região durante o 32º ano de reinado (1303-4). Concluiu-se a conquista do país; muitos antigos inimigos aderiram ao monarca inglês; em fevereiro, o próprio regente e a maior parte dos condes submetem-se; a anexação influencia os costumes. Até 25 de agosto de 1304, Eduardo reside ao norte do rio Tweed; ali, a partir de 20 de novembro de 1303, ele benze não menos que 995 doentes. Não é possível supor que toda essa gente compunha-se apenas de ingleses vindos no séquito de Eduardo; decerto se incluíam ali muitos escoceses. Nesse país antes rebelde, muitos começavam a reconhecer o Plantagenet como rei legítimo: imploravam que ele fizesse milagres.

Tanto os reis da França quanto os da Inglaterra pretendiam ter o poder de curar. Ora, o rei da Inglaterra possuía terras no continente, mas sob a suserania do rei da França. Nessas regiões meio francesas e meio inglesas, a qual dos dois taumaturgos rivais dirigiam-se os escrofulosos? Temos uma conta muito detalhada das curas realizadas por Eduardo I durante uma viagem que fez, no primeiro semestre do 17º ano de seu reinado, a seus domínios na Aquitânia; ali, tocou alguns doentes em Condom, condado próximo a Libourne, e em outros lugares, mas poucos: 124 em cerca de sete meses. Voltando para a Inglaterra, a partir de 12 de agosto, em pouco mais de três meses, vieram a ele 395 enfermos.[27] Aparentemente, entre os bordeleses e gascões o prestígio do suserano prejudicava o do vassalo. Aliás, mais adiante teremos ocasião de constatar que, mesmo em Bordeaux, não se desdenhava ir pedir a saúde ao capetíngio.

A situação mudou quando os Plantagenet reclamaram o título de reis da França. Em 1297, chegando a Flandres, de repente Eduardo I cessara de curar; isso porque nessa região nominalmente francesa, a qual, ademais, não tinha nenhuma ligação com a coroa inglesa, ele era apenas um soberano estrangeiro.[28] Mas sigamos até Eduardo III. Lembramo-nos de que, para o período que vai de 12 de julho de 1338 a 27 de maio de 1340, o inventário recapitulativo das despesas de chancelaria registra 885 doentes benzidos. Ora, durante esses 22 meses Eduardo permaneceu na Inglaterra menos de quatro, divididos em dois períodos.[29] O resto do tempo ele passou do outro lado da Mancha, ocupado em guerrear contra Filipe de Valois ou em negociar com os senhores feudais e os burgueses dos Países Baixos. Percorreu sobretudo Flandres e as regiões verdadeiramente francesas do Nord; em suma, não deixou o território desse reino capetíngio que ele, Eduardo, reivindicava por herança. É difícil acreditar que os 885 miraculados pudessem todos concentrar-se num período inferior a quatro meses, ou que pertencessem todos ao séquito imediato do monarca inglês; provavelmente, a maioria eram pessoas do continente. O príncipe que, a 26 de janeiro de 1340, recebia na qualidade de rei da França o preito de vassalagem do burgo de Gand podia, assim, exercer em solo francês seu prodigioso poder.

As contas inglesas trouxeram-nos para nosso território. Permaneçamos nele e, recuando alguns anos até uma época em que ainda não se contestava a legitimidade dos capetíngios, tomemos as tabuinhas de cera que, sob Filipe, o Belo, serviam de livros de despesas aos caixas do palácio. As que (tal como foram conservadas) vão de 18 de janeiro a 28 de junho de 1307 e de 1º de julho a 30 de dezembro de 1308 foram organizadas por Renaud de Roye. Essa personagem era um funcionário minucioso; não contente em indicar com muita precisão o destino das somas entregues às pessoas "que sofriam do mal régio" (em vez de, como faziam seus predecessores, misturá-las às outras esmolas), ele não se furtou ao trabalho de anotar a cada vez o nome e a proveniência do doente — informações infinitamente preciosas para o historiador, ainda que até agora ninguém, com exceção do abade Lebeuf,[30] pareça ter percebido o valor desse registro. Como sabemos, naquele tempo nem todos os escrofulosos recebiam dinheiro; só tinham direito a isso os que vinham de longe. Portanto, as tabuinhas do palácio francês não nos permitem estabelecer uma estatística completa, análoga às que nos oferecem os documentos ingleses. Mas, graças ao espírito meticuloso de Renaud de Roye, essas tabuinhas fazem as figuras dos miraculados reviver mais nitidamente.[31]

De modo geral, a condição social dos indivíduos tocados não é especificada. No entanto, sem muita dificuldade podemos constatar que todas as classes estavam representadas na multidão sofredora que vinha ao rei. Por certo era uma dama nobre essa *demoiselle* Jeanne de la Tour que a 12 de maio de 1307, em Poitiers, depois de ter sido tocada pelo rei aceitou sessenta sous das mãos de Vivien, o porteiro.[32] Mesmo os religiosos não temiam recorrer ao régio terapeuta: nesses anos 1307-8, durante cerca de doze meses e apenas entre os franceses de províncias afastadas ou os estrangeiros, vemos um agostiniano, dois franciscanos e uma franciscana.[33]

Por via de regra, não temos o nome dos enfermos que habitavam nas vizinhanças da corte nesses anos 1307 e 1308 (quando no rumo sul Filipe, o Belo, não foi além de Poitiers), pois, em princípio, esses doentes não recebiam esmolas. Não obstante, a Normandia, com Elbeuf; Artois, com Montreuil-sur-Mer; a Champanhe, com Hans, próximo a Sainte-Menehould, aparecem, em caráter excepcional, entre os lugares de origem anotados por Renaud de Roye. Provavelmente, Agnès, de Elbeuf; Gilette la Châtelaine, de Montreuil; Marguerite, de Hans, eram mulheres pobres, a quem não se podia recusar algum dinheiro.[34] As menções a regiões mais longínquas são particularmente interessantes. Por elas, vê-se que a virtude taumatúrgica do capetíngio tinha adeptos nas províncias do centro, sobretudo no Toulousain, havia tão pouco tempo integrado na coroa francesa; na Bigorre, remoto vale dos Pireneus incorporado pelo rei fazia menos de vinte anos; nas terras de grandes vassalos: na Borgonha; na Bretanha, mais que semi-independente; em Montpellier, que obedecia ao rei de Maiorca; em Bordeaux, capital do Plantagenet no continente.[35]

Por um momento, reflitamos sobre esses fatos. Estamos em 1307 e 1308: anos trágicos, no curso dos quais cada vez mais esmagadoras necessidades de dinheiro irão precipitar a monarquia capetíngia no escandaloso episódio dos templários. Não há dúvida de que os impostos régios começam a pesar sobre o povo de forma quase insuportável. Que importa?! Os doentes de todos os recantos do reino vêm ao rei da França. Em Guingamp, em plena *Bretagne bretonnante*,* ou nos vilarejos dos arredores de Toulouse, área de língua de oc, antiga região albigense, quando os pobres sentiam-se atacados pelas escrófulas pegavam o bastão de viagem e, por caminhos difíceis e às vezes perigosos, chegavam aos castelos da Île-de-France ou do vale do Loire, onde vivia seu soberano; vinham pedir-lhe um milagre. A 13 de dezembro de 1307, em pleno inverno, estando a corte em Nemours, às margens do Loing, viu-se chegar um homem chamado Guilhelm. Seu ponto de partida fora Hauban, na Bigorre, sobre os terraços que dominam o alto Adour; fizera aquele longo trajeto buscando a graça de ser tocado.[36] Tudo o que as obras literárias nos dizem sobre a realeza, seu prestígio, seu papel sagrado, tem tanta eloquência quanto a história desse humilde súdito?

Languedocianos, bordeleses, bretões — por mais longe que vivessem de Paris eram, afinal de contas, todos franceses: é de seu rei que esperam receber a cura. Do mesmo modo, os escoceses benzidos por Eduardo I, a quem haviam aderido, os flamengos benzidos por Eduardo III, segundo a opinião deles o autêntico herdeiro da coroa francesa, contavam com um prodígio desses monarcas porque simplesmente os consideravam seus soberanos legítimos. Em ambos os lados da Mancha, será que no doloroso cortejo reunido em torno dos príncipes taumaturgos viam-se estrangeiros propriamente ditos? Bradwardine narra que as pessoas "chegavam em multidão, vindas da Inglaterra, *da Alemanha, da França* e de todos os lugares".[37] As contas inglesas, que fornecem apenas cifras, não permitem verificar a afirmação desse capelão real, mas

* Isto é, a baixa Bretanha, região na qual se fala francês e bretão e que sempre foi muito particularista, tendo diversas vezes pegado em armas contra o poder central francês. (N. T.)

parece que devemos conceder-lhe alguma confiança; suas próprias funções chamavam-no a secundar seu soberano no cumprimento do rito miraculoso; e, afinal, até agora comprovamos ser sempre exato o que ele diz. Entre os milhares de indivíduos que se fizeram tocar pelos Plantagenet, sem dúvida havia também os que não eram seus súditos. Quanto aos capetíngios, as tabuinhas do palácio no tempo de Filipe, o Belo, dão-nos uma imagem muito viva da reputação europeia dessa dinastia.

Em primeiro lugar, as terras do Império. Ao longo de toda a fronteira oriental da França, havia uma faixa, estendendo-se de norte a sul (o antigo quinhão de Lotário nas partilhas carolíngias), que nominalmente dependia do soberano alemão, mas que a influência francesa sempre disputara aos imperiais. Filipe, o Belo, foi especialmente ativo ali. Sua "política de expansão" foi descrita com frequência,[38] mas em geral só se retém o que assinalam as crônicas ou os documentos da diplomacia: tratados com as cidades ou os senhores feudais, procedimentos judiciários, paridades.* Entretanto, adoraríamos penetrar mais profundamente as coisas; desejaríamos descobrir o que, nessas regiões onde pouco a pouco se infiltrava o poder capetíngio, as multidões pensavam do rei das flores-de-lis. Mas como conseguiríamos isso? Ao menos, sabemos (graças a Renaud de Roye) que em certas ocasiões essa gente procurava o monarca tomando-o por milagreiro. Na Lorena (principalmente em Metz, onde os bispos, em anos recentes, haviam sido várias vezes procurados pelo governo francês, desejoso de uma aliança), acreditava-se na eficácia do toque régio. O mesmo acontecia mais ao sul, em Lausanne, na Saboia e, às margens do Rhône, na Tarascon provençal.[39]

Essa fé florescia ainda mais longe, em regiões de todo estrangeiras: do outro lado dos Pireneus, não só no pequeno reino de Navarra, que a rainha da França trouxera por dote a seu esposo, mas também na Espanha propriamente dita; sobretudo, do outro lado dos Alpes. Em 1307 e 1308 apenas, no mínimo dezesseis italianos vieram ao rei: lombardos (mormente pessoas de Milão, de Parma, de Piacenza), o veronês Giovanni, quatro venezianos, um toscano, romanholos, uma mulher de Urbino, um *frate* das imediações de Perugia.[40] Estamos mais ou menos na época em que Dante escrevia que a dinastia cape-

* Em francês, *paréages* ou *pariages*. A paridade é a suserania compartilhada por dois ou mais senhores, que têm iguais direitos sobre o feudo. (N. T.)

tíngia, essa "planta daninha", estendia sua sombra por toda a parte.[41] Essa monarquia invasiva tinha muitas armas — entre outras, o milagre. Que admiráveis propagandistas não devem ter sido, por exemplo, o frei agostiniano Gregorio em seu convento na Umbria ou a sra. Chiara em sua pátria, Bolonha, "a Gorda", se, porventura, esses doentes se curaram após ter sido tocados![42]

Algumas vezes, a política eclesiástica de Filipe, o Belo, pareceu uma espécie de paradoxo histórico. Esse príncipe, que aplicou ao papado um golpe tão violento,* era com certeza um homem profundamente religioso, um devoto, quase um asceta.[43] Não tinha nada de um Frederico II Hohenstaufen. Como explicar a atitude de Filipe? Na realidade, talvez o enigma não seja assim tão difícil de resolver. Esquecemos muito facilmente quem era Bonifácio VIII. Esse papa pouco legítimo, que devia a tiara apenas à "grande recusa" de seu predecessor (entenda-se: a uma abdicação de valor duvidoso, obtida em condições suspeitas), esse perseguidor dos espirituais,** parecia a muitos cristãos puros um motivo de escândalo. Foi necessário Sciarra Colonna e Nogaret para transformá-lo em mártir. Malgrado tudo isso, subsiste alguma coisa de obscuro no estado de alma de um monarca muito devoto que autorizou ou permitiu e, em seguida, cobriu com seu nome o inominável atentado. Que dizer da mentalidade de seus servidores, na maioria bons católicos, os quais quase sempre se achou mais implacáveis que Filipe? O estudo do toque das escrófulas talvez lance alguma luz sobre esse problema psicológico. Numa memória justificativa composta em 1310, Nogaret e Plaisians terminavam um longo elogio de seu soberano por estas palavras, que de certa maneira são o ponto culminante do discurso: "Deus realiza pelas mãos do rei milagres evidentes em favor dos doen-

* Quando resolve taxar as rendas da Igreja, Filipe entra em rota de colisão com Roma. O conflito cozinha durante vários anos, e em 1303 o papa Bonifácio VIII acaba por excomungar Filipe. Este reage formando um conselho para julgar o papa por vários crimes, incluindo sodomia e feitiçaria. A 7 de setembro de 1303, o jurista Guillaume de Nogaret, agente de Filipe, e o aristocrata romano Sciarra Colonna capturam Bonifácio na residência de verão do pontífice, em Anagni. O papa é libertado pelos moradores do lugar, mas está tão abalado que morre um mês depois. A partir de 1305, a sede do papado transfere-se para Avignon, onde fica sob a tutela do soberano francês. (N. T.)

** Uma seita da ordem dos franciscanos; surgidos no final do século XIII, os espirituais eram partidários de que sua ordem voltasse à pobreza primitiva, seguindo à risca a regra de s. Francisco. Deram origem aos *Fraticelli*, seita herética ferozmente perseguida. (N. T.)

tes".[44] Não tomemos essa frase por vã argúcia de advogado. Para seus contemporâneos, ela exprimia um fato incontestável, do qual decorria toda uma maneira de sentir. A mesma esperança que levava os peregrinos a percorrer os caminhos para os grandes santuários conduzia ao capetíngio multidões ávidas de cura. Perugia e Urbino, cidades que ao menos teoricamente pertenciam ao Patrimônio de s. Pedro, enviavam-lhe os escrofulosos ainda em 1308 — cinco anos após Anagni. Instrumento eleito para transmitir as graças vindas do Alto, médico milagroso ao qual em quase todo o mundo católico se rogava como a um santo, o rei da França não era um simples soberano temporal, nem aos olhos de seus súditos nem aos seus próprios; nele havia divindade demais para que se acreditasse obrigado a curvar a cabeça diante de Roma. Quem saberá que secreto orgulho a consciência de seu poder taumatúrgico podia nutrir no coração de um Filipe, o Belo? Ou que consolo seus súditos, nas horas difíceis, extraíam do espetáculo dos doentes de todas as nações que se comprimiam à porta do monarca?

A segunda metade do século XIV e o século XV quase inteiro foram para as monarquias, primeiro a francesa e depois também a inglesa, um período de crise. Na França, a rivalidade entre os Valois e os Plantagenet, a invasão estrangeira, as desordens políticas e sociais de todos os tipos e, na Inglaterra, as revoluções dinásticas e a guerra civil abalaram a estrutura do Estado. Durante essa roda-viva, a crença no milagre régio manteve-se absolutamente intacta? Adoraríamos sabê-lo. Infelizmente, não existem informações precisas. Os livros de contas franceses pereceram. Os livros da chancelaria do palácio inglesa conservaram-se em parte, mas seria inútil consultá-los sobre o assunto que estudamos; para esse período, eles já não dão o montante das esmolas distribuídas aos escrofulosos. Algumas vezes, julgou-se ver no silêncio desses livros a prova de que os reis haviam cessado de realizar o gesto curativo ou, pelo menos, de que ele não mais era realizado com a mesma frequência. Conclusão errada, em minha opinião. O fato explica-se mais simplesmente por uma modificação de escritas: o capelão decerto continuava a entregar aos doentes algum dinheiro, como no passado; mas no diário de despesas os donativos feitos a esse título confundiam-se no mesmo lançamento com os outros pagamentos. Temos a cifra total das esmolas régias; escapam-nos os pormenores. Seja como for, não poderíamos duvidar de que no tempo da Guerra dos Cem Anos e da Guerra das Duas Rosas, tanto na Inglaterra quanto na França, os reis continuassem a tocar as escrófulas: inúmeros textos de diversos gêneros (crônicas, obras de medicina ou de polêmica política) confirmam isso,[45] embora não nos permitam medir a popularidade do rito.

Mas parece difícil que a luta entre os diferentes ramos da família real inglesa não tenha provocado no sentimento popular alguma confusão. Tanto mais que nesse caso não estamos limitados às conjeturas. O grande jurista sir John Fortescue, partidário de Henrique VI, encarregou-se de fornecer-nos dessa confusão uma prova contundente. Exilado na Escócia de 1461 a 1463, escreveu nessa época diversos tratados em favor de seu monarca, os quais ainda temos; neles, nega a Eduardo IV, então de posse do trono, a virtude taumatúrgica; na opinião de Fortescue, apenas Henrique VI a possui: "ao contato de suas mãos mui puras [...] ainda hoje se veem os doentes do mal régio, mesmo aqueles que os médicos desenganaram, recobrar pela intervenção divina a saúde tão desejada; com isso, o Todo-poderoso é louvado, pois da graça divina emana a graça da saúde, as testemunhas desse fato fortificam-se em sua fidelidade ao rei, o indubitável título desse monarca confirma-se com a aprovação de Deus".[46] Assim, os partidários da casa de Lancaster recusavam aos príncipes da casa de York o dom do milagre. Não há nenhuma dúvida de que seus antagonistas políticos pagavam-lhes na mesma moeda. Cada lado procurava desacreditar o rito praticado no campo adversário. Como imaginar que um pouco desse descrédito não se refletisse sobre o rito em geral? O rei legítimo, pensava-se, sabe curar. Mas quem era o rei legítimo? A frequente incerteza a respeito dessa questão delicada não podia deixar de estancar um pouco o fluxo de doentes, outrora tão afervorados nos dias de toque. Como vimos há pouco, não poderíamos fornecer desse decréscimo de fé provas numéricas decisivas. Mas temos um indício. Ei-lo:

Pouco depois da Guerra das Duas Rosas, vemos reaparecer nas contas de Henrique VII e Henrique VIII algumas menções ao toque. São raras, e parece bastante provável que sejam incompletas. A maior parte dos enfermos decerto participava da soma total das esmolas, de que continuamos não tendo os detalhes; conhecemos apenas alguns pagamentos feitos, em caráter excepcional, por pessoas estranhas ao serviço regular das caridades régias e, por essa razão, registrados nos livros-caixa da chancelaria, os quais em parte se conservaram até hoje. Para a época dos primeiros Tudor, da mesma forma que para o período imediatamente precedente, é preciso, portanto, renunciar ao levantamento de estatísticas anuais comparáveis às que os reinados de Eduardo I, Eduardo II e Eduardo III nos forneceram sobre a matéria. Mas, em vez de alinhar adições, examinemos separadamente nas contas de Henrique VII os diversos artigos que concernem a "curas". Todo miraculado recebia, indistintamente, seis shillings e oito pence. No tempo dos três Eduardos, como já tive oportunidade de observar, a soma também era fixa, mas bem menos elevada: um penny. Naturalmente, a diferença de valores não pode ser estabelecida por simples comparação numérica; de nada adianta observar que seis shillings e oito pence perfazem oitenta pense, pois no tempo de Henrique VII um penny designava uma quantidade de metal precioso bem menor que o penny do final do século XIII, por exemplo; a constante depreciação monetária é um dos fatos fundamentais da história econômica da Idade Média. Apesar disso, não poderíamos duvidar de que a esmola entregue por Henrique VII era bastante superior àquela com que se contentavam os pacientes de Eduardo I ou mesmo os de Eduardo III. No reinado deste, o penny era uma moedinha de prata, que pesava pouco menos de 1,5 grama.[47] No reinado de Henrique VII e durante os primeiros anos do reinado de Henrique VIII, seis shillings e oito pence representavam uma peça de ouro com peso ligeiramente superior a cinco gramas;[48] era chamada *angel*, por trazer a efígie de s. Miguel Arcanjo. Sob os Tudor, o angel era por princípio a unidade ligada ao toque; sob os Stuart, continuaria a ter a mesma função. Seu valor de troca variava (como o das outras moedas metálicas) ao sabor da política financeira; em 1526, Henrique VII fixou-o em sete shillings e seis pence;[49] isso significava "enfraquecer" a moeda, mas os doentes não perderam com tal operação: passaram a receber precisamente sete shillings e oito pense. Aliás, continuavam a receber a mesma peça de ouro, tão indispensável parecia ser não frustrá-los no recebimento de determinada quantidade, sempre mais ou menos fixa, do precioso metal. Quanto ao poder de compra do numerário nas diferentes épocas, no estado atual da ciência não é possível ter medidas exatas. Entretanto, sabemos que antes da Peste Negra um penny era o salário diário normal de um fenador, ou seja, de um trabalhador rural muito mal pago; no começo do século XVI, o angel correspondia ao preço habitual de uma consulta com um médico de renome — por aí podemos ver o contraste.[50] Em resumo, de Eduardo III a Henrique VII a esmola dos escrofulosos passa da prata para o ouro, ao mesmo tempo que seu valor de compra aumenta bastante. Quando se deu a modificação? Sob Henrique VII ou antes? De uma só vez ou por etapas? Não se sabe. Eduardo IV parece ter sido o primeiro rei a cunhar os angels, mas será que já os usava para as necessidades do rito curativo? Nada permite afirmá-lo. Não obstante, uma coisa é certa: essa curiosa transformação que acabou por fazer da esmola entregue aos enfermos um verdadeiro brinde, um atrativo estendido aos que teriam hesitado em fazer-se tocar, produziu-se durante esse período de crise no qual os príncipes que disputavam a coroa negavam uns aos outros o direito ao milagre. Simples coincidência? É difícil acreditar. Cada um dos pretendentes devia procurar atrair para si, por todos os meios, os escrofulosos ávidos de cura, pois, para falar como Fortescue, não havia de um "título" (mesmo que "indubitável") "confirmação" mais clamorosa que o dom taumatúrgico. Na França, onde não ocorreram lutas desse tipo, a soma entregue aos beneficiários do toque continuou bastante baixa; sob Luís XII e Francisco I, eram dois sous tournois, cifra equivalente a duas pequeníssimas moedas de prata.[51] Não se deve ver nessa espantosa elevação da esmola inglesa o efeito de um sobrelanço entre as casas rivais?

Malgrado tudo isso, a fé no milagre régio sobreviveu vitoriosamente às tormentas políticas. Breve veremos a que elementos psicológicos profundos ela deveu sua força de resistência. Mas, na época a que chegamos, essa fé tinha outros sustentáculos além das tendências mentais semi-inconscientes: a ciência médica, a teologia, a filosofia política haviam-se apoderado dela e haviam-lhe dado a sanção da palavra escrita. Vejamos, portanto, a obra dos fazedores de livros, começando pelos médicos.

O TOQUE DAS ESCRÓFULAS NA LITERATURA MEDICAL DA IDADE MÉDIA

Aparentemente, durante longo tempo os escritores da medicina evitaram qualquer alusão ao poder taumatúrgico dos reis. Na verdade, grande número deles limitava-se a copiar ou a comentar (mais ou menos servilmente) tanto os antigos quanto os árabes. Assim, em boa parte seu silêncio explica-se muito naturalmente pelo de seus modelos. Mas, segundo tudo indica, há também outra razão, a qual descobriremos facilmente, tão logo tivermos visto quando esse silêncio foi rompido pela primeira vez.

Um *Compendium medicinae* [Tratado de medicina] que gozou certa celebridade na Idade Média chegou até nós sob o nome de um Gilberto Inglês (Gilbertus Anglicus). Nada sabemos ao certo sobre essa personagem. Seu sobrenome indica que ele estava de alguma maneira ligado à Inglaterra — pela nacionalidade, pelas origens familiares, porque vivera lá? Como sabê-lo? Quanto à data em que o tratado foi escrito, podemos fixá-la, sem medo de errar, na primeira metade do século XIII; mas nenhuma outra precisão é possível. Até onde sei, essa obra tão misteriosa é a primeira de seu gênero na qual aparece a questão do toque. De fato, no livro III leem-se estas palavras: "as escrófulas, [...] também chamadas 'mal régio' porque os reis curam-nas".[52] Como vemos, trata-se de simples alusão, que é feita meio de passagem e se refere mais a um uso de linguagem que a uma medicação expressamente recomendada pelo autor. Os escritores que verdadeiramente deram ao milagre régio o direito de cidadania na ciência foram franceses e súditos de Filipe, o Belo: Bernard de Gourdon;[53] os quatro mestres anônimos que comentaram os tratados cirúrgicos de Roger e de Orlando da Parma;[54] enfim, Henri de Mondeville, o próprio cirurgião do rei, tão orgulhoso de ter seu monarca por colega: "Assim como", exclama ele candidamente, "nosso Salvador, Jesus Cristo, exercendo a medicina com suas mãos quis honrar os médicos, assim também nosso sereníssimo soberano, o rei da França, honra-os, a eles e a sua profissão, curando as escrófulas por simples contato!".[55] Nem todo mundo partilhava desse entusiasmo. Por volta de 1325, vivia em Ypres um médico, mestre Jean, que nos deixou um tratado sobre sua arte. Parece que ele participara das lutas políticas que então agitavam Flandres, colocando-se ao lado dos adversários da flor-de-lis — donde sem dúvida deriva seu ceticismo ante o dom taumatúrgico que a opinião médica francesa atribuía aos capetíngios. "Dir-vos-ão agora", escreveu ele, "que muita gente acredita que Deus tenha dado ao rei da França o poder de curar pelo simples contato da mão as escrófulas supurantes; segundo crê essa gente, muitos dos enfermos tocados saram; mas às vezes não saram."[56] É evidente que aos olhos de mestre Jean parece ainda novidade a ideia de incorporar o toque régio aos remédios aconselhados pela farmacopeia clássica. Breve tal ideia deixa de ser considerada dessa maneira. Na verdade, os escritores subsequentes — na França, Guy de Chauliac, nessa *Chirurgia magna* [Grande cirurgia] redigida em 1363, a qual devia permanecer até os tempos modernos um dos manuais preferidos dos facultativos;[57] na Inglaterra, John of

Gaddesden, sob Eduardo III,[58] e John of Mirfield, sob Ricardo II[59] — apenas obedeceram ao impulso que o grupo francês proporcionara por volta de 1300. Ora, não é de surpreender que o rito curativo tenha obtido assim uma espécie de consagração científica no mesmo momento e praticamente no mesmo meio em que, como veremos mais adiante, cessou o ostracismo que até então a doutrina eclesiástica quase unanimemente impusera a esse rito. Calando-se durante tantos anos a respeito do toque régio, os médicos decerto não haviam feito mais que imitar a prudente abstenção de que a teologia (por motivos que serão indicados no devido tempo) dava-lhes o exemplo.

Ainda assim, nem todos mudaram de atitude. Apenas os franceses e os ingleses, pertencendo a nações diretamente interessadas na glória do milagre régio, deram-lhe (pelo menos algumas vezes) um lugar em seus escritos. Não foram seguidos por seus colegas estrangeiros — não que estes costumassem pôr em dúvida as virtudes do toque; o caso de um Jean d'Ypres, animado contra os capetíngios por um desses ódios vigorosos que as lutas municipais desenvolviam em Flandres, continuou inteiramente excepcional; na maioria, os autores estrangeiros contentavam-se em nada dizer. Como se explica seu silêncio? Em alguns casos, pela ignorância ou pelo costume; mas em outros parece ter havido uma atitude proposital. Tomemos por exemplo Arnau de Villanueva, um dos maiores médicos do século XIV. Sem dúvida catalão de origem, viveu na França e em Avignon; como acreditar que ele não tenha jamais ouvido falar das curas efetuadas pelos Valois? Entretanto, em vão procuraríamos no capítulo "De scrophula" [Escrófulas] de seu *Compendium medicinae practicae*[60] [Tratado de medicina prática] alguma menção a tais curas. Espírito independente e capaz de certa originalidade até mesmo na credulidade, decerto não partilhava da fé cega de seus contemporâneos. Até onde posso ver, a noção do poder curativo dos reis não penetrou na literatura médica internacional antes do século XVI.[61]

Do mesmo modo, não se deve imaginar que os médicos da Idade Média, mesmo franceses ou ingleses, tenham-se derramado em frases entusiasmadas a propósito dos ritos curativos. Os milagres, tanto os dos príncipes temporais quanto os dos santos, eram coisas familiares que em nada contradiziam o sistema de mundo dos médicos. Estes acreditavam nos milagres, mas com um sentimento tranquilo, nada febril. Aliás, distinguiam mal entre os remédios naturais (cuja ação era-lhes de ordinário plenamente misteriosa) e os sobrenaturais e enumeravam-nos uns ao lado dos outros, sem distinção. Quase sempre enviavam aos reis os casos de escrófulas rebeldes a todos os outros tratamentos. "Em última instância", diz Bernard de Gourdon em seu *Lilium medicinae* [Lírio da medicina], "é preciso recorrer ao cirurgião ou, então, dirigir-se aos reis."[62] John of Gaddesden inverte essa ordem: "Se os remédios", lemos em sua *Praxis medica* [Prática médica], "são ineficazes, o doente deve ir ao rei e fazer-se tocar e benzer por este; [...] se tudo mais mostrar-se insuficiente, ele deve confiar-se ao cirurgião".[63] Não vejamos aí nenhuma ironia. Gaddesden não pensa que o cirurgião forçosamente fará um trabalho melhor que o do rei. Ao contrário: em sua opinião, a cirurgia é perigosa e deve ser evitada a todo custo; só se deverá recorrer a ela quando se tiverem esgotado todas as outras possibilidades, inclusive o milagre. Nem os reis nem os santos curavam sempre; entretanto, não se dúvida das virtudes nem de uns nem dos outros. Nos séculos XVI e XVII, os apologistas da realeza taumatúrgica falam em outro tom, pois não vivem mais naquela atmosfera; elevam a voz para ser ouvidos por um povo menos confiante. Uma fé simples exprime-se simples e candidamente.

Assim, o toque das escrófulas tornara-se na França e na Inglaterra um lugar-comum medical. Os manuais técnicos serviram a seu modo a glória da monarquia. Sem dúvida, mais de um facultativo, tendo extraído desses manuais sua ciência, deu a seus clientes o conselho que se tornara clássico: "Ide ao rei". Agora, procuremos saber o que os doutores da Igreja podiam dizer a suas ovelhas.

O TOQUE DAS ESCRÓFULAS E A OPINIÃO DOS ECLESIÁSTICOS

No século XI, pouco depois da instauração do primeiro rito curativo na França, um grande movimento doutrinal abalou até as bases a vida da Europa católica. Os historiadores costumam chamá-lo gregoriano, tomando o papa Gregório VII como seu epônimo. Conformar-me-ei aos hábitos correntes. Mas convém lembrar que esse *despertar* religioso, nascido de sentimentos profundos, foi antes de tudo uma obra coletiva. Um grupo de monges e de prelados revolucionou a Igreja. No âmbito do pensamento, esses homens, cuja ação foi tão forte, não eram em nenhuma medida criadores; as teses que a não mais poder repetiam haviam sido elaboradas por outros antes deles. Sua originalidade estava em outra parte: nesse implacável senso lógico que os impelia a perseguir até os extremos a aplicação dos princípios que tinham recebido da tradição (princípios um pouco embotados por longo uso); na rude sinceridade que em suas bocas dava novo vigor às teorias mais batidas; e, sobretudo, no heroico esforço que fizeram para transformar em regras de conduta prática ideias que, na maior parte, eram tão velhas quanto o cristianismo, mas que havia séculos as pessoas tinham-se acostumado a não mais deixar sair do inofensivo mundo dos tratados de teologia ou de moral. A influência desses homens determinou a atitude que por longo período a literatura eclesiástica iria adotar para com o milagre régio; veremos em que sentido tal influência exerceu-se.[64]

Para compreender as concepções políticas dessa escola, é importante (o que se esquece algumas vezes) ter bem claro aquilo a que elas se opunham. O poder secular que tal doutrina combateu com tamanha obstinação não tinha nada em comum com o Estado laico que, muito mais tarde, seria por sua vez atacado por outros pensadores católicos. Longe de procurar romper todo vínculo com a religião, aquele poder secular julgava revestir-se de um caráter eminentemente religioso: era a realeza sagrada, legado de antigas eras, sancionada pela Igreja (talvez imprudentemente) nos séculos VIII e IX. O rito da unção régia, desde sua introdução na Europa ocidental, não cessara de crescer em importância e em prestígio. Como a seguir veremos com mais vagar, pelo menos em certos meios depreendia-se desse rito, mais expressamente que nunca, o conceito do caráter quase sacerdotal dos soberanos. Imperadores e reis usavam os santos óleos para tentar subjugar o clero e o próprio papado.

Ora, antes de tudo os reformadores quiseram despojar de sua marca sobrenatural esses príncipes temporais que se acreditavam personagens sagradas, reduzi-los (independentemente do que pudessem pensar seus súditos) a simples humanos cujo império limitava-se às coisas deste mundo. Por isso, por um encontro que é paradoxal só na aparência, os partidários da origem popular do Estado, os teóricos de uma espécie de contrato social, devem nessa época ser procurados entre os mais fanáticos defensores da autoridade em matéria religiosa. No pontificado de Gregório VII, um monge alsaciano chamado Manegold de Lautenbach, num tratado consagrado à apologia da política papal, explicava que o rei, escolhido para reprimir os desígnios dos maus e proteger os bons, será destituído de sua dignidade se faltar a esses encargos, "pois nesse caso, segundo toda a evidência, ele próprio rompe o pacto que o tornou rei"; algumas linhas depois, Manegold não temia comparar esse pacto, essencialmente revogável, entre o povo e seu chefe ao contrato que um homem conclui, "mediante justo salário", com o guardador a quem confia o cuidado de seus porcos —[65] fórmulas de excepcional rigor. Talvez nem seu autor lhes haja percebido todo o imenso alcance; não obstante, elas estavam bem de acordo com a lógica profunda do movimento doutrinal em que se tinham originado. Os historiadores frequentemente consideraram esse movimento uma tentativa de submeter o secular ao espiritual; interpretação correta em linhas gerais, mas incompleta. No terreno político, foi antes de mais nada um vigoroso esforço para destruir a antiga confusão entre o secular e o espiritual.

Sobre o poder monárquico temos, aliás, a opinião do próprio Gregório VII. Consignou-a em célebre carta que enviou a 15 de março de 1081 ao bispo de Metz, Hermann. O papa acabava então de excomungar pela segunda vez o imperador Henrique IV; sabia-se empenhado numa luta irrevogável e não mais precisava usar de circunlóquios; nesse ardoroso manifesto, seu pensamento põe-se a nu. Talvez Gregório force a maneira de expressar-se, em geral menos arrebatada; mas seus exageros, se os há, apenas sublinham eficazmente os traços essenciais de uma doutrina que, em seu conjunto, é perfeitamente firme e coerente. Com uma espécie de raiva, ele humilha a realeza ao sacerdócio e coloca-a tão baixo que quase chega a apresentá-la como instituição diabólica. Ora, de onde vem a flagrante inferioridade dos príncipios deste mundo? Do fato de que, sendo leigos, não partilham das graças sobrenaturais. Que é um imperador ou um rei (por mais poderoso que nesta vida pareça ser) perto de um padre capaz de "por uma palavra de sua boca" transformar o pão e o vinho "em corpo e sangue de Nosso Senhor"? Ou, mais ainda! perto de um exorcista? (Sabemos que com essa palavra Gregório refere-se ao clérigo provido da terceira das ordens menores.) O imperador ou o rei comandam apenas homens; o exorcista é (segundo os próprios termos do ritual de ordenação, dos quais Gregório convenientemente se recorda) "imperador espiritual constituído para caçar os demônios".[66] O papa acrescenta estas palavras, que precisamos reter:

> Onde encontrar entre os imperadores e os reis um homem que por seus milagres haja igualado, não digo os apóstolos ou os mártires, mas s. Martinho, s. Antônio ou s. Benedito? Que imperador ou rei ressuscitou os mortos, devolveu a saúde a

leprosos, a luz a cegos? Vejam o imperador Constantino, de piedosa memória, Teodósio e Honório, Carlos e Luís, todos amigos da justiça, propagadores da religião cristã, protetores das igrejas; a Santa Igreja louva-os e os reverencia, [mas] ela de modo algum indica que tenham brilhado pela glória de semelhantes milagres.[67]

Assim, Gregório VII negava terminantemente aos soberanos temporais, mesmo aos mais pios, o dom do milagre. Ao fazê-lo, estaria pensando no poder taumatúrgico que os monarcas franceses reivindicavam já havia duas gerações? A forma muito genérica que Gregório deu a seu pensamento não permite que se perceba uma alusão tão específica; aliás, suas preocupações referiam-se bem mais ao Império que ao pequeno reino capetíngio. Provavelmente, o papa só quis inferir dos conceitos que formara sobre a natureza do poder político uma conclusão inteiramente natural, sem ter em vista nenhum caso particular. Mas a mesma ideia, decorrendo necessariamente dos princípios da escola gregoriana, veio a outros além dele — e estes não deixaram de aplicá-la aos reis franceses ou ingleses. Por certo, a Igreja sempre ensinou que o milagre não prova a santidade; ele vem de Deus, que escolhe seus instrumentos onde lhe agrada.[68] Mas essa teoria (na qual espíritos conciliadores como Guibert de Nogent acreditaram encontrar o meio de aceitar as curas régias sem ferir frontalmente a ortodoxia) só podia parecer a doutores mais estritos uma escapatória medíocre. Tais doutores sabiam muito bem que o povo não pensava assim. Reconhecer que um príncipe leigo fosse capaz, na qualidade de príncipe, de realizar curas sobrenaturais teria sido, quer se quisesse quer não, fortificar nas almas essa mesma noção da realeza sagrada que os reformadores esforçavam-se energicamente por destruir.

Logo no começo da história do toque, o estado de espírito da ortodoxia foi com perfeição expresso por William of Malmesbury, denunciando, a propósito dos milagres atribuídos a s. Eduardo, a "obra de falsidade" dos que afirmavam que esse príncipe "possuía o poder de curar [...] não em virtude de sua santidade, mas em caráter hereditário, como privilégio de estirpe real".[69] O extraordinário é que esse protesto explícito não se repetiu. Os outros escritores da mesma doutrina protestaram bastante a seu modo, mas sem clamor. Na França, durante perto de dois séculos, vê-se a literatura de procedência eclesiástica (ou seja, nessa época a totalidade da literatura histórica e didática) manter a respeito do rito taumatúrgico um silêncio quase unânime; na Inglaterra a mesma coisa, e mais longamente. Acaso? Negligência? Mas como acreditar nisso? Vejam, por exemplo, a carta que o bispo de Lincoln, Robert Grosseteste, enviou entre 1235 e 1253 a Henrique III, seu senhor, para explicar (a pedido do rei) a natureza e os efeitos da unção régia.[70] Nela procuraríamos em vão uma referência à virtude miraculosa que, na opinião do vulgo, os santos óleos conferiam. Como admitir um esquecimento? Só pode tratar-se de omissão voluntária. Entre os autores, há apenas duas exceções: Guibert de Nogent, na França, e Pierre de Blois, na corte inglesa. A atitude destes não deve surpreender-nos; em todas as coisas, ambos manifestam um zelo medíocre pelas ideias surgidas da escola gregoriana. Guibert, contemporâneo do implacável papa, falou sem simpatia da perseguição levada a cabo contra os padres casados;[71] Pierre de Blois, conselheiro de Henrique II, não parece ter desaprovado a política eclesiástica de seu monarca, o qual, como se sabe, era bem pouco favorável às "liberdades" do clero.[72] Somente homens assim mornos na observância das concepções caras aos reformadores podiam dar em seus escritos espaço ao milagre régio; os outros calavam-se, obedecendo a uma espécie de consenso mais ou menos tácito, mas que não se impunha menos rigorosamente às consciências. Já tive ocasião de assinalar, a propósito do rito francês, a longa recusa que os textos opuseram às solicitações dos historiadores. Agora conhecemos a razão: encontramo-la na influência exercida pelo grande despertar do século XI, cuja ação prolongou-se (como por ondas sucessivas) durante os dois séculos seguintes. Também não deve surpreender-nos em demasia que essa influência tenha-se imposto com igual força a todos os escritores da época, não apenas aos teólogos ou aos cronistas monásticos mas ainda aos autores de língua vulgar, a esses saltimbancos que aparentemente jamais, em nenhuma epopeia ou romance de aventuras, emprestaram a seus reis de legenda as curas miraculosas que, bem perto desses autores, os soberanos mais verídicos realizavam diariamente. Hoje sabemos que todo esse mundo se mostrou muito mais submisso à dominação eclesiástica do que outrora se imaginava.[73]

Mas (decerto se perguntará) por que os partidários das concepções gregorianas escolheram a via do silêncio? Como explicar que esses fanáticos audaciosos não tenham atacado de frente o rito que devia causar-lhes horror? Ademais, eles não eram os únicos mestres; amiúde encontravam, mesmo nas fileiras do clero, adversários hábeis e eloquentes; por que não se viu nenhum destes assumir categoricamente a defesa do milagre régio? Em torno do movimento gregoriano, estabeleceu-se uma grande controvérsia, decisiva para a educação política do mundo medieval; qual a razão de o toque das escrófulas não ter nenhuma participação em tal polêmica? A resposta é simples: esse grande conflito de ideias deixou quase completamente fora de seu campo de ação a França e a Inglaterra. O caso do misterioso escritor inglês ou normando que, na falta de opção melhor, denominamos Anônimo de York é, pode-se dizer, a única exceção;[74] não poderíamos reprovar-lhe o silêncio sobre um rito que então estava apenas nascendo, se é que já nascera. À parte o Anônimo, os líderes do combate que se travou nos livros e panfletos foram alemães ou italianos que só pensavam no Império e negligenciavam os reinos ocidentais. Não quer dizer que nestes a grande disputa do *regnum* com o *sacerdotium* não tenha perturbado o Estado quase tanto quanto nos outros lugares; mas durante longo tempo ela influenciou apenas questões imediatas, concernentes à nomeação para as dignidades eclesiásticas ou às liberdades (tanto fiscais quanto judiciárias) do clero. Essas ásperas disputas, por mais que se limitassem ao terreno da prática, pressupunham a oposição entre conceitos rivais e sentimentos contrários. Nesses dois países, porém, o mais das vezes esse antagonismo profundo permaneceu, se não inconsciente, pelo menos não expresso. Houve algumas exceções a essa regra, mas muito raras, e depois veremos que a mais retumbante entre elas explica-se por circunstâncias também excepcionais. De modo geral, seja por prudência (pois nem na França nem na Inglaterra a luta jamais teve caráter tão implacável quanto no Império), seja por falta de gosto pelas especulações teóricas, ali quase sempre se evitou criar dificuldades acerca de princípios. Ao menos na França, isso valeu até o momento em que a monarquia capetíngia sob Filipe, o Belo, tendo-se tornado grande potência europeia, apareceu para herdar o papel que os Hohenstaufen, desaparecendo da cena do mundo, haviam deixado disponível. O rei da França passou a posar de defensor do poder temporal; os polemistas franceses, seguindo seu monarca, entraram na arena; como logo notaremos, não tinham nenhuma intenção de esquecer o dom taumatúrgico.

Aliás, em nosso país a regra do silêncio começara a mostrar-se menos rigorosa desde a metade do século XIII. Dois obscuros escritores eclesiásticos, o anônimo autor dos milagres dos santos de Savigny (obra composta entre 1242 e 1244) e um Clement que por volta de 1260 redigiu uma vida do padre normando Thomas de Biville, mencionam incidentalmente (o primeiro) o "mal régio"[75] e (o segundo, com mais precisão) "o mal das escrófulas que o rei da França, por graça divina, cura com suas mãos".[76] Mas só após a morte de s. Luís os padres verdadeiramente em evidência começam a ousar romper o velho ostracismo. Aquele piedoso rei parecia santificar tudo o que lhe concernia. No entanto, vejam com que prudência seus biógrafos avançam no perigoso terreno. Apenas de passagem Guillaume de Saint-Pathus fala do toque.[77] Ao contrário, Geoffroy de Beaulieu dedica-lhe toda uma exposição, desenvolvida com o declarado objetivo de mostrar o caráter religioso dessa prática contestada. Não se contenta em insistir em que as palavras pronunciadas nessa ocasião são "em verdade santas e católicas"; chega até a pretender que seu herói foi o primeiro a introduzir no ritual o sinal da cruz, "a fim de que a cura fosse atribuída mais às virtudes da cruz que à ação da majestade real".[78] Não se poderia aceitar essa afirmação por verídica; graças a Helgaud e a Guibert de Nogent, sabemos que Roberto II e Luís VI já faziam o mesmo gesto; não há por que tal tradição ter-se interrompido. Geoffroy cometeu um erro: voluntário ou não? Quem poderia decidir? Pouco importa: nas duas hipóteses, o erro explica-se do mesmo jeito. Era preciso mostrar que o pio soberano dedicara-se a exercer seu poder curativo em plena conformidade com a mais agastadiça ortodoxia. Nada faz aparecer com maior nitidez os escrúpulos da opinião eclesiástica.[79]

Chegamos a Filipe, o Belo. Como já assinalei, durante a grande luta contra a Cúria Romana, os apologistas da monarquia francesa apelaram pela primeira vez para o milagre régio. Já ouvimos Nogaret e Plaisians.[80] Encontramos a mesma tese (desenvolvida com certa amplitude) no pequeno tratado geralmente conhecido sob o título *Quaestio in utramque partem*, obra que teve suficiente reputação para, na própria época em que foi composta, ser transcrita num dos registros da chancelaria. No século seguinte, Carlos V ainda tinha por esse tratado tal consideração que fez que fosse vertido para o francês por Raoul de Presles, seu tradutor oficial. Em vez de traduzi-lo eu mesmo, citarei essa tradução. O autor anônimo enumera as provas "do justo título" do rei da França:

> Em segundo lugar, os mesmos provam os evidentes milagres, os quais são manifestamente notórios a todo o mundo e notoriamente manifestos. Donde nosso senhor, o rei, correspondendo a seu justo título, pode dizer aquelas palavras do

Evangelho com as quais Nosso Senhor Jesus Cristo respondeu contra as fraudes dos judeus, dizendo assim: *Se não quereis acreditar em mim, acreditai em minhas obras.* Pois, assim como por direito de herança o filho sucede o pai na adoção do reino, também por uma espécie de direito hereditário um rei sucede a outro no poder similar de fazer os mesmos milagres, que Deus realiza por intermédio tanto deles quanto de seus ministros.[81]

Os historiadores imitaram os publicistas: leigos como Guillaume Guiart, sob Filipe, o Belo,[82] e eclesiásticos como o monge Ive de Saint-Denis, que foi uma espécie de historiógrafo oficial[83] no reinado de Filipe v, não mais temiam colocar em suas obras o "milagre" do toque. Mais. Na época, a própria eloquência sagrada contribuiu para o prestígio taumatúrgico dos capetíngios. Temos um curioso sermão sobre o tema, "Hosana ao filho de Davi",[84] pronunciado por volta de 1300 por frei Guillaume de Sauqueville, um dominicano normando. Ali, o orador revela-se animado por um orgulho nacional extremamente vivo; o fato de a França manter-se independente do Império é proclamado com insistência, e o Império é canhestramente ridicularizado com a ajuda de deplorável trocadilho (*Empire: en pire*/ Império: o pior). Era o tempo em que a grande querela dos escritores franceses contra o papado duplicava-se com uma peleja contra as pretensões dos imperadores à hegemonia universal.[85] O rei da França, diz frei Guillaume, merece o nome de filho de Davi. Por quê? Porque Davi significa "homem valoroso" (*manus fortis*); ora, a régia mão é valorosa na cura dos enfermos: "Todo príncipe herdeiro do reino da França, ao ser ungido e coroado, recebe de Deus essa graça especial e essa virtude particular de curar os doentes pelo contato de sua mão; assim, vemos os doentes do mal régio chegar ao rei vindos de muitos lugares e de diversas terras". Essas são as palavras com que o sermão começa.[86] Os discursos dos polemistas não atingiam as multidões; em compensação, que efeito não deviam ter sobre elas essas palavras que se derramavam do alto do púlpito!

Mais ou menos na mesma época, vivia na Itália um escritor cuja atitude para com os ritos curativos estava destinada a em seguida exercer sobre toda a opinião eclesiástica uma ação verdadeiramente forte. Frei Tolomeo, da ordem dos dominicanos, nativo de Lucca, morreu por volta de 1327, quando era bispo de Torcello; foi historiador e teórico político muito fecundo. Seria difícil depreender de suas obras uma doutrina sólida; esse polígrafo não era pensador de grande envergadura. Foi incontestavelmente hostil ao Império e favorável à supremacia pontifical; mas por certo devemos tê-lo menos como um adepto do papado que como um devotado partidário da casa de Anjou, dinastia cujos interesses então coincidiam em vários pontos (mas não em todos) com os do chefe da Igreja. Nada de mais natural para alguém de Lucca, pois essa cidade era um dos melhores esteios da política angevina na Itália setentrional. Carlos de Anjou, representante imperial na Toscana, era ali muito respeitado; o próprio Tolomeo chama-o, por duas vezes, seu senhor e seu rei. Morto o grande conquistador guelgo, a afeição que nosso dominicano lhe dedicara parece ter-se transferido para a linhagem dos angevinos: quando, em 1315, o príncipe Carlos de Taranto, sobrinho do rei Roberto de Nápoles, morreu no campo de batalha de Montecatini, foi Tolomeo, então prior de Santa Maria Novella de Florença, quem se encarregou de ir reclamar o corpo aos vitoriosos pisanos.[87] Ora, Carlos de Anjou, irmão de s. Luís, era um capetíngio; como tal, sem nenhuma dúvida acreditava no milagre régio, tão firmemente que, tornando-se rei da Itália, também reivindicou, como veremos, o dom taumatúrgico. Essas considerações explicam o apreço que Tolomeo manifestou para com o toque das escrófulas. Expressou-se a respeito disso em dois de seus escritos. Primeiro, num opúsculo de polêmica política conhecido sob o nome *Determinatio compendiosa de jurisdictione imperii* [Compêndio dos direitos do Império], que redigiu por volta de 1280, precisamente para defender os interesses do rei de Nápoles contra o rei dos romanos e o próprio papa. No capítulo XVIII, esforçando-se por provar que a realeza vem de Deus, ele produz, entre outros, o seguinte argumento: a teoria da origem divina da realeza é corroborada "pelo exemplo de alguns príncipes de nossos dias, bons católicos e membros da Igreja; pois, em consequência de uma influência divina especial e de uma participação no Ser em Si mais completa que a do comum dos homens, eles possuem sobre a população de doentes um poder singular; assim os reis da França; assim Carlos, nosso senhor [eis a marca angevina]; assim também, dizem, os reis da Inglaterra".[88] Se Tolomeo houvesse falado desse "poder singular" somente na *Determinatio* (que foi muito lida em seu tempo, mas que caiu no esquecimento depois do século XIV), seu nome ocuparia na história que nos interessa aqui um lugar medíocre. Mais ou menos na mesma época, porém, ele compôs outra obra, destinada a sucesso bem maior. Fora discípulo de s. Tomás de Aquino; nos escritos do mestre, encontrou um *De regimine principum* [Tratado sobre o governo dos príncipes], que ficara inacabado; Tolomeo o retomou e concluiu. Num dos capítulos que acrescentou ao trabalho originário, ele dedicou algumas linhas à unção, particularmente a recebida pelos reis da França. Nelas, encontramos estas palavras: "os reis sucessores de Clóvis são ungidos [com um óleo outrora trazido do Céu por uma pomba]; e como efeito de tal unção diversos sinais, prodígios e curas manifestam-se por esses reis".[89] Frase bem menos explícita que aquela citada mais acima; no entanto, ela devia ter uma repercussão muito diferente. Isso porque o *De regimine* participou da voga de que geralmente eram objeto os escritos de s. Tomás; e nesse tratado se distinguiu muito mal entre as entradas do Doutor Angélico e as de seu continuador. Sobretudo durante o Ancien Régime, os apologistas do toque haviam facilmente recorrido à autoridade de s. Tomás.[90] Na verdade, só teriam o direito de invocar a de frei Tolomeo. Mesmo para os historiadores mais avisados, o texto do *De regimine* colocou até há pouco tempo um problema difícil: por que o dominicano de Lucca, defensor vigoroso da Igreja e do papado, fora quase o primeiro a reconhecer "prodígios" e "curas" que nem a Igreja nem os papas tinham até então professado apreciar? Desde a publicação, bastante recente, da *Determinatio*, o enigma foi solucionado. As pretensões angevinas fizeram de Tolomeo um crente do toque e, indiretamente, deram aos ritos taumatúrgicos o apoio apócrifo, mas precioso, de s. Tomás de Aquino.

Os primeiros publicistas franceses que haviam criado o argumento do milagre tinham dado mostras de certa audácia; seus sucessores não fizeram nada mais que colher de suas mãos aquele argumento.

Na França, foi principalmente no círculo de Carlos V (no século XIV) que se fez dele o uso mais extenso. Eis uma carta solene que em 1380 o próprio rei emitiu em favor do cabido de Reims; no cabeçalho do ato, duas iniciais, o *K* e o *A* do nome régio [Karolus Augustus], adornadas com elegantes pequenos desenhos, mostram-nos ao lado da clássica cena de doação — o soberano a entregar aos cônegos o pergaminho que fará deles os senhores do domínio de Vauclerc — o quadro do miraculoso batismo de Clóvis; o preâmbulo faz menção à legenda da Santa Âmbula, mas também, em relação direta com ela, ao dom da cura:

> Na santa igreja da ilustre cidade de Reims, Clóvis, então rei da França, ouviu a prédica do mui glorioso confessor, o bem-aventurado Remígio, bispo dessa fa-

mosa cidade; lá, quando este batizava o dito rei e seu povo, o Espírito Santo, ou um anjo, apareceu sob forma de uma pomba, descendo do céu e trazendo uma garrafinha cheia do líquido do santo crisma; foi com esse crisma que o próprio rei e, depois, todos os reis da França nossos predecessores e eu mesmo, nos dias da consagração e da coroação, com Deus sendo propício, recebemos a unção, pela qual, sob a influência da clemência divina, uma tal virtude e uma tal graça são derramadas nos reis da França que, apenas pelo contato de suas mãos, eles livram do mal das escrófulas os doentes — coisa que a evidência dos fatos, comprovada em inumeráveis pessoas, demonstra claramente.[91]

Era a primeira vez que um monarca cristão posava explicitamente de taumaturgo.

Os oradores e escritores cuja erudita eloquência florescia na corte do sábio rei louvam à porfia a força do toque. O autor do *Songe du vergier** [Sonho do mateiro] evoca essa força pela boca de seu cavaleiro, reivindicando contra o sacerdote o caráter divino do poder temporal.[92] Raoul de Presles (que já vimos passar do latim para o francês a *Quaestio in utramque partem*) entoa no prefácio de sua tradução da *Cidade de Deus* (também feita por ordem do monarca) um pomposo elogio da monarquia francesa no qual não deixa de mencionar o maravilhoso privilégio.[93] Também (e a isso voltaremos num instante, com mais detalhes) Jean Golein, em sua tradução do *Rationale divinorum officiorum* [Razoamento dos ofícios divinos] de Guillaume Durand. E, ainda, Anseau Choquart, ao arengar ao papa Urbano V nos últimos dias de abril de 1367, tentando, em nome do rei, dissuadir o pontífice de voltar para Roma.[94]

Não nos enganemos. Nesse ambiente, a exaltação do poder curativo foi apenas uma de muitas outras manifestações de uma tendência geral, tendência cujo sentido não é difícil de entender. Em torno de Carlos V e de seus conselheiros, percebe-se nitidamente um vigoroso esforço para reforçar de todas as maneiras o prestígio religioso e sobrenatural dos capetíngios. Como mostrou o sr. Noël Valois, foi nessa época que nasceu na corte francesa a ideia de reservar a nossos reis, como uma honra privativa de sua casa, o até então banal título de

* Uma alegoria política, de autor desconhecido. Talvez escrita a mando de Carlos V, a obra trata das relações entre o poder espiritual e o secular, respectivamente representados por um sacerdote e um cavaleiro.

"cristianíssimo".[95] Jamais se fizeram soar tão alto todas as tradições miraculosas de que se orgulhava a monarquia das flores-de-lis; aliás, como teremos oportunidade de constatar mais tarde, parece que, nesse pequeno mundo lealista que tinha seu centro na "Librairie" [livraria] régia, não se hesitava em enriquecer um pouco o patrimônio legendário legado pelos ancestrais.[96] Por certo, as cerimônias de sagração (das quais, aos olhos da opinião comum, os reis recebiam sua marca divina) foram objeto de um interesse todo especial por parte de Carlos V. Sua biblioteca não possuía menos que sete volumes relativos ao ritual francês, aos quais se deve acrescentar uma obra sobre a sagração imperial e um livro de salmos que continha o serviço de consagração inglês.[97] Mais: foi sob a inspiração direta do soberano que um de seus escritores assalariados, o carmelita Jean Golein, compôs um pequeno tratado sobre a sagração dos reis e rainhas da França, tratado que dentro em pouco estudaremos com mais detalhes. Qual a razão desse cuidado do monarca e de seu círculo por tudo o que dizia respeito à realeza sagrada? Sem dúvida, é preciso considerar que tais preocupações eram parte da própria maneira de ser de Carlos V. Muito religioso e (ao mesmo tempo) profundamente imbuído da grandeza de sua dignidade, era natural que ele desejasse acentuar o caráter religioso do "status régio"; ademais, sua inteligência tão dirigida para as especulações teológicas, esse (para falar como Jean Golein) "sutil engenho" que levara o rei a estudar tanto que entendia "os termos de teologia",[98] inclinava-o a apreciar as teorias místicas e simbólicas da realeza e da sagração, teorias que os letrados de seu tempo estavam todos prontos para oferecer-lhe. Não obstante, em todo o barulho que os escritores oficiais ou oficiosos criaram com base no maravilhoso monárquico, seria um tanto ingênuo não perceber nada além do desejo de adular os desinteressados gostos do príncipe. É um fenômeno que veremos repetir-se, com verdadeira regularidade, no decurso da história que estudamos aqui: ao sair das graves crises que abalaram várias vezes as dinastias francesas e inglesas, no momento em que se tratava de reparar os prejuízos causados à popularidade da casa real, foi quase sempre o ciclo da realeza sagrada (sobretudo o poder taumatúrgico) o elemento que forneceu à propaganda lealista seus temas prediletos. Para citar apenas exemplos relativamente recentes e muito claros, sob Henrique IV na França e sob Carlos II na Inglaterra, foi essa a corda que os servidores da legitimidade preferiram fazer vibrar. Ora, sob Carlos V o Estado saía de uma crise terrível — a que a batalha de Poitiers* desencadeara em todo o reino. Em nossos dias, certos historiadores acreditaram dever considerar bastante reduzidos os perigos que a dinastia dos Valois e a própria monarquia correram nessa época. Entretanto, o perigo parece ter sido verdadeiramente grande, não apenas como consequência dos esforços que alguns homens inteligentes fizeram para submeter o governo a uma espécie de controle nacional, mas ainda mais, sem dúvida, como consequência do violento movimento de ódio e de revolta que levantou contra a nobreza toda uma parte do povo. A própria alta burguesia participou: ela ainda não conseguira forçar em massa as portas da classe privilegiada, como nos séculos seguintes. Momentaneamente, a monarquia deu a impressão de engolfar-se no descrédito com que se viu golpeada uma casta com a qual o poder régio parecia ter uma causa em comum. A quem descrer da força dos sentimentos que, nesses poucos anos trágicos, agitaram as almas será suficiente recomendar a leitura de três cartas de Etienne Marcel, conservadas por acaso. Este não é o lugar para investigar de que modo os Valois conseguiram vencer a tormenta. Mas não poderíamos duvidar de que a lembrança desses acontecimentos, a qual sabemos ter sido sempre muito forte no espírito de Carlos v, tenha-o levado a tratar de fortificar por todos os meios o domínio da monarquia sobre as almas. Como surpreender-se de que um príncipe que soube desde muito cedo, como se disse muito precisamente, dar justo valor "à força da opinião pública" não tenha negligenciado a arma do milagre?[99]

Mas esse hábil político era também um devoto. Parece que o às vezes indiscreto elogio que faziam de seu poder miraculoso inspirou-lhe em determinado momento alguns escrúpulos. Carlos quis manter seus apologistas nos limites impostos por uma ortodoxia saudável. Um curioso testemunho de suas inquietudes chegou-nos num texto até agora quase ignorado, sobre o qual convém dizer uma palavra. Entre as numerosas obras que esse rei fez traduzir, por sua conta, do latim para o francês, figura um dos mais importantes tratados litúrgicos da Idade Média, o *Rationale divinorum officiorum*, escrito por Guillaume Durand, bispo de Mende, lá por 1285. A tradução, confiada ao carmelita Jean Golein, foi em 1372 oferecida por seu autor ao rei. É bem conhecida; foi até impressa em 1503, no tempo em que a literatura didá-

* A desastrosa derrota dos franceses em setembro de 1356, quando o próprio rei, João II, o Bom (pai de Carlos v), foi capturado pelos ingleses. (N. T.)

tica saída da Librairie de Carlos v fornecia belo material às prensas de alguns comerciantes empreendedores; mas o que não se costuma notar é que esse trabalho de Jean Golein é mais e melhor que uma tradução. No final do capítulo em que o bispo de Mende expusera a teoria da unção em geral, sem aplicação particular à unção régia, o tradutor, "por reverência" a seu "mui temível e soberano senhor", o qual fora consagrado rei da França a 19 de maio de 1364, julgou dever acrescentar todo "um pequeno tratado sobre a consagração. dos príncipes", de sua autoria — tratado que no manuscrito original provido do ex-libris régio não preenche menos que 22 páginas, todas escritas em duas colunas e com letra bem miúda. Mais que a consagração dos príncipes em geral, é unicamente a sagração francesa o que esse "pequeno tratado" descreve e estuda. Nele, além de uma exposição muito pesada sobre o sentido simbólico, a "significação misteriosa", do ritual de Reims, encontramos grande número de preciosas indicações sobre o direito público francês (principalmente, sobre os fundamentos legendários do direito sucessório) e sobre a concepção da realeza sagrada e de seu ciclo miraculoso; várias dessas indicações serão utilizadas aqui mesmo, em seguida. Mas há coisa ainda melhor. A respeito de pelo menos um ponto, precisamente o que mais nos interessa agora, isto é, o poder curativo, Jean Golein arvora-se expressamente em intérprete autorizado do pensamento de seu monarca. Raoul de Presles, dirigindo-se a Carlos v em seu prefácio para a *Cidade de Deus*, escrevera: "Vós tendes tal virtude e poder (o qual vos é dado e atribuído por Deus) que fazeis milagres em vossa vida". Essa expressão, como pudemos observar em vários textos já citados, era perfeitamente conforme ao uso corrente. Entretanto, ela parece ter chocado o piedoso rei: "Ele não quer que o façamos nem santo nem fautor de milagres", repete-nos com insistência Jean Golein; semelhantes coisas não são ditas sem o "consentimento" do monarca; e o bom carmelita explica doutamente que só Deus faz milagres. Sem dúvida. Mas não exageremos a humildade do príncipe e de seu porta-voz. Pois Golein teve o cuidado de recordar-nos de que essa incontestável verdade teológica era válida tanto para os santos quanto para os reis taumaturgos: tanto para uns quanto para os outros, é a virtude divina que age quando eles realizam prodígios. Por isso, as pessoas mal informadas sobre os "termos de teologia" dizem que santos e reis fazem milagres ou curam esta ou aquela doença. A comparação bastava ao orgulho monárquico. Assim, Carlos v e seus doutores conciliavam o cuidado da ortodoxia com o justo desejo de que "o status régio" não fosse "menos valorizado do que o quer a razão".[100]

O impulso fora inicialmente dado pelo círculo de Filipe, o Belo, e seguido pelo de Carlos v. Dali em diante, as curas milagrosas não mais deixam de ser parte obrigatória de todo elogio da realeza francesa. No reinado de Carlos vi, o monge Etienne de Conty classifica-as entre os nobres privilégios que atribui a seus reis.[101] Pelo menos duas vezes, sob Carlos vii e sob Luís xi, os embaixadores franceses na corte pontifical invocam esses privilégios a fim de provar a particular santidade da casa real da França e, por conseguinte, a legitimidade do poder que seus monarcas exercem sobre a Igreja.[102] Esses exemplos são especialmente significativos. Mais tarde, veremos que, no complexo conjunto de ideias e de sentimentos cuja forma doutrinal foi o galicanismo, teve parte o velho conceito da realeza sagrada e, com ele, sua manifestação mais concreta e mais perceptível aos espíritos grosseiros: o dom taumatúrgico. Também não devemos espantar-nos de encontrar até nas bocas dos advogados, quando estes falavam em causas de natureza eclesiástica, o argumento do milagre. No começo de 1493, desenrolava-se no Parlamento* um processo que colocava em jogo os mais graves interesses políticos e religiosos. Tal processo opunha um ao outro dois clérigos que disputavam o título de bispo de Paris: Girard Gobaille, eleito pelo cabido, e Jean Simon, designado pelo rei e confirmado pelo papa. O advogado de Jean Simon, mestre Olivier, foi naturalmente levado a defender o direito do rei a intervir nas nomeações eclesiásticas, direito de que uma das aplicações mais relevantes era a regalia espiritual — ou seja, a faculdade, tradicionalmente exercida pela monarquia francesa, de receber as rendas de certos bispados vacantes. Durante seu discurso, mestre Olivier exclama (transponho para o francês o jargão jurídico, mescla de francês e latim, que nosso orador usava seguindo o costume da época): "*Da mesma forma, o rei não é simplesmente um leigo*, pois não é apenas coroado e ungido como os outros reis, mas consagrado; *e há mais, como diz Jean André* [trata-se de um canonista italiano do século xiv que encontraremos mais adiante] em sua Notícia sobre os Decretais no capítulo *licet*: dizem que ao rei

* Os *parlements* eram, até 1789, as cortes supremas (treze, no total) da França, instalados nas principais cidades do reino. O equivalente do português "parlamento" ou "assembleia legislativa nacional" eram os Estados Gerais (*États Généraux*). (N. T.)

basta o contato para curar os doentes, *e por isso não há motivo de maravilhar--se se ele tem direito de regalia*".[103]

Os publicistas ingleses não parecem ter usado muito esse tipo de argumento. Talvez porque nos séculos XIV e XV tiveram menos que os franceses a oportunidade de lutar contra Roma. Entretanto, um escritor inglês empregou a arma taumatúrgica em retumbante peleja contra o papado. Como inglês que era, ele servia o Império.* Era o tempo (em torno de 1340) em que um soberano alemão, Luís da Baviera, despertara a velha disputa quase adormecida desde o fim dos Hohenstaufen. Em torno de si, Luís reuniu certo número de homens de letras, incluindo alguns dos mais vigorosos pensadores da época; entre eles, William of Occam. Em meio a outros opúsculos nessa ocasião compostos pelo célebre filósofo, figuram *Octo quaestiones super potestate ac dignitate papali* [Oito questões sobre o poder e a dignidade do papa]. Leiamos o oitavo capítulo da quinta questão. Ali, Occam pretende demonstrar que por meio da unção os reis recebem "a graça dos dons espirituais"; entre suas provas, ele cita a cura das escrófulas efetuada pelos reis da França e da Inglaterra.[104] Não se poderia ser menos gregoriano que isso.

Assim, o milagre régio foi, nos séculos XIV e XV, largamente utilizado pelos apologistas da realeza. Que pensavam nessa época os partidários da supremacia papal? O bispo espanhol Alvarez Pelayo (que, na própria época de Occam, foi um dos mais virulentos panfletários do partido pontifical) tratou o milagre régio por "mentira e fantasia".[105] Bem mais tarde, o papa Pio II, em seus *Commentarii* [Comentários], manifestou sobre as curas realizadas por Carlos VII um discreto ceticismo, o qual talvez reflita, principalmente, sua irritação contra o argumento repetido sem cessar pelos polemistas ou oradores galicanos, de quem esse papa não gostava mesmo. Mas os *Commentarii* não se destinavam a ser publicados em vida de seu autor.[106] Declarações semelhantes parecem de todo excepcionais. Os publicistas a serviço da França haviam ces-

* No tempo de William of Occam, o papado, instalado em Avignon, não era mais que um títere do rei da França. O Império, por sua vez, tornara-se mais e mais circunscrito e alemão. Assim, nas palavras de Bertrand Russell, "o conflito entre papa e imperador era, na realidade, um conflito entre França e Alemanha. A Inglaterra, sob Eduardo III, estava em guerra contra a França e, por conseguinte, em aliança com a Alemanha; isso levava também a Inglaterra a ser antipapal". (N. T.)

sado de guardar silêncio sobre os ritos curativos e usavam-nos à vontade. Em tal terreno, não foram seguidos por seus adversários, e isso não só a partir do momento em que o Grande Cisma voltou para outro lado as preocupações dos polemistas eclesiásticos; no reinado de Filipe, o Belo, não vemos jamais os escritores do campo pontifical aceitar o desafio lançado por Nogaret ou pelo autor da *Quaestio in utramque partem*. Tem-se a impressão de que, lá pelo começo do século XIV, as curas realizadas pelos capetíngios ou pelos reis ingleses impuseram-se a todo mundo (mesmo à opinião religiosa mais intransigente) como uma espécie de verdade empírica. Todos discorrem livremente sobre essas curas, decerto porque elas não chocam mais ninguém. Na Inglaterra sob Eduardo III, Thomas Bradwardine, filósofo muito ortodoxo e futuro arcebispo, cita-as no decorrer de uma exposição dos milagres em geral, sem julgá-las mal.[107] Os canonistas italianos Giovanni Andrea (o *Jean André* de nossos antigos autores), na primeira metade do século XIV, e Felino Sandei, no final do século seguinte, mencionam de passagem os "milagres" do rei da França tomando-os por fato conhecido de todos. Verdade que Sandei os atribui mais à "força da parentela" (isto é, a uma espécie de predisposição fisiológica hereditária) que a uma graça divina reservada a nossos monarcas. Mas é visível que acredita neles e nem sequer sonha em contestá-los.[108] As virtudes miraculosas das duas dinastias tornam-se um dos lugares-comuns da diplomacia. Frei Francisco solicitando apoio ao doge de Veneza, em nome de Eduardo III,[109] os emissários de Luís XI dirigindo-se ao duque de Milão,[110] um embaixador escocês falando com o próprio Luís XI —[111] todos as mencionam naturalmente. No caso de uma crença por tanto tempo contestada, haverá mais belo símbolo de vitória do que passar para a categoria do corriqueiro?

Ao que parece, foi no final do século XV, na França, que as curas régias fizeram sua primeira aparição na arte. Pelo que sabemos, a iconografia medieval, inteiramente religiosa, jamais ousara representar esse prodígio que, se assim se pode dizer, era quase profano; uma miniatura do século XIII que mostra Eduardo, o Confessor, tocar a mulher escrofulosa deve ser classificada como apenas hagiográfica. Mas em 1488, nessa abadia do Mont Saint-Michel au Péril de la Mer que (desde os últimos anos da guerra inglesa e, sobretudo, desde a criação, a 1º de agosto de 1469, da ordem real de cavalaria, ordem que fora colocada sob a proteção do arcanjo) tinha o status de verdadeiro santuário nacional e dinástico, o abade André Laure fez executar esplêndidos vitrais para o coro da igreja abadenga. Um deles, na capela retangular que então era chamada Saint-Michel du Circuit, era dedicado à sagração dos reis da França. Veem-se ali os episódios essenciais da cerimônia, distribuídos por diversos compartimentos. O dom taumatúrgico que (certamente era esse o pensamento do abade) devia ser considerado consequência da unção não foi esquecido: reservaram-lhe um dos medalhões do alto. Eis em que termos descrevia-o em 1864 o abade Pigeon, autor de um *Nouveau guide historique et descriptif du Mont Saint-Michel* [Novo guia histórico e descritivo do Mont Saint-Michel]: "O segundo medalhão [superior] apresenta-nos o rei, que, após haver comungado sob as duas espécies, dirigiu-se a um parque, onde se acha reunido um número considerável de doentes, os quais ele toca um depois do outro, com sua mão direita, da fronte ao queixo e de uma face à outra, dizendo estas palavras consagradas: 'Deus te cura, o rei te toca!'. Num canto do quadro, está uma gaiola, da qual vários pássaros, símbolo da liberdade que o novo rei acaba de dar aos prisioneiros e daquela que ele fará seus súditos desfrutar [...]". Que lástima! Não podemos mais confrontar com o original essa descrição pouco precisa. Entre tantos outros crimes contra a arte, a administração penitenciária (à qual o Mont foi confiado durante tempo longo demais) permitiu que destruíssem ou dilapidassem o mais antigo monumento que a fé dos súditos erguera para a glorificação da realeza miraculosa. Nada mais resta do vitral da sagração.[112] Mas ter entre as imagens oferecidas por uma igreja à veneração um lugar igual ao dos milagres dos santos — calculem que glória para o milagre régio! A velha crença no poder taumatúrgico dos príncipes parecia, portanto, ter triunfado definitivamente, não apenas sobre as rivalidades políticas, como pudemos observar, mas até mesmo sobre a hostilidade, silenciosa ou violenta, que durante longo tempo os elementos mais ativos da opinião eclesiástica haviam-lhe devotado.

O TOQUE DAS ESCRÓFULAS E AS RIVALIDADES NACIONAIS. TENTATIVAS DE IMITAÇÃO

Nos séculos XI e XII, apenas duas famílias reais haviam-se posto a praticar o toque das escrófulas: os capetíngios, na França; e os príncipes normandos e os Plantagenet, seus herdeiros, na Inglaterra. Concorriam uma com a outra; e, por outro lado, não podiam deixar de provocar a inveja das demais casas soberanas. Ante essas pretensões rivais, convém estudar as reações de orgulho nacional ou dinástico.

Não sem certa surpresa, constata-se que na Idade Média a maioria dos escritores franceses ou ingleses aceitava de parte a parte, sem acrimônia, as curas realizadas pelo monarca do país estrangeiro. Guibert de Nogent, negando a Henrique I qualquer poder taumatúrgico, não teve imitadores. De modo geral, os mais chauvinistas limitavam-se a silenciar sobre os prodígios praticados na parte oposta da Mancha; às vezes, sem maior precisão afirmavam que só seu rei sabia curar.

Car il guerist des escroeles
Tant seulement par y touchier
Sans emplastres dessu couchier;
Ce qu'autres roys ne puent faire,[113]

Pois ele cura as escrófulas
Tão somente por tocá-las,
Sem deitar emplastro em cima —
Coisa que outros reis não podem fazer,

cantava o poeta-soldado Guillaume Guiart a respeito de Filipe, o Belo. Mas ninguém, nem mesmo entre os mais ardorosos, chegou a iniciar uma verdadeira polêmica sobre o assunto. Os espíritos conciliadores, como o médico Bernard de Gourdon,[114] não hesitavam em reconhecer às duas dinastias a mesma virtude miraculosa. Essa moderação impressiona ainda mais quando se pode contrastá-la com a atitude muito diferente que, como veremos, os patriotas dos dois países adotaram nos tempos modernos; para dizer a verdade, a partir do século XVI foram os ódios religiosos, bem mais que as paixões nacionais, o que impediu os franceses de admitir o milagre inglês ou vice-versa. Antes da Reforma, não existia nada de similar. Além disso, na Idade Média a fé no maravilhoso era demasiado profunda para que se desse muita importância a mais uma manifestação sobrenatural. A atitude dos franceses para com o rito inglês (ou a dos ingleses para com o rito francês) não deixava de ser análoga à dos devotos do paganismo que, fiéis ao deus de sua cidade e considerando-o mais forte e mais benéfico que os outros, nem por isso se sentiam obrigados a negar a existência das divindades das nações vizinhas:

> Tenho meu Deus, que eu sirvo; vós servireis o vosso.
> São dois poderosos Deuses.

Fora dos dois grandes reinos ocidentais, a opinião comum parecia ter também admitido com muito boa vontade o toque das escrófulas. Sua eficácia jamais foi contestada, mais ou menos às claras, a não ser por alguns raros escritores que não obedeciam precisamente a preconceitos nacionalistas: o bispo espanhol Alvarez Pelayo e o papa Pio II, que exprimiam a ortodoxia eclesiástica ou o ódio ao galicanismo; o médico flamengo Jean d'Ypres, que era adversário das flores-de-lis por motivos que quase podemos definir como de política interna. Como já sabemos, sobretudo a partir dos primeiros anos do século XIV os capetíngios, e talvez também os Plantagenet, viram chegar doentes de terras estrangeiras — a mais clamorosa prova da universalidade de seu renome.

Mas, embora não se recuse, um pouco em todos os lugares, reconhecer o poder dos reis taumaturgos da França e da Inglaterra, às vezes tenta-se, em diversas regiões, criar-lhes concorrentes. Em que consistiram esses esforços? Ou, para colocar de forma mais geral o problema, terá havido em outros Estados do continente príncipes-médicos, exercendo sua arte seja por imitação das práticas inglesas e francesas, seja (pois não poderíamos descartar a priori nenhuma possibilidade) em virtude de uma tradição nacional independente? É o que deveremos examinar agora.

Para dar a essa pergunta uma resposta segura, teria sido necessário proceder a um exame praticamente interminável, apoiando-se em textos de todas as origens. Minhas pesquisas foram forçosamente limitadas. Felizmente, os estudos dos eruditos do Ancien Régime, sobretudo os súditos dos reis franceses e espanhóis, ofereceram-me precioso auxílio. Portanto, acredito que os resultados que irei apresentar, embora tenham caráter provisório, podem ser considerados bastante prováveis. A partir de agora, examinarei o problema em seu conjunto, com o risco de momentaneamente sair do quadro cronológico fixado no começo deste capítulo. De fato, alguns dos testemunhos sobre os quais iremos deter-nos são posteriores à Idade Média. Mas nenhuma tentativa séria de criar outras realezas taumatúrgicas pode ter sido feita após o começo do século XVI; e de seu insucesso (pois, até onde posso assegurar-me, todas fracassaram) podem-se depreender, como de uma espécie de contraprova, importantes conclusões sobre os motivos que explicam o nascimento e o desabrochar dos ritos curativos nos reinados capetíngios e ingleses durante o período medieval.

Primeiro, passemos rapidamente sobre algumas afirmações sem fundamento, relativas a diversos Estados da Europa. No começo do século XVII, dois polemistas franceses, Jérôme Bignon e Bésian Arroy, preocupados em reservar para os Bourbon uma espécie de privilégio taumatúrgico, opõem aos milagres que o rei francês realiza por simples contato as curas realizadas pelos reis da Dinamarca, os quais (dizem ambos os polemistas) curam o mal caduco, ou seja, a epilepsia, mas somente graças "a um remédio secreto".[115] Sem dúvida, Bignon e Arroy queriam assim responder a algum argumento proposto por um publicista do campo adversário, publicista que não pude identificar. Nenhum fato da história dinamarquesa parece justificar semelhante asserção. A partir do século XVI, alguns escritores devotados aos Habsburg atribuíram aos reis da Hungria (título que, como se sabe, os chefes da casa da Áustria haviam herdado) o poder de curar a icterícia. A escolha dessa doença explica-se por uma reminiscência do vocabulário da Antiguidade clássica; ali, por razões que não conhecemos, a icterícia era muitas vezes chamada mal régio, *morbus regius*. Segundo tudo indica, o dom miraculoso atribuído aos reis da Hungria foi apenas uma fábula erudita; pelo menos, não parece que esses monarcas tenham-no posto em prática, e não poderíamos fazer nada melhor que repetir as sábias palavras que, em 1736, um autor anônimo escrevia a respeito deles, na *Bibliothèque raisonnée des ouvrages des savants de l'Europe* [Biblioteca argumentada das obras dos sábios da Europa]: "Se tais reis possuíam verdadeiramente esse dom, eles foram bem pouco caridosos não o exercendo".[116]

A crença no poder curativo dos reis ou dos príncipes foi certamente divulgada na Alemanha. Encontramos seu eco num curioso texto de Lutero, coletado em seus *Tischreden* [Palavras proferidas à mesa]:

> Há alguma coisa de miraculoso em certos remédios (se o digo, é porque estou bem informado sobre essa questão) que se mostram eficazes quando aplicados pela mão de grandes príncipes ou de senhores, ao passo que nada fazem se dados

por um médico. Ouvi dizer que os dois eleitores de Saxe, o duque Frederico e o duque João, possuem um colírio líquido que age quando eles o ministram pessoalmente, se a causa do mal deriva do calor ou do frio. Um médico não ousaria aplicá-lo. Da mesma forma em teologia, na qual é do ponto de vista espiritual que é preciso aconselhar as pessoas: este ou aquele pregador tem maior dom para consolar ou instruir as consciências.[117]

Mas essas noções incertas parecem jamais ter tomado forma significativa. Alguns senhores feudais, como os eleitores saxões, decerto tinham seus remédios de família; conservam-se hoje na Biblioteca de Gotha três volumes manuscritos, até onde sei inéditos, nos quais o eleitor João, precisamente um dos dois de que Lutero fala, mandara registrar informações de ordem médica ou farmacêutica; talvez ainda se possa ler ali o modo de fabricar o *Augenwasser* [colírio líquido] tão maravilhosamente eficaz.[118] Quando administrado pelos próprios príncipes, o remédio era considerado particularmente ativo, mas o contato das mãos desses nobres não agia sozinho. Sobretudo, em lugar algum se assistiu ao desenvolvimento de práticas rituais regulares e duráveis.

Entretanto, alguns escritores reivindicaram para os Habsburg um verdadeiro poder taumatúrgico; o mais antigo desses literatos, e sem dúvida sua fonte comum, foi o monge suábio Felix Fabri, que por volta do final do século XV escreveu uma *Descrição da Alemanha, da Suábia e da cidade de Ulm*, obra em que se encontra o seguinte:

> Nas crônicas dos condes de Habsburg, lemos que esses senhores receberam, dada gratuitamente, uma graça tal que todo escrofuloso ou gotoso que recebe sua bebida das mãos de um desses condes recobra em breve o uso de uma garganta sã e graciosa; é o que vemos com frequência no Albrechtstal na alta Alsácia, região na qual há homens escrofulosos por natureza; estes faziam-se curar como vem de ser dito, no tempo em que aquele vale pertencia aos condes de Habsburg ou duques da Áustria. Ademais, é fato notório e muitas vezes provado que qualquer gago que, sem tê-lo pedido, é abraçado por um desses príncipes adquire uma fala desembaraçada, ao menos tanto quanto sua idade comporta.[119]

Na verdade, essa história é digna do grande viajante que Felix Fabri foi. Difícil levá-la a sério. É especialmente suspeita a alusão ao Albrechtstal, pois esse território (hoje mais conhecido sob o nome Val de Villé), que por volta de 1254 Rodolfo de Habsburg recebera como dote de sua mulher, saiu das mãos da casa austríaca em 1314 e nunca mais retornou a ela.[120] Seria mais fácil confiar no monge de Ulm se este houvesse situado as mais brilhantes curas dos Habsburg em outro lugar e não numa região em que, na época de Felix Fabri, eles não podiam exercer seu poder havia mais de um século e meio. Decerto o monge não teria tido a ideia de imaginar essas narrativas se todo mundo a seu redor não estivesse habituado a considerar os reis seres dotados de todas as espécies de dons miraculosos; ele bordou sobre um tema popular, mas o bordado parece ser de sua invenção. Pelo menos, nenhum testemunho vem confirmar seu relato, já que os historiadores posteriores não fizeram mais que repeti-lo, com menos exatidão ainda.[121] Caso os Habsburg tivessem praticado de forma contínua um rito curativo, como seus rivais da França e da Inglaterra, poderíamos acreditar que estaríamos reduzidos a ter como única fonte sobre essa manifestação miraculosa as narrativas de um obscuro cronista suábio e as vagas afirmações de alguns publicistas a soldo da Áustria ou da Espanha?

Já encontramos Alvarez Pelayo. Lembramo-nos de que um dia ele classificou de "mentira e fantasia" as pretensões dos reis franceses e ingleses. Mas nem sempre esse bispo foi tão severo com a taumaturgia régia. O interesse de seus protetores e, sem dúvida, também seu próprio patriotismo fizeram que pelo menos uma vez Alvarez calasse sua ortodoxia. Talvez nascido nos domínios de Castela, certamente educado na corte castelhana, pouco depois de 1340 ele escreveu para o soberano daquele país, Afonso XI, um *Speculum regum* [Espelho dos reis]. Nessa obra, esforça-se por provar que o poder temporal, embora saído do pecado, recebeu em seguida o beneplácito divino. Eis uma de suas provas:

> Dizem que os reis da França e da Inglaterra possuem uma virtude [curativa]; da mesma maneira os piedosos reis de Espanha, dos quais descendes, possuem virtude semelhante, que age sobre os possuídos e sobre alguns doentes atingidos por diversos males; em minha infância, eu mesmo vi teu avô, o rei Sancho [Sancho IV, que reinou de 1284 a 1295], perto do qual me criaram, pousar o pé sobre a garganta de uma endemoninhada (que nesse ínterim o cobria de injúrias) e, lendo palavras tiradas de um livrinho, arrancar dessa mulher o demônio e deixá-la de todo curada.[122]

Até onde sei, esse é o mais antigo documento que possuímos sobre o talento de exorcista reivindicado pela casa de Castela; observaremos que (diversamente do que há pouco notamos em Felix Fabri) Alvarez relata um fato preciso, do qual pode muito bem ter sido espectador. Encontra-se a mesma tradição em diversos autores do século XVII.[123] Na dúvida, não temos o direito de invalidá-la. Segundo todas as probabilidades, o povo de Castela atribuiu realmente a seus monarcas o poder de curar as doenças nervosas que, naquele tempo, eram comumente consideradas de origem demoníaca; aliás, não há outra afecção que ofereça terreno mais favorável ao milagre, forma primitiva de psicoterapia. Provavelmente, houve certo número de curas isoladas, como a que Alvarez atribui a d. Sancho; mas, também lá, a crença parece nunca ter dado origem a um rito regular; e não teve mais que escassa vitalidade. No século XVII, essa crença era apenas uma lembrança, explorada pelos apologistas da dinastia, mas desprovida de qualquer sustentação popular. Até mesmo na Espanha, havia céticos confessos. Um médico dessa nação, d. Sebastián de Soto, negou-a numa obra intitulada, bastante bizarramente, *De monialum clausura licite reseranda ob morbos* [Sobre as doenças que tornam lícita às religiosas a ruptura da clausura]. Outro médico, d. Gutierrez, mais fiel à religião monárquica, responde-lhe nestes termos: "Os argumentos [de d. Sebastián] não têm valor; da ausência de qualquer ato ele conclui pela negação do poder; é como se dissesse que Deus, porque não produziu nem produzirá todas as criaturas possíveis, é incapaz de produzi-las; do mesmo modo, também nossos reis possuem essa virtude, mas por humildade não a exercem [...]".[124] Assim, adversários e defensores do poder antidemoníaco atribuído aos reis de Castela estavam então de acordo num ponto pelo menos: esse poder jamais tinha ocasião de ser posto à prova. Na prática, equivale a dizer que ninguém ainda acreditava nele.

Médicos dos possuídos (pelo menos em caráter honorário, por ser herdeiros dos reis de Castela), os reis da Espanha foram algumas vezes tidos por seus partidários seiscentistas como capazes de também curar os escrofulosos, a exemplo dos reis da França; e isso (diziam os doutos) na qualidade de sucessores da outra grande dinastia ibérica: a aragonesa. De fato, conhecemos pelo menos um príncipe aragonês do fim da Idade Média a quem a superstição popular, habilmente explorada por um partido político, atribuiu após sua morte (e talvez até durante sua vida, embora isso seja menos claro) curas miraculosas, entre elas a das escrófulas: d. Carlos de Viana. Depois que, a 23 de setembro de 1461, esse infante de Aragão e Navarra concluiu em Barcelona seu aventuroso e trágico destino, seus adeptos, que em vida de d. Carlos haviam almejado fazê-lo o porta-bandeira da independência catalã e agora só podiam utilizar dele a memória, procuraram transformá-lo em santo. Atribuíram-se milagres a seu cadáver. Luís XI, em carta de condolências endereçada a 13 de outubro aos deputados da Catalunha, fazia clara alusão a esses oportunos prodígios. Uma mulher escrofulosa fora curada sobre o túmulo do infante; eis em que termos uma hodierna menciona o fato: "Uma mulher, que não tivera oportunidade de apresentar-se ao príncipe durante a vida deste, diz: 'Não pude vê-lo vivo e ser por ele curada, mas confio em que me atenderá depois de morto'". Não se sabe muito bem que importância dar a essas declarações; para autorizar-nos a categoricamente concluir que d. Carlos, antes de tornar-se defunto, atuara no papel de médico, seria necessário contar com testemunhos mais numerosos e mais seguros. Mas não se poderia duvidar de que seus restos mortais tenham verdadeiramente sido julgados possuidores do benfazejo dom de curar os doentes, sobretudo os escrofulosos. O culto a d. Carlos de Viana, embora sempre privado da sanção oficial da Igreja, foi muito próspero nos séculos XVI e XVII. Tinha por santuário principal a abadia de Poblet, na Tarragona, onde repousava o corpo miraculoso. Entre suas relíquias, uma mão era objeto de veneração especial; dizia-se que seu contato suprimia as escrófulas.[125]

O caso de d. Carlos é curioso. Deve-se ver nele o exemplo de uma tendência que nossas pesquisas tornarão mais e mais familiar; em todos os países, a opinião coletiva inclinava-se a tomar por taumaturgos as personagens nascidas de um sangue augusto e consagradas à coroa; isso acontecia principalmente quando alguma coisa nas vidas de tais personagens parecia ultrapassar o destino comum — tanto mais se infortúnios ilustres e imerecidos davam-lhes, como ao infeliz príncipe de Viana, a auréola do martírio. Além disso, é provável que nas regiões limítrofes com a França e, como no caso da Catalunha, invadidas por influências francesas os milagres régios tomassem muito naturalmente na imaginação do povo a forma clássica fornecida pelo exemplo capetíngio; contágio que, em nosso exemplo, foi ainda mais fácil, pois d. Carlos descendia (por parte de mãe) da dinastia capetíngia de Navarra. Mas não temos nenhum vestígio de que um rito regular do toque tenha-se jamais desenvolvido na corte de Aragão.

Já as pretensões levantadas no século XVII pelos polemistas do império espanhol,[126] reivindicando para seus monarcas o dom de curar os escrofulosos, só poderiam ser consideradas uma bem vã tentativa de aumentar o prestígio dos Habsburg espanhóis, à custa do privilégio dos soberanos franceses. Graças a uma enorme quantidade de testemunhos seguros, sabemos que nessa mesma época, e desde o século anterior, numerosos espanhóis faziam a viagem à França expressamente para ser tocados; outros correram para Francisco I com o mesmo objetivo, quando esse rei, aprisionado depois da batalha de Pávia, desembarcou na costa aragonesa.[127] Tal afã explica-se apenas pelo fato de que jamais houvera em Madri ou no Escorial uma cerimônia similar.

Por fim, na Itália das últimas décadas do século XIII, um soberano procurou posar de médico das escrófulas (ou pelo menos seus partidários tentaram mostrá-lo assim): Carlos de Anjou, o qual já encontramos em nosso caminho.[128] Era da estirpe capetíngia, e o sangue francês que corria em suas veias foi decerto seu melhor título ao papel de curandeiro. Aliás, a única informação que temos sobre essa tentativa é, como se viu, uma frase muito breve de Tolomeo da Lucca; não há traços de que os reis angevinos de Nápoles tenham perseverado seriamente nisso.

Assim, no decorrer do tempo o rito francês e o inglês excitaram os ciúmes de alguns publicistas e levaram-nos a reclamar para seus próprios soberanos um poder semelhante; mas esses dois ritos jamais foram verdadeiramente imitados. Mesmo nos lugares em que uma crença análoga à que floresceu nos dois lados da Mancha parece ter vivido durante algum tempo uma existência original, como em Castela, faltou-lhe o vigor necessário para fazer nascer uma instituição regular e realmente vigorosa. Que motivos fizeram que a França e a Inglaterra monopolizassem as curas régias?

Problema infinitamente delicado e, na verdade, quase insolúvel. O historiador já tem bastante dificuldade para explicar a produção dos fenômenos positivos; que dizer dos obstáculos à tarefa quando se trata de fornecer as razões de um não-ser? Em tais casos, sua ambição deve quase sempre limitar-se a apresentar considerações mais ou menos verossímeis. Eis as que me parecem explicar o menos mal possível a impotência taumatúrgica que a maior parte das dinastias europeias demonstrou.

No momento em que estudamos o nascimento do toque, acreditamos descobrir para esse fenômeno uma causa profunda e causas ocasionais: a causa profunda era a crença no caráter sobrenatural da realeza; as causas ocasionais, nós as encontramos, na França, na política da dinastia capetíngia em seus primórdios e, na Inglaterra, na ambição e habilidade de Henrique I. A crença era comum a toda a Europa ocidental. Portanto, o que faltou nos outros Estados foram unicamente as circunstâncias particulares que naqueles dois reinos permitiram a noções até então pouco vagas revestir-se, nos séculos XI e XII, com a forma de uma instituição precisa e estável. Pode-se supor que na Alemanha as dinastias saxãs ou suábias obtinham da coroa do Império demasiada grandeza para sonhar em atuar na condição de médicos. Nos outros países, por certo nenhum soberano teve suficiente astúcia para conceber semelhante projeto, ou suficiente audácia, espírito de perseverança ou prestígio pessoal para conseguir impô-lo. Na gênese do rito francês e do inglês, houve uma parte de acaso ou (se se preferir) de gênio individual. Parece que também o acaso, entendido no mesmo sentido, deve explicar a ausência de manifestações análogas em outros países.

Pode-se crer que mais de um príncipe sentiu alguma inveja quando, por volta do século XIII, a fama das curas realizadas pelos capetíngios e pelos Plantagenet espalhou-se amplamente em todo o mundo católico. Mas provavelmente era tarde demais para tentar uma imitação com alguma possibilidade de sucesso. O rito francês e o inglês tinham a seu favor a maior força desse tempo: a tradição. Quem ousaria então negar seriamente um milagre comprovado havia gerações? Ademais, criar um milagre novo, o qual a doutrina eclesiástica, por princípio pouco favorável à realeza taumatúrgica, teria sem dúvida atacado, era uma empresa perigosa que talvez jamais tenha sido tentada ou que (se alguns temerários arriscaram-se a ensaiá-la, coisa que não sabemos) deve ter quase forçosamente acabado em fracasso. A França e a Inglaterra não perderam o privilégio que o longo costume lhes assegurava.

O conceito de realeza sagrada e miraculosa, ajudado por algumas circunstâncias fortuitas, dera origem ao toque das escrófulas; profundamente enraizado nas almas, esse conceito permitiu em seguida que o rito do toque sobrevivesse a todas as tempestades e a todos os assaltos. Aliás, é provável que o conceito, por sua vez, extraísse do rito uma nova força. Começou-se dizendo, com Pierre de Blois: os reis são seres santos; vamos até eles, pois decerto receberam, junto com tantas outras graças, o poder de curar. Depois, no reinado de Filipe, o Belo, diz-se, com o autor da *Quaestio in utramque partem*: meu rei cura; portanto, ele não é um homem como os outros. Mas não basta ter mostrado a vitalidade (durante os últimos séculos da Idade Média) e, mesmo, o desabrochar de práticas primitivas. Ao menos na Inglaterra, vemos aparecer outro rito curativo, inteiramente diverso do antigo: a bênção dos anéis medicinais, considerados infalíveis contra a epilepsia. Convém estudar agora essa nova eflorescência das velhas crenças.

2. O segundo milagre da realeza inglesa
Os anéis medicinais

O RITO DOS ANÉIS NO SÉCULO XIV

Na Idade Média, a cada ano na Sexta-feira Santa, os reis da Inglaterra, como todos os bons cristãos, veneravam a cruz. Na capela do castelo em que residiam naquele momento, costumava-se erguer (ao menos no século XIV) uma cruz, a "cruz de Gneith". Assim era chamada uma relíquia miraculosa que, aparentemente, Eduardo I conquistara aos galeses e na qual se acreditava estar inserido um pedaço do próprio lenho em que Cristo fora pregado.[1] O rei postava-se a certa distância, prosternava-se e, sem levantar-se, aproximava-se lentamente da insígnia divina. Tal era a atitude que todos os liturgistas determinavam para esse ato. "É preciso", diz Jean d'Avranches, "que nesse gesto de adoração o ventre se una ao solo; pois, segundo s. Agostinho em seu comentário sobre o Salmo 43, a genuflexão não é uma humilhação perfeita; mas naquele que se humilha unindo-se ao solo por inteiro não resta nada que permita um acréscimo de humilhação."[2] Uma curiosa miniatura de um manuscrito da Bibliothèque Nationale, contendo a vida de s. Luís por Guillaume de Saint-Pathus,[3] mostra o piedoso rei no mais consciencioso cumprimento desse rito, o qual os textos de língua inglesa, desde cedo, designam com a muito característica expressão *creeping to the cross*, "rastejar para a cruz".[4] Até aí, portanto, nada que distinguisse do costume seguido na corte da Inglaterra os usos universalmente em vigor no mundo católico.

Mas no reinado dos Plantagenet, o mais tardar a partir de Eduardo II, o cerimonial da *Good Friday* (assim se chama a Sexta-feira Santa por lá, ainda hoje) complicou-se, para os reis, com uma prática singular, que não pertencia ao ritual corrente. Eis o que se passava nesse dia na capela real, no tempo de Eduardo II e de seus sucessores, até Henrique V, inclusive.

Uma vez terminadas suas prosternações, o monarca inglês aproximava-se do altar e depositava ali, em oferenda, certa quantidade de ouro e de prata, na forma de valiosas moedas — florins, nobles* ou esterlinas. Em seguida, retomava-as (dizia-se que ele as "resgatava"), colocando em seu lugar uma soma equivalente em moedas quaisquer. Dos metais preciosos assim dados e quase imediatamente recuperados, o rei mandava então fazer anéis. Entenda-se bem que esses anéis, última etapa de operações tão complicadas, não eram aros comuns. Eram considerados capazes de curar de certas moléstias quem os usava. De quais moléstias exatamente? Os documentos mais antigos não são específicos: "anéis para ser dados como medicina a diversas pessoas", diz um decreto de Eduardo II; *anuli medicinales* [anéis medicinais], limitam-se a registrar as contas da chancelaria do palácio. No século XV, porém, aparecem alguns textos mais explícitos: vê-se ali que esses talismãs passavam por ser capazes de curar dores ou espasmos musculares e, mais particularmente, a epilepsia; daí o nome *cramp-rings*, anéis contra a cãibra, que se encontra aplicado a eles desde essa época e de que os historiadores ingleses servem-se ainda hoje para designá-los. Como se descobrirá dentro em pouco, o estudo da medicina popular comparada tende a provar que tais anéis são, desde a origem, tidos como especializados nesse determinado gênero de curas miraculosas.[5]

Assim, de certo modo esse rito estranho era complementar ao do toque, mas (diversamente deste) privativo da realeza inglesa; a França não oferece nada de análogo. Como explicar sua gênese?

* O noble é uma antiga moeda de ouro inglesa, a qual também circulou na França. Até 1461, valia seis shillings e oito pence. (N. T.)

AS EXPLICAÇÕES LEGENDÁRIAS

Não é de surpreender que, quando a fé na virtude miraculosa dos *cramp--rings* atingiu seu apogeu, tenham-se procurado para eles patronos legendários. A excelsa figura de José de Arimateia (o discípulo ao qual, segundo os Evangelhos, coube a honra de sepultar o Crucificado) domina a história poética do cristianismo inglês. Pios autores afirmam que José de Arimateia fora o primeiro a anunciar a Boa Nova aos povos da ilha de Britânia — crença lisonjeira a uma Igreja em busca de origens quase apostólicas. A partir da Idade Média, os romances da Távola Redonda haviam feito que tal história se tornasse familiar a um vasto público. Imaginou-se que essa prestigiosa personagem trouxera para a Inglaterra, junto com vários belos segredos retirados dos livros de Salomão, também a arte de curar os epilépticos por meio dos anéis. Pelo menos, essa foi a tradição (em suas origens, provavelmente inglesa) que o historiador espanhol Jacobus Valdesius, escrevendo em 1602, propagou.[6] Sem dúvida, não se julgará necessário discuti-la aqui.

Bem mais cedo, no mínimo desde o começo do século XVI, surgira outra tentativa de interpretação; ela visava a colocar sob a proteção de Eduardo, o Confessor, a cerimônia da Sexta-feira Santa. Coisa curiosa: em certo sentido, essa teoria ainda encontra adeptos entre os historiadores ingleses; não que hoje alguém admita que Eduardo tenha realmente possuído um anel curativo; mas de bom grado se acredita que, desde a origem do rito (seja qual for a data em que a situemos), os reis da Inglaterra pensavam que, ao cumpri-lo, estavam de alguma maneira imitando seu piedoso predecessor.

Isso porque um anel desempenhou o papel principal no mais célebre episódio da legenda do Confessor; eis, bastante resumido, esse relato, apresentado pela primeira vez na vida composta em 1163 pelo abade Ailred of Rievaulx.[7] Ao ser abordado por um mendigo, Eduardo quis dar-lhe uma esmola; encontrando vazia a bolsa, ele deu-lhe seu anel. Ora, sob os farrapos do indigente escondia-se s. João Evangelista. Passado algum tempo (ao final de sete anos, dizem alguns textos), dois peregrinos ingleses que seguiam viagem para a Palestina encontraram um belo velhinho: mais uma vez, era s. João; este entregou-lhes o anel, pedindo que o devolvessem a seu soberano e lhe anunciassem que ele, o rei Eduardo, em breve estaria na morada dos eleitos. Esse pequeno conto poético, ao qual alguns hagiógrafos muito a par dos segredos do outro mundo acrescentaram novos e sedutores enfeites,[8] foi extremamente popular: na Inglaterra e até mesmo no continente, escultores, miniaturistas, pintores, vidreiros, ornamentistas de todo o tipo reproduziram-no a não mais poder.[9] Henrique III, o qual dedicava ao último dos reis anglo-saxões uma devoção especial (deu a seu filho mais velho o nome Eduardo, até aquela época estranho à onomástica das dinastias normandas e angevinas), mandara que o encontro dos dois santos fosse pintado nas paredes da capela de St. John, na Torre de Londres. Eduardo II, por sua vez, ofereceu à abadia de Westminster (no dia em que se sagrou rei) duas estatuetas de ouro que representavam, uma, o príncipe a estender o anel e, a outra, o falso mendigo a aprontar-se para recebê-lo.[10] Na verdade, Westminster era o lugar adequado a tal oferenda: ali, não apenas se venerava o túmulo de s. Eduardo, mas também os monges mostravam aos fiéis um anel que em 1163 havia sido tirado do dedo do santo corpo, quando de seu traslado para novo cofre,[11] e que comumente era considerado o mesmo anel aceito e depois devolvido pelo Evangelista. Por volta de 1400, um sermonário chamado John Mirk dizia a seus ouvintes, depois de ter-lhes contado a famosa história: "Se alguém quer uma prova de que as coisas realmente aconteceram assim, então que esse alguém vá a Westminster; verá ali o anel que durante sete anos esteve no Paraíso".[12] Mas, entre os tão numerosos textos que mencionam essa preciosa relíquia, nenhum, até período relativamente recente, indica que se atribuísse a ela um poder curativo especial. Aliás, nada no cerimonial régio da Sexta-feira Santa jamais evocou nem s. Eduardo nem s. João. Para poder relacionar o Confessor aos *cramp-rings*, é necessário chegar ao humanista italiano Polidoro Vergilio, que, a serviço e a pedido dos reis Henrique VII e Henrique VIII, escreveu uma *Historia Anglica* [História da Inglaterra] publicada pela primeira vez em 1534. Fica bem visível que o objetivo desse historiógrafo oficial era encontrar para os anéis maravilhosos distribuídos por seus monarcas um protótipo autorizado; por isso, compraz-se em considerar que o anel conservado no "templo" de Westminster é, também ele, dotado de irresistível poder contra a epilepsia. Essa obra de Vergilio, a qual teve grande sucesso, contribuiu para disseminar amplamente a opinião (que a partir de então se tornou clássica) de que a cura dos epilépticos pelos anéis, tal qual antes o toque das escrófulas, teria tido em s. Eduardo seu iniciador.[13] Mas decerto o italiano não inventara essa ideia; aparentemente, recolhera-a no círculo de seus protetores, toda pronta; que poderia ser mais natural que atribuir ao grande santo da casa real a paternidade de ambos os milagres dinásticos? O ilustre anel que estivera "no Paraíso" fornecia um meio fácil de estabelecer a almejada ligação entre as narrativas hagiográficas e o rito; por uma espécie de efeito retroativo, conferiu-se ao anel de Westminster o poder medical que lhe era necessário para candidatar-se ao título de antepassado dos *cramp-rings*. Provavelmente, esse anel ter-se-ia transformado em objeto de peregrinação dos doentes, caso a Reforma (que sobreveio pouco depois da aparição de uma crença tão favorável aos interesses de Westminster) não houvesse posto um brusco fim ao culto das relíquias. Mas as verdadeiras origens do rito da Sexta-feira Santa não têm nada que ver nem com Eduardo, o Confessor, nem com a legenda monárquica em geral. É à história comparada das práticas supersticiosas que se deve perguntar o segredo.

AS ORIGENS MÁGICAS DO RITO DOS ANÉIS

Durante toda a Antiguidade, os anéis constaram na lista de instrumentos caros à magia, mais particularmente à magia medicinal.[14] Na Idade Média não foi diferente. Uma suspeita de feitiçaria recaía sobre os mais inofensivos anéis; os que Joana d'Arc usava preocuparam muitíssimo seus juízes, e a pobre moça teve de jurar (provavelmente sem convencer o tribunal) que jamais os utilizara no curar alguém.[15] Esses talismãs, quase universais, eram empregados para tratar todas as espécies de afecções — mas parece que de preferência eram usados contra as dores musculares e a epilepsia. Esta, cujas manifestações violentas difundem muito naturalmente um terror supersticioso, passava por ter origem demoníaca;[16] portanto, mais que qualquer outra doença, a epilepsia era da alçada dos meios sobrenaturais. Evidentemente, para tais fins não se utilizavam quaisquer aros de metal; recorria-se a anéis especiais, aos quais certas práticas de consagração (religiosas ou mágicas) haviam conferido um poder excepcional; *anuli vertuosi* [anéis com virtude e poder], assim os chamavam os sábios. Uma compilação alemã do século XV diz que contra a gota se deve proceder da seguinte maneira: peça esmolas, invocando o martírio de Nosso Senhor e seu Santo Sangue, até que tenha obtido 32 denários; então, pegue dezesseis e mande fazer deles um anel; com os restantes dezesseis, pague ao ferreiro; jamais tire do dedo o anel e reze cinco pais-nossos e cinco ave-marias por dia, em memória do martírio e do Santo Sangue de Nosso Senhor.[17] Alhures, as indicações adquirem aspecto macabro: recomenda-se utilizar metais retirados de velhos ataúdes ou um prego em que um homem se tenha enforcado.[18] Em Berkshire, por volta de 1800, as pessoas experientes propunham uma receita mais inocente e mais complicada: para confeccionar um anel infalível contra a cãibra, convém reunir cinco moedas de seis pence, cada uma delas recebida da mão de um celibatário diferente; esses solteirões devem ignorar o fim a que se destina seu donativo; o dinheiro assim coletado deverá ser levado, ainda por um celibatário, a um ferreiro que, também ele, é celibatário...[19] Poder-se-iam facilmente multiplicar os exemplos desse tipo. Os anéis consagrados pelos reis eram apenas uma das variedades de uma espécie de remédio muito geral.

Agora, estudemos com mais atenção o rito régio. Em primeiro lugar, sua data. Esta era fixada pelo mais rigoroso dos costumes. Apenas uma vez por ano o rei depositava sobre o altar as moedas de ouro e prata: na Sexta-feira Santa, depois de ter venerado a cruz — ou seja, num dia e após uma solenidade dedicados à comemoração do supremo sacrifício consentido pelo Redentor. Era puro acaso o que determinara essa escolha? Não. A evocação da Paixão reaparece como uma espécie de *leitmotiv* em numerosas receitas relativas à cura de dores ou da epilepsia e, mais especialmente, à fabricação de anéis medicinais. Na Itália do começo do século XV, s. Bernardino de Siena, pregando contra as superstições populares, repreendia as pessoas "que contra o mal das cãibras usam anéis que foram fundidos enquanto se fazia a leitura da Paixão de Cristo".[20] Na própria Inglaterra, mais ou menos na mesma época, um tratado médico incluía o seguinte conselho: "Para a cãibra: na Sexta-feira Santa, vá a cinco igrejas paroquiais e em cada uma delas pegue o primeiro penny que for depositado em oferenda na hora da adoração da cruz; reúna as cinco moedas; vá para diante da cruz, dizendo ali cinco pais-nossos, em louvor das cinco chagas; carregue as moedas consigo durante cinco dias, dizendo a cada dia a mesma prece, da mesma maneira; em seguida, mande fazer das moedas um anel, sem liga de outro metal; no interior do anel, escreva *Jasper*, *Bastasar* e *Attrapa*; no exterior, escreva *Jhc. Nazarenus*; numa sexta-feira, vá à ourivesaria buscar o anel e reze então cinco pais-nossos, tal qual fez antes; depois disso, use-o sempre.[21] Muito tempo seria necessário para analisar detalhadamente essa fórmula, verdadeira miscelânea de noções mágicas de diversas procedências: os nomes dos Reis Magos (aos quais se costumava rogar contra a epilepsia) aparecem aí ao lado do nome divino — ou melhor, aparecem os nomes de dois apenas, pois o do terceiro, Melquior, foi substituído por uma palavra misteriosa, *Attrapa*, que faz lembrar o *Abraxas*, caro aos adeptos das ciências herméticas. Mas ainda é a imagem da Paixão o que está em primeiro plano. O cinco, número que é tão frequentemente empregado e que já encontramos numa compilação alemã, evoca as cinco chagas do Salvador;[22] sobretudo, o desejo de colocar-se sob a proteção da cruz explica as datas fixadas para o ato essencial e para um ato acessório: a Sexta-feira Santa e outra sexta-feira. A mesma coisa ocorria na França. Jean-Baptiste Thiers, um pároco *beauceron** que escrevia em 1679, deixou-nos a memória de uma prática que em seu tempo se usava para curar os epilépticos; daqui a pouco, iremos descrevê-la com mais pormenores; por ora, guardemos apenas o dia e o momento escolhidos para a realização dessas, como diz Thiers, "cerimônias": a Sexta-feira Santa, no próprio momento da adoração da cruz.[23] Não era também por causa de ideias da mesma natureza que já o rei Carlos v usava todas as sextas-feiras (e somente nesse dia) um anel especial, provido de duas pequenas cruzes negras gravadas e de um camafeu no qual se via a cena do Calvário?[24] Não há como duvidar: a medicina mágica, por meio de uma comparação um tanto sacrílega entre os sofrimentos provocados pela "cãibra" e as angústias do Crucificado, considerava que os dias santos e as preces alusivos ao suplício do Cristo eram particularmente adequados a transmitir aos anéis o poder de curar as dores musculares.[25] Os *cramp-rings* régios deviam sua benéfica natureza ao dia fixado para a consagração do metal de que eram feitos e à influência miraculosa emanada da cruz que os reis, antes de dirigirem-se ao altar, haviam venerado rastejando.

Mas o essencial do rito não estava ali. O nó da ação era formado por uma operação que, de certo modo, é de natureza jurídica: a oferenda das moedas de ouro e de prata e seu resgate por uma soma equivalente. Ora, também esse traço não tinha nada de muito original. Havia então, e ainda há em nossa época, a opinião (comumente difundida entre as pessoas supersticiosas) de que as moedas recebidas em donativo pelas igrejas eram especialmente apropriadas à

* Habitante da Beauce, região situada na bacia Parisiense. (N. T.)

fabricação de anéis curativos. Num tratado escrito na Inglaterra no século XIV, já pudemos observar uma manifestação dessa ideia. Diz-se que hoje, nas regiões rurais inglesas, os camponeses procuram os pence ou os shillings recolhidos no momento da coleta, depois da comunhão, para fazer anéis antiepilépticos ou antirreumáticos.[26] É verdade que em casos desse tipo o resgate não participa. Mas em outras ocasiões ele figura ao lado da oferenda, exatamente como na cerimônia régia da Sexta-feira Santa.

Apresentemos agora um costume francês, atestado no século XVII. Dou a palavra a Jean-Baptiste Thiers, que o relatou: "Aqueles que se dizem da raça de s. Martinho pretendem curar o mal caduco [é a epilepsia] obedecendo às seguintes cerimônias. Na Sexta-feira Santa, um desses médicos leva um doente à adoração da cruz, beija-a antes dos padres e dos outros eclesiásticos e lança à bandeja um sou; então, o doente beija a cruz, apanha o sou que o médico colocou na bandeja e põe em seu lugar outros dois sous; depois, o doente vai embora, fura aquele sou e usa-o pendurado ao pescoço".[27] Passemos para os países de língua alemã. Um manuscrito quatrocentista, outrora conservado na biblioteca do mosteiro de Sankt-Gall, guarda a seguinte receita, sempre contra a epilepsia. O ato deve ser cumprido na noite de Natal. Como se sabe, nessa noite se celebram três missas sucessivas. No começo da primeira, o doente deposita em oferenda três moedas de prata (esse número foi escolhido em louvor da Santíssima Trindade); o padre as apanha e coloca-as ao lado do corporal ou até sob ele, de modo que os sinais da cruz estabelecidos pelo cânone sejam feitos sobre as moedas. Terminada a primeira missa, nosso homem resgata por seis denários as três moedas. Começa o segundo ofício; as três moedas tornam a ser ofertadas. Quando termina esse ofício, são de novo resgatadas, dessa vez por doze denários. A mesma cerimônia repete-se na terceira missa, com o preço final de resgate sendo agora 24 denários. Com o metal assim consagrado por uma tríplice dádiva, só falta fabricar um anel, o qual, sob a condição de jamais sair do dedo, protegerá o ex-epiléptico contra o retorno de seu mal.[28]

Receita francesa, receita de Sankt-Gall, rito régio inglês — se compararmos os três métodos, não encontraremos apenas semelhanças. Na França, a moeda é usada tal qual, sem ser transformada em anel. Em Sankt-Gall, o dia escolhido para a operação é o Natal e não mais a Sexta-feira Santa. Ainda em Sankt-Gall, o resgate aparece elevado à terceira potência, se é que se pode falar assim; na França, o resgate acontece só uma vez, mas com o pagamento de um preço que equivale ao dobro do valor da primeira oferenda; na corte inglesa, também uma só vez e com igualdade de valor... Essas diversidades merecem ser destacadas porque provam que as três práticas não foram copiadas uma da outra; no fim de contas, porém, tais diferenças são apenas acessórias. Incontestavelmente, estamos tratando de três aplicações (que variam conforme os lugares e as épocas) de uma mesma ideia fundamental. Quanto a essa ideia-mãe, não é difícil descobri-la. Está claro que o objetivo é santificar os metais de que será feito o talismã curativo. Para isso, poder-se-ia apenas colocá-los sobre o altar; esse procedimento banal não pareceu suficiente; desejou-se mais. Então, imaginou-se ofertar as moedas ao altar. Durante certo tempo, por mais curto este que seja, elas serão propriedade da igreja — aliás, quando a cerimônia desenvolve-se na Sexta-feira Santa, elas serão propriedade dessa adorada cruz que se ergue acima da bandeja das ofertas. A cessão não pode ser mais que fictícia, pois será necessário recuperar as moedas, material que se tornou apropriado ao benfazejo uso a que foi destinado. Mas, para que a oferenda tenha alguma seriedade e, portanto, alguma eficácia, só se retomará a dádiva pagando — como quando uma coisa é comprada de seu legítimo proprietário. Assim, durante alguns instantes tendo sido *de jure* um bem da igreja ou da cruz, o ouro ou a prata participarão plenamente do poder maravilhoso do sagrado.

Agora podemos perceber que na consagração dos anéis medicinais (pelo menos enquanto a cerimônia se manteve como a descrevi) os reis desempenhavam papel absolutamente secundário. Os gestos que os soberanos realizavam, a oferenda, o resgate, levavam à consagração — mas não por causa do contato da régia mão. Era por consequência de uma breve permanência entre os bens do altar (no decurso de uma solenidade considerada especialmente propícia ao alívio das dores) que os metais preciosos carregavam-se de influências sobrenaturais. No fundo, a cerimônia de que nos aniversários da Paixão os castelos dos Plantagenet foram tantas vezes o teatro era apenas uma receita mágica sem originalidade, análoga a outras receitas que, no continente, eram correntemente praticadas por personagens que nada tinham de principesco. Não obstante, esse ato, em outros lugares vulgar, assumiu na Inglaterra um caráter verdadeiramente régio. Como? Está aí todo o problema da história dos *cramp-rings*. Agora se faz necessário enfrentá-lo. Durante o trajeto, veremos que o ritual trecentista analisado no início deste capítulo representa apenas uma das etapas de uma evolução bem longa.

A CONQUISTA DE UMA RECEITA MÁGICA PELA REALEZA MIRACULOSA

Qual o primeiro rei a depositar sobre o altar o ouro e a prata com que deveriam ser forjados os anéis medicinais? Isso é algo que jamais saberemos. Mas deve-se supor que esse príncipe, fosse quem fosse, não fez nesse dia nada mais que imitar, sem nenhuma pretensão de monopólio, um costume disseminado a seu redor. Sobretudo na Inglaterra, os mais humildes fiéis sempre se acreditaram capazes de, com as moedas ofertadas às igrejas, mandar fazer talismãs de comprovada eficácia. Como não lhes ocorreria a ideia, assim como ela ocorreu aos bruxos franceses ou aos remedistas da região de Sankt-Gall, de dar eles mesmos as moedas e em seguida retomá-las? É verdade que nenhum texto nos mostra que em solo inglês a falsa oferenda tenha em algum momento sido praticada fora da capela real; no que se refere aos tempos antigos, porém, estamos tão mal informados sobre os costumes populares que esse silêncio não tem nada de tão surpreendente.

Entretanto, os reis não eram iguais aos outros homens; eram tidos por seres sagrados. Mais: ao menos na Inglaterra (assim como na França), eram tidos por taumaturgos. Como poderiam as pessoas resignar-se por longo tempo a não atribuir à participação dos monarcas num rito medicinal uma virtude ativa? Porque desde muito outrora eram considerados curandeiros de escrófulas, começou-se a imaginar que a força miraculosa que deles emanava tinha influência também na transmissão do poder sobrenatural aos anéis. Por isso, durante muitos anos ainda, decerto não se esqueceu qual era a verdadeira fonte desse poder conferido ao metal por certos gestos que visavam a fazê-lo passar para a categoria do sagrado; mas pensou-se que esses mesmos gestos eram especialmente eficazes quando executados por essa mesma poderosa mão cujo contato devolvia aos escrofulosos a saúde. Pouco a pouco, a opinião pública foi reservando aos soberanos, inimigos inatos da doença, o privilégio de realizá-los.

Segundo tudo indica, na origem os reis não executavam com muita regularidade a consagração dos anéis. Um dia, no entanto, eles começaram a considerá-la tal qual consideravam o toque das escrófulas, isto é, a tê-la como uma das funções normais de sua dignidade; então, sujeitaram-se a exercê-la, quase sem falta, a cada Sexta-feira Santa. Tal estado de coisas é-nos revelado pela primeira vez num decreto que regula a administração do palácio, decreto que Eduardo II promulgou em York em junho de 1323.[29] Esse texto é nosso mais antigo documento sobre os *cramp-rings*. Graças a ele, o rito régio, do qual até aquele momento não se pode falar a não ser por conjeturas, surge repentinamente em plena luz. Dali em diante, até a morte de Maria Tudor, parece não ter havido nenhum soberano que nos dias preceituados não tenha levado ao pé da cruz os florins, nobles ou esterlinas. Faltam quaisquer testemunhos de dois reinados somente: o de Eduardo V e o de Ricardo III. Mas o primeiro, tão curto que não chegou a comemorar nem uma só Semana Santa, é apenas na aparência uma exceção. Quanto ao segundo, que durou apenas o suficiente para ver retornar não mais que duas vezes a solenidade propícia, nossa ignorância provavelmente se explica por um simples acaso; por via de regra, são as contas da chancelaria do palácio, estabelecidas no fim do exercício, o que nos dá a conhecer as oferendas da *Good Friday*; ora, as de Ricardo III parecem ter deixado de existir.[30] De Eduardo II a Maria Tudor, conforme tentarei mostrar daqui a pouco, a cerimônia variou em suas modalidades, mas não sofreu nenhuma interrupção digna de nota.

Assim, uma prática que (até onde podemos supor) havia originariamente sido apenas ocasional foi, o mais tardar a partir de 1323, incorporada ao cerimonial imutável da casa real. Com isso, dera-se um grande passo para que a realeza miraculosa anexasse definitivamente a velha receita mágica. Deve-se acreditar que Eduardo II tenha tido algo que ver com essa transformação? Tendo a pensar que sim. É claro que o silêncio das fontes antes do decreto de York não basta para fundamentar nenhuma conclusão segura. Entretanto, esse silêncio é contundente. Para o reinado de Eduardo I, examinei grande número de contas da chancelaria do palácio; para o reinado do próprio Eduardo II, pude ver três, todas anteriores a 1323 — e nenhuma menciona a consagração dos anéis, a qual em seguida os documentos do mesmo gênero, desde Eduardo III até Maria Tudor, iriam tão fielmente relatar no capítulo das esmolas.[31] Mas como estar seguro, a priori, de que nesses textos obstinadamente mudos uma simples técnica de escrituração não esconda de nossos olhos (por exemplo, fazendo-o desaparecer num grupo de oferendas indicadas apenas por uma cifra global) o item que procuramos em vão? O caso do toque das escrófulas — um rito que desaparecera das contas régias numa época em que por certo não deixará de ser praticado — seria suficiente para fazer-nos recordar que as provas negativas têm sempre pouco valor intrínseco. Em compensação, elas adquirem inesperado peso quando as verossimilhanças históricas vêm confirmá-las. Nosso conhecimento sobre o monarca que produziu o decreto de 1323, sobre sua mentalidade, seus infortúnios, seus esforços para consolidar sua oscilante autoridade, torna bastante plausível a ideia de atribuir-lhe um papel na adoção de um novo rito curativo pela monarquia inglesa.

Desde o começo de seu reinado, Eduardo II foi nitidamente impopular. Ele, ou então seus conselheiros, não tinha como deixar de perceber os perigos que o cercavam. Como não haveria de ocorrer-lhe a ideia (pouco importa se dele própria ou por outros sugerida) de remediar essa desestima reforçando em sua pessoa o caráter sagrado nascido de sua régia função, o qual constituía seu melhor título ao respeito das multidões? De fato, tal ideia ocorreu-lhe. Mais adiante, estudaremos o ciclo legendário das dinastias ocidentais; veremos então que em 1318 Eduardo II tentou dar novo brilho ao prestígio de sua dinastia (e, sobretudo, ao seu próprio) fazendo-se ungir, à imitação dos capetíngios, com um óleo santo supostamente trazido do Céu; a tentativa fracassou; mas que luz ela projeta sobre a política desse príncipe tão desejoso de um brilho emprestado![32] Como poderia ele ter negligenciado as curas miraculosas? Sem dúvida, Eduardo II já tocava as escrófulas, mas sabe-se que nisso obtinha um sucesso medíocre e cada vez menor, precisamente por causa de sua impopularidade. Não é natural supor que ele tenha procurado uma compensação acrescentando à coroa de taumaturgo um novo florão? Certamente, esse rei não inventou o rito dos anéis. Não precisava fazê-lo. Uma tradição, talvez já bem longa, oferecia-lhe essa dádiva espontânea do folclore nacional. Poder-se-á mesmo acreditar facilmente (eis a hipótese que apresentei acima) que, após a adoração da cruz, alguns dos predecessores de Eduardo II haviam praticado, mais ou menos irregularmente, o duplo gesto consagrador. Mas tudo indica que coube a Eduardo II a honra de fazer dessa cerimônia, até então mal definida, uma das instituições da monarquia. Sem as inquietudes que uma frágil legitimidade causavam a um Roberto, o Pio, ou a um Henrique I Beauclerc, é provável que o milagre das escrófulas jamais atingisse a magnífica amplitude que conhecemos; mais tarde, esse mesmo milagre deveu muito aos desígnios perfeitamente conscientes de um Henrique IV na França e de um Carlos II na Inglaterra. É lícito pensar que os infortúnios e as preocupações de Eduardo II não foram de modo algum estranhos à sorte dos *cramp-rings*. Mas seguramente o ato que tudo nos convida a atribuir a esse soberano ou a seus conselheiros não teria sido realizável — não poderia nem mesmo ter sido concebido — caso não houvesse a crença no caráter sobrenatural dos reis, crença que na Inglaterra era nutrida pelo espetáculo quase cotidiano do toque, o qual, nascido dela, tornara-se seu melhor sustentáculo e penetrara a consciência coletiva.

Da mesma forma, na Europa antiga (terra sinceramente crédula, mas na qual pessoas argutas entendiam-se muito bem a fim de explorar a credulidade comum) viu-se mais de uma vez um procedimento mágico, que por sua própria natureza parecia destinado a permanecer para sempre acessível a todos, ser afinal açambarcado por curandeiros hereditários. A história dos ritos que já foram por nós comparados à consagração dos *cramp-rings* oferece-nos claro exemplo de tal tomadia. Como nos lembramos, em Sankt-Gall as sucessivas doações e resgates das moedas sobre o altar podiam ser feitas (tanto umas quanto as outras) por não importa quem. Na França de Jean-Baptiste Thiers, porém, não acontecia a mesma coisa; ali, o resgate era executado pelo próprio doente, mas a dádiva devia ser feita por um homem que pertencesse "à raça de s. Martinho". Dava-se esse nome a uma vasta tribo de feiticeiros que alegavam que seu poder derivava de um suposto parentesco com o grande taumaturgo de Tours. Nessa época, havia mais de uma família de charlatães que se vangloriavam de uma origem santa. Na Itália, os parentes de s. Paulo posavam de médicos de picadas venenosas, para isso isso lembrando que, segundo é narrado no livro dos Atos, o apóstolo dos gentios, tendo sido mordido por uma víbora em Malta, não sofrera nenhum mal. Na Espanha, os *saludadors* [benzedeiros], que possuíam inúmeros segredos poderosos contra as doenças, diziam-se com naturalidade parentes de s. Catarina de Alexandria. Um pouco em toda a parte, principalmente na França, os parentes de s. Roque eram considerados imunes aos ataques da peste e capazes de curá-la algumas vezes. Os de s. Huberto (ao todo muito ilustres) com o simples toque protegiam da raiva seus pacientes.[33] Como conseguiram os parentes de s. Martinho persuadir o povo de que a oferenda da moeda de prata, na Sexta-feira Santa, só seria eficaz se fosse feita pela mão deles? É coisa que jamais saberemos. O indubitável é que, tanto na França quanto na Inglaterra, a mesma receita banal tornou-se propriedade de uma dinastia — aqui, uma dinastia de benzedeiros; lá, uma de reis.

Mas não se deveria imaginar que na Inglaterra a evolução chegou ao fim em 1323. Na própria capela do palácio, na Sexta-feira Santa, os reis ainda não tinham o monopólio do rito consagrador; parece que as rainhas dividiam com eles o privilégio. Por fonte segura sabemos que a 30 de março de 1369, em Windsor, madame Filipa, mulher de Eduardo III, repetiu após seu marido os gestos tradicionais, depositando sobre o altar certa quantidade de prata (não ouro, sem dúvida porque o mais precioso dos metais era reservado ao rei) e resgatando-a em seguida para mandar fazer anéis medicinais.[34] Em verdade, esse é o único caso do gênero que chegou a nosso conhecimento. Por via de regra, porém, estamos muito menos bem informados sobre as despesas privadas das rainhas do que sobre as de seus maridos. Se os registros de gastos das rainhas tivessem sido mais bem conservados, provavelmente encontraríamos ali (pelo menos no concernente ao século XIV) mais de uma menção análoga a essa, a qual nos foi transmitida por acaso, numa conta da chancelaria referente a parte de 1369. Por certo, Filipa não era de condição humilde; usava a coroa. Mas notemos que ela, ao contrário de Maria Tudor, Elisabete ou Vitória, não reinava por destino hereditário; era filha de um simples conde de Hainaut, e seu título de rainha resultava da união com um rei. Jamais uma rainha desse gênero tocou as escrófulas; para curar os escrofulosos, era necessário uma mão verdadeiramente régia, no sentido pleno da palavra. Mais: no momento em que, lá por meados do século XV, a cerimônia dos *cramp-rings* foi revestida de um novo caráter e a participação do rei ganhou importância bem maior que no passado, esqueceu-se completamente que as rainhas haviam outrora sido suficientes para cumprir a contento o rito dos anéis. É o que veremos daqui a pouco. No reinado de Eduardo III, ainda não se chegara a esse ponto; a santificação pelo altar e pela cruz continuava a ser tida como o ato essencial; por que uma mulher de família nobre e de posição social elevada não seria capaz de executá-lo?

Aliás, nessa época as curas obtidas por meio dos anéis não eram registradas no ativo do poder taumatúrgico dos reis. O arcebispo Bradwardine (o qual, precisamente no reinado de Eduardo III, citava as curas régias considerando-as um dos mais admiráveis exemplos de milagres e alongava-se bastante a respeito delas), só entendia por cura régia o toque das escrófulas;[35] em seus comentários, não se encontra nem a mais mínima alusão aos *cramp-rings*. Estes só cerca de um século mais tarde começaram a ser classificados entre as manifestações da virtude sobrenatural dos reis — mas, quando isso aconteceu, o rito já mudara de aspecto.

Até onde sei, não foi outro senão sir John Fortescue (cujo nome e cuja obra já encontramos a propósito das escrófulas) o primeiro escritor que deu à consagração dos anéis o direito de cidadania nas graças divinas concedidas à monarquia inglesa. Entre os tratados que Fortescue escreveu contra os príncipes de York quando estava exilado na Escócia (entre abril de 1461 e julho de 1463), figura uma *Defensio juris domus Lancastriae* [Defesa dos direitos da casa de Lancaster]. Nessa obra, ele esforça-se por demonstrar que a descendência em linha feminina não transmite os privilégios do sangue régio. O que ele diz é, em resumo, o seguinte: uma não recebe nas mãos a unção (de fato, essa era a regra na Inglaterra para as mulheres dos reis; mas é bom notar que mais tarde essa regra não foi observada no caso das princesas que subiram ao trono por direito hereditário: Maria Tudor; Elisabete; Maria, filha de Jaime II; Ana; e Vitória);[36] por isso, continua Fortescue, as mãos de uma rainha não têm o poder miraculoso que as dos reis possuem; nenhuma rainha pode por simples toque curar os escrofulosos. Nosso polemista acrescenta: "Da mesma maneira, o ouro e a prata que, conforme o costume anual, são durante a Sexta-feira Santa tocados pelas sagradas mãos ungidas dos reis da Inglaterra e que por estes são oferecidos curam os espasmos e a epilepsia; a potência dos anéis fabricados com esse ouro e com essa prata e colocados nos dedos dos enfermos foi, em muitos lugares do mundo, comprovada por um uso frequente. Essa graça não é concedida às rainhas, pois as mãos destas não são ungidas".[37] Como vemos, já estavam bem longe os tempos de Filipa de Hainaut. É porque na opinião de Fortescue a consagração sobre o altar, o donativo e o resgate fictícios têm, agora, papel tão somente secundário no rito. O metal, transformado em remédio, extrai sua força das "sagradas" mãos que o manejaram — aliás, em última análise, ele a extrai desse óleo santo que, vertido sobre as augustas mãos, conferia-lhes, segundo se acreditava havia longo tempo, o dom de curar as escrófulas. O milagre régio absorveu tudo.

Por outro lado, já nessa época a evolução das ideias traduzira-se concretamente em considerável mudança das formas do cerimonial. Como sabemos, originariamente, os anéis só eram fabricados mais tarde, com o ouro e a prata das moedas que eram depositadas sobre o altar no decurso da cerimônia da

Sexta-feira Santa e, em seguida, fundidas. Acabou-se por achar mais cômodo mandar fazê-los antecipadamente e, no dia determinado, trazê-los já todos prontos. Agora eram tais anéis, e não mais as valiosas moedas de outrora, o que por um momento se depositava ao pé da cruz e em seguida se resgatava mediante uma soma, invariavelmente fixada em 25 shillings. Um exame atento das contas régias permite descobrir que essa modificação ocorreu entre 1413 e 1442, provavelmente durante os primeiros anos do reinado de Henrique VI.[38] O costume assim transformado continua em vigor sob os Tudor. No reinado de Henrique VIII, um cerimonial da corte informa-nos de que pertencia ao mais insigne fidalgo presente o privilégio de, antes da oferenda, apresentar ao rei o recipiente que continha os anéis.[39] Um pouco mais tarde, uma curiosa miniatura que faz parte do missal de Maria Tudor e que precede imediatamente o texto do ofício litúrgico usado para a bênção dos *cramp-rings* mostra-nos a rainha ajoelhada diante do altar; à direita e à esquerda da monarca, sobre os rebordos da espécie de recinto retangular onde ela está, veem-se duas taças de ouro rasas; nestas, o artista desenhou (de forma esquemática mas reconhecível) pequenos aros de metal.[40]

Por certo, só tinha em mente fins práticos o primeiro mestre de cerimônias que (provavelmente no começo do reinado de Henrique VI) produziu essa alteração nos costumes tradicionais; ele queria eliminar uma complicação que julgava inútil. Mas, simplificando o velho rito, modificou-o profundamente. De fato, a ficção jurídica que constituía a alma do rito tinha sentido se, e apenas se, a matéria que servira para fabricar os anéis houvesse sido objeto de verdadeira oferenda e, assim, em nada se distinguisse dos donativos normais, não tendo a mais mínima aparência de haver sido feita de propósito; de modo que se tivesse o direito de considerar que durante algum tempo aquele ouro e aquela prata pertenceram, com total propriedade, ao altar e à cruz. Ora, que se oferece durante uma solenidade religiosa? Moedas. Daí o uso de florins, nobles e esterlinas para os *cramp-rings* régios, e o uso de pennies (moedas mais modestas) ou, hoje, shillings (provenientes de coletas, sinceras ou fictícias) para os tantos outros anéis curativos. Depositar sem cerimônia os anéis sobre o altar era reconhecer que o donativo não passava de simulação; era, por isso mesmo, esvaziar de sentido o simulacro. É provável que desde o começo do século XV a antiga prática da falsa oferenda e do falso resgate não fosse mais cumprida. Fortescue e o cerimonial de Henrique

VIII dizem simplesmente que o rei "oferece" os anéis — entenda-se, sem dúvida, que por um momento ele coloca-os sobre o altar; uma vez feito isso, a cerimônia parece-lhes terminada. Que importa que em seguida um pouco de prata monetária fosse depositado mais ou menos no mesmo lugar no qual antes haviam estado os aros de metal? Ninguém se lembrava mais de que esse ato de banal generosidade, aparentemente desprovido de qualquer vínculo com o rito da consagração que acabara de ser realizado, fora outrora a peça-chave de tal rito.[41]

Do mesmo modo, um dia o próprio depósito dos anéis sobre o altar deixou de ser o centro do rito. Lendo-se o texto de Fortescue, tem-se a impressão de que já na época desse jurista o rei tocava os anéis para impregná-los com a miraculosa virtude de sua mão. Seja como for, é esse o gesto que o cerimonial seguido no tempo de Maria Tudor vai mostrar-nos com clareza. Aliás, o acaso quis que só a respeito desse reinado, o último a assistir ao antigo costume, fôssemos com algum detalhe informados sobre o ritual de consagração dos *cramp-rings*. Acaso infeliz, mas que não deve inquietar-nos em excesso, pois não podemos crer que Maria Tudor, fiel às antigas crenças, tivesse suprimido dos costumes da corte algum traço propriamente religioso; tampouco podemos crer que essa soberana tivesse mantido as inovações eventualmente introduzidas por seus dois predecessores protestantes. Sem medo de errar, podemos admitir que as regras seguidas por Maria Tudor já existiam nos reinados dos últimos reis católicos, antes da Reforma. Portanto, segundo a liturgia contida no próprio missal da rainha[42] e o relato de uma testemunha ocular, o veneziano Faitta,[43] eis como, no reinado da piedosa Maria e, por certo, em reinados bem anteriores ao dela, desenvolvia-se o cerimonial régio da Sexta-feira Santa.

Uma vez terminada a adoração da cruz, a rainha coloca-se num quadrado formado ao pé do altar por quatro bancos cobertos de tecidos ou de tapetes; ela ajoelha-se; a seu lado, depositam-se as bandejas cheias de anéis — pode-se reconhecer o próprio quadro que, como vimos, foi pintado numa das folhas de seu missal. Primeiro, ela diz uma prece (bastante longa) cuja única passagem notável é uma espécie de exaltação da realeza sagrada:

> Deus Todo-poderoso, Eterno, [...] que quiseste que aqueles que foram por ti elevados ao cume da dignidade régia fossem ornados de graças insignes e os constituíste em instrumentos e em canais de teus dons, de modo que, assim como eles

reinam e governam por ti, assim também por tua vontade são úteis aos outros homens e transmitem teus benefícios a seus povos [...].

Depois vêm (dessa vez pronunciadas sobre os anéis) outra prece e duas fórmulas de bênção; aí aparece com nitidez a ideia de mal demoníaco aplicada à epilepsia:

> Deus [...] digna-te de abençoar e santificar estes anéis [assim se expressa a segunda bênção, particularmente explícita] a fim de que todos aqueles que os usem, colocados ao abrigo das emboscadas de Satã, [..] sejam protegidos contra a contração dos nervos e os perigos de epilepsia.

Em seguida, há um salmo, provavelmente cantado pelos clérigos presentes, e outra prece, em que se traduz o assaz curioso desejo de indicar que a cerimônia não encerra nenhum apelo a uma magia proibida: "que toda superstição desapareça, que se afaste toda suspeita de fraude diabólica"!

Então, vem o ato essencial. A rainha pega os anéis e esfrega-os entre as mãos, sem dúvida um a um, dizendo as seguintes palavras, as quais explicam melhor que qualquer comentário o significado do gesto:

> Senhor, santifica estes anéis; em tua bondade, asperge-os com o orvalho de tua bênção e *consagra-os pela fricção de nossas mãos, as quais tu te dignaste de santificar, segundo a ordem de nosso ministério, pela unção dos santos óleos*, de modo que aquilo que a natureza do metal não poderia fornecer seja realizado pela grandeza de tua graça.[44]

Enfim, uma ação realmente religiosa: os anéis são aspergidos com água benta (não se sabe se pela própria rainha ou por um padre de sua capela), enquanto a monarca e decerto também os assistentes pronunciam mais algumas preces.

Assim, uma vez colocada à parte a água benta (e seu emprego na cerimônia não tem outra origem senão um banal desejo de religiosidade, análogo ao que explica a presença do sinal da cruz no toque das escrófulas), o prestígio da força sobrenatural emanada dos reis apagou todo o resto. Nem o missal da rainha nem o relato do veneziano mencionam, já não digo o resgate dos anéis, mas nem ao menos seu depósito sobre o altar. No entanto, é provável que essa última parte do rito tradicional ainda fosse cumprida no reinado de Maria Tudor; não se poderia duvidar de que estivesse em vigor sob Henrique VIII; e não vemos por que Maria Tudor a suprimiria. Sem dúvida, era realizada depois das preces, o que explicaria o fato de o missal não falar dela. Mas ninguém lhe dava mais importância — daí o silêncio de Faitta. O ponto culminante do rito estava agora em outro ponto: nessa liturgia em que o monarca, como no serviço das escrófulas, tinha ampla participação; e, sobretudo, nesse ato de friccionar os anéis entre as mãos "santificadas" pela unção, no qual doravante se vê, nos próprios termos da prece oficial, o ato consagrador por excelência. Uma evolução que se iniciara no começo do século XIV e que talvez tenha sido ativada por propósitos interesseiros de Eduardo II chegara ao fim: a velha receita mágica transformara-se, de forma definitiva, em milagre verdadeiramente régio. O término dessa mudança deve, com certeza, ser datado de por volta de 1500. Como dissemos, é nos primeiros anos do século XVI que aparece uma tentativa de ligar os *cramp-rings* à grande figura de Eduardo, o Confessor, já o patrono do toque das escrófulas — assim, os anéis medicinais estavam de todo incorporados ao ciclo da realeza miraculosa. Mais tarde, teremos ocasião de ver que é também nesse momento que essa nova forma do dom taumatúrgico atribuído aos monarcas ingleses parece atingir sua maior popularidade. Na verdade, essa usurpação de um poder curativo que até aquele momento era atribuído à influência do altar e da cruz é o mais belo exemplo da força que, na aurora da "Renascença", o velho conceito de realeza sagrada ainda possuía.

3. A realeza maravilhosa e sagrada
Desde as origens do toque das escrófulas até a Renascença

A REALEZA SACERDOTAL

Como vimos, os ritos curativos haviam nascido de velhas concepções sobre o caráter sobrenatural dos reis. Se tais crenças houvessem desaparecido pouco depois do nascimento dos ritos, é provável que estes não tivessem conseguido manter-se ou, pelo menos, não tivessem conservado grande popularidade. Mas, bem longe de desaparecer, elas resistiram firmemente e, em determinados aspectos, ampliaram-se, complicando-se com novas superstições. Explicar o persistente sucesso do toque ou a transformação da antiga receita mágica dos anéis numa cerimônia verdadeiramente régia obriga, em primeiro lugar, a reinserir ambas as práticas nessa atmosfera de veneração religiosa, nessa ambiência repleta de maravilhoso com a qual, durante os quatro ou cinco últimos séculos da Idade Média, os povos cercaram seus príncipes.

Na sociedade católica, a familiaridade com o sobrenatural é, em princípio, reservada a uma categoria de fiéis muito estritamente delimitada: os sacerdotes, ministros regularmente consagrados ao serviço de Deus; ou, pelo menos, os clérigos ordenados. Ante esses intermediários obrigatórios entre este mundo e o além, os reis taumaturgos, simples leigos, não arriscavam fazer figura de usurpadores? De fato, foi bem assim que, como já sabemos, os gregorianos e seus continuadores consideraram tais monarcas; mas essa não era a opinião da maioria dos homens da época. Pois, justamente aos olhos da opinião comum, os reis não eram simples leigos. Em geral, acreditava-se que a própria majestade de que os soberanos eram revestidos dava-lhes caráter quase sacerdotal.

É preciso dizer: *quase* sacerdotal. A assimilação jamais foi completa; ela não poderia sê-lo. Do ponto de vista de um católico, o sacerdócio comporta privilégios de ordem supraterrestre que estão perfeitamente definidos e que apenas a ordenação confere. Nenhum monarca medieval, por mais poderoso ou mais orgulhoso que fosse, não se acreditou jamais capaz nem de celebrar o santo sacrifício da missa nem de, consagrando o pão e o vinho, fazer o próprio Deus descer ao altar; aos imperadores Gregório VII lembrara duramente que eles, não sabendo caçar os demônios, deviam considerar-se bem inferiores aos exorcistas. Outras civilizações, a antiquíssima Germânia, a Grécia dos tempos homéricos, haviam conhecido reis-sacerdotes, no pleno sentido da palavra; na cristandade medieval, a existência dessa dignidade híbrida era inconcebível. Foi isso o que os gregorianos viram com nitidez. Um dos mais penetrantes escritores desse partido — o misterioso autor que, por não conhecermos sua identidade exata, precisamos chamar por seu nome latino, Honorius Augustodunensis — denunciava não apenas como sacrilégio mas também como confusão de ideias essas pretensões dos soberanos de seu tempo. Num tratado escrito pouco depois de 1123, o que Honorius dizia era, em resumo, o seguinte: um homem pode tão somente ser ou clérigo, ou leigo, ou monge (embora muitos monges não fossem ordenados, todos eles eram parte do clero); ora, não tendo recebido as ordens, o rei não é clérigo; "sua mulher e sua espada impedem-no de ser considerado monge"; ele é, portanto, leigo.[1] Raciocínio ao qual, em boa lógica, não há nada para repreender; mas a lógica não costuma governar os sentimentos, sobretudo quando estes carregam consigo os vestígios de crenças antigas e têm suas mais longínquas raízes em religiões abolidas, maneiras de pensar caducas que deixaram depois de si, como um resíduo, maneiras de sentir. Ademais, nessa época bem poucos tinham a implacável clareza de espírito de um Honorius Augustodunensis. Na prática (veja-se, por exemplo, a prática da jurisprudência) e mesmo na teoria, a distinção entre o clero e os simples fiéis era menos rigorosamente traçada na Idade Média do que viria a ser após o Concílio de Trento; podiam-se imaginar situações "mistas".[2]

Os reis sabiam muito bem que não eram de todo sacerdotes; mas eles também não se consideravam de todo leigos; em torno deles, muitos de seus súditos partilhavam desse sentimento.[3]

De resto, havia muito tempo essa velha ideia, no fundo quase pagã, florescia em países cristãos.[4] Sob os primeiros merovíngios, encontramo-la em versos de Fortunato, nos quais uma alegoria bíblica esconde-a apenas em parte. Sobretudo, vimos quanto vigor novo lhe dera, a partir da era carolíngia, a unção régia; também vimos como desde logo a opinião lealista, para grande escândalo de Hincmar de Reims e de seu partido, interpretou de forma extremamente favorável à monarquia esse rito comum aos reis e aos sacerdotes. Ora, depois de Pepino as cerimônias da sagração não haviam cessado de ganhar amplitude e brilho. Ouçamos o célebre diálogo entre o bispo de Liège, Wazon, e o imperador Henrique III, tal como relatava por volta de 1050 o cônego Anselme. Wazon, tendo em 1046 negligenciado enviar seus contingentes para o exército, foi citado a comparecer perante a corte imperial. Lá, no dia do processo, ele precisou ficar de pé, pois ninguém queria oferecer assento a esse prelado que caíra em desfavor. Wazon queixou-se ao príncipe: ainda que não se respeitasse sua velhice, ao menos devia-se demonstrar mais consideração por um sacerdote, ungido com o crisma sagrado. Mas o imperador: "Também eu, que recebi o direito de comandar todos, fui ungido com os santos óleos". Ao que (sempre segundo o testemunho do historiador) Wazon replica vigorosamente, proclamando a superioridade da unção sacerdotal sobre a unção régia: "entre uma e outra há tanta diferença quanto entre a vida e a morte".[5] É lícito perguntar se essa conversa teve realmente a forma com que Anselme a transmitiu. Mas, no fim de contas, isso pouco importa. A dúvida não atinge a verdade psicológica daquelas afirmações; é suficiente para torná-las altamente instrutivas o fato de a um cronista da época elas terem parecido adequadas a exprimir com exatidão os discordantes pontos de vista de um imperador e de um prelado. "Também eu fui ungido com os santos óleos": da lembrança dessa marca divina recebida no dia da sagração um monarca, mesmo muito devoto, podia então depreender o sentimento de seu justo direito quando procurava (conforme Anselme diz de Henrique III) "arrogar-se, com um pensamento de dominação carnal, todo o poder sobre os bispos".

Sobretudo por volta de 1100, a tese dos partidários da realeza torna-se precisa sobre esse assunto: a grande polêmica gregoriana forçara os partidos em luta a assumir uma posição inequívoca. Em certa altura, Honorius Augustodunensis fala desses "faladores" que, "cheios de orgulho, alegam que os reis, por ser ungidos com o óleo dos sacerdotes, não devem mais contar-se entre os leigos".[6] Conhecemos a linguagem de alguns desses "faladores". De fato, sua clareza não deixa nada por desejar. Eis, por exemplo, Guido von Osnabrück, que, em 1084 ou 1085 escreveu uma dissertação *De controversia inter Hildebrandum et Heinricum imperatorem* [Sobre a controvérsia entre Hildebrando e o imperador Henrique] (trata-se, é claro, de Henrique IV): "O rei", diz ele, "deve ser colocado à parte da multidão de leigos; pois, ungido pelo óleo consagrado, ele participa do ministério sacerdotal".[7] Um pouco mais tarde, na Inglaterra, o Anônimo de York escrevia: "O rei, ungido do Senhor, não poderia ser chamado leigo".[8]

Em verdade, os polemistas a quem devemos afirmações assim tão explícitas eram, na maioria, súditos do Império; as audácias do Anônimo de York parecem jamais ter sido reiteradas em seu país. Isso porque (como já tivemos ocasião de observar) os apologistas do poder temporal eram, pelo menos nessa época, quase todos recrutados no campo imperial. Na França e na Inglaterra como nos outros lugares, os reis dedicaram-se a dominar a Igreja; foram até bastante bem-sucedidos; mas, até a crise eclesiástica dos dois últimos séculos da Idade Média, eles o mais das vezes se abstiveram de abertamente fundamentar no caráter quase sacerdotal da realeza suas pretensões — longo silêncio, o qual precisa ser colocado em paralelo com o silêncio que, no mesmo período, a literatura guardava sobre o toque das escrófulas. Entretanto, esse mutismo não foi tão absoluto; de tempos a tempos, transparece a ideia mestra que (sem ser de ordinário expressa claramente; sem nem mesmo, segundo tudo indica, ser concebida muito conscientemente) inspirou tantos atos. Na França, especialmente, há o abade Suger, historiógrafo quase oficial que faz Luís VI cingir o "gládio eclesiástico" no dia da sagração desse rei.[9] Sobretudo, há no reinado de Luís VII o famoso preâmbulo do diploma de 1143, formulado em favor dos bispos de Paris: "Sabemos que, em conformidade com os preceitos do Antigo Testamento e, em nossos dias, com a lei da Igreja, só os reis e os sacerdotes são consagrados pela unção do santo crisma. Convém que aqueles que — únicos entre todos, unidos entre si pelo crisma sacrossanto — estão colocados à frente do povo de Deus obtenham para seus súditos tanto os bens temporais quanto os espirituais e obtenham-nos uns para os outros".[10] Declaração que decerto é um pouco menos surpreendente quando se considera o texto completo do que quando se suprime a última parte da frase, como faz o sr. Luchaire;[11] pois essas poucas palavras, "obtenham-nos uns para os outros", parecem ressaltar que o cuidado dos bens espirituais é reservado aos sacerdotes (os quais os proporcionam aos reis) e que o cuidado dos bens temporais é reservado aos príncipes leigos. Salva-se, portanto, o princípio da separação dos dois poderes. Todavia, essa espécie de equivalência e essa aliança (se se pode chamá-la assim) entre as duas unções, régia e sacerdotal, permaneceram muito significativas — na verdade, tão significativas que teríamos dificuldade em encontrar nos documentos franceses dessa época algo que tenha tal ênfase. É porque esse texto deve sua origem a uma coincidência de circunstâncias muito particular — e até hoje os historiadores não parecem ter percebido isso. Em 1143, acabava de estourar uma disputa muito séria entre Roma e a corte francesa, pois o papa Inocêncio II permitira-se, à revelia do rei, consagrar arcebispo de Bourges seu candidato Pierre de Châtre, eleito pelos cônegos; o reino encontrava-se em estado de interdito religioso. Mais. Conhecemos o nome do chanceler que referendou o diploma e deve ter sido o responsável por ele: era o mesmo Carduc que fora o malsucedido concorrente do candidato pontifical à cadeira de Bourges.[12] Esse Carduc, clérigo intrigante e ousado, não tinha mais nenhuma razão para poupar a Cúria; ao contrário, tinha todo interesse em fazer soar bem alto o privilégio da unção, o qual, colocando os reis quase no mesmo patamar em que os sacerdotes, parecia dar aos monarcas um direito de intervir nas eleições eclesiásticas. Os desígnios ou os rancores de um ambicioso repelido explicam por que nesse dia o governo capetíngio saiu de sua habitual reserva.

Passemos à Inglaterra. Não sei se os atos oficiais poderiam fornecer a um erudito mais bem informado do que eu alguma coisa comparável à exposição de motivos que o mau humor de Carduc inspirou por acaso à chancelaria de Luís VII. O indubitável é que a corrente de ideias da qual se extraiu o tema do preâmbulo de 1143 foi tão familiar aos ingleses quanto a seus vizinhos; em pleno século XIII, encontramo-la atestada por um teólogo ortodoxo inglês que a combatia. Numa carta ao rei Henrique III, carta que já citei, o bispo de Lincoln, Robert Grosseteste, expondo a seu soberano a verdadeira natureza da unção régia e colocando-a, aliás, em posição muito elevada, sentia ser seu dever especificar que essa unção não tem "de nenhum modo o efeito de fazer que a dignidade do rei seja superior ou mesmo igual à do sacerdote, nem confere aptidão para nenhum dos ofícios do sacerdócio".[13] Aparentemente, Robert não teria tanto trabalho para prevenir uma confusão (a seu ver tão escandalosa) se não tivesse motivos para acreditar que ela estava difundida em torno do rei. Mas não há dúvida de que, tanto na Inglaterra quanto na França, essa confusão permanecia mais no estado de tendência de espírito do que no de tese expressamente defendida.

Mesmo em terra imperial, parece que após o término da dinastia sália o caráter sacerdotal dos príncipes temporais não era mais tão ruidosamente afirmado pelos partidários do *regnum*. A Concordata de Worms, abolindo a investidura pelo báculo e pelo anel, mas reservando para o soberano uma influência muito grande na eleição dos prelados alemães, proporcionara aos gregorianos satisfações que eram, sobretudo, teóricas; do mesmo modo, as polêmicas dos gregorianos obtiveram pelo menos esse resultado de impor uma surdina às declarações de princípio de seus adversários. Aqui e ali, a velha noção consegue ainda exprimir-se. Para justificar o juramento de fidelidade que os bispos prestavam ao imperador (juramento contrário à regra que proíbe os clérigos de ligar-se dessa maneira a um leigo), pode-se, escreve por volta de 1158 o ilustre canonista Rufin, "ou responder que o costume autoriza mais de uma coisa que os cânones não permitem, ou dizer que o imperador, consagrado pela unção sagrada, não é de forma alguma um leigo".[14] Mas há grande distância entre esse argumento acanhado, apresentado de passagem, como se perdido numa vasta *summa* jurídica, e as retumbantes polêmicas das épocas precedentes. De resto, os publicistas a soldo dos Hohenstaufen dedicaram-se mais a utilizar a ideia de império do que a elaborar uma doutrina de realeza, doutrina que teria podido servir para apoiar tanto as pretensões dos "reis das províncias" (como dizia Barbarossa,[15] referindo-se aos chefes das outras nações que não a Alemanha) quanto as do herdeiro dos césares. Como veremos em breve, foi preciso esperar o movimento galicano para ver surgirem, em outro país, afirmações tão categóricas quanto aquelas em que os círculos dos imperadores Henrique IV e Henrique V haviam sido pródigos. Mas a história dos conceitos — ou dos sentimentos — políticos não deve ser procurada apenas nas obras dos teóricos; certos modos de pensar ou de sentir são mais bem revelados pelos fatos da vida cotidiana do que pelos livros. Assim como durante longo tempo a noção do poder taumatúrgico dos reis, sem ter na literatura direito de cidadania, inspirou os ritos curativos, assim também a ideia de realeza sacerdotal, embora abandonada pelos imperadores e quase totalmente desconsiderada pelos escritores ingleses e franceses, nem por isso deixou de manifestar-se, com muita perseverança e nitidez, em grande número de práticas, de formas linguísticas, de costumes.

Em primeiro lugar, a sagração.

A unção era o ato régio por excelência. Na França, estava tão perfeitamente ligado ao próprio título de rei que os grandes feudatários, os quais às vezes procuravam imitar os outros episódios da sagração, jamais ousaram apropriar-se do rito da unção; um duque da Normandia ou um duque da Aquitânia podiam fazer que lhes fossem entregues, durante uma cerimônia religiosa em Rouen ou em Limoges, o gládio ou o anel, o gonfalão ou a coroa ducal, mas o uso dos santos óleos sempre lhes foi interdito.[16] Esse prestigioso rito era protegido por uma tradição antiga demais e respeitável demais, e nem mesmo os protagonistas mais ardentes das ideias que, para encurtar, chamamos gregorianas podiam sonhar em aboli-lo.[17] Eles esforçaram-se para, pelo menos, impedir qualquer aproximação mais íntima entre a unção dos padres ou bispos e a dos reis. Teólogos e liturgistas empenharam-se, à porfia, nessa tarefa. Tiveram êxito apenas medíocre.

Em toda a dogmática católica, a doutrina sacramentária constitui uma das partes mais tardias; fixou-se verdadeiramente só sob a influência da filosofia escolástica. Durante muito tempo, com a palavra *sacramento* entendia-se, quase sem distinções, todo ato que fazia um homem ou uma coisa passar para a categoria do sagrado.[18] Portanto, era natural dar esse nome à unção régia. Não se deixou de fazê-lo. Eruditos doutores, como Ives de Chartres; campeões da reforma eclesiástica, como Pier Damiani [s. Pedro Damião]; prelados defensores ardentes das prerrogativas do clero, como Thomas Becket, não temeram chamá-la assim.[19] Por conseguinte, a unção régia era correntemente designada com o mesmo termo que se aplicava à ordenação do sacerdote. Depois, no decurso do século XIII, a teoria da Igreja assumiu nessa matéria uma forma mais rígida. Somente sete sacramentos são reconhecidos. A ordenação figura entre eles; a unção régia foi excluída. Assim, abria-se um abismo entre o ato que criava um padre e o que criava um rei. Mas a linguagem corrente demorou a abandonar o antigo uso. Robert Grosseteste, filósofo e teólogo, escrevendo entre 1235 e 1253,[20] e a própria chancelaria pontifical, em bulas de 1257 e de

1260,[21] permaneciam ainda fiéis ao velho termo. Como era de esperar, ele manteve-se até bem mais tarde ainda, sobretudo nas obras leigas em língua vulgar. "Senhor", lê-se no romance de *Charles le Chauve* [Carlos, o Calvo], composto no século XIV:

Seigneur pour ceste cause dont je vous voi parlant
Fu adont acordé en France le vaillant
C'on ne tenroit a roy jamais homme vivant
S'en la cité de Rains n'avoit le sacrement.[22]

Senhor, por esse motivo de que vos vejo falando
Combinou-se então que na França
Jamais se terá por rei um homem vivente
Se ele na cidade de Reims não tem o *sacramento.*

Será que tudo isso é simples questão de palavras? Não, decerto. Por mais imperfeitamente definido que o termo sacramento tenha permanecido durante longo tempo, ele sempre carregou consigo a ideia de uma ação de ordem sobrenatural: "sinais visíveis de coisas divinas", dissera s. Agostinho.[23] Nenhum escritor, por menor que fosse sua cultura teológica, podia dar-lhe outro sentido. Aplicá-lo à unção régia era indicar explicitamente que a consagração com os santos óleos provocava no ser espiritual dos reis uma transformação profunda. Aliás, era essa a crença generalizada. No Primeiro Samuel, lia-se que esse profeta, depois de verter o frasco de óleo sobre a cabeça de Saul, dissera-lhe: "[...] e te transformarás em outro homem", *mutaberis in virum alienum*;[24] ora, a unção de Saul prefigurava a unção dos reis cristãos; como não se tomaria emprestada à Bíblia a palavra sacramento, para com ela caracterizar os efeitos da sagração? No século XI, o padre alemão Wipon coloca-a na boca do arcebispo de Mainz, quando este discursa na coroação do rei Conrado II; mais tarde, Pierre de Blois rememora-a ao rei da Sicília, e o papa Alexandre IV, ao rei da Boêmia;[25] não há nenhuma dúvida de que a essa palavra era dado o sentido literal. Pois, se quisermos saber o que se costumava entender por sacramento quando tal termo era utilizado para qualificar a unção régia, basta que nos dirijamos a Robert Grosseteste; segundo esse prelado, muito ortodoxo e muito erudito, o rei ungido recebe "o septiforme dom do Espírito Santo" — evidente lembrança da teoria e do próprio ritual do sacramento da confirmação.[26] Em suma, pela unção-sacramento os reis pareciam nascer para nova vida mística. Essa concepção profunda, mais que um paralelo puramente verbal com a ordenação do sacerdote, foi o que uma teologia mais estrita pretendeu proscrever, recusando ao rito monárquico o título consagrado por longo uso.

Entretanto, a velha ideia sobreviveu. No círculo do rei Carlos v da França, ela ganhou forma particularmente audaciosa. Vamos abrir esse *Traité du sacre* [Tratado da sagração] que, como sabemos, foi composto para o próprio príncipe (e quase sob sua inspiração) pelo carmelita Jean Golein. Ali, o autor segue passo a passo a marcha da cerimônia, indicando para cada episódio um sentido simbólico; chegamos ao momento no qual o rei, a fim de vestir o costume propriamente régio, despe-se dos trajes que usara; eis o comentário "misterioso" a esse gesto tão simples:

> Quando o rei se despe, isso significa que dali em diante ele deixa o estado mundano e assume o da religião régia; e, se o rei o assume com a devida devoção, julgo que ele está de seus pecados tão limpo quanto aquele que entra novamente em religião provada; como diz s. Bernardo no livro *de precepto et dispensacione*, lá pelo final: que, assim como no batismo os pecados são perdoados, assim também à entrada na religião.[27]

Texto infinitamente sugestivo: a condição régia era comparada a uma "religião", ou seja, ao estado monástico; ao mesmo tempo, eram atribuídos à sagração os mesmos poderes regenerativos que à entrada na religião, isto é, ao batismo; por meio da sagração, o rei, contanto que se encontre na disposição de espírito necessária, fica "limpo" de seus pecados. Coisa curiosa: essa última teoria, da qual não se poderia contestar a audácia, já havia sido defendida bem antes de Jean Colein, mas fora da França, num texto que o carmelita francês não podia conhecer. Ao aproximar-se 1200, um alto dignitário da Igreja oriental, Teodoro Balsamon, compôs um comentário às decisões dos principais concílios. A propósito do 12º cânone do Concílio de Ancira, ele conta como em 969 o patriarca Poliúto excomungou o imperador João Tzimisces (o qual chegara ao trono mediante um assassínio) e depois abrandou sua severidade. Por que essa mudança de atitude? Eis a explicação dada por nosso glosador:

O patriarca, de acordo com o Santo Sínodo, segundo a decisão sinodal que então foi promulgada e cujo texto está conservado nos arquivos, declarou que, assim como a unção do santo batismo apaga todos os pecados que tenham sido cometidos anteriormente, por maiores e mais numerosos que eles sejam, assim também a unção régia, por uma ação inteiramente similar, apagara o assassínio do qual Tzimisces fora culpado antes de recebê-la.[28]

Não sei se de fato Poliúto e o Sínodo emitiram essa opinião; mas Balsamon por certo a adotava como sua. Assim, tanto numa quanto na outra Igreja os padres lealistas tinham, sem influência recíproca, o mesmo singular pensamento. No começo do século XVII, a passagem do autor grego caiu nas mãos de um doutor da Sorbonne, Jean Filesac, a quem devemos um tratado bastante confuso, *De idolatria politica et legitimo principis cultu commentarius* [Sobre a idolatria política e o legítimo culto devido ao príncipe], publicado em 1615. Filesac, nutrido pelas lições de uma teologia mais rigorosa (a que fora estabelecida pelo Concílio de Trento), julgou que semelhante teoria era absolutamente escandalosa; em substância, o que ele pergunta é: como a unção, que não é um sacramento, lavaria um pecado mortal?[29] Sem dúvida, Filesac ficaria muito surpreso se lhe fosse revelado que na própria França uma ideia em tudo idêntica fora defendida por um religioso que escrevia para um de nossos reis mais religiosos.

Os príncipes temporais aspiravam a governar a Igreja; era aos chefes da Igreja que eles ficavam tentados a igualar-se. Em inúmeros detalhes do cerimonial da sagração, afirma-se (com muita constância e, aparentemente, com mais e mais franqueza à medida que a Idade Média avança) a vontade de estabelecer uma espécie de paralelismo entre o ritual monárquico e o ritual que se cumpria, não para a ordenação de simples padres, mas para a consagração dos bispos.[30] Esse desígnio, mais que qualquer outro, devia parecer perigoso aos homens que se haviam constituído em ciumentos guardiães da autonomia do espiritual; eles fizeram todo o possível para tolher tal desígnio.

Os reis eram ungidos em diferentes partes do corpo; entre outras (segundo o antigo costume, atestado pelos primeiros rituais), sobre a cabeça. Aliás, não fora sobre a cabeça de Saul que Samuel espalhara o conteúdo do frasco de que fala a Bíblia? A mesma prática era observada para a sagração dos bispos; mas os padres, quando de sua ordenação, só tinham direito à unção das mãos.

Um dia, os liturgistas perceberam que esses costumes estabeleciam insuportável paridade entre a realeza e o episcopado. Por isso, decidiram que doravante os reis só receberiam a unção ou nos braços, ou no ombro, ou na mão. Uma célebre bula de Inocêncio III, endereçada em 1204 ao arcebispo búlgaro de Tirnovo e depois compilada nas *Decretais*, constitui o mais autorizado sumário da doutrina ortodoxa da unção; as modalidades dos dois ritos, o episcopal e o régio, são ali energicamente diferenciadas. Da mesma forma no *Rationale divinorum officiorum* de Guillaume Durand, obra em que toda a ciência litúrgica do século XIII acha-se condensada.[31] Esses cuidados foram inúteis. Não obstante a autoridade do papa e dos doutores, os reis da França e da Inglaterra continuaram a receber em suas cabeças os santos óleos, à semelhança dos sucessores dos Apóstolos.[32]

Os bispos, diversamente dos padres, eram ungidos não com o óleo bento comum, denominado o dos catecúmenos, mas com um óleo especial, misturado a bálsamo: o crisma. Quis-se obrigar os reis ao uso do óleo simples. Foi o que tentaram Inocêncio III e, depois dele, a Cúria; essa foi a teoria de Guillaume Durand. Mas, a despeito de tudo, os reis da França e da Inglaterra mantiveram o privilégio do crisma.[33]

Na verdade, o caráter quase sacerdotal que a cerimônia da sagração visava a conferir aos reis era nítido, tão nítido que, no fim de contas, a doutrina litúrgica teve de resignar-se a tentar atenuá-lo e a torná-lo inofensivo, em vez de negá-lo inteiramente. Acerca disso, nada é mais característico que a história da coroação imperial. No auge da dinastia saxã, e ainda sob os sálios, os textos oficiais que regravam essa cerimônia colocavam claramente em destaque a mudança de estado que daí resultava para o príncipe. Descrevendo o ato pelo qual o papa entrega ao futuro imperador a túnica, a dalmática, o pluvial, a mitra, os calções e as sandálias — vestimentas quase sacerdotais —, esses textos simplesmente comentam: "Aqui o papa o faz clérigo", *Ibique facit eum clericum*. No século XII, desaparece tal menção. A cerimônia da entrega das vestimentas subsiste; ela subsistirá enquanto houver imperadores coroados por papas. Mas a interpretação que lhe é dada mostra-se diferente: agora, o rei dos romanos é supostamente recebido como um dos cônegos de s. Pedro. Nada mais há de entrada (no sentido amplo da palavra) nas ordens; em seu lugar, fica a simples colação de uma dignidade particular, dignidade que por certo é de natureza eclesiástica, mas que aqui é conferida em caráter visivelmente honorífico — o qual, ademais, é de uma espécie que, segundo a prática canônica da época, podia ser concedida a personagens apenas chegadas aos degraus inferiores do clericato: poucos cônegos, nos diferentes cabidos catedrais da catolicidade, eram padres ou mesmo ordenados. Assim, o ato realizado antes da sagração propriamente dita, na pequena igreja de Sancta Maria in Turri, sem perder inteiramente seu sentido primeiro, despia-se de todo significado que o partido pontifical pudesse considerar ameaçador.[34]

Mais ainda. Como não se podia contestar que o imperador fosse algo mais que um leigo, e como ele, não estando apto a cumprir o sacrifício da missa, não era investido do sacerdócio, imaginou-se especificar sua situação na hierarquia. A partir do século XIII, os *ordines* da coroação testemunham um esforço muito nítido para assemelhar a situação eclesiástica do chefe temporal da cristandade à de um diácono ou, com mais frequência, à de um subdiácono: o prior dos cardeais-diáconos lê por sobre ele a litania que é usual na ordenação dos subdiáconos; o papa dá-lhe o beijo da paz "como a um dos cardeais-diáconos"; no final da cerimônia, o novo César presta serviço na missa do soberano pontífice; o imperador apresenta ao papa "o cálice e a água, à maneira dos subdiáconos".[35] De todas essas práticas, alguns eruditos extraíram uma doutrina; segundo eles, o imperador estava verdadeiramente investido da "ordem do subdiaconato"; e, como nesse tempo toda opinião precisava ser sustentada por um texto, mais ou menos forçado, tais eruditos apoiaram suas conclusões invocando um cânone do *Decreto de Graciano** no qual se vê Valentiniano dizer a s. Ambrósio: "serei sempre, como convém a minha ordem, teu ajudante e teu defensor"; pois o subdiácono não era essencialmente o "ajudante" dos padres e dos bispos? Guillaume Durand, que nos expõe essa teoria, não concordava com ela, mas não tem dificuldade para reconhecer que em sua sagração o imperador realmente exercia as funções dessa "ordem".[36] Por isso, não se podia mais dizer, como no tempo de Gregório VII, que todo príncipe deste mundo, por mais poderoso que fosse, estava abaixo de um simples exorcista; mas ao menos o imperador, superior aos clérigos providos das ordens menores, encontrava-se expressamente abaixo dos padres, sem falar dos bis-

* O *Decretum Gratiani*, nome com que é mais conhecida a *Concordia discordantium canonum* [Conciliação dos cânones discordantes], obra do toscano Francesco Graziano, monge camáldulo que viveu no século XII e deu início à ciência canônica. (N. T.)

pos. Era o essencial. Outra coisa curiosa: em Bizâncio, o historiador encontra um traço análogo. Lá, o basileu era o herdeiro direto da velha monarquia sagrada do baixo Império Romano, a qual, mesmo depois de Constantino, foi muito influenciada pelas tradições pagãs; no século V, o basileu ainda era correntemente chamado *ἱερεύσ* (padre) e *ἀρχιερεύσ* (bispo); nos séculos XIV e XV, os escritores oficiais, preocupados em explicar certos privilégios de culto que lhe eram reconhecidos, sobretudo o direito de no dia da sagração comungar da mesma maneira que os clérigos, não lhe conferem mais que o título de diácono ou mesmo *δεποτάτοσ,* oficial eclesiástico de grau ainda mais inferior.[37] Assim, nas duas metades do mundo europeu circunstâncias similares haviam induzido os doutores (segundo todas as probabilidades, sem influência recíproca) a inventar uma ficção semelhante.

Aliás, a partir do século XIV os imperadores ocidentais parecem ter levado muito a sério essa ideia singular. Desejara-se fazer deles diáconos ou subdiáconos; os imperadores quiseram exercer as funções diaconais, pelo menos numa das principais festas do ano. No dia de Natal, Carlos IV, com a coroa na cabeça e o gládio na mão, lia na igreja a sétima lição das matinas, particularmente apropriada a uma boca imperial, pois começa por estas palavras tiradas do Evangelho da missa da meia-noite (Lucas 2, 1): "Naqueles dias, apareceu um edito de César Augusto [...]". A 25 de dezembro de 1414, Sigismundo, filho de Carlos IV, apresentou-se no mesmo papel aos padres do Concílio de Constância. Assim, esses soberanos habilmente interpretavam a seu favor uma teoria que fora elaborada com uma intenção muito diferente; pois a imponente aparição que eles faziam no coro (paramentados com seus ornamentos imperiais, entre a pompa das grandes liturgias) aos olhos do povo sublinhava melhor que qualquer outro ato sua participação na dignidade eclesiástica. O prestígio que os imperadores extraíam desse privilégio parecia tão extraordinário que no estrangeiro ele era facilmente encarado com ciúme. Em 1378, quando Carlos IV veio à França visitar seu sobrinho Carlos V, aquele teve de retardar ligeiramente sua viagem, de modo a celebrar o Natal em terras do Império, porque o governo francês informou-o de que não lhe seria permitido dizer matinas no reino; não se podia tolerar que, nos domínios do rei da França, o imperador realizasse publicamente um ofício religioso do qual o monarca francês era incapaz.[38]

Os reis da França jamais foram nem diáconos nem subdiáconos. É verdade que nos *ordines* da sagração de Reims, a partir do século XIII, encontram-se estas palavras, a propósito da cota que os reis vestem depois da unção: ela deve "ser feita à maneira de uma túnica como as que à missa são vestidas pelos subdiáconos". Mas não se insiste nesse paralelismo. Nos mesmos documentos, um pouco adiante, é à cláusula dos padres que se compara a sobrecota régia.[39] O cerimonial de Carlos V introduzirá na vestimenta um elemento novo, que sugere outras analogias: depois da unção, o rei pode, se quiser, colocar luvas macias, como na consagração dos bispos estes costumam fazer. Sem assimilação precisa, tudo contribuía para, cada vez mais, evocar (com relação às vestimentas usadas pelo soberano no dia em que recebia a unção e a coroa) a ideia dos paramentos sacerdotais ou pontificais. Da mesma forma, não se continuava a dizer nesse dia as velhas preces que, em cada linha, traduziam o desejo de estabelecer uma espécie de equivalência entre as duas unções, a régia e a sacerdotal?[40]

Na Inglaterra, o ritual, tanto na designação oficial das vestimentas quanto nos textos litúrgicos, não desperta tão nitidamente como na França a lembrança das diversas ordenações eclesiásticas. Mas queremos saber qual impressão podia causar no público o esplendor das pompas monárquicas? Basta ler o relato da sagração de Henrique VI, relato em que o autor (um contemporâneo do evento) fala, sem pestanejar, do "hábito episcopal" vestido pelo rei.[41]

A sagração não era o único ato a revelar o caráter quase sacerdotal dos reis. Quando, no final do século XIII, já se estava habituado a reservar estritamente aos padres a comunhão sob as duas espécies (desse modo reforçando com um traço vigoroso a diferença entre o clero e os leigos), a nova regra não se aplicou a todos os soberanos. Em sua sagração, o imperador continuou a comungar tanto o pão quanto o vinho. Na França, Filipe de Valois conseguiu que o papa Clemente VI lhe reconhecesse em 1344 uma prerrogativa similar, a qual, ao contrário da do imperador, não estava limitada a uma circunstância especial e, portanto, não conhecia nenhuma restrição. Ao mesmo tempo e nas mesmas condições, tal prerrogativa foi concedida à rainha; ao herdeiro presuntivo do trono, o duque da Normandia (futuro João II); e à mulher deste. As autorizações eram dadas a título pessoal; mas desde então (fosse porque o privilégio tenha depois sido expressamente renovado, fosse porque por uma espécie de tolerância tácita o costume ganhou pouco a pouco força de lei) os reis da França não mais cessaram de usar esse glorioso privilégio. Para obrigar os príncipes a renunciar, pelo menos parcial ou temporariamente, à dúplice comunhão, fizeram-se necessárias tanto as perturbações religiosas que a partir do século xv agitaram a cristandade quanto as discussões de que a disciplina eucarística foi então objeto. Frederico iii, sagrando-se imperador a 19 de março de 1452, nesse dia comungou apenas a hóstia. Seguir o antigo costume acarretaria o risco de parecer pactuar com as doutrinas hussitas. Em todo o caso, a tradição fora somente interrompida; foi depois renovada, o mais tardar no século xvii; então, até mesmo a estenderam a outras solenidades além da sagração. Ainda em nossos dias, o imperador da Áustria, último herdeiro das monarquias sagradas de outrora, comungava sob as duas espécies todas as Quintas-feiras Santas. Na França, a partir de Henrique iv, só no dia da sagração os reis tinham acesso ao cálice. Não era conveniente que Henrique iv, convertido ao catolicismo, continuasse a praticar o mesmo rito comunial que praticara no tempo de sua heresia; seus súditos mal informados podiam achar ali alguma razão para colocar em dúvida a conversão do soberano. Pelo menos até o fim do Ancien Régime, o cerimonial da sagração continuou imutável nesse ponto.[42]

Sem dúvida, não devemos esquecer que apenas em virtude de uma regra disciplinar o uso das duas espécies foi reservado aos sacerdotes e que essa regra podia ser (e algumas vezes foi) flexível; diz-se que de quando em quando os papas concederam-na em nossos próprios dias, a certos leigos eminentes, aos quais os pontífices certamente não pretendiam reconhecer nenhum caráter sacerdotal. De acordo. Mas como duvidar de que o privilégio eucarístico dos reis tenha tido origem no conceito de monarquia sagrada (se assim se pode dizer) supraleiga, conceito cujo vigor é comprovado por tantos fatos? Esse privilégio surge no exato momento (ou faltando pouco para o momento) em que o comum dos fiéis viu-se para sempre afastado do cálice — como se os soberanos temporais, ou pelo menos alguns entre eles (pois os reis da Inglaterra jamais obtiveram, e talvez nem tenham tentado obter, o mesmo favor que tinham seus vizinhos da França), houvessem recusado confundir-se nessa multidão banal. Nas bulas de Clemente vi, o privilégio é acompanhado da autorização, bem significativa, de tocar os objetos sagrados, exceto, é verdade, de tocar o Corpo do Senhor, cujo manuseio continuava permitido apenas aos sacerdotes; mas essa ressalva não tem nada de tão surpreendente; sabemos que a assimilação da realeza ao sacerdócio jamais foi perfeita, porque ela não poderia sê-lo; isso, porém, não impede que haja existido uma aproximação. Em Bizâncio, o rito comunial, ainda que muito diferente dos costumes latinos, também estabelecia uma distinção entre os leigos e os clérigos, sendo apenas esses últimos os autorizados a consumir separadamente o pão e o vinho; o basileu, no dia de sua sagração, comungava como os padres, "*ώσπερ χαί δι ίερεῖσ*";[43] também ele não era um "simples leigo". Por outro lado, mesmo que a razão inicial da honra especial concedida aos reis do Ocidente não houvesse sido exatamente a que acabo de dizer, o sentimento público chegaria bem depressa a dar-lhe essa interpretação. Jean Golein, em seu tratado sobre a sagração, depois de ter relatado que o rei e a rainha recebem do arcebispo o vinho com a hóstia, observa que semelhante rito é o sinal de tão somente uma das duas "dignidades": ou a "régia" ou a "sacerdotal"; a fórmula era prudente; mas será possível acreditar que o vulgo se abstivesse de concluir que a primeira das duas dignidades participava da segunda? Mais adiante, veremos que no século XVII essa conclusão foi explicitamente enunciada por autores sérios; não há nenhuma dúvida de que bem mais cedo ela transitara na opinião comum.[44]

Um grande poeta, autor da *Chanson de Roland* [Canção de Rolando], traçou em seus versos a imagem ideal do soberano cristão tal como ela era concebida em torno do prestigioso nome de Carlos Magno. Ora, examinem os gestos que o poeta atribui ao grande imperador: são os gestos de um rei-sacerdote. Quando Ganelão parte para a perigosa embaixada à qual o chamou o ódio a Rolando, Carlos, fazendo sobre Ganelão o sinal da cruz, dá-lhe a absolvição. Mais tarde, quando os francos preparam-se para combater o emir Baligant, o sexto corpo de exército, o dos poitevinos e dos barões *auvergnats*,* aparece diante do chefe supremo do exército; este levanta sua mão direita e benze as tropas: "Carlos benze o sexto com sua mão direita".[45]

O velho poema (que talvez, por reação contra teorias hoje definitivamente condenadas, seja algumas vezes rejuvenescido um pouco demais) traz, nas concepções eclesiásticas de seu autor, a marca de um estado de espírito bastante arcaico. Outrora, mais de um padre, adepto de doutrinas mais rigorosas sobre a distinção entre o profano e o sagrado, deve ter encontrado ali alguns motivos de escândalo. O arcebispo Turpin (o qual, não contente em guerrear tão ardorosamente quanto um leigo, erige sua conduta em teoria e opõe tão ousadamente sua estima pelos guerreiros a seu desprezo pelos mon-

* Isto é, oriundos da Auvergne. (N. T.)

ges) e seu sucessor, Manassé de Reims, teriam sido depostos pelos enviados dos grandes papas reformadores.[46] Percebe-se que o movimento gregoriano ainda não passou seriamente por ali. Mais tarde, entretanto, sua ação fez-se sentir sobre um dos emendadores da *Chanson*. Quando, no começo do século XIII, um versificador retomou a antiga versão assonantada para provê-la de rimas, ele acreditou dever adequá-la aos gostos religiosos dessa fase posterior. Suprimiu a absolvição concedida a Ganelão. Apenas a bênção das tropas subsistiu.[47] Ela estava inteiramente conforme às práticas contemporâneas. Mais ou menos na mesma época, um príncipe de carne e osso pôde, tal qual o imperador da lenda, ver seus soldados inclinar-se sob sua mão protetora, antes do combate: em Bouvines, Filipe Augusto (segundo o testemunho de seu capelão, Guillaume de Breton, que nesse dia se encontrava perto do rei) benzeu seus cavaleiros.[48] Filipe decerto ouvira recitarem o *Roland*; aliás, em torno desse monarca as tradições carolíngias eram muito favorecidas; seus clérigos comparavam-no a Carlos Magno e até pretendiam (não se sabe com qual passe de genealogista) fazê-lo descender dele.[49] Talvez no campo de batalha, onde ia desempenhar um papel decisivo, Filipe tenha-se lembrado do gesto que os jograis atribuíam a seu pretenso ancestral e tenha-o copiado com conhecimento de causa. Em semelhante imitação, não haveria nada de realmente espantoso. As epopeias medievais foram uma espécie de Plutarco do qual amiúde (nessa época bem mais "literária" do que às vezes se crê) os homens de ação extraíram seus exemplos de conduta. Elas muito contribuíram para manter e fortificar nas consciências certo ideal de Estado e de realeza. Mas, inspirado ou não por um modelo poético, era com certeza o sentimento da força sagrada e quase sacerdotal atribuída à mão régia o que eloquentemente se exprimia em tal bênção guerreira. Será necessário relembrar que na Inglaterra essa mesma palavra *benzer* designava correntemente o ato de o rei tocar os doentes para afastar a doença?

Como vemos, aos olhos de seus súditos os reis medievais nunca deixaram de parecer participar (mais ou menos vagamente) da glória do sacerdócio. No fundo, era uma verdade reconhecida por quase todo mundo, mas não uma verdade que fosse conveniente dizer. A respeito do direito de regalia espiritual exercido pelos reis da França e da Inglaterra, observe-se com que timidez (no reinado de Filipe, o Belo) o cardeal Jean le Moine, o qual não poderia ser considerado um advogado das ideias teocráticas, indica que "os reis ungidos não parecem manter o papel de simples leigos; ao contrário, parecem ultrapassá-lo".[50] Mas, em meados do século XIV, começou-se a falar desse assunto mais livremente. Na Inglaterra, Wyclif, numa de suas obras de juventude, o *Tractatus de officio regis* [Tratado sobre o ofício de rei], escrito em 1379, qualifica a realeza como ordem eclesiástica, *ordo in ecclesia*,[51] embora separe claramente os dois poderes, secular e espiritual. Na França, o círculo de Carlos V reúne diligentemente todos os ritos e todas as tradições que sejam apropriados a ressaltar o valor sagrado da realeza. Jean Golein, segundo todas as aparências um fiel intérprete do pensamento de seu monarca, esforça-se por manter a ortodoxia; protesta categoricamente que a unção não torna sacerdote o rei, assim como não o torna nem santo nem "fautor de milagres"; mas não esconde que essa "unção régia" aproxima-se bastante da "ordem sacerdotal"; Golein não receia falar da "religião régia".[52]

Vêm o Grande Cisma e a longa perturbação que este lançou não apenas na disciplina da Igreja mas também, por consequência (pelo menos em parte, pois a crise teve múltiplas causas), na própria vida religiosa. Então, as línguas soltaram-se completamente. Na Inglaterra, o canonista Lyndwood, em seu *Provincial*, escrito em 1430, dá como difundida (sem, no entanto, associar-se a ela) a opinião de que "o rei ungido não mais seria pessoa puramente leiga, mas sim pessoa mista".[53] É a um soberano inglês, Henrique V, que o ilustre humanista champanhês Nicolas de Clamanges escreve estas palavras, nas quais o quase pré-histórico conceito de rei-sacerdote põe-se a nu, sem dissimular-se sob a máscara ambígua de alguma condição "mista": "O Senhor afirmou que a realeza deve ser sacerdotal, pois pela santa unção do crisma os reis, na religião cristã, devem ser considerados santos à semelhança dos sacerdotes".[54]

Na verdade, era em vão que Nicolas de Clamanges dirigia-se a um rei inglês; era sobretudo como clérigo francês que ele falava; eram as noções dos ambientes franceses as que ele refletia. De fato, na França semelhantes ideias eram então absolutamente correntes e exprimiam-se sem constrangimento. Queremos exemplos? Teremos apenas o problema da escolha. Em 1380, o bispo de Arras, Pierre Masuyer, litiga em parlamento com seu metropolitano, o arcebispo de Reims, e com o cabido dessa cidade; um caso grave: o bispo, recentemente promovido, recusou-se a prestar a seu superior o juramento de praxe e a oferecer-lhe a capa que um costume imemorial (pelo menos é o que se diz em Reims) preceitua. O processo é de interesse da disciplina eclesiástica; por isso, o arcebispo quer avocá-lo a seu próprio tribunal e nega-se a reconhecer nessa matéria (que em sua opinião é totalmente espiritual) o direito de jurisdição do parlamento; o bispo, ao contrário, pede ao parlamento (que representa o rei) que se proclame competente; eis um de seus argumentos: "o rei nosso senhor tem não apenas temporalidade mas também divindade, pois ele é *inunctus* [ungido] e recebe benefícios em regalia".[55] Note-se o último elemento da frase. Nos escritos da época, a faculdade de usufruir os benefícios eclesiásticos durante a ausência dos bispos sujeitos a regalia aparece às vezes como a prova e às vezes como a consequência lógica do caráter sacerdotal atribuído à realeza. Já encontramos aquele discurso de 1493 em que (a propósito de uma causa na qual, incidentalmente, colocava-se a questão da regalia) um advogado, acreditando ser necessário demonstrar que o rei "não é simples leigo", chegava até a invocar o argumento do milagre.[56] Ainda antes, em 1477, mestre Framberge (também perante o parlamento e sempre num debate do mesmo gênero) fundamentava no tema da realeza sagrada todo um segmento de seu discurso; é verdade que ali não há nenhuma alusão às curas milagrosas, mas as legendas relativas à celeste origem da unção, as quais estudaremos mais adiante, aparecem com destaque; no final da exposição, como seu ponto culminante, vem a conclusão: "assim, como foi dito, o rei não é puramente um leigo".[57] Deixemos agora o tribunal de justiça. Jean Jouvenel des Ursins (sucessivamente bispo de Beauvais, bispo de Laon e arcebispo de Reims) foi, nos reinados de Carlos VII e de Luís XI, uma das grandes figuras do clero francês; em seus sermões e em suas memórias, a mesma ideia retorna sempre: o rei não é "simplesmente pessoa leiga"; graças à sagração, ele é "pessoa eclesiástica", "prelado eclesiástico", diz um dia Jean Jouvenel a seu "soberano senhor" Carlos VII.[58] Esses litigantes, esforçando-se por reunir todas as armas para defender sua causa, e esse político da Igreja, possuído pela ideia de manter dentro de limites estreitos a ação do papado, seriam apenas medíocres testemunhos da opinião religiosa de seu tempo? Ouçamos, então, um dos maiores doutores de que se orgulha o catolicismo francês, um dos príncipes do misticismo cristão, Jean de Gerson. Na Epifania de 1390, ele prega a Carlos VI e aos príncipes; pode haver algo mais significativo que os termos com os quais esse doutor dirige-se ao jovem soberano: "Rei cristianíssimo, rei por milagre consagrado, rei espiritual e sacerdotal [...]"?[59]

Alguns dos textos que acabo de citar são bem conhecidos. Sobretudo, as palavras de Jean Jouvenel des Ursins foram reproduzidas por quase todos os historiadores que procuraram esclarecer o caráter sagrado da monarquia francesa. Mas talvez não se tenha sempre prestado suficiente atenção a sua data. Dois séculos mais cedo, seria muito difícil encontrar afirmações semelhantes; mesmo os polemistas a serviço de Filipe, o Belo, não usavam esse tom. Para além dos longos anos de silêncio, em seu ousado elogio da realeza sacerdotal os clérigos franceses dos séculos XIV e XV juntavam-se aos publicistas pró-imperiais dos tempos da querela gregoriana. Simples coincidência? Ou um Nicolas de Clamanges lera os esquecidos panfletos de um Guido von Osnabrück e de um Anônimo de York? Ou, ainda, trata-se da continuidade de um mesmo conceito, o qual, por jamais ter deixado de incorporar-se num sem-número de ritos e de costumes, não pudera cair no esquecimento e permanecia prontinho a recuperar a voz, tão logo as circunstâncias o permitissem? Quais foram essas circunstâncias que, enfim, possibilitaram seu despertar? Já as indiquei: a crise da Igreja, sobretudo a crise do papado, provocou um retorno dos espíritos (mesmo os mais devotos e os mais ortodoxos) a noções que durante muito tempo haviam sido condenadas. Aproximadamente na mesma época, não vemos essa mudança de atitude manifestar-se, na França, de forma bem característica, mediante a transformação de um antigo abuso (até então prudentemente dissimulado) em privilégio abertamente proclamado? Não obstante a reforma dos séculos XI e XII, os reis sempre haviam conservado em suas mãos algumas dignidades monásticas, herança de seus mais longínquos ancestrais, antes mesmo do advento da dinastia; o abadado de Saint-Martin de Tours, por exemplo, ou o de Saint-Aignan de Orléans; mas, desde o aparente triunfo dos reformadores, os monarcas evitavam vangloriar-se de semelhante obstáculo às regras mais veneradas; agora, porém, eles recomeçam a gloriar-se dessa situação e servem-se dela como de argumento para provar sua natureza eclesiástica e, portanto, seu direito a, em maior ou menor grau, dominar o clero de seus Estados.[60] Nesses tempos confusos, qualquer um que defenda a supremacia pontifical julga que os reis são apenas leigos; ao contrário, qualquer um que, a um só tempo, reivindique para os concílios a parte principal na governança da Igreja e para os diferentes Estados uma espécie de autonomia eclesiástica inclina-se a, em maior ou menor grau, aproximar do sacerdócio a condição régia. Se a Lyndwood repugna reconhecer aos reis um caráter "misto" (ou seja, semissacerdotal), é porque ele teme tudo o que poderia debilitar o poder dos papas.[61] Fora da França e da Inglaterra, a teoria que Lyndwood rejeitava conta entre seus principais adversários um jurista italiano, Nicolò Tedeschi, o Panormitano; para esse doutor (um dos maiores canonistas do século XV), os reis são "simples leigos" aos quais "a coroação e a unção não conferem nenhuma ordem eclesiástica". Não nos surpreenderá saber que, ao menos na época em que redigia o comentário do qual esse trecho foi extraído, o Panormitano incluía-se resolutamente entre os inimigos da teoria conciliar.[62] Na verdade, entre os dois grandes partidos em que o catolicismo se dividia então, essa questão quase poderia servir de pedra de toque.

Na França, estamos no momento em que efetivamente nasce o movimento denominado galicano — movimento muitíssimo diverso, tanto em suas origens (nas quais as mais nobres aspirações à supressão de graves abusos religiosos mesclam-se inextricavelmente aos interesses financeiros mais terra a terra) quanto em sua própria natureza. O galicanismo apresenta-se ora como um impulso para a pelo menos relativa independência da Igreja da França, ora como uma tentativa para submeter essa Igreja ao poder régio, enfim desembaraçado dos entraves que o papado lhe impunha; dualismo equívoco, que com frequência surpreendeu e às vezes chocou os autores modernos. Não parecerá ele menos espantoso se considerarmos que, entre as ideias ou os sentimentos que então surgiram ou ressurgiram às claras nas consciências, figurava aquele velho conceito de realeza sacerdotal no qual se conciliavam sem esforço princípios que, hoje, têm aparência tão nitidamente contraditória?[63]

O PROBLEMA DA UNÇÃO

De onde os reis obtinham (segundo a opinião de seus súditos) essa característica sagrada que os situava no mesmo patamar dos sacerdotes? Deixemos de lado tudo o que sabemos sobre as origens longínquas da religião monárquica: a consciência medieval desconhecia profundamente as velhas coisas das quais derivara. Mas seria necessário que encontrássemos uma razão, tomada ao presente, para justificar um sentimento que, aliás, só tinha tanta força porque suas origens remontavam a um passado muito remoto. Nos textos citados — o de Guido von Osnabrück, o de Nicolas de Clamanges, os discursos dos advogados galicanos —, uma palavra reaparece obstinadamente: unção. De modo geral, esse rito fornecia a razão desejada. Entretanto, evitemos imaginar que lhe fosse sempre atribuído o mesmo significado em todos os lugares, em todas as épocas e em todos os meios. As flutuações dos juízos a respeito da unção interessam-nos tanto quanto interessam em alto grau à história dos milagres curativos.

Como já vimos, estava na própria natureza da unção régia servir de arma, sucessivamente, a diferentes partidos: aos monarquistas porque com ela os reis ficavam marcados por um sinal divino; aos defensores do espiritual porque por ela os reis pareciam admitir que sua autoridade provinha da mão dos padres. Essa dualidade jamais deixou de ser sentida. Os escritores, conforme pertencessem a este ou àquele campo, acentuavam um ou o outro dos dois aspectos divergentes dessa instituição de dupla face. Vejam os pensadores que são inspirados pela ideia teocrática: Hincmar, no século IX; Rathier da Verona, no século X; Hugue de Saint-Victor e John of Salisbury, no século XII; Inocêncio III, no início do século XIII; Egidio Colonna, no tempo de Filipe, o Belo, e de Bonifácio VIII. De geração a geração, eles transmitem-se fielmente, como um lugar-comum, esse que podemos denominar o argumento da sagração: "aquele que recebe a unção é inferior àquele que a deu"; ou, em termos tirados de s. Paulo na Epístola aos Hebreus: "o inferior é abençoado pelo superior".[64] Já os soberanos e seus círculos (com raras exceções, como a de Henrique I da Alemanha, que recusou "a bênção dos pontífices") parecem durante longo tempo ter-se preocupado em, principalmente, louvar as virtudes dos santos óleos, sem alarmar-se demais com as interpretações clericais que o rito monárquico por excelência podia consentir; essa é, no decorrer da grande controvérsia gregoriana, a atitude mais ou menos unânime dos polemistas pró-imperiais; num de seus tratados mais eloquentes, o Anônimo de York não faz mais que parafrasear o ritual da sagração.

Entretanto, chegou-se a um momento no qual os campeões do poder secular tomaram consciência (mais claramente que outrora) do perigo que podia haver para as realezas em parecer que elas dependiam demasiado intimamente da sanção outorgada pela Igreja. De forma pitoresca, essas inquietudes traduzem-se numa curiosa legenda histórica, nascida em meados do século XIII nos meios italianos favoráveis aos Hohenstaufen: imaginou-se ter sido puramente laica a cerimônia de coroação do imperador Frederico Barbarossa; nesse dia, contava-se, a entrada na basílica de S. Pedro havia sido rigorosamente proibida a todos os membros do clero.[65] Coisa mais grave: em termos de direito público, os teóricos dessa corrente de opinião dedicaram-se a reduzir a sagração a mero reconhecimento de um fato consumado. De acordo com essa tese, o rei deve seu título exclusivamente à hereditariedade ou (na Alemanha) à eleição; é rei a partir ou da morte de seu predecessor ou do momento em que os eleitores qualificados o escolheram; as pias solenidades que em seguida se desenvolverão terão por única finalidade adorná-los com uma consagração religiosa venerável e resplandecente, mas não indispensável. Ao que parece, essa doutrina surgiu no Império, pátria clássica da luta dos dois poderes. No reinado de Frederico Barbarossa, Gerhoh von Reichersberg (que, porém, era um moderado) escrevia: "É evidente que a bênção dos sacerdotes não cria os reis e os príncipes; mas, [...] uma vez que eles tenham sido criados por eleição [...], os padres abençoam-nos".[66] Visivelmente, Gerhoh considera que a sagração é de certo modo necessária à perfeição do status régio, mas o rei é rei sem ela e antes dela. Mais tarde, os escritores franceses apropriaram-se do mesmo tema. Jean de Paris, no reinado de Filipe, o Belo, fez desse argumento a matéria de vigorosas dissertações. O autor do *Songe du vergier* e Jean de Gerson retomaram-no.[67] Cedo, as chancelarias inspiraram-se em ideias análogas. Não foi por acaso que na França, definitivamente desde 1270, e na Inglaterra, desde 1272, os notários régios deixaram de calcular os anos de reinado a partir da sagração e passaram a usar como marco inicial a elevação ao trono, em geral fixada para o dia seguinte à morte do soberano anterior ou ao de sua inumação. O brado "O rei está morto, viva o rei" é pela primeira vez atestado nas exéquias de Francisco I; mas já a 10 de novembro de 1423, sobre o túmulo no qual se acabava de enterrar Carlos VI, os arautos haviam proclamado Henrique VI da Inglaterra rei da França; não há dúvida de que desde então esse cerimonial tenha sido determinado pela tradição. Segundo todos os indícios, mais antiga ainda era a concepção que se exprimia por meio dele e que mais tarde devia assumir no famoso brado uma forma tão contundente: nos países regidos pela lei da hereditariedade, a desaparição do rei tornava rei, instantaneamente, o herdeiro legítimo. Desde o final do século XIII, essa tese era professada em praticamente todos os lugares.[68] Quando se tratava de fundamentar sua teoria do caráter sacrossanto dos príncipes, os apologistas da realeza ainda não renunciavam a invocar a unção e as virtudes desta; mas, tendo despojado a unção de qualquer papel eficaz na transmissão do poder supremo (de certo modo, recusando-se a reconhecer-lhe o poder de criar uma legitimidade), eles certamente pensavam ter subtraído de seus adversários todas as oportunidades de servir-se desse rito, reservando a si mesmos a faculdade de explorá-lo.

Na verdade, a consciência popular pouco compreendia essas sutilezas. Em 1310, Henrique de Luxemburgo queixava-se a Clemente v de que com muita facilidade os "simples" acreditavam (a despeito da verdade jurídica) que "não se devia obedecer" a um rei dos romanos "antes de este ser coroado" imperador; sem dúvida, Henrique procurava sobretudo reunir de todos os lados argumentos que persuadissem o papa a coroá-lo rapidamente; mas aquele argumento testemunhava um conhecimento bastante correto a respeito da psicologia dos "simples".[69] Em todos os países, a opinião comum não admitia de boa vontade que um rei fosse verdadeiramente rei (ou que um rei eleito dos romanos fosse verdadeiramente o soberano do Império) antes do ato religioso que uma carta privada, escrita por fidalgos franceses no tempo de Joana d'Arc, chamava eloquentemente "o belo mistério da sagração".[70] Na França (onde a unção, como daqui a pouco veremos com vagar, era julgada de origem miraculosa), essa ideia, mais que em qualquer outro lugar, estava firmemente enraizada. Já citei os significativos versos do romance *Charles le Chauve*. Eis uma historieta, igualmente instrutiva, que era contada em Paris por volta de 1314 e que nos foi transmitida pelo cronista Jean de Saint-Victor: Enguerran de Marigny, aprisionado pelo jovem rei Luís x logo após a morte de Filipe, o Belo, havia invocado seu demônio familiar; o espírito mau apareceu e disse-lhe: "Há bastante tempo, anunciei-te que, quando a Igreja estivesse sem papa, o reino da França sem rei e sem rainha e o Império sem imperador, o fim de tua vida teria chegado. Ora, como vês, essas condições estão hoje cumpridas. Porque aquele que consideras rei da França não foi ainda nem ungido nem coroado; e antes disso não se deve chamá-lo rei".[71] Em relação a esse último ponto, a burguesia parisiense (da qual Jean de Saint-Victor costuma ser o fiel intérprete) decerto compartilhava a opinião do gênio maligno. No século seguinte, Enea Piccolomini [futuro papa Pio ii] escrevia: "Os franceses negam que seja verdadeiro rei aquele que não é ungido por esse óleo", isto é, o óleo celeste conservado em Reims.[72] Alguns exemplos muito claros mostram bem que, no fundo, o público não pensava como os teóricos oficiais. No reinado de Carlos v, o autor das *Grandes chroniques* [Grandes crônicas], obra diretamente inspirada pela corte, atribuiu ao príncipe a denominação *rei* tão logo seu predecessor, João, o Bom, foi posto no túmulo; mas Froissart, que reflete o costume vulgar, só lhe concede o título após a cerimônia de Reims. Menos de um século depois, Carlos VII assume o título régio nove dias após a morte de seu pai; mas Joana d'Arc, enquanto ele não passa pela sagração, prefere chamá-lo delfim.[73]

Nos países onde florescia o milagre das escrófulas, criava-se a propósito da unção e dos efeitos desta um problema particularmente grave. Já a partir da elevação os reis estavam aptos a curar os doentes? Ou suas mãos tornavam-se realmente eficazes só a partir do momento em que o óleo bento os transformava em "ungidos do Senhor"? Em outras palavras: de onde exatamente vinha essa característica sobrenatural que os tornava taumaturgos? Estava perfeita neles desde o momento em que a ordem sucessória chamava-os ao trono? Ou apenas depois do cumprimento dos ritos religiosos atingia toda a sua plenitude?

Nossos documentos, demasiado insuficientes, não nos permitem determinar como, na Idade Média, a questão foi resolvida na prática. Na Inglaterra seiscentista, os reis seguramente tocavam desde sua elevação, antes de qualquer consagração;[74] mas como saber se esse costume remontava a uma época anterior à Reforma ou se, ao contrário, só a Reforma pode explicá-lo? Em todas as matérias, o protestantismo tendeu a diminuir a importância das ações sacramentais. Na França, a regra seguida desde o fim do século XV era bem diferente: nenhuma cura se dava antes das solenidades da coroação. Mas o motivo do retardamento não era a unção. Entre as solenidades, incluíra-se uma peregrinação que o rei fazia às relíquias de um piedoso abade dos tempos merovíngios, s. Marcoul, o qual pouco a pouco se fora tornando o padroeiro do milagre régio. Ao tentar pela primeira vez o papel de taumaturgo, o novo soberano atuava não em Reims, onde recebera a impressão do óleo bento, mas em Corbeny, onde fora venerar as relíquias de Marcoul; antes de ousar exercer seu dom maravilhoso, ele esperava não a sagração, mas a intercessão de um santo.[75] Como procediam os reis da França na época em que Marcoul ainda não era o santo das escrófulas? Provavelmente, isso é algo que nunca saberemos.

Uma coisa é certa. Em fins da Idade Média, encontrou-se um publicista (defensor intransigente da monarquia) para refutar a admissão de que a unção fosse de algum modo a origem do poder miraculoso dos reis. Foi o autor do *Songe du vergier*. Sabemos que essa obra, composta no círculo de Carlos V, é bem pouco original. O mais das vezes, seu autor segue de muito perto as *Octo quaes-*

tiones super potestate ac dignitate papali, de William of Occam. Este opinara sobre o toque das escrófulas; submisso à influência das velhas ideias pró-imperiais e, por consequência, disposto a valorizar muitíssimo as virtudes da unção, Occam via nesse rito a origem das assombrosas curas realizadas pelos príncipes. Em sua opinião, só os partidários da Igreja mais intratáveis podiam pensar diferentemente. O autor do *Songe du vergier* inspirou-se nessa discussão, mas inverte os termos. Das duas personagens que coloca em cena, no diálogo que serve de esteio de sua obra, é o clérigo, desprezador do poder temporal, quem ele encarrega de reivindicar para os santos óleos a glória de ser a causa do dom taumatúrgico. O cavaleiro rechaça essa proposição, considerada atentatória à dignidade da monarquia francesa; a "graça" por Deus concedida aos reis da França não tem nada que ver com a unção — sem o que muitos reis, também ungidos, deveriam igualmente possuí-la.[76] Portanto, os lealistas puros não mais aceitavam que a unção tivesse nem em matéria de milagre nem em matéria de política um poder criativo; a seu ver, a pessoa régia era dotada de um caráter sobre-humano, o qual a Igreja devia limitar-se a sancionar. Afinal de contas, era a verdade histórica: o conceito da realeza santa já vivia nas consciências antes de ser reconhecido pela Igreja. Mas, também nesse caso, a opinião comum jamais se incomodou com doutrinas tão refinadas. Ela continuou, como no tempo de Pierre de Blois, a estabelecer mais ou menos vagamente uma ligação de causa e efeito entre o "sacramento" do crisma e os gestos curativos realizados por aqueles a quem ele fora concedido. O ritual da consagração dos *cramp-rings*, em sua forma derradeira, não proclamava que o óleo espalhado sobre as mãos do rei da Inglaterra tornava-as capazes de benzer eficientemente os anéis medicinais?[77] Mesmo no reinado de Elisabete, Tooker julgava que na sagração o soberano recebia a "graça de curar".[78] Aparentemente, era o eco de uma tradição antiga. Sobretudo na França, como seria possível abster-se de atribuir ao bálsamo celeste de Reims a força de produzir prodígios? De fato, essa força lhe foi atribuída correntemente; disso são testemunhas Tolomeo da Lucca (que provavelmente conseguira na corte angevina suas ideias sobre o assunto) e o diploma de Carlos V do qual já citei a passagem essencial. Os monarquistas moderados elaboraram uma doutrina que se encontra claramente expressa, com um intervalo de cerca de um século, por Jean Golein na França e por sir John Fortescue na Inglaterra; a unção é necessária a que o rei possa curar, mas não é suficiente; falta ainda que ela atue sobre uma pessoa apta, ou seja, sobre um monarca de legítimo sangue régio. Eduardo de

York, diz Fortescue, pretende, sem razão, gozar o maravilhoso privilégio. Sem razão? Mas, respondem os partidários da casa de York, não foi ele ungido, assim como seu rival Henrique VI? De acordo, continua o publicista da casa de Lancaster, mas essa unção não tem força porque Eduardo não tinha nenhum direito de recebê-la — uma mulher que houvesse recebido a ordenação seria então sacerdote? Jean Golein informa-nos de que na França, "se alguém que não seja rei verdadeiro e que haja sido indevidamente ungido ousar tocar os doentes, sem demora ele provocará o mal de s. Remígio [a peste], assim como essa moléstia outrora se manifestou". Pois s. Remígio, num dia de justiça e de cólera, atacando o usurpador com seu "mal", vingara a um só tempo a honra da Santa Âmbula, que devia ser-lhe especialmente cara, e o direito dinástico, odiosamente violado. Ignoro qual o indigno soberano a quem a legenda atribui semelhante desventura. Aliás, isso tem pouca importância. O interessante é que haja existido uma legenda, cuja forma denuncia a intervenção de um pensamento mais popular que erudito: os juristas não têm o hábito de inventar historietas similares. O sentimento público não se mostrava sensível às antíteses que apaixonavam os teóricos. Todo mundo sabia que para fazer um rei, e para fazê-lo taumaturgo, era necessário preencher duas condições, as quais Jean Golein denominava pertinentemente "a consagração" e a "linhagem sagrada".[79] Herdeiros tanto das tradições do cristianismo quanto das velhas ideias pagãs, os povos da Idade Média uniam numa mesma veneração os ritos religiosos da elevação ao trono e as prerrogativas da estirpe.

AS LEGENDAS; O CICLO MONÁRQUICO FRANCÊS; O ÓLEO MIRACULOSO NA SAGRAÇÃO INGLESA

Em torno da realeza francesa, desenvolveu-se todo um ciclo de legendas que estabeleciam uma relação direta entre as origens dessa realeza e as forças divinas. Vamos lembrá-las.

Primeiro, a mais antiga e a mais ilustre: a legenda da Santa Âmbula. Todos sabem no que ela consiste. Imaginava-se que, no dia do batismo de Clóvis, o padre encarregado de trazer os santos óleos fora por uma multidão impedido de chegar a tempo; então, uma pomba,[80] descendo dos céus, trouxera a s. Remígio numa "âmbula" (ou seja, num pequeno frasco) o bálsamo com o qual o príncipe franco devia ser ungido; unção sobrenatural em que, a despeito da história, via-se tanto um ato batismal quanto a primeira das sagrações régias. A *liqueur* celeste (conservada em seu frasco original, em Reims, na abadia Saint-Rémi) estava destinada a dali em diante ser usada em todas as consagrações de reis da França. Quando e como nasceu essa história?

Hincmar de Reims é o mais antigo autor que nos dá a conhecê-la. Relatou-a minuciosamente em sua *Vita Remigii* [Vida de Remígio], composta em 877 ou 878; mas esse escrito (o qual, lido e parafraseado com frequência, contribuiu mais que qualquer outro para divulgar a legenda) não foi nem o único nem o primeiro em que o inquieto prelado narrou-a. A 8 de setembro de 869, redigindo a ata da coroação de Carlos, o Calvo, como rei da Lorena, Hincmar mencionava expressamente a história; dizia ter ele mesmo utilizado o óleo miraculoso para consagrar seu soberano.[81] Havia ele inventado inteiramente essa edificante historieta? Foi algumas vezes acusado disso.[82] Para dizer a verdade, não está muito qualificado para merecer o respeito dos eruditos esse arcebispo que o papa Nicolau I denunciou ferozmente de falsário e cujas falsificações são, de fato, notórias.[83] Entretanto, recuso-me a acreditar que um belo dia Hincmar, fosse qual fosse seu grau de audácia, houvesse subitamente produzido, à vista de seu clero e de seus fiéis, um frasco cheio de óleo e houvesse decretado que a partir dali devia-se considerá-lo divino; nesse caso, ele precisaria pelo menos montar uma encenação, forjar uma revelação ou um achado; os textos não nos indicam nada de semelhante. Há muito tempo, Jean-Jacques Chiflet, um dos mais penetrantes eruditos do século XVII, reconheceu no tema da Santa Âmbula uma origem iconográfica.[84] Em minha opinião, eis como se pode, completando as indicações um pouco sumárias de Chiflet, imaginar a gênese da legenda.

Seria bem surpreendente que desde o início não se tivessem conservado em Reims alguns vestígios (autênticos ou não) do célebre ato que fizera do povo pagão dos francos uma nação cristã. Que haveria de mais conforme aos costumes da época do que, por exemplo, mostrar aos peregrinos a âmbula e talvez algumas gotas do próprio óleo? Ora, graças a grande número de documentos sabemos que os objetos sagrados ou as relíquias eram amiúde conservados em receptáculos feitos em formato de pomba, os quais geralmente ficavam dependurados sobre o altar. Por outro lado, nas representações do batismo de Cristo ou até mesmo (embora mais raramente) nas de batismos de simples fiéis, vê-se muitas vezes uma pomba, símbolo do Espírito Santo, aparecer acima do batizado.[85] O pensamento popular sempre gostou de procurar nas imagens simbólicas a menção de acontecimentos concretos: um relicário com formato usual, encerrando alguns restos de Clóvis e de Remígio, e perto um mosaico ou um sarcófago, mostrando uma cena de batismo, talvez fossem mais que suficientes para imaginar-se a aparição do pássaro maravilhoso. Essa aparição, Hincmar provavelmente não fez mais que recolhê-la no folclore de Reims. Mas pertence a Hincmar, sem contestação possível, a ideia de usar na unção dos reis o bálsamo de Clóvis, ideia posta em prática pela primeira vez em 869. Por meio desse achado quase genial, ele forçava um conto banal a servir os interesses da metrópole da qual era o pastor, da dinastia à qual jurara fidelidade e, finalmente, da Igreja universal para a qual sonhava assegurar a dominação sobre os chefes temporais. Monopolizando o óleo divino, os arcebispos de Reims tornavam-se os consagradores naturais de seus soberanos. Únicos príncipes de raça franca a receber a unção com este óleo vindo do céu, os reis da França ocidental iriam a partir de então brilhar com uma refulgência miraculosa, acima de todos os monarcas cristãos. Enfim, tendo os ritos da sagração (sinal e penhor da submissão da realeza ao sacerdócio, como acreditava Hincmar) sido introduzidos na Gália em data relativamente recente, talvez parecesse faltar-lhes, até ali, o caráter eminentemente respeitável que apenas um longo passado dá aos atos religiosos; Hincmar criou para esses ritos uma tradição.

Depois dele, a legenda disseminou-se rapidamente na literatura e deitou raízes nas consciências. Seus destinos, contudo, estavam estreitamente ligados ao tipo de pretensão manifestado pelos arcebispos de Reims. Estes não conquistaram sem dificuldade o direito exclusivo de sagrar os reis. Para sua felicidade, no momento do advento definitivo da dinastia capetíngia, em 987, seu grande rival, o arcebispo de Sens, colocou-se entre os opositores. Esse golpe de sorte determinou o triunfo dos arcebispos de Reims. Seu privilégio, solenemente reconhecido pelo papa Urbano II em 1089, até o fim da monarquia seria desconsiderado apenas duas vezes, em 1110 por Luís VI e em 1594 por Henrique IV — nos dois casos, em função de circunstâncias inteiramente excepcionais.[86] Com eles venceu a Santa Âmbula.

Naturalmente, a imaginação de uma época apaixonada por milagres enfeitou com novas fantasias o tema primitivo. A partir do século XIII, contava-se que o nível do líquido contido no frasco outrora trazido pela pomba não mudava jamais, embora a cada sagração se precisasse tirar dele algumas gotas.[87] Mais tarde, ao contrário, o povo persuadiu-se de que, depois de realizada a sagração, essa surpreendente garrafinha esvaziava-se subitamente; ela enchia-se de novo (sem que ninguém a tocasse) antes da sagração seguinte.[88] Ou acreditava-se que o nível oscilava sem cessar, descendo ou subindo conforme a saúde do príncipe fosse boa ou má.[89] O material da Âmbula era uma substância desconhecida, sem similar na Terra; seu conteúdo espalhava um perfume delicioso...[90] Na verdade, todos esses traços maravilhosos eram só diz que diz popular. A legenda autêntica não tinha nada disso; consistia apenas na origem celeste do bálsamo. Um poeta do século XIII, Richier, autor de uma *Vie de saint Rémi* [Vida de s. Remígio], descreveu em termos pitorescos o incomparável privilégio dos reis da França. "Em todas as outras regiões", diz ele, os reis precisam "comprar suas unções na mercearia"; somente na França, onde o óleo das consagrações régias foi enviado diretamente do céu, as coisas se passam de outro modo:

> [...] *onques coçons ne regratier*
> *N'i gaaingna denier a vendre*
> *L'oncion.*[91]

> [...] jamais nem mercador nem regatão
> ganhou sequer um denier vendendo a unção.

Ao século XIV estava reservado acrescentar uma pedra ou duas ao edifício legendário. Aí por meados do século, aparecem as tradições relativas à "invenção" das flores-de-lis.[92] Nesse momento, havia já muitos anos que os lírios heráldicos ornamentavam os brasões dos reis capetíngios; desde Filipe Augusto, os lírios figuravam em seus selos.[93] Mas parece que durante muito tempo não se teve a ideia de dar-lhes origem sobrenatural. No tempo de Filipe Augusto exatamente, Giraud de Cambrie, em seu livro *De principis instructione* [Sobre a instrução dos príncipes], louvou a glória dessas "pequenas flores simples", *simplicibus tantum gladioli flosculis*, em face das quais ele havia visto fugir o leopardo e o leão, orgulhosos emblemas dos Plantagenet e dos Welf; se delas Giraud tivesse conhecimento de um passado maravilhoso, certamente não teria deixado de entreter-nos com ele.[94] Cerca de um século mais tarde, deparamos com o mesmo silêncio em dois poemas em língua francesa, ambos dedicados a louvar as armas régias: o *Chapel des trois fleurs de lis* [Coroa das três flores-de-lis], de Philippe de Vitry, que foi composto pouco antes de 1335; e o *Dict de la fleur de lys* [Adágio da flor-de-lis], que parece ser datado de aproximadamente 1338.[95] Pouco depois, porém, a nova legenda manifestou-se claramente.

Ela parece ter tido sua primeira expressão literária num curto poema latino, com versos grosseiramente rimados, escrito por um religioso da abadia de Joyenval, na diocese de Chartres, em data difícil de precisar, mas sem dúvida situada nas proximidades de 1350. Joyenval era um mosteiro da ordem dos premonstratenses, fundado em 1221 por uma das mais importantes personagens da corte francesa, o camareiro-mor Barthélemi de Roye. O mosteiro erguia-se ao pé das elevações que coroam a floresta de Marly, nas encostas de um pequeno vale, perto de uma fonte; não longe dali, na direção norte, encontrava-se a confluência do Sena e do Oise, com a vila de Conflans Sainte-Honorine e, sobre uma colina, uma torre chamada Montjoie (espécie de nome comum que, aparentemente, era dado a todos os edifícios ou montes de pedras que, situados numa elevação, podiam servir de ponto de referência para os viajantes). É esse pequeno cantão da Île-de-France o lugar em que nosso autor situa sua ingênua narrativa. Em resumo, ele dizia que, nos tempos pagãos, viviam na França dois grandes reis: um, chamado Conflat, morava no castelo de Conflans; o outro, Clóvis, em Montjoie. Ainda que ambos fossem adoradores de Júpiter e de Mercúrio, guerreavam-se sem parar; mas Clóvis era o menos poderoso. Casara-se com uma cristã, Clotilde, que havia muito tempo tentava inutilmente convertê-lo. Um dia, Conflat enviou a Clóvis um desafio para bater-se em duelo; apesar de estar certo de que seria vencido, Clóvis não quis recusar o combate. Chegada a hora, pediu suas armas; quando estas lhe foram entregues por seu escudeiro, Clóvis constatou, muito espantado, que em lugar de seu brasão habitual (meias-luas) elas mostravam três flores-de-lis douradas sobre um fundo azul; devolveu-as e pediu outras, que também apresentavam os mesmos emblemas; isso repetiu-se quatro vezes seguidas, até que, já aborrecido, ele decidiu usar uma armadura decorada com as misteriosas flores. Que acontecera? No valezinho de Joyenval, perto da fonte, vivia nesse tempo um piedoso eremita que a rainha Clotilde visitava com frequência; pouco antes do dia fixado para a batalha, a rainha fora procurá-lo, e eles rezaram juntos. Então, apareceu ao santo homem um anjo, que trazia um escudo azul enfeitado com flores-de-lis douradas. O celeste mensageiro disse o seguinte, mais ou menos: "Estas armas, ao serem usadas por Clóvis, dar-lhe-ão a vitória". Voltando para casa e aproveitando-se de uma ausência do marido, a rainha mandara apagar do equipamento de Clóvis os crescentes malditos e substituí-los por lírios, conforme o modelo do escudo maravilhoso. Já sabemos como essa artimanha conjugal pegara Clóvis de surpresa. Inútil acrescentar que, contra todas as expectativas, ele foi o vencedor, precisamente em Montjoie (donde o grito de guerra "Montjoie... Saint-Denis!"),[96] e que enfim, colocado a par da história por sua mulher, converteu-se ao cristianismo e tornou-se um monarca extremamente poderoso...[97] Como se vê, a historieta é de uma puerilidade desconcertante; a pobreza de conteúdo só tem igual na precariedade de estilo. De onde veio essa historieta? Os traços essenciais já estavam formados antes que os monges de Joyenval se apropriassem deles? A participação dos premonstratenses na gênese da legenda foi somente a de localizar em torno de seu mosteiro os episódios essenciais? Ou, ao contrário, a legenda nasceu mesmo na pequena comunidade, não distante da torre Montjoie, provavelmente sob a forma de histórias narradas aos peregrinos? Não se sabe. O fato é que a legenda espalhou-se rápido pelo mundo.

Ao círculo de Carlos v, constantemente à cata de tudo o que pudesse consolidar o prestígio sobrenatural da realeza, coube a honra de ter propagado essa narrativa. A exposição que Raoul de Presles faz em seu prefácio para a *Cidade de Deus* é visivelmente inspirada na tradição de Joyenval.[98] O eremita do vale parecia estar a ponto de tornar-se um dos padrinhos da monarquia. Entretanto, durante algum tempo ele teve na pessoa de s. Denis um rival temível. Mais que obscuro anacoreta, esse grande santo parecia a alguns espíritos digno de ter recebido a revelação do escudo régio. Segundo todas as probabilidades, essa nova forma da historieta nasceu no próprio mosteiro de Saint-Denis. Provando ser apenas uma forma secundária, uma transposição do tema original, essa versão situa um dos episódios fundamentais da lenda, a aparição do anjo, "no castelo de Montjoie, a seis léguas de Paris", isto é, precisamente na torre próxima a Joyenval; uma narrativa inteiramente composta em Saint-Denis teria por sítio a abadia ou seus arredores imediatos. Entre os membros da Librairie de Carlos v ou os apologistas da realeza na geração seguinte, optam por s. Denis os escritores Jean Golein e Etienne de Conty e o autor de um brevíssimo poema latino em louvor dos lírios (poema que em geral se atribui a Jean de Gerson). Jean Corbechon, tradutor e adaptador do célebre livro de Bartolomeu Inglês [Bartholomaeus Anglicus] sobre *De proprietatibus rerum* [As propriedades das coisas], e o autor do *Songe du vergier* ficam neutros. No fim de contas, o eremita iria prevalecer. Ele sempre tivera seus partidários. Do *Traité sur de le sacre* de Jean Golein, ainda existe o exemplar que foi oferecido a Carlos V; ele traz nas margens algumas anotações, feitas por um leitor, em que podemos (com a condição de não tomar como certeza uma hipótese fascinante) deleitar-nos reconhecendo o próprio rei, que estaria ditando a um secretário; ao lado da passagem em que Golein atribuía a s. Denis o milagre das flores-de-lis, o anotador, fosse ele quem fosse, exprimiu suas preferências pela tradição de Joyenval. A partir do século XV, foi esta a que se impôs definitivamente.[99]

Com um retoque, entretanto. A versão primitiva dava aos símbolos de Clóvis a forma de crescentes, confundindo o Islã com o paganismo, conforme um velho hábito medieval. No *Songe du vergier*, introduziu-se uma variante que iria triunfar: no escudo francês, três sapos haviam precedido os três lírios. Por que sapos? Também aqui, é preciso imaginar uma confusão iconográfica, como propunha no século XVII o *président* Fauchet: nas armaduras antigas, flores-de-lis grosseiramente desenhadas teriam sido consideradas imagens um pouco simplificadas "dessa ordem animal". Essa hipótese, a qual nosso autor apoia com um pequeno esquema gráfico, é mais engenhosa do que convincente. Mas uma coisa é certa: a história dos sapos, no começo propagada por escritores que trabalhavam para a glorificação da monarquia francesa, acabou fornecendo aos inimigos da dinastia um tema para brincadeiras fáceis. "A gente de Flandres e dos Países Baixos", diz Fauchet, "por desdém e por esse motivo, chamam-nos sapos franceses."[100]

No final de contas, essas brincadeiras não tinham importância. A legenda das flores-de-lis, estabelecida em sua forma definitiva por volta de 1400, tornara-se um dos florões do ciclo monárquico. No Natal de 1429, em Windsor, diante do pequeno rei Henrique VI (o qual carregava as duas coroas, a da França e a da Inglaterra), o poeta Lydgate colocava par a par a história das flores-de-lis e a da Santa Âmbula — associação que dali em diante se tornaria clássica.[101] Os artistas tomaram o tema emprestado aos escritores políticos; uma miniatura de um livro de horas executado para o duque de Bedford[102] e tapeçarias flamengas do século XV[103] reproduzem os episódios principais. Obras didáticas, poemas, imagens: tudo contava ao povo a origem miraculosa do brasão de seus reis.[104]

Depois do escudo, a bandeira. O mais ilustre dos estandartes régios era a auriflama, o galhardete de cendal vermelho que os capetíngios iam buscar em Saint-Denis toda vez que entravam em guerra.[105] Seu passado não tinha nada de muito misterioso: bandeira da abadia de Saint-Denis, havia-se muito naturalmente transformado em bandeira régia desde que no reinado de Filipe I os reis, tendo adquirido o condado do Vexin, tinham-se tornado de uma só tacada os vassalos, os defensores e os porta-bandeiras do santo.[106] Mas como seria possível contentar-se com uma história tão modesta para um objeto tão comovente, sobretudo quando a segunda das insígnias régias, a bandeira com a flor-de-lis (que no século XIV aparecia na sagração ao lado da auriflama), lembrava a todos o milagre dos lírios? Muito em breve, estava-se relacionando a origem da auriflama aos grandes príncipes de outrora: a Dagoberto, fundador de Saint-Denis,[107] e, principalmente, a Carlos Magno. O autor da *Chanson de Roland* já a confundia com o *vexillum* [estandarte] romano que o papa Leão III oferecera a Carlos, como narravam as crônicas e como mostrava em Roma, no palácio de Latrão, um mosaico célebre, decerto bem conhecido dos peregrinos.[108] Até aí, nada de sobrenatural. Mas os escritores a soldo de Carlos V encarregaram-se de cumprir sua parte. Em Raoul de Presles, em Jean Golein, a narrativa é a mesma: num sonho, o imperador de Constantinopla vê um cavaleiro que está em pé ao lado de sua cama, segurando uma lança, da qual saem chamas; depois, um anjo diz ao soberano que esse cavaleiro, e nenhum outro, libertará dos sarracenos os domínios imperiais; por fim, o imperador grego reconhece em Carlos Magno seu salvador; a lança inflamada será a auriflama.[109] Esse aspecto da tradição, aliás, não conseguiu impor-se. O óleo da sagração e os brasões régios haviam sido enviados do céu a Clóvis; por uma associação de ideias natural, também a Clóvis se atribuiu a revelação da auriflama. No final do século XV, essa parece ser a crença mais difundida.[110]

A Santa Âmbula, as flores-de-lis trazidas do céu, a auriflama também de origem celeste; acrescentemos o dom de curar e teremos, então, o conjunto maravilhoso que os apologistas da realeza capetíngia deviam dali em diante oferecer, sem tréguas, à admiração da Europa. Tal qual fizeram, por exemplo, os embaixadores de Carlos VII, discursando para o papa Pio II a 30 de novembro de 1459.[111] Já no tempo em que a Santa Âmbula constituía sozinha todo o ciclo monárquico, a dinastia francesa anunciava-a com estardalhaço. No início do século XIII, num documento semioficial (um *ordo* da sagração), um rei da França vangloriava-se de "ser o único entre todos os reis terrenos a brilhar com o glorioso privilégio de receber a unção com um óleo enviado do Céu".[112] Alguns anos mais tarde, um cronista inglês, Matthew Paris, não hesitava em reconhecer uma espécie de supremacia dos soberanos franceses, fundamentada nessa origem divina de seu poder.[113] Afirmações desse gênero, ouvidas até da boca de seus súditos, não podiam deixar de provocar o ciúme dos Plantagenet, em tudo rivais dos capetíngios. Assim, os Plantagenet também procuraram um bálsamo miraculoso. A história de tal tentativa, até aqui quase desconsiderada pelos historiadores, merece ser exposta com alguma precisão.

O primeiro episódio situa-se no reinado de Eduardo II. Em 1318, um dominicano, frei Nicholas of Stratton, encarregado de uma missão secreta por esse príncipe, dirigiu-se a Avignon, à presença do papa João XXII, e fez ao sumo pontífice um longo relato, cuja essência é a seguinte:[114]

Remontemos ao tempo em que Henrique II Plantagenet reinava na Inglaterra. Thomas Becket, exilado, está na França. Tem uma visão, em que Nossa Senhora lhe aparece. Ela prediz a iminência da morte de Becket e informa-o dos desígnios de Deus: o quinto rei a reinar na Inglaterra, a partir de Henrique II, será um "homem de valor, defensor da Igreja" (uma operação aritmética simples prova que, como era de esperar, trata-se de Eduardo II). Esse príncipe, decerto em razão de seus méritos, deverá ser ungido com um óleo particularmente santo, cuja própria virtude permitir-lhe-á "reconquistar a Terra Santa, tirando-a das gentes pagãs" — profecia (ou, se preferirmos, promessa em forma profética) que a corte inglesa contava fosse surtir um efeito especialmente satisfatório sobre um papa que, naquele momento, estava absorto em projetos de cruzadas. Os sucessores do valoroso monarca serão ungidos com o mesmo precioso líquido. Para isso, a Virgem entrega ao santo arcebispo uma âmbula que, é claro, contém o óleo predestinado. Seria muito demorado narrar os detalhes de como o pequeno frasco passou das mãos de Thomas Becket para as de um monge de Saint-Cyprien de Poitiers, foi nessa cidade escondido sob uma pedra na igreja Saint-Georges, escapou à cobiça do "grande príncipe dos pagãos" e, finalmente, chegou ao duque João II do Brabante, marido de uma irmã de Eduardo II. Se acreditarmos em frei Nicholas, João II, indo a Londres em 1307 para a coroação de seu cunhado, levou consigo o óleo miraculoso e aconselhou vivamente o novo rei a fazer-se ungir com ele. Por recomendação de seu círculo, Eduardo II recusou, não querendo mudar em nada os costumes seguidos. Mas eis que numerosas desgraças caíram sobre seu reino. Não viriam elas do fato de que fora menosprezado esse óleo outrora dado pela Virgem a s. Tomás Becket? Não cessarão elas se se recorrer ao óleo? Ideia ainda mais natural porque recentemente as virtudes miraculosas do óleo foram experimentadas; com ele, a condessa de Luxemburgo (futura imperatriz) foi curada de uma grave ferida. Portanto, trata-se de recomeçar a cerimônia da unção, servindo-se agora do líquido preceituado pela profecia. Mas a importância assim dada a um óleo especial, à custa do óleo (consagrado segundo as normas usuais da Igreja) que foi usado em 1307, não é maculada pela superstição? Acima de tudo, tem-se o direito de refazer um rito tão sério? Não seria pecado? Há, no mínimo, um precedente: frei Nicholas assegurava que Carlos Magno fora ungido uma segunda vez pelo arcebispo Turpin, com um óleo vindo de s. Leão, o Grande; esse evento, geralmente ignorado porque o ato fora secreto, estava registrado em duas folhas de bronze conservadas em Aix-la-Chapelle. Malgrado a autoridade dessa tradição (para a qual, aliás, não temos outro fiador além de frei Nicholas ou do soberano deste), a consciência de Eduardo II aparentemente não estava tranquila; e esse rei fazia questão de obter para seus intentos a aprovação declarada do chefe espiritual da cristandade. Daí a missão do dominicano, encarregado de pedir ao papa o consentimento para a renovação da unção, e (depois da volta à Inglaterra desse primeiro delegado) o envio de outra embaixada, dirigida pelo bispo de Hereford, o qual levava ao papa um suplemento de informações solicitadas pelo sumo pontífice e devia apressar sua resposta.

Essa resposta foi finalmente dada. Ainda possuímos o texto. Sob a prudente ambiguidade da forma, transparece um ceticismo fácil de perceber. Acreditava Eduardo II na fábula canhestra que Nicholas of Stratton expusera ao papa? Quem pode sabê-lo? Mas por certo tanta ingenuidade não era obra de todos os seus conselheiros. Em todo o caso, João XXII não foi enganado. Entretanto, mesmo esquivando-se de aceitar um conto tão suspeito, o papa não achou que devia rejeitá-lo abertamente; limitou-se a cuidadosamente evitar pronunciar-se sobre sua autenticidade; de resto, aproveitou a ocasião para afirmar a teoria oficial da Igreja sobre a unção: esta, "não deixando nenhuma impressão na alma" (isto é, não constituindo um sacramento), pode repetir-se sem sacrilégio. Quanto a aprovar ou desaprovar o projeto formulado por Eduardo II, o papa recusou-se categoricamente a dar um conselho preciso; e, fazendo questão de não comprometer o papado, João XXII não consentiu (apesar do pedido do soberano) em designar o prelado encarregado de proceder ao refazimento do rito. Deu um só conselho, ou melhor, uma só ordem: para evitar escândalo, a unção, caso o rei decidisse reencená-la, só poderia ser dada em segredo. Ao final, o papa emitia algumas recomendações morais, com o tom de um preceptor que repreende um aluno — tom com que o imperioso pontífice gostava de dirigir-se aos príncipes temporais, particularmente ao triste soberano da Inglaterra. Eduardo II aceitou ser ungido assim às escondidas? Não se sabe. De qualquer forma, deve ter ficado especialmente decepcionado com a resposta de João XXII; decerto, Eduardo II sonhara em excitar a imaginação de seu povo com uma cerimônia pública sancionada pela presença de um legado.[115] A alusão de frei Nicholas aos "infortúnios que caíram sobre o reino" (ou seja, às dificuldades encontradas desde o início do reinado por um príncipe inábil e rapidamente impopular) dá-nos a chave do objetivo a que o desafortunado rei visava: consolidar por meio de um milagre seu vacilante prestígio. Segundo todas as probabilidades, não foi essa também a razão de, na mesma época ou talvez um pouco mais tarde, ele dedicar-se a fazer da consagração dos *cramp-rings* uma cerimônia verdadeiramente régia? A recusa de João XXII não permitiu a Eduardo II realizar as esperanças que depositara numa nova sagração.[116]

Que foi feito do frasco maravilhoso? Durante quase um século, não ouvimos mais falar dele. Deve-se acreditar (como se contou mais tarde) que o frasco foi realmente perdido em algum dos cofres da Torre? Uma coisa é certa: estava reservado a um usurpador, Henrique IV de Lancaster, triunfar naquilo em que Eduardo II fracassara. Em sua coroação, a 13 de outubro de 1399, Henrique fez-se ungir com o óleo de Thomas Becket, assim jogando sobre sua ilegitimidade o véu de uma consagração na qual o milagre tinha sua parte. Nessa conjuntura, divulgou-se entre o público uma versão ligeiramente retocada da primeira legenda: o duque de Lancaster (o próprio pai de Henrique IV), estando em campanha no Poitou, no tempo de Eduardo III, descobrira o frasco encerrado num receptáculo que tinha forma de águia; o duque remetera-o a seu irmão, o Príncipe Negro, para que o óleo fosse usado na sagração deste; mas o príncipe morrera antes de ser rei; a relíquia, então, perdera-se; Ricardo II só a encontrara bem depois de sua elevação ao trono e, não podendo obter do clero uma nova unção, tivera de contentar-se em servir-se da águia de ouro como de um talismã, usando-a sempre, até o dia em que seu rival Henrique de Lancaster obrigara-o a tirá-la. A crítica histórica é obrigada a confessar-se incapaz de desenredar a confusão de mentiras manifestas e verdades prováveis que esse relato apresenta. O essencial era a profecia: introduziu-se nela uma discreta afirmação patriótica (o primeiro rei ungido com o bálsamo sagrado iria reconquistar a Normandia e a Aquitânia, perdidas por seus antepassados), e, como era de esperar, ela foi aplicada a Henrique IV.[117] A partir de então, a sagração inglesa tinha sua legenda; os reis que sucederam Henrique IV, fossem Lancaster, fossem York, fossem Tudor, continuaram a reivindicar o uso do óleo dado por Nossa Senhora a s. Tomás Becket. Aparentemente, a tradição prosseguiu a despeito da própria Reforma, até o dia em que Jaime I, educado no calvinismo escocês, recusou-se a aceitar uma prática na qual tudo lembrava o abominado culto da Virgem e dos santos.[118]

No entanto, a âmbula de s. Tomás Becket não era o único objeto maravilhoso a figurar na coroação dos reis ingleses. Ainda em nossos dias, podemos perceber sob o trono da sagração, em Westminster, um pedaço de arenito vermelho: é a "Pedra do Destino"; dizem que sobre ela o patriarca Jacó repousou a cabeça durante a misteriosa noite em que, entre Bersabeia e Harã, ele viu em sonho a escada dos anjos. Na verdade, porém, essa relíquia é apenas um troféu. Eduardo I, que a trouxera para Westminster, tirara-a dos escoceses; havia originariamente sido usada na entronização dos reis da Escócia; no burgo de Scone, ela servia de assento aos novos soberanos. Bem antes de (o mais tardar por volta de 1300) ganhar status bíblico, ela, sem dúvida, fora simplesmente uma pedra sagrada; na origem, seu uso na solenidade da elevação ao trono provavelmente se explica por crenças de natureza em tudo pagã, difundidas nos países celtas. Na Irlanda, em Tara, uma pedra semelhante era colocada sob os pés do novo príncipe; se este era de pura estirpe régia, ela bramia com seus passos.[119]

Em suma, o patrimônio legendário da monarquia inglesa permaneceu sempre muito pobre. A pedra de Scone só foi inglesa tardiamente, por conquista; o óleo de s. Tomás Becket era apenas um medíocre arremedo da Santa Âmbula, nascido (mais de quatro séculos após Hincmar) das inquietudes de príncipes impopulares ou ilegítimos. Na Inglaterra (para não falar do resto da Europa), nem de longe essas duas legendas tiveram o renome e o brilho do ciclo francês. Em face de tanta riqueza na França, por que essa penúria na Inglaterra? Puro acaso, fazendo que se achassem na França, no momento certo, os homens capazes de criar ou de adaptar belos relatos e as circunstâncias propícias a sua divulgação, enquanto uma coincidência similar sempre foi recusada à Inglaterra? Ou, bem ao contrário, diferenças profundas na psicologia coletiva das duas nações? O historiador pode propor tais questões, mas não pode resolvê-las.

Em todo o caso, na França essas tradições criaram em torno da dinastia uma atmosfera de veneração particularmente intensa. Acrescentemos a reputação de excepcional religiosidade que desde Luís VII (sobretudo, desde s. Luís e seus sucessores imediatos) ligou-se ao nome capetíngio.[120] Sem dificuldade compreenderemos como, principalmente a partir do século XIII, essa dinastia, mais que qualquer outra, passou a ser considerada hereditariamente santa. "De *santo* lugar vieram, muita beneficência farão", escrevia já em 1230, num elogio fúnebre ao rei Luís VIII, o poeta Robert Sainceriaux, falando dos quatro filhos do monarca morto.[121] Também Jean Golein, no reinado de Carlos V, fala da "santa e sagrada linhagem" de que seu soberano descende.[122] Mas, a respeito disso, nada é mais ilustrativo que comparar as três diferentes dedicatórias colocadas na época de Filipe, o Belo, por Egidio Colonna (não obstante ser ele um adversário das ideias que inspiravam a política religiosa da corte francesa) no frontispício de três de suas obras. Para o filho do conde de Flandres: "Ao sr. Filipe, nascido de uma raça ilustre". Para o rei Roberto de Nápoles, um capetíngio, mas do ramo secundário: "Ao príncipe magnífico, meu senhor particular, o rei Roberto". Para o príncipe Filipe, herdeiro do reino da França e futuro Filipe, o Belo: "A meu senhor particular, o sr. Filipe, nascido de uma raça régia e *muito santa*".[123] Na França, esse sentimento, apoiado por aquelas legendas (antes de mais nada, pela da Santa Âmbula), deu ao lealismo dinástico um valor quase religioso. A memória da miraculosa unção recebida por Clóvis, escreve Richier em sua *Vie de saint Rémi*, admoesta os franceses a amar e venerar a "coroa" tanto quanto amam e veneram a mais preciosa das relíquias; quem morre defendendo a coroa, a não ser que seja herético ou tenha anteriormente cometido um pecado tão atroz que sua condenação já esteja pronunciada, será por essa morte salvo.[124] Essas últimas palavras merecem ser examinadas com atenção. Elas inevitavelmente trazem à lembrança outros textos mais antigos, os quais, embora quase idênticos na aparência, são profundamente diferentes. Em 1031, os padres do Concílio de Limoges e, no século seguinte, o jogral a quem devemos o romance *Garin le Lorrain* [Garin, o Loreno] prometiam o glorioso destino dos mártires aos heróis que caíssem lutando por uma causa inteiramente profana; mas é aos vassalos mortos por seus senhores que eles abrem tão generosamente o Paraíso.[125] No final do século XIII, o poeta da *Vie de saint Rémi* está pensando nos soldados que sucumbem pela coroa. É a diferença dos tempos. O desenvolvimento da fé monárquica, a qual tendia a pouco a pouco suplantar o lealismo vassalático, caminhara a par com os progressos materiais da realeza; a transformação política e a transformação moral seguiram no mesmo ritmo, sem que fosse possível, nessa perpétua interação, distinguir entre o efeito e a causa. Assim, formou-se essa "religião de Reims", a respeito da qual Renan disse que Joana d'Arc viveu-a "ao pé da letra".[126] Quem ousaria afirmar que o patriotismo francês não guardou nada dessa fase quase mística?

Por outro aspecto ainda, interessam ao psicólogo essas histórias que construíram para a monarquia capetíngia um passado tão brilhante. Todas apresentam como característica comum uma espécie de antinomia. Apesar de em boa parte nascidas de preocupações interesseiras, elas tiveram grande sucesso popular; emocionaram as multidões, fizeram os homens agir — e dessa colaboração do artificial com o espontâneo o historiador dos ritos curativos deve surpreender-se menos que qualquer outro.

AS SUPERSTIÇÕES; O SINAL RÉGIO; OS REIS E OS LEÕES

Na concepção maravilhosa que o vulgo fazia da realeza, ao lado das histórias religiosas que acabo de relembrar entravam certos elementos que nada tinham de especificamente cristão. Convém agora trazê-los à luz.

Aos olhos da opinião comum, os reis eram personagens sagradas e, por conseguinte, taumaturgos. Em vida, os reis da França e da Inglaterra realizavam correntemente prodígios. Estes também lhes eram atribuídos após a morte. O caso de Filipe Augusto é particularmente típico; não se poderia pretender que durante sua vida ele tivesse dado exemplo nem de todas as virtudes privadas nem de perfeita submissão aos chefes da Igreja. Mas havia sido um grande rei, cujos atos impressionaram vivamente as imaginações: seu cadáver fez milagres.[127] No século XI, Roma regularizara o procedimento de canonização. Por isso, a partir de então os príncipes temporais foram muito mais raramente postos sobre os altares. Mas seus súditos continuavam a considerá-los dotados de poderes similares aos dos santos.

Eram a tal ponto tidos como seres sobrenaturais que muitas vezes se imaginava que seu corpo fosse marcado com um sinal misterioso, revelador de dignidade. A crença no sinal régio foi uma das mais vivas superstições da Idade Média. Ela nos fará penetrar profundamente na alma popular.[128]

Os textos literários são o lugar em que essa crença se manifesta mais amiúde. Em romances de aventuras em língua francesa, ela aparece em meados do século XIII, permanecendo até o fim da Idade Média um dos lugares-comuns mais repetidos. Eis como ela, de modo inteiramente natural, introduziu-se em tais obras. Muitos desses romances são construídos em torno do velho tema da criança que (ou por acaso ou por consequência de odiosas maquinações) é perdida e depois reencontrada: como Richard le Beau, neto do rei da Frísia;[129] os gêmeos Florent e Octavian, filhos do imperador de Roma;[130] Othonet, filho de Florent;[131] Macaire ou Louis, filhos de Carlos Magno;[132] Beuve de Hantone, cujo avô é rei da Escócia;[133] Hugue, filho do duque de Saint-Gilles e futuro rei da Hungria;[134] Jean Tristan, filho de s. Luís, raptado no berço pelos sarracenos;[135] Dieudonné, filho do rei Filipe da Hungria;[136] Lion, filho do duque Herpin de Bourges...[137] Provavelmente, a lista poderia ser alongada com facilidade — caso as intermináveis obras de ficção que a literatura medieval nos legou em seu declínio não estivessem destinadas a, em sua maior parte, continuar para sempre inéditas. Ora, a fim de que o desditoso extraviado pudesse ser reconhecido pelos parentes (golpe teatral que forma a conclusão necessária desse gênero de aventuras), era preciso que ele possuísse um meio de atestar sua identidade. Nas narrativas que mencionei, esse meio é fornecido por uma mancha na pele, um nevo em forma de cruz, que a criança tem (quase sempre) no ombro direito ou (muito mais raramente) no peito. Em geral, a mancha é vermelha, "mais vermelha que uma rosa no verão";[138] excepcionalmente, é branca. Essa cruz serve, essencialmente, de sinal de reconhecimento. Mas não nos deixemos enganar. Não devemos ver nela uma marca individual banal, uma marca que qualquer pessoa, seja qual for sua ascendência ou seu futuro, possa apresentar. Ela possui um significado especial que todos conhecem. É a "cruz régia", prova de uma estirpe de reis, penhor de um futuro ao qual um trono está prometido. Os que a descobrem, mesmo antes de poder determinar a genealogia do herói predestinado, não hesitam em exclamar, como a condessa que recolhe Richard le Beau, abandonado numa floresta tão logo nasceu: "Deus!", diz ela, "este será rei!".[139]

Do mesmo modo, os romancistas só a colocam nas personagens destinadas a reinar. A respeito disso, nada é mais informativo que o *Beuve de Hantone*. Desse poema, há uma redação de origem anglo-normanda e três compostas no continente. Em todas, Beuve é um enjeitado, neto (sem que disso ninguém duvide) do rei da Escócia. Mas, ao final da narrativa, apenas nas versões continentais Beuve conquista um reino: o da Inglaterra, segundo uma; o de Jerusalém, segundo as outras duas. Nessas três versões, mas não na anglo-normanda, ele tem a marca profetizadora.[140] Os velhos autores abstinham-se cuidadosamente de atribuí-la ao primeiro recém-chegado; não ignoravam que, naquele que a trazia, "a marca significa que ele será rei coroado".[141]

Essa superstição não é exclusiva da literatura francesa. Pode ser encontrada em obras estrangeiras. Na verdade, em algumas destas salta aos olhos a imitação a nossos romances: na Espanha, é o caso da *Historia de la reyna Sebilla* [História da rainha Sebilla];[142] na Itália, dos relatos concernentes a Beuve de Hantone e, sobretudo, da grande compilação *Reali di Francia* [Reis da França], arranjo da legenda carolíngia redigido por Andrea di Barberino por volta de 1400. Espírito sutil, Andrea divertiu-se ponderando sobre o *niello* [nigela] e a *croce de sangue*[143] [cruz de sangue]. Mas o mesmo tema figura também em composições mais originais, fora das fronteiras da França. Na Inglaterra, no começo do século XIV, aparece o *Lay of Havelock the Dane* [Lai de Havelock, o dinamarquês]. Havelock foi ainda o herói de narrativas em língua francesa (ou melhor, anglo-normanda), mas a "marca régia, cruz muito brilhante e muito bela", só lhe é concedida no poema inglês, para o qual se concorda em reconhecer uma tradição independente.[144] Na Alemanha, deve ser citada uma versão do *Wolfdietrich*, datada de meados do século XIII,[145] e, sobretudo, a *Kudrun*, que, remontando a cerca de 1210, parece ser o mais antigo texto no qual um filho de rei surge adornado com a famosa cruz.[146] Naturalmente, do fato de que tais poemas não hajam sido nem traduzidos do francês nem diretamente inspirados por modelos franceses não se poderia concluir que a influência de nossa literatura (nesse período tão amplamente difundida em toda a Europa) não se tenha feito sentir na escolha dos temas. Entretanto, seja qual for o primeiro país em que se acreditou no sinal régio, veremos que, tanto fora da França quanto na França, essa crença deitou raízes profundas.

Se não a conhecêssemos só de obras romanescas, poderíamos ficar tentados a interpretá-la como um simples lugar-comum literário e (se me é permitido dizê-lo) como um truque de romancista. Mas textos de diversas épocas provam que o sentimento público aplicou-a a personagens que nada tinham de legendárias. Certo, esses testemunhos não são muito numerosos; mas sobre que pontos do folclore medieval temos mais que alguns clarões com os quais, aqui e ali, esclarecer representações coletivas que, sem dúvida, viveram na obscuridade uma vida verdadeiramente ativa?

Na França, já no século XIII, o trovador Adam de la Halle, cantando o panegírico de Carlos de Anjou, príncipe capetíngio e rei da Sicília, afirma que, "ao nascer, ele [Carlos] trouxe a cruz régia".[147] Adam de la Halle é um literato; por isso, suas qualificações para intérprete das concepções populares talvez pareçam bem suspeitas. Mas eis, aproximadamente dois séculos mais tarde, um decreto de perdão que o sr. Antoine Thomas desenterrou[148] e que não se ousará recusar. Estamos a 18 ou 19 de junho de 1457, em Bialen, vilarejo perdido numa das regiões mais selvagens do Maciço Central. Na estalagem, seis camponeses estão à mesa; entre eles, um velho de oitenta anos chamado Jean Batiffol. Falam de política e de impostos. A paróquia era pesadamente taxada; achava-se que o coletor exigia demais e abusava das penhoras. Se o rei soubesse disso, diz um dos bebedores, o coletor seria repreendido; ao que o velho Batiffol replica (cito suas surpreendentes palavras): "O rei é rei, mas não lhe cabia ser rei, pois ao nascer não trazia insígnia de rei e, ao contrário de um verdadeiro rei, não tinha a flor-de-lis". Entenda-se: o rei (Carlos VII) é apenas um bastardo (sabe-se que a conduta de Isabel da Baviera dera motivo a toda espécie de imputação; os inimigos de Carlos VII não haviam deixado de tirar partido disso); e a prova de que não é filho de rei está em ter nascido sem o sinal régio. Esse sinal não é mais a cruz vermelha de outrora. Mudou de forma. Na imaginação popular, a flor-de-lis (a qual já havia muito tempo decorava o brasão dos capetíngios) decerto acabara por substituir como símbolo da monarquia francesa a cruz, que parecia demasiado banal. Que poderia haver de mais natural que atribuir a uma criança da estirpe eleita os próprios símbolos de sua dinastia? Assim, as expressões que certo dia um velho, provavelmente analfabeto, usa depois de beber numa estalagem rústica, preservadas apenas graças a grande acaso, lançam um súbito raio de luz sobre os contos maravilhosos que o povo do campo, no século XIV, reproduzia quando falava de seus reis.[190]

Histórias do mesmo gênero eram difundidas também na Alemanha. Várias vezes, os diversos pretendentes ou as diversas famílias que disputavam o Império recorreram à cruz profetizadora. Por volta de 1260, parecem divisá-la entre os ombros desse Frederico de Meissen que, neto de Frederico II pelo lado materno, foi a certa altura escolhido pelos últimos adeptos dos Hohenstaufen, na Alemanha e na Itália, como herdeiro de suas esperanças;[150] era a época em que Adam de la Halle louvava Carlos de Anjou; em países diferentes, um zelo similar atribuía a mesma marca a dois príncipes rivais, o rei guelfo da Sicília e seu concorrente gibelino. Os chefes da casa de Habsburg, linhagem de imperadores, nasciam todos com aquela mesma marca, "na forma de pelos brancos dispostos em cruz", sobre as costas — pelo menos, isso era o que o monge suábio Felix Fabri, um dos partidários dos Habsburg, afirmava no final do século XV.[151] Enfim, ainda mais tarde, na época das guerras religiosas, alguns luteranos pensaram descobri-la impressa nas costas do eleitor João Frederico de Saxe, o qual (antes de suas ambições terem sido aniquiladas no campo de batalha de Mühlberg) por um instante sonhou arrancar da cabeça de Carlos V a coroa imperial.[152]

Até o começo do século XVII, a crença no sinal régio não existe na Inglaterra, onde, se se pode ter alguma fé no testemunho do historiador alemão Philipp Kammerer (Camerarius), não circulavam rumores desse tipo. Jaime I, destinado por seu nascimento ao trono da Escócia, mas não, conforme parecia, ao da Inglaterra, teria apresentado em seu corpo, desde a mais tenra idade, manchas que anunciavam seu excelso destino: um leão, uma coroa e (segundo alguns) também uma espada.[153]

Em suma, a crença no sinal régio está amplamente comprovada. De acordo com as épocas e os lugares, ela assume aspectos diferentes. Na França, em fins do século XV, parece que se chegou a pensar que todo rei verdadeiramente legítimo devia ter impressa sobre a pele a marca de sua origem; e essa marca, originariamente imaginada na forma de uma cruz vermelha, por fim adquiriu a conformação de uma flor-de-lis. Na Alemanha e talvez na Inglaterra, o sinal miraculoso era de preferência atribuído aos príncipes que, por alguma circunstância infeliz afastados do trono ao nascer, pareciam, no entanto, fadados a ocupá-lo um dia: verdadeiros heróis de romance, no estilo das narrativas que a arraia-miúda adorava. A tradição alemã permaneceu fiel à cruz; o mais das vezes, essa cruz não era ali vermelha, mas dourada. É assim que Hagen da Irlanda a traz na *Kudrun* e que os partidários de Frederico de Meissen, de João Frederico de Saxe e dos condes de Habsburg acreditaram contemplá-la nos corpos desses soberanos.[154] A própria diversidade que encontramos nas diferentes tradições prova o vigor da crença.

Aos olhos dos folcloristas, a superstição que acabamos de descrever não apresenta nada de muito excepcional. A Antiguidade helênica também conheceu as "marcas da raça", *τοϋ γένουσ τά γνωρίσματα* — o sinal em forma de lança que consideravam característico de certas famílias nobres de Tebas, tidas como descendentes dos guerreiros (os *Σπαρτοί*) que outrora haviam nascido dos dentes do dragão semeados por Cadmo. Por vezes, as famílias assim distinguidas eram (à semelhança do que se veria na Idade Média ocidental) dinastias régias: dizia-se que todos os selêucidas nasciam com uma âncora gravada na coxa; ela testemunhava a origem divina da linhagem, pois se acreditava que Seleuco, o Grande, recebera-a de seu pai, Apolo. O mesmo emblema aparece em algumas moedas selêucidas e é reencontrado em dois vasos votivos, chamados *σελεχίδεσ*, que foram oferecidos ao santuário de Apolo em Delos por um dos ministros de Seleuco IV; portanto, a âncora dos selêucidas (tal qual a flor-de-lis dos Valois) era uma "insígnia" corporal e, simultaneamente, uma espécie de brasão.[155] Marco Polo informa-nos de que na Geórgia "todos os reis outrora nasciam com um sinal de águia no ombro direito".[156] No século XVII, se acreditarmos no relato de um missionário que visitou então aquelas regiões, o sinal mudara de aspecto; era-lhe atribuída a aparência de uma cruz.[157] Mais adiante, veremos que mesmo na Europa moderna alguns bruxos, curandeiros hereditários, pretendiam provar sua ilustre descendência mostrando manchas de pele, as quais eram seus brasões.[158] Portanto, a ideia do sinal de estirpe, ou régio, existiu em quase todas as épocas e países; em diferentes civilizações, ela nasceu espontaneamente de noções análogas, que diziam respeito ao caráter maravilhoso de certas linhagens, sobretudo das que forneciam os chefes do povo. Evidentemente, estamos na presença de um tema quase universal; disso não resulta que estejamos dispensados de procurar o momento no qual se corporificou a aplicação, específica que a Idade Média deu a esse tema, nem de pesquisar o porquê de o sinal ter assumido nesses ambientes a forma de uma cruz. Aliás, a cruz vermelha ou branca de nossas legendas não corresponde inteiramente à lança tebana ou à âncora selêucida, por exemplo; ela é tanto marca de origem quanto sinal de predestinação; anuncia um destino régio, que usualmente encontra justificativa nos privilégios de sangue; deriva do tema comum, mas constitui uma variante dele. Também isso merece ser explicado.

Devemos ao sr. Pio Rajna o primeiro estudo abrangente que possuímos sobre a cruz dos reis da França. Tal estudo foi-lhe sugerido pela leitura de alguns poemas franceses ou alemães e, sobretudo, pelos *Reali di Francia*. Impressionado com o caráter aparentemente muito arcaico desse motivo, o sr. Rajna julgou reconhecer nele a sobrevivência de noções germânicas extremamente antigas e tirou daí o argumento para sua tese favorita sobre a epopeia francesa, epopeia que, como se sabe, ele considerava a filha das "cantilenas" merovíngias. O sr. Ferdinand Lot respondeu-lhe na revista *Romania*. Essa réplica decisiva, assim como a evolução geral das teorias relativas a nossa antiga história literária, dispensa-me de muito insistir numa hipótese engenhosa, mas inteiramente desprovida de fundamento. Às vezes, acreditou-se que alguns dos heróis portadores da marca representassem príncipes merovíngios mais ou menos desfigurados pela tradição poética. Essa filiação foi contestada. Aqui, pouco nos importa que ela seja verdadeira ou falsa. Para nós, essas personagens são apenas heróis de romances. A superstição de que foram objeto é-nos dada a conhecer não por textos da época franca, mas apenas por obras de ficção de data relativamente recente, já que nenhuma é anterior ao século XIII. Os velhos textos épicos não oferecem nenhum vestígio dessa superstição. Sem dúvida, ela pode ter vivido algum tempo nas consciências, antes de encontrar uma expressão literária; mas não parece provável que os autores de relatos de aventuras tenham demorado muito a perceber que a imaginação popular oferecia-lhes um tema tão belo e tão fácil de explorar. Nada nos autoriza a atribuir à crença no sinal régio um começo muito anterior aos primeiros testemunhos que a atestam. Segundo todas as aparências, ela nasceu aí pelo século XII (estamos sendo prudentes). Isso aconteceu primeiro na França? Na Alemanha? Ou ao mesmo tempo, mas de forma independente, nos dois países? Jamais saberemos. O indubitável é que se deve ver nela, tanto quanto nos ritos curativos, um sintoma particularmente claro dessa força de resistência e dessa capacidade de desenvolvimento que o conceito de realeza maravilhosa e sagrada exibiu naquele período, malgrado as influências contrárias.

Mas por que os homens daquele tempo deram à marca impressa no corpo dos reis a forma de uma cruz e em geral a colocaram no ombro (mais precisamente, no ombro direito)? É impossível não nos propormos essa pergunta. Não é menos impossível respondê-la com certeza; nada é mais obscuro que os primórdios de uma representação coletiva desse gênero. Mas conjeturas são permitidas. Eis a que me parece a menos improvável. Há uma passagem de Isaías que, entre todas as profecias do Velho Testamento, foi a mais familiar à Idade Média: é o famoso versículo 5 do capítulo 9, no qual os cristãos viram a promessa da vinda do Cristo. Ninguém podia desconhecer esse trecho; era recitado, então como hoje, na missa de Natal. Ora, ali se ouviam estas palavras, a propósito do filho predestinado: "o império estava sobre seus ombros", *factus est principatus super humerum ejus.*[159] Frase misteriosa, que os exegetas modernos têm dificuldade para explicar com precisão. Os teólogos interpretaram-na como alusão à cruz que o Redentor carregou no ombro. O versículo, tão impressionante em sua própria obscuridade; os comentários que dele eram apresentados aos fiéis, comentários nos quais a palavra cruz devia reaparecer sem cessar — não suscitariam esses elementos a associação de ideias que levou os espíritos a representar com o aspecto de uma cruz localizada no ombro a marca de um futuro régio? Assim, estariam explicados tanto a forma especial da marca quanto seu papel de arauto do destino. Suposição por suposição, prefiro essa à hipótese do sr. Pio Rajna; pois nos séculos XII e XIII as tradições merovíngias (nas quais, aliás, nada parece fazer lembrar a cruz dos futuros reis) estavam bem esquecidas — mas todo mundo assistia à missa de Natal.[160]

A crença no sinal régio foi muito cedo usada como motivo romanesco; por outro lado, não se poderia duvidar de que as obras de ficção tenham contribuído muito para difundi-la. Não há, porém, nenhuma razão para pensar que essa crença seja de origem propriamente literária; sem dúvida, deve-se considerá-la nascida espontaneamente na imaginação comum. O mesmo não se passa com outra superstição que estudaremos agora; mas muito mais brevemente porque ela, toda artificial em seu princípio, não penetrou a consciência coletiva: estou falando do pretenso respeito que os leões manifestariam para com o sangue dos reis. Essa tradição é de natureza análoga às fábulas divulgadas pelos velhos bestiários, mas não é encontrada nas obras desse gênero; é expressa (mais ou menos na mesma época em que aparece a cruz régia) em grande número de narrativas romanescas francesas, anglo-normandas ou inglesas (com frequência, nos mesmos poemas em que figura a cruz). Entre outros que a apresentaram perfeitamente, está o autor de uma das versões do *Beuve de Hantone*, a quem dou a palavra:

Mais coustume est, ce tesmoigne li brief,
K'enfant de roy ne doit lyons mengier,
Ainçois le doit garder et essauchier.[161]

Mas é costume (disso testemunha o escrito)
que filho de rei os leões não devem comer,
mas, ao contrário, devem proteger e respeitar.

Decerto, essa tradição não é muito antiga: o autor da *Chanson de Roland* não a conhecia, pois imaginou um sonho em que Carlos Magno vê-se atacado por um leão.[162] Em compensação, ela sobreviveu durante longo tempo; na literatura elisabetana, ainda se percebe seu eco em sir Philip Sidney e no próprio Shakespeare, o qual (pela boca de Falstaff) faz clara alusão à crença. Em nossos países, os leões não costumam representar perigo nem para os reis nem os súditos. Um tema supersticioso que os coloca em cena tem toda a probabilidade de, na origem, ter sido apenas um devaneio de eruditos ou de literatos. No entanto, já sabemos que um dia a diplomacia utilizou-se desse devaneio. Frei Francesco, discursando para o doge de Veneza, não lhe contou que Eduardo II teria aceitado reconhecer Filipe de Valois como rei da França se esse príncipe, havendo-se exposto a leões famintos, saísse ileso das garras destes? Porque, dizia ele, "os leões jamais ferem um verdadeiro rei".[163] Para entender as intenções dos políticos medievais, às vezes é bom ler os romances de que eles se nutriam — pois nada seria mais falso que opor perpetuamente o literário ao real; nessa época, o sucesso do maravilhoso de ficção explica-se pela mentalidade supersticiosa do público a que se destinava. Sem dúvida, os narradores profissionais não teriam inventado e divulgado o tema dos leões se seus ouvintes ou leitores já não estivessem de todo habituados a considerar que os reis eram seres miraculosos.

CONCLUSÕES

Assim, como indiquei no começo deste capítulo, o conceito de realeza sagrada e maravilhosa atravessou toda a Idade Média sem nada perder de seu vigor, muito pelo contrário: todo esse tesouro de legendas, de ritos curativos, de crenças meio eruditas meio populares, que constituía grande parte da força moral das monarquias não cessou de crescer. Na verdade, esse enriquecimento não tem nada que contradiga o que nos ensina a história política propriamente dita; ele corresponde aos progressos materiais das dinastias ocidentais. Nem de longe nos surpreendemos ao ver a superstição do sinal régio aparecer no tempo de Filipe Augusto, de Henrique II Plantagenet, de Henrique VI da Alemanha; da mesma forma, a eclosão de novas legendas monárquicas no reinado de Carlos V não tem nada que fira as ideias comumente recebidas; graças a inúmeros outros sintomas, sabemos muito bem que nesses dois momentos a ideia régia era muito poderosa. À primeira vista, o que parece estar em oposição à marcha geral dos acontecimentos é — no reinado dos primeiros capetíngios, por exemplo — o caráter sagrado correntemente reconhecido à pessoa do rei; pois, na verdade a força da monarquia era então muito pequena e, na prática, os próprios reis eram frequentemente pouco respeitados por seus súditos. Mas devem ser consideradas simples fórmulas vazias, desvinculadas de qualquer sentimento sincero, as frases que os autores desse tempo usaram a respeito da "santidade" monárquica? Seria entender mal o espírito da época. Não esqueçamos os hábitos de brutalidade característicos das sociedades conturbadas; por vezes, os violentos não conseguem poupar nem mesmo quem veneram profundamente; os homens de armas da Idade Média saquearam mais de uma igreja, mas isso é motivo para dizer que a Idade Média foi irreligiosa? Ademais, o que deve surpreender o historiador dos séculos X e XI não é a fraqueza da realeza francesa; o surpreendente é que essa realeza (a qual, no Estado dividido, não mais desempenhava nenhuma função própria) tenha-se mantido e tenha conservado suficiente prestígio para poder mais tarde, a partir de Luís VI, com a ajuda das circunstâncias, desenvolver rapidamente suas energias latentes e, em menos de um século, transformar-se em grande potência dentro e fora da França; pelo menos em parte, essa longa resistência e esse brusco desabrochar não se explicam pelas representações intelectuais e sentimentais que nos esforçamos por analisar?

Tais representações tiveram inimigos: os gregorianos e os êmulos destes. Apesar da hostilidade desses temíveis adversários, elas triunfaram. Os homens da Idade Média jamais se resignaram a ter seus soberanos por simples leigos e simples homens. O movimento religioso e doutrinal do século XI quase vencera naqueles pontos em que (como no combate pelo celibato dos padres) fora sustentado por ideias coletivas muito fortes e muito antigas. O povo (o qual sempre tendeu a atribuir uma espécie de virtude mágica à castidade, de bom grado acreditando, por exemplo, que um homem que na noite anterior tivesse se relacionado sexualmente com uma mulher não podia ser testemunha válida de um ordálio) estava pronto a admitir que, para que os santos mistérios tivessem total eficácia, era necessário que o padre se abstivesse de toda mácula carnal.[164] Mas em sua luta contra o conceito de realeza sagrada, solidamente enraizado nas almas, os reformadores fracassaram. A longa popularidade dos ritos curativos deve ser considerada o efeito e a prova do insucesso dos reformadores.

4. Algumas confusões de crenças
S. Marcoul, os reis da França e os sétimos filhos

S. MARCOUL, SUA LEGENDA E SEU CULTO

Lá pelo final da Idade Média, na França, o culto a um santo, s. Marcoul, veio enredar-se inextricavelmente na crença no milagre régio. Procuremos esclarecer essa confusa história. Antes de mais nada, quem era a personagem cujo nome associou-se assim, para sempre, ao rito das escrófulas?[1]

No reinado dos primeiros imperadores carolíngios, erguia-se num lugar chamado Nant, na diocese de Coutances, um mosteiro onde se mostrava o túmulo de um piedoso abade, Marcoul (Marculphus).[2] Como amiúde acontece, as pessoas pouco a pouco se habituaram a designar o vilarejo (cujas casas agrupavam-se ao pé dos edifícios do mosteiro) com o próprio nome do padroeiro dos monges; segundo tudo indica, esse vilarejo é a atual comuna de Saint-Marcouf, situada não longe do mar, no lado oriental do Cotentin;[3] o vocábulo primitivo sumiu do mapa. Nesse começo do século IX, os religiosos de toda a Gália franca, tendo retomado o gosto pelas letras, punham-se a escrever ou a reescrever num latim melhor as biografias de seus santos. Os de Nant não faltaram ao costume comum: um deles compôs uma vida de s. Marcoul.[4] Infelizmente, esse opúsculo (no qual se vê o diabo, na forma de uma bela náufraga, citar inexatamente versos de Virgílio) não oferece nada senão as fábulas hagiográficas mais corriqueiras. Nessa obra, as únicas informações mais ou menos precisas e talvez dignas de fé concernem ao lugar de nascimento de Marcoul (Bayeux) e à época em que ele viveu (a do rei Childeberto I e do bispo s. Lô, ou seja, por volta de 540).[5] Outra vida, redigida pouco depois da primeira, acrescentou apenas amplificações sem valor. Em suma, devemos resignar-nos a ignorar tudo, ou quase tudo, sobre o santo homem de Nant. A julgar por essas biografias, desde o século IX já não se devia estar muito mais bem informado que nós.

Vieram as invasões normandas. Como tantos outros mosteiros das províncias ocidentais, Nant foi queimado durante uma incursão.[6] Os monges haviam fugido, levando suas relíquias. Nos caminhos da Gália, que os grupos de religiosos errantes percorriam então, carregados com fardos similares, quais foram as aventuras de s. Marcoul? Ninguém teve o cuidado de contar-nos. Só sabemos onde elas terminaram. O rei Carlos III, o Simples, possuía ao norte do Aisne, nas encostas que descem do planalto de Craonne para o rio bem próximo, ao longo da estrada romana, um domínio chamado Corbeny. Ali, esse rei deu asilo aos fugitivos. Um corpo santo era um precioso bem. Carlos quis guardar aquele. Tendo obtido a autorização dos prelados interessados (o bispo de Coutances e o arcebispo de Rouen), ele fundou a 22 de fevereiro de 906, em Corbeny, um mosteiro onde deviam agora repousar os gloriosos ossos. Estes jamais retornaram ao Cotentin.[7]

Os monges de Nant, que haviam perdido sua pátria, não tardaram a perder também sua independência. O novo estabelecimento era propriedade régia. O rei, tendo desposado uma jovem chamada Frédérone, deu-o a ela por dote, com todo o domínio em torno; alguns anos mais tarde, Frédérone, por sua vez, sentindo-se perto de morrer, legou a vila e o mosteiro à abadia Saint-Rémi de Reims. Na verdade, não foi de bom grado que os soberanos permitiram que uma terra incluída entre suas mais antigas posses familiares e um santuário criado por um deles fossem assim absorvidos pelo imenso patrimônio da abadia de Reims; talvez se apegassem a Corbeny por causa, sobretudo, do interesse militar que essa posição (fácil de defender, oferecendo excelente vista do vale vizinho) apresentava; lá, havia um *castellum* que é várias vezes mencionado nas histórias de guerras dessa época e no qual se pode supor que estivessem compreendidos os edifícios claustrais. Durante toda a vida, Carlos, o Simples, reservou para si, mediante uma pensão anual, o pequeno mosteiro em que mandara guardar os restos do "Confessor do Cristo". Depois de Carlos, seu filho Luís de Outremer tornou a obter a cessão, em condições análogas, e até acrescentou-lhe o vilarejo e seu território. Mas em 954, no leito de morte, Luís restituiu tudo à abadia Saint-Rémi, que não deixaria mais escapar essas valiosas possessões. Não houve mais um mosteiro autônomo em Corbeny, mas apenas um priorado, uma *cellula* na qual vivia um pequeno grupo de monges, subordinada à autoridade superior do abade de Saint-Rémi. Tal situação perdurou até a Revolução.[8]

Em Corbeny, assim como em Nant, s. Marcoul teve devotos que a ele se dirigiam para conseguir milagres, especialmente curas. Mas, taumaturgo como todos os santos, por longo tempo permaneceu sem especialidade definida. Nada em particular parecia granjear-lhe a preferência dos escrofulosos. Nas hagiografias do período carolíngio, não se encontra entre as curas de s. Marcoul nenhuma menção das escrófulas. Em relação ao século XII, temos informações muito curiosas sobre as virtudes que eram atribuídas a esse santo. Em 1101, o vilarejo de Corbeny sofreu catástrofes terríveis, as quais, dizem, o céu enviou por punição contra a "malícia dos camponeses": uma epizootia, diversos ataques de guerreiros e, enfim, um incêndio provocado pelas tropas de Thomas de Montaigu, "tirano de abominável iniquidade que desposara a própria prima". Por consequência desses acontecimentos, os monges (que tinham nas taxas cobradas aos rendeiros a maior parte de sua renda) ficaram numa situação de verdadeiro sufoco financeiro. Seu prior, recentemente nomeado, preocupou-se em suplementar com esmolas os recursos normais de sua casa; teve a ideia de organizar uma turnê das relíquias; os religiosos, carregando sobre os ombros o relicário que continha os ossos de seu padroeiro, percorreram as estradas da região de Reims, do Laonnois, da Picardia; em todos os lugares, aconteciam milagres. Conservou-se um pequeno relato dessa expedição.[9] As escrófulas não constam das doenças que o venerável corpo curou então. Pouco mais de um século depois, na catedral de Coutances, um grande vitral narrativo (que podemos admirar ainda em nossos dias) foi consagrado à memória do abade de Nant, cujo culto permanecera vivo na diocese em que outrora ele exercera seu apostolado; nesse vitral, a única cura representada foi a de um caçador: ambas as hagiografias carolíngias contavam que ele, por causa de sua falta de respeito para com s. Marcoul, havia sido castigado com um cruel acidente de cavalo e, depois, curado pelo próprio santo.[10] Ainda aí, nada de escrófulas.

Não obstante, Marcoul estava destinado a tornar-se o médico titular desse tipo de afecção. Por infelicidade, o mais antigo documento que o apresenta nesse papel não pode ser datado com precisão; é um sermão, com certeza vários anos posterior à viagem das relíquias em 1101, mas anterior a 1300 ou cerca disso, pois o primeiro manuscrito que conhecemos remonta visivelmente ao final do século XIII. Lê-se ali esta frase: "Para a cura da doença que chamam de mal régio, esse santo recebeu uma graça tão grande que se vê afluir em sua direção [isto é, a seu túmulo em Corbeny] uma multidão de enfermos, vindos tanto de países distantes e bárbaros quanto de nações vizinhas".[11] Por que, no século XII ou XIII, as pessoas habituaram-se a considerar s. Marcoul um especialista em escrófulas? Em sua legenda anterior, vimos que nenhum episódio preparava os espíritos para essa ideia. Sem dúvida, eles foram levados a isso por uma dessas circunstâncias, insignificantes na aparência, que amiúde determinam os passos da consciência popular. Henri Estienne, na *Apologie pour Hérodote* [Apologia de Heródoto], escreveu: "A alguns santos atribuíram-se os ofícios segundo seus nomes, como (por exemplo) quando se pensou que este ou aquele santo curaria a moléstia que tivesse nome semelhante ao dele".[12] Muito tempo atrás, essa observação foi aplicada a s. Marcoul. Os tumores escrofulosos alojam-se de preferência no pescoço [*cou*]. Ora, em *Marcoul* (cuja consoante final *l* devia desde muito cedo soar fracamente)[13] há a palavra *cou* e (coisa que em geral se esquece) também a palavra *mar*, advérbio muito usado na língua medieval com o sentido de "mal, malignamente". Daí uma espécie de medíocre jogo de palavras, que, talvez explorado por alguns monges astuciosos, pode muito bem ter feito atribuir ao santo de Corbeny uma particular aptidão para curar um mal do pescoço. As qualificações de s. Claro, por exemplo, para a função de oculista sobrenatural são mais óbvias, mas são do mesmo gênero.

Mais ou menos na mesma época em que se viu tão inopinadamente dotado de um poder especial, Marcoul tornou-se também um santo popular. Até esse momento, tanto antes quanto depois de seu êxodo, ele tivera apenas uma reputação regional, quer na Nêustria quer na província de Reims. No século IX, além de Nant, outra igreja, provavelmente de Rouen, possuía parte dos restos de s. Marcoul; é o que se deduz claramente de um episódio que o autor da segunda biografia carolíngia, talvez movido por acontecimentos recentes, acrescentou ao esboço tradicional que a primeira, mais antiga, lhe fornecia. O hagiógrafo conta que s. Ouen, bispo de Rouen, quis apoderar-se da cabeça de s. Marcoul, a qual fora tirada do túmulo quando de uma trasladação; mas uma carta, repentinamente caída do céu, ordenou a Ouen que renunciasse a seu projeto e se contentasse em obter outro fragmento do cadáver; evidentemente, esse pequeno relato não tinha outro objetivo senão rebater as pretensões de uma diocese rival e, sem contestar-lhe a posse de uma parte das relíquias, recusar-lhe toda possibilidade de reivindicar a mais preciosa entre elas.[14] As versões neustrianas do grande martirológico "heteronímico" mencionam s. Marcoul, mas somente elas.[15] Três cidades na França têm o nome desse santo: as três situam-se na Normandia, ao sul do Sena.[16] Veio a partida para Corbeny. Nesse exílio, o santo fugitivo conseguiu passar a ser invocado em duas regiões diferentes. Antes de tudo, em sua primeira pátria. Principalmente em Coutances, jamais se deixou de recordá-lo; lá, na catedral reconstruída entre 1208 e 1238, foi-lhe dedicada uma capela, ornamentada com o belo vitral de que já falamos; também os breviários da diocese conservam a memória do santo.[17] Ele teve fiéis sobretudo em Corbeny e em Reims, onde se erguia o mosteiro de Saint-Rémi, sede do priorado das margens do Aisne; os livros litúrgicos e legendários de Reims dão-lhe bastante espaço.[18] Durante longo tempo, porém, seu culto não teve mais que um brilho muito fraco: antes do século XIV, s. Marcoul parece ter sido quase totalmente ignorado fora da Normandia, de Corbeny e de Reims; mesmo na Normandia e em Reims, seu renome era certamente de segunda ordem (Corbeny é um caso à parte). Nem em Reims nem em Laon (capital da diocese de que Corbeny fazia parte) sua imagem encontra-se nas catedrais, embora ali os conjuntos esculturais estivessem reservados para os santos regionais.[19] As canções de gesta (nas quais figuram tantos nomes de santos, frequentemente por necessidades de assonância ou de rima) deixam-no passar em silêncio.[20] Vincent de Beauvais, em seu *Speculum historiale* [Espelho histórico], não lhe consagra mais que umas poucas palavras;[21] as outras grandes compilações hagiográficas redigidas na França ou fora da França, no século XIII ou na primeira metade do século XIV, não o consignam.[22] S. Luís, que não o tinha no calendário de seu saltério, seguramente jamais rezou em sua devoção.[23]

Contudo, em fins da Idade Média sua sorte mudou. O sintoma mais característico da nova popularidade de s. Marcoul foi a bem desavergonhada tentativa da igreja Notre-Dame de Mantes para reivindicar a propriedade das relíquias do santo, às expensas de Corbeny. Numa data que ignoramos, mas que decerto é anterior a 1383, descobriu-se não longe de Mantes, no caminho de Rouen, uma sepultura que continha três esqueletos; provavelmente em virtude do cuidado com que a inumação fora feita, imaginou-se que os corpos fossem de santos e transportaram-se as ossadas para a colegiada vizinha. De início, não se soube qual nome dar-lhes. O inventário da mobília da igreja Notre-Dame de Mantes, redigido em 1383 pelo cônego Jean Pillon, mostra-os ainda desprovidos de qualquer identificação precisa; estavam todos colocados num grande baú de madeira, o que não parece denotar um respeito muito especial. Pouco menos de um século depois, a 19 de dezembro de 1451, vemos o bispo de Chartres, Pierre Beschebien, presidir a solene trasladação dos restos, que foram para três relicários mais dignos de eminentes servidores de Deus — pois nesse intervalo, como testemunha a ata da cerimônia, encontrara-se uma identidade para eles: acreditava-se (ou queria-se acreditar) reconhecer neles os restos do próprio s. Marcoul e de Cariulphe e Domard, dois legendários companheiros que as hagiografias antigas lhe atribuíam. Supôs-se que os monges de Nant, fugindo dos normandos e próximos de ser alcançados por estes, só puderam salvar seu precioso fardo enterrando-o precipitadamente num prado, perto da estrada; bem mais tarde, uma revelação indicara a pastores ou a seus carneiros a localização dos três corpos.[24]

Como era de esperar, essas invencionices provocaram viva indignação em Corbeny; seguiu-se longa polêmica, que no século XVII se mostrou mais acirrada.[25] Os monges do antigo priorado em que Carlos, o Simples, recolhera os ossos do santo neustriano tinham direitos solidamente apoiados pela história; podiam citar documentos autênticos, em primeiro lugar seu diploma de fundação; não deixaram de fazê-lo, mas invocavam também sinais, que, na opinião desses religiosos, eram mais incontestáveis. A 27 de maio de 1648, dia da Ascensão, quando se levava em procissão o relicário que continha os ossos de s. Marcoul, "apareceram subitamente no céu", relata uma ata escrita 33 anos mais tarde, "três coroas cujos círculos, contíguos um ao outro, pareciam pintados de amarelo, verde e azul. [...] Essas coroas [...] pareceram sempre ficar suspensas sobre o relicário". Durante a missa cantada, "foram vistas ainda mais distintamente. Terminado o ofício, começaram a desaparecer uma após a outra". Os religiosos e os fiéis (em número de "mais de 6 mil") viram nesses fenômenos um "testemunho público e incontestável" produzido por Deus para reduzir a nada as pretensões do povo de Mantes.[26] Não adiantou: a despeito dos textos mais certificados e dos próprios milagres, as relíquias de s. Marcoul continuaram a ser adoradas em Mantes; embora jamais atraíssem multidões de doentes comparáveis às que se comprimiam às margens do Aisne, dizia-se que as relíquias de Mantes não deixaram de, às vezes, curar as escrófulas.[27]

Em outros lugares, a fama do santo difundiu-se mais tranquilamente. No fim do Ancien Régime, e ainda hoje, s. Marcoul é venerado em grande número de igrejas, que amiúde mostram algumas das relíquias e delas fazem um alvo de peregrinação dos doentes das proximidades. Nessa piedosa propagação, muitos episódios escapam a toda possibilidade de datação precisa; os fatos desse tipo raramente foram registrados por escrito, o que é mesmo uma pena, já que durante muito tempo constituíram um dos aspectos essenciais da vida religiosa das massas. Nem de longe pude determinar quando Marcoul foi invocado pela primeira vez em Carentoir, na diocese de Vannes;[28] em Moutiers-en-Retz, na diocese de Nantes;[29] na igreja Saint-Pierre da Saumur e em Russé, perto de Saumur;[30] em Charray, no Dunois;[31] na grande abadia de Saint-Valery-sur-Somme;[32] em Montdidier, onde foi escolhido para padroeiro pelos fabricantes de tecidos de lã;[33] na igreja Saint-Pierre de Abbeville;[34] em Rue e em Cottenchy, na diocese de Amiens;[35] na igreja Sainte-Elisabeth de Valenciennes; na abadia de Cysoing;[36] em Saint-Thomas, na Argonne;[37] em Balham, nas Ardenas;[38] em Dinant;[39] entre os frades dominicanos de Namur;[40] em diversos vilarejos ou burgos do país valão: Somzée, Racour,[41] Silly, Monceau-Imbrechies, Mont-Dison;[42] em Erps, Zellick[43] e Wesembeek,[44] no Brabante; em Wondelgen, em Flandres;[45] enfim, em Colônia[46] e, sem dúvida, em muitos outros lugares que, por falta de inventários hagiológicos apropriados, escaparam a minhas pesquisas. Mas, todas as vezes em que pude recolher uma indicação cronológica certa ou aproximada, constatei que ela referia-se a um período relativamente recente.[47] Em Saint-Riquier, no Ponthieu, nosso santo era conhecido desde o século XIV; menciona-o um martirológico que, por volta dessa época, foi escrito na abadia local; s. Marcoul foi ali, o mais tardar nas proximidades de 1500, objeto de veneração bastante ativa, testemunhada pela iconografia.[48] Em Tournai, na igreja Saint-Brice, desde a segunda metade do século XV ele tinha seu altar e sua imagem.[49] Em Angers, às margens do Maine,[50] e em Gissey, na Borgonha,[51] seu culto é atestado no que se refere ao século XVI: mais ou menos nessa mesma época, sua efígie começa a figurar em medalhas religiosas na região de Arras, em companhia de diversos santos locais.[52] Em 1533 e 1566, os missais da diocese de Troyes e da abadia de Cluny tomam emprestado aos livros litúrgicos da abadia Saint-Rémi de Reims um texto em prosa escrito para homenagear s. Marcoul.[53] Também no século XVI, um fragmento do crânio, roubado em Corbeny, é transportado para a igreja de Bueil, na Touraine, e passa a atrair os fiéis.[54] Em 1579, outras porções dos ossos, obtidas por meios mais lícitos, dão início à grande peregrinação franco-condesa de Archelange.[55] A partir do século XVII, s. Marcoul é encontrado algumas vezes associado à Virgem em medalhas de Nossa Senhora de Liesse.[56] Em 1632, graças à generosidade do cabido de Angers, Coutances recupera algumas parcelas do corpo, outrora tiradas da diocese pelas invasões normandas;[57] em 1672, Colônia envia outros fragmentos a Antuérpia;[58] por volta de 1666, outros chegam aos carmelitas da Place Maubert, em Paris, graças a uma doação feita em testamento por Ana da Áustria.[59] Sobretudo no final do século XVI e no século XVII, fundam-se em toda a parte confrarias sob a invocação de s. Marcoul: na igreja Saint-Firmin de Amiens, em 1581;[60] na Notre-Dame de Soissons, em 1643;[61] em Grez-Doiceau, no ducado do Brabante, em 1663;[62] na Notre-Dame du Sablon, em Bruxelas, em 1667;[63] em Tournai (onde o culto ao santo já era antigo), por volta de 1670.[64] A dos franciscanos de Falaise é conhecida graças tão somente a uma gravura do século XVII.[65]

Acima de todos esses pequenos centros locais, brilhava sempre o centro principal, Saint-Marcoul de Corbeny. Tal qual Nant outrora, o vilarejo de Corbeny praticamente perdeu seu nome. A partir do século XV, os documentos frequentemente o chamam Corbeny-Saint Marcoul; às vezes, chamam-no apenas Saint-Marcoul.[66] Era conhecido só por causa de sua igreja. Também lá se criou uma confraria, meio religiosa e meio econômica, pois o santo fora escolhido (talvez em virtude de não sabermos qual assonância) para padroeiro dos armarinheiros [*merciers*] da região. Lá pelo começo do século XVI, esses comerciantes aparecem, em toda a França, agrupados em certo número de grandes corporações supervisionadas de muito perto pelo poder régio, cujo representante nesse caso era o camareiro-mor; cada uma delas tinha por chefe um "rei dos armarinheiros"; como um título desse gênero nas mãos de um súdito tinha algo de chocante, a designação oficial desse chefe era "mestre-visitador". Uma de tais corporações, a qual cobria grande parte da Champanhe e da Picardia, tinha por centro o priorado de Corbeny; era chamada "Tour et Confrérie de Monseigneur Saint Marcoul" [Círculo e Confraria de Monsenhor s. Marcoul]; seu "rei" era "primeiro-confrade"; portava um sinete no qual se viam representados lado a lado o grande protetor da monarquia, s. Luís, e o protetor particular do "Tour", s. Marcoul.[67] Nesse tempo, os armarinheiros eram em sua maioria mascates que iam de burgo a burgo; podemos imaginar melhores propagandistas do culto a um santo?

Mas o que deu fama ao taumaturgo de Corbeny foi, sobretudo, a peregrinação que faziam a seu túmulo. Desde o século XV até bem mais tarde, os monges vendiam aos doentes as "*bulettes*", medalhinhas de prata dourada ou não dourada; aos enfermos mais pobres, vendiam simples "*ymages plates*" [chapinhas] de prata dourada, prata branca, chumbo ou estanho, as quais, trazendo a efígie do piedoso abade, provavelmente fizeram que sua pessoa e sua figura se tornassem familiares à França inteira, mesmo a pessoas que jamais haviam visto a sepultura do santo.[68] A isso os monges acrescentavam garrafinhas de louça que continham uma água santificada pela "imersão" de uma das relíquias; essa água destinava-se a lavar as partes atingidas pelo mal, e às vezes os mais entusiasmados chegavam a bebê-la.[69] Mais tarde, os monges também distribuíram livrinhos.[70] Os regulamentos da peregrinação que estavam em vigor no início do século XVII, nós os conhecemos graças a um relatório que, talvez em 1627, um representante arquiepiscopal chamado Gifford solicitou e depois anotou de próprio punho; suas reflexões constituem precioso testemunho da impressão que podiam causar a um eclesiástico esclarecido práticas de devoção populares nas quais a religião nem sempre se distinguia muito bem da magia. Tão logo chegavam, os doentes eram inscritos na confraria e pagavam-lhe uma pequena soma; então, era-lhes entregue um "bilhete impresso" que os instruía de suas obrigações. Ficavam submetidos a diversas proibições, alimentares ou outras; sobretudo, durante sua permanência estavam proibidos de tocar qualquer objeto metálico, preceito tão importante que "antigamente", conta-se a Gifford, eram obrigados ao uso de luvas, a fim de "impedir", sem possibilidade de descuido, "o dito toque". O primeiro dever dos enfermos era assistir aos ofícios na igreja do priorado; em rigor, deviam fazer uma novena; mas quem não podia permanecer nove dias inteiros em Corbeny tinha a opção de delegar o cumprimento da novena a um habitante do lugar;[71] este devia então observar as mesmas proibições a que a pessoa que ele substituía estaria sujeita. Aos olhos do racional Gifford, esse costume incluía-se entre os que "não estavam isentos de superstição", pois, pensava o clérigo, disposições desse tipo só são legítimas se têm por objetivo exortar os pacientes a abster-se de coisas que lhes seriam prejudiciais "naturalmente" (isto é, sem caráter sobrenatural) e, no presente caso, não se vê por que tais disposições se aplicariam a indivíduos saudáveis.[72] Em princípio, os peregrinos, mesmo depois de deixar Corbeny, permaneciam membros da confraria; os mais conscienciosos continuavam a enviar de longe a sua cota-parte.[73] Os monges, por seu lado, não perdiam de vista seus visitantes: pediam-lhes que, se sarassem após cumprir "a viagem ao grande s. Marcoul", então solicitassem a seu pároco ou à autoridade judiciária mais próxima um atestado de cura e enviassem-no a Corbeny. Esses preciosos documentos que provavam a glória do santo acumulavam-se nos arquivos do priorado; muitos chegaram até nós; o mais antigo é de 17 de agosto de 1621;[74] o mais recente, de 17 de setembro de 1738.[75] Eles fornecem a respeito da popularidade do santuário informações de admirável precisão. Ali, constatamos que as pessoas vinham não só de todos os cantos da Picardia, da Champanhe ou do Barrois mas também do Hainaut e da região de Liège,[76] da Alsácia,[77] da Lorena ducal,[78] da Île-de-France,[79] da Normandia,[80] do Maine e do Anjou,[81] da Bretanha,[82] do Nivernais, do Auxerrois e da Borgonha,[83] do Berry,[84] da Auvergne,[85] da região de Lyon,[86] do Delfinado.[87] Pediam a s. Marcoul a cura de diversas enfermidades; com muito maior frequência, porém, pediam-lhe sobretudo a cura das escrófulas.

Retornando a seus lugares de origem, os peregrinos de Corbeny propagavam a devoção ao santo que haviam ido venerar em seu túmulo, frequentemente vindos de muito longe. No cabeçalho do registro da confraria de Grez-Doiceau, no Brabante, fundada em 1663, está o regulamento da confraria de Corbeny, o qual é lido até hoje.[88] Em Corbeny, ficava a confraria matriz; muitas das associações locais, em Grez-Doiceau e em outros lugares, decerto foram apenas filiais. A expansão do culto de s. Marcoul deve ter sido em grande parte a obra de ex-doentes que julgavam ter contraído uma dívida de reconhecimento para com o taumaturgo, cujas relíquias, acreditavam eles, curara seus males.

De onde vinha esse tardio e prodigioso sucesso do velho abade de Nant ou (como se usava dizer desde o século XVI, com uma curiosa confusão de nomes) de "Nanteuil"? Antes de tudo, o sucesso estava evidentemente relacionado à especialidade que o povo acostumara-se a atribuir a s. Marcoul. Enquanto não passara de banal curandeiro, nada nele parecia capaz de seduzir os fiéis. A partir do dia em que se pôde invocá-lo para curar uma afecção determinada e, ademais, muito comum, o santo encontrou pronta uma clientela. A evolução geral da vida religiosa ajudou. Parece que durante os dois últimos séculos da Idade Média ele começou a estar em voga; no século XV, seu brilho crescera a tal ponto que uma diocese ambiciosa pensou ser interessante reivindicar os restos do santo. Nessa época, o espetáculo das epidemias e das desgraças de toda espécie que assolavam a Europa (talvez associado a obscuros movimentos da sensibilidade coletiva, perceptíveis sobretudo em expressão artística) dava à devoção um rumo novo, mais inquieto, mais suplicante, levando as almas a preocupar-se angustiadamente com as misérias deste mundo e a pedir alívio a intercessores especializados ou quase especializados. As pessoas iam ao santo das escrófulas assim como se acorriam (em maior número ainda) aos pés de s. Cristóvão, de s. Roque, de s. Sebastião ou dos Catorze Auxiliares; o nascente renome de s. Marcoul foi apenas mais um exemplo da unânime popularidade que os santos-médicos desfrutavam então.[89] De mesmo modo, o esplendor de sua fama nos séculos seguintes coincide com o vigoroso e bem-sucedido esforço que muitos católicos ativos, em reação contra a Reforma, fizeram para despertar nas massas o culto aos santos, fundando confrarias, procurando relíquias e ligando-se de preferência aos servidores de Deus que, por seu poder específico sobre as doenças, pareciam capazes de oferecer à humanidade sofredora um atrativo maior. Portanto, nas razões que explicam a tardia popularidade de s. Marcoul há muitos elementos de caráter universal. Mas, sem nenhuma dúvida, ele deve-a também, em boa parte, à estreita associação que pouco a pouco se fizera entre seu nome e a dinastia régia. Não era por acaso que o sinete dos armarinheiros mostrava juntas as imagens de s. Luís e de s. Marcoul; os dois, cada qual a sua maneira, eram santos da casa real francesa. Vejamos como esse papel inesperado coube ao padroeiro de Corbeny.

S. MARCOUL E O PODER TAUMATÚRGICO DOS REIS DA FRANÇA

Qual o primeiro rei da França a vir, depois da sagração, fazer suas devoções no túmulo de s. Marcoul? No século XVII, quando se fazia essa pergunta aos monges eles respondiam: s. Luís.[90] Sem dúvida, essa ideia tão lisonjeira a eles tinha-lhes sido sugerida pela efígie do santo rei gravada no sinete da confraria. Segundo tudo indica, estavam enganados; s. Luís sagrou-se, muito criança, a 26 de novembro de 1226, com grande pressa e em condições de insegurança extremamente desfavoráveis a uma inovação que resultaria em retardar o retorno do jovem príncipe para junto de seus súditos parisienses. Aliás, decerto nem no reinado de Filipe, o Belo, a tradição da augusta peregrinação estava já estabelecida. Conhecemos o itinerário que o cortejo régio seguiu em 1286 depois da sagração desse soberano: cortou direto na direção sudoeste, sem voltar-se para o vale do Aisne. Em 1315, Luís x, ao sair de Reims, talvez tenha ido a Corbeny. Mas, se isso aconteceu, deve-se admitir que Filipe de Valois não se considerou obrigado a seguir o precedente: em 1328, tomou praticamente o mesmo caminho de Filipe, o Belo. Ao contrário, a partir de João, o Bom (que no dia seguinte à coroação parou em Corbeny), nenhum rei até Luís xiv parece ter deixado de cumprir esse piedoso costume — exceto Henrique iv, obrigado a receber a unção em Chartres porque a Santa Liga ocupava Reims. Desenvolveu-se todo um cerimonial, claramente descrito num documento do começo do século xvii: uma procissão ia ao encontro do ilustre visitante; o prior carregava a cabeça do santo e colocava-a nas "sagradas mãos" do rei; este pegava-a; ele mesmo ou seu capelão levavam-na até a igreja, onde o rei se punha a orar diante do relicário.[91] Desde o século xv, fora destinado a alojar o monarca um pavilhão especial, chamado "pavilhão régio", parte dos edifícios conventuais.[92]

Luís xiv modificou o antigo costume; quando se sagrou rei, em 1654, o burgo de Corbeny estava arruinado pelas guerras; talvez também o campo não oferecesse muita segurança. Mazarin não quis que o jovem soberano se aventurasse fora de Reims. Fez-se vir à abadia Saint-Rémi, na própria Reims, os ossos de s. Marcoul; assim, cumpriu-se a peregrinação sem que houvesse incômodos para o régio peregrino. O procedimento pareceu conveniente; Luís xv e Luís xvi imitaram-no, sob diversos pretextos.[93] Os reis não mais se impunham a desconfortável viagem a Corbeny; mas, de um modo ou de outro, era preciso que venerassem s. Marcoul. A partir do tempo dos primeiros Valois, as preces diante das relíquias do santo haviam-se tornado (continuando a sê-lo até o fim da monarquia) um rito quase indispensável, que quase necessariamente devia seguir-se à solenidade de coroação. Desde os tempos de Carlos vii, não se imaginava que algum dia pudesse ter sido diferente. "Ora, é verdade", escreve a *Chronique de la Pucelle*,* "que em todas as épocas os reis da França, depois de suas sagrações, haviam-se acostumado a ir a um priorado [...] chamado Corbigny."[94]

A que inspiração obedeceu o primeiro rei (Luís X, se quisermos) que, voltando de Reims, deixou a estrada habitual e desviou-se para Corbeny? Nesse momento, s. Marcoul (cuja grande popularidade estava começando) era tido como curandeiro de escrófulas. Por isso o príncipe francês, também ele um especialista nessa enfermidade, foi procurá-lo? Rezando a um santo a quem Deus parecia haver confiado muito particularmente o cuidado dos escrofulosos, o rei esperaria conseguir curas ainda mais belas que as de outrora? Pode-se supor que de fato foram esses os seus sentimentos. Mas, é claro, ninguém fez o favor de informar-nos com exatidão a respeito deles. Em contrapartida, vemos muito claramente a ideia que tais peregrinações, uma vez tornadas costume, depressa propagaram nos espíritos. Até essa época, considerara-se comumente o poder taumatúrgico dos reis da França uma consequência do caráter sagrado desses reis, expresso e sancionado pela unção; a partir das peregrinações, passou-se a pensar que eles o deviam à intercessão de s. Marcoul, o qual teria obtido de Deus essa graça insigne. No tempo de Luís XI e de Carlos VIII, essa já era a crença geral: testemunham-na Jean Chartier; o autor da *Chronique de la Pucelle* e o do *Journal du siège* [Diário do cerco de Orléans]; Lefèvre de Saint-Rémi; Martial d'Auvergne; e até Enea Piccolomini.[95] Sob Francisco I, atribuía-se quase universalmente a esse santo de "grande mérito", como diz Fleuranges, o dom da virtude miraculosa manifestada pelos reis.[96] Foi essa a novidade que o viajante Hubert Thomas, de Liège, colheu na corte de Francisco I;[97] mas, redigindo em seguida suas memórias, Thomas complicou-se na hagiografia francesa e honra s. Fiacre com o que lhe haviam dito sobre Marcoul — prova de que ainda não atravessara as fronteiras a nova fama do santo de Corbeny. Na França, porém, ela já estava firmemente estabelecida.

Ainda se, diante dos ossos de s. Marcoul, os reis se tivessem limitado a ouvir um serviço religioso e a fazer algumas orações! Mas a esses ritos religiosos, moeda corrente das peregrinações, veio juntar-se muito cedo outro costume, mais apropriado ainda a confirmar a reputação de que o santo fora

* *Crônica da Donzela*, fantasiosa biografia de Joana d'Arc escrita por Guillaume Cousinot de Monteuil. (N. T.)

o autor do milagre régio: após fazer suas devoções, o novo soberano, no próprio priorado, tocava alguns doentes. Temos no reinado de Carlos VIII, em 1484, a primeira comprovação dessa prática. Sem dúvida, ela não era então muito antiga, pois os escrofulosos ainda não tinham o hábito de acorrer a Corbeny na época da viagem da sagração: Carlos VIII viu chegar apenas seis; sob Luís XII, catorze anos mais tarde, eram oitenta; no tempo de Henrique II, contavam-se até estrangeiros; nos séculos XVII e XVIII, eram centenas ou milhares os que se apinhavam em situações similares em Corbeny ou (depois de Luís XIV) no parque da abadia Saint-Rémi de Reims. Mais. Desde no mínimo Luís XII, talvez já antes, esse toque cumprido perto do relicário era o primeiro de cada reinado: antes desse dia específico, nenhum paciente tinha acesso ao augusto taumaturgo. Haveria algo mais tentador que explicar essa regra supondo que os reis, antes de curar, deviam aguardar até ter recebido do santo o poder curativo? Essa foi a opinião comum, talvez até partilhada pelos próprios reis.[98]

Os cônegos de Reims viam com maus olhos a nova teoria; parecia-lhes que ela atacava o prestígio da unção (segundo eles a verdadeira origem do milagre das escrófulas) e, por conseguinte, atacava também a honra de sua catedral, aonde os sucessores de Clóvis vinham ser consagrados pelos santos óleos. Em maio de 1484, aproveitando as festas que marcaram a coroação de Carlos VIII, os cônegos proclamaram bem alto a antiga doutrina. A 29 de maio, na porta da cidade, discursando para o pequeno rei, o deão do cabido lembrou-lhe que ele, Carlos, iria receber mediante a unção o "celeste e divino dom de curar e consolar os desventurados enfermos da dolorosa moléstia que é de todos conhecida". Mas só a palavra não era suficiente; para atingir a imaginação do povo e a do próprio príncipe, valiam mais as imagens. Ao longo de todo o caminho que o soberano e seu séquito deviam percorrer após ultrapassar as muralhas, haviam sido dispostos tablados que, seguindo a moda da época, mostravam toda uma série de quadros vivos que evocavam as lembranças mais famosas ou os mais belos privilégios da monarquia. Sobre um desses tablados, estava "uma jovem trajada com um vestido azul-claro enfeitado de flores-de-lis douradas, tendo na cabeça uma coroa de ouro"; em seguida, um ator representava um *jovem* rei da França; em torno dele, estavam seus servidores, "que lhe ofereciam onde lavar-se", e os doentes, que o rei "curava tocando-os e fazendo o sinal da cruz" — em resumo, tratava-se de uma descrição do toque tal como

Carlos VIII iria praticá-lo em breve. Embaixo, uma inscrição trazia estes versos, sem dúvida escritos por um dos cônegos de Reims, provavelmente o poeta Guillaume Coquillart:

En la vertu de la saincte Onction
Qu'a Rheims reçoit le noble Roy de France
Dieu par ses mains confere guerison
D'escrouëllez, voicy la demonstrance.

Pela virtude da santa unção
Que o nobre rei da França recebe em Reims,
Deus confere pelas mãos do rei a cura
Das escrófulas — eis a demonstração.

Evidentemente, a "demonstração" e a quadra que a comentava tinham como objetivo pôr em evidência a "virtude da santa unção". Mas, "passando defronte da dita história", os cavaleiros do cortejo, um tanto apressados, contentaram-se em lançar sobre ela um olhar distraído, sem ler o cartaz. Percebendo apenas que se tratava de uma cena de cura de escrófulas, imaginaram "que esse foi um milagre de s. Marcoul"; é o que dirão à régia criança, a qual decerto acreditou nisso. A reputação de s. Marcoul penetrara a tal ponto as consciências que tudo, mesmo as insinuações dos adversários, revertia em favor do culto.[99]

Se os cônegos de Reims acreditavam que sua honra dependia da glória da unção régia, com mais fortes razões as diversas comunidades religiosas que obtinham do culto a s. Marcoul prestígio e lucro deviam favorecer ao máximo a teoria que fazia remontar à intercessão do santo a virtude taumatúrgica dos reis. Na primeira fila, é claro, estavam os principais sectários de Marcoul, os monges de Corbeny. Mas também havia outros. Pelo menos desde o século XIV, a abadia da cidade de Saint-Riquier, no Ponthieu, devotava a s. Marcoul uma veneração especial. Pouco depois de 1521, o tesoureiro da abadia, Philipe Wallois, resolveu decorar com afrescos a sala da tesouraria; no amplo ciclo pictórico que verossimilmente teve seu roteiro traçado pelo tesoureiro e que ainda hoje pode ser visto desenvolver-se nas paredes da bela sala, coberta por uma abóbada delicadamente nervurada, Wallois não se preocupou em esconder s. Marcoul. Com uma arrojada concepção, mostrou-o no próprio cumprimento do dom maravilhoso: Marcoul, báculo na mão, está de pé; um rei da França, em traje cerimonial (coroa, manto com flores-de-lis, colar de s. Miguel), ajoelha-se aos pés do santo; este toca com sua sagrada mão o queixo do príncipe; era o gesto com que miniaturas e gravuras costumavam representar os reis tocar as escrófulas, pois o mais das vezes a doença manifestava-se nas glândulas do pescoço; para indicar a transmissão do poder curativo, o artista não acreditou poder encontrar algo mais eloquente que aquele gesto do santo. Abaixo do quadro, uma inscrição em versos latinos esclarecia-lhe o sentido; podemos traduzi-la do seguinte modo (cf. figura 1):

> Ó Marcoul, teus escrofulosos recebem de ti, ó médico, uma saúde perfeita; graças ao dom que tu lhes concedes, o rei da França, médico também ele, goza igual poder sobre as escrófulas; graças a ti, que brilhas por tantos milagres, possa eu ascender, são e salvo, ao firmamento estrelado.[100]

Sem dúvida, a cerimônia do toque fora sempre acompanhada de preces; mas delas ignoramos tudo, exceção feita ao reinado de Henrique II. Para esse príncipe, compôs-se um magnífico livro de horas, joia da arte francesa. Na folha 108 do manuscrito, em frente a uma miniatura que representa o rei ir de doente a doente numa galeria de arquitetura clássica, acham-se "Les oraisons qu'ont acoustumé dire les Roys de France quand ilz veulent toucher les malades des escrouelles" [As orações que os reis da França costumam dizer quando querem tocar os doentes de escrófulas]. Que se lê? Nada menos que certo número de orações, antífonas e responsos em louvor a s. Marcoul. As composições são de uma banalidade completa; o que encerram de mais particular é, pura e simplesmente, extraído das vidas do santo escritas na época carolíngia; não contêm nenhuma referência a seu papel de iniciador do milagre régio.[101] Não obstante, se o rei da França, a cada vez que realizava o milagre costumeiro, acreditava ter de fazer suas devoções a s. Marcoul, então é bem evidente que pensava ter de testemunhar-lhe algum reconhecimento pela virtude maravilhosa que ele, o rei, se preparava para manifestar a todos. A liturgia das escrófulas era uma espécie de sanção que os reis ou seus capelães davam à fama de s. Marcoul.

Assim, estando quase oficialmente estabelecida lá por meados do século XVI, a crença subsistiu nos séculos seguintes. Por volta de 1690, o abade de Saint-Riquier, Charles d'Aligre, preocupado em restabelecer o esplendor de sua igreja (arruinada pelas guerras e pela má administração), teve a ideia de pedir aos melhores artistas da época uma série de quadros de altar; ele consagrou um desses quadros à glória de s. Marcoul. Confiou-o ao decoroso e fecundo Jean Jouvenet, então o mais solicitado pintor de cenas religiosas. No reinado de Luís XIV, uma obra que concernia ao milagre régio não podia deixar de colocar em primeiro plano o rei; na tela que Jouvenet executou com seu habitual estilo sólido e discreto, de início se percebe apenas o monarca (o qual tem os traços do próprio Luís XIV) a tocar os escrofulosos; mas, à direita do rei, olhem esse abade que (um pouco afastado, como convém, e até meio encoberto pelo augusto médico) inclina a cabeça nimbada, como se rezasse: é Marcoul, presente ao rito que sua intercessão tornou possível. Mais ou menos na mesma época, bem perto de Saint-Riquier, na igreja Saint-Wulfran em Abbeville, um pintor cujo nome se ignora representou, também ele (talvez inspirando-se no modelo fornecido por Jean Jouvenet), Luís XIV realizar o ato curativo: ao lado do grande rei, está s. Marcoul. Em Tournai, na igreja Saint-Brice, outro quadro de altar, decerto executado na época em que a cidade era francesa (de 1667 a 1713), por um artista de talento que se supõe ser Michel Bouillon, o qual teve uma escola ali entre 1639 e 1677: na tela, estão lado a lado s. Marcoul (mitrado como um bispo) e um rei da França (de fisionomia bastante impessoal, usando o manto enfeitado de flores-de-lis e forrado de pele de arminho). Com a mão esquerda, o príncipe segura um cetro; também com a esquerda, o clérigo segura um báculo; as mãos direitas erguem-se para benzer os enfermos que, em atitudes dramáticas, comprimem-se aos pés dos dois. Um motivo análogo pode ser encontrado em obras de menor importância. Em 1638, d. Oudard Bourgeois, prior de Corbeny, publicando sua *Apologie pour le pelerinage de nos roys à Corbeny au tombeau de s. Marcoul* [Apologia da peregrinação de nossos reis ao túmulo de s. Marcoul, em Corbeny], dá-lhe por frontispício uma gravura na qual vemos um rei (dessa vez, como era de esperar, provido da barbicha à Luís XIII) estender a mão sobre um doente; em terceiro plano, o santo do priorado. Eis agora, também datando provavelmente do século XVII, duas produções da arte religiosa destinadas a uso popular: uma estampa, gravada por H. Hébert; e uma medalha, cunhada pela igreja Sainte-Croix, de Arras. Ambas colocam face a face um rei e s. Marcoul; entre elas, há uma única diferença séria: na estampa, o santo toca o queixo do rei (talvez por imitação ao afresco da tesouraria da abadia Saint-Riquier); na medalha, o santo toca-lhe as mãos. Tanto num gesto quanto no outro, exprimia-se a mesma ideia: a transmissão sobrenatural. Por fim, atravessemos as fronteiras do reino. A 27 de abril de 1663, uma confraria em louvor a nosso santo fora estabelecida em Grez-Doiceau, no Brabante. Seguindo o costume dos Países Baixos, ali se distribuíam aos peregrinos imagens em forma de bandeirola, chamadas *drapelets*; conservamos uma bandeirola de Grez-Doiceau que parece datar do século XVIII; ajoelhado aos pés de s. Marcoul e beijando um objeto redondo (sem dúvida, um relicário) que o santo lhe estende, percebe-se um rei da França, como sempre trajado do longo manto bordado com flores-de-lis; ao lado do rei, sobre uma almofada, estão o cetro e a coroa. Assim, mesmo em terra estrangeira, não se concebia mais o santo sem dar-lhe por atributo o rei. Por toda a parte, a iconografia divulgava a ideia de que esse velho monge, a respeito do qual se sabia tão pouca coisa — eremita, fundador de abadia e antagonista do diabo nos tempos merovíngios —, desempenhara um papel nas origens e na continuação do poder curativo.[102]

Que papel, exatamente? Talvez jamais se tenha sido perfeitamente claro acerca desse ponto, já que nunca chegou a desaparecer o conceito originário, o qual via na virtude miraculosa dos reis uma expressão do sagrado poder destes. Ademais, durante longo tempo não se teve oportunidade de discutir o problema. Mas veremos que, em fins do século XVI e começos do século XVII, dedicaram amplo espaço ao milagre das escrófulas os teóricos do absolutismo, os quais, em resposta aos monarcômacos, esforçavam-se por exaltar a mística da realeza. O objetivo dos teóricos absolutistas era, antes de mais nada, evidenciar o caráter divino do poder régio; não podiam, portanto, aceitar para as virtudes miraculosas do toque outra virtude senão esse mesmo caráter divino que, segundo eles, era sancionado ou até reforçado pelos ritos da sagração. Pois, como veremos, eles não partilhavam da intransigência que outrora o autor do *Songe du vergier* manifestara a respeito dessas solenidades religiosas. Tendiam quer a guardar silêncio sobre a influência comumente atribuída a s. Marcoul, quer a negá-la formalmente: o jurista Forcatel, por exemplo, simplesmente se cala; o médico Du Laurens e o capelão Guillaume du Peyrat polemizam com os partidários do santo.[103] Pois s. Tomás de Aquino (sabemos que o confundiam com seu continuador Tolomeo da Lucca) não atribuíra expressamente à unção as curas realizadas pelos capetíngios? A partir de então, mesmo os defensores do padroeiro de Corbeny, como o prior Oudard Bourgeois, limitaram-se a apenas reivindicar para s. Marcoul uma participação algo secundária nas origens do toque: "Não quero inferir", escreve Bourgeois, "o que alguns pensaram, [isto é] que nossos reis recebem pela intercessão de s. Marcoul a virtude de curar as escrófulas. [...] A sagração de nossos reis é a primeira fonte dessa dádiva". O papel de s. Marcoul estaria restrito a "assegurar" essa graça (ou seja, a obter de Deus a confirmação e a preservação do poder curativo), em reconhecimento aos benefícios que ele, Marcoul, recebera de Childeberto, "rei da França" (nessa época, acreditava-se que desde Clóvis os merovíngios haviam realizado curas):[104] esforço bastante forçado para conciliar as duas teorias nitidamente contraditórias.

Contradições do gênero não perturbam a opinião pública. A maior parte dos doentes (peregrinos de Corbeny ou adeptos do toque régio) continuava a imaginar vagamente que s. Marcoul estava, de algum modo, presente no poder miraculoso dos reis; esses enfermos não procuravam determinar de que forma a ação do santo pudera exercer-se. A crença exprime-se, com ingenuidade, em inúmeros atestados de cura conservados nos arquivos de Corbeny. Vê-se ali que no século XVII alguns escrofulosos, depois de ter sido tocados pelo rei, achavam que o alívio só seria completo se, em seguida, fossem cumprir uma novena no túmulo de s. Marcoul; mesmo quando, tocados pela régia mão, ficavam livres de seus males sem que nisso tivesse havido intervenção de outras práticas religiosas, ex-doentes agradeciam a Corbeny, pois pensavam que, em algum grau, a intercessão do santo contribuíra para o milagre.[105] Os monges do priorado encorajavam tais ideias. O regulamento da peregrinação a Corbeny (que foi redigido por volta de 1633 e que o registro da confraria de Grez-Doiceau, no Brabante, conservou) diz: "No caso de o doente ter sido tocado pelo rei cristianíssimo [...] (único entre os príncipes da terra que tem o poder de Deus para curar as escrófulas pelos méritos desse abençoado santo), ele, o doente, deve fazer-se registrar na dita paróquia e aí fazer ou mandar fazer sua novena; depois, enviará à dita Corbeny um atestado de sua cura assinado pelo pároco ou pela justiça de seu lugar".[106] Em contrapartida, o cabido de Reims, tal qual no passado, olhava com pouca simpatia a concorrência que o santo de Corbeny fazia à unção régia. A 17 de setembro de 1657, uma mulher de Reims, Nicolle Regnault, antes doente de escrófulas e agora sã, mandou fazer numa mesma folha de papel dois atestados de cura. O primeiro era assinado pelo sr. Aubry, pároco da igreja Saint-Jacques de Reims e cônego da igreja metropolitana; lê-se que Nicolle, "tendo sido tocada pelo rei na época da sagração deste, ficou curada"; não se fala de s. Marcoul. O segundo era de autoria do tesoureiro de Corbeny; esse religioso certificou que a doente "foi perfeitamente curada graças à intercessão do bem-aventurado s. Marcoul", ao qual depois ela fez uma novena em ação de graças; não se fala do rei.[107] As autoridades eclesiásticas superiores não se preocuparam em resolver o debate: para elas, eram igualmente preciosos o prestígio da sagração (pouco a pouco transformada num dos mais sólidos laços que ligavam a realeza à Igreja) e o culto aos santos populares. O ecletismo da cúpula eclesiástica exprime-se perfeitamente no tratado *De servorum Dei beatificatione et beatorum canonizatione* [A beatificação dos servidores de Deus e a canonização dos beatos], escrito pelo cardeal Prospero Lambertini, mais tarde papa com o nome Benedito XIV — esse espírito arguto a quem Voltaire dedicou *Mahomet* [Maomé]. Vamos abrir no livro IV essa célebre obra do cardeal Lambertini, a qual ainda hoje, segundo se diz, tem autoridade na Congregação dos Ritos; lemos estas palavras: "os reis da França obtiveram o privilégio de curar as escrófulas [...] em virtude de uma mercê que lhes foi graciosamente dada, seja quando da conversão de Clóvis [é a teoria da unção] [...], seja quando s. Marcoul pediu-a a Deus em favor de todos os reis da França".[108] Afinal de contas, como dizia com simplicidade d. Marlot, "não é impossível possuir por duas razões diferentes uma mesma coisa".[109]

A bem dizer, na teoria do milagre régio s. Marcoul era um intruso, cujo sucesso jamais foi completo. Mas como explicar essa intrusão? Absolutamente nada nos relatos sobre o santo a justifica; pois, embora nas hagiografias antigas leiamos que ele recebeu alguns presentes de Childeberto, não vemos ali (a despeito do que Oudard Bourgeois diga) que, em retribuição, Marcoul "foi magnânimo para com Sua Majestade" —[110] isto é, que ele tenha obtido para o rei algum dom prodigioso ou, pelo menos, a "continuação" de um dom similar. A ideia da intercessão do santo nasceu (aí pelo final da Idade Média) do espetáculo das primeiras peregrinações régias, as quais, a exemplo de tantas outras ações de graças, foram interpretadas como reconhecimento de um benefício. Em seguida, essa interpretação foi imposta aos próprios reis; as comunidades ou confrarias interessadas no culto ao santo dedicaram-se a propagá-la. Ao menos, tais são as circunstâncias que permitem explicar por que esse curioso conceito (o qual não encontra analogia na Inglaterra)[111] desenvolveu-se na França em fins da Idade Média. Mas não poderíamos entendê-lo plenamente sem considerá-lo, sobretudo, a expressão de uma tendência geral que a consciência popular manifestava para a confusão ou (se me é permitido tomar emprestado um termo à filologia clássica) para a "contaminação" das crenças. Na França, havia reis que, desde aproximadamente o século XI, curavam as escrófulas; no mesmo país, havia também um santo no qual, um ou dois séculos mais tarde, julgara-se reconhecer um poder similar; a doença era a um só tempo o "mal régio" e o "mal de s. Marcoul";[112] como admitir que entre esses dois fatos prodigiosos não existisse um vínculo? As imaginações procuraram uma ligação; porque a procuraram, encontraram-na. Que tenham obedecido a uma constante necessidade da psicologia coletiva é o que irá mostrar-nos a história de uma contaminação da mesma espécie, contaminação em que os reis taumaturgos e o santo de Corbeny encontraram-se simultaneamente envolvidos.

OS SÉTIMOS FILHOS, OS REIS DA FRANÇA E S. MARCOUL

Desde um tempo imemorial, certos números foram tidos como dotados de um caráter sagrado ou mágico; o caso mais notável é o do sete.[113] Também não deve surpreender-nos que em vários países haja sido atribuído um poder sobrenatural ao sétimo filho, isto é, ao último de uma série contínua de sete filhos varões; algumas vezes, mas muito mais raramente, esse poder sobrenatural foi também atribuído à sétima filha, aparecendo também após uma sequência ininterrupta do mesmo sexo. Tal poder pode assumir uma forma desagradável e bastante irritante para quem dele é investido: em certas regiões de Portugal, aparentemente se supõe que todos os sábados os sétimos filhos transformam-se em asnos (não sei se voluntariamente) e, sob essa forma, arriscam-se a ser perseguidos por cães até a alvorada.[114] Quase sempre, porém, esse poder é considerado essencialmente benéfico: em certos lugares, o sétimo filho é tido como descobridor de nascentes;[115] sobretudo, em quase toda a parte, vê-se nele (assim como, eventualmente, na sétima filha) um curandeiro nato, um *panseux de secret*, no Berry,[116] ou um *touchou*, no Poitou.[117] Essa variante da crença foi (e provavelmente ainda é) muito amplamente difundida na Europa ocidental e central: foi observada na Alemanha,[118] em Biscaia,[119] na Catalunha,[120] em quase toda a França,[121] na Holanda,[122] na Inglaterra,[123] na Escócia,[124] na Irlanda,[125] e mesmo, dizem, fora da Europa, no Líbano.[126]

É muito antiga? Pelo que sei, os primeiros testemunhos remontam ao começo do século XVI; não encontrei nenhum anterior ao de Cornelius Agrippa em sua *De occulta philosophia* [Filosofia oculta], publicada em 1533.[127] Antes de surgir assim às claras em livros, será que essa superstição (a qual a Antiguidade parece haver desconhecido) teria tido longa existência na Idade Média, sem deixar traços escritos? É possível; também é possível que um dia se descubra em textos medievais uma menção dela que me teria escapado.[128] Mas disponho-me a crer que só nos tempos modernos ela alcançou verdadeira popularidade; pois, em boa parte, tal popularidade deve-se aos pequenos volumes impressos que, propagados pelos mascates aproximadamente a partir do século XVI, colocaram à disposição dos simples as velhas ciências herméticas, em particular as especulações sobre os números, as quais eram bem pouco familiares à alma popular.[129] Em 1637, certo William Gilbert, de Prestleigh, em Somerset, tendo tido sete filhos varões em sequência, usava o último, chamado Richard, para "tocar" os enfermos. Nessa época, por motivos que veremos mais adiante, o governo de Carlos I perseguia muito severamente tais curandeiros. O bispo de Wells, a cuja diocese Prestleigh pertencia, foi encarregado de proceder a uma investigação sobre o caso de Gilbert; dessa forma, descobriu como o pequeno Richard começara a fazer curas. Um *yeoman** das vizinhanças tinha uma sobrinha que sofria de escrófulas; ele lembrou-se de, numa obra anônima intitulada *A thousand notable things of sundry sortes* [Mil coisas notáveis de diversas espécies], ter lido que essa doença podia ser curada pelos sétimos filhos; enviou-se a garotinha à casa dos Gilbert; foi a primeira paciente do menino-médico.[130] Ora, conhecemos o livro em que o *yeoman* descobriu essa preciosa indicação. Escrito por certo Thomas Lupton e publicado pela primeira vez em 1579, teve grande número de edições.[131] Pode-se acreditar que mais de um pai de sete meninos tomou-lhe emprestada (ou diretamente ou, como William Gilbert, graças aos bons ofícios de um intermediário) a ideia de utilizar o maravilhoso talento atribuído ao último filho nascido nessa bela série. O próprio Lupton não poderia ser considerado o intérprete imediato de

* Título de pequenos proprietários rurais que, embora não pertencessem à nobreza, tinham certos privilégios. (N. T.)

uma tradição popular; consultara uma fonte também livresca, a qual ele teve a honestidade de citar; curiosamente, trata-se de uma fonte estrangeira: as *Memorabilium, utilium ac iucundorum Centuriae novem* [Nove centúrias de fatos memoráveis, úteis e amenos], do médico e astrólogo francês Antoine Mizauld, forneceram a informação que iria determinar o destino do jovem curandeiro de Prestleigh.[132] Desde sua aparição em 1567, as *Centuriae novem* foram também reimpressas várias vezes, sobretudo na Alemanha. Quem jamais saberá quantos curandeiros, em diversos países, deveram a esse pequeno livro, em primeira ou em segunda mão, o estímulo que decidiu-lhes a carreira? Outros escritos análogos podem ter, em outros lugares, desempenhado o mesmo papel. A contribuição da imprensa ao mundo não se limitou ao progresso do pensamento racional.

Quais doenças os *septennaires* (para dar-lhes o nome com que muitas vezes eram designados na antiga França) costumavam curar? Na origem, provavelmente curavam todas, sem distinção. Aliás, na Alemanha seu poder parece ter sido sempre genérico. Em outros lugares, sem perder de todo a influência sobre o conjunto dos males, os sétimos filhos especializaram-se. Conforme o país, eram-lhes atribuídas diferentes competências; em Biscaia e na Catalunha, curavam mordidas de cães raivosos; na França, na Grã-Bretanha e na Irlanda, as escrófulas.[133] Desde Cornelius Agrippa, Antoine Mizauld e Thomas Lupton, nossos textos mais antigos já os apresentam no papel de médicos dos escrofulosos, no qual podem ser encontrados até em nossos dias, em certas áreas rurais dos dois lados da Mancha. De onde proveio essa virtude específica? É muito significativo que ela lhes tenha sido atribuída precisamente nas duas regiões onde os reis também a exerciam.[134] Não que originariamente a crença nas curas realizadas pelos sétimos filhos tenha tido alguma relação com a fé no milagre régio; ela nascera de outras concepções e (se me é permitido dizê-lo) de outra magia. Mas, na França e nos domínios da coroa da Inglaterra, o povo decerto se habituara a ver nas escrófulas um mal que demandava, essencialmente, meios extraordinários; uma "doença prodigiosa", dizia Jean Golein; um "mal sobrenatural", dirá um panfleto inglês do século XVII.[135]

Nos séculos XVI e XVII, os sétimos filhos tiveram enorme número de adeptos, tanto na França quanto nas ilhas Britânicas. Na Inglaterra, vários desses curandeiros fizeram séria concorrência a seu soberano; alguns doentes preferiam-nos ao rei;[136] Carlos I ou seus conselheiros, enciumados defensores da prerrogativa monárquica, perseguiram-nos severamente. Na França, onde em geral parecem ter sido deixados em paz, os sétimos filhos também conheceram grande sucesso.[137] Em todas as rodas da sociedade, estava-se a par das proezas deles, embora as pessoas de bom senso, como madame de Sévigné ou a princesa palatina,[138] só falassem deles com uma ponta de ironia. Conhecemos vários: um estudante de Montpellier que praticava sua arte aí por 1555;[139] um eremita de Hyères, na Provença, a respeito do qual um anônimo admirador escreveu em 1643 um *Traité curieux de la guérison des écrouelles par l'attouchement des septennaires* [Curioso tratado sobre a cura das escrófulas pelo toque de sétimos filhos], que merece constar na lista dos mais singulares monumentos da estupidez humana;[140] em 1632, o filho de um alfaiate de Clermont, no Beauvaisis; na mesma época, um professo do convento dos carmelitas na Place Maubert, em Paris.[141] Esse último usava sua aptidão tendo pleno consentimento de seus superiores. Vê-se que a Igreja não condenara oficialmente essa superstição; aliás, daqui a pouco poderemos observar como os religiosos de Corbeny souberam aproveitá-la. Entretanto, é óbvio que os eclesiásticos mais rigorosos ou mais esclarecidos reprovavam-na. Temos do bispo Bossuet uma carta muito seca, endereçada à abadessa de Faremoutiers, a qual se interessava por um rapaz alegadamente possuidor desse dom. "Permiti-me, senhora", escreve o prelado, "que eu tenha a honra de dizer-vos que só me imiscuí com esses sétimos varões para impedi-los de enganar o mundo exercendo sua pretensa prerrogativa, a qual não tem nenhum fundamento."[142] Essa também é a conclusão de Jean-Baptiste Thiers em 1679, em seu *Traité des superstitions* [Tratado sobre as superstições], e de Jacques de Sainte-Beuve em 1704, em suas *Résolutions de plusieurs cas de conscience*[143] [Soluções de vários casos de consciência]. Como se poderia esperar, o parecer desses doutores não conseguiu impedir que a crença sobrevivesse. Já mencionei que em alguns lugares ela persiste até o presente. Em meados do século XIX, um camponês do vilarejo de Vovette, na Beauce, tendo sido o sétimo de uma sucessão contínua de filhos varões, por muito tempo exerceu a esse título uma proveitosa atividade.[144]

Portanto, na França do Ancien Régime havia três espécies de curandeiros de escrófulas, todos igualmente prodigiosos e, segundo se costumava pensar, igualmente capazes: um santo — s. Marcoul —, os reis e os sétimos filhos. O poder que lhes era atribuído tinha origens psicológicas inteiramente diversas: em s. Marcoul, era a crença geral nas virtudes miraculosas e na intercessão dos santos; nos reis (em princípio, e sem termos garantias a respeito da tardia legenda de Corbeny), era o conceito de realeza sagrada; enfim, nos sétimos filhos, eram as especulações sobre os números, verdadeiramente pagãs. Mas a consciência popular aproximou e amalgamou esses elementos discordantes; tanto no caso dos sétimos filhos quanto no dos reis, a tendência à contaminação fez sua parte.

Entre o vulgo, uma opinião, bastante difundida, dizia que os indivíduos dotados de poderes mágicos particulares (especialmente os curandeiros) nasciam com uma marca distintiva desenhada sobre seu corpo, indicativa de seus talentos e, às vezes, de sua origem ilustre: por exemplo, segundo o testemunho de diversos autores dos séculos XVI e XVII, a roda "inteira ou partida" que se via na Espanha nos "parentes de s. Catarina" (a roda tornara-se o emblema da santa, depois de ter sido o instrumento de seu martírio); ou ainda, segundo os mesmos escritores, a "figura" em forma de serpente que os "parentes de s. Paulo" (os quais na Itália se julgava terem herdado do Apóstolo dos Gentios o dom de curar as picadas venenosas) mostravam "impressa sobre sua carne".[145] Os sétimos filhos não eram exceção. Em Biscaia e na Catalunha, pensava-se divisar uma cruz em sua língua ou no palato.[146] Na França, o sinal que a credulidade pública reconhecia neles adquiriu aspecto mais particular: a boa gente contava que nasciam com uma flor-de-lis marcada em qualquer lugar da pele — na coxa, segundo alguns especificavam. Tal superstição aparece desde o século XVII.[147] Nesse momento, ainda haveria muitas pessoas crentes de que também os reis nasciam com uma mancha assim? O padre Dominique de Jésus, em sua *Monarchie sainte et historique de France* [Monarquia santa e histórica da França], obra em que, com absurda engenhosidade, esforçava-se por mostrar a existência de laços familiares entre a monarquia e o maior número de santos possível, chegando a s. Leonardo de Noblat dava do parentesco desse pio abade com a casa da França a seguinte prova: "vê-se em sua cabeça nua um lírio, [também] gravado pela natureza no crânio de seu soberano, como eu mesmo o vi e toquei no ano de 1624".[148] Parece que se tem aí uma espécie de eco deformado da velha crença. Não conheço dessa época nenhum outro testemunho escrito. Por certo, a crença apagou-se pouco a pouco. Uma de suas últimas manifestações seria a marca prodigiosa atribuída aos sétimos varões; não há dúvida de que esse lírio, segundo o sentimento comum, fosse a régia flor-de-lis; o jesuíta René de Ceriziers, em 1633, e o padre Regnault, de Reims, em 1722, ainda consideram o sinal uma demonstração de que o poder dos "sétimos" "deriva do crédito que nossos reis têm no céu":[149] interpretação já meio racional; ficaremos mais perto da verdade popular dizendo simplesmente que entre esses bruxos (médicos das escrófulas natos) e os reis da França, o povo, pouquíssimo preocupado com a lógica, estabeleceu uma relação misteriosa, cuja expressão perceptível era um sinal físico congênito que, no corpo daqueles bruxos, reproduzia o emblema característico do brasão capetíngio e era similar à marca que por longo tempo se acreditara (e talvez ainda se acreditasse algumas vezes) que os próprios reis tivessem. Aliás, essa certamente não era a única forma pela qual se traduzia aquela relação. É possível que no século XVII, antes de começarem a praticar sua arte, os *septennaires* se fizessem às vezes tocar pelo rei, para, mediante esse contato, tomar emprestado um pouco do fluido régio.[150] Ainda hoje, em certas regiões rurais, a virtude dos sétimos filhos é considerada especialmente eficiente quando seus pais tiveram o cuidado de chamá-los Luís; evidentemente, essa tradição é uma reminiscência do tempo em que os reis da França passavam, de pai para filho, o nome Luís.[151] Por esse último exemplo, vemos que as superstições de tal natureza, nascidas de um estado psicológico monárquico, em certos casos sobreviveram à monarquia. Acontece a mesma coisa com a flor-de-lis: ainda em meados do século XIX, o curandeiro de Vovette, que soube tirar do acaso de sua origem um tão belo proveito, mostrava a marca heráldica desenhada (de nascença, dizia ele) na ponta de um dos dedos. Quando necessário, a engenhosidade sabia suprir a natureza. Nos séculos XVI e XVII, havia fortes suspeitas de que os "parentes de s. Catarina" e os de s. Paulo produziam artificialmente as manchas, semelhantes ou a rodas ou a serpentes, de que tanto se orgulhavam.[152] O dr. Menault, que em 1854 escreveu um curioso artigo (de tom bastante cético) sobre o homem de Vovette, assegura que os charlatães dessa espécie, quando tinham a infelicidade de nascer sem a marca, arranjavam uma por meio de cortes, deixando cicatrizes com a forma apropriada.[153] Foi esse o último avatar da "insígnia" dos reis da França.

Ainda mais estreito foi o relacionamento com s. Marcoul. Muito cedo — desde o início do século XVII, ou mesmo antes —, os sétimos filhos colocaram-se sob a proteção do celeste médico das escrófulas. A maioria deles, a cada vez antes de tocar os doentes, rezava em louvor ao santo. Mais: no começo da carreira, antes mesmo de começar a exercê-la, quase todos iam a

Corbeny e cumpriam uma novena. Observando esses costumes, mais uma vez imitavam os reis da França, ou melhor, obedeciam ao mesmo sentimento que levara esses príncipes a fazer a peregrinação a Corbeny e que também se exprimia, como vimos, na liturgia do milagre régio. Para realizar belas curas, os sétimos filhos acreditavam ser bom assegurar-se, primeiro, da intercessão do grande protetor dos escrofulosos: *teus* escrofulosos, dizia a s. Marcoul a inscrição de Saint-Riquier que já citei. Preferiam praticar sua arte nos dias de festa do santo; algumas vezes, até se atreviam a curar em nome de s. Marcoul. Em suma, guardado todo o respeito, contratavam com o santo uma espécie de piedosa aliança.[154]

Aliás, nesse tempo e nesse meio, nada mais natural que semelhante associação. O estudo das tradições populares apresenta-nos, fora da França, outro exemplo análogo. Na Catalunha, os sétimos filhos, lá chamados *setes* ou, ainda, *saludadors*, não se ocupavam dos escrofulosos; sua especialidade, como sabemos, era a hidrofobia. Como curandeiros de mordidas suspeitas e, também, como possuidores de segredos capazes de, por antecipação, proteger homens e animais contra os ataques do mal, os *saludadors* exerciam sua arte com invejável sucesso, ainda no século passado, na Catalunha e, às vezes, até mesmo no Roussillon. Ora, em toda a península Ibérica, a intervenção celeste que de preferência o povo invoca contra a hidrofobia é s. Quitéria, santa que, embora pouco conhecida pelos historiadores, nem por isso deixa de contar com número muito grande de fiéis.[155] Relações similares às que na França foram estabelecidas entre os sétimos filhos e s. Marcoul também surgiram na Catalunha, entre os *saludadors* e s. Quitéria. Os *saludadors* faziam seus pacientes beijar uma cruz, chamada cruz s. Quitéria; antes de soprar a ferida e de chupá-la (o remédio habitual), invocavam a santa numa pequena prece. Só começavam a praticar depois de terem ido a uma igreja em que a santa fosse objeto de uma veneração especial, como a abadia de Bezalu; lá, faziam suas devoções e, apresentando um atestado que comprovava as particularidades de seu nascimento, recebiam dos monges um rosário de grandes contas, terminado numa cruz que, a partir de então, deviam oferecer aos beijos de seus doentes.[156]

Essa última característica merece reflexão: nela, percebe-se ao vivo a ação de certas vontades individuais que obedeciam a uma política perfeitamente definida. A ideia de semelhante colaboração entre uma santa e bruxos deve ter-se formado, mais ou menos espontaneamente, no espírito do povo ou dos próprios *saludadors*; mas tal ideia foi também favorecida pelos religiosos encarregados do culto à santa. Da mesma forma, na França os monges de Corbeny encorajaram os sétimos filhos a ligar-se ao padroeiro daquela abadia. Os religiosos serviam assim os interesses de sua casa. Esses curandeiros, muito populares, poderiam ter-se tornado temíveis concorrentes da peregrinação. Entretanto, muito pelo contrário, a ligação que se estabeleceu entre os sétimos filhos e s. Marcoul fez deles agentes de propaganda — sobretudo quando, como os monges os incentivavam a fazer, impunham a seus pacientes inscrever-se na confraria de Corbeny. Entre os *septennaires* e a antiga comunidade fundada por Carlos, o Simples, criou-se um verdadeiro acordo, do qual dois documentos, ambos de 1632, mostram-nos as bem curiosas manifestações. Nessa época, o prior era aquele mesmo d. Oudard Bourgeois que já vimos defender com a pena a glória de sua abadia, contestada pela gente de Mantes; homem ativo e inquieto, a quem a igreja local deve um novo altar-mor (construído ao gosto de então)[157] e que de todas as formas trabalhou para a prosperidade do estabelecimento que lhe fora confiado. Quando um sétimo varão vinha apresentar-se a Corbeny (munido de uma certidão dos registros paroquiais que atestasse, sem possibilidade de fraude, ser ele o sétimo macho nascido sem interposição de filha), uma vez terminadas as devoções ele recebia de d. Oudard um certificado que o constituía oficialmente curandeiro de escrófulas. Uma cópia do documento permanecia nos arquivos do priorado. Duas peças dessa natureza foram assim conservadas: uma relativa a Eli Louvet, o filho do alfaiate de Clermont;[158] e a outra, a Antoine Baillet, professo dos carmelitas da Place Maubert. A redação, embora ingênua, não deixa de ser saborosa. Eis as passagens essenciais do segundo certificado; respeito a ortografia, que, por seu caráter fantasista, é inteiramente digna do *grand siècle*:

> *Nous, dom Odouard Bourgois, prieur du prieuré de Saint Marcoul de Corbenist en Vermendois du diocedz de Laon,* [...]. *Ayant veu, leu et examiné attentivement le proces et les attestations de la naissance du Reverend Pere frerre Antoine Baillet, prestre religieux de l'ordre de Nostre Dame du Mont Carmel e profez du grand couvent des Perres Carmes de la place Maubertz de Paris, comme il est yssus le septiesme filz malle sans aulcune interposition de fille* [...] *et attendu que ledit F. Antoine Baillet est le septiesme filz malle et que le septiesme peult toucher et imposer sa main sur les pauvres affligés des escrouelle, ainsi que le croi pieusement le*

vulguaire et nous ausy pareillement et que chacun l'experimente journellement.[159] [...] *apres donc qu'il a visité par deulx divers fois l'eglise royalle de Saint Marcoul de Corbenist où reposent les relicque et sacré ossement de ce grand Sainct qui est imploré principallement pour le mal des escrouelles, et que, en son dernier voyage, il a faict sa neufvaine ainsi que les mallades et a observé de point en point et au myeulx qu'il lui a esté possible toutes ce qui est comandé de garder en la dicte neufvaine, et ausi c'est faict enregistrer au nombre des confrerre de la confrairie royalle, et, avant que toucher, oultre le proces et les attestations, il nous a faict voir son obbediance bien signée et scellée de son superieurre et datté du XV*e *septembre 1632 et le certificat et approbation des docteurs, bachelier, et anciens perre de son monastere comme il a tousjours vescu parmi eulx en tres bon religieux et en bon odeur et reputation* [...] *pour ceste cause nous lui avons permis et permettons autant que nous pouvons de toucher charitablement*[160] *les malades des escrouelles en certains jours de l'année, scavoir aux jour et feste de Saint Marcoul qui est le premier jour de mai, et le septiesme jour de juillet que est sa relation, et le second octobre sa translation, et le Vendredi, Saint et les Vendredi des Quatre Temps de l'année.*[161] *(Dieu veille que le tout soit a sa gloire!), et ayant ainsi touché lesdict malade nous les renvoyer audit Corbenist pour ce faire enregistrer au nombre des confraire de la confrairie royalle de Saint Marcoul, erigée en ce lieu par nos rois de France dont ilz sont les premiers confrerre,*[162] *pour y faire ou faire faire une neufvaine et le tout à la gloire de Dieu et de ce glorieux sainct.*

En tesmoing de ce nous avons signée ces presentes et apposé le scel royal de la dite confrairie. Ce vingt quatriesme septembre mil six cent trente deulx.

Nós, d. Odouard Bourgeois, prior do priorado de Saint-Marcoul de Corbeny, no Vermandois, da diocese de Laon, [...]. Tendo visto, lido e examinado atentamente o processo e as comprovações do nascimento do reverendo padre frei Antoine Baillet, padre religioso da ordem de Nossa Senhora do Monte Carmelo e professo do grande convento dos padres carmelitas da Place Maubert de Paris, e tendo visto que ele nasceu o sétimo filho macho sem nenhuma interposição de filha [...] e comprovado que o dito frei Antoine Baillet é o sétimo filho macho e que o sétimo pode tocar e impor sua mão sobre os desventurados afligidos pelas alporcas, assim como o acredita piedosamente o vulgo e nós também, tal qual se comprova diariamente[159] [...] depois, portanto, que ele visitou em duas ocasiões diversas a igreja régia de Saint-Marcoul de Corbeny, onde repousa a sagrada ossada desse grande santo ao qual se implora principalmente pelo mal das alporcas, e depois que, em sua última viagem, fez sua novena junto com os doentes, observou ponto por ponto e da melhor maneira que lhe foi possível tudo o que se ordena guardar na dita novena, fez-se registrar no número dos confrades da confraria régia e, antes de tocar, além do processo e das comprovações, fez-nos ver sua obediência assinada e selada por seu superior e datada de 15 de setembro de 1632 e o certificado e confirmação de doutores, bacharel e antigos padres de seu mosteiro, atestando que sempre viveu entre eles como muito bom religioso e em boa fama e reputação, [...] por esse motivo lhe permitimos [...] tocar caritativamente[160] os doentes de alporcas em certos dias do ano, a saber: nos dias de festa de s. Marcoul, que são o primeiro dia de maio, o sétimo dia de julho (sua relação) e o segundo de outubro (sua trasladação), na Sexta-feira Santa e nas sextas-feiras das Têmporas.[161] (Deus queira que tudo seja para Sua glória!), e, tendo assim tocado os referidos doentes, enviá-los a nós na referida Corbeny para fazerem-se registrar no número dos confrades da confraria régia de s. Marcoul, erigida neste lugar por nossos reis da França (que são dela os primeiros confrades)[162] para aí fazer ou mandar fazer uma novena, e tudo pela glória de Deus e desse glorioso santo.

Em testemunho disso, assinamos o presente e apusemos o selo régio da dita confraria. A 24 de setembro de 1632.

Assim, provido desse atestado, frei Antoine voltou a seu convento. Ali, seus talentos foram provavelmente apreciados; os escrofulosos habituaram-se a vir à Place Maubert e, para atraí-los ainda mais, os carmelitas puderam (após a morte de Ana da Áustria, ocorrida em 1666) apresentar uma autêntica relíquia de s. Marcoul, que receberam por legado dessa princesa, para uso da qual a relíquia fora outrora retirada de Corbeny.[163] Ainda temos o volante que os carmelitas distribuíram ao público, sem dúvida em torno dessa data, 1666.[164] Esse impresso oferece a mais singular confusão; leem-se ali, lado a lado, receitas médicas, algumas das quais parecem ligar-se a conceitos de natureza mágica;[165] antífonas e orações tanto a s. Marcoul quanto a s. Clodoaldo, outro padroeiro do convento; e, depois de uma deferente alusão ao milagre régio, um conselho aos escrofulosos, dizendo-lhes que se fizessem tocar por alguém que fosse, certificadamente, um sétimo filho. Antoine Baillet não é citado, mas não podemos duvidar de que esse aviso referia-se sobretudo a ele. No cabeçalho, uma pequena gravura representava s. Marcoul.

A tradição solidamente estabelecida pelos protegidos de Corbeny manteve-se até o século XIX. O *septennaire* de Vovette trabalhava diante de uma pequena imagem de s. Marcoul, depois de, junto com seu paciente, ter feito diante dela uma curta oração. Essa cerimônia e o tratamento (um simples toque seguido de um sinal da cruz, sendo similar, portanto, ao antigo gesto régio e talvez copiado deste, embora pudesse também tratar-se de coincidência) eram repetidos a cada dia, durante nove dias consecutivos. Ao fim desse período, o doente ia embora munido de uma receita que impunha tanto certas recomendações alimentares, muito bizarras, quanto uma assiduidade especial às festas de s. Marcoul; levava também um livrinho, contendo o ofício do santo e uma imagem de devoção, abaixo da qual estava impressa uma oração em que se invocava Marcoul. Nesse momento, a íntima relação que unia os *septennaires* ao antigo taumaturgo de Nant e de Corbeny tornara-se visível o bastante para traduzir-se imperiosamente na linguagem. Esses curandeiros de escrófulas às vezes recebiam no batismo (graças a pais ou padrinhos previdentes) nomes adequados a sua vocação e, pensava-se, capazes de atrair felizes influências: Luís, por exemplo, como vimos, ou, ainda com mais frequência, Marcoul.[166] Este pouco a pouco deixou de ser nome próprio para tornar-se uma espécie de nome comum. No século XIX, provavelmente já bem antes, em quase todas as províncias francesas o homem que tivera a sorte de vir ao mundo imediatamente após seis outros varões era correntemente denominado um *marcou*.[167]

O estudo do culto a s. Marcoul e da crença nos sétimos filhos arrastou-nos ao tempo presente. Agora, convém voltar e retraçar, a partir da Renascença e da Reforma, os destinos do milagre régio, do qual s. Marcoul era então comumente considerado (embora sem muita justeza) um dos autores.

5. O milagre régio na época das lutas religiosas e do absolutismo

AS REALEZAS TAUMATÚRGICAS ANTES DA CRISE

Por volta de 1500, e até bem adiante no século XVI, o milagre régio apresenta-se em plena expansão nas duas margens da Mancha.[1]

Primeiro, na França. No que se refere a esse período, devemos dados numéricos de excepcional precisão a alguns livros de contas da esmolaria régia que, por grande acaso, escaparam à destruição. O mais antigo remonta aos últimos dias de Carlos VIII; os mais recentes pertencem ao reinado de Carlos IX, em plena luta religiosa: 1569.[2] As informações que fornecem para os exercícios financeiros cobertos são absolutamente completas; na época a que chegamos, a generosidade régia não fazia mais escolhas entre os miraculados, ao contrário de outrora, sob Filipe, o Belo. Todos os doentes tocados, sem distinção alguma, tinham direito à prodigalidade do rei.[3] Eis as estatísticas anuais possíveis de estabelecer: Luís XII, de 1º de outubro de 1507 a 30 de setembro de 1508, tocou apenas 528 pessoas;[4] entretanto, Francisco I, em 1528, tocou pelo menos 1326; em 1529, mais de 988; em 1530, pelo menos 1731.[5] Curiosamente, o recorde pertence a Carlos IX: em 1569, ano de guerra civil, mas iluminado por vitórias monárquicas (o ano das batalhas de Jarnac e de Moncontour), esse rei mandou seu esmoler-mor, o ilustre capelão Jacques Amyot, distribuir as costumeiras somas a 2092 escrofulosos sobre cujas chagas a jovem mão do monarca pousara.[6] Esses números são dignos de comparar aos que nos revelaram, para outra época e outro país, as contas de Eduardo I e as de Eduardo III; no século XVI, os Valois, tal qual outrora os Plantagenet, viam chegar milhares de doentes.

De onde vinham essas multidões de enfermos? Nesse ponto, os documentos quinhentistas são menos explícitos que as tabuinhas de Filipe, o Belo; de modo geral os beneficiários do toque arrolados ali são anônimos; ou, se às vezes o nome é conhecido, o lugar de origem permanece quase sempre oculto. Todavia, uma categoria especial de estrangeiros, aos quais o costume exigia que se entregasse uma esmola "para ajudá-los a voltar a seus países", é anotada várias vezes, pelo menos no reinado de Henrique II (cujas contas, demasiado fragmentárias para permitir estatísticas anuais, foram acima deixadas de lado) e no de Carlos IX; tais estrangeiros são os espanhóis.[7] Outros textos testemunham o afã dessa gente. Portanto, o antagonismo político entre a França e a Espanha, quase constante durante todo o século, não atingiu a fé que as populações da península, assoladas pelas escrófulas, devotavam às virtudes sobrenaturais de um príncipe inimigo de seu soberano. Aliás, a despeito da rivalidade dos governos, as relações entre os dois países continuaram frequentes; havia espanhóis na França e, sobretudo, ainda muitos franceses na Espanha; essas migrações só faziam propagar do outro lado dos Pireneus a fama do milagre francês. Assim que a paz era momentaneamente restabelecida, os escrofulosos, tanto os nobres quanto os humildes, atravessavam os montes e precipitavam-se em direção ao régio médico; parece que formavam verdadeiras caravanas, cada qual conduzida por um "capitão".[8] À chegada, recebiam grandes donativos que, no caso dos fidalgos beneficiados, alcançavam 225 ou 275 libras; essa generosidade comprova o preço que a corte pagava para favorecer fora do reino o prestígio taumatúrgico da dinastia.[9] Ao lado dos espanhóis, outros estrangeiros, cuja nacionalidade não é especificada, são mencionados entre a multidão que se comprimia para chegar a Henrique II em Corbeny, no retorno da sagração.[10]

Mesmo no além-fronteiras, nossos reis às vezes curavam — sobretudo na Itália, para onde, nessa época, suas ambições os conduziam com tanta frequência. A bem dizer, Carlos VIII, realizando o rito miraculoso em Nápoles, e Luís XII, repetindo o gesto em Pávia ou em Gênova, operavam em cidades que consideravam parte integrante dos domínios franceses; mas, quando a ocasião se apresentava, não temiam praticar sua arte em solo manifestadamente estrangeiro — nos territórios papais, por exemplo. Em dezembro de 1515, Francisco I, hóspede de Leão X em Bolonha, mandou anunciar publicamente que tocaria os doentes; na capela do palácio pontifical, tocou, entre outros, um bispo polonês. Na própria Roma, na capela S. Petronilha, Carlos VIII, a 20 de janeiro de 1495, tocara cerca de quinhentas pessoas, levando (caso se acredite em seu panegirista André de la Vigne) os italianos a "uma extraordinária admiração".[11] Mais tarde, constataremos que, na verdade, essas manifestações miraculosas não deixavam de suscitar algum ceticismo entre os espíritos livres de lá; mas decerto o povo e, mesmo, os médicos eram menos difíceis de convencer.[12] Há mais. No final de junho de 1525, quando Francisco I, aprisionado após a batalha de Pávia, aportou em solo espanhol, primeiro em Barcelona e depois em Valência, apresentaram-se a ele (escrevia, alguns dias mais tarde, o *président* De Selve ao parlamento de Paris) "grande número de doentes de escrófulas [...] com grande esperança de cura, como na França não houve jamais em tão grande multidão".[13] Vencido, o augusto curandeiro fazia sucesso junto aos espanhóis, tanto quanto fizera quando estes vinham procurá-lo em meio a toda a pompa das festas da sagração. Em dois dísticos latinos, famosos em seu tempo, o poeta Lascaris celebrou esse episódio:

> *Eis que o rei, com um gesto de sua mão, cura as escrófulas;*
> *cativo, não perdeu os favores do Alto.*
> *Por esse indício, ó mais santo dos reis,*
> *devo reconhecer que teus perseguidores são odiosos aos Deuses.*[14]

Na França, como convinha a um Estado mais civilizado e a uma corte mais esplêndida, o ritual das escrófulas assumira pouco a pouco uma regularidade e uma solenidade novas. Luís XI, lembramo-nos, ainda tocava os doentes todas as semanas; mas, desde Carlos VIII, a cerimônia realiza-se apenas em datas bem espaçadas (ao que parece, Commines reprovou isso ao rei).[15] Às vezes, durante uma jornada, o monarca ainda consente em admitir que alguns doentes se acheguem quase a cada etapa, como fez Francisco I quando atravessou a Champanhe em janeiro de 1530;[16] ou, estando "no campo", deixa-se comover pelo pedido de algum coitado.[17] De modo geral, porém, os escrofulosos, à medida que chegam, são agrupados sob os cuidados da esmolaria e, recebendo algum auxílio "para ajudá-los a viver" até o dia favorável, juntam-se ao séquito do rei e aguardam o momento escolhido para o milagre — a menos que, para livrar-se desse cortejo atravancador e, segundo todas as probabilidades, pouco agradável de olhar e de ter nas vizinhanças, não se prefira dar-lhes algum dinheiro para persuadi-los a "retirar-se" e a só reaparecer no dia fixado.[18] Em princípio, esses dias em que o rei se digna desempenhar o ofício de taumaturgo são as mais importantes datas do ano religioso, em número, aliás, variável:[19] Candelária, Ramos, Páscoa (ou um dos dias da Semana Santa), Pentecostes, Ascensão, Corpus Christi, Assunção, Natividade da Virgem, Natal; excepcionalmente, uma festa estranha ao calendário litúrgico: a 8 de julho de 1530, Francisco I, celebrando em Rochefort, perto de Mont-de-Marsan, seus esposais com Eleonora da Áustria, mostrou-se em todo o esplendor do milagre hereditário.[20] Graças a esse sistema de agrupamento, são verdadeiras multidões (frequentemente, várias centenas de pessoas) os enfermos que o rei, depois da costumeira triagem feita pelo médico da corte,[21] encontra reunidos no momento determinado. Por isso, a cerimônia reveste-se de um caráter particularmente majestoso. Antes de proceder ao toque, o rei comunga sob as duas espécies, seguindo esse privilégio dinástico que, assim como o dom de curar, parecia afirmar o caráter sagrado da dinastia francesa. Um pequeno quadro do começo do século XVI faz-nos sentir a relação que a opinião lealista estabelecia entre essas duas gloriosas prerrogativas: à esquerda, numa capela aberta, o rei (ao qual um bispo acaba de apresentar a patena) segura o cálice; à direita, num pátio e até sobre os degraus da capela, os doentes esperam.[22] As características essenciais do rito não mudaram desde a Idade Média: contato da mão nua, roçando as chagas ou tumores, e depois o sinal da cruz. A partir do século XVI, fixa-se a fórmula que o príncipe pronuncia junto a cada paciente: "O rei te toca e Deus te cura", frase que se manterá, com algumas variantes, até os derradeiros tempos da monarquia.[23] Sobretudo, uma liturgia (aliás, muito curta) precede agora a solenidade; vimos que, pelo menos desde Henrique II, ela refere-se inteiramente a s. Marcoul, o qual se tornou o padroeiro do milagre régio.[24] O mesmo missal que a transmitiu a nós mostra-nos uma bela miniatura que põe ante nossos olhos o animado espetáculo de um dia de toque: Henrique II, seguido pelo capelão e por alguns nobres, passeia entre a multidão ajoelhada, indo de doente a doente. Sabemos que as coisas se passavam assim.[25] Mas não poderíamos tomar muito ao pé da letra essa pequena pintura; nesse exemplo, o traje régio (coroa, grande manto bordado com flores-de-lis e forrado com pele de arminho) é o convencional: o soberano não usava as vestimentas da sagração a cada vez que tocava. A cena parece desenrolar-se numa igreja; de fato, isso acontecia com frequência; não sempre, porém. Na arquitetura de fantasia, que está ao gosto da Renascença e que o artista deleitou-se compondo, é preciso que nossa imaginação substitua a decoração por outras menos irreais e mais variadas: por exemplo, pelos pilares góticos da Notre-Dame de Paris, ao longo dos quais, a 8 de setembro de 1528, sob os olhares de bons burgueses (um deles registrou o episódio em seu diário), vieram colocar-se 205 escrofulosos;[26] ou (pois o ato nem sempre se realizava num edifício religioso, às vezes nem mesmo numa sala coberta) por esse claustro do palácio episcopal de Amiens, onde em 1527, no dia da Assunção, o cardeal Wolsey contemplou Francisco I tocar aproximadamente o mesmo número de doentes;[27] ou ainda, em tempos de perturbações, por uma paisagem de guerra — tal como o campo dos Landes, próximo a St.-Jean d'Angély, que no dia de Todos os Santos de 1569 viu Carlos IX trocar momentaneamente o papel de chefe das forças armadas pelo de curandeiro.[28]

Na Inglaterra, o mesmo quadro, pelo menos em suas linhas gerais. No que concerne ao toque das escrófulas, não podemos desenhá-lo com traços tão nítidos: faltam estatísticas; provavelmente, as raras menções de doentes "curados" pelo rei que se encontram, esparsas, nos livros de contas de Henrique VII ou de Henrique VIII referem-se apenas a casos excepcionais; desapareceram para sempre os arquivos da esmolaria que, conforme tudo indica, continham o levantamento das somas distribuídas ao conjunto dos miraculados.[29] Não podemos duvidar de que, no século XVI, tenha sido grande a popularidade dos reis da Inglaterra como médicos do mal régio: inúmeros escritores exaltam esse poder; mas medir tal popularidade pelos números é impossível.

Ao menos, conhecemos muito exatamente o ritual do milagre tal como era praticado no reinado de Maria Tudor e, decerto, já no de Henrique VIII,[30] talvez até no de Henrique VII.[31] Em diversos aspectos, a cerimônia inglesa diferia dos usos seguidos na corte francesa. Vale a pena especificar essas divergências.

Primeiro, uma liturgia bastante mais desenvolvida acompanha, do começo ao fim, toda a cerimônia; essencialmente, compõe-se de um confiteor pronunciado pelo rei, de uma absolvição pronunciada em resposta pelo capelão e da leitura de duas passagens dos Evangelhos: o versículo de s. Marcos relativo aos milagres realizados pelos Apóstolos (a alusão é clara) e as primeiras palavras do Evangelho de s. João, as quais eram de emprego corrente em todas as fórmulas de bênção ou de exorcismo.[32] Como é de esperar, aí não se trata nem de s. Marcoul nem de nenhum outro santo.

Contrariamente aos costumes franceses, o soberano fica imóvel e, sem dúvida, sentado; um eclesiástico traz, um a um, os doentes. Assim, o príncipe talvez conserve maior dignidade, mas na sala em que opera produz-se um perpétuo vaivém, o qual, a julgar por certas gravuras do século XVII (época em que as mesmas regras ainda se mantinham), dava a aparência, deploravelmente pitoresca, de um desfile de pátio dos milagres.[33] Sem dúvida, o princípio era antigo: uma miniatura do século XIII mostra-nos Eduardo, o Confessor, tocar sentado uma mulher que é conduzida até ele.[34]

O vaivém era ainda mais intenso porque cada doente ia duas vezes ao encontro do rei. Primeiro, todos passavam diante de Sua Majestade, que pousava sobre as partes atingidas as mãos nuas; depois, quando esse primeiro movimento terminava, os enfermos retornavam, sempre um a um; o rei então fazia sobre as chagas o costumeiro sinal da cruz; mas (diferentemente de seu rival francês) não apenas com as mãos; com os dedos que traçavam o símbolo sagrado, o monarca inglês segurava uma moeda de ouro; tão logo concluía o gesto, pendurava essa mesma moeda (previamente furada e munida de uma fita) no pescoço de cada paciente. Nessa parte da cerimônia, encontra-se o mais nítido contraste com a França. Também na corte dos Valois os escrofulosos recebiam algum dinheiro (em princípio, dois sous tournois por pessoa); mas essa esmola (muito mais modesta que a esmola inglesa) era-lhes entregue, sem aparato, por um eclesiástico que seguia discretamente o rei. Na Inglaterra, ao contrário, a dádiva régia colocara-se no próprio centro do rito. Pode-se ver aí o efeito de um curioso transporte de crenças, transporte que é conveniente descrever desde já.

Durante a guerra das Duas Rosas, os soberanos ingleses, como se recorda, haviam contraído o hábito de atrair os doentes oferecendo-lhes o incentivo de um donativo muito valioso, o qual tinha a forma (que rapidamente se tornou tradicional) de uma moeda de ouro, sempre a mesma: um angel. Embora essa moeda tenha continuado (pelo menos até o reinado de Jaime I) a ter valor de numerário, tendeu-se mais e mais a considerá-la não um meio de troca econômica mas verdadeiras medalhas, destinadas especialmente ao toque — de modo que se trabalhou para adaptar a legenda do angel à natureza particular dessa cerimônia. No reinado de Maria Tudor, a velha fórmula banal que havia longo tempo estava inscrita no exergo do angel ("Ó Cristo Redentor, salva-nos por tua Cruz") foi substituída por esta, mais adequada ao milagre régio: "Isso foi feito pelo Senhor e foi um milagre diante de nossos olhos".[35] Daqui a pouco, veremos que Jaime I, ao modificar o rito, alterou também o aspecto e a legenda do angel. A partir do século XVI, o público deixara de ver nessa moeda de ouro tão estreitamente associada ao rito curativo o que ela fora na origem: uma simples dádiva caridosa. Passara a ser considerada um talismã, provido de virtude medicinal própria.

Se dermos crédito ao veneziano Faitta — que, chegando à Inglaterra no séquito do cardeal Pole, viu Maria Tudor tocar os enfermos a 4 de abril de 1556 —, a rainha teria feito todo paciente prometer "só separar-se da moeda [que ela pendurava no pescoço do enfermo] em caso de extrema necessidade".[36] Quer a rainha haja dito isso, quer não, o próprio fato de essas palavras terem sido atribuídas a ela prova que já não se considerava o angel uma moeda comum. No reinado de Elisabete, a crença nas virtudes medicinais do novo amuleto é claramente atestada pelo capelão da rainha, Tooker, ao qual se deve o primeiro livro inglês sobre o poder curativo dos reis. Tooker desdenha a crença nas faculdades do angel, julgando-a uma superstição vulgar.[37] Em seguida, tal atitude impor-se-á a todos os apologistas do milagre régio. No século XVII, porém, eles a sustentam com dificuldade; os mais sérios autores, como os médicos Browne e Wiseman, protestam apenas formalmente contra uma ideia popular que a consciência comum impõe a todos os amantes do sobrenatural.[38] Na Inglaterra, contava-se uma historieta cujos heróis mudavam, mas cujo tema era sempre o mesmo: uma pessoa fora tocada pelo rei, o qual, naturalmente, entregara-lhe o indispensável angel; enquanto conservara essa garantia de saúde, parecera curada; um dia, perdera-o ou desfizera-se dele; em breve, fora de novo atacada pelo velho mal.[39] Todas as classes sociais partilhavam dessa opinião: o médico holandês Diemerbroeck, que morreu em 1674, conta-nos ter tratado de um oficial inglês que estava a serviço das Províncias

Unidas; esse fidalgo inglês, antigo miraculoso, trazia ao pescoço, pendurada por uma fita, a moeda que em sua adolescência lhe fora dada pelo rei; recusava-se a separar-se dela, persuadido de que sua cura era mantida pela moeda.[40] Nas paróquias, as pessoas caridosas ofereciam aos escrofulosos pobres a renovação do pedaço de tecido do qual pendia o angel.[41] Às vezes, o governo associava-se ao preconceito comum: uma proclamação de 13 de maio de 1625 menciona as pessoas que, "outrora curadas, tiveram uma recaída porque dispuseram das moedas de ouro [do toque] de modo diferente do previsto".[42] Não é difícil imaginar a forma com que esses indivíduos mal inspirados haviam utilizado o régio mimo: venderam-no. Sabemos que existia todo um comércio desses talismãs.[43] Os doentes que por uma ou outra razão ficavam impedidos de ir à corte, ou que talvez temessem as despesas da viagem, compravam os angels, pensando assim conseguir (com gastos reduzidos, decerto) parte dos benefícios miraculosos distribuídos pela sagrada mão do soberano; daí a indignação dos zelotes da realeza, segundo os quais a cura podia ser obtida só mediante o contato direto da augusta mão. Os sétimos filhos (que, na Inglaterra como na França, eram fiéis imitadores dos monarcas) adquiriram o hábito de no pescoço dos pacientes pendurar moedas — de prata, pois seus meios não lhes permitiam igualar a generosidade de seus concorrentes régios. Pelo menos em certas regiões, conservaram tal costume até o século XIX.[44] Mais tarde, veremos que foi sob a forma de amuleto monetário que a crença no dom taumatúrgico dos reis sobreviveu mais longamente na Grã-Bretanha, também chegando ao século XIX.

Assim, em pleno século XVI, a fé no milagre régio ainda tinha suficiente vigor para suscitar uma nova superstição. Como ocorreu aos ingleses a ideia de considerar os angels os veículos do poder de curar? Provavelmente, o uso dessa moeda de ouro na cerimônia do toque (moeda imposta pelas ambições de dinastias rivais e depois fixada pela tradição) pouco a pouco levara os espíritos a imaginar que um objeto tão essencial ao rito não podia desempenhar nele o papel de simples esmola. No mínimo a partir de Henrique VIII, os próprios reis, assumindo o hábito de segurar a moeda durante o sinal da cruz, haviam (voluntariamente ou não) encorajado aquela conclusão. Todavia, devemos supor que a opinião comum só se inclinou com tanta facilidade a isso porque outro rito, definitivamente anexado ao cerimonial monárquico aí pelo fim da Idade Média, já dava o exemplo de talismãs consagrados por reis; estou falando dos anéis medicinais, os quais supostamente recebiam do contato das mãos régias um poder que se incorporava à substância deles. Na imaginação comum, o velho milagre do toque acabou por (de algum modo) modelar-se no jovem milagre da Sexta-feira Santa. Não se chegou a acreditar que o próprio toque revestia-se de uma eficácia particular quando também realizado na *Good Friday*?[45] Era porque a mais recente das duas manifestações do privilégio sobrenatural dos reis estava, por volta de 1500, no auge da popularidade e (se assim se pode dizer) em pleno verdor.

O sucesso do toque das escrófulas mede-se pelo número de doentes que acorriam às cerimônias; o dos anéis, pelo afã com que o público procurava os anéis de ouro ou de prata que, depois da adoração da cruz, eram benzidos. A julgar pelas cartas e relatos da época, esse afã parece ter sido muito grande nos reinados dos Tudor. De tal crença, nada é mais característico que o exemplo de lady Lisle. Em 1528, Honor Grenville desposara o visconde Lisle, filho natural de Eduardo IV; em 1533, foi com o marido para Calais, onde o visconde era governador; de lá, ela manteve com a Inglaterra uma correspondência muito ativa. O acaso de um confisco, subsequente a um processo político, conservou as cartas que ela recebia. Quando as percorremos, ficamos surpresos com o espaço que aí ocupam os *cramp-rings*. Lady Lisle, que talvez fosse reumática, colecionava-os com uma espécie de fervor; sua estima pela virtude deles chega ao ponto de considerá-los supremos contra as dores de parto; seus filhos, seus amigos, seus intendentes esforçavam-se por obtê-los — evidentemente, era esse o meio mais seguro de agradá-la. Sem dúvida, uma paixão tão intensa não era comum; pode-se crer que essa grande dama tinha alguma excentricidade no espírito; no fim da vida, sua mente ficou de todo transtornada.[46] Mas, em menor escala, a fé de lady Lisle parece ter sido geral. Nos testamentos dessa época, os *cramp-rings* frequentemente figuram entre os bens preciosos legados aos íntimos.[47]

A reputação do rito da Sexta-feira Santa não se detinha nas fronteiras da Inglaterra. A Escócia apreciava os anéis medicinais; lá, o enviado inglês dava-os aos notáveis que queria aliciar.[48] Em 1543, um grande senhor feudal escocês, lorde Oliphaunt, aprisionado pelos ingleses e depois libertado sob promessa de servir os interesses de Henrique VIII, retornou a sua pátria carregado de *cramp-rings*.[49] Mesmo no continente, a glória dos anéis miraculosos estava amplamente difundida. Os reis da Inglaterra faziam-se propagandistas: com as próprias mãos, Henrique VIII oferecia a estrangeiros distinguidos os círculos de metal que consagrara.[50] Seus embaixadores distribuíam-nos nos países junto aos quais estavam acreditados: na França,[51] na corte de Carlos V,[52] em Veneza[53] e, antes do cisma, até em Roma.[54]

A bem dizer, os visitantes que o rei-mágico recebia, fossem quais fossem os sentimentos secretos deles, não podiam fazer outra coisa senão mostrar reconhecimento quando recebiam esses presentes miraculosos. Por outro lado, pedindo insistentemente ao governo da Inglaterra os talismãs benzidos pelo rei, os diplomatas que esse país enviava às diversas cortes da Europa talvez pensassem tanto em adular a presunção taumatúrgica de seu monarca quanto em servir os interesses dele usando de hábeis generosidades. Os *cramp-rings*, importados de uma forma ou de outra, haviam-se tornado nesses países (como, aliás, na própria Inglaterra) um artigo de comércio. Provavelmente, era a fim de ganhar dinheiro que, em junho de 1515, o genovês Antonio Spinola (agente secreto a serviço da corte de Londres, retido em Paris por seus credores) pedia uma dúzia de *cramp-rings* a Wolsey, pois, dizia Spinola, foram-lhe muito solicitados por "ricos gentis-homens".[55] Contudo, vendidos um pouco em toda a parte, esses anéis nem sempre eram muito caros. Benvenuto Cellini, em sua *vita*, querendo dar a ideia de anéis de baixo preço, cita "esses pequenos anéis contra a cãibra que vêm da Inglaterra e custam um carlino [uma moeda de pequeno valor] ou cerca disso".[56] Mas, afinal, um carlino ainda era alguma coisa. Ademais, graças a diversos testemunhos que (ao contrário do dos diplomatas) não podem ser acusados de insinceridade protocolar, temos a prova de que fora da Inglaterra os *anelli del granchio* [anéis de cãibra], embora talvez não fossem considerados tão preciosos quanto os diplomatas faziam Henrique VIII acreditar, eram mais procurados do que a frase de Benvenuto poderia fazer pensar; e isso em ambientes que se poderia crer menos acessíveis a tal gênero de superstição. Na Alemanha, Katharina von Schwarzburg, amiga de Lutero, pedia-os a seus correspondentes.[57] O médico e humanista inglês Linacre, em amistosa correspondência com o grande Guillaume Budé, certamente pensava obsequiá-lo quando lhe remeteu alguns *cramp-rings*, acompanhados de uma bela carta em grego; talvez na resposta de Budé, escrita na mesma língua erudita, haja certa ironia, mas tão sutil e tão velada que o leitor fica indeciso.[58] Na França, ainda no reinado de Henrique IV, a julgar pelo que diz o médico Du Laurens, muitos particulares conservavam em seus tesouros alguns exemplares desses anéis curativos que, na época, os reis da Inglaterra já tinham deixado de mandar fabricar havia cerca de cinquenta anos.[59] Na Europa da Renascença, a fé no milagre régio estava, em todos os aspectos, ainda bem viva e, como na Idade Média, não dava importância a rivalidades nacionais.

Mas, aproximadamente na segunda metade do século XVI, essa fé sofreria as consequências da grande perturbação que, em todo o mundo ocidental, abalava tantas instituições políticas e religiosas.

RENASCENÇA E REFORMA

Em 1535, Miguel Servet fez publicar em Lyon uma tradução, com acréscimos, da *Geografia* de Ptolomeu; entre os acréscimos, leem-se estas palavras: "Contam-se sobre os reis da França duas coisas admiráveis: primeiro, que na igreja de Reims há um vaso eternamente cheio de crisma, enviado do céu para a coroação, com o qual todos os reis são ungidos; segundo, que para curar as escrófulas basta o contato do rei. Vi com meus próprios olhos esse rei tocar diversos doentes atacados dessa afecção. O que não vi é se a saúde foi-lhes realmente devolvida". O ceticismo, ainda que discreto, não se dissimula... Em 1541, sempre em Lyon, imprimiu-se a segunda edição do mesmo livro; aquela última frase fora substituída por esta: "Ouvi dizer que a saúde foi restituída a inúmeros doentes".[60] Era uma palinódia. Esse pequeno episódio bibliográfico é muito instrutivo. Vemos em qual categoria foi possível, durante muito tempo, recrutar escritores suficientemente ousados para pôr em dúvida o milagre régio; só se poderia achá-los entre os heterodoxos impenitentes, habituados a rejeitar muitas outras crenças que até essa época eram artigos de fé: homens que (como o próprio Servet ou, mais tarde, Vanini, o qual também veremos surgir em nosso caminho) podiam terminar em fogueiras levantadas por uma ou outra das ortodoxias religiosas de então. Mas Servet retratara-se; é lícito supor que esse arrependimento não fora espontâneo; sem dúvida, fora-lhe imposto. Durante muitos anos, não foi possível, num livro impresso na França ou (acrescentemos sem demora) na Inglaterra, atacar abertamente uma superstição que interessava ao prestígio da monarquia; no mínimo, atacar essa superstição teria sido uma ousadia inútil, que não se cometia de bom grado.

Como é de esperar, tais restrições não se impunham aos escritores estrangeiros. No século XVI e nos primeiros anos do século XVII, existia na Itália um grupo de pensadores que podemos denominar naturalistas, se por esse termo entendermos que, havendo recebido de seus predecessores a imagem de um universo cheio de prodígios, esforçaram-se por eliminar dele as influências sobrenaturais. A ideia que faziam da natureza era certamente bem distinta da nossa; hoje, ela parece-nos repleta de representações contrárias à experiência ou à razão. Esses espíritos livres apelaram, mais que ninguém, para a astrologia ou para a magia; mas essa magia ou essa astrologia (que aos olhos deles era parte integrante da ordem natural das coisas) servia-lhes justamente para explicar uma multidão de fenômenos misteriosos que a ciência de seu tempo não lhes permitia explicar e que eles recusavam-se a interpretar (conforme as doutrinas professadas antes e então) como as manifestações arbitrárias de vontades sobre-humanas.

Ora, quem, estando preocupado com a questão do milagre, poderia na época deixar de lado as curas régias, milagre patente, familiar, quase cotidiano? Diversos entre os mais notórios representantes dessa escola italiana — Pomponazzi, Cardano, Giulio Cesare Vanini, aos quais podemos acrescentar o humanista Calcagnini — expressaram, pelo menos de passagem, sua opinião sobre esse assunto de atualidade. Nenhum deles duvidava de que de fato houvesse curas, mas insistiam em explicá-las por causas naturais, isto é, causas correspondentes à ideia que eles tinham da natureza. No final deste estudo, quando retornarmos ao problema que tais filósofos tiveram o mérito de enunciar, poderemos examinar as soluções que propuseram. Por ora, importa reter sua recusa a aceitar a teoria tradicional: para eles, o caráter sagrado dos reis deixou de ser razão suficiente para seu poder curativo.[61]

Todavia, as ideias desse punhado de "libertinos", de resto estranhos aos dois países diretamente interessados no dom régio, não podiam influenciar a opinião comum. Seria mais decisiva a atitude dos reformadores religiosos. Estes não negavam o sobrenatural, muito pelo contrário; nem sonhavam (pelo menos enquanto não foram perseguidos) em atacar as realezas. Não se pode justificadamente dizer que nas *Christianae religionis institutio* [Instituições da religião cristã], do próprio Calvino, "a tese da monarquia de direito divino acha-se [...] tão solidamente fundamentada 'nas próprias palavras das Sagradas Escrituras' quanto ela o será na obra de Bossuet"?[62] Em matéria política, os reformadores eram, na maioria, claramente conservadores; também eram inimigos resolutos de toda interpretação puramente racional do universo. Por que iriam, sem mais nem menos, assumir uma posição contra a crença nas virtudes taumatúrgicas dos reis? Veremos que por muito tempo os reformadores conviveram bastante bem com essa crença.

O exemplo da França é, nesse assunto, pouco instrutivo. Durante muitos anos, não se percebe entre os reformados franceses nenhum protesto contra o toque das escrófulas; mas, como se viu, esse silêncio era ditado pela mais elementar prudência. Ela estendia-se a tudo o que se relacionava ao milagre dinástico: provavelmente, não foi por esquecimento que em 1566 Henri Estienne, em sua *Apologie pour Hérodote*, omitiu da lista de santos que deviam a um calembur seu papel de curandeiros o nome de s. Marcoul. Mas olhemos para os países protestantes.

Na Alemanha, já sabemos que Lutero (aliás, em tantos pontos dominado pelas representações populares antigas) admitia candidamente que um remédio dado pela mão de um príncipe recebia dessa circunstância uma eficácia particular. Katharina von Schwarzburg, heroína da nova fé, procurava os *cramp-rings* ingleses.[63] Na Inglaterra, os dois ritos curativos continuaram a ser praticados após o cisma — não só por Henrique VIII, o qual não podemos qualificar de soberano protestante, mas até por Eduardo VI, tão preocupado em apagar de todas as coisas o vestígio das "superstições" papistas. No reinado desse príncipe, o ofício da Sexta-feira Santa despojara-se das formas romanas; desde pelo menos 1549, era proibido aos ingleses "rastejar" em direção à cruz;[64] entretanto, o pequeno rei-teólogo jamais deixou de, no dia da Paixão, consagrar os anéis medicinais; mesmo no ano de sua morte, já quase agonizante, ele cumpriu o gesto ancestral, "segundo a antiga ordem e o antigo costume", dizem (talvez num tom de desculpa) seus livros de contas.[65]

Não obstante, com o tempo a Reforma desfecharia golpes bem rudes contra as curas régias. O poder taumatúrgico dos reis decorria de possuírem caráter sagrado; este era criado ou confirmado por uma cerimônia, a sagração, que constava das pompas da antiga religião. O protestantismo encarava com horror os milagres que a opinião comum atribuía aos santos. Os milagres atribuídos aos reis não lembravam muito de perto os milagres dos santos? Ademais, s. Eduardo, na Inglaterra, e s. Marcoul, na França, eram os padroeiros titulares do toque das escrófulas — patrocínios bem comprometedores, aos olhos de alguns. Os inovadores estavam bem longe de excluir de seu universo as influências sobrenaturais; mas muitos deles opunham-se a admitir que essas forças efetuassem na vida cotidiana uma intervenção tão frequente quanto a que as gerações precedentes haviam suposto. Ouçam as razões que, segundo o relato de um espião pontifical, Jaime I da Inglaterra dava, em 1603, para justificar sua repugnância a realizar o rito do toque: "ele disse [...] que não via como poderia sem milagre curar os doentes; ora, os milagres haviam cessado e não se faziam mais".[66] Na atmosfera maravilhosa que envolvia as monarquias ocidentais, quase tudo podia provocar o desagrado dos adeptos de uma fé depurada; imagine-se o efeito que a legenda da Santa Âmbula podia produzir em homens animados por uma espécie de sobriedade religiosa. À medida que adquiriam consciência mais clara de suas próprias ideias, sobretudo na ala avançada do calvinismo, como não iriam os reformados acabar reconhecendo no milagre régio uma das peças desse sistema de práticas e de crenças que, segundo eles, eram estranhas ao verdadeiro e primitivo cristianismo e que eles rejeitavam considerando-as a inovação sacrílega de idades idólatras? Como, em suma, os reformados deixariam de ver no milagre régio uma "superstição" (termo com que o definirão categoricamente os não conformistas ingleses) que era necessário cortar pela raiz?

Mas não foi só por sua ação propriamente religiosa (talvez essa ação nem tenha sido a causa principal) que a Reforma colocou em perigo o velho respeito pelo poder medicinal dos reis. Desse ponto de vista, as consequências políticas da Reforma foram muito graves. Nas perturbações que desencadeou simultaneamente na Inglaterra e na França, os privilégios dos reis foram submetidos a um tremendo ataque; entre eles, estava o privilégio taumatúrgico. Aliás, essa crise do dom da cura teve uma agudeza bem diferente nos dois grandes reinos, cuja história, nos séculos XVI e XVII, é conduzida para caminhos em tudo diferentes. Foi na Inglaterra que a Reforma se mostrou mais forte e mais decisiva. Então, comecemos por esse país.

Entre os atos nos quais se manifestava a força sobrenatural da realeza inglesa, o último a nascer foi o primeiro a sucumbir ao novo espírito. A consagração dos anéis não sobreviveu ao século XVI.

Ela já fora ameaçada sob Eduardo VI. Numa Quarta-feira de Cinzas, talvez em 1547, um pregador de vanguarda chamado Nicholas Ridley, falando diante desse príncipe e da corte, insurgiu-se contra certo número de práticas que julgava idólatras, principalmente a adoração de imagens e o uso de água benta em exorcismos. Nessa mesma ocasião, ousou Ridley atacar abertamente os anéis medicinais? Fosse como fosse, ele parece ter dado a seus ouvintes a impressão de que, pelo menos implicitamente, condenava esses anéis. Os partidários de uma reforma mais moderada, legítimos herdeiros do pensamento de Henrique VIII, esforçavam-se por manter a seu lado o jovem rei; tinham todo interesse em levar a luta para um terreno em que a glória da monarquia podia parecer engajada. Um dos mais notórios desses moderados, o bispo Gardiner, escreveu a Ridley uma carta de protesto.[67] Nela, o bispo faz-se defensor de tudo o que, direta ou indiretamente, o ardoroso sermonário atacara; sobretudo, Gardiner defende a bênção dos *cramp-rings*, "dom de Deus", prerrogativa "hereditária dos reis deste reino". Por essa controvérsia, vê-se bastante bem o que, nesse antigo costume mágico (mais ainda que no toque das escrófulas), chocava os inimigos do culto romano; com inteira razão, eles só podiam considerar a bênção dos *cramp-rings* uma espécie de exorcismo; a água benta, com que se aspergiam os anéis, seria indiscutível marca de superstição.[68] Em consequência, Eduardo VI perseguiu Gardiner e fez de Ridley o bispo de Londres. Entretanto, no que se refere ao milagre régio, vimos que Eduardo obedeceu até o fim à recomendação de Gardiner — *ne negligat donum curationis* ["não negligenciar o dom curativo"]. Nisso, a honra monárquica prevaleceu sobre as doutrinas evangélicas.

Sob Maria Tudor, a cerimônia da Sexta-feira Santa continuou a ser regularmente celebrada; já sabemos com que pompa. Mas, após a ascensão de Elisabete (1558), numa corte que tornava a ser protestante, a cerimônia deixou de ser realizada; desapareceu sem ruído, provavelmente já no início do reinado.[69] Durante algum tempo, o público continuou entesourando os *cramp-rings* benzidos pelos soberanos de outrora;[70] depois, pouco a pouco, deixou-se de dar valor a esses aros de metal que, exteriormente, em nada se distinguiam dos anéis mais banais. Nenhum autêntico *cramp-ring* régio chegou até nós.[71] Ou então, se algum foi conservado, nós o manuseamos sem reconhecê-lo: o segredo de suas virtudes, desinteressantes às gerações incrédulas, não nos foi transmitido. Elisabete realmente matara o velho rito.

Sendo uma reformada muito menos fervorosa que seu irmão Eduardo, por que Elisabete acreditara precisar romper com uma tradição que ele, apesar de Ridley e do partido deste, sempre mantivera? Talvez a reação católica, que causara estragos durante o reinado de Maria, tivesse tornado mais suscetíveis os espíritos. Também podemos supor que a rainha, decidida a, contra tudo e contra todos, salvaguardar o toque das escrófulas, resolveu dar algumas satisfações aos adversários das antigas crenças, sacrificando entre os dois ritos aquele que, por não colocar o soberano em presença da multidão sofredora, interessava menos ao prestígio da monarquia.

Elisabete jamais deixou de "curar" os escrofulosos.[72] Manteve fielmente o cerimonial tradicional, limitando-se a eliminar da liturgia uma prece na qual se tratava da Virgem e dos santos e (segundo toda a probabilidade) a transpor para o inglês o ritual latino das épocas anteriores.[73] Não temos documentos que nos informem o número exato de doentes que a procuraram; mas tudo parece indicar que ela exerceu com pleno sucesso seu poder miraculoso.[74] Não sem defrontar-se com forte oposição, entretanto. O discreto ceticismo de alguns espíritos livres (como esse Reginald Scot que, diretamente inspirado pelos filósofos italianos, foi na Inglaterra um dos primeiros adversários da crença na feitiçaria) não devia ser muito perigoso.[75] Mas dois grupos de homens influentes recusavam-se a reconhecer a sua soberana o dom do milagre: os católicos, pois Elisabete era herética e excomungada; e os protestantes radicais (os puritanos, como se começava a chamá-los), cuja atitude estava definitivamente assumida (pelas razões doutrinais que já indiquei) contra uma prática que eles, sem rodeios, qualificavam de supersticiosa. Era necessário defender contra os incrédulos o velho privilégio da dinastia inglesa. A essa defesa aplicaram-se os pregadores oficiais[76] e, a partir de então, também os escritores. Data do reinado de Elisabete a primeira obra dedicada ao toque, o *Tratado do carisma da cura* que William Tooker, o "mui humilde capelão de Sua Majestade mui sagrada", publicou em 1597. Dedicado à própria rainha, o tratado é um exagerado louvor ao milagre régio — e é, aliás, uma produção bastante pobre, que dificilmente poderia ter convertido alguém.[77] Cinco anos mais tarde, um dos cirurgiões da rainha, William Clowes, invejoso do exemplo dado pelo capelão, escreveu (em inglês, enquanto o religioso permanecera fiel ao latim) um "proveitoso e aprovado" tratado sobre a cura das escrófulas realizada pelos reis e rainhas da Inglaterra.[78] O surgimento desses defensores era um sinal dos tempos. Nem de longe a velha fé na virtude taumatúrgica dos reis estava morta na Inglaterra; mas essa fé não era mais unânime; por isso, precisava de apologistas.

A ascensão de Jaime I, em 1603, quase desfechou contra o rito um golpe mortal. É curioso que esse príncipe, o qual em seus escritos políticos mostra-se um dos mais intransigentes teóricos do absolutismo e do direito divino dos reis,[79] tenha hesitado em praticar um rito que exprime tão perfeitamente o caráter sobre-humano do poder monárquico. Esse aparente paradoxo é, no entanto, facilmente explicável. Jaime fora educado na Escócia, num meio severamente calvinista. Em 1603, o rei ainda estava muito impregnado das lições de seus primeiros mestres; se assumiu desde o começo de seu reinado a defesa do episcopado, foi porque reputava ser a hierarquia eclesiástica a mais segura sustentação do poder régio; mas seus sentimentos religiosos haviam permanecido os que lhe tinham sido ensinados — daí a repugnância a realizar um pretenso milagre que Jaime aprendera a considerar apenas superstição ou impostura. De início, o novo rei da Inglaterra pediu expressamente que o dispensassem da cerimônia do toque.[80] Depois, cedeu às exortações de seus conselheiros ingleses, mas não sem repugnância. Um espião da corte papal deixou-nos um vivo relato do primeiro toque de Jaime, toque que seguramente se deu em outubro de 1603. A cerimônia foi precedida de um sermão feito por um pastor calvinista. Depois, o próprio rei (que, como se sabe, não desdenhava nem a teologia nem a oratória) tomou a palavra. Expôs o cruel dilema com que se defrontara: ou praticar uma ação talvez supersticiosa, ou romper com um costume antigo, instituído a fim de proporcionar um benefício aos súditos do reino; decidira-se então a tentar a experiência, mas para ele o rito que iria cumprir era apenas uma espécie de prece pela cura dos enfermos, prece em que pedia que os circunstantes se juntassem a ele. Em seguida, o monarca começou a tocar os escrofulosos — "e", acrescenta maldosamente nosso informante, "durante todo aquele discurso observou-se que várias vezes o rei voltou os olhos para os pregadores escoceses, como se esperasse um sinal de aprovação, tendo antes conferenciado com eles".[81]

Não se sabe se já nesse momento o recalcitrante taumaturgo depurou o cerimonial tradicional. Em todo o caso, fez isso logo depois. Elisabete, como seus predecessores católicos e como o próprio Henrique VIII, traçava sobre as partes doentes o sinal da cruz — aliás, para grande escândalo de alguns de seus súditos protestantes.[82] Jaime recusou-se a imitá-la nesse ponto. Quando os doentes, após haver sido tocados, tornavam a passar diante do rei, este contentava-se em pendurar ou mandar pendurar em seus pescoços a moeda de ouro, sem realizar o gesto simbólico que fazia lembrar demasiado a antiga fé. Ao mesmo tempo, a cruz desapareceu dos angels que ela ornamentara até então, a inscrição dessa moeda foi abreviada de modo a suprimir a palavra *milagre* (*mira-*

bile).[83] Graças a tais modificações e (podemos crer) graças à rotina e ao tempo, que o afastavam dos ensinamentos da juventude, Jaime I acabou aceitando cumprir de forma regular a função de curandeiro, provavelmente sem todas as vezes acompanhá-la das mesmas precauções oratórias que usara na primeira vez. De resto, não parece que ele tenha sempre levado muito a sério essa função. Em 1618, um embaixador turco, com um ecletismo religioso bastante divertido, pediu-lhe que tocasse seu filho, o qual sofria de escrófulas; conta-se que o rei, sem recusar-se a fazê-lo, riu às gargalhadas.[84]

Nos primeiros anos desse reinado, Shakespeare levou ao palco seu *Macbeth*. A peça fora escrita para agradar ao novo soberano; os Stuart não eram considerados descendentes de Banquo? Na visão profética do quarto ato, quando diante dos olhos do aterrorizado Macbeth surge a linhagem que deve originar-se de sua vítima, o último dos oito reis a desfilar ao som dos oboés é o próprio Jaime, carregando o tríplice cetro de seus três reinos. É significativo que, nessa mesma tragédia, o poeta tenha achado conveniente inserir, como vimos, um elogio ao poder taumatúrgico: "*A most miraculous work in this good king*"[85] [A mais miraculosa tarefa deste bom rei]. Alusão? Discreto conselho? Ou simples ignorância das hesitações que o último dos descendentes de Banquo mostrara quando se tratara de realizar essa "miraculosa tarefa"? Como saber? Em todo o caso, Shakespeare, nesse como em tantos outros pontos, era o fiel intérprete da consciência popular. A massa ainda não concebia que, sem a graça da "bênção curativa", um rei pudesse ser verdadeiramente rei. A opinião dos fiéis da monarquia era forte o bastante para triunfar sobre os escrúpulos do próprio monarca.

Carlos I, filho de Jaime, cumpriu o rito do toque e, tendo sido educado no anglicanismo, não sentiu as inquietações de consciência do pai. Sob os primeiros Stuart, portanto, as posições fixaram-se definitivamente. A crença no milagre régio faz parte desse corpo de doutrinas meio religiosas meio políticas a que os partidários da "prerrogativa" régia e da Igreja estabelecida (a grande maioria do país) permaneceram ligados; essa crença foi rejeitada por pequenos grupos que estavam animados de ardente zelo religioso e a consideravam uma triste herança de superstições e uma das manifestações desse absolutismo régio que se haviam habituado a detestar.

Vimos que na França, durante muito tempo, os calvinistas guardaram um respeitoso, ou prudente, silêncio sobre o poder curativo atribuído aos reis. É verdade que nem sempre esse silêncio estava desprovido de eloquência: que poderia ser mais significativo, por exemplo, do que a atitude de um Ambroise Paré, o qual, no capítulo "Des scrophules ou escrouelles" [Sobre as escrófulas ou alporcas] de seu tratado de cirurgia, evita toda alusão ao miraculoso tratamento do mal régio, destoando, assim, do costume da literatura medical de sua época?[86] Ademais, parece que algumas vezes, pelo menos depois do começo dos tumultos, o partido reformado foi além de um protesto mudo. O padre jesuíta Louis Richeome, em seus *Trois discours pour la religion catholique* [Três discursos a favor da religião católica], publicados inicialmente em 1597, falando do "dom de curar as escrófulas dado aos cristianíssimos reis da França" ergue-se contra "a descrença ou impudência de alguns cirurgiões franceses, com más mãos e com pior consciência, e de certos glosadores de Plínio que, drogados pelos alimentos de Lutero, esforçaram-se por diminuir e aviltar mediante calúnias esse milagre".[87] Não pude descobrir o sentido dessas alusões, as quais evidentemente visam pessoas determinadas; pelo menos, está claro que se referem a autores protestantes. No conjunto, porém, os polemistas protestantes não parecem jamais ter-se aplicado muito ativamente contra o milagre régio; sem dúvida, esses escritores não se empenhavam muito em atacar um dos mais populares privilégios da realeza porque, apesar dos pesares, a maior parte deles nunca desanimou de aliciá-la ou, pelo menos, torná-la tolerante. Veio de outro lado o mais vigoroso ataque conta a virtude taumatúrgica não dos reis em geral, mas de um rei em particular.

Quando Henrique III se indispôs definitivamente com a Santa Liga, esta concluiu que, por sua impiedade, ele tornara-se indigno de exercer o poder sobrenatural concedido a sua estirpe; contava-se que um de seus familiares, tendo sido acometido por escrófulas, fora inutilmente tocado, várias vezes, pela régia mão. O cônego Meurier, que após a morte de Henrique III e contra Henrique IV escreveu *De sacris unctionibus* [A unção sacra], via nessa incapacidade medical uma advertência divina dada ao povo da França; se este aceitava um rei que não fora regulamentariamente ungido (nessa época, Henrique IV ainda era protestante, e Reims estava nas mãos de seus inimigos), nunca mais os escrofulosos obteriam o benefício da cura miraculosa.[88]

O Bearnês tornou-se católico; foi sagrado, não em Reims, é verdade, nem com o bálsamo da Santa Âmbula, mas pelo menos em Chartres, com um óleo que, dizia-se, um anjo dera outrora a s. Martinho; Henrique IV cumpriu o rito do toque, e (a despeito do que pudessem pensar os adeptos de Meurier) as multidões vieram a esse rei. A primeira cerimônia realizou-se não logo depois da sagração, mas em Paris, no domingo de Páscoa, 10 de abril de 1594, dezoito dias após as tropas reais entrarem na cidade. Desde a fuga de Henrique III em 1588, Paris não assistia a esse tipo de cerimônia; os doentes apresentaram-se em grande número; eram de seiscentos a setecentos, segundo Favyn; 960, segundo De Thou.[89] Em seguida, nas quatro grandes festas (Páscoa, Pentecostes, Todos os Santos e Natal) e até mais frequentemente se havia oportunidade, Henrique IV continuou a proporcionar a dádiva da cura aos escrofulosos, que sempre chegavam às centenas, por vezes aos milhares.[90] O monarca considerava fatigante essa necessidade[91] (tal qual todos os reis da França, ele permanecia de pé ao efetuar o toque), mas não tinha nenhuma intenção de dispensá-la. Desejoso de reconstruir a monarquia, como poderia negligenciar essa parte de sua régia tarefa? Para restabelecer solidamente a autoridade, abalada por tantos anos de guerra civil, não bastavam medidas administrativas; era necessário fortalecer nos corações o prestígio da dinastia e a fé na legitimidade do príncipe reinante; o milagre hereditário não era um dos melhores instrumentos desse prestígio e a prova mais brilhante dessa legitimidade? Por isso, Henrique IV não se contentou em praticar o rito maravilhoso; do rei ou de seu círculo, partiu toda uma propaganda em favor do dom taumatúrgico.

Primeiro, mediante um livro: em 1609, o próprio médico do rei, André du Laurens, publicou e dedicou a seu soberano um tratado sobre *De mirabili strumas sanandi vi sollis Galliae Regibus Christianissimis divinitus concessa* [O miraculoso poder de curar as escrófulas, divinamente concedido apenas aos cristianíssimos reis da França], longa defesa cujo tema é claramente indicado pelos títulos dos capítulos: "O poder miraculoso concedido aos reis da França é sobrenatural e não vem do demônio [...]", "[...] é um dom graciosamente concedido por Deus".[92] A obra parece ter tido grande sucesso; foi reimpressa diversas vezes e traduzida.[93] "Não se sabe", escrevia em 1628 Gui Patin, numa espécie de prefácio em versos latinos, colocado no frontispício de uma das novas edições, "o que o livro mostra com maior esplendor: se a glória do rei ou se a ciência do escritor." Mas, ao lado do público que lê grossos volumes, convinha atingir o público, mais vasto, que olha as figuras. Por volta da época em que Du Laurens publicou seu tratado, o gravador P. Firens, flamengo estabelecido na rue Saint-Jacques em Paris, pôs à venda uma estampa na qual se representava a cerimônia do toque.[94] O rei caminha ao longo das fileiras de doentes ajoelhados; seus esmoleres seguem-no; o primeiro médico segura a cabeça de cada enfermo no momento em que a mão do rei vem pousar sobre as chagas; a cena passa-se ao ar livre, em meio a uma arquitetura um pouco pesada e a uma grande exibição de aparato militar. Abaixo da gravura, lê-se uma longa inscrição em louvor aos reis em geral, "retratos vivos da Divindade", e ao rei cristianíssimo e a seus milagres em particular; a inscrição termina do seguinte modo: "Portanto, leitores, desculpai minha audácia; ela tem como defesa o apoio a um grande rei e como salvaguarda o ardente desejo de fazer ver os prodígios de Deus".[95] "O apoio a um grande rei": penso ser conveniente tomar ao pé da letra essas palavras. Pois sabemos que diversas vezes Firens colocou seu buril a serviço da propaganda monarquista.[96] Primeiro-médico e gravador serviam (cada um à sua maneira) a mesma política, cujo tema vinha do alto.

Assim, na França como na Inglaterra, depois das lutas quinhentistas a velha crença no dom sobrenatural dos reis tornara a triunfar, pelo menos aparentemente. Ela forma um dos artigos dessa fé monárquica que na França desabrochará no absolutismo de Luís XIV e que na Inglaterra, ao contrário, perecerá pouco a pouco, mas não sem sobressaltos, num novo drama político e religioso. Sobre essa fé, convém agora dizer algumas palavras — sem o que a vitalidade do poder taumatúrgico correria o risco de parecer inexplicável.

ABSOLUTISMO E REALEZA SAGRADA; A ÚLTIMA LEGENDA DO CICLO MONÁRQUICO FRANCÊS[97]

No terreno da política, a maneira de agir e de sentir da maioria dos franceses no tempo de Luís XIV, assim como a de uma parte dos ingleses no tempo dos Stuart, tem para nós algo de surpreendente e até chocante. Compreendemos mal a idolatria de que eram objeto a realeza e os reis; custa-nos não lastimá-la, interpretando-a como o efeito de não sei que baixeza servil. Essa dificuldade de, num ponto tão importante, penetrarmos a mentalidade de uma época que, porém, a tradição literária torna tão familiar a nós é talvez responsável por (com demasiada frequência) limitarmo-nos aos textos dos grandes teóricos do absolutismo quando estudamos os conceitos políticos de então. O absolutismo é uma espécie de religião; ora, conhecer uma religião por meio apenas de seus teólogos não será sempre ignorar dela as fontes vivas? No caso do absolutismo, o método é ainda mais perigoso porque, muitas vezes, esses grandes doutrinários só dão do pensamento ou da sensibilidade de seu tempo uma espécie de disfarce: a educação clássica incutira-lhes, além do gosto pelas demonstrações lógicas, uma insuperável aversão por todo misticismo político; eles diminuíam ou mascaravam tudo o que, nas ideias que os circundavam, não era suscetível de exposição racional. Isso é verdadeiro a respeito de Bossuet (tão impregnado de aristotelismo, por via direta ou por intermédio de s. Tomás de Aquino) quase tanto quanto a respeito de Hobbes. Há um contraste evidente entre a *Politique tirée des propres paroles de l'Ecriture Sainte* [Política extraída das próprias palavras das Sagradas Escrituras] de Bossuet, obra no fundo tão racional, e as práticas de quase adoração monárquica a que seu autor, como todo mundo em torno dele, associava-se; isso porque havia um abismo entre o soberano abstrato que esse tratado de alto saber nos apresenta e o príncipe miraculoso, ungido em Reims com o óleo celeste, em que Bossuet realmente acreditava com toda a sua alma de padre e de súdito fiel.[98]

Não nos enganemos, portanto. Para compreender mesmo os mais ilustres doutores da monarquia, é bom conhecer as representações coletivas, legados de épocas precedentes, que no tempo deles ainda viviam uma vida singularmente vigorosa; pois, para retomar a comparação que usei há instantes, a obra desses doutores, como a de todos os teólogos, consistiu sobretudo em revestir com uma forma intelectual os sentimentos mais poderosos difundidos perto deles e de que eles mesmos, mais ou menos inconscientemente, estavam impregnados. Hobbes submete a fé dos súditos às decisões do príncipe; escreve com termos que seriam dignos dos polemistas pró-imperiais do século XI: "embora os reis não assumam o ministério do sacerdócio, não são meros leigos que não possuem a jurisdição sacerdotal".[99] Para bem captar a origem profunda dessas ideias não é suficiente explicá-las pelo pessimismo social e pelo indiferentismo político que Hobbes professava; nem mesmo é bastante rememorar que esse grande filósofo era cidadão de um país cujo soberano intitulava-se "supremo governador do reino tanto nas matérias espirituais ou eclesiásticas quanto nas temporais"; na verdade, é todo o velho conceito de realeza sagrada o que está por trás dessas ideias. Quando Jean-Louis Guez de Balzac afirma que "as pessoas dos príncipes, sejam quais forem, são invioláveis e santas" ou que os "caracteres do dedo de Deus" estão impressos nos reis,[100] o que ele expressa não é um aspecto depurado do mesmo sentimento que, havia tantas gerações, continuava atraindo ao rei da França os desventurados escrofulosos?

Em vez de consultar apenas essas grandes personagens do pensamento, o historiador talvez ganhasse mais frequentando os autores de segunda ordem, folheando os compêndios de direito público monárquico ou os elogios à monarquia (tratados sobre a majestade régia, dissertações sobre a origem e a autoridade dos reis, panegíricos das flores-de-lis) que a França dos séculos XVI e XVII produziu com tanta abundância. Não que possamos esperar dessa leitura um grande prazer intelectual. De modo geral, tais obras apresentam um nível ideológico bastante baixo. Jean Ferrault, Claude d'Albon, Pierre Poisson de la Bodinière, H. du Boys, Louis Rolland, os padres Hippolyte Raulin ou Balthasar de Riez — todos esses nomes, aos quais poderíamos facilmente acrescentar outros, não têm nenhuma qualificação para figurar com honras numa história da filosofia social; mesmo Charles Grassaille, André Duchesne e Jérôme Bignon, embora talvez mais dignos de estima, não merecem menos o esquecimento em que caíram.[101] Mas os escritos dessa natureza, com toda a sua mediocridade e, amiúde, até mesmo sua estupidez, têm a vantagem de manter-se muito próximos das concepções comuns. Se às vezes são suspeitos de haver sido compostos por panfletários pagos, mais desejosos de ganhar seu dinheiro do que de seguir o fio de um pensamento desinteressado, tanto melhor para nós, que procuramos, sobretudo, captar ao vivo o sentimento público — pois os argumentos que esses profissionais da propaganda preferem desenvolver são, evidentemente, os que eles esperavam ver agir sobre a massa de leitores.

Com frequência, as ideias que os publicistas absolutistas dos séculos XVI e XVII expõem parecem banais a qualquer um que tenha folheado a literatura dos períodos precedentes. Só surpreendem caso se perceba nelas a longa herança medieval; na história das doutrinas políticas (como em todas as outras espécies de história) convém não levar muito a sério o corte tradicional que, obedecendo aos humanistas, costumamos fazer no passado da Europa nas proximidades de 1500. O caráter sagrado dos reis, tantas vezes afirmado pelos escritores medievais, permanece nos tempos modernos uma verdade que se mostra sem cessar.[102] O mesmo vale para o caráter quase sacerdotal dos reis, embora aí a opinião fosse menos unânime.

Sobre esse ponto sempre houve hesitações, mesmo entre os mais fervorosos partidários da monarquia. Parece que essas hesitações só fizeram aumentar. Em várias oportunidades, até Grassaille, tão imbuído da grandeza da monarquia francesa, tão acolhedor a todas as legendas que formassem uma espécie de halo maravilhoso em torno dela, pensou ter o dever de especificar que o rei, malgrado todos os seus privilégios eclesiásticos, é no fundo apenas um leigo.[103] Mais tarde, ao menos na França católica, depois do Concílio de Trento, a Contrarreforma, reforçando a disciplina da Igreja, estabeleceu entre sacerdotes e leigos uma distinção muito mais nítida que a anterior — donde muitos espíritos manifestarem maior repugnância de admitir a mal definida situação de um rei quase padre. Apesar de tudo, a velha noção, incorporada a tantos costumes e tantos ritos, conservou inúmeros adeptos, mesmo nas fileiras do clero. "A majestade dos reis da França", escreve em 1597 o bispo de Evreux, Robert Ceneau, "não pode ser declarada inteiramente leiga. Disso temos diversas provas: primeiro, a santa unção, que é originária do próprio céu; depois, o celeste privilégio da cura das escrófulas, produzido pela intercessão de s. Marcoul; [...] enfim, o direito de regalia, sobretudo o de regalia espiritual, comportando, como se vê correntemente, o poder de conferir por direito especial os benefícios eclesiásticos."[104] Para André Duchesne, em 1609, "nossos grandes reis [...] jamais foram considerados simples leigos, mas sim ornados com o sacerdócio tanto quanto com a realeza".[105] Em 1611, um padre, Claude Villette, publicou um tratado de liturgia intitulado *Les raisons de l'office et ceremonies qui se font en l'Eglise catholique* [As razões do ofício e das cerimônias que se realizam na Igreja católica], livro cujo sucesso é atestado por numerosas reedições; Villette comenta longamente os ritos da sagração; com base em vários deles — a unção das mãos, as oferendas feitas pelo rei e, sobretudo, a comunhão sob as duas espécies —, Villette conclui que o rei é "pessoa mista e eclesiástica".[106] Ainda mais claramente, em 1645, o capelão régio Guillaume du Peyrat apresenta a seguinte justificativa para o privilégio eucarístico reconhecido aos monarcas franceses: "A razão que se pode dar é que, embora os reis da França, ao contrário dos reis dos pagãos, não sejam sacerdotes, [...] ainda assim é certo que participam do sacerdócio e não são simples leigos".[107] É sempre a sagração o que, segundo o padre Balthasar de Riez, escrevendo em 1672 um longo e pesado panegírico da dinastia, torna "sagradas e, de certa forma, sacerdotais" as pessoas régias.[108]

Entre os absolutistas ingleses, o estado de espírito era esse mesmo. Como prova, eis as palavras que o autor de *Eikon Basiliké* põe na boca do aprisionado Carlos I, a propósito de ter-se recusado a esse rei um capelão: "provavelmente, aqueles que me negaram semelhante coisa julgavam que eu mesmo tinha poder suficiente para, como sacerdote, cumprir meus deveres para com Deus. [...] De fato, creio que os dois ofícios, régio e sacerdotal, podem estar localizados na mesma pessoa, como antigamente estavam reunidos sob um mesmo nome".[109]

Aliás, as antiguidades cristãs vinham apoiar com argumentos desconhecidos pelos polemistas das épocas precedentes essa velhíssima confusão entre os dois "ofícios". O baixo Império, depois da conversão de Constantino e, mesmo, depois da renúncia de Graciano (em 382) ao tradicional título de sumo pontífice, não abandonara de imediato a ideia de que uma espécie de dignidade pontifical ligava-se ao imperador. No século XVII, exumaram-se alguns velhos textos, desconhecidos na Idade Média, nos quais essa ideia se expressava. "Longa vida ao sacerdote, ao basileu!", haviam bradado em 451 os padres do Concílio de Calcedônia, saudando Marciano. Foi tal aclamação (decerto fixada pelo cerimonial da corte bizantina) a que Daguesseau, em seu *Réquisitoire pour l'enregistrement de la Bulle contre les Maximes de Saints* [Requisitório pelo registro da bula contra as máximas dos santos] pronunciado em 1699 diante do parlamento de Paris, transpôs ao elogio a Luís XIV, "rei e sacerdote simultaneamente, tais são os termos do Concílio de Calcedônia".[110] Sobretudo, a vida de Constantino escrita por Eusébio de Cesareia, diversas vezes reimpressa, forneceu a célebre passagem na qual se vê o imperador intitular-se "*των έχτόσ ύπό θεοϋ χαθεσταμένοσ έπίσχοποσ*" o que correntemente se traduzia (aqui, pouco importa saber se com razão) como "bispo exterior" ou, ainda, "bispo de fora".[111] A partir do século XVII, tornou-se comum aplicar essas palavras ao rei da França.[112] Assim, a erudição renascente assegurava a esses vestígios do paganismo uma nova sobrevida, sob máscara cristã.

O século XVII, mais que qualquer outra época, sublinhou abertamente a natureza quase divina da monarquia e, até, do rei: "Portanto, ó meu filho", dizia ao príncipe herdeiro da Inglaterra o rei Jaime I, "antes de tudo aprende a conhecer e a amar a Deus, para com o qual tens dupla obrigação: primeiro, porque Ele te fez homem; depois, porque fez de ti um pequeno deus, chamado a sentar-se em Seu trono e a reinar sobre os homens".[113] Para o francês Jean Savaron, *président* e *lieutenant-général* na senescalia da Auvergne, os monarcas são deuses corpóreos;[114] para André Duchesne, são "deuses terrenos".[115] A 13 de novembro de 1625, o bispo de Chartres, falando em nome da Assembleia do Clero, exprimiu-se assim: "portanto, convém saber que — além do que o consenso universal dos povos e das nações declara —, os Profetas anunciam, os Apóstolos confirmam e os Mártires proclamam que os reis são ordenados por Deus e, também, que os reis são deuses, coisa que não se pode dizer ter sido inventada pela servil adulação e vil condescendência dos pagãos, pois é a própria verdade, tão claramente mostrada nas Sagradas Escrituras, e ninguém pode negá-la sem blasfêmia nem dela duvidar sem sacrilégio [...]".[116] Poderíamos citar muitos outros exemplos e até o título de um panfleto absolutista da época da Fronda: *L'image du souverain ou l'illustre portrait des divinites mortelles* [A imagem do soberano, ou o ilustre retrato das divindades mortais].[117] "Sois deuses, ainda que morrais, e vossa autoridade não morre", dizia Bossuet, fazendo no Louvre, no Domingo de Ramos de 1662, um "Sermon sur les devoirs des rois" [Sermão sobre os deveres dos reis];[118] nesse dia, ninguém deve ter-se surpreendido de ouvir da boca de um pregador essa afirmação; hoje, parece-nos singularmente ousada e quase blasfema, mas era então perfeitamente comum.

Não é difícil descobrir de quais fontes escritores e oradores haviam-na extraído. Primeiro, da Bíblia. De modo geral, considerava-se que se referiam aos reis estes versículos do Salmo 82: "Eu declarei: Vós sois deuses; todos vós sois filhos do Altíssimo; contudo, morrereis como um homem qualquer". Calvino, em seu *Comentário aos Salmos*,[119] e, Bossuet, no sermão que acabo de citar, fizeram uso daqueles versículos. Não é tudo. Os letrados desse tempo eram nutridos pela literatura antiga tanto quanto o eram pelas Sagradas Escrituras. Por mais que o bispo de Chartres se esforçasse por estigmatizar a "servil adulação e vil condescendência dos pagãos", ele mesmo reconhecia que os antigos, ao igualarem os reis aos deuses, estavam certos; antes do bispo, Claude d'Albon já se apoiara no exemplo dos "antigos filósofos" para declarar que o príncipe é "mais que homem [...] na verdade, é um deus", ou, pelo menos, "semideus".[120] Ainda aqui, lembranças eruditas impuseram a esses fervorosos cristãos uma linguagem carregada de paganismo. Caberia repetir o que o grande humanista do século XII John of Salisbury, o qual foi também um dos mais vigorosos defensores da supremacia do espiritual, dizia dos romanos: "Esse povo inventou as palavras de que nos servimos para mentir a nossos soberanos".[121] Essas influências haviam-se manifestado algumas vezes já na Idade

Média. No final do século XII, Goffredo da Viterbo, falando ao imperador Henrique VI, dizia: "Tu és deus, da raça dos deuses". Goffredo era um pedante, digno êmulo de seu compatriota e contemporâneo Pietro d'Eboli, que costumava referir-se ao mesmo soberano chamando-o "Júpiter Tonante"; a mulher de Henrique era "Juno".[122] Cerca de um século mais tarde, Egidio Colonna chamava os reis "semideuses";[123] também Egidio estudara muitíssimo os autores antigos; tal leitura levou-o a usar um termo que não condiz com o conjunto de seu sistema político, sistema pouco favorável ao poder temporal. Mas, na Idade Média, semelhantes desatinos são raros; é preciso reconhecer que esse abuso do nome divino generaliza-se apenas no século XVII. Naturalmente, não se deve exagerar a gravidade desses excessos verbais; o que há neles de reminiscências puramente literárias é suficiente para advertir-nos de não levá-los muito a sério. Por outro lado, não devemos subestimar sua importância: as palavras nunca são inteiramente separáveis das coisas. É bem significativo que no século XVII, um tempo de devoção, encontrem-se, tão constantemente utilizadas, expressões que as épocas precedentes teriam de forma quase unânime tachado de idólatras. Que um Gregório VII teria pensado do discurso do bispo de Chartres?[124]

Durante um momento, no final do século XVI e no começo do século XVII, as lutas religiosas pareceram despertar as velhas polêmicas do *regnum* e do *sacerdotium*; a controvérsia entre o cardeal Roberto Bellarmino e o rei Jaime I da Inglaterra parece um último eco dos tempos gregorianos;[125] da mesma forma, a longa discussão que teólogos tiveram a propósito do tiranicida. No conjunto, porém, a opinião eclesiástica, sobretudo na França, tornara-se mais e mais favorável à realeza sagrada. No caráter de santidade que os reis pretendiam possuir a Igreja tendia a ver menos uma usurpação dos privilégios do clero que uma homenagem à religião. Especialmente, nenhum católico via razões teológicas para condenar ao ostracismo o milagre régio. Em 1572, um padre espanhol, o venerando Luis de Granada, zeloso guardião da doutrina ortodoxa, publicou sua *Introduction del symbolo de la fe* [Introdução ao símbolo da fé], obra inúmeras vezes reeditada e traduzida; nela, citava muito naturalmente, como Bradwardine outrora, que entre os milagres do tempo presente estava "a virtude que os reis da França detêm de curar um mal contagioso e incurável, o das escrófulas"; em seguida dedicava ao assunto longa exposição.[126] Em 1547, o papa Paulo III (numa época em que suas diferenças com Carlos v predispunham-no a tratar amavelmente os Valois) já reconhecera expressamente a autenticidade dessa "virtude". Na bula de fundação da Universidade de Reims, datada de 5 de janeiro daquele ano, o papa louvava "a cidade de Reims, onde os reis cristianíssimos recebem das mãos do arcebispo, como um benefício enviado ao céu, a santa unção e o dom de curar os enfermos".[127]

Entretanto, os escritores não trataram sempre da mesma maneira esse dom. No século XVI, todos (ou quase todos) os apologistas da realeza — de Vincent Cigauld, sob Luís XII, ou de Grassaille, sob Francisco I, a Forcatel, sob Henrique III — dão-lhe lugar de honra em suas obras.[128] No século XVII, ao contrário, ele pode servir de pedra de toque para distinguir as duas categorias em que se dividia então, muito nitidamente, a literatura política do absolutismo: a que se pode denominar filosófica e a vulgar. Os escritos do segundo grupo — os de um Arroy, de um Hippolyte Raulin, de um Maimbourg — usam-no bastante, tendo-o por argumento muitíssimo adequado a impressionar seus leitores. Os do primeiro grupo evitam citá-lo. Nem Guez de Balzac, seja no *Prince* [Príncipe] seja no *Aristippe* [Aristipo], nem Bossuet, em nenhuma de suas obras fundamentais, fazem alusão às curas régias. Ceticismo? Certamente não. Devemos ver em tal silêncio uma de muitas outras manifestações da repulsa que esses pensadores sentiam por tudo o que não era de construção estritamente racional. Mas isso não constituía um sintoma menos ameaçador para o futuro do toque. Sem dúvida, em quase todos os meios acreditava-se ainda nesse grande milagre — Bossuet, numa carta já citada, mencionava o toque julgando-o coisa evidente.[129] Mas havia uma espécie de pudor de falar sobre o toque, que era uma crença um pouco popular demais; mais tarde, ter-se-á vergonha de acreditar nele.

Como vimos, era a unção (especialmente o óleo miraculoso da Santa Âmbula) o que Paulo III, em conformidade com uma crença antiga, considerava ser a origem do dom da cura. Assim, esse poder, em princípio sempre um pouco suspeito, ligava-se a um rito perfeitamente cristão. Tal ideia não mais encontrava adversários, a não ser entre os mais obstinados partidários de s. Marcoul; mesmo estes, sabemos, logo entregaram os pontos. Entre os mais fervorosos adeptos da monarquia, ninguém sequer sonhava em contestar, nessa matéria, o papel atribuído à unção. Sem dúvida, para os teóricos monárquicos continuava óbvio que a sagração era, como dizia Haillan, apenas "uma cerimônia cheia de reverência", a qual não dizia respeito à essência da soberania e na ausência da qual o rei não deixava de ser rei. Os acontecimentos que marcaram o início do reinado de Henrique IV ofereceram aos escritores políticos a ocasião de mais uma vez proclamar essa doutrina, que passou a ser dogma oficial.[130] Não se admitia que a dignidade régia dependesse de uma solenidade eclesiástica. Mas, no concernente ao poder taumatúrgico, parece que se mostrava menor suscetibilidade. Henrique IV foi rei bem antes de ser ungido, mas não tocou antes de sua sagração. Jamais foi a Corbeny, cujo acesso, no momento da coroação, estava-lhe interditado; portanto, havia sido a consagração pelos santos óleos, e não a intercessão de s. Marcoul, o que Henrique aguardara antes de começar a curar.[131] No século XVII, produziu-se sobre o assunto da origem do milagre régio (assim como sobre muitos outros pontos) uma espécie de reconciliação entre os defensores dos direitos da Igreja e os mais fervorosos fiéis da realeza.

As antigas legendas sobre a Santa Âmbula, as flores-de-lis ou a auriflama continuavam a circular na França. Aí pelo final do século XVI, um novo relato veio juntar-se ao ciclo tradicional; foi a legenda que contava ter sido Clóvis o primeiro rei a curar as escrófulas, legenda que aqui nos interessa muito particularmente.

A sagração, segundo a opinião mais divulgada, conferia aos reis o direito de curar; ora, dizia-se que Clóvis fora o primeiro príncipe francês a receber a unção e que a recebera diretamente do céu; era muito natural pensar que esse monarca favorecido pelo Alto fora também o primeiro a saber curar os escrofulosos. A bem dizer, a única coisa que surpreende é esse mito ter aparecido tão tarde.[132] Para propagá-lo, foi necessária a eloquência de um publicista meridional. Etienne Forcatel, de Béziers, conquistou na história da ciência jurídica uma celebridade assaz negativa, por ter sido preferido pelos professores de Toulouse ao grande Cujas, quando este, introdutor de métodos inovadores que assustavam o tradicionalismo do corpo universitário, disputou uma cadeira na faculdade de direito daquela cidade. "Um imbecil incapaz de ensinar", *homine insulso et ad docendum minus idoneo*, disse a respeito de Forcatel o biógrafo de Cujas, Papire Masson.[133] Seja como for, Forcatel era um pensador sem originalidade e um escritor sem nenhum senso de ordem e de clareza, como o comprova seu *De Gallorum imperio et philosophia* [O governo e a filosofia dos franceses], publicado pela primeira vez em 1579. Esse livro tão medíocre teve várias edições.[134] Mais: parece que a ele pertence a honra de ter lançado essa historieta sobre Clóvis taumaturgo, historieta que depois alcançaria tanta celebridade. Assim como os escritores seiscentistas que a mencionam, não pude encontrá-la em nenhum texto anterior a Forcatel; é preciso admitir que ela é fruto do inventivo cérebro desse escritor. Ei-la resumida.[135] Clóvis tinha um escudeiro do qual gostava muito; esse homem, chamado Lanicet (vê-se que nosso autor estava apenas mediocremente familiarizado com a onomástica merovíngia), foi atacado de escrófulas; tentou em vão diversos remédios — principalmente, tentou por duas vezes aquele receitado por Celso, comer uma serpente. Então, Clóvis teve um sonho: neste, o simples contato do rei curava Lanicet, enquanto o quarto parecia encher-se de uma luz resplandecente. Tão logo acordou, Clóvis rendeu graças ao Senhor e, depois, tocou o escudeiro, cujo mal, é claro, desapareceu.[136] Assim nasceu o maravilhoso dom, que passou de Clóvis a seus filhos e a todos os seus sucessores. O prodigioso sucesso dessa fábula medíocre prova que ela atendia a uma espécie de necessidade natural das imaginações. Em 1597, o cônego Meurier reproduziu-a.[137] Muito depressa, ela tornou-se para os apologistas da realeza um lugar-comum, ou melhor, um artigo de fé;[138] indubitavelmente, os bons historiadores, um Du Peyrat, um Scipion Dupleix, rejeitam-na,[139] mas quem os ouve? A despeito das objurgações de Du Peyrat, o médico Du Laurens coloca-o em seu célebre tratado sobre a cura das escrófulas, o qual em breve será autoridade.[140] A historieta atravessa as fronteiras; em 1628, vamos encontrá-la na obra de um historiador espanhol.[141] Incorpora-se plenamente ao patrimônio legendário e sentimental da França. O autor da pequena obra intitulada *Codicilles de Louis XIII roi de France et de Navarre à son très cher fils ainé...* [Codicilos de Luís XIII, rei da França e de Navarra, para seu mui querido primogênito], a qual surgiu durante a minoridade de Luís XVI, desenvolvendo um curioso programa de festas patrióticas propõe que se estabeleça uma "no segundo domingo depois da Páscoa", para "nesse dia agradecer a Deus o dom da Santa Âmbula e da cura das escrófulas, dom que Ele concedeu a s. Clóvis [sic] e a todos os reis da França".[142] Um pouco mais tarde, Desmarets de Saint-Sorlin, compondo sua grande epopeia nacional e religiosa *Clovis ou la France chrestienne* [Clóvis, ou a França cristã], não esquece tão belo episódio; embora o modifique um pouco para dar mais dramaticidade à narrativa, no fundo é sempre aquela mesma historieta que Etienne Forcatel elaborara.[143] O jurista de Toulouse, que provavelmente não tinha nenhum escrúpulo de erudição ou de simples honestidade, tivera o arrojo de fornecer ao público a legenda necessária a completar o ciclo da realeza miraculosa. O sucesso dessa espécie de fraude poderia surpreender-nos, caso o mesmo ciclo já não oferecesse tantos exemplos da facilidade com que uma invenção individual propaga-se quando é carregada por uma corrente coletiva.[144]

Mas, no século XVII, a melhor comprovação do poder da realeza maravilhosa não são as falas dos publicistas, não são nem mesmo as legendas; a melhor comprovação de tal poder é, na França, a popularidade do milagre régio e, na Inglaterra, o papel desses milagres nas lutas civis.

O TOQUE DAS ESCRÓFULAS NA ÉPOCA DO ABSOLUTISMO FRANCÊS E DAS PRIMEIRAS LUTAS CIVIS INGLESAS

Na monarquia francesa do século XVII, o toque das escrófulas assumiu definitivamente um lugar entre as pompas solenes com que se cerca o esplendor do soberano.[145] Luís XIII e Luís XIV cumprem-no regularmente nas grandes festas, Páscoa, Pentecostes, Natal ou Ano-novo, às vezes nos dias da Candelária, Trindade, Assunção, Todos os Santos.[146] Quando a cerimônia acontece em Paris, o preboste-mor manda anunciá-la alguns dias antes, ao som de trompas e por meio de cartazes; conservamos alguns desses avisos do tempo de Luís XIV;[147] encontrar-se-á um logo abaixo, igual aos que amiúde os desocupados daquele tempo liam nos muros de sua cidade. A cena passa-se em lugares diferentes, conforme as necessidades do momento; em Paris, costuma realizar-se na grande galeria do Louvre ou, mais raramente, numa sala baixa do mesmo palácio; em outras localidades, dá-se em salas ou pátios de castelos, em parques, em claustros ou em igrejas. Vem muita gente, e o ambiente fica abafado; assim, a cerimônia é fatigante, sobretudo para um rei-criança, como Luís XIII no começo de seu reinado;[148] mas o soberano, exceto se está seriamente indisposto, não poderia faltar a esse dever de seu cargo; sacrifica-se pela saúde de seus súditos. Só em tempo de epidemia não se recebem os doentes, por medo de propagar o contágio, que poderia atingir o rei.[149] Mas os enfermos vêm mesmo assim: "eles me perseguem tanto. Dizem que os reis não morrem de peste [...], pensam que eu sou um rei de baralho", dizia o pequeno Luís XIII, que ficava muito enraivecido com essa "perseguição".[150] É que o dom taumatúrgico não perdera nada de sua velha popularidade; temos algumas cifras para Luís XIII e (geralmente menos precisas) para Luís XIV; elas são similares às cifras antigas: diversas centenas, às vezes mais de um milhar, por sessão. No reinado de Luís XIII, são, em 1611, pelo menos 2210 escrofulosos tocados; em 1620, 3125; no dia de Páscoa de 1613, de uma só vez, 1070.[151] No de Luís XIV, a 22 de maio de 1701, dia da Trindade, são 2400.[152] Quando, por alguma razão, a periodicidade era interrompida, a afluência à próxima sessão chegava a ser assustadora. Na Páscoa de 1698, Luís XIV, sofrendo um acesso de gota, não pôde tocar; no Pentecostes seguinte, viu apresentarem-se cerca de 3 mil escrofulosos.[153] Em 1715, num sábado, 8 de junho, véspera de Pentecostes, um dia de "intenso calor", o rei, já bem próximo da morte, fez pela última vez o papel de curandeiro; tocou cerca de 1700 pessoas.[154]

Como no passado, as massas que nos dias determinados vinham atravancar as cercanias dos palácios eram uma multidão cosmopolita; não menos que outrora, a reputação do milagre francês ultrapassava as fronteiras do reino. Na verdade, para falar como o padre Maimbourg, "o império" desse prodigioso rei não era limitado por nenhuma fronteira natural, "nem pelas cadeias dos Pireneus ou dos Alpes, nem pelo Reno, nem pelo oceano", pois "a própria natureza estava sujeita a ele".[155] Uma testemunha ocular, Josué Barbier, que em junho de 1618 encontrava-se junto à corte em Saint-Germain-en-Laye, deixou-nos um quadro pitoresco de toda essa gente variegada, "tanto espanhóis, portugueses, italianos, alemães, suíços e flamengos quanto franceses" que, no Pentecostes, ele viu enfileirados "ao longo de todo o caminho principal e sob as sombras do parque", esperando o régio adolescente.[156] Os clérigos também vinham; conhecemos pelo menos três jesuítas portugueses que, nessa época, viajaram para a França a fim de ser tocados.[157] Algumas vezes, as artes colocavam-se a serviço dessa fama universal. Quando os habitantes de Bolonha visitavam seu Palazzo Comunale, precisavam apenas abrir os olhos para que imediatamente lhes fosse recordado o notável poder que o rei da França tinha "sobre a natureza". Entre 1658 e 1662, o cardeal Gerolamo Farnese, que na qualidade de legado papal governava a cidade, mandara decorar uma galeria do velho *Palazzo* com afrescos executados no estilo pomposo e teatral da escola bolonhesa: oito grandes composições, cada uma representando um episódio da história, legendária ou real, da antiga cidade. Membro de uma casa principesca que vínculos políticos muito estreitos ligavam então à França, o cardeal Farnese lembrou-se muito convenientemente de que em 1515 Francisco I mostrara-se em seu papel de taumaturgo ao povo de Bolonha; sobre a parede da direita, ainda podemos ver o rei tal como foi pintado por Carlo Cignani e Emilio Taruffi, pousando a mão sobre o pescoço de uma mulher ajoelhada enquanto em torno pajens, soldados, doentes de pé ou de cócoras formam grupos habilidosamente equilibrados, conformes às leis da arte clássica.[158]

Entre os estrangeiros que vinham solicitar cura ao rei da França, os mais numerosos eram sempre os espanhóis. Como se para compensar sua fé, eram, antes da cerimônia, colocados na primeira fila.[159] Por outro lado, como a opinião francesa geralmente demonstrava pouca estima pelos espanhóis, o singular fervor destes era muito ridicularizado. Sabemos muito bem (diziam os protestantes e os políticos no reinado de Luís XIII) o porquê de, na época da Liga, Bellarmino, Commolet e os outros luminares da Companhia de Jesus desejarem tanto que o reino da França fosse dado à casa da Espanha: era por caridade, a fim de tornar mais fácil a esse povo escrofuloso o acesso a seu médico titular.[160] Ou, então, contava-se esta divertida historieta com que, num dia de distribuição de prêmios, o padre Maimbourg deliciou os alunos do colégio de Rouen: um importante nobre espanhol tinha escrófulas; sabia que somente o contato do rei da França lhe devolveria a saúde; mas, por orgulho, não queria confessar nem que sofria do mal nem, sobretudo, que acreditava nas virtudes de um príncipe inimigo; então, fingindo estar apenas em visita, viajou para Fontainebleau, onde estava morando Henrique IV; o espanhol dissimulava seu pescoço (completamente carcomido pela doença) sob a couraça e as pregas da grande gola que usava; o rei abraçou-o para desejar-lhe as boas-vindas; o visitante sarou.[161] Mas os políticos sagazes não troçavam desses estrangeiros; serviam-se dos bem conhecidos sentimentos dos doentes espanhóis, usando-os como meio de propaganda. No tempo de Richelieu, viu-se um publicista do partido pró-francês na Catalunha invocar o argumento do milagre, tentando assim converter seus compatriotas à causa dos Bourbon.[162]

A fama do milagre régio francês causava preocupações às dinastias rivais. Poderia haver maior homenagem à monarquia francesa que as inquietudes desses rivais, atestadas pelos ásperos ataques dos escritores a soldo da casa da Áustria? Todos esses panfletários, numerosos principalmente na primeira metade do século, mostraram-se muitíssimo preocupados com o miraculoso privilégio dos reis da França; com frequência, reivindicam para seus monarcas (os Habsburg de Viena ou de Madri) um privilégio similar; já vimos que seu único fundamento era ou a lembrança de antigas tentativas, caídas em descrédito havia muito tempo, ou, simplesmente, as inspirações de sua própria imaginação; de todas as maneiras, porém, esforçam-se por diminuir o valor desse dom tão popular. Eis um exemplo bastante interessante desse estado de espírito. Em 1635, apareceu com o título *Mars Gallicus* um opúsculo pró-espanhol que teve certa celebridade; seu autor assinava-se Alexander Patricius Armacanus. Ele não negava o milagre francês. Negar um milagre? Seria muita audácia. Armacanus dedicava-se, isso sim, a provar que o dom do milagre é desinteressadamente dado por Deus e que esse dom não comprova nem a santidade nem a superioridade daquele a quem a vontade divina o concedeu. A jumenta de Balaão profetizava; isso é motivo para dizermos que ela devia possuir sobre a raça dos asnos as prerrogativas do poder supremo?[163] Teoria que, no fundo, é rigorosamente ortodoxa, mas que raramente se vê desenvolvida a esse extremo. É que sob o pseudônimo Armacanus escondia-se um sério teólogo, o bispo de Ypres, Jansenius; nesse nosso caso, a paixão política apoiava-se em certas teorias sobre a graça e o arbítrio divino que iriam dar o que falar. Mas, não importava o que dissessem os fazedores de livros, os espanhóis continuavam acorrendo-se ao rei da França.

Quanto aos visitantes de maior distinção, mesmo luteranos, que vinham passear em Paris, não se deixava de levá-los ao toque; este era uma das curiosidades da capital, um espetáculo que, entre uma missa cantada e uma sessão solene da Académie des ions, era preciso ver.[164]

Assim, a história do milagre régio na França do século XVII é muito tranquila. Sem dúvida, havia os incrédulos. Decididamente, parece que a maior parte dos protestantes fazia parte desse número. Um escritor saído de suas fileiras, o ex-pastor Josué Barbier, convertido ao catolicismo aí pelo início do reinado de Luís XIII e, segundo tudo indica, muito desejoso de ganhar o máximo possível com essa mudança de religião, achou que a melhor forma de cortejar os poderosos seria consagrar ao milagre régio uma obra em tom ditirâmbico: *Les miraculeux effects de la sacrée main des roys de France tres chrestiens: pour la guarison des malades et conversion des heretiques* [Os miraculosos efeitos da sagrada mão dos cristianíssimos reis da França: para a cura dos doentes e a conversão dos heréticos]. Ali, de modo explícito, Barbier acusa seus ex-correligionários de não acreditarem nesses "miraculosos efeitos", seja porque atribuem as pretensas curas a "ilusões do diabo", seja porque, muito simplesmente, negam a realidade de tais curas.[165] Não que antes (e nem mesmo depois) da revogação do Edito de Nantes a opinião reformada, em seu conjunto, haja sido hostil à monarquia. Há uma literatura absolutista de origem protestante. O *Discours sur la souveraineté des roys* [Discurso sobre a soberania dos reis], publicado em 1650 pelo pastor Moyse Amyraut e dirigido contra os revolucionários ingleses, e o *Traité du pouvoir absolu des souverains* [Tratado sobre o poder absoluto dos soberanos], publicado em 1685 pelo pastor Elie Merlat, são obra, provavelmente sincera, de súditos muitíssimo submissos. Mas a monarquia de que esses fiéis servidores do rei oferecem a imagem a seus leitores é uma monarquia sem legendas e sem milagres, a qual tem como único apoio emotivo o respeito à Bíblia, interpretada com um sentido favorável ao direito divino dos príncipes. É lícito perguntar se o lealismo das massas podia a longo prazo manter-se, em todo o seu fervor cego, sem esse fundamento maravilhoso e místico que o calvinismo lhe retirava. Moyse Amyraut usara como tema de seu *Discours* o texto bíblico: "Não tocai meus ungidos"; mas essa frase, tão rica de significado para o povo devoto que, no dia da sagração, via seu soberano ser ungido com o bálsamo celeste outrora trazido pela pomba, não soava vazia quando se dirigia a homens que, longe de reconhecer algo de sobrenatural no óleo de Reims, deviam, por causa de sua fé, recusar ao próprio rito da unção qualquer eficácia específica, atribuindo-lhe (como ensinava o próprio Amyraut) apenas um valor pura e secamente simbólico?[166] Nesse sentido, Josué Barbier talvez não estivesse inteiramente errado quando estabeleceu uma espécie de incompatibilidade entre a religião reformada e o sentimento monárquico, pelo menos tal como, na França do século XVII, esse sentimento era em geral entendido pelos absolutistas exaltados.

Mesmo na corte, nem todo mundo levava muito a sério o milagre. A própria cunhada de Luís XIV, a duquesa de Orléans (aliás, educada no protestantismo) ousava exprimir sua opinião íntima, numa carta escrita, é preciso dizer, após a morte do Grande Rei: "Aqui, acredita-se também que o sétimo filho pode curar pelo toque as escrófulas. De minha parte, penso que seu toque tenha tanta força quanto o do rei da França" — evidentemente, deve-se entender: "tenha *tão pouca* força quanto o do rei da França".[167] Mais tarde, em outro reinado, veremos a opinião de Saint-Simon, talvez expressa sob a influência de um movimento de novas ideias.[168] Provavelmente, existiam na corte (sobretudo entre os livres-pensadores) outros incrédulos que se calavam. No entanto, não há nenhuma dúvida de que a massa acreditava piamente. O afã dos enfermos basta para comprovar o fervor popular. A história do milagre inglês, na mesma época, foi mais agitada.

Sob Carlos I, à primeira vista tudo faz lembrar em quase todos os pontos o que se passava na França. De modo geral, o toque realiza-se em datas que são mais próximas umas das outras do que o são na corte dos Bourbon. É suspenso em tempos de epidemia ou de calor muito intenso. Os dias são antecipadamente indicados por proclamações régias em todo o país.[169] A solenidade desenvolve-se segundo as formas litúrgicas que Elisabete e Jaime I adaptaram aos usos da Igreja da Inglaterra. A atividade é grande; não temos para esse reinado cifras exatas; mas tudo parece indicar que a fé dos doentes não diminuíra nem um pouco. Era até preciso defender-se contra um excesso de afluência, excesso que ameaçava impor ao rei fadigas demasiado duras e a seu tesouro uma carga desnecessariamente pesada; certas pessoas, após ter sido tocadas a primeira vez, procuravam tornar a sê-lo, ou porque houvessem ficado insuficientemente curadas na primeira tentativa e agora tivessem esperança de com um novo contato obter resultado melhor, ou porque, simplesmente, estivessem tentadas a conseguir outro angel, esmola muito substancial e talismã fácil de negociar; para impedir esse abuso, ficou proibido apresentar-se mais de uma vez. A fim de assegurar o cumprimento dessa regra, todo escrofuloso que desejasse participar da cerimônia devia munir-se antecipadamente de um certificado expedido pelo pastor e pelas diversas autoridades de sua paróquia, estabelecendo que ele ainda não fora tocado.[170] No reinado de Carlos I, o rito maravilhoso incorporou-se plenamente à vida religiosa regular do país; desde 1633, graças a uma inovação significativa, o serviço de "cura" figura no livro de preces — *The boke of common prayer* — que a Igreja nacional punha nas mãos de todos.[171] Em suma, tem-se todo o quadro de um milagre que, havendo conquistado grande clientela, transforma-se numa das instituições de um Estado monárquico bem ordenado.[172]

De um Estado claramente absolutista, também. Na França, a monarquia de Luís XIII e de Luís XIV mostrava-se tolerante para com os "sétimos varões", os quais, entretanto, faziam séria concorrência ao rei-médico. É bem verdade que no reinado de Luís XIII o arcebispo de Bordeaux, Henri de Sourdis, proibira de continuar exercendo atividade certas pessoas ("sétimos", provavelmente) que, nessa cidade, pretendiam curar as escrófulas; ele fundamentava sua interdição sobre o princípio de que o "privilégio de tocar os doentes é reservado à sagrada pessoa de nosso rei cristianíssimo".[173] Mas essa manifestação está absolutamente isolada. Na Inglaterra, ao contrário, Carlos I ou seus ministros declararam guerra encarniçada aos concorrentes da prerrogativa régia; tocar os escrofulosos quando não se era rei constituía crime de lesa-majestade, sujeito, se necessário, à jurisdição da célebre Star Chamber —[174] melindres que talvez indicassem um poder absoluto menos firmemente assentado que o dos Bourbon.

De resto, compreende-se sem dificuldade que os Stuart preferissem reservar para si o monopólio do milagre. Os doentes que saravam e que acreditavam ter a cura derivado da mão régia eram súditos assegurados para a monarquia. Um acaso muito raro conservou um documento no qual se pinta ao vivo o estado de alma que um toque feliz era capaz de criar. Um nobre, lorde Poulett, tinha uma filha, infeliz criança inteiramente carcomida por escrófulas; enviou-a à corte; a menina foi tocada em 1631 e breve estava melhor. Um secretário de Estado, lorde Dorchester, encarregara-se cortesmente de apresentá-la ao rei; depois do acontecimento, o pai escreveu a lorde Dorchester para agradecer; ainda temos essa carta, redigida em tom verdadeiramente comovedor: "a volta de uma criança que antes estava doente e agora está tão curada faz reviver um pai enfermo [...] para mim, foi uma grande felicidade que Sua Majestade tenha-se dignado tocar com suas mãos abençoadas minha pobre criança; assim, com a bênção de Deus, ele devolveu-me uma filha que tinha eu tão pouca esperança de guardar que dera instruções para fazer transportar seu cadáver [...]; ela voltou sã e salva; sua saúde melhora dia a dia; toda vez que a vejo, tenho oportunidade de lembrar a graciosa bondade de Sua Majestade para com ela e para comigo e de render-lhe graças com toda a humildade e com toda a gratidão".[175] Sem dúvida, os sentimentos que lorde Poulett exprimia devem ter sido compartilhados por mais de um pai e de uma mãe mais humildes, cujas vozes não chegaram a nós. Que nos importa que semelhantes alegrias hajam nascido de uma ilusão? Não se poderia avaliar judiciosamente a força do lealismo monárquico se, de forma preconceituosa, excluem-se da história as efusões dessa gente reconhecida. Mais tarde, lorde Poulett, ainda que fosse de ascendência puritana, tomou o partido do rei, contra o Parlamento; decerto, a lembrança do milagre não foi nem a única nem a principal razão a determinar a atitude desse nobre; mas como acreditar que, ao decidir-se a apoiar o rei, ele não tenha dedicado um pensamento à pequena enferma que outrora, contra toda a esperança, fora curada?

Veio a guerra civil. A crença no dom taumatúrgico era um dos dogmas dessa fé monarquista que os partidários do Longo Parlamento rejeitavam, mas que continuava viva na alma do povo. Em 1642, Carlos I deixou Londres, onde a burguesia e os artesãos faziam causa comum com os parlamentares; logo depois, o rei estabeleceu em Oxford seu quartel-general. No ano seguinte, imprimiu-se e fez-se circular em Londres uma "humilde petição à excelente majestade do rei, apresentada por várias centenas de desventurados súditos afligidos por essa dolorosa enfermidade chamada mal régio". O que os escrofulosos dizem é, em substância, o seguinte: estamos atacados por um mal "sobrenatural", que só pode ser curado "por meios de curas sobrenaturais, inerentes à mão de Vossa Sagrada Majestade". Não podemos aproximar-nos de Vossa Majestade em Oxford, onde está "cercada por tantas legiões de soldados"; suplicamos que Vossa Majestade volte para Whitehall. Os supostos requerentes afirmam não querer envolver-se em política, "tendo bastante o que fazer cuidando de nossas próprias misérias". Não se poderia levar muito a sério essa alegação. Evidentemente, o pequeno escrito é apenas um panfleto monarquista. Seus autores tiram a máscara quando, ao terminar, declaram esperar que o retorno do rei traga não somente a cura dos enfermos mas também a "do Estado, o qual adoeceu após Vossa Alteza ter deixado seu palácio de Whitehall e, assim como nós, não pode livrar-se de seus males enquanto vossa graciosa pessoa não voltar para lá".[176] Aliás, não era Carlos I quem se recusava a voltar para Londres. Eram os londrinos que se recusavam a admiti-lo, pelo menos como soberano absoluto; era sobre eles que se devia agir. Um publicista imaginoso teve a ideia de comover a opinião da grande cidade fazendo falar os pobres escrofulosos. Sem dúvida, ele tinha suas razões para escolher tocar nessa tecla. Os espetáculos a que se devia assistir durante o cativeiro do rei permitem supor que, de fato, as pessoas afligidas pelas escrófulas deploravam a partida de seu médico habitual. Em fevereiro de 1647, Carlos, que os escoceses acabavam de soltar, era conduzido para o sul pelos emissários do Parlamento; durante toda a viagem, os doentes acorriam-se a ele, trazendo consigo a moeda de metal (de ouro, se possível, ou de prata) que Carlos não era mais rico o bastante para dar da própria bolsa, mas que, caso se quisesse que o rito fosse verdadeiramente eficaz, acreditava-se ser necessário que o rei pendurasse no pescoço dos pacientes. Os emissários do Parlamento esforçavam-se por afastar esses enfermos, sob o bem hipócrita pretexto de um possível contágio, "muita daquela gente tendo [não escrófulas, mas] outras doenças perigosas e sendo, por isso, indignas de ser admitidas à presença de Sua Majestade".[177] Quando o rei, ainda prisioneiro, foi mantido em Holmby, as mesmas cenas repetiram-se. A Câmara dos Comuns decidiu então acabar com aquilo; designou-se um comitê para redigir "uma declaração que será apresentada ao povo e que dirá respeito à superstição do toque".[178] O texto dessa proclamação parece ter sido perdido, e isso é mesmo uma pena, pois adoraríamos conhecer a exposição de motivos, a qual, sem dúvida, lançaria alguma luz sobre os sentimentos que determinado partido tinha em relação à realeza sagrada. Aliás, há motivos para duvidar de que essa exposição tenha surtido muito efeito sobre a massa. Com certa razão, os pretensos requerentes de 1643 afirmavam ser o toque a única prerrogativa de que a pessoa régia jamais poderia ser privada.[179] Depois que Carlos foi executado, atribuiu-se a suas relíquias (especialmente aos lenços embebidos em seu sangue) o poder de curar que sua sagrada mão possuíra enquanto ele vivia.[180] Um rei mártir, mesmo num país protestante, tendia sempre a transformar-se numa espécie de santo.

Mais tarde, os realistas sustentaram que Cromwell tentara exercer o dom miraculoso, usurpando em proveito próprio até os privilégios sobrenaturais da realeza;[181] mas certamente isso não passou de calúnia gratuita. Durante a República e o Protetorado, ninguém na Grã-Bretanha efetuou o toque. Entretanto, a velha fé não estava morta. No exílio, Carlos II realizava o milagre hereditário, distribuindo aos doentes moedas de prata em lugar das de ouro, por causa da penúria de seu tesouro; os enfermos vinham a ele; um esperto comerciante tinha por profissão organizar as viagens marítimas que os escrofulosos ingleses ou escoceses faziam às cidades dos Países Baixos onde o príncipe mantinha sua precária corte.[182] Mais: atribuía-se às relíquias (se posso me expressar assim) do pretendente vivo o mesmo poder que se atribuía às do rei morto: um lenço com o sangue que correra do nariz de Carlos II, durante a fuga para a Escócia, depois de sua derrota em Worcester, era considerado capaz de curar as escrófulas.[183] É bom ter esses fatos presentes no espírito quando se trata de explicar a Restauração de 1660; é claro, não se deve pensar que o rei foi trazido de volta expressamente para curar os escrofulosos; mas a persistência da fé no dom taumatúrgico é um dos sintomas de uma mentalidade que o historiador desses acontecimentos não pode negligenciar.

Também os artífices da Restauração, querendo reviver nos corações a religião monárquica, não esqueceram o prestígio do milagre. A 30 de maio de 1660, Carlos II, que o Parlamento vinha de reconhecer, mas que se encontrava ainda em terra estrangeira, em Breda, realizou uma cerimônia particularmente solene;[184] após voltar para a Inglaterra, ele tocou diversas vezes, no Banqueting Hall do palácio de Whitehall, doentes que acorriam em multidões.[185] Os defensores da monarquia estimulavam com a palavra e com a pena o entusiasmo popular. Sancroft, pregando em Westminster a 2 de dezembro de 1660, exortava os fiéis a esperar o alívio das chagas do povo e da Igreja "dessas sagradas mãos a que Deus outorgou um miraculoso dom de cura";[186] alegoria significativa que, ainda em 1661, é o tema de um panfleto muito verborrágico e um pouco doido, escrito por John Bird e chamado *Ostenta Carolina*[187] [Prodígios carolinos]. Em 1665, apareceu uma pequena obra anônima, consagrada, sem mais metáforas, ao toque em si mesmo: *Χειρεξοχη*[188] ou *Da excelência e eficácia da mão régia*. Enfim, em 1684, foi a vez de um dos médicos do rei, o dr. John Browne, cuja *Adenochoiradelogia* forma na Inglaterra uma exata simetria com o tratado de Du Laurens, escrito mais de setenta anos antes; a obra de Browne é uma longa demonstração (mediante grande quantidade de argumentos e de historietas) em favor do poder curativo do príncipe.[189]

Não é trabalho do historiador sondar os segredos do coração. Jamais saberemos o que, no fundo, Carlos II pensava do singular talento que seus súditos atribuíam-lhe tão prodigamente. Não nos apressemos, entretanto, em apregoar ceticismo e fraude; seria não dar justo valor à força do orgulho dinástico; ademais, certa leviandade moral não exclui a credulidade. Em todo o caso, fossem quais fossem os sentimentos íntimos do rei, o cumprimento do milagre de cura possivelmente era, entre todas as obrigações régias, a que ele executava de forma mais conscienciosa. Tocava bem mais amiúde que seu vizinho da França; em princípio, todas as sextas-feiras, salvo quando fazia muito calor. O cerimonial permaneceu o mesmo dos reinados de seu pai e de seu avô. Desde 1665, porém, a moeda entregue aos doentes foi substituída por uma medalha, que era cunhada especialmente para a ocasião e não tinha mais uso como numerário.[190] Ainda em nossos dias, com muita frequência encontramos nas coleções numismáticas inglesas essas belas medalhas de ouro que, como os antigos angels, trazem, num lado, a legenda *Soli Deo gloria* e s. Miguel a abater o dragão; e, no outro lado, uma barca, com as velas enfunadas. Se muitas dessas medalhas chegaram até nós, é porque um número ainda muito maior foi distribuído.

Podemos medir pelas cifras a popularidade de Carlos II como médico. Eis algumas: de maio de 1660, começo do rito, a setembro de 1664 (ou seja, pouco mais de quatro anos), cerca de 23 mil pessoas tocadas; de 7 de abril de 1669 a 14 de maio de 1671 (pouco mais de dois anos), pelo menos 6666, talvez mais; de 12 de fevereiro de 1684 a 1º de fevereiro de 1685 (cerca de um ano, bem no final do reinado, pois Carlos II morreu a 6 de fevereiro), 6610. Browne decerto exagerava quando, em 1684, afirmava que "perto de metade de nossa nação foi tocada e curada por Sua Majestade Sagrada depois de sua feliz Restauração".[191] Mas, sem medo de errar, podemos estimar em 100 mil os escrofulosos que Carlos viu desfilar diante de si durante os quinze anos de seu governo.[192] Multidão variegada, na qual, a acreditarmos em Browne, não faltavam os estrangeiros: alemães, holandeses e até franceses; e na qual (nós o sabemos por documentos seguros) figuram alguns colonos da América: da Virgínia, de New Hampshire, atravessava-se o oceano para vir procurar a cura em Whitehall.[193] Nenhuma dúvida, entretanto, de que ingleses e escoceses fossem a maioria. Em suma, jamais um rei taumaturgo conheceu maior sucesso. A longa interrupção do milagre na época do Longo Parlamento e de Cromwell não fizera mais que avivar a fé comum; desde o retorno de Carlos II, os doentes, durante muito tempo privados do remédio sobrenatural, precipitaram-se a seu augusto curandeiro, procurando-o com uma espécie de frenesi; mas essa afluência não foi fogo de palha; como vimos, ela manteve-se durante todo o reinado. A ideia de realeza maravilhosa, tão desdenhosamente tida como superstição pela Câmara dos Comuns em 1647, estava bem longe de morrer.

Não obstante, tinha adversários, que não serenavam. Na *Adenochoiradelogia* de Browne, a polêmica com os não conformistas (e até as edificantes historietas nas quais o autor diverte-se com os não conformistas que, por causa das curas miraculosas, converteram-se ao respeito pela realeza) prova eloquentemente que nem todo mundo partilhava da crença popular. Em 1684, um pastor presbiteriano foi perseguido por falar mal do toque.[194] Entretanto, mesmo nesse partido não se acreditava que fosse possível negligenciar a arma do maravilhoso. Em 1680, o duque de Monmouth, filho natural de Carlos II, considerado pelos *whigs* o herdeiro designado (em lugar de seu tio o duque de

York, do qual se pensava que, por ser católico, não chegaria ao trono), fez triunfal viagem através dos condados ocidentais. Embora ainda não fosse rei (nem mesmo aos olhos de seus partidários), parece que durante essa viagem ele tocou os escrofulosos ao menos uma vez.[195] Quando em 1685, sempre em nome do protestantismo, disputou pelas armas a coroa de seu tio (que se tornara Jaime II), Monmouth realizou todos os atos régios — entre eles, o rito da cura. Mais tarde, isso suscitou uma das queixas contra Monmouth incluídas no ato de acusação póstuma que lavraram os magistrados de Jaime II.[196] Sem milagre, ainda não se era rei de verdade.

Contudo, esses eram os derradeiros clarões do velho rito; na Inglaterra, ele estava próximo da morte; na França, estava, no mínimo, próximo da decadência.

6. O declínio e a morte do toque

COMO SE PERDEU A FÉ NO MILAGRE RÉGIO

Primeiro na Inglaterra, depois na França, a desaparição definitiva do toque teve como causa imediata revoluções políticas; mas essas contingências só surtiram tal efeito porque a fé no caráter sobrenatural da realeza ficara (quase sem transparecer) profundamente abalada nas almas de pelo menos parte dos dois povos. Aqui, não se poderia pretender descrever esse obscuro trabalho dos espíritos, mas apenas indicar algumas das razões que contribuíram para destruir a antiga crença.

As curas operadas pelos reis eram só um de muitos exemplos de curas prodigiosas que, durante longo tempo, não encontraram céticos. Alguns fatos esclarecem bem essa mentalidade. Na França, desde Henrique II e pelo menos até Henrique IV, há a duradoura reputação da família Bailleul, verdadeira dinastia de endireitas que, de pai para filho, possuíam a "secreta virtude de reparar os ossos deslocados por uma queda violenta ou partidos por algum golpe recebido, de remediar as contusões de nervos e de membros do corpo, de recolocá-los em seu lugar e de devolver-lhes seu primitivo vigor". Depois de ter mais ou menos obscuramente exercido esse talento hereditário em sua província natal, no Pays de Caux, os Bailleul apareceram na corte durante o reinado de Henrique II. Lá, mesmo ocupando os mais altos postos, Jean, abade de Joyenval e capelão do rei; Nicolas, primeiro com esse nome, escudeiro e camareiro do rei; talvez também Nicolas II, que no reinado de Luís XIII seria *président* do parlamento de Paris e superintendente das finanças, continuavam a tratar entorses e fraturas. Sem dúvida, esse sucesso devia-se a uma técnica hábil, que se transmitia de geração a geração e que nada tinha de sobrenatural; mas não era isso o que se pensava deles. Não sem razão, o poeta Scevole de Sainthe-Marthe — que, em seu panegírico em latim, incluiu entre os "ilustres das Gálias" os Bailleul — relaciona as "graças" concedidas por Deus a essa família e o "favor extraordinário e celeste" que permite aos reis da França, com "apenas o toque de suas mãos", "curar o doloroso e incurável mal das escrófulas".[1] Para a maior parte de seus contemporâneos, os dois poderes curativos tinham uma mesma origem sobre-humana; e a fé que esses contemporâneos dedicavam tanto a um quanto ao outro era a manifestação de uma mesma atitude intelectual.

Aliás, havia médicos hereditários de todos os tipos e para todos os males. Já encontramos várias vezes os "parentes" de s. Paulo, na Itália; os de s. Catarina, na Espanha; os de s. Roque, de s. Martinho e de s. Huberto, na França. Sobretudo os de s. Huberto tiveram no século XVII um destino muito brilhante. Conhecemos vários deles, fidalgos ou supostos fidalgos — essa ilustre descendência não era em si mesma um título de nobreza? — ou religiosos que faziam a glória de seus conventos. O mais célebre foi Georges Hubert, que cartas régias datadas de 31 de dezembro de 1649 reconheceram expressamente como "oriundo da linhagem e geração do glorioso s. Huberto das Ardenas" e como capaz, em razão dessa ascendência, "de curar todas as pessoas mordidas por lobos e cães raivosos e por outros animais atacados pela raiva, tocando-as na cabeça sem outra aplicação nem de remédio nem de medicamento". Com muito brilho e lucro, o "cavaleiro de Saint Hubert" (era assim que ele se fazia chamar) exerceu sua arte durante longo período; ainda em 1701, é citado num prospecto impresso, "em que dava seu endereço àqueles que quisessem fazer-se tocar"; contava entre seus clientes (ainda mais numerosos porque o contato de sua mão era considerado também preventivo) Luís XIII, Luís XIV, Gastão de Orléans, o príncipe de Conti e um príncipe de Condé que decerto é o vencedor da batalha de Rocroy; para todos esses grandes senhores, apaixonados por montaria, as mordidas de cachorro não eram um perigo imaginário.

Por permissão especial do arcebispo Jean-François de Gondi (renovada pelos sucessores desse prelado), o cavaleiro, quando se encontrava em Paris, efetuava o toque numa capela da paróquia Saint-Eustace. Mais de trinta bispos e arcebispos deram-lhe autorização de praticar em suas dioceses. A 8 de julho de 1665, os Estados* da Bretanha concederam-lhe uma gratificação de quatrocentas libras. Também lá, a opinião comum não deixou de estabelecer uma relação entre o prodigioso talento desse taumaturgo nato e as virtudes miraculosas oficialmente atribuídas aos reis. Quando odiosos céticos ousavam duvidar das curas realizadas pelo cavaleiro ou por seus confrades, os crentes, segundo o testemunho do abade Le Brun (ele mesmo um incrédulo), respondiam invocando o exemplo do rei: se todo mundo admite a eficácia do toque régio, por que achar tão extraordinário "que pessoas de determinada estirpe curem determinados males"?[2]

Do mesmo modo, nem em seu próprio reino os Bourbon eram os únicos a curar as escrófulas por direito de nascença. Sem mencionar os sétimos filhos, sobre os quais já falamos o suficiente, a França do século XVII conheceu pelo menos uma família na qual se transmitia pelo sangue um dom idêntico ao que era o orgulho da dinastia. Os primogênitos dos Aumont (família nobre da Borgonha, com terras também no Berry) eram considerados capazes de devolver a saúde aos escrofulosos distribuindo-lhes pão bento. Tradição "inventada", escrevia André Favyn em seu livro *Histoire de Navarre*. Ela repugnava aos apologistas habituais da monarquia: não convinha reservar ciosamente para os reis o privilégio de curar o "mal régio"? Mas grande número de autores sérios a menciona, o que indica ter ela desfrutado certa popularidade, pelo menos regional.[3]

Na Inglaterra, no reinado de Carlos II um fidalgo irlandês, Valentine Greatrakes, um belo dia descobriu por revelação divina seu talento para curar escrófulas. Vieram a ele doentes de toda a parte. Na mesma época em que os Estados bretões votavam a gratificação ao cavaleiro de Saint Hubert, a municipalidade de Worcester oferecia ao tocador (*the Stroker*) da Irlanda um esplêndido banquete. Nada faltou ao sucesso de Greatrakes, nem mesmo provocar uma verdadeira guerra literária: entre seus partidários e seus adversários, houve douta troca de panfletos. Nem todos os seus partidários eram personagens insigni-

* Ou seja, a assembleia provincial. (N. T.)

ficantes. Robert Boyle, membro da Royal Society, um dos fundadores da química moderna, proclamou a um só tempo sua fé em Greatrakes e no milagre régio.[4]

Ademais, o estado de espírito dos crentes do toque reflete-se claramente nas próprias obras que tratam da virtude taumatúrgica dos reis. Por exemplo, Browne, médico e contemporâneo de Newton, parecia ainda inteiramente imbuído de noções de uma magia primitiva. Vejam a extraordinária história que ele conta sobre um estalajadeiro de Winton que, atacado de escrófulas, comprara de um farmacêutico um frasco de barro cozido cheio de uma água medicinal. No começo, o estalajadeiro usou sem sucesso o remédio; mas, tendo sido benzido à distância por Carlos I, de quem os soldados do Parlamento haviam-no impedido de aproximar-se, ele voltou a usar sua água e sarou. À medida que as chagas cicatrizavam e os tumores eram reabsorvidos, misteriosas excrescências apareciam nas laterais do frasco, partindo o revestimento de verniz; um dia, alguém teve a infeliz ideia de raspá-las, e o mal reapareceu; parou-se a limpeza, e veio a cura definitiva. Em outros termos (embora Browne não o diga expressamente), as escrófulas passaram do homem para o vaso de barro...[5] Na verdade, a ideia do milagre régio estava relacionada a toda uma concepção do universo.

Ora, não há dúvida de que, desde a Renascença e sobretudo no século XVIII, essa concepção tenha pouco a pouco perdido terreno. Como? Este não é o lugar para pesquisar isso. Basta lembrar que a decadência do milagre régio está intimamente ligada a esse esforço dos espíritos, pelo menos na elite, para eliminar da ordem do mundo o sobrenatural e o arbitrário e, ao mesmo tempo, conceber sob uma faceta unicamente racional as instituições políticas.

Pois há aí outro aspecto da mesma evolução intelectual; para a velha crença cujo destino nos interessa aqui, esse segundo aspecto foi tão fatal quanto o primeiro. Os "filósofos", acostumando a opinião a considerar os soberanos meros representantes hereditários do Estado, desabituaram-na de procurar e achar neles o que fosse maravilhoso. Pedem-se com facilidade milagres a um chefe de direito divino, cujo poder tem suas raízes numa espécie de mistério sublime; tais milagres não são solicitados a um funcionário público, por mais elevada que seja sua condição e por mais indispensável que possa parecer seu papel no governo.

Causas mais particulares agiram para precipitar a ruína da fé que, por longo tempo, os povos dos dois reinos haviam devotado às virtudes do toque régio. Essa fé foi atingida pelos efeitos das lutas civis e religiosas. Na Inglaterra, vimos que, por motivos doutrinais e por ódio à monarquia absoluta que os perseguia, os protestantes extremados foram desde muito cedo hostis ao milagre monárquico. Sobretudo, tanto na França quanto na Inglaterra, as pretensões ao milagre sustentadas simultaneamente por uma dinastia católica e por uma dinastia protestante não deixavam de confundir os crentes das duas religiões. Até a Reforma, tanto franceses quanto ingleses podiam aceitar com coração tranquilo as ambições de ambos os monarcas; mas, quando se consumou a ruptura religiosa, essa equanimidade deixou de ser conveniente. A bem dizer, os escritores anglicanos geralmente não criam muita dificuldade para admitir as curas realizadas pelos monarcas franceses; contentam-se em reivindicar para seu país (sem se importar com a história) o privilégio de ter sido o primeiro a possuir reis-médicos.[6] Por via de regra, os católicos mostraram-se mais intransigentes. Enquanto os príncipes ingleses mantiveram o sinal da cruz, seus súditos "papistas" recusaram-se (ainda que apenas por orgulho nacional) a contestar a maravilhosa prerrogativa em que tantas gerações de ingleses haviam acreditado; esses católicos tiveram como último recurso atribuir ao sinal sagrado o poder de realizar por si mesmo (ainda quando feito por mãos heréticas) a obra de cura.[7] Jaime I retirou-lhes essa última escapatória. Na França (e, de forma geral, no resto do continente), os escritores católicos, não sendo retidos por nenhum escrúpulo patriótico, chegaram quase todos à solução extrema: negaram o milagre inglês.[8] Em 1593, essa é a posição do jesuíta espanhol Delrio, cujas *Disquisitionum magicarum* [Investigações sobre as coisas mágicas], inúmeras vezes reeditadas, tiveram autoridade durante longo tempo;[9] poucos anos mais tarde, essa também é a posição dos franceses Du Laurens e Du Peyrat;[10] para tais autores, o toque dos reis da Inglaterra não tem poder; seu pretenso privilégio é impostura ou ilusão. Admitia-se a possibilidade de um grande erro coletivo — perigosa audácia, pois a realidade do dom maravilhoso que se atribuía aos Bourbon não se baseava em provas diferentes das que os publicistas de além-Mancha invocavam em favor dos Tudor ou dos Stuart; se os ingleses enganavam-se sobre a virtude da mão régia, não podia passar-se o mesmo com os franceses? Delrio emprega nessa controvérsia um vigor crítico bem temível; não sendo francês, sentia-se mais livre. Não que contestasse a realidade dos prodígios realizados pela dinastia católica que reinava na França; com o zelo religioso sobrepujando o orgulho nacional, Delrio reconhecia expressamente que esses prodígios eram autênticos; mas sem dúvida o cuidado de não afirmar nada que arriscasse abalar o prestígio de nossos reis-médicos não o preocupava tanto quanto preocuparia um súdito francês. Procurando explicar, sem apelo para o milagre, o renome taumatúrgico de Elisabete, ele hesita entre três soluções: uso de emplastros secretos (isto é, fraude grosseira); influência diabólica; ou, enfim, simples "ficção", com a rainha curando apenas as pessoas que não estão realmente enfermas — porque, observa Delrio, consta que ela não cura todos os que lhe são apresentados.[11] Principalmente essa última afirmação e a hipótese a que servia de base estavam cheias de ameaças. Será possível acreditar que nenhum dos numerosos leitores das *Disquisitionum* tenha tido a ideia de aplicar aquela hipótese também aos reis franceses? Em 1755, o cavaleiro de Jaucourt publicou na *Encyclopédie* o artigo "Ecrouelles"; ele decerto não acreditava no poder taumatúrgico dos reis, nem mesmo no dos reis de seu país; em sua época, os "filósofos" haviam abalado definitivamente a velha ideia. Não ousou, porém, atacar de frente o privilégio reivindicado pela dinastia francesa; contentou-se com uma breve menção a esse privilégio e reservou toda a sua crítica e toda a sua ironia para as pretensões dos soberanos ingleses; evidentemente, tratava-se de simples subterfúgio, para livrar-se de uma situação delicada sem precisar ajustar contas com a autoridade; o leitor entenderia que os golpes deviam atingir igualmente ambas as monarquias. Mas essa astúcia de enciclopedista representa o que deve ter sido em muitos espíritos uma atitude intelectual sincera: começou-se duvidando do milagre estrangeiro, o qual a ortodoxia religiosa proibia admitir; pouco a pouco, a dúvida estendeu-se ao milagre nacional.

O FIM DO RITO INGLÊS

A Inglaterra foi o primeiro país em que os acontecimentos políticos puseram fim ao antigo costume do toque.

Naturalmente, Jaime II não era homem de deixar cair em desuso a mais maravilhosa das prerrogativas monárquicas. Nesse ponto, ele até fez acréscimos ao patrimônio transmitido por seus predecessores. Não poderíamos duvidar de que em seu círculo certas pessoas tenham acalentado o projeto de reviver o velho rito dos anéis medicinais — simples veleidade que não foi levada adiante.[12] Em compensação, Jaime II tocava frequentemente; como seu irmão, viu apresentar-se grande número de enfermos: 4422 desde março de 1685 (aparentemente, o mês em que começou a praticar) até dezembro do mesmo ano;[13] a 28 e 30 de agosto de 1687 (pouco mais de um ano antes de sua queda), no coro da catedral de Chester, respectivamente 350 e 450 pessoas.[14] No começo de seu reinado, Jaime II aceitara para essa cerimônia a assistência de padres anglicanos; a partir de 1686, porém, teve cada vez menos boa vontade em recorrer a eles, preferindo membros do clero católico. Ao mesmo tempo, parece que substituiu o ritual em vigor desde Jaime I pela antiga liturgia que se atribuía a Henrique VII; retomou as preces em latim, a invocação à Virgem e aos santos, o sinal da cruz.[15] Esse retorno ao passado só pode ter contribuído para desacreditar com uma parte do público protestante o milagre régio, que assim parecia confundir-se com as pompas de um culto abominado.[16]

Guilherme de Orange, levado ao trono pela revolução de 1688, recebera uma educação calvinista, tal qual Jaime I outrora; como ele, também via no rito curativo apenas uma prática supersticiosa. Mais firme que seu predecessor, recusou-se a tocar e manteve sempre essa recusa.[17] Diferença entre dois temperamentos individuais, entre uma vontade fraca e uma alma resoluta? Sem dúvida. Mas também diferença entre dois estados da consciência coletiva: a renúncia ao rito do toque, renúncia que a opinião pública não aceitara de Jaime I, parece ter sido, pouco menos de um século mais tarde, admitida sem muito escândalo. Em alguns meios bem pensantes, as pessoas satisfaziam-se em contar que ficara perfeitamente curado um doente sobre o qual o rei, ainda que proclamando seu ceticismo, consentira em pousar a mão.[18] Entretanto, os *tories* não estavam satisfeitos. Em 1702, a rainha Ana assumiu o poder; a partir do ano seguinte, eles obtiveram da soberana o renovamento da tradição miraculosa. Como seus ancestrais, mas com um rito simplificado, ela tocou escrofulosos que parecem ter sido muitos.[19] "Contestar a realidade desse milagre hereditário", escrevia ainda nesse reinado Jeremy Collier, autor de uma célebre *Ecclesiastical history of Great Britain* [História eclesiástica da Grã-Bretanha], "é chegar aos piores excessos do ceticismo, negar o testemunho de nossos sentidos e levar a incredulidade ao ponto do ridículo."[20] Um bom *tory* devia fazer profissão de fé na eficácia da mão régia; Swift não deixou de fazê-la.[21] Um baralho patriótico, gravado nessa época, tinha como vinheta de seu nove de copas "Sua Majestade, a rainha, a tocar as escrófulas".[22] Ao que parece, "Sua Majestade" realizou pela última vez o gesto curativo a 27 de abril de 1714, pouco mais de três meses antes de morrer[23] — data memorável, que marca o fim de um antigo rito. Desde esse dia, nunca mais um rei ou rainha da Inglaterra, em solo inglês, pendurou nos pescoços dos doentes a moeda.

Os príncipes da casa de Hannover, chamados a reinar na Grã-Bretanha em 1714, jamais tentaram restabelecer em proveito próprio o milagre das escrófulas. Durante muitos anos, ainda em pleno reinado de Jorge II, o *Prayerbook* [Livro de preces] oficial continuava a apresentar o serviço litúrgico para a "cura" dos enfermos pelo rei;[24] mas desde 1714 isso não passava de uma reminiscência inútil; as velhas preces não mais tinham serventia. De onde se originou essa abstinência da nova dinastia? Horror dos *whigs* (que sustentavam e aconselhavam esses reis) a tudo que fizesse lembrar a antiga monarquia de direito divino? Desejo de não chocar certa forma do sentimento protestante? Sem dúvida, mas parece que essas considerações, as quais incontestavelmente tiveram influência na decisão tomada pelos príncipes hannoverianos, não a explicam por completo. Poucos anos antes, Monmouth, que também se apoiava sobre o mais rigoroso protestantismo, tocara os doentes; não se vê em seus amigos nenhuma manifestação de escândalo. Chamado ao trono mais ou menos pelo mesmo partido, por que Jorge I não tentou curar? Talvez tivesse tentado se, do ponto de vista do direito monárquico estrito, não existisse entre ele e Monmouth uma diferença bem grande. Monmouth, filho de Carlos II e Lucy Walter, dizia-se nascido de núpcias legítimas; portanto, considerava-se um rei pelo sangue. Semelhante pretensão não podia ser afirmada sem ridículo por esse eleitor de Hannover que, bisneto de Jaime I, as necessidades da Sucessão Protestante haviam feito rei da Inglaterra. Nos meios jacobitas, contava-se que certo fidalgo, tendo vindo suplicar a Jorge que tocasse seu filho, ouviu do rei o mal-humorado conselho de procurar o pretendente Stuart, que vivia exilado do outro lado do mar; acrescentava-se que o conselho fora seguido, que o filho recobrara a saúde e que o fidalgo tornarase partidário da antiga dinastia.[25] Talvez essa história tenha sido inteiramente inventada pelo espírito de partido, mas não deixa de ter uma espécie de verossimilhança psicológica, que assegurou seu sucesso. Sem dúvida, exprimia bastante exatamente o estado de espírito desses alemães transplantados para a terra inglesa. Não eram os legítimos herdeiros da raça sagrada; não se consideravam aptos a sucedê-la no milagre hereditário.

No exílio, nem Jaime II nem depois seu filho deixaram de praticar o gesto curativo. Na França, em Avignon e na Itália, eles efetuaram o toque.[26] Vinha-se até eles da Inglaterra e, segundo toda a probabilidade, das regiões próximas a suas residências. O partido jacobita sustentava zelosamente a velha crença. Em 1721, um polemista desse grupo divulgou uma suposta carta de um "fidalgo de Roma, o qual relata algumas curas assombrosas realizadas recentemente nas vizinhanças daquela cidade". Em forma mais velada, é sempre o mesmo tema que, pouco menos de um século antes, vimos desenvolvido na pseudopetição dos escrofulosos que solicitavam o retorno de Carlos I a Londres: "Acordai, britânicos, [...] vede que deveis ser considerados indignos do conhecimento que tendes desse maravilhoso poder e dos benefícios que dele podeis usufruir, se o desprezais ou o negligenciais".[27] Essa pequena obra deve ter tido algum sucesso, pois no campo adversário se acreditou ser necessário responder a ela. O médico William Beckett encarregou-se disso. Sua *Free and imparcial inquiry into the antiquity and efficacy of touching for the cure of the king's evil* [Investigação livre e imparcial sobre a antiguidade e eficácia do toque das escrófulas] tem caráter racionalista e moderado, sendo um dos mais sensatos trabalhos já dedicados à velha "superstição" monárquica. Essa dignidade de tom não foi praticada por todo mundo; os ataques antijacobitas nem sempre se abstiveram das ironias um pouco pesadas e (a era vitoriana ainda não passara por lá) das alusões rabelaisianas; prova disso é o violento pequeno artigo anônimo que apareceu em 1737 num jornal *whig*, o *Common Sense*.[28] A controvérsia adquiriu novo vigor em 1747. Nesse ano, o historiador Carte, numa *General history of England* [História geral da Inglaterra], introduziu em nota de rodapé uma historieta relativa a um habitante de Wells (em Somerset) que em 1716, sofrendo de escrófulas, fora curado em Avignon pelo "primogênito dos descendentes em linha direta de uma estirpe de reis, a qual, em verdade, durante muitos séculos possuíra o poder de curar esse mal pelo toque régio".[29] A nota não passou despercebida; a cidade de Londres retirou do pobre Carte a subscrição com que honrara sua obra; e, durante alguns meses, os jornais *whig* ficaram repletos de cartas de protesto.[30]

A bem dizer, naquele momento os adversários dos Stuart tinham algumas razões para mostrar-se suscetíveis. Ainda não fazia dois anos desde que Carlos Eduardo Stuart entrara triunfalmente no velho castelo real Holyrood, em Edimburgo. Ele não se designava rei, mas apenas representante e herdeiro do verdadeiro monarca que, aos olhos dos jacobitas, era seu pai, "Jaime III". A despeito disso, é curioso que Carlos Eduardo haja praticado o rito curativo pelo menos uma vez, precisamente no castelo Holyrood.[31] Como vimos, em 1680 Monmouth sendo ainda apenas um pretendente à herança, e não à coroa, também ousara realizar o rito régio.[32] Essas incorreções — que as épocas precedentes, mais acostumadas aos dogmas da religião monárquica, decerto não teriam tolerado — provam, à sua maneira, a decadência da velha fé.

Carlos Eduardo, retornando à Itália e tornando-se após a morte de seu pai o legítimo rei, continuou praticando o gesto miraculoso.[33] Temos dele, assim como de Jaime II e de Jaime III, medalhas cunhadas em terra estrangeira para ser penduradas nos pescoços dos doentes tocados; essas *touch-pieces* [moedas de toque] dos Stuart exilados são geralmente de prata, muito raramente de ouro; tempos adversos não mais permitiam o uso do metal precioso tradicional. Depois da morte de Carlos Eduardo, seu irmão, o cardeal de York, assumiu a posição de pretendente e cumpriu o rito curativo; seu gravador, Gioacchimo Hamerani, executou para ele a medalha habitual; nela se vê, como exigia o costume, s. Miguel Arcanjo derrotar o dragão; no reverso, em latim, a legenda: "Henrique IX, rei da Grã-Bretanha, da França e da Irlanda, cardeal, bispo de Tusculum".[34] "Henrique IX" morreu em 1807. Com ele, extinguiu-se a dinastia dos Stuart; na mesma ocasião, o toque das escrófulas deixou de ser praticado: milagre e linhagem régios morreram ao mesmo tempo.

Em 1755, Hume escrevia em sua *History of England* [História da Inglaterra]: "a prática [do toque] foi abandonada de vez pela presente família real [a casa de Hanôver], a qual observou que esse costume não era mais capaz de impressionar o populacho e tornara-se ridículo a todos os homens de bom senso".[35] Quanto ao segundo ponto, será fácil concordar com Hume; quanto ao primeiro, porém, o filósofo (levado por esse otimismo que era a marca comum de todos os racionalistas de sua época, demasiado pronto a acreditar, como tantos de seus contemporâneos, no triunfo das "luzes") certamente se enganava. Por muito tempo ainda, a alma popular não iria desertar da velha crença, à qual a recusa dos hannoverianos não tirara todo o sustento. Sem dúvida, só a muito poucos doentes foi possível obter o contato imediato de uma mão régia; no tempo de Hume, os Stuart ainda faziam, em seu exílio, o papel de taumaturgos; mas o número de ingleses que vinham procurá-los em suas longínquas residências para pedir-lhes a cura não parece jamais ter sido muito considerável. O mais das vezes, os crentes do milagre deviam contentar-se com sucedâneos. Fundidas em material durável, as medalhas outrora cunhadas para distribuição nos dias de toque conservaram junto ao vulgo o valor de amuletos. Em 1736, os fabriqueiros (*churchwardens*) da paróquia de Minchinhampton, em Gloucestershire, não haviam cessado de oferecer aos escrofulosos tocados por um rei o renovamento da fita em que estava pendurada sua moeda de ouro.[36] Por mais tempo ainda, atribuiu-se semelhante virtude a certas moedas originariamente cunhadas para servir apenas de numerário, mas às quais a efígie de Carlos I, o rei mártir, de algum modo conferia dignidade especial: até 1838 e talvez até mais tarde, nas ilhas Shetland as coroas ou meias-coroas emitidas por esse príncipe, também consideradas o melhor remédio contra as escrófulas, transmitiam-se de geração a geração.[37] Atribuía-se um poder de mesma natureza a certas relíquias pessoais, tal como um lenço manchado com o sangue do cardeal de York, lenço que na Irlanda, ainda em 1901, era tido como capaz de curar o "mal do rei".[38] Aliás, por que falar de relíquias? No reinado de Vitória, no condado de Ross, na Escócia, os camponeses consideravam panaceias as moedas de ouro mais banais, pois elas traziam "o retrato da rainha".[39] É claro, sabia-se perfeitamente que todos esses talismãs, por mais apreciados que fossem, eram só meios indiretos de estabelecer uma relação com a pessoa régia; qualquer coisa mais direta teria valido mais. Em 1903, numa nota sobre "Old-world survivals in Ross-shire" [Remanescências dos tempos antigos no condado de Ross], a srta. Sheila Macdonald contava: "Tínhamos um velho pastor de ovelhas que sofria de escrófulas; com frequência, queixava-se de não poder aproximar-se da finada Sua Graciosa Majestade [a rainha Vitória] o suficiente para ser capaz de tocá-la. Estava convencido de que, se houvesse conseguido isso, seu mal teria sido curado na mesma hora. 'Mas não!', dizia ele pesarosamente. 'Em vez disso, preciso contentar-me com ir a Louchaber um dia desses e tentar fazer-me curar pelo curandeiro'" — o qual era um sétimo filho...[40] Se as circunstâncias não tivessem imposto aos ingleses uma dinastia cuja legitimidade derivava apenas de uma escolha feita pela nação e não de um sangue sagrado, até quando a consciência popular teria exigido dos reis a prática do antigo milagre? À ascensão, em 1714, de um príncipe estrangeiro que não podia apoiar-se nem no direito divino nem na popularidade pessoal, a Grã-Bretanha deveu a consolidação de seu regime parlamentar; sem dúvida, deveu-lhe também ter, mediante a supressão do velho rito em que a realeza sagrada das épocas antigas exprimia-se tão perfeitamente, eliminado mais cedo que a França o elemento sobrenatural da política.

O FIM DO RITO FRANCÊS

Na França do século XVIII, o rito curativo continuou a ser solenemente praticado pelos reis. Com referência ao reinado de Luís XV, conhecemos apenas uma cifra (aliás, aproximativa) de doentes tocados: a 29 de outubro de 1722, dia seguinte a sua sagração, mais de 2 mil escrofulosos apresentaram-se a ele, no parque da abadia de Saint-Rémi de Reims.[41] Vê-se que a antiga afluência popular não diminuíra.

Não obstante, esse reinado, tão notável pela decadência generalizada do prestígio monárquico, golpeou duramente a antiga cerimônia. Pelo menos três vezes, não pôde ser realizada por falta de rei. Um velho costume exigia que o soberano só podia cumpri-la depois de ter comungado; ora, em 1739 Luís XV, que vinha de começar seu caso com madame de Mailly, teve na Páscoa seu acesso à mesa da comunhão proibido por seu confessor; também na Páscoa de 1740 e no Natal de 1744, precisou abster-se de comungar; nas três vezes, não tocou. Em Paris o escândalo foi grande, ao menos em 1739.[42] Essas interrupções do milagre, provocadas pela devassidão régia, arriscavam desabituar as massas de recorrer a ele. Quanto aos círculos cultivados, o ceticismo era ali cada vez menos velado. As *Lettres persanes*, de 1721, tratavam com certa leviandade o "rei-mágico".[43] Saint-Simon, redigindo suas memórias entre 1739 e 1751, zomba da pobre princesa de Soubise; amante de Luís XIV, ela teria morrido de escrófulas. A anedota é bem feroz, mas verossimilmente inexata: madame de Soubise talvez jamais tenha sido amante do rei, e parece certo que não haja sofrido de escrófulas. Provavelmente, Saint-Simon tirara dos mexericos de corte ouvidos em sua juventude o material para esse relato calunioso; entretanto, o sentido que lhe dá parece provar que o escritor, querendo ou não, sofrera a influência da nova mentalidade. Não chega ele ao ponto de falar do "milagre que se *pretende* ligado ao contato de nossos reis"?[44] Voltaire, não apenas em sua *Correspondance* [Correspondência] mas também, mais abertamente, nas *Questions sur l'Encyclopédie* [Questões sobre a *Enciclopédia*], não se priva de ridicularizar as virtudes miraculosas da dinastia. Diverte-se apontando alguns fracassos retumbantes: a crer-se nele, Luís XI não teria sido capaz de curar s. Francisco de Paula; e Luís XIV, uma de suas amantes (madame de Soubise, sem dúvida), ainda que ela tivesse sido "muito bem tocada". No *Essai sur les moeurs* [Ensaio sobre os costumes], Voltaire oferece como modelo para os reis da França o exemplo de Guilherme de Orange, o qual renunciara a essa "prerrogativa", e ousa escrever: "Virá o tempo em que a razão, que começa a fazer algum progresso na França, abolirá esse costume".[45] Para nós, esse descrédito em que caíra o rito secular traz um grave inconveniente: torna particularmente difícil escrever sua história, pois os jornais do final do século XVIII, mesmo os que têm maior abundância de notícias da corte, sempre parecem ter considerado somenos relatar uma cerimônia tão vulgar.

Mas Luís XVI, no dia seguinte à sagração, fiel ao velho costume, ainda encontrou diante de si 2400 escrofulosos.[46] Continuou ele, como seus predecessores, a tocar durante as grandes festas religiosas? Isso é muitíssimo provável, mas não achei nenhuma prova documental. Em todo o caso, é certo que o milagre não mais se desenvolvia na mesma atmosfera de fé pacífica. Parece que já no reinado de Luís XV, e isso desde a sagração, o rei (por certo sem malícia, acreditando com toda a sinceridade seguir o costume antigo) modificara ligeiramente a tradicional fórmula que acompanhava o gesto do toque: na segunda parte da frase, as palavras "Deus te cura" [*Dieu te guérit*] haviam sido substituídas por "Deus te cure" [*Dieu te guérisse*].[47] É verdade que já no século XVII alguns escritores, descrevendo a cerimônia, fazem essa mudança; mas são testemunhos sem valor, de viajantes que redigiram às pressas suas observações ou de periodiqueiros que não tinham nem autoridade nem vínculos oficiais; todos os bons autores e o próprio cerimonial redigido naquele século usam o presente do indicativo. Du Peyrat rejeita explicitamente o subjuntivo, julgando-o impróprio. Estava reservado a nossos últimos reis taumaturgos inclinar-se inconscientemente a um modo dubitativo. Nuança quase imperceptível que, porém, é lícito considerar sintomática.

Ainda mais instrutivo é o episódio dos atestados de cura, os quais marcam um contraste bastante vivo entre o começo e o fim do século XVIII. Pouco após a coroação de Luís XV, o marquês de Argenson, então intendente do Hainaut, descobriu em sua circunscrição um doente que, tendo sido tocado pelo rei durante a viagem a Reims, ficara livre de seu mal três meses depois; o marquês mandou constituir o dossiê desse caso tão lisonjeiro ao orgulho monárquico, ajuntando grande quantidade de investigações e atestações, e apressou-se a enviá-lo a Paris; pensava com isso agradar à corte, mas teve uma desilusão: o secretário de Estado La Vrillière "respondeu-me secamente [...] que ninguém punha em dúvida o dom que nossos reis tinham de realizar esses prodígios".[48] Querer provar um dogma não é, para os verdadeiros crentes, similar a levantar uma suspeita? Cinquenta e dois anos mais tarde, as coisas estavam bem mudadas. Certo Rémy Rivière, da paróquia de Matougues, fora tocado por Luís XVI em Reims; sarou. O intendente de Châlons, Rouillé d'Orfeuil, soube do fato; adiantou-se a mandar para Versailles, a 17 de novembro de 1775, um atestado "assinado pelo cirurgião do lugar, pelo pároco e pelos principais habitantes". Bertin, o secretário de Estado, encarregado da correspondência com a Champanhe, respondeu-lhe a 7 de dezembro nestes termos:

> Recebi, senhor, a carta que me escrevestes concernente à cura do citado Rémy Rivière e coloquei-a à vista do rei; se tiverdes conhecimento de curas semelhantes, informai-me.[49]

Nessa mesma circunscrição e na de Soissons, temos quatro outros atestados que, em novembro e dezembro de 1777, foram emitidos com referência a quatro crianças, das quais se dizia que Luís XVI, tocando-as após sua sagração, devolvera-lhes a saúde. Não sabemos de fonte segura se esses casos foram comunicados ao ministro e ao rei, mas devemos supor que a carta de Bertin levou os intendentes, se deles ficaram sabendo, a não deixar de mencioná-los.[50] Não mais se podiam desdenhar as demonstrações empíricas do milagre.

Decerto chegou um momento (em 1789, segundo todas as probabilidades) em que Luís XVI precisou renunciar ao exercício do dom maravilhoso, como a tudo o que fizesse lembrar o direito divino. Quando se realizou o último toque desse reinado? Infelizmente, não consegui descobrir. Não posso fazer nada senão apontar aos pesquisadores esse curioso probleminha; resolvendo-o, determinar-se-ia com bastante exatidão a data em que a velha realeza sagrada deixou de parecer tolerável à opinião pública.[51] Entre as relíquias do "rei mártir", não consta que alguma tenha sido considerada capaz de, como outrora as de Carlos I na Inglaterra, curar "o mal do rei". O milagre régio parecia ter morrido com a fé monárquica.

Entretanto, procurou-se ressuscitá-lo mais uma vez. Em 1825, Carlos x sagrou-se rei. Num último clarão de esplendor, a realeza santa e quase sacerdotal mostrou suas pompas um pouco desusadas. "Ei-lo padre e rei", exclamava Victor Hugo, descrevendo na ode *Sacre* [Sagração] a consagração do novo ungido do Senhor.[52] Devia-se também retomar a tradição do toque? A corte estava dividida. O barão de Damas, ministro do Exterior, ele próprio animado de uma fé ardente nas virtudes da régia mão, deixou-nos em suas *Mémoires* [Memórias] um eco dessas dissensões. "Vários literatos", diz ele, "encarregados de estudar a questão haviam sisudamente afirmado que esse toque das escrófulas era uma velha superstição popular, a qual era necessário evitar reviver. Éramos cristãos; no entanto, adotou-se essa ideia e, malgrado o clero, decidiu-se que o rei não iria. Mas o povo não pensava assim..."[53] Sem dúvida, esses "literatos" atribuíam-se o direito de escolher a seu bel-prazer a herança do passado; amavam a Idade Média, mas adaptada ao gosto do dia, ou seja, edulcorada; queriam reviver entre os costumes medievos os que achavam poéticos, mas rejeitavam tudo o que lhes parecia cheirar muito fortemente a barbárie "gótica". Um historiador católico, o qual julgava que não se poderia ser tradicionalista pela metade, ridicularizou esses melindres: "A cavalaria era deliciosa; a Santa Âmbula já era uma audácia; quanto às escrófulas, não se queria nem ouvir falar".[54] Além disso, como escrevia tarde demais o *Ami de la Religion* [Amigo da religião], temia-se "fornecer um pretexto para as zombarias dos incrédulos".[55] Não obstante, um pequeno grupo ativista, liderado por um padre ultramonarquista, o abade Desgenettes, cura das Missions Etrangères, e pelo próprio arcebispo de Reims, monsenhor Latil, estava decidido a reatar com o passado nesse e em outros pontos. Esses audaciosos parecem ter querido forçar a mão do indeciso rei; desprezando os desejos dos habitantes de Corbeny (os quais haviam pedido a Carlos x que renovasse a antiga peregrinação), reuniram em Reims mesmo, no Hospice Saint-Marcoul (hospital fundado no século XVII), todos os escrofulosos que puderam achar.[56] Aliás, é possível que, se não o "povo" em sua totalidade, pelo menos uma fração da opinião popular tivesse-lhes dado voluntariamente algum apoio, como indica o barão de Damas; sem dúvida, nem toda a lembrança dos antigos prodígios e do entusiasmo que outrora os acompanhara estava extinta entre os humildes. Até o último momento, foi difícil Carlos decidir-se; um dia, determinou que se dispensasse a pobre gente reunida à espera do rito curativo; depois, voltou atrás.

A 30 de maio de 1825, o rei dirigiu-se ao Hospice. A ordem de dispensa diminuíra as filas de doentes; estes não eram mais que 120 ou 130, aproximadamente. O rei, "primeiro-médico de seu reino", como diz um publicista da época, tocou-os sem muito aparato, pronunciando a fórmula que se tornara tradicional, "O rei te toca, Deus te *cure*", e dizendo-lhes palavras amáveis.[57] Mais tarde, como se fizera para Luís XVI, as freiras do Hospice mandaram lavrar alguns atestados de cura, a que voltaremos depois.[58] Em suma, parece que em quase todos os partidos, exceção feita a alguns ultramonarquistas exaltados, considerou-se ser bem despropositada essa ressurreição de um rito arcaico, o qual o século precedente já ridicularizara. A crer-se nos *Mémoires d'outre-tombe* [Memórias do além-túmulo], Chateaubriand, na véspera da sagração e, consequentemente, antes de Carlos X ter sustado a ordem de dispensa, escrevia: "Não há mais mão virtuosa o bastante para curar as escrófulas".[59] Depois da cerimônia, o *Quotidienne* e o *Drapeau Blanc* não se mostraram mais calorosos que o *Constitutionnel*.* "Se o rei", lê-se no *Quotidienne*, "cumprindo o dever imposto por um antigo costume, aproximou-se desses desafortunados para curá-los, seu espírito justo o fez sentir que, se não podia remediar as feridas do corpo, podia pelo menos aliviar as tristezas da alma."[60] A esquerda zombava do taumaturgo:

Oiseaux, ce roi miraculeux
Va guérir tous les scrofuleux

Pássaros, esse rei miraculoso
Vai curar todos os escrofulosos

recitava Béranger (aliás, de forma bastante chã) no *Sacre de Charles le Simple* [Sagração de Carlos, o Simples].[61]

Carlos X jamais tocou durante as grandes festas religiosas; nesse ponto, foi infiel ao exemplo de seus ancestrais. A partir de 31 de maio de 1825, nenhum rei europeu pousou sua mão sobre as chagas dos escrofulosos.

* Trata-se de três jornais políticos. O *Quotidienne* (Cotidiano) e o *Drapeau Blanc* (Estandarte branco) eram ultramonarquistas (*ultras*). O *Constitutionnel* (Constitucional) representava a oposição liberal à Restauração. (N. T.)

Para compreender o declínio definitivo da antiga religião monárquica, não há exemplo melhor que essa derradeira tentativa (tão tímida e tão desanimadamente acolhida) de devolver à monarquia o brilho do milagre. O toque das escrófulas desapareceu na França mais tarde que na Inglaterra; mas, diversamente do que se passou além-Mancha, entre nós ele deixou de ser praticado quando a fé que sustentara o rito durante tão longo tempo havia ela própria quase perecido e estava bem perto de perecer por completo. Sem dúvida, por vezes ainda se farão ouvir as vozes de alguns crentes tardios. Em 1865, um sacerdote de Reims, o abade Cerf, autor de inestimável memorial da história do toque, escrevia: "Ao começar este trabalho, eu acreditava, mas frouxamente, na prerrogativa dos reis da França de curar as escrófulas. Ainda não terminara minhas pesquisas, e essa prerrogativa já era para mim uma verdade incontestável".[62] Eis aí um dos últimos testemunhos de uma convicção que se tornara de todo platônica, pois no tempo presente ela não mais se arriscava a ser submetida à prova dos fatos. Na França, só reputo comparável às reminiscências populares da antiga crença que ainda podiam ser encontradas no Reino Unido no século XIX a marca régia — a flor-de-lis — que, como se viu, os sétimos filhos haviam herdado dos reis. Mas quem, entre os clientes do *marcou* de Vovette ou de tantos outros *marcoux*, pensava na conexão que outrora a consciência popular obscuramente estabelecera entre o poder do "sétimo" e o privilégio da mão régia? Muitos de nossos contemporâneos não acreditam em nenhuma manifestação miraculosa; para eles, a questão do milagre está completamente resolvida. Outros não rejeitaram o milagre, mas não pensam que o poder político ou mesmo uma filiação régia possam conferir graças sobrenaturais. Nesse sentido, Gregório VII triunfou.

LIVRO TERCEIRO

A INTERPRETAÇÃO CRÍTICA DO MILAGRE RÉGIO

Capítulo único

AS PRIMEIRAS TENTATIVAS DE INTERPRETAÇÃO RACIONALISTA

Pelo menos até onde os textos nos permitiam, seguimos as seculares vicissitudes do milagre régio; no decorrer dessa pesquisa, esforçamo-nos por esclarecer as representações coletivas e as ambições individuais que, misturando-se umas às outras numa espécie de complexo psicológico, levavam os reis da França e da Inglaterra a reivindicar o poder taumatúrgico e levaram os povos a reconhecer-lhes esse poder. Assim, em certo sentido nós também explicamos o milagre em suas origens e em seu longo sucesso. Entretanto, a explicação ainda continua incompleta; na história do dom maravilhoso, um ponto permanece obscuro. As multidões que acreditaram na realidade das curas operadas mediante o toque ou os anéis medicinais viam nessas curas um fato empírico, "uma verdade clara como o sol", bradava Browne.[1] Se a fé desses inumeráveis crentes era apenas ilusão, por que não sucumbiu à experiência? Em outras palavras, os reis curavam? Se curavam, faziam-no por meio de quais procedimentos? Se, ao contrário, a resposta for negativa, então como foi possível que, durante tantos anos, as pessoas se tenham persuadido de que eles curavam? Naturalmente, a questão nem se colocaria se admitíssemos a possibilidade de apelar para causas sobrenaturais; mas (como já foi dito) quem sonharia hoje em invocar tais causas para explicar o caso que nos ocupa? Ora, evidentemente não basta rejeitar sem mais nem menos a interpretação antiga, que recusa a razão; é preciso procurar substituí-la por uma nova interpretação que a razão possa aceitar — tarefa delicada, à qual, no entanto, seria uma espécie de covardia intelectual querer esquivar-se. Tanto mais porque a importância do problema não se limita à história das ideias monárquicas. Estamos na presença de um tipo de experiência crucial, que diz respeito a toda a psicologia do milagre.

As curas régias são um dos fenômenos pretensamente sobrenaturais mais bem conhecidos, mais fáceis de estudar e (se me é permitido dizê-lo), mais garantidos que o passado oferece. Renan adorava relatar que jamais milagre algum acontecera à vista da Académie des Sciences; ao menos, o milagre régio foi observado por inúmeros médicos, que não eram todos destituídos de alguns laivos de método científico. Quanto às multidões, estas nele acreditaram com toda a paixão. Portanto, temos dele grande número de testemunhos, com proveniências extremamente variadas. Sobretudo, pode-se citar outra manifestação assim, que se tenha desenvolvido com tanta perseverança e regularidade durante quase oito séculos de história? "O único milagre que se perpetuou na religião dos cristãos e na casa de França", escrevia em 1610 um bom católico e zeloso monarquista, o historiógrafo Pierre Mathieu.[2] Ora, por um precioso acaso, acontece que esse milagre, absolutamente notório e admiravelmente contínuo, é um daqueles em que hoje ninguém mais acredita; de modo que, estudando-o à luz de métodos críticos, o historiador não corre o risco de chocar as almas piedosas — raro privilégio, que convém aproveitar. Aliás, está-se livre para tentar aplicar a outros fatos da mesma espécie as conclusões a que pode conduzir o estudo desse aqui.

Não é de agora que a necessidade de dar das curas por longo tempo atribuídas pela alma popular aos reis uma explicação fundamentada na razão impôs-se àqueles espíritos que, no conjunto de sua filosofia, inclinavam-se a negar o sobrenatural. Se o historiador de hoje sente uma necessidade similar, quanto não devem os pensadores de outrora, para os quais o milagre régio era de certo modo uma experiência diária, ter sentido a mesma coisa com muito maior intensidade?

A bem dizer, o caso dos *cramp-rings* jamais foi muito discutido. Em boa parte, isso aconteceu porque deixaram de ser fabricados cedo demais e o livre-

-pensamento dos tempos modernos não teve muita ocasião de preocupar-se com eles. Entretanto, o francês De l'Ancre, escrevendo em 1622 um pequeno tratado contra os "sortilégios", fez uma menção desses anéis. Sem dúvida, em torno dele ainda não se perdera inteiramente o hábito (atestado treze anos antes por Du Laurens) de entesourá-los, tomando-os por talismãs. De l'Ancre não nega a virtude de tais anéis, mas recusa-se a nela ver algo de miraculoso. Não há certeza de que sua incredulidade fosse uma atitude filosófica; o orgulho nacional, porém, impedia-o de admitir por autêntico um milagre inglês. Para De l'Ancre, a eficácia desses "anéis de cura" [*bagues de guérison*] derivava de algum remédio secreto e mais ou menos mágico ("pé de alce" ou "raiz de peônia") que os reis da Inglaterra introduziam sub-repticiamente no metal.[3] Em resumo, a pretensa consagração seria apenas fraude. Daqui a pouco, encontraremos, a propósito do milagre das escrófulas, mais de uma explicação do mesmo tipo.

Já o toque, diversamente dos anéis medicinais, foi frequentemente discutido. Como vimos, foram os primeiros "libertinos" italianos os que de início debateram a questão. Depois, alguns teólogos protestantes da Alemanha (Peucer no final do século XVI, Morhof e Zentgraff no século seguinte) apropriaram-se dela, com um espírito que, no fim de contas, era análogo ao de seus predecessores, pois, embora não pretendessem negar todo o sobrenatural, não estavam mais dispostos que os naturalistas a atribuir graças miraculosas ao rei católico da França, nem mesmo à dinastia anglicana. Parece que no século XVII o enigma das curas régias tornou-se matéria corrente para essas dissertações públicas que, de tempos a tempos, vinham animar a vida um tanto morna das universidades alemãs; pelo menos, os opúsculos de Morhof, de Zentgraff e, sem dúvida, de Trinkhusius (do qual, infelizmente, só conheço o título) nasceram de teses defendidas diante de uma assembleia acadêmica em Rostock, em Wittenberg, em Jena.[4] Como podemos notar, até esse ponto as discussões desenvolviam-se fora dos dois reinos diretamente interessados na taumaturgia régia. Na França e na Inglaterra seiscentistas, os céticos estavam reduzidos à política do silêncio. Não aconteceu o mesmo na Inglaterra do século XVIII, em que os reis haviam deixado de pretender curar. Já mencionei a polêmica que, a respeito dessas curas, fez digladiar-se *whigs* e jacobitas. O debate tinha interesse apenas político. Sua dignidade filosófica ou teológica foi-lhe restituída por Hume, em seu célebre *Essay on miracles* [Ensaio acerca dos milagres], publicado em 1749. Não que nessas páginas tão fortes e tão plenas se encontre alguma alusão aos pretensos privilégios da mão régia; ali, Hume fala como teórico puro e não se demora no exame crítico dos fatos. Sua opinião sobre esse ponto preciso deve ser procurada na *History of England*; como era de esperar e como já vimos, ela é resolutamente cética, com esse toque de desdém que a "superstição" costumava inspirar aos homens do século XVIII. Mas o *Essay*, reconduzindo a atenção para toda uma ordem de problemas, conferiu aos milagres em geral uma espécie de atualidade intelectual, em que o velho rito monárquico teve sua parte. Em 1754, um clérigo anglicano, John Douglas, publicou um *Criterion of miracles* [Critério para os milagres], refutação do *Essay* na qual o autor se coloca decididamente sobre o terreno histórico. Esse pequeno tratado de Douglas, repleto de observações judiciosas e sutis, merece ocupar lugar honroso na história dos métodos críticos, a despeito do que se possa pensar de suas conclusões. O *Criterion* não se apresenta como uma defesa indiscriminada de todos os fenômenos correntemente qualificados de sobrenaturais. Douglas aplica-se (como seu subtítulo diz com as próprias palavras desse autor) a refutar "as pretensões" dos que querem "comparar os poderes miraculosos relatados no Novo Testamento aos que se diz terem subsistido em tempos posteriores; e a mostrar a grande e fundamental diferença que, do ponto de vista das provas, existe entre essas duas espécies de milagre — de onde se concluirá que os primeiros devem ser verdadeiros e os segundos, falsos". Em suma, trata-se de salvar os milagres evangélicos repudiando qualquer ligação entre eles e outras manifestações mais recentes, às quais a opinião esclarecida da época renunciou definitivamente a dar crédito; entre esses falsos prodígios do tempo presente, figuram as curas que se realizam no túmulo do diácono Paris e "as curas da escrófula pelo toque régio". Para um homem do século XVIII, esses eram os dois exemplos mais comuns de uma ação que o vulgo considerava miraculosa.[5]

Ora, todos esses escritores, desde os mais antigos pensadores naturalistas da Itália (como Calcagnini ou Pomponazzi) até Zentgraff e Douglas, assumem em relação ao poder taumatúrgico dos reis uma posição comum. Por diferentes razões, todos eles concordam na recusa a dar-lhe origem sobrenatural; mas não o negam; de modo algum contestam que os reis efetivamente realizam curas. Atitude bastante embaraçosa para eles mesmos, pois os força a atribuir tais curas a esses "surpreendentes jogos das coisas",[6] como diz Peucer, ou a explicações de ordem natural ou supostamente natural, as quais eles não encontram sem dificuldade. Que os levou a adotar essa posição? Não teria sido mais cômodo concluir simplesmente pela inexistência do dom curativo? Seu espírito crítico, ainda insuficientemente aguçado, decerto não era capaz de semelhante audácia. A opinião pública afirmava unanimemente que os reis haviam livrado das escrófulas grande número de enfermos. Para declarar irreal um fato que uma multidão de testemunhas ou supostas testemunhas proclamava, seria necessário uma ousadia que apenas um conhecimento sério dos resultados obtidos pelo estudo dos testemunhos humanos pode fornecer e justificar. Ora, em nossos dias a psicologia do testemunho é ainda uma ciência muito jovem. No tempo de Pomponazzi, ou mesmo no de Douglas, ela nem sequer nascera. Apesar das aparências, a atitude intelectual mais simples e talvez mais sensata era aceitar o fato tido como provado pela experiência comum, sem tentar procurar para ele causas diferentes das que lhe atribuía a imaginação popular. Hoje, não conseguimos mais perceber as dificuldades nas quais certos espíritos, mesmo relativamente emancipados, podem ter sido outrora lançados pela impossibilidade de rejeitar deliberadamente as afirmações de renome universal. Quando se opunham a Wyclif os prodígios realizados pelos supostos santos, ele pelo menos podia responder atribuindo a origem desses prodígios aos demônios, capazes, como se sabe, de arremedar as graças divinas.[7] Do mesmo modo, o jesuíta Delrio insinuava que o diabo podia ter alguma participação nas curas operadas pela rainha Elisabete, se é que essas curas eram mesmo verdadeiras;[8] e os protestantes franceses, segundo o testemunho de Josué Barbier, por vezes preferiam considerar seu rei um seguidor do Maligno a reconhecer-lhe o dom do milagre.[9] Mas era um recurso de que os próprios teólogos reformados não gostavam de abusar[10] e que escapava irrevogavelmente aos filósofos naturalistas.

Para nós, as primeiras explicações do toque dadas pelos pensadores italianos da Renascença são muito singulares e, para falar claro, amiúde bastante absurdas. Em primeiro lugar, é difícil compreender que elas tenham representado um progresso na explicação do milagre. Isso porque, entre tais homens e nós, passaram quase todas as ciências físicas e naturais. Mas é preciso ser justo com esses precursores.[11] Como já indiquei, o progresso estava em fazer entrar na disciplina das leis da natureza (ainda que inexatamente concebidas) um fenômeno que, até aquele momento, considerava-se estar fora da ordem normal do mundo. O desajeitamento desses esforços incertos era o dos primeiros passos da infância. Aliás, a própria diversidade das interpretações propostas denuncia as hesitações de seus autores.

Diz-se que o astrônomo florentino Junctinus (que foi capelão do duque de Anjou, quarto filho de Catarina de Médicis) procurava em não se sabe qual misteriosa influência dos astros a causa das curas régias;[12] essa ideia, por mais bizarra que possa parecer-nos, era bem ao gosto da época; ao que consta, porém, teve sucesso apenas medíocre. Cardano crê numa espécie de impostura: segundo ele, os reis da França nutrem-se de aromas providos de uma virtude medicinal que se comunica a suas pessoas.[13] Calcagnini supõe uma fraude de outra ordem: em Bolonha, teriam surpreendido Francisco I quando este umedecia seu polegar com saliva; na saliva dos capetíngios residiria sua força curativa, decerto uma qualidade fisiológica própria de sua linhagem.[14] Aqui, vemos aparecer uma ideia que quase inevitavelmente devia ocorrer aos homens desse tempo: a de um poder curativo que se transmitia pelo sangue; havia na Europa tantos charlatães que se diziam capazes de, por vocação familiar, curar esta ou aquela doença! Como tivemos ocasião de assinalar, o canonista italiano Felino Sandei, que morreu em 1503, já se recusara (para grande escândalo de um dos mais antigos apologistas dos Valois, Jacques Bonaud de Sauset) a reconhecer como miraculoso o privilégio taumatúrgico dos monarcas franceses e o atribuíra à "força da parentela".[15] O mais ilustre representante da escola filosófica paduana, Pietro Pomponazzi, retomou a mesma hipótese depurando-a definitivamente de todo apelo ao maravilhoso: "Assim como tal erva, tal pedra, tal animal [...] possui a virtude de curar uma moléstia determinada [...], assim também um homem pode, por atributo pessoal, possuir uma virtude dessa espécie"; no caso dos reis da França, Pomponazzi acha que esse atributo pertence não a um indivíduo isolado, mas a uma linhagem inteira; com muita irreverência, o pensador compara esses grandes príncipes aos "parentes de s. Paulo", feiticeiros italianos que, como sabemos, posavam de médicos de mordidas venenosas; ele não coloca em dúvida o talento nem de uns nem de outros; em seu sistema filosófico, essas predisposições hereditárias são absolutamente naturais, tal qual as propriedades farmacêuticas das espécies minerais ou vegetais.[16] Pelo menos em linhas gerais, essa também é a opinião de Giulio Cesare Vanini.[17] Mas neste já se manifesta (mesclada à teoria da hereditariedade, que ele tem em comum com Pomponazzi) uma explicação diferente, a qual em seguida reencontraremos em Beckett e em Douglas.[18] Segundo esses autores, as curas teriam sido efeito da "imaginação"; com isso, eles não pretendiam qualificá-las de imaginárias, isto é, irreais; pensavam que os doentes, com o espírito agitado pela solenidade da cerimônia, pela pompa real e, sobretudo, pela esperança de recuperar a saúde, acabavam por sofrer um abalo nervoso capaz de, por si só, ocasionar a cura. Em suma, o toque teria sido uma espécie de psicoterapia, e os reis, outros Charcot, sem sabê-lo.[19]

Hoje em dia, ninguém mais acredita na influência psicológica dos astros, no poder medicinal da saliva, na força comunicativa de um alimento aromatizado, nas virtudes curativas inatas transmitidas pela descendência familiar. Mas a explicação psicoterápica do milagre régio ainda parece ter alguns adeptos; na verdade, não com as mesmas formas simplistas de outrora (quem diria hoje, como Beckett, que o sangue, posto em movimento pela imaginação, vinha forçar os canais obstruídos das glândulas?), mas com vestes emprestadas por doutrinas neurológicas mais sutis e mais enganosas. Por isso, é bom dizer uma palavra sobre a hipótese psíquica.

Convém pôr à parte os anéis medicinais. Aplicada a essa manifestação do dom taumatúrgico, a hipótese de Vanini e de Douglas não se mostra de todo improvável. É lícito considerá-la apta a explicar, se não todos os casos, pelo menos certo número deles. Recordemos quais afecções os anéis de ouro ou de prata consagrados na Sexta-feira Santa eram tidos como capazes de curar: a epilepsia e a "cãibra", ou seja, todas as espécies de espasmos ou dores musculares. Certamente, nem a epilepsia nem (no grupo das "dores", bastante mal determinado) o reumatismo ou a gota, por exemplo, são suscetíveis de tratamento psiquiátrico. Mas como perder de vista o que era a medicina, mesmo a erudita? Como esquecer o que tem sido em todas as épocas a medicina popular? Tanto de uma quanto de outra não se poderia esperar nem muita precisão nas definições clínicas nem diagnósticos muito seguros. No tempo em que os reis da Inglaterra benziam os *cramp-rings*, decerto se confundiam facilmente sob o nome epilepsia (ou sob qualquer um de seus inúmeros sinônimos: mal comicial, mal caduco e assim por diante) muitas outras desordens nervosas (como crises convulsivas, tremores, estados de rigidez muscular) que tinham origem puramente emocional ou que a neurologia moderna incluiria no grupo de fenômenos nascidos da sugestão ou da autossugestão, os quais ela denomina "opiniáticos" — todos eles acidentes que um choque psíquico ou a influência sugestiva de um talismã são perfeitamente capazes de fazer desaparecer.[20] Da mesma forma, entre as dores provavelmente havia algumas de natureza neuropática, sobre as quais a "imaginação" (no sentido em que os autores antigos usavam a palavra) podia muito bem atuar. Segundo tudo indica, alguns dos usuários dos anéis deveram sua cura (ou talvez apenas a atenuação de seus males) muito simplesmente à robusta fé que haviam devotado ao amuleto régio. Mas voltemos à forma do milagre mais antiga, mais notável e mais bem conhecida: o toque das escrófulas.

No século XVII, os partidários do caráter sobrenatural da realeza protestaram diversas vezes contra a ideia de que as curas, por eles atribuídas à sagrada mão dos reis, podiam ser produto da imaginação. De modo geral, seu argumento era que frequentemente se viam sarar crianças muito novas, incapazes de sofrer a influência de qualquer sugestão porque incapazes de compreendê-la — observação que tem seu valor, pois por que negar as curas de crianças de pouca idade se se admitem as dos adultos?[21] Mas é de outra ordem o principal motivo que deve impedir-nos de aceitar a interpretação psíquica. Há cerca de cinquenta anos, ela possivelmente encontraria entre os neurologistas e os psiquiatras muito poucos contraditores, já que, seguindo Charcot e sua escola, costumava-se conferir a certas perturbações nervosas (qualificadas de "histéricas") o poder de produzir feridas ou edemas; desnecessário dizer que as lesões às quais se atribuía essa origem eram consideradas passíveis de, por reversão, ceder à influência de um abalo de mesma natureza. Aceitando tal teoria, haveria coisa mais simples que imaginar que ao menos certa quantidade de tumores ou feridas supostamente escrofulosos apresentados ao toque régio era de natureza "histérica"? Hoje, porém, essas concepções são quase unanimemente rejeitadas. Estudos mais bem conduzidos mostraram que os fenômenos orgânicos atribuídos antigamente à ação da histeria devem, em todos os casos suscetíveis de observação precisa, ser relacionados ou a simulações ou a afecções que nada têm de nervosas.[22] Resta perguntar se a sugestão pode ocasionar a cura da adenite tuberculosa (ou seja, das escrófulas propriamente ditas) ou, até, das adenites em geral. Receando, como é natural, minha própria incompetência, julguei que deveria propor a questão a diversos médicos ou fisiologistas; na forma, suas respostas variaram conforme seus temperamentos individuais; no conteúdo, são similares e resumem-se muito exatamente nesta declaração de um deles: defender semelhante tese seria defender uma "heresia fisiológica".

Em suma, os pensadores da Renascença e seus sucessores imediatos jamais conseguiram explicar satisfatoriamente o milagre régio. Seu erro foi colocar mal o problema; tinham um conhecimento muito insuficiente da história das sociedades humanas e não podiam avaliar a força das ilusões coletivas; hoje, estimamos melhor a espantosa potência dessas ilusões. É sempre a velha história que Fontenelle narrou tão bem. Dizia-se que na Silésia aparecera na boca de um rapaz um dente todo de ouro; os sábios encontraram mil razões para explicar o prodígio; depois, pensou-se em examinar o maravilhoso maxilar; descobriu-se uma folha de ouro habilmente aplicada sobre um dente assaz comum. Evitemos imitar esses imprudentes doutores: antes de pesquisar a forma com que os reis curavam, não nos esqueçamos de perguntar se realmente curavam. Um rápido olhar lançado ao dossiê clínico das dinastias miraculosas não tardará a esclarecer-nos esse ponto. Os "príncipes-médicos" não eram impostores; mas, assim como o rapaz silesiano não tinha um dente de ouro, eles jamais devolveram a saúde a alguém. Já que não curavam, o verdadeiro problema será, portanto, entender como se pôde acreditar em seu poder taumatúrgico. Também nesse ponto, o dossiê clínico nos informará.[23]

Primeiro, salta aos olhos que a eficácia da régia mão sofria, pelo menos, eclipses. Graças a um bom número de exemplos, sabemos que muitos doentes faziam-se tocar várias vezes — prova evidente de que a primeira tentativa não bastara. No reinado dos últimos Stuart, um eclesiástico apresentou-se duas vezes a Carlos II e três a Jaime II.[24] Browne não hesitava em reconhecer que certas pessoas "só ficaram curadas ao segundo toque, não tendo obtido esse benefício na primeira vez".[25] Na Inglaterra, surgiu a superstição segundo a qual o contato régio só produzia efeito se repetido; ela só pôde nascer porque o primeiro toque era frequentemente vão.[26] Da mesma forma, na Beauce do século XIX os clientes do benzedeiro de Vovette, quando não se curavam na primeira intervenção, multiplicavam suas visitas ao rústico médico.[27] Portanto, nem os reis nem os sétimos filhos eram sempre bem-sucedidos.

Há mais. Nos bons tempos da fé monárquica na França e na Inglaterra, nada faria os crentes admitir que os reis jamais curaram alguém; mas a maior parte deles não fazia objeção a confessar que os reis não curavam todo mundo, mesmo tentando diversas vezes. Douglas observava justamente: "nunca se pretendeu que o toque régio fosse benéfico em todas as ocasiões em que era usado".[28] Já em 1593, o jesuíta Delrio utilizava como argumento para atacar o milagre inglês as confissões de Tooker a respeito disso[29] — mas porque Delrio desejava destruir as pretensões de uma princesa herética. Para chegar despreocupadamente a uma conclusão tão grave, era necessário ter os olhos abertos pela paixão religiosa. Como mostram os exemplos do próprio Tooker e, posteriormente, de Browne, em geral se era mais condescendente. Ouçamos a resposta de Josué Barbier às dúvidas de seus antigos correligionários protestantes: "Dizeis ainda, para deslustrar essa virtude miraculosa, que poucos dos escrofulosos tocados saram [...] Mas, quando se concorde convosco em que o número dos curados é menor que o dos que continuam enfermos, não segue daí que a cura daqueles não seja miraculosa e admirável, tal qual a cura do primeiro que entrava no lavadouro de Betesda depois do movimento da água pela ação do anjo, o qual uma vez por ano descia para isso. E, ainda que os Apóstolos não curassem todos os enfermos, não deixavam de agir milagrosamente sobre os que eram curados". Seguiam outros exemplos extraídos das Sagradas Escrituras: "Naamã, o sírio", único "limpo" por Eliseu, embora houvesse em seu tempo, segundo a própria palavra de Jesus, "muitos leprosos em Israel"; Lázaro, o único morto ressuscitado por Cristo; a hemorroíssa, única curada por ter tocado a borda do manto do Salvador, enquanto "tantos outros que o tocaram não receberam nenhum fruto"![30] Também na Inglaterra, um teólogo de grande ciência e de perfeito lealismo, George Bull, escrevia: "Diz-se que certas pessoas, depois de ter experimentado esse soberano remédio, voltam sem que se tenha efetuado nelas nenhuma cura. [...] Esse poder de nossa linhagem régia, Deus não o concedeu de forma tão absoluta que não conserve em suas próprias mãos as rédeas, para afrouxá-las ou apertá-las a seu bel-prazer". Afinal de contas, mesmo os Apóstolos haviam recebido de Cristo o dom não para curar à vontade, mas apenas para "ser dispensado por eles, conforme o que o Doador julgava bom".[31] Hoje, fazemos do milagre uma ideia facilmente intransigente. Parece que, se um indivíduo desfruta um poder sobrenatural, é preciso que seja capaz de exercê-lo em tempo integral. As idades de fé, para as quais as manifestações dessa ordem faziam parte do quadro familiar da existência, pensavam com mais simplicidade; não exigiam dos taumaturgos, mortos ou vivos, santos ou reis, uma eficácia sempre constante.

De qualquer modo, se o doente a quem o milagre falhara era mal-educado o bastante para queixar-se, os defensores da realeza não tinham dificuldade em responder-lhe. Replicava-se-lhe, por exemplo — como queriam Browne na Inglaterra[32] e o cônego Regnault na França —, que lhe faltara fé, essa fé que, como escrevia Regnault, "sempre foi uma disposição para as curas miraculosas".[33] Ou concluía-se que houvera erro de diagnóstico. No reinado de Carlos VIII, em Toulouse, um pobre-diabo chamado Jean l'Escart fez-se tocar pelo soberano; não sarou. Mais tarde, s. Francisco de Paula livrou-o de seu mal aconselhando-lhe práticas piedosas e caldo de ervas. No processo de canonização do santo, recolheu-se o depoimento de Jean; este parece ter admitido que, se não obtivera resultado ao apelar para seu príncipe, fora porque não estava atacado da moléstia necessária.[34] Afinal de contas, a doença que o rei curava era o mal régio.

Assim, a "sagrada mão" dos "príncipes-médicos" nem sempre era bem-sucedida. É lamentável que, por via de regra, não possamos estabelecer a relação numérica entre os fracassos e os sucessos. Após a sagração de Luís XVI, os atestados foram lavrados inteiramente ao acaso, sem método. Depois da de Carlos X, fez-se uma tentativa um pouco mais bem coordenada. As freiras do Hospice Saint-Marcoul, bem-intencionadas mas talvez imprudentes, pensaram em fazer o acompanhamento dos doentes e reunir alguns dados sobre seus destinos. Cerca de 120 a 130 pessoas haviam sido tocadas. Ao todo, coletaram-se oito casos de cura; três destes eram conhecidos apenas graças a um testemunho bem pouco seguro. A cifra é tão ínfima que temos dificuldade em acreditar que corresponda à proporção habitual. Sem dúvida, o principal erro das religiosas foi terem-se apressado demais. Os cinco primeiros casos de cura, os únicos assegurados, foram verificados nos três e meio meses seguintes à cerimônia; passado esse tempo, não se parece ter prosseguido a pesquisa. Seria necessário perseverar. Continuando a observar os miraculados de 31 de maio de 1825, muito provavelmente se teriam relatado novas curas.[35] Nesse ponto, a paciência era a muito sensata regra nos séculos verdadeiramente crentes.

Não imaginemos que alguém tenha jamais exigido do toque um sucesso imediato. De modo algum se esperava que ao simples contato da prodigiosa mão as chagas cicatrizassem ou os tumores desinchassem. Os hagiógrafos atribuíam um súbito triunfo desse tipo a Eduardo, o Confessor. Contava-se de Carlos I um caso análogo: uma moça tivera a vista esquerda atingida pela escrófula e perdera a visão naquele olho; tendo-se feito tocar por esse rei, recuperara de pronto o uso do órgão, embora de modo ainda bastante imperfeito.[36] Na vida cotidiana, não se exigia essa presteza. Se a cura ocorresse a qualquer tempo (mesmo um tempo bastante longo) depois de realizado o rito, as pessoas davam-se por satisfeitas. O historiador inglês Fuller, morno adepto da realeza taumatúrgica, viu no poder curativo dos soberanos um milagre apenas "parcial": "pois um milagre completo age imediata e perfeitamente, ao passo que em geral essa cura realiza-se só gradualmente, pouco a pouco".[37] Mas Fuller era, no mínimo, um quase cético. Os verdadeiros fiéis mostravam-se menos melindrosos. Os peregrinos de Corbeny, mesmo quando se curavam algum tempo após sua viagem, não deixavam de prestar graças a s. Marcoul. Se a cura sobrevinha, os escrofulosos tocados pelo príncipe consideravam-se objeto de um milagre, não importando o momento em que ela ocorresse. No reinado de Luís XV, o marquês de Argenson acreditava fazer uma lisonja assinalando a quem de direito um resultado obtido ao fim de três meses. William Clowes, o médico de Elisabete, relatou com admiração a história de um doente que ficara livre de seus males cinco meses após ter sido tocado pela rainha.[38] Já lemos a comovente carta escrita, com a alegria de seu coração paternal, por um aristocrata inglês, lorde Poulett, cuja filha fora tocada e, acreditava ele, curada por Carlos I: "sua saúde", diz Poulett sobre a pequena miraculada, "melhora dia a dia". O que significa que, naquele momento, a saúde tão almejada ainda não estava plenamente restabelecida. Se se desejar, pode-se supor que a menina acabou por curar-se completamente. Mas, mesmo assumindo a melhor das hipóteses, nesse e em muitos outros casos a influência do augusto contato fez-se sentir, conforme a observação de Fuller, "só gradualmente, pouco a pouco". De ordinário, essa ação sobrenatural, quando acontecia, era de efeito retardado.

Sem dúvida, às vezes o efeito era só parcial. Parece que se aceitavam sem resmungos esses semissucessos, os quais, na verdade, eram sucessos apenas aparentes. A 25 de março de 1669, dois médicos de Auray, na Bretanha, expediram sem pestanejar um atestado de cura de um homem que, atacado de diversas úlceras escrofulosas, fizera-se tocar pelo rei e depois, por precaução, estivera em peregrinação em Saint-Marcoul de Corbeny, após o que todas as suas úlceras haviam desaparecido — exceto uma.[39] Num caso semelhante, a ciência moderna diria: certas manifestações do mal cederam, mas não o próprio mal; ele continua lá, pronto a afluir para outros pontos. Ademais, havia as recaídas, com as quais ninguém parece ter-se surpreendido ou escandalizado muito. Em 1654, no dia seguinte à sagração de Luís XIV, uma mulher chamada Jeanne Bugain foi tocada por esse rei; ela "recebeu a cura"; em seguida, a doença retornou e só após uma peregrinação a Corbeny cedeu definitivamente. Um atestado lavrado pelo pároco do vilarejo comprovou tais fatos.[40] Decerto esse padre do interior não imaginou que do atestado se pudessem depreender conclusões desrespeitosas ao monarca. Uma fé sólida não se abala facilmente. Já mencionei esse Christopher Lovel (de Wells, em Somerset) que em 1716, tendo ido encontrar o pretendente Stuart em Avignon, havia sido, segundo se dizia, curado por ele; esse belo triunfo suscitou grande entusiasmo nos meios jacobitas e foi a causa da primeira das desventuras do historiador Carte; ora, parece bem averiguado que o pobre Lovel teve uma recaída, partiu cheio de fé para uma segunda viagem a seu príncipe e morreu no meio do caminho.[41] Enfim, é conveniente considerar as recidivas de um gênero diferente, as quais a medicina de outrora era praticamente incapaz de descobrir. Sabemos hoje que a doença a que nossos pais davam o nome alporcas [*écrouelles*] era muitas vezes uma adenite tuberculosa, ou seja, uma das localizações possíveis de uma afecção de natureza bacilar que é capaz de atingir vários órgãos; ocorria que, com a adenite cedendo, a tuberculose resistia e tomava outra forma, frequentemente mais grave. A 27 de janeiro de 1657, lê-se na *Synopsis annalium Societatis Jesu in Lusitania* [Sinopse dos anais da Companhia de Jesus em Portugal], publicada em 1726 pelo padre Antônio Franco, que morreu em Coimbra "o professor de teologia padre Miguel Martim. Enviado à França para obter a cura de suas escrófulas pelo toque do rei cristianíssimo, voltou curado a Portugal, mas sucumbiu a outro mal, vítima de uma lenta consunção".[42]

Em resumo, apenas uma parcela dos doentes recuperava a saúde (alguns incompleta ou momentaneamente), e a maioria das curas só ocorria quando desde o rito curativo já decorrera um tempo apreciável. Ora, recordemos o que era a doença sobre a qual o miraculoso poder dos reis da França e da Inglaterra supostamente se estendia. No tempo em que os monarcas exerciam seu talento maravilhoso, os médicos não tinham a sua disposição nem uma terminologia muito rigorosa nem métodos de diagnóstico muito seguros. Da leitura de tratados antigos, como o de Richard Wiseman, deduz-se claramente que sob o nome escrófulas amiúde se incluía grande número de lesões diversas, entre as quais havia algumas benignas; estas, após um tempo às vezes bem curto, desapareciam naturalmente.[43] Mas deixemos essas falsas escrófulas e consideremos só a verdadeira, de origem tuberculosa, que sempre constituiu a maioria dos casos apresentados ao toque régio. A escrófula não é uma doença que se cura facilmente; pode recidivar durante longo tempo, às vezes quase indefinidamente; mas é, entre todas, uma doença capaz de facilmente dar a ilusão de cura, pois com bastante frequência suas manifestações (tumores, fístulas, supurações) desaparecem de forma espontânea, ainda que para reaparecer mais tarde, no mesmo lugar ou em outros. Se uma remissão desse tipo ou mesmo uma cura verdadeira (coisa que seguramente nada tem de impossível, embora seja mais rara) acontecesse algum tempo depois do toque, eis justificada a crença no poder taumatúrgico. Como vimos, os fiéis súditos do rei da França ou do rei da Inglaterra não pediam mais que isso. Sem dúvida, nem se sonharia em proclamar um milagre se não se estivesse habituado a esperar dos reis precisamente um milagre. Mas — é preciso relembrar? — tudo levava os espíritos a ter essa expectativa. A ideia de realeza santa — legado de idades quase primitivas, fortalecida pelo rito da unção e por todo o desenvolvimento da legenda monárquica, habilmente explorada por alguns políticos astuciosos, ainda mais hábeis em utilizá-la porque o mais das vezes eles mesmos partilhavam do preconceito comum — dominava a consciência popular. Ora, não havia santos sem proezas miraculosas; não havia pessoas nem coisas sagradas sem poder sobrenatural; ademais, no mundo prodigioso em que nossos ancestrais pensavam viver, qual fenômeno não se estava pronto a explicar com causas que transcendiam a ordem normal do universo? Um dia, alguns soberanos na França capetíngia e na Inglaterra normanda pensaram (ou seus conselheiros pensaram por eles) em tentar o papel de taumaturgos a fim de fortalecer seu prestígio um tanto frágil. Estando eles próprios persuadidos da santidade que sua função e sua linhagem lhes conferia, provavelmente julgavam muito simples reivindicar um poder similar. Percebeu-se que às vezes uma doença temível cedia, ou parecia ceder, ao contato de suas mãos, as quais eram quase unanimemente consideradas sagradas. Como não ver ali uma relação de causa e efeito, e o prodígio previsto? O que criou a fé no milagre foi a ideia de que ali devia haver um milagre. O que lhe permitiu viver foi também isso e (simultaneamente, à medida que os séculos passavam) o testemunho acumulado das gerações que haviam acreditado, cujos juízos (segundo parecia, fundamentados na experiência) não eram colocados em dúvida. Quanto aos casos (consoante toda a probabilidade, bastante numerosos) em que o mal resistia ao toque desses augustos dedos, eram rapidamente esquecidos. Tal é o feliz otimismo das almas crentes.

Assim, é difícil ver na fé no milagre régio outra coisa senão o resultado de um erro coletivo — aliás, mais inofensivo que a maior parte dos erros de que está repleto o passado da humanidade. No reinado de Guilherme de Orange, o médico inglês Carr já observava que, não importando o que se pudesse pensar da eficácia do toque régio, ele pelo menos tinha a vantagem de não ser nocivo:[44] grande superioridade sobre bom número de remédios que a antiga farmacopeia oferecia aos escrofulosos. Algumas vezes, a possibilidade de recorrer a esse tratamento maravilhoso, o qual era universalmente considerado eficaz, deve ter impedido que os doentes usassem meios mais perigosos. Desse ponto de vista — puramente negativo — tem-se indubitavelmente o direito de imaginar que mais de um pobre homem deveu ao príncipe sua cura.

APÊNDICES

Apêndice 1
O milagre régio nas contas francesas e inglesas

Os ritos curativos obrigavam os reis a certas despesas. Por isso, devem-se consultar as contas francesas e inglesas. Mas os documentos desse gênero são extremamente difíceis de interpretar; não poderíamos contentar-nos em neles pilhar ao acaso alguns detalhes; para explorá-los com proveito, é preciso explorá-los com método. Especialmente, quando examinados com atenção, percebe-se que, embora muito ricos em informações sobre certos períodos, não dão, em outros momentos, quase nada ou mesmo nada. Tais caprichos aparentes precisam ser explicados. No estudo crítico que virá a seguir, esforçar-me-ei para isso.

Começo pela França.

O TOQUE DAS ESCRÓFULAS NAS CONTAS FRANCESAS

Primeiro, convém lembrar um fato de ordem geral, que frequentemente os historiadores tiveram ocasião de deplorar: dos arquivos financeiros da monarquia francesa temos muito pouca coisa. As causas dessa penúria são múltiplas; podem-se discutir algumas delas, mas a principal é bem conhecida: na noite de 26 para 27 de outubro de 1737, um incêndio na Île de la Cité consumiu o corpo principal da construção, situada no recinto do Palais, na qual era conservada a maior parte do depósito da Chambre des Comptes; quase tudo o que ainda subsistia da antiga contabilidade administrativa desapareceu no desastre.[1] Só podemos utilizar alguns raros fragmentos, que por acaso escaparam à destruição.

As primeiras contas que nos fornecem algumas indicações sobre o rito das escrófulas remontam ao reinado de Filipe, o Belo. Nesse tempo, nem todos os doentes tocados recebiam auxílio, somente os estrangeiros e, com estes, os franceses que vinham de regiões muito distantes do lugar de estada do rei.[2] O dinheiro era-lhes entregue ou pelo próprio esmoler ou por um subalterno qualquer, doméstico ou porteiro; era antecipadamente descontado da caixa do palácio. Por acaso, ainda possuímos certo número de tabuinhas de cera sobre as quais, no reinado de s. Luís, Filipe III e Filipe IV, os funcionários encarregados de gerir essa caixa inscreviam os detalhes de sua operação.[3] As mais antigas não registram nenhuma menção de donativos feitos aos escrofulosos — segundo tudo indica, não porque os escrofulosos fossem por princípio excluídos da generosidade régia; em diversas ocasiões, nossas tabuinhas mostram somas distribuídas a título de esmola, sem trazer nenhum outro detalhe, afora, às vezes, um nome de homem; algumas podem muito bem ter sido doadas a pessoas vindas para ser tocadas. Se nada o indica, é porque a exata destinação desse gênero de despesas não interessava ao caixa: pouco lhe importava que o pagamento tivesse sido feito a um enfermo de escrófulas ou a um pobre qualquer; era uma esmola; eis tudo o que lhe era necessário saber. Veio um momento em que, felizmente para os historiadores, um contador mais curioso ficou encarregado dos fundos. Entre 31 de janeiro de 1304 e 18 de janeiro de 1307, a caixa do palácio passou das mãos de Jean de Saint-Just para as de Renaud de Roye. Temos algumas das tabuinhas dessa última personagem, distribuídas em dois grupos: de 18 de janeiro a 28 de junho de 1307 e de 1º de julho de 1308 a 30 de dezembro do mesmo ano.[4] Nelas, está anotado grande número de pagamentos a indivíduos "que sofriam do mal régio" — e isso com um cuidado notável, pois o nome e o lugar de origem de todo beneficiário são sempre meticulosamente registrados.[5] Devemos a um escriturário maravilhosamente preciso alguns dos dados mais exatos que temos sobre o milagre régio.

Vamos dar um salto de quase dois séculos. De Filipe, o Belo, a Carlos VIII, não temos mais nenhum documento contábil que se refira ao poder curativo. É provável que, desde época bastante antiga, a administração dos fundos destinados aos donativos feitos em favor dos escrofulosos e, mais amplamente, às esmolas tenha deixado de pertencer à caixa do palácio; no tempo de Carlos VI, as contas do palácio já não trazem nenhuma menção dessa espécie;[6] o esmoler já tinha sua caixa especial, administrada ou por ele mesmo ou por um técnico colocado sob suas ordens. Decerto, ele também tinha seus livros. Mas a maior parte destes pereceu. Parece que os únicos conservados do período anterior a Carlos VIII (os registros designados KK 9 e KK 66 nos Archives Nationales, registros que datam, respectivamente, dos reinados de João II, Carlos V e Carlos VI e do reinado de Luís XI) concernem (o primeiro exclusivamente, o segundo majoritariamente) a oferendas feitas a estabelecimentos religiosos ou por ocasião de solenidades religiosas; eles não nos interessam aqui.[7] Para encontrar livros de esmolas propriamente ditas, é preciso chegar ao ano de 1485. Eis a lista que se pode compor; antes de mais nada, devo advertir que, tendo restringido meu exame aos Archives Nationales e à Bibliothèque Nationale, ele não poderia ser considerado exaustivo; as indicações numéricas dadas sem mais especificação referem-se todas aos Archives Nationales.

1. Fragmento de registro: despesas, parte de setembro de 1485; KK 111, ff. 49-53.[8]

2. Fragmento de registro: despesas, parte de março e de abril de 1487; KK 111, ff. 41-8.

3. Registro: 1º de outubro de 1497 a 30 de setembro de 1498; KK 77.

4. Conta de despesas que não parece ter feito parte de um registro: outubro de 1502; Bibl. Nat. français 26108, ff. 391-2.

5. Registro: 1º de outubro de 1506 a 30 de setembro de 1507; K 88.

6. Registro que vai de 19 de maio de 1528 a 31 de dezembro de 1530; a maior parte está conservada nos Arch. Nat., KK 101; mas o volume apresenta numerosas lacunas, todas relativas a despesas. Os ff. 15-22 (maio, junho e parte de julho de 1528) formam hoje as folhas 62-9 do ms. français 6762 da Bibl. Nat.; os ff. 47-62 (parte de dezembro de 1528; janeiro, fevereiro e parte de março de 1529), as folhas 70-85 do mesmo manuscrito. Os ff. 71-94 (parte de abril, maio e parte de junho de 1529), 171-86 (parte de agosto e de setembro de 1529), 227-58 (novembro e parte de dezembro de 1529), 275-96 (parte de janeiro e de fevereiro de 1530), 331-54 (parte de abril e de maio de 1530) e

403-34 (parte de agosto, setembro e parte de outubro de 1530) parecem definitivamente perdidos.

7. Fragmento de registro: despesas, parte de julho de 1547 (o ano não é indicado, mas deduz-se, pois certo número de artigos concernem à viagem da sagração): KK 111, ff. 33-40.

8. Fragmento de registro: despesas, parte de abril, maio, junho, julho, parte de agosto de 1548: KK 111, ff. 17-32.

9. Fragmento do registro do ano financeiro que vai de 1º de janeiro a 31 de dezembro de 1549; receitas totais, despesas de janeiro e de parte de fevereiro: KK 111, ff. 1-16.

10. Registro: 1º de janeiro a 31 de dezembro de 1569; KK 137 (em mau estado).

Em todos esses registros, fragmentos de registros ou documentos contábeis (com exceção do número 2), encontram-se menções do toque, quase sempre puramente numéricas; apenas excepcionalmente são indicados os nomes dos doentes.

A partir de 31 de dezembro de 1539 e até o fim da monarquia francesa, não encontrei mais nenhum registro de esmolas.[9]

AS CONTAS INGLESAS

A antiga realeza inglesa deixou-nos ótimos arquivos financeiros; comparados a eles, os fundos parisienses parecem bem mesquinhos. Isso porque lá não houve um desastre análogo ao incêndio do Palais. Na presença de tantas riquezas, um francês sente simultaneamente uma viva admiração e um pouco de apreensão: como guiar-se entre todos esses tesouros? A história administrativa da Inglaterra é bastante mal conhecida. Não porque não pudesse ter sido escrita, mas porque durante muito tempo não seduziu ninguém; os brilhantes episódios da vida parlamentar atraíam todos os olhares; os eruditos não se dispunham a de boa vontade examinar o obscuro lavor dos escritórios. Entretanto, de certo tempo para cá, uma nova geração de trabalhadores propôs-se valentemente a obra;[10] um dia, deveremos a seus esforços a possibilidade de penetrar o segredo de muitas das transformações constitucionais e sociais que hoje mal adivinhamos. Mas sua tarefa está longe de ser terminada. Especialmente, o estudo dos documentos financeiros —

toda essa necessidade de classificação, de comparação, de discussão, que parece tão ingrata e cujos resultados são tão importantes — está ainda no começo. Não obstante esses difíceis documentos, eu era constrangido a utilizá-los porque contêm enorme quantidade de dados fundamentais ao conhecimento dos ritos curativos. Sobretudo, tive de fixar-me numa categoria especial: as contas do palácio real. Usando-as, não pude abster-me de fazer sua crítica. Nenhuma obra anterior à minha fornecia-me esclarecimentos suficientes.[11] Fiz o melhor que pude, mas não me deixo enganar sobre os riscos de erro que uma pesquisa desse gênero, nas condições em que a realizei, comporta. Para chegar a reconstituir, com alguma certeza, os métodos seguidos por um administrador ao estabelecer sua contabilidade, seria necessário examinar, entre dois limites cronológicos cuidadosamente escolhidos, todos os materiais disponíveis; em outros termos, seria necessário limitar-se a um período relativamente curto e estudá-lo a fundo; eu era, ao contrário, obrigado a considerar um lapso extremamente longo e pude apenas fazer sondagens, muito numerosas, aliás, mas forçosamente insuficientes. Encontrar-se-á no que vem a seguir alguns fatos positivos; em todo o caso, eles serão úteis; sua interpretação é só conjetural. Forneci numa nota a nomenclatura exata dos documentos que vi; julgar se á assim a base em que se apoiam minhas hipóteses.[12]

Até o reinado de Eduardo I exclusivamente, os documentos contábeis que chegaram até nós são pouco numerosos; não informam nada sobre o assunto que nos interessa.[13] A partir de Eduardo I, ao contrário, a administração, mais bem organizada, mais exata e mais inclinada às formalidades escritas, conserva cuidadosamente seus dossiês. Começa então verdadeiramente, em toda a sua amplitude, a admirável série dos *Exchequer Accounts* do Record Office de Londres; de certa forma, é duplicada pelas coleções do British Museum, onde foi parar bom número de documentos que, em diversas épocas, extraviaram-se do depósito oficial. Convém estudar separadamente as informações que os arquivos financeiros da antiga realeza inglesa podem fornecer-nos, de um lado sobre o toque das escrófulas, de outro sobre os anéis curativos.

O toque das escrófulas nas contas inglesas

Todo doente "benzido" ou "abençoado" pelo rei recebia uma pequena soma. Situemo-nos no reinado de Eduardo I. A distribuição dos donativos fazia-se sob os cuidados do esmoler. Três tipos diferentes de documento permitem-nos encontrar os vestígios dos pagamentos feitos nessa ocasião. Eis a lista:

1. Os róis do esmoler: simples mementos, que indicam as somas desembolsadas por essa personagem em determinado período, mais frequentemente anual; as despesas figuram aí dia a dia ou semana a semana, excepcionalmente quinzena a quinzena.[14]

2. A conta recapitulativa estabelecida para cada ano financeiro (isto é, para cada *ano de reinado*) pelo guardião da Garderobe (*custos garderobe*).[15] Chamava-se assim o funcionário encarregado da gestão financeira do palácio real. Essa palavra, Garderobe,* presta-se um pouco a equívocos, pois aparentemente servia para designar às vezes uma única função do palácio, a seção encarregada dos serviços de vestimentas, joias e outros objetos análogos, e outras vezes (em geral com a adição do epíteto "grande": *Magna Gardaroba,* a Grande Garderobe) o palácio inteiro (também chamado *Hospicium*). As relações entre a Garderobe propriamente dita e a Grande Garderobe são obscuras; aqui, não tenho a pretensão nem de resolver nem mesmo de colocar com precisão esse complicado problema; mas quis assinalar essa ambiguidade de termos, a qual por vezes tornou bastante árduas minhas pesquisas das contas régias.[16]

3. A conta, igualmente anual, do controlador da Garderobe (*contrarotulator Garderobe*).[17] Segundo tudo indica, esse documento, chamado controle (*contrarotulamentum*), visava a permitir uma verificação de gestão. Pode-se supor que o rol e o controle (estabelecidos com base no mesmo modelo, mas provavelmente, pelo menos em princípio, independentemente um do outro) deviam ser comparados pelos auditores. Para o 28º ano de reinado de Eduardo I, tive ocasião de examinar as somas que, no artigo do toque, foram num lado inscritas pelo guardião e no outro pelo controlador; achei-as muito semelhantes. Mas o caso apresentou-se essa única vez; de ordinário, um ou outro dos dois documentos perdeu-se. Isso tem pouca importância, pois eles quase sempre se repetiam mais ou menos exatamente. Graças ao procedimento de dupla contabilidade, provavelmente inventado por administradores desconfiados, podemos hoje, quando a conta anual do escriturário da Garderobe se perdeu, supri-la com a do controlador, ou vice-versa.

* Note-se que a grafia utilizada nos documentos da época ainda era a francesa antiga, e não a inglesa moderna, Wardrobe. (N. T.)

Aos olhos do historiador do milagre régio, todas essas contas têm uma falha grave: só fornecem cifras, jamais nomes; por elas sabemos que, em tal dia ou em tal semana, Eduardo I tocou tantos doentes; já é muito; mas desejaríamos mais. De onde vinham esses coitados que pediam sua cura ao rei? As contas do palácio de Filipe, o Belo, dizem-no; as de Eduardo I calam-se sempre. Mesmo assim, são preciosas. Sobre os reinados seguintes, somos muito menos bem informados. A culpa é de uma série de modificações nas práticas administrativas. Vejamos o que se passou.

A partir de Eduardo II, os róis do esmoler desaparecem brusca e permanentemente.[18] Qual o motivo? Só podemos arriscar uma conjetura. Não é provável que os esmoleres tenham deixado de anotar suas despesas; pouco a pouco, porém, eles decerto se habituaram a manter em seu próprio poder as contas. Sabemos que por longo tempo existiu um acervo da Almonry [Esmolaria] absolutamente distinto. Com o correr do tempo, a seção antiga desse acervo desapareceu inteiramente, parte num incêndio, parte em desordens ou dilapidações.[19] Aconteceu a mesma coisa, é bom dizê-lo logo, a outro depósito do qual também poderíamos ter a esperança de extrair informações úteis: o da capela real.[20]

Restam os levantamentos recapitulativos estabelecidos para cada exercício,[21] ou pelo guardião da Garderobe, ou pelo controlador. Infelizmente, a partir de meados do reinado de Eduardo II eles deixam de ser mantidos (naquilo que nos concerne) com a mesma minúcia de antes.[22] Adquiriu-se o hábito de não mais detalhar cronologicamente as somas entregues aos escrofulosos tocados pelo rei; a partir de então, contentaram-se com uma menção global, especificando que uma soma de tantas libras, shillings ou pennies fora, no decorrer do exercício considerado (ou, excepcionalmente, durante um período separado desse exercício), entregue pelo esmoler a tantos doentes "benzidos", à razão de tanto por doente. Nenhum outro dado.[23] Tal foi a prática constantemente seguida durante a segunda metade do reinado de Eduardo II e, parece, durante todo o reinado de Eduardo III.[24]

A partir de Ricardo II, os levantamentos de fim de exercício cessam de fornecer-nos dados sobre o toque das escrófulas.[25] Teriam os soberanos ingleses renunciado bruscamente a seu poder taumatúrgico? Com toda a certeza, não. Sabemos que continuaram, como no passado, a posar de médicos miraculosos. Provavelmente, esse súbito silêncio deve explicar-se por uma modesta reforma burocrática. Nas contas ou controles da Garderobe, a seção relativa às despesas era então dividida em duas partes: uma destinava-se às despesas correntes, por ordem cronológica; a outra continha uma série de capítulos que davam, função por função, o pormenor (as *particule*) das despesas que não entravam no quadro precedente. Essa disposição, bastante clara, não era nova, mas nesse momento se fixou de forma definitiva. Nas contas mais antigas desse tipo, nos reinados precedentes, os donativos entregues aos doentes "benzidos" pelo rei figuravam sempre (em bloco, como se viu) na segunda parte, no capítulo (*titulus*) da Almonry; eram, portanto, considerados despesas extraordinárias. No reinado de Ricardo II, o artigo concernente ao toque desapareceu para sempre do *titulus* da Almonry. Ao que tudo indica, foi porque a partir de então se decidiu incluir no número das despesas normais esses pagamentos; devem ter sido passados para a primeira parte, organizada em forma de diário. Por infelicidade, tal diário era redigido sem muita precisão. Limitava-se a indicar o que toda seção desembolsava a cada dia ou a cada semana, sem especificar o objetivo exato desses desembolsos: tanto para a copa, a cozinha etc.; tanto para a esmolaria.[26] O esmoler pagara determinada soma; mas a quem e por quê? Esses detalhes não interessavam. Assim, por esse sistema as despesas relacionadas ao serviço do toque estavam dissimuladas na massa das outras generosidades principescas. Durante quase um século, em vão buscaríamos nas contas um vestígio do milagre régio.

No reinado de Henrique VII e no de Henrique VIII, o milagre reaparece. Não que nessa época, ou mais tarde, os registros anuais do escriturário da Garderobe ou do controlador nos forneçam mais informações que no passado.[27] Para esses dois reinados, porém, temos alguns diários de despesas da corte nos quais estão assinaladas diversas vezes somas entregues aos "doentes curados" pelo rei.[28] Esses pagamentos não parecem ter sido feitos pelo esmoler; com respeito a um pagamento, no reinado de Henrique VIII, conhecemos o nome do funcionário que adiantou o dinheiro e, em seguida, fez-se reembolsar: era o *first gentleman of the Privy Chamber*.[29] Por outro lado, as menções do toque são bastante raras nesses registros. Pode-se perguntar se elas cobrem o conjunto dos casos em que houve uma despesa desse tipo. De bom grado, eu acreditaria que certo número (talvez a maior parte) das somas entregues aos doentes ainda passava pelas mãos do esmoler; tal funcionário decerto as computava entre essas despesas gerais, das quais não temos mais os pormenores.

Passemos ao século XVII. Agora, já não mais devemos dirigir-nos às contas do palácio;[30] documentos de outra ordem vão informar-nos. Por volta do século XV, os reis ingleses haviam adquirido o costume de mandar entregar aos doentes tocados não uma soma variável, nem uma soma fixa em quaisquer moedas, mas sempre a mesma moeda de ouro, um angel.[31] Pouco a pouco, o angel deixou de ser uma moeda como as outras; passou a ser cunhada apenas para servir o rito curativo. No reinado de Carlos II, foi substituída por uma medalha que nada mais tinha de unidade monetária: a *touch-piece*. No século XVII, angels e *touch-pieces* eram fabricados na oficina monetária da Torre de Londres; sobre isso, temos certo número de requisições feitas aos encarregados desse estabelecimento por diversas autoridades governamentais; temos também contas que nos fornecem algumas informações sobre as quantidades produzidas.[32] Esses dados estatísticos são interessantes: do número de moedas ou medalhas saídas da oficina (pelo menos a partir do momento em que o angel foi destinado apenas às necessidades do milagre régio) podemos tirar algumas conclusões sobre o número de doentes tocados. Mas, com esse método, não obtemos indicações muito precisas; no máximo, conseguimos uma ordem de grandeza; pois não sabemos ao certo o lapso no qual as moedas ou medalhas fabricadas em determinado momento foram distribuídas. Ou melhor, não o sabemos de ordinário; para o reinado de Carlos II e o início do de Jaime II, porém, estamos mais bem informados. Sob esses príncipes, o sistema de contabilidade que estava em vigor para a confecção das medalhas do toque era o seguinte:[33] o funcionário encarregado das finanças da corte, então chamado *keeper of the Privy Purse*, tratava diretamente com a oficina; comprava-lhe as medalhas em enormes quantidades e ia-se desfazendo delas conforme as necessidades; para toda compra, a soma necessária era-lhe adiantada pela tesouraria, mas no final ele devia justificar à administração financeira central o uso dessa soma. Naturalmente, não se contentavam em exigir dele a fatura da oficina monetária; pediam que prestasse contas de suas distribuições; antes de enviar-lhe nova soma destinada a nova cunhagem, queriam ter certeza de que utilizara completa e corretamente a primeira. Por isso, ele mandava preparar um certificado referente a períodos determinados, dando dia a dia o número de doentes tocados — número que, por definição, é igual ao das medalhas distribuídas; esses papéis, assinados por dois médicos de serviço e rubricados pelo funcionário eclesiástico a quem (nessa época) cabia dirigir a cerimônia, o *clerk of the Closet*, eram no prazo requerido apresentados às autoridades encarregadas de verificar as contas. Eram excelentes peças justificativas; hoje, são para a história documentos de admirável precisão. Infelizmente, foram muito mal conservados; sem dúvida, como tinham interesse apenas temporário, ninguém se preocupava em encher com eles os arquivos. Cinco deles (que, não se sabe como nem quando, caíram nas mãos de um colecionador) vieram parar na Surgeon General's Library, em Washington.[34] Mas nem todos os certificados dessa natureza deixaram o Record Office; nesse depósito, tive a sorte de pôr as mãos num maço de papéis, perdidos nos "Miscellaneous Books" do Exchequer,[35] os quais continham quinze deles. Sem dúvida, pesquisas mais profundas permitiriam descobrir outros. Por ora, o que foi redigido em dezembro de 1685 (quando N. Duresme era *clerk of the Closet*) deve ser considerado o mais recente dos documentos financeiros relativos ao milagre régio.[36]

Os anéis medicinais nas contas inglesas

Sobre os anéis medicinais, as contas informam-nos muito mais exata e continuamente do que sobre o toque das escrófulas. O rito da Sexta-feira Santa, que já foi suficientemente descrito, todos os anos exigia um pagamento em moedas, o qual, naturalmente, era necessário registrar. Por definição, essa despesa só era realizada uma vez por ano; sem dúvida, isso explica por que ela sempre tenha sido inscrita não na primeira parte das contas anuais (redigidas, como nos recordamos, em ordem cronológica), mas na segunda, no capítulo dos desembolsos excepcionais da Almonry. De Eduardo II a Eduardo IV, essa foi a prática constantemente seguida;[37] tal história, tão simples no conjunto, comporta um único ponto delicado, que merece reter nossa atenção um pouco mais longamente.

Nos reinados de Eduardo III, Ricardo II e Henrique IV e no de Henrique V pelo menos em 1413, o artigo do capítulo das esmolas relativo aos *cramp-rings* está redigido numa forma, sempre a mesma, que é perfeitamente conforme ao que sabemos sobre a essência do rito; indicam-se dois pagamentos sucessivos e iguais; o primeiro refere-se às moedas levadas pelo rei ao altar e depois retiradas para ser fundidas e transformadas em anéis; o segundo, à oferta definitiva, considerada "resgate" da primeira.[38] A partir de 1442 (foi a primeira menção que encontrei para o reinado de Henrique VI), a redação muda: registra-se um único pagamento; a fórmula é pouco clara: "Oferendas do sr. rei, feitas à adoração da cruz na Sexta-feira Santa, em ouro e em prata, para delas fazer anéis medicinais, 25 shillings.[39] Ou, a partir de Henrique VIII: "Para as oferendas do sr. rei feitas ao adorar a cruz na Sexta-feira Santa e para o resgate, devendo ser feitos anéis medicinais, ouro e prata, 25 shillings".[40] O estilo é obscuro porque os contadores continuavam a usar expressões antigas, as quais podiam levar a crer que ainda subsistiam as velhas práticas do resgate e da fabricação dos anéis com as moedas ofertadas sobre o altar. O que na realidade se passara pode ser deduzido da redução do duplo pagamento primitivo (que, no mínimo desde 1369, era invariavelmente duas vezes 25 shillings)[41] a um pagamento único (igual à metade da soma total desembolsada outrora). Os reis não se tornaram menos generosos; fazem sempre o mesmo presente a sua capela, pois esta antigamente guardava apenas a segunda oferenda — 25 shillings, portanto. A primeira oferenda era outrora retomada para fabricação dos anéis; foi a que desapareceu. Por quê? A explicação necessária é dada por textos estranhos à contabilidade (a *Defensio juris domus Lancastriae*, de Fortescue, e um cerimonial de Henrique VIII):[42] agora, os anéis iam inteiramente prontos à Sexta-feira Santa. Bem antes da festa, o metal destinado a sua confecção era retirado do tesouro real. A despesa correspondente a esse fornecimento de ourivesaria não tinha mais por que figurar no capítulo das esmolas; é preciso procurá-la nas contas especiais relativas às joias da coroa, contas em que, pelo menos desde Eduardo IV, ela pode ser encontrada algumas vezes.[43]

Em suma, os arquivos financeiros da antiga monarquia inglesa não nos oferecem sobre os ritos curativos, mais particularmente sobre o toque das escrófulas, senão informações fragmentárias e, amiúde, bastante imprecisas. Sob certos aspectos, os arquivos franceses, bem mais pobres, informam melhor. São surpresas normais nesse gênero de fontes, tão enganadoras quanto preciosas. Se, numa série de documentos de determinado tipo, a mais ligeira mudança na disposição das escritas vier introduzir-se neste ou naquele momento, essa mudança, insignificante à primeira vista, será suficiente para ocultar aos olhos do historiador toda uma categoria de informações de capital importância. Estamos à mercê dos caprichos de um funcionário subalterno que rompe a rotina de seus predecessores. Por isso, só muito raramente pode-se usar de argumento o aparente silêncio de uma conta.

Apêndice 2
O dossiê iconográfico

Aqui, reuni algumas indicações sumárias sobre a documentação iconográfica relativa ao milagre régio que consegui juntar. Em 1908, a propósito do nº 3 de minha lista, um erudito tão bem informado como o sr. Salomon Reinach declarava não ter "jamais encontrado" outro quadro que representasse o mesmo assunto (*Rev. Archéologique, 4e série*, XII (1908), p. 124, n. 1). Ver-se-á que fui feliz o bastante para fazer crescer em proporções notáveis o dossiê iconográfico tanto do toque quanto dos ritos curativos em geral. Mesmo assim, ele continua pouco rico. Sem dúvida, pesquisadores mais felizes que eu poderão um dia dar-lhe maior amplitude, pelo menos no que concerne aos dois ou três últimos séculos das monarquias taumatúrgicas. Para a Idade Média, não penso que haja muita coisa mais para encontrar. Também o sr. conde Durrieu e o sr. Henry Martin, solicitados por mim, informaram-me de que, afora as miniaturas arroladas aqui, não conhecem outras relativas ao toque das escrófulas. Para a época moderna, o sr. Jules Robiquet, conservador do Musée Carnavalet, e o sr. Charles Mortet, administrador da Bibliothèque Sainte-Geneviève, asseguraram-me que as coleções confiadas a seus cuidados não incluem nenhuma representação do toque das escrófulas.

Para a classificação, adotei no interior de cada subdivisão a ordem cronológica. Os números em negrito correspondem às obras que só conheço por menções de autores anteriores, seja porque elas desapareceram, seja porque não consegui achá-las.

Para cada obra, indiquei as reproduções que dela foram feitas e, depois, os estudos de que foi objeto; quando cabível, acrescentei uma breve discussão crítica. Com frequência, uma descrição propriamente dita (que, para ser útil de fato, deve sempre ser bastante longa) constituiria uma duplicata do que já se disse antes, no texto; só em dois casos forneci uma: quando era necessária à discussão; quando a obra não havia sido publicada nem reproduzida aqui ou em alguma obra impressa. Quanto às reproduções, por motivos fáceis de entender, eu estava obrigado a limitar-me. Minha escolha guiou-se pelo seguinte critério: pus diante dos olhos do leitor duas gravuras que dão a imagem, uma do rito francês do toque, a outra do rito inglês (nºs 8 e 13); um quadro de altar que destaca a associação, própria à França, entre o rei-curandeiro e s. Marcoul (nº 16); enfim, esse bonito pequeno quadro quinhentista em que um autor desconhecido aproximou habilmente os dois aspectos mais notáveis da realeza sagrada, quase assimilação à dignidade sacerdotal (pelo rito da comunhão) e poder taumatúrgico (nº 3). Gostaria de ter acrescentado a esses documentos característicos o afresco de Saint-Riquier (nº 20), o qual simboliza com tanta felicidade a função de intercessor do milagre régio atribuída a s. Marcoul; mas, não tendo conseguido fotografá-lo eu mesmo quando fui estudá-lo no local, posteriormente não pude achar dele um clichê ou prova.

Tenho prazer em aqui agradecer a todas as pessoas que me ajudaram, de todas as formas, a reunir esses documentos tão dispersos: sr. conde Durrieu; sr. Henry Martin; sr. Salomon Reinach; sr. Jules Robiquet; sr. Charles Mortet; sr. Henri Girard; sr. arcipreste de Saint-Wulfran d'Abbeville; sr. François Paillart, o conhecido impressor; sr. Paul Gout, arquiteto-chefe dos Monuments Historiques; sr. Hocquet, arquivista da cidade de Tournai; sr. Guglielmo Pacchioni, da Reale Pinacoteca de Turim; srs. professores Martinotti e Ducati, de Bolonha; srta. Helen Farquhar.

O TOQUE DAS ESCRÓFULAS

1. *Eduardo, o Confessor, toca a mulher escrofulosa.* Miniatura do século XIII no ms. Ee III 59 da Biblioteca de Cambridge, contendo o poema intitulado *La estoire de seint Aedward le Rei*, p. 38.

Reprod.: Crawfurd, *King's evil*, junto à p. 18; Ch. Barfoed, *Haands--Paalaeggelse*, p. 52 (segundo Crawfurd).

Estudada: H. R. Luard, *Lives of Edward the Confessor* (*Rolls Series*), Londres, 1858, p. 12, nº xxxvii; cf. aqui, pp. 72 e 258.

2. *Um rei da França toca as escrófulas*. Segundo medalhão superior do vitral da sagração, na capela Saint-Michel du Circuit, igreja abacial do monte Saint-Michel, executado em 1488 por ordem do abade André Laure.

Esse vitral, hoje destruído, só é conhecido por descrições antigas, notadamente a do abade Pigeon, *Nouveau guide historique et descriptif du Mont Saint--Michel*, Avranches, 1864, reproduzido por Paul Gout, *Le Mont Saint-Michel*, ii, in-4º, pp. 556-7. Já citei, p. 142, um fragmento dessa descrição; agora, reproduzo-a por inteiro:

"O segundo medalhão [superior] apresenta-nos o rei, que, após haver comungado sob as duas espécies, dirigiu-se a um parque, onde se acha reunido um número considerável de doentes, os quais ele toca um depois do outro, com sua mão direita, da fronte ao queixo e de uma face à outra, dizendo estas palavras consagradas: 'Deus te cura, o rei te toca!'.

"Num canto do quadro, está uma gaiola, da qual voam vários pássaros, símbolo da liberdade que o novo rei acaba de dar aos prisioneiros e daquela que ele fará seu súditos desfrutar [...]".

Por certo, a fórmula "Dieu te guérisse, le roi te touche" não figurava no vitral; até onde posso ver, o abade Pigeon mencionou-a apenas para provar sua própria erudição; mas é preciso reconhecer que, nesse ponto, seu texto é pouco claro.

Estudado: Aqui, p. 142.

3. *Um rei da França comunga sob as duas espécies e prepara-se para tocar as escrófulas*. Quadro do século xvi; no século xviii, encontrava-se no Palazzo Durazzo, em Gênova, via Balbi (cf. Ratti, *Guido di Genova*, 1780, i, p. 209); adquirido em 1824 pelo rei da Sardenha; hoje na Reale Pinacoteca de Turim, nº 194.

Reprod.: *Reale Galleria Illustrata*, iv, p. 153; Paul Richer, *L'art et la médecine*, in-4º, s. d., p. 296; Eugen Holländer, *Die Medizin in der klassischen Malerei*, grande in-8º, Stuttgart, 1903, p. 265; S. Reinach, *Répertoire de peintures du moyen-âge et de la Renaissance*, IV, 1918, p. 663; Martinotti, "Re taumaturghi", p. 135; aqui, fig. 1.

Estudado: Holländer, *loc. cit.*; S. Reinach, *Revue Archéologique*, *4e série*, XII (1908), p. 124, n. 1; cf. aqui, pp. 255-6; devo grande número de informações preciosas (utilizadas antes e na exposição que vem a seguir) a uma carta do sr. Guglielmo Pacchioni, conservador da Reale Pinacoteca.

Qual é exatamente o tema desse quadro? Para poder determiná-lo, convém antes descrever em poucas palavras a obra.

À esquerda, numa capela que se abre para a direita, um rei da França, barbado, vestido com um manto enfeitado de flores-de-lis, coroa na cabeça, o cetro e a mão de justiça pousados a seu lado, está ajoelhado ante uma espécie de mesa de mármore que deve ser um altar; com as duas mãos, segura um cálice coberto por uma tampa; a sua frente, um bispo ajoelhado segura, também com as duas mãos, um objeto em que acredito reconhecer (sem nenhuma dúvida) uma patena vazia; em torno do altar, outro bispo e um religioso estão de joelhos, e outro religioso e três leigos (entre os quais um pajem que segura a cauda do primeiro bispo e uma personagem que segura um objeto, talvez um elmo encimado por uma coroa) estão de pé. À direita, num pátio para o qual a capela se abre e que é cercado por uma muralha seteirada e interrompida por uma porta monumental, dois doentes com muletas (um de joelhos, o outro de pé), uma mulher com uma criancinha em seus braços, duas outras personagens (uma das quais junta as mãos) e, perto da porta, alguns guardas. Do outro lado da muralha, há um panorama com a cidade, para a qual se dirige um cortejo a cavalo.

Aparentemente, todo mundo está de acordo em reconhecer nas personagens à direita (com exceção dos guardas) escrofulosos à espera de ser tocados. Quanto à cena da esquerda, o sr. E. Holländer e o sr. S. Reinach interpretam-na como representando a unção régia. Acredito que, mais provavelmente, deve-se ver ali a comunhão do rei sob as duas espécies, segundo o privilégio de sua dinastia. A presença da patena não deixa espaço para dúvida; o rei acaba de comungar a hóstia e vai comungar o vinho do cálice. Em seguida, tocará os doentes. Essa comunhão é a da sagração? À primeira vista, o traje régio poderia convidar-nos a acreditar nisso; mas sabe-se que, na arte da época, tal traje é apenas um procedimento convencional, destinado a indicar que a personagem representada é rei, e rei da França. Segundo todas as probabilidades, o artista quis simplesmente aproximar as duas notáveis prerrogativas da monarquia francesa: a comunhão similar à dos padres e o milagre da cura. Ao que parece, uma ideia análoga já inspirara o autor do vitral do Mont Saint-Michel; mas, como lá o tema de todos os vitrais era a sagração, a comunhão representada era seguramente a que acontecia durante essa cerimônia.

Resta a questão da autoria. O quadro, não assinado, foi sucessivamente atribuído a Albrecht Dürer (Ratti, *loc. cit.*), à Escola de Colônia, a Lucas van Leiden e a Bernard van Orley; esse último parecer, graças a sua adoção pelo *Cicerone* de Burckhardt (trad. francesa, II, p. 637) e pelo Catalogue de la Pinacothèque, devida a Baudi di Vesme, recebeu valor quase oficial. Entretanto, ele enfrenta uma dificuldade: como poderia Van Orley, pintor preferido de Margarida da Áustria e de Maria da Hungria, ter sido levado a consagrar numa de suas obras a glória do milagre francês? (Sobre sua carreira, cf. Alph. Wauters, *Bernard van Orley*, 1893.) É provável que nosso quadro seja de autoria de algum artista dos Países Baixos submetido a influências italianizantes; aparentemente, não se pode ir além dessa afirmação um pouco vaga.

4. *Um rei da França toca um escrofuloso.* Gravura sobre madeira, em Degrassalius (Grassaille), *Regalium Franciae iura*, 1538, p. 62.

5. *Henrique II toca as escrófulas.* Miniatura das *Heures* de Henrique II, Bibl. Nat. latin 1429, f. 106v.

Reprod.: Du Bastard, *Peintures et ornements des manuscrits*, VIII (em cores); *Livre d'heures de Henri II, reproduction des 17 miniatures du ms. latin 1429 de la Bihliothèque Nationale* [1906], pl. XVII; Landouzy, *Le toucher*, fora de texto; Crawfurd, *King's evil*, em face da p. 58 (foto, revertida); Farquhar, "Royal charities", I, junto à p. 43.

Estudada: Sobre o conjunto do ms., cf., entre outros, L. Delisle, *Annuaire-Bulletin de la Soc. de l'Histoire de France, 1900* e *Exposition des primitifs français..., Catalogue*, 1904, *Manuscrits à peintures*, nº 205; sobre a miniatura, ver aqui, pp. 256-7.

6. *Maria Tudor toca um jovem escrofuloso.* Miniatura do missal da rainha, biblioteca da catedral católica de Westminster.

Reprod.: Crawfurd, *King's evil*, junto à p. 68.

Estudada: Para o missal, ver uma comunicação de sir Henry Ellis, *Proceedings of the Society of Antiquaries of London, 1st series*, II (1853), pp. 292-4, e Sparrow Simpson, "On the forms of prayer", pp. 285-7.

7. *A rainha Elisabete toca as escrófulas.* Gravura executada pelo flamengo Joos de Hondt, provavelmente durante sua permanência na Inglaterra (1583-94).

Só conheço esse documento pela menção feita por Tooker em *Charisma*, "Epistola dedicatoria", p. [10]: "[...] cum nuper in *Tabulis Geographicis & Hydrographicis* depictam vidimus, et exaratam salutiferae hujusce sanationis historiam, et quasi consecratam memoriam oculis contemplati sumus", com a nota marginal: "Iodocus Flandr. in descript. sive tab. orbis terr.", cf. Delrio, *Desquisiotionum*, ed. de 1606, p. 61, enumeração das provas dadas por Tooker em apoio ao suposto poder exercido por Elisabete: "Probat etiam quia quidam Judocus Hundius eam curationem pictam in lucem dedit". Não encontrei nada de semelhante nos diversos atlas de J. de Hondt que pude consultar: *Theatrum imperii Magnae Britanniae..., opus nuper à Iohanne Spedo..., nunc vero a Philemone Hollando..., donatum*", in-fólio, Amsterdã, 1616, "ex officina Judoci Hondii"; *Thrésor des chartes*, Haia, s. d.; Pierre Bertius, *La geógraphie raccourcie... avec de belles cartes..., par Judocus Hondius*, Amsterdã, 1618; e suas diferentes edições da obra de Mercator.

Sobre a permanência do gravador J. de Hondt na Inglaterra, ver verbete com seu nome no *Bryan's dictionary of painters and engravers*, ed. G. C. Williamson, e no *Dictionary of national biography*.

8. "Representation au naturel, comme le roy tres-chrestien Henri IIII roy de France et de Navarre touche les escrouelles" [Representação, ao natural, de como o cristianíssimo rei Henrique IV, rei da França e de Navarra, toca as escrófulas]. Gravura a buril de P. Firens, s. d. Conheço os seguintes exemplares: 1º Bibl. Nat. Estampes, coll. Hennin, XIV, f. 5; 2º Bibl. Nat. Imprimés, coll. Cangé, L b^{35} 23 b, f. 19 (*avant la lettre*); 3º *ibid.*, f. 21; 4º montagem sobre pergaminho, no frontispício do "Discours des écrouelles", num exemplar das *Oeuvres de Me André Du Laurens... recueillis et traduites en françois par Me Téophile Gelée*, in-fólio, Paris, 1613, Bibl. Nat. Imprimés, T^{25} 40 B (*avant la lettre*); 5º montagem sobre pergaminho, no frontispício de um exemplar de Andreas Lauren-

tius, *De mirabili strumas sanandivi...*, in-8º, Paris, 1609, British Museum, 1187 a 2 (*avant la lettre*); 6º *id.*, no frontispício de outro exemplar da mesma obra, mesma biblioteca (*avant la lettre*).

Reprod.: Abel Hugo, *France historique et monumental*, v, in-4º, 1843, pl. i (muito medíocre); *Nouvelle Iconographie de la Salpêtrière*, iv (1891), pl. xv; A. Franklin, *La vie privée d'autrefois, Les médecins*, junto à p. 15 (parcialmente); Landouzy, *Le toucher*, p. 2; Crawfurd, *King's evil*, junto à p. 78; Martinotti, "Re taumaturghi", p. 136; Roshem, "Les écrouelles", p. ix (extremamente reduzida); aqui, fig. 4.

Estudada: Aqui, pp. 272-3. Com bastante frequência, o fato de essa estampa figurar no rosto de um certo número de exemplares do tratado de Du Laurens sobre a cura das escrófulas, ou de sua tradução, fez crer que houvesse sido gravada para servir de frontispício a esse tratado, notadamente (por causa dos dois exemplares do British Museum) à edição *princeps*, de 1609; mas é visível que nesses dois exemplares (assim como no da tradução de 1613 conservado na Bibl. Nat.) a estampa foi ulteriormente montada sobre a tira de pergaminho; de resto, medindo 0,40 por 0,305 metro, sem a legenda, suas dimensões são demasiado grandes para que tenha sido destinada a servir de "frontispício" a um pequeno volume in-oitavo, como a edição de 1609; enfim, conhecem-se numerosos exemplares dessa edição que não a trazem.

9. *Um rei toca uma mulher escrofulosa.* Gravura a buril, junto à p. 1 de S. Faroul, *De la dignité des roys de France*, 1633.

Reprod.: Landouzy, *Le toucher*, p. 20.

10. *Um rei, com os traços de Luís XIII, toca as escrófulas, em presença de s. Marcoul.* Gravura a buril, sobre a página de rosto de Oudard Bourgeois, *Apologie*, 1638. *Reprod.*: Landouzy, *Le toucher*, p. 18.

Estudada: Aqui, p. 238.

11. *Francisco I em Bolonha, a 15 de dezembro de 1515, toca as escrófulas.* Afresco executado por Carlo Cignani e Emilio Taruffi, por encomenda do cardeal Girolamo Farnese, legado em Bolonha de 1658 a 1662; Bolonha, Palazzo Comunale, Sala Farnese. Num recorte, lê-se o seguinte: "Franciscus primus Galliarum rex Bononiae quam plurimos scrofulis laborantes sanat".

Reprod.: G. Martinotti, "Re thaumaturghi", em *L'Illustrazione Medica Italiana*, IV (1922), p. 134.

Estudado: G. Martinotti, *loc. cit.*; cf. aqui, p. 285 (em que utilizei informações gentilmente transmitidas pelo prof. Ducati, algumas das quais extraídas de Salvatore Muzzi, *Annali della città di Bologna dalla sua origine al 1796*, VIII, Bolonha, 1846, pp. 12 ss.).

12. *Carlos II toca as escrófulas*. Gravura a buril de F. H. van Houe, frontispício de uma folha impressa (numa face apenas), ou *broadside*, dando o ritual do toque; Londres, Dorman Newman, 1679.

Reprod.: Landouzy, *Le toucher*, p. 25; Crawfurd, *King's evil*, fora de texto; Eugen Holländer, *Wunder, Wundergeburt und Wundergestalt in Einblattdrucken des fünfzehnten bis achtzehnten Jahrhunderts*, in-4º, Stuttgart, 1921, p. 265.

Assinalada: Aqui, p. 258, n. 33.

13. *Carlos II toca as escrófulas*. Gravura a buril, de R[obert] White, frontispício de J. Browne, "Charisma Basilikon", formando a 3ª parte de sua *Adenochoiradelogia*; Londres, 1684.

Reprod.: Landouzy, *Le toucher*, p. 27; *Home Counties Magazine*, XIV (1912), p. 118; Crawfurd, *King's evil*, em face da p. 114; Farquhar, "Royal charities", II, fora de texto; aqui, fig. 5.

Assinalada: Aqui, p. 258, n. 33.

14. *Luís XIV toca as escrófulas, em presença de s. Marcoul*. Quadro de Jean Jouvenet, na igreja, antigamente abacial, de Saint-Riquier (Somme), capela Saint-Marcoul: assinado "Jouvenet, p. 1690".

Reprod.: *La Picardie historique et monumentale* (*Soc. des Antiquaires de Picardie: fondation E. Soyez*), IV, 1907-11, monografia "Saint-Riquier", de Georges Durand, pl. LV.

Estudado: G. Durand, *loc. cit.*, pp. 337-8; cf. p. 230; aqui, p. 238. Sobre o autor, a obra essencial continua a ser F. M. Leroy, *Histoire de Jouvenet*, 1860; cf. Pierre-Marcel Lévi, *La peinture française de la mort de Lebrun à la mort de Watteau*, s. d. (thèse lettres, Paris).

15. *Luís XIV toca as escrófulas, em presença de s. Marcoul.* Quadro do século XVII, não assinado, coro da igreja Saint-Wulfran, em Abbeville.

Assinalado: *La Picardie historique et monumentale*, III, p. 39; cf. aqui, p. 238; o sr. arcipreste de Abbeville consentiu em fornecer-me, por intermédio do sr. F. Paillart, informações muito úteis.

O quadro encontra-se em medíocre estado de conservação. Luís XIV (cujos traços não são caracterizados muito nitidamente), voltado para o lado direito, usando colar e manto de gola de arminho, inclina-se para tocar a fronte de um doente ajoelhado. A sua direita, está s. Marcoul, com o báculo na mão. Ao lado do doente tocado, há outra personagem ajoelhada. No fundo, à direita, sob uma arcada aberta, veem-se diversas personagens (doentes e guardas?) bastante indistintas.

16. *Um rei da França e s. Marcoul curam os escrofulosos.* Quadro de altar, segunda metade do século XVII, igreja Saint-Brice, em Tournai.

Reprod.: Aqui, fig. 3.

Estudado: Aqui, p. 238; devo preciosas informações ao sr. arquivista Hocquet; a tradição local atribui comumente esse quadro a Michel Bouillon, que manteve uma escola em Tournai de 1630 a 1677; os arquivos da Saint-Brice não fornecem nenhuma indicação disso.

17. *A rainha Ana toca um menino.* Vinheta do nove de copas num baralho com imagens patrióticas, indicado por seu proprietário, G. W. L., em *Gentleman's Magazine*, 1814, I, p. 128 (C. G. L. Gomme, *The Gentleman's Magazine Library*, IX, p. 160). O nove de copas é descrito nestes termos: "The nine of hearts — 'Her Majesty touching for the evil'. Her right hand is placed on the head of a little boy, who is kneeling before her" [O nove de copas — "Sua majestade tocando por causa do mal". Sua mão direita está colocada sobre a cabeça de um menininho, o qual está ajoelhado diante dela].

Assinalada: Aqui, p. 301.

18. *Baixo-relevo que supostamente representa um rei tocar as escrófulas.* Fragmento de um baixo-relevo descoberto em La Condamine (principado de Mônaco): no Musée de Monaco (moldagem no museu de Saint-Germain-en-Laye).

Reprod.: *Rev. Archéologique, 4e série*, XII (1908), p. 121; E. Espérandieu, *Recueil général des bas-reliefs de la Gaule* (*Doc. inéd.*), II, nº 1684.

Estudado: S. Reinach, "Sculptures inédites ou peu connues", *Rev. Archéologique, loc. cit.*, pp. 118 ss.; E. Espérandieu, *loc. cit.*

Aparentemente, o baixo-relevo deve ser atribuído à Idade Média (século XIII?); mas é difícil interpretá-lo. A solução segundo a qual ele representaria um rei (de fato, a personagem central é coroada) a tocar as escrófulas foi proposta, apenas em conjetura, pelo sr. S. Reinach e, baseando-se neste, pelo sr. Espérandieu. Além de o "rei" do baixo-relevo não estar realmente tocando os homens colocados perto dele, a representação de cenas como o toque parece bem pouco conforme aos costumes da iconografia medieval.

A CONSAGRAÇÃO DOS ANÉIS MEDICINAIS

19. *Maria Tudor, rezando, prepara-se para a consagração dos anéis.*

Reprod.: Crawfurd, "Cramp-rings", junto à p. 178.

Estudada: Aqui, pp. 168 e 169; para o missal, cf. nº 6.

S. MARCOUL E OS REIS DA FRANÇA[44]

20. *S. Marcoul concede a um rei da França o poder de curar as escrófulas.* Afresco executado (provavelmente pouco depois de 1521) por encomenda de d. Philippe Walois, tesoureiro da abadia de Saint-Riquier: tesouraria da igreja de Saint-Riquier (Somme), parede oeste.

Reprod.: *La Picardie historique et monumentale*, IV, "Saint-Riquier", pl. XXXII (com o conjunto da decoração da parede).

Estudado: G. Durand, *La Picardie, loc. cit.*, p. 305; aqui, pp. 236-7 (e fig. 2).

21. *S. Marcoul concede a um rei da França o poder de curar as escrófulas.* Gravura de H. Hébert; conhecida apenas graças à descrição de L. J. Guénebault, *Dictionnaire iconographique des figures, légendes et actes des saints*, em Migne, *Encyclopédie théologique, 1re série*, XLV, col. 388: o santo é representado ao tocar o maxilar inferior de um rei, que está ajoelhado. Guénebault havia

visto essa gravura na Bibliothèque Mazarine, "portefeuille nº 4778 (38), fol. 58, nº 8". A 15 de novembro de 1860, essa pasta, com toda uma coleção de estampas, foi depositada no Cabinet des Estampes da Bibl. Nat.; como até este momento não se fez nenhum catálogo detalhado das peças depositadas, foi-me impossível achar no Cabinet des Estampes a gravura de Hébert; ela não figura na *Collection des Saints.*

Estudada: Aqui, p. 237.

22. *S. Marcoul estende sua mão direita sobre a cabeça de um rei ajoelhado.* Medalha de devoção, certamente do final do século XVII ou do começo do XVIII, proveniente de Arras. Legenda: S. Marco. No verso, s. Liévin, também venerado na igreja Saint-Croix de Arras. Collection Dancoisne.

Reprod.: J. Dancoisne, "Les médailles religieuses du Pas-de-Calais", *Mémoires Académie Arras, 2e série,* XI (1879), pl. XVII, nº 130.

Estudada: *Ibid.*, p. 123, e aqui, p. 239.

23. *Um rei da França venera s. Marcoul.* Gravura a buril sobre uma bandeirola da peregrinação de Grez-Doiceau (Brabante), s. d. (século XVIII): Collection Van Heurck, em Antuérpia.

Reprod.: Schépers, "Le pèlerinage de Saint-Marcoul à Grez-Doiceau", *Wallonia,* 1899, p. 180 (provavelmente copiado de outro exemplar que não o da Collection Van Heurck); E. H. van Heurck, *Les drapelets de pèlerinage en Belgique et dans les pays voisins,* 1922, p. 157.

Estudada: Van Heurck, *loc. cit.;* aqui, p. 239.

Na igreja de Grez-Doiceau, o mesmo motivo é reproduzido ainda em duas outras formas: "Outra estatueta mostra s. Marcoul dar um objeto redondo a um rei ajoelhado, para que o rei beije o objeto; um quadro muito mal desenhado apresenta, em primeiro plano, a mesma cena e, à distância, peregrinos a aproximarem-se da igreja de Grez" (Van Heurck, p. 158); ignoro a data dessas duas obras de arte, data que o sr. Van Heurck não indica, talvez (o que seria muito compreensível) por não ter conseguido precisá-la; cf. Schépers, *loc. cit.*, p. 181.

24. *Luís XVI, após sua sagração, faz suas devoções diante do relicário de s. Marcoul.* Quadro de altar do final do século XVIII, não assinado, igreja Saint-Jacques (segunda capela lateral à esquerda), em Compiègne.

No centro do quadro, o rei, com manto azul bordado com flores-de-lis e gola de arminho, está de joelhos, com as mãos juntas, ao pé de um altar situado à direita: sobre o altar, o relicário, encimado por uma estatueta do santo. À direita do altar, está um cardeal; à esquerda, um padre, em hábitos litúrgicos, segura um livro. Atrás do rei, dois senhores com a fita, dois eclesiásticos, dois guardas. Ao fundo, atrás de uma balaustrada, vê-se um grupo de pessoas de aspecto popular (doentes?). A cena passa-se numa igreja de estilo gótico. Abaixo, à direita, num recorte quadrado, a inscrição: "Louis XVI apres son sacre/ rend graces a Dieu devant la/ châsse de saint Marcoul avant/ de toucher les malades/ Le XI Juin 1773" [Luís XVI, após sua sagração, rende graças a Deus diante do relicário de s. Marcoul, antes de tocar os doentes, a 11 de junho de 1773].

A obra é de medíocre execução.

Apêndice 3

Os primórdios da unção régia e da sagração

Aqui, encontrar-se-ão reunidas algumas indicações destinadas a justificar as afirmações que, por necessidade tipográfica, tive de apresentar anteriormente sem seu aparato de provas (livro 1, cap. 2, pp. 87 ss.). Considero apenas aqueles países nos quais a unção régia penetrou de início: Espanha, reino franco, Inglaterra, talvez países celtas; terei também uma palavra para dizer sobre Bizâncio. Não rastrearei a bastante tardia propagação do rito a outros Estados europeus. A título de exemplo, cito Navarra e a Escócia, onde a unção foi autorizada por bula papal em 1257 e 1329, respectivamente: Baronius-Raynaldi, ed. Theiner, XXII, p. 14, nº 57, e XXIV, p. 422, nº 79; na Escócia, o privilégio fora solicitado muito tempo antes de ser outorgado; o canonista Enrico da Susa, geralmente conhecido pelo apelido Hostiensis, escrevia em sua *Summa aurea*, composta entre 1250 e 1261, lib. I, c. XV, in-fólio, Lyon, 1588, f. 41*v*: "si quis de novo ungi velit, consuetudo obtinuit quod a papa petatur, sicut fecit Rex Aragonum[45] et *quotidie instar Rex Scotiae*"; cf. aqui, p. 178, n. 17.

Todas as vezes em que os fatos não se prestarem a discussão, limitar-me-ei a brevíssimas referências.

REINO VISIGÓTICO DA ESPANHA

A história da unção régia dos visigodos da Espanha foi exposta por d. Marius Férotin, *Le liber ordinum en usage dans l'église wisigothique et mozarabe d'Espagne* (*Monumenta ecclesiae liturgica*, V), in-4º, 1904; "Appendice II", cols. 498-505. Tomei muita coisa emprestada a esse excelente trabalho.

O primeiro rei visigodo cuja unção está seguramente comprovada é Wamba, em setembro de 672 (Juliano de Toledo, *Liber de historia Galliae*, cc. 3 e 4: Migne, *P. L.*, t. 196, cols. 765-6). Mas o autor de então que relata essa cerimônia considerava-a evidentemente tradicional. Depois de Wamba, são frequentes os exemplos de continuidade do rito.

Em suma, a introdução do rito é decerto anterior a Wamba. Mas podemos precisar a data? D. Férotin não pensa que os textos o permitam. Seria tentador atribuir ao primeiro rei católico que reinou sobre os visigodos, Recaredo (586-601), a iniciativa de tal reforma. Schücking, *Regierungsantritt*, p. 74, chamou a atenção para uma passagem da *Historia Gothorum* [História dos godos] de Isidoro de Sevilha em que, a propósito da ascensão daquele príncipe, lê-se: "regno est coronatus" (*Monum. German. AA.*, XI, p. 228). Mas é difícil extrair desse texto uma informação precisa. Que se deve entender pelas palavras "regno coronatus"? Designam uma coroação no sentido próprio do termo, isto é, uma entrega solene da coroa, efetuada num cerimonial eclesiástico, a exemplo de Bizâncio, cujos costumes foram em mais de um aspecto imitados pela realeza goda? Poderíamos inclinar-nos a acreditar nisso. Todavia, a descrição detalhada que Juliano de Toledo fornece das solenidades da ascensão de Wamba não nos força a admitir que os visigodos conheceram a unção régia, mas não a coroação? Portanto, como sugere Schücking, teria sido a própria unção o que Isidoro de Sevilha quis registrar? Mas adotar tal suposição é reconhecer que a frase considerada pode ter sentido apenas metafórico. Aceita essa possibilidade, é claro que devemos ir até o fim. Isidoro julgava a coroa o símbolo régio por excelência; naquele tempo, ela era isso em Bizâncio; sobretudo, a Bíblia a apresentava assim (cf. aqui, p. 365); pode até ser que os reis visigodos, sem recebê-la durante uma cerimônia religiosa em sua ascensão, às vezes a usassem por insígnia de sua dignidade.[46] Não teria Isidoro empregado a expressão *coronatus* como simples imagem e (se posso dizê-lo) lugar-comum literário, da mesma forma que nós, sem nenhuma alusão a um rito específico, dizemos naturalmente, em estilo nobre, que um rei "subiu ao trono"? Em suma, embora se deva ter como certo que a unção régia foi introduzida na Espanha antes de 672, nossos textos não nos permitem determinar a data precisa de sua aparição.

Quanto ao concílio de Toledo, de 638 (erroneamente citado por Eichmann, *Festschrift G. von Hertling dargebr.*, p. 263), suas decisões não incluem nenhuma referência nem à unção nem a outro tipo de consagração régia: cf. Mansi, *Concilia*, ed. de 1764, x, cols. 659 ss. Em compensação, no c. 1 do concílio realizado nessa mesma cidade em 681 faz-se alusão muito nítida à unção régia: *ibid.*, xi, col. 1028.

Quando a invasão muçulmana destruiu a velha realeza visigótica, a nova dinastia cristã de Oviedo parece ter renovado o costume da unção, pelo menos a partir de 886 (Férotin, col. 505; cf. L. Barrau-Dihigo, *Recherches sur l'histoire politique du royaume asturien*, thèse lettres, Paris, 1921, p. 222, n. 2). Sobrevivência do rito autóctone? Ou, ao contrário (estando supostamente esquecido esse rito), imitação aos novos costumes francos? Os textos não permitem decidir entre as duas hipóteses.

REINO FRANCO

Para os numerosos testemunhos relativos à unção de Pepino em 751, bastará remeter a Böhmer-Mühlbacher, *Die Regesten des Kaiserreichs*, 2ª ed., p. 32. No que concerne à data, ver M. Tangl, "Die Epoche Pippins", *Neues Archiv*, xxxix (1914), pp. 259-77.

Sabe-se que Pepino fez-se ungir uma segunda vez, a 28 de julho de 754, pelo papa: Böhmer-Mühlbacher, p. 38; para a data, ver Erich Caspar, *Pippin und die römische Kirche*, Berlim, 1914, p. 13, n. 2.

Pepino foi mesmo o primeiro rei franco a receber a unção? Até há pouco tempo, acreditava-se quase unanimemente nisso. Recentemente, d. Germain Morin, num artigo intitulado. "Un recueil gallican inédit de bénédictions épiscopales", *Revue Bénédictine*, xxix (1912), levantou uma dúvida. Num manuscrito muniquense do século ix, d. Morin descobriu um ritual de sagração que ele considera (com razão, penso eu) o mais antigo que se conhece em país franco (p. 188; cf. aqui, p. 91, n. 45). Mas, já que esse manuscrito, repito, é do século IX, não entendo bem como se pode extrair dele argumentos para suspeitar da "opinião correntemente sustentada", segundo a qual "a unção dos reis com os santos óleos [...] era desconhecida na Gália" na época merovíngia (p. 188, n. 3). A menos que haja novas descobertas, a "opinião correntemente sustentada" não parece dever ser abandonada.

UNÇÃO IMPERIAL

A história da unção imperial (no Império do Ocidente recriado por Carlos Magno) foi desenvolvida com perfeição por René Poupardin, "L'onction impériale", *Le Moyen-Age*, 1905, pp. 113-26. Apenas num detalhe de pouca importância posso complementar essa notável memória.

Carlos Magno fora ungido rei, talvez até duas vezes (Böhmer-Mühlbacher, pp. 38 e 57); a maior parte dos textos está de acordo em mostrar-nos que ele não foi ungido imperador (*ibid.*, p. 165); o papa Leão III limitou-se a coroá-lo. Todavia, alguns autores (de épocas diversas) propagaram uma tradição contrária, segundo a qual o príncipe franco teria nessa ocasião recebido tanto a unção quanto a coroa. A bem dizer, todos esses testemunhos levam a um só: o do cronista bizantino Teófanes (*Chronographia*, a. 6289, ed. C. de Boor, I, 1883, p. 473). Foi Teófanes quem não apenas o bizantino Constantino Manassé no século XII (*Histor. de France*, V, p. 398) mas também o autor da célebre carta do imperador Luís II a Basílio, o Macedônio, escrita em 871 ou em 879 (*Chronicon Salernitanum*, Pertz, *SS.*, III, p. 523), usaram por referência. O sr. Poupardin, geralmente tão preciso, não parece ter visto a relação de dependência que liga esse último texto ao de Teófanes. Entretanto, ela é evidente. Não há nenhuma dúvida de que a carta tenha sido redigida por Anastácio, chamado o Bibliotecário; ora, Anastácio não podia ignorar a obra de Teófanes, pois aquele a traduzira para o latim em sua *Chronographia tripartita*; aliás, encontra-se nessa obra a passagem de Teófanes relativa à unção de Carlos Magno, reproduzida muito corretamente (Teófanes, ed. Boor, II, p. 315).[47] Da *Chronographia tripartita* esse pormenor passou ao *Chronicon Casinense* (Muratori, *Scriptores*, II, p. 364 E), em má compilação, colocada sob o nome do próprio Anastácio, mas devida a Pedro Diácono (primeira metade do século XII). Resta saber quanto crédito convém dar ao testemunho (único) de Teófanes. Ele escrevia no início do século IX, próximo dos acontecimentos no tempo, mas longe deles no espaço; suas afirmações não poderiam prevalecer contra as precisas informações dadas pelas fontes francas e romanas; segundo todas as probabilidades, produziu-se em seu espírito, ou no de seus informantes, uma confusão entre a consagração imperial dada a Carlos Magno pela coroação (e pelas aclamações rituais) e a unção que no mesmo dia o filho mais velho do novo imperador (chamado Carlos, como seu pai) recebeu, também do papa, mas na qualidade de rei (Böhmer-Mühlbacher, p. 165). Além disso, parece que em Bizâncio ridicularizava-se o rito dos santos óleos, pouco familiar às liturgias orientais; Teófanes conta que o papa ungiu Carlos Magno da cabeça aos pés: "*χρίσασ ἐλαίῳ ἀπὸ χεφαλῆσ ἕωσ ποδῶν*" — afirmação depois repetida por todos os textos derivados do seu, exceto pela carta de Luís II, que, escrita para justificar o título imperial assumido pelos reis francos, evidentemente não podia mencionar uma particularidade destinada a ridicularizar o maior de seus príncipes (cf. aqui, p. 86).

O primeiro soberano a ser ungido imperador foi Luís, o Pio, que em 816 recebeu em Reims, do papa Estêvão IV, numa mesma solenidade, a consagração pelos santos óleos e a coroa (Böhmer-Mühlbacher, p. 265). Desde esse evento, o rito da unção parece ter sido parte integrante do cerimonial da sagração imperial.

INGLATERRA

Algumas vezes, acreditou-se que a unção régia anglo-saxã fosse mais antiga que o rito franco; chegou-se mesmo a considerar esse último uma importação vinda da ilha vizinha — tal ainda é a teoria de H. Brunner, *Deutsche Rechtsgeschichte*, II, p. 19. Argumentava-se com base no ritual da sagração contido no pontifical dito de Egbert (ed. nas *Publications of the Surtees Society*, XXVII, 1853; cf. d. Cabrol, *L'Angleterre chrétienne avant les Normands*, 2ª ed. in-12, 1909, e o artigo "Egbert", do mesmo autor, no *Dictionnaire d'archéologie chrétienne*). Entretanto, não parece que esse documento autorize semelhante conclusão. Sua data é incerta. O manuscrito que se conservou (Bibl. Nat. latin 18575) não é anterior ao século X. Para falar a verdade, o texto testemunha uma situação litúrgica mais antiga que o manuscrito; mas a atribuição a Egbert

(?732-66), arcebispo de York, é desprovida de prova séria. Ela tem por único fundamento a presença (no cabeçalho do manuscrito) de um fragmento do penitencial (decerto autêntico) composto por Egbert; é óbvio que duas obras de autores diferentes podiam muito bem ser copiadas uma em seguida à outra. Quanto à menção que atribui expressamente o pontifical a Egbert e se lê no f. 3 do manuscrito (ed., pp. XI-XII), ela é da mão de Nicolas Clément, autor do *Catalogue* de 1682; ou seja, não poderíamos conferir-lhe nenhum valor probante. Ademais, o serviço da *Coronatio regis* parece não ter feito parte do fundo original da compilação (cf. d. Cabrol, no *Dictionnaire*, col. 2213). Enfim, ainda que se devesse considerar Egbert o autor do pontifical e, mais especialmente, da *Coronatio*, não poderíamos esquecer que esse prelado morreu quinze anos após a primeira unção franca.

Na realidade, o primeiro príncipe inglês que se pode afirmar ter sido ungido foi Egbert (a homonimia com o arcebispo de York é, naturalmente, um acaso sem importância), que era filho do rei de Mércia, Offa, e foi associado ao trono em vida de seu pai; a cerimônia realizou-se no concílio de Chelsea (*Cealchythe*) de 787, na presença de legados pontificais: cf. *Two of the Saxon chronicles parallel*, ed. Ch. Plummer, in-12, Oxford, 1892, I, pp. 53-4, e as notas correspondentes do t. II; A. W. Haddan e W. Stubbs, *Councils and ecclesiastical documents relating to Great-Britain and Ireland*, III, Oxford, 1878, pp. 444 ss. Sem dúvida, nossos textos não usam a palavra unção: Egbert foi *consagrado* rei (*to cyninge gehalgod*), dizem as crônicas. Mas esse termo é o mesmo que comumente servia para designar a ordenação do bispo, a qual, no ritual anglo-saxão, incluía o uso dos santos óleos. Por outro lado, as decisões conciliares, conhecidas graças a um relatório dos legados ao papa Adriano II (Haddan e Stubbs, p. 447; *Monum. Germaniae, Ep.*, IV, p. 19, nº 3), testemunham claríssima tendência a submeter a "eleição" régia às mesmas condições de legitimação exigidas para acesso ao sacerdócio: "ordenamos", é dito aí literalmente, "que não se eleja rei ninguém nascido de adultério ou de incesto; assim como hoje, segundo os cânones, nenhum filho de adultério pode chegar ao sacerdócio, assim também aquele que não foi concebido em matrimônio legítimo não poderia ser ungido do Senhor, rei de todo o reino e herdeiro da pátria".[48] Essa comparação das duas dignidades, certa no concernente às regras disciplinares, não se traduziu ao mesmo tempo no cerimonial? Enfim, observemos a expressão "ungido do Senhor", que será repetida ainda uma vez, mais adiante (cf.

aqui, p. 89); em outras ocorrências, pode ter sido usada em sentido puramente metafórico; parece ser essa a sua acepção, por exemplo, em inúmeros textos bizantinos (cf. aqui, pp. 369-72); mas nesse caso, quando a confrontamos com o termo *gehalgod* da crônica, como não imaginar que lhe deve ser dada interpretação mais concreta? E como não ver nele uma referência precisamente ao rito da unção?

Ora, na história do concilio de Chelsea tudo convida a considerar a possibilidade de uma influência franca. As relações de Offa com seu poderoso vizinho do continente são bem conhecidas. Mais: durante sua missão inglesa de 786-7, os legados pontificais que presidiram o concílio haviam-se feito acompanhar de um abade franco, chamado Wigbod, o qual "o excelentíssimo rei Carlos" expressamente delegara (Haddan e Stubbs, pp. 447-8); *Monum. Germaniae*, p. 20. Por fim, o dízimo (outra instituição que, como a unção, era ao mesmo tempo bíblica e franca) foi sancionado pelas decisões conciliares (c. XVII). Diante desses fatos, não se pode duvidar de que a forma de consagração aplicada ao rei Egbert haja sido diretamente inspirada pelo exemplo carolíngio, que, como se sabe, era cerca de 36 anos anterior.

Aqui, convém indicar uma analogia bastante curiosa. Mais ou menos na mesma época em que o rito da unção aparecia no Estado franco, a chancelaria real, talvez já no reinado de Pepino e decerto no de seus filhos Carlos e Carlomano, preocupava-se em exprimir a seu modo o caráter religioso de que se revestia a monarquia, introduzindo na intitulação estas famosas palavras: *gratia Dei.* Alguns eruditos acreditaram ver no uso dessa fórmula uma imitação que os príncipes carolíngios ou seus clérigos fizeram aos costumes anglo-saxões. Erroneamente, parece. Pesquisas recentes mostraram que as duas palavras em questão são encontradas nos diplomas anglo-saxões (muito particularmente, nos de Offa de Mércia) só vários anos depois de os notários francos haver adotado seu uso: mais uma vez, a iniciativa origina-se no continente (Karl Schmitz, *Ursprung und Geschichte der Devotionsformeln*, Stuttgart, 1916, pp. 174-7). Tanto nas pequenas quanto nas grandes coisas (tendo a realeza visigótica, em consequência de sua rápida derrocada, sido privada de irradiação), deve-se atribuir aos carolíngios a honra de fornecer à Europa ocidental o modelo de uma realeza cristãmente consagrada.

Não há como duvidar de que a partir da unção de Egbert, em 787, o rito que ele inaugurara tenha-se expandido e consolidado em todos os países anglo-

-saxões. O pontifical dito de Egbert é o mais antigo texto conhecido que nos fornece a liturgia da sagração inglesa; cf. também os outros textos citados aqui, pp. 365-6, e W. Stubbs, *Histoire constitutionnelle de l'Angleterre*, tradução Petit-Dutaillis, I, pp. 186 ss. Todavia, convém observar que Edgar, rei da Nortúmbria e da Mércia desde 957 e de toda a Inglaterra desde 959, só se fez ungir (e coroar) em 973 — atraso surpreendente, cujos motivos nos escapam (as razões inventadas mais tarde pela legenda eclesiástica não têm valor: cf. *Two of the Saxon chronicles parallel*, ed. Plummer, II, pp. 160-1), mas que é preciso reter na memória, como a prova de que naquele tempo podia-se ser rei por direito hereditário ou por eleição, sem ter recebido a unção; cf. aqui, p. 367, o atraso provocado também por Carlos, o Calvo, para sua sagração e, pp. 367-8, a recusa de Henrique I da Alemanha.

Para a unção do herdeiro em vida do pai, da qual Offa e Egbert oferecem desde a origem do rito um exemplo bem claro, ver outro caso, assinalado em minha edição de Osbert de Clare, *Analecta Bollandiana*, 1923, p. 71, n. 1.

PAÍSES CELTAS

Já indiquei (p. 88) de que modo a corrente de ideias favorável a imitar o Antigo Testamento, a qual a influência irlandesa desenvolvera na Gália, facilitou a introdução da unção régia no Estado franco. Pode-se perguntar se os países celtas, particularmente a Irlanda, não haveriam fornecido tanto à Gália franca quanto à Grã-Bretanha anglo-saxã um exemplo mais concreto: o próprio rito da unção régia não teria sido praticado, desde época muito antiga, pelas igrejas dessas regiões? Infelizmente, é impossível responder com segurança; os textos invocados não são conclusivos.

Gildas, que escreveu seu *De excidio et conquestu Britanniae* [Ruína e conquista da Britânia] no século VI, emprega no c. 21 (*Monum. Germaniae AA.*, XIII, p. 37), a propósito dos desastres sofridos pela Grã-Bretanha depois da partida das legiões romanas, a expressão "ungebantur reges non per deum". Alusão a um rito bem determinado? Ou reminiscência puramente verbal de uma expressão bíblica? Como sabê-lo? Gildas é o menos preciso dos historiadores.

Devemos a um abade de Iona, Adaman (que morreu em 704), uma vida de s. Columba na qual vemos (III, c. V, ed. J. T. Fowler, in-12, Oxford, 1894,

p. 134)[49] o santo, em seguida a um sonho, *ordenar* um rei; mas o rito descrito compõe-se apenas da "imposição das mãos" e da bênção; a palavra *unção* não é pronunciada.

Enfim, uma coleção canônica irlandesa, *Hibernensis* (ed. H. Wasserschleben, *Die irische Kanonensammlung*, 2ª ed., Leipzig, 1895; para a bibliografia, ver Sägmüller, *Lehrbuch des katholischen Kirchenrechts*, 3ª ed., I, p. 152), no l. XXV, c. 1, "De ordinatione regis", cita os textos bíblicos relativos à unção. Provavelmente, a *Hibernensis* data do século VIII; sua influência sobre a Igreja franca foi grande. Por infelicidade, não possuímos uma edição satisfatória, que distinga entre o texto original e as adições de época posterior (sobre a edição de Wasserschleben, cf. S. Hellmann em sua edição de Sedulius Scottus, *Liber de rectoribus*, p. 141, e P. Fournier, *Revue celtique*, 1909, p. 225, n. 3). Ademais, mesmo supondo primitiva a passagem relativa à "ordenação" régia, ainda deveríamos hesitar em tirar uma conclusão segura a respeito dos ritos realmente praticados no ambiente em que a *Hibernensis* nasceu: como ousar induzir de uma citação bíblica a existência de uma instituição que essa citação poderia justificar? Pode-se observar que (no reinado de Carlos, o Calvo) o chefe bretão Nominoë, tendo-se proclamado rei, breve se fez ungir (cf. J. Flach, *Les origines de l'ancienne France*, IV, p. 189, n. 3); aí, porém, é evidente que se trata apenas de imitação ao costume franco; imitação, aliás, interessante, pois prova que, na Gália dessa época, só era rei verdadeiramente perfeito aquele que houvesse recebido a unção.

Em resumo, salvo descobertas documentais imprevistas, o problema parece destinado a permanecer rebelde a qualquer solução, seja positiva seja negativa. Se de fato os cristãos celtas conheceram a unção dos reis antes da Gália franca, da Inglaterra ou mesmo da Espanha, então guardaram bem seu segredo.

A COROAÇÃO; UNIÃO, NUMA MESMA CERIMÔNIA, DA ENTREGA DA COROA E DA UNÇÃO

Já indiquei (pp. 88-9) que, no Ocidente, o rito da coroação propriamente dito foi importado de Bizâncio. Ao receber das mãos do papa a coroa, Carlos Magno imitava os imperadores orientais, que a recebiam do patriarca de Constantinopla. Luís, o Pio, foi o primeiro imperador a ser ungido e coroado no decorrer de uma mesma cerimônia (Böhmer-Mühlbacher, pp. 165 e 265). Sobre o diadema e a coroa em Bizâncio, ver Jean Ebersolt, *Mélanges d'histoire et d'archéologie byzantines*, pp. 19 ss., sobretudo p. 67; para o costume romano, é suficiente reportar-se aos verbetes "Corona" e "Diadema" do dicionário de Daremberg e Saglio e do de Pauly-Wissowa; cf. também J. Hastings, *Encyclopaedia of religion and ethics*, verbete "Crown".

A bem dizer, talvez a coroa ou o diadema, enquanto emblemas régios, não houvessem sido desconhecidos das realezas bárbaras. Para os visigodos, cf. aqui, pp. 357-8. Entre os reis francos (segundo o testemunho de Gregório de Tours, *Hist. Franc.*, II, 38; cf. aqui, p. 85), Clóvis ter-se-ia mostrado a seus súditos, na cidade de Tours, adornado com o diadema. Seus sucessores paramentavam-se com a mesma insígnia? Em suas moedas, usam-na com frequência; mas como ver nessas medíocres efígies algo além de mal elaboradas imitações aos tipos monetários imperiais? Os outros documentos, históricos ou arqueológicos, são de difícil interpretação: cf. W. Schücking, *Der Regierungsantritt*, p. 131. Só um fato é certo: mesmo que se devesse admitir que os reis francos, antes de Carlos Magno, usaram algumas vezes o diadema, eles jamais receberam nem essa nem nenhuma outra insígnia durante uma cerimônia religiosa que marcasse sua ascensão.

Por outro lado, convém observar que a generalização do emprego da coroa enquanto emblema do poder político supremo foi facilitado, assim como o da unção, pelos precedentes bíblicos; não porque a Bíblia fornecesse precisamente, como no caso dos santos óleos, o modelo de uma solenidade de coroação; mas porque o Antigo Testamento menciona diversas vezes a coroa como insígnia ou símbolo da realeza (textos em Vigouroux, *Dictionnaire de la Bible*, verbete "Couronne"). Enfim, tão logo a coroação propriamente dita foi introduzida no Ocidente, concebeu-se a ideia de dar um sentido místico à coroa régia, comparando-a à "coroa da glória" que, concreta ou metaforicamente, as Sagradas Escrituras, em várias passagens, atribuem aos eleitos: cf. a prece (primeiro atestada pela sagração de Carlos, o Calvo) citada aqui, p. 91, n. 45.

A coroação de Luís, o Pio, fora apenas *imperial*. Mas rapidamente a coroa assumiu seu lugar, ao lado da unção, nos ritos do advento *régio*. Em 838, sem cerimonial religioso, Luís, o Pio, entregara uma "coroa régia" a seu filho Carlos, o futuro Carlos, o Calvo (B. Simson, *Jahrbücher des fränkischen Reichs unter Ludwig dem Frommen*, II, p. 180). Em 848, quando Carlos decidiu fazer-se consagrar pelo arcebispo de Sens, aquele não recebeu somente a unção; o prelado entregou-lhe uma coroa e também — gesto novo — um cetro (referências aqui, pp. 366-7). Estava verdadeiramente criada a sagração, constituída pela união da unção com a coroação ou, de forma genérica, com a entrega das insígnias régias.

Na Inglaterra (aqui não vou ocupar-me dos outros países europeus; para a Alemanha, todavia, ver pp. 367-8), essa mesma reunião dos dois gestos essenciais realizou-se também bastante depressa. O mais antigo *ordo* anglo-saxão, o do pseudo-Egbert (aqui, p. 361), que deve datar aproximadamente do século IX, já mostra os bispos ao entregar ao rei um *galeum*, que deve ser uma coroa (p. 103 da ed. da Surtees Society). O *ordo* dito de Ethelred (J. Wickham, *Three coronation orders*, *Bradshaw Soc.*, XIX, p. 57) e o bendicionário de Robert de Jumièges (ed. Wilson, *Bradshaw Society*, XXIV, p. 144) mencionam expressamente a coroa; também a menciona a descrição da sagração do rei Edgar em 973: *Vita. s. Oswaldi*, em J. Raine, *The historians of the church of York* (*Rolls Series*), I, pp. 437-8. Esses quatro textos testemunham igualmente o uso do cetro. Assim, os ritos francos e anglo-saxões desenvolveram-se paralelamente, e pode-se acreditar que com influências recíprocas.

PERSISTÊNCIA DO RITO DA UNÇÃO; SUA INTERRUPÇÃO NA ALEMANHA

Parece ter sido da natureza do rito da unção régia, uma vez introduzido na prática monárquica de determinado país, perpetuar-se indefinidamente. Ele mostra ter gozado bela continuidade na Espanha visigótica (aqui, p. 357) e na Inglaterra anglo-saxã (aqui, pp. 361-2) e normanda. A mesma coisa parece ter acontecido nos Estados originários do Império carolíngio que formavam a França ocidental (ou, simplesmente, França). Em Orléans, a 6 de junho de 848, Carlos, o Calvo, recebeu do arcebispo de Sens, Ganelon, a unção, o "diadema" e o cetro (Levillain, "Le sacre de Charles le Chauve à Orléans", *Biblioth. de l'Ecole de Chartres*, 1903, p. 31, e F. Lot e Louis Halphen, *Le règne de Charles le Chauve*, 1909, pp. 192 ss.). Sagração tardia: Carlos era rei fazia muito tempo; em 838, não havia ele, como vimos (p. 298), recebido de seu pai (sem nenhuma cerimônia eclesiástica) uma coroa real?[50] Mas ele acreditou serem indispensáveis a seu prestígio a unção e a entrega da coroa e do cetro pelas mãos de um prelado, no decorrer de uma solenidade religiosa. Seus sucessores, tanto quanto ele, não pensaram que podiam dispensar esse ritual. A unção — com a coroação — também parece ter sido praticada na Itália (cf. Ernst Mayer, *Italienische Verfassungsgeschichte*, II, pp. 166 ss.), na Lorena (Robert Parisot, *Le royaume de Lorraine sous les Carolingiens*, 1899, p. 678) e até mesmo nos pequenos reinos da Provença e da Borgonha (Renê Poupardin, *Le royaume de Provence*, 1901, p. 112, n. 8, e 457, n. 4; *Le royaume de Bourgogne*, 1907, p. 66, n. 2). Mas na França oriental (ou Alemanha, se preferirmos usar um nome mais cômodo, embora anacrônico), a história da sagração dos reis não oferece a mesma simplicidade.

No que concerne a Luís, o Germânico, a seus filhos e a Arnulfo, nenhum documento fala de consagração religiosa (cf. G. Waitz, *Verfassungsgeschichte*, 4ª ed., VI, p. 208 e n. 4; U. Stutz, *Der Erzbischof von Mainz und die deutsche Königswahl*, Weimar, 1910, p. 5, n. 3). Silêncio fortuito? Não ousamos negar, pois nossas fontes estão longe de ser excelentes. Contudo, esse unânime silêncio dos textos dá o que pensar; no mínimo, ele comprova a indiferença dos analistas por esse gênero de cerimônia. Portanto, parece que, nessa época, os ritos eclesiásticos da ascensão do soberano tiveram menos importância na Germânia do que na Gália; e deve-se mesmo perguntar seriamente se os reis até Arnulfo (inclusive) alguma vez recorreram a ela.

Sobre o reinado de Luís, a Criança, os testemunhos são ambíguos (cf. Stutz, *loc. cit.*, e Böhmer-Mühlbacher, p. 796).

Conrado I decerto fez-se ungir e coroar (Böhmer-Mühlbacher, p. 823).

Enfim, chegamos a Henrique I. A respeito dele, os testemunhos são claros. Ele recusou quando o arcebispo de Mainz lhe ofereceu a unção e a coroa (textos — e opiniões de certo número de historiadores modernos — em G. Waitz, *Jahrbücher des deutschen Reichs unter König Heinrich I*, 3º ed., *Excurs* 10; cf. Böhmer-Ottenthal, *Die Regesten des Kaiserreichs unter den Herrschern aus dem sächsischen Hause*, p. 4). O escândalo que essa decisão suscitou em certos meios eclesiásticos reflete-se numa curiosa passagem da *Vita Udalrici* (Pertz, *SS.*, IV, p. 38), na qual se vê o apóstolo s. Pedro aparecer a s. Ulrico, bispo de Augsburg, trazendo duas espadas: uma com punho, a outra sem. Ele dirige-se ao prelado nestes termos: "Dic regi Heinrico, ille ensis qui est sine capulo significat regem qui sine benedictione pontificali regnum tenebit; capulatus autem, qui benedictione divina tenebit gubernacula". Por que Henrique I obstinou-se em reinar "sem a bênção dos pontífices"? Já mencionei que, nesse ponto, sigo a opinião mais geralmente difundida entre os historiadores. Parece-me evidente que semelhante recusa só pode ter tido um motivo: o medo de parecer dever a dignidade régia à mão apenas do clero. Acerca disso, convém observar que, segundo tudo indica, a influência episcopal foi muito frágil na corte de Henrique I (A. Hauck, *Kirchengeschichte Deutschlands*, 3ª ed., III, p. 17, n. 3). Contudo, um tão vivo sentimento dos perigos que a preeminência eclesiástica podia acarretar à realeza pareceu surpreendente num soberano do século X, bem anterior à reforma gregoriana — o que originou a ousada solução proposta por M. J. Krüger, *Grundsätze und Anschauungen bei den Erhebungen der deutschen könige in der Zeit von 911-1056* (*Untersuchungen zur deutschen Staats-und Rechtsgesch.*, h. 110), pp. 42 ss.; esse erudito tacha pura e simplesmente de *phantastisch* o testemunho do cronista Widukind, que é nossa principal fonte sobre a conduta de Henrique I; mas, então, que fazer da *Vita Udalrici*, a qual é pouco posterior a Widukind e da qual não temos nenhum motivo para acreditar ter sido inspirada por ele? Ademais, é realmente muito cômodo chamar de mentirosos os textos que não se enquadram em nossas teorias. Por fim, o assombro do sr. Krüger ante as inquietudes de Henrique I é, sem dúvida, excessivo; tive a ocasião (pp. 89 e 193) de recordar que os escritores da Igreja não esperaram Gregório VII antes de tirar da unção régia o partido mais favorável às pretensões deles.

Oto I fez-se coroar e ungir quando de sua ascensão, em 936 (Böhmer-Ottenthal, p. 34, e Köpke-Dummler, *Jahrbücher der deutschen Geschichte: Otto der Grosse*, I, pp. 27 ss.). Todos os seus sucessores seguiram-lhe o exemplo.

IMPÉRIO BIZANTINO

Aqui, não pretendo examinar toda a história da sagração bizantina. Dedicar-me-ei somente a um dos elementos dessa cerimônia: a unção. Para quem quer que estude a sagração nas monarquias ocidentais, é importante determinar a época na qual a unção imperial foi introduzida em Bizâncio, e isso por duas razões. Se reconhecêssemos a anterioridade do costume oriental, seríamos forçosamente levados a perguntar se, na Espanha ou na Gália franca, os primeiros ungidos do Senhor simplesmente não imitaram um exemplo vindo de lá. Além disso, conforme esse rito bíblico tenha aparecido mais ou, então, menos tarde num país onde as tradições do culto monárquico estavam tão solidamente assentadas, as conclusões que se pode tirar da história comparada do ritual da ascensão régia, nos diferentes Estados europeus, encontrar-se-ão forçosamente modificadas em maior ou em menor grau.

Antes de mais nada, eis o que está fora de dúvida: se deixarmos de lado a sagração de Balduíno de Flandres, em 1204 (a qual, tendo seguido o rito latino, não deve ser aqui levada em conta), o primeiro documento seguro a relatar expressamente uma unção imperial é a descrição que Vorge fornece da coroação de Miguel IX Paleólogo: este foi coroado a 20 de maio de 1295; Jorge Pachymeres escrevia por volta de 1310: *De Andronico Paleologo*, Migne, *P. G.*, t. 144, col. 216. Nicéforo Grégoras diz que Teodoro Lascaris recebeu a unção em 1254 (*Byzantinae historiae*, lib. III, cap. II; *P. G.*, t. 148, col. 181); mas Nicéforo escrevia em 1359, aproximadamente; seu relato pode ter sido influenciado pelo costume seguido em seu tempo e não prova nada sobre um acontecimento que ocorrera havia mais de um século. Em seus *Quatro livros de história*, o imperador João VI Cantacuzeno, ao descrever a coroação de Andrônico III Paleólogo, ocorrida em 1325, refere-se igualmente à unção; ele escrevia entre 1355 e 1383 (*Histor.*, lib. I, cap. XLI, *P.G.*, p. 153, cols. 276 ss.).

Portanto, é incontestável que no começo do século XIV os imperadores recebiam a impressão dos santos óleos; o rito duraria até o fim do Império. Mas quando ele começara exatamente? Aqui, a controvérsia tem livre curso.

Numerosos textos, muito anteriores ao século XIV, empregam as palavras *unção* e *ungir* (*χρίσμα, χρίειν*) para designar a criação de um imperador ou outorgam ao próprio imperador o título de *ungido do Senhor* (*χρισιὸσ Κυρίου*). Todo o problema consiste em saber se esses textos devem ser entendidos em sentido literal ou se, ao contrário, devem ser entendidos em sentido puramente metafórico, caso em que essas imagens teriam sido copiadas do vocabulário bíblico. A primeira solução — o sentido literal — foi adotada por W. Sickel, "Das byzantinische Krönungsrecht bis zum 10. Jahrhundert", *Byzantinische Zeitschrift*, VII (1898), p. 524 e, sobretudo, pp. 547 ss., nn. 80-3. De resto, é importante já observar que o mais antigo testemunho invocado por Sickel remonta apenas à segunda metade do século XIX; é uma carta do célebre patriarca Fócio ao imperador Basílio I, na qual se vê o prelado, recordando ao imperador a sagração deste, usar os termos "a unção e a imposição das mãos monárquicas": "*χρίσμα χαὶ χειρο θεσίαν βασιλείασ*" (ep. I, 10; *P. G.*, t. 102, col. 765). A ascensão de Basílio I situa-se em 867; fazia então mais de um século desde que Pepino, o primeiro entre os reis francos, fora ungido; mais de dois haviam decorrido desde as primeiras unções visigóticas. Portanto, não poderíamos extrair do documento apresentado por Sickel argumentos para concluir que nesse aspecto as monarquias ocidentais tomaram algo emprestado aos usos orientais.

Opõem-se a Sickel os eruditos que nas expressões usadas pela carta de Fócio ou por textos análogos veem apenas simples metáforas: J. J. Reiske, em sua edição do *De cerimoniis* [Livro das cerimônias] de Constantino Porfirogênito (*Corpus SS. historiae Byzantinae*), II, p. 351; sobretudo Brightman, "Byzantine imperial coronations", *Journal of Theological Studies*, II (1901), p. 383, e Jean Ebersolt, *Mélanges d'histoire et d'archéologie byzantines* (extr. da *Rev. d'Hist. des Religions*, LXXVI), 1917, pp. 22-3 e 27.[51] As razões deles parecem-me muito fortes. No próprio texto de Fócio, a palavra *χειροθεσίαν* não pode ser considerada senão uma imagem: jamais a imposição de mãos figurou na sagração imperial; estando as palavras *χρίσμα* e *χειροθεσίαν* ligadas estreitamente uma à outra no mesmo membro da frase, por que atribuir à primeira um sentido concreto e à segunda um valor inteiramente simbólico? Há mais. O célebre *Livro das cerimônias*, composto pelo imperador Constantino Porfirogênito (945-59), inclui uma descrição detalhada da sagração: ali, não aparece a unção. Também um eucológio do começo do século XII traz a liturgia da sagração: mais uma vez, nada de unção (Brightman, p. 378). Esse duplo silêncio seria inexplicável se não pudéssemos explicá-lo, sem mais dificuldades, pelo fato de que o rito não era praticado ainda, nem no século X, nem mesmo no começo do século XII.[52]

Mas parece ter sido praticado desde o final do século XII — portanto (a despeito do que haja dito o sr. Ebersolt, *loc. cit.*, p. 27), antes da conquista latina de 1204. É difícil não ver uma referência a um ato concreto nestas palavras com as quais Nicetas Acominatos (que escrevia por volta de 1210) pintava a sagração de Aleixo III Ângelo em 1195 (*De Alexio Isaacii Angeli fratre*, lib. I, *P. G.*, t. 139, col. 829): "*ὅπωσ χατὰ τὸ ἔθιμον ἐσ βασιλέα χρισθῇ χαὶ περιβαλεῖται τὰ τοῦ χράτουσ σύμβολα*", "a fim de que, segundo o costume, ele fosse feito basileu pela unção e recebesse os símbolos do poder supremo". Unção, entrega das insígnias: não estão aí os dois traços fundamentais de uma cerimônia que, em sua essência, é similar às sagrações ocidentais? Sobretudo, um texto (ao qual Brightman não me parece ter dado interpretação suficientemente precisa) prova (sem contestação possível, a meu ver) que por volta de 1200 a unção imperial entrara nos costumes bizantinos. Trata-se de um comentário do 12º cânone do concílio de Ancira, composto perto dessa data por Teodoro Balsamon (*P. G.*, t. 137, col. 1156). Balsamon conta que em 969 o imperador João Tzimisces, tendo assassinado seu predecessor, Nicéforo Focas, viu-se proibido de entrar na "grande igreja" pelo patriarca Poliúto; depois, o imperador foi ali admitido, em consequência de um decreto sinodal, de que Balsamon dá a seguinte análise (para a tradução, cf. aqui, p. 181):

> *Εἶπε γὰρ μετὰ τῆσ ἁγασ συνόδου, ἐν τῇ γενομένῃ τηνιχαῦτα συνοδιχῇ πράξει, τῇ ἐν τῷ χαρτοφυλαχείῳ ἀποχειμένῃ, ὡσ, ἐπεὶ τὸ χρίσμα τοῦ αγίου βαπτίσματοσ τὰ πρὸ τουτόυ ἁμαρτήματα ἀπαλερε οἷα χαὶ ὅσα ἄν ὦσι, πάντωσ χαι τὸ χρίσμα τῆσ βασιλείασ τὸν πρὸ ταύτησ γεγουότα φόνον παρὰ τοῦ Τζιμισχῇ ἐξήλειψεν.*

É difícil saber se Balsamon reproduziu com rigor os termos da decisão sinodal; isso pouco importa, aliás; mesmo que se admita que a palavra *χρισμα* encontrava-se no texto "conservado nos arquivos", nada nos impede de dar-lhe o sentido metafórico que lhe era habitual no século x. Mas prossigamos a leitura do comentário de Balsamon. Ele observa que desse decreto muitos concluem que, do mesmo modo, os pecados dos bispos são apagados pela unção da consagração, "*διὰ τοῦ χρίσματοσ τῆσ ἀρχιερωσύνησ*". Ainda aqui, qual o valor de *χρίσμ*? Inteiramente simbólico, é óbvio; no rito oriental, os bispos jamais foram ungidos. Continuemos nossa leitura. Vemos que Balsamon explica muito claramente sua metáfora. "Em lugar do óleo com o qual, segundo a Antiga Lei, eram ungidos os reis e os sumos sacerdotes, [os que sustentam essa opinião] dizem que, para os bispos, hoje é suficiente o Evangelho pousado [no dia de sua consagração] como um jugo sobre a nuca deles e a impressão dada pela imposição das mãos sob a invocação do Espírito Santo [...][53]. "Para os bispos, hoje é suficiente [...]"; no segundo membro da frase, não se fala dos reis. Por quê? É pouco provável que esse silêncio seja o resultado de um esquecimento. Se nosso comentarista não indicou qual era no presente o equivalente litúrgico da unção régia prescrita pela Bíblia, foi porque muito provavelmente não se realizava um equivalente; os bispos de seu tempo — comparados por Balsamon aos sumos sacerdotes da Antiga Lei (a palavra grega *ἀρχιερεύσ* é a mesma) — não recebiam, diversamente de seus predecessores hebreus, a consagração pelos santos óleos; tudo indica que os imperadores, ao contrário, eram ungidos, à semelhança de Davi e Salomão.

Resta perguntar por que a unção demorou tanto a introduzir-se em Bizâncio. Mons. Duchesne (*Liber pontificalis*, II, p. 38, n. 35) muito justamente observou que o ritual da sagração oriental, rejeitando durante longo tempo o uso do óleo, não fez mais que conformar-se a um hábito generalizado da Igreja do Oriente, na qual a unção não é usada no cerimonial das ordenações sacerdotais ou episcopais. Acredito ser necessário acrescentar que, como já indiquei, a monarquia bizantina — sacra desde suas origens romanas e apoiada nas reminiscências do culto imperial — não sentiu tão cedo quanto as realezas bárbaras do Ocidente a necessidade de santificar-se mediante um rito imitado da Bíblia. A influência do exemplo ocidental fez-se sentir mais tarde. Segundo todas as aparências, foi dos Estados originários do Império franco que Bizâncio, tardiamente, copiou a unção monárquica; com toda a certeza, não foi de Bizâncio que os reis visigóticos ou Pepino a receberam.

Apêndice 4
Análise e extratos do "Traité du sacre" de Jean Golein

O pequeno tratado sobre a sagração dos reis da França que o carmelita Jean Golein inseriu em sua tradução do *Rationale divinorum officiorum*, de Guillaume Durand (feita por Golein em 1372 para o rei Carlos v, segundo indica o prefácio: Bibl. Nat. franç. 437, f. 2*v*, col. 1), fornece-nos importante testemunho das ideias discutidas no círculo do "sábio e piedoso" rei; em pelo menos uma de suas partes — a que se refere ao toque das escrófulas —, o tratado passa por ser a própria expressão do soberano. Talvez me critiquem por não tê-lo publicado por inteiro. Mas eu não podia sobrecarregar indefinidamente estes Apêndices, já muito extensos. Ademais, é preciso confessar que a longa exposição que Jean Golein dedicou ao arranjo da sagração não nos ensina sobre a cerimônia nada que já não saibamos por outros textos, principalmente pelo *ordo* que a Bradshaw Society publicou.[54] Quanto ao comentário simbólico, ao mesmo tempo sutil e difuso, que acompanha a descrição de cada um dos detalhes do ritual, ele não acrescenta muita coisa nova às bem conhecidas tendências do meio intelectual com que Carlos v se comprazia. Assim, tudo ponderado, limitei-me a reproduzir apenas extratos, ligados por breve análise. Notar-se-á que, afora preciosas informações sobre o milagre régio, sobre o ciclo legendário da dinastia francesa e sobre a teoria da sucessão em linha masculina, tal como era então formulada na corte dos Valois, nosso tratado menciona uma curiosa tradição relativa a Turpin; uma informação iconográfica sobre as "imagens" dos reis da França; a indicação do verdadeiro significado de uma estátua da catedral de Sens, que antes era mal compreendida; e uma divertida etimologia da palavra *chapelain* [capelão] (cf. aqui, pp. 377 e 378). Enfim, tomando separadamente, a propósito da cura das escrófulas, as expressões usadas por Raoul de Presle no prólogo de sua tradução da *Cidade de Deus*, Jean Golein permite-nos retificar a data dessa obra (cerca de 1376) proposta por Léopold Delisle em suas *Recherches sur la Librairie de Charles V*; agora, deve-se ter como certo que esse célebre trabalho foi terminado antes de 1372.

A tradução do *Rationale* foi impressa em 1503, por Vérard.[55] Nessa forma, a obra parece ter tido algum sucesso. Claude Villette (o qual publicou em 1611 um tratado litúrgico que teria numerosas edições) leu-a e inspirou-se nela para a sua exposição da sagração.[56] Mas a versão de Vérard é muito falha. Quanto aos manuscritos, há vários, principalmente Bibl. Nat. franç., 176 (século XIV), Arsenal 2001 e 2002 (século XV); para estabelecer o texto, porém, basta um: o que hoje tem o nº 437 do *fonds français* na Bibliothèque Nationale. Foi executado especialmente para Carlos V e ainda traz em sua última folha o ex-libris autógrafo do rei, datado de 1374; o trecho sobre a sagração ocupa nele os ff. 43*v*-55*v*.[57] Segui-o fielmente, não corrigindo mais que um ou dois erros evidentes, os quais assinalo à medida que aparecem.

Esse manuscrito apresenta uma particularidade curiosa. Na passagem sobre a sagração, e somente ali, observa-se certo número de notas escritas à margem, com bela caligrafia que é contemporânea do manuscrito, mas que não é a do copista. Não são correções feitas pelo autor, pois num trecho o comentarista contradiz o próprio texto (aqui, p. 377; cf. p. 204); são retificações de um leitor atento. Seria o próprio rei esse leitor? Pode-se achar tentador supô-lo, mas nada permite transformar em certeza a hipótese. A escrita (bastante impessoal, aliás), não parece a de Carlos V; poderia ser a de um secretário a quem o monarca teria ditado suas observações. Mas como provar tal coisa? No texto que segue, ler-se-ão alguns desses escólios marginais, colocados entre os sinais < >.

[DA SAGRAÇÃO DO REI DA FRANÇA E DA RAINHA[58]]

Preâmbulo; grandeza da sagração; regra da sucessão no trono da França por Carlos Magno; detalhe da sagração de Carlos V (*ff.* 43v-44).

"Mas por isso tratamos um pouco da consagração dos príncipes, que não deve ser esquecida, em reverência a meu mui temido e soberano senhor, o qual foi consagrado rei da França pelo arcebispo de Reims, monsenhor Jean de Craon, no dia da Santíssima Trindade.[59]

"Pois, como os imperadores de Roma e de Constantinopla e também alguns reis, como o de Jerusalém, o da Espanha, o da Inglaterra e o da Hungria são ungidos, e como alguns outros não o são, este nosso, Carlos VI,[60] à maneira de seus predecessores, foi coroado e consagrado em Reims não com o óleo ou bálsamo preparado por mão de bispo ou de boticário, mas com o santo líquido celestial da Santa Âmbula, o qual está conservado e guardado em Saint-Rémi de Reims e foi trazido do céu pela mão dos anjos, para que os nobres e dignos reis da França fossem mais nobremente e mais santamente ungidos do que os reis da velha e da nova lei jamais o foram. Por isso, o rei da França é chamado o mais nobre, o cristianíssimo, defensor da fé e da Igreja, e não reconhece estar nenhum soberano temporal acima dele.

"Com essa dignidade, o imperador Carlos Magno, ante o conselho da Igreja e os reis cristãos que haviam vindo em socorro da fé católica e em defesa de Roma, dispôs, em seguida à batalha e maravilhosa vitória que tiveram contra os sarracenos, por acordo geral a posição tanto dos prelados da Igreja quanto dos nobres reis seculares e dos senadores de Roma, ele que era patrício e imperador. Com o papa, instituíram que a eleição deste seria feita pelos cardeais; que a eleição do imperador seria feita pelos nobres da Alemanha; e que o reino da França continuaria sendo dos reis da França descendentes da santa e sagrada linhagem por herdeiro masculino, a fim de que essa bênção continuasse em transfusão de um a outro.

"Por isso, também a rainha é consagrada. Assim, com meu dito soberano senhor, foi consagrada madame Joana de Bourbon, filha de nobre príncipe, o duque de Bourbon, que era descendente daquela santa linhagem. Ela era prima de meu soberano senhor; mas, por licença da Igreja, desposou-a. Por ele receber a santa consagração e pertencer a uma estirpe abençoada diretamente por Deus, conclui-se que é maior dignidade ser rei da França do que imperador ou qualquer outra realeza — o que bem reconhecem as crônicas e outras gestas."

Segue a história de vários imperadores romanos que foram "de pobre maneira eleitos".

(f. 44) "Isso levou o imperador Carlos Magno e a Igreja a ordenar que os nobres elegessem o imperador de Roma, o qual deve ser sagrado e ungido pelo papa; mas, nesse caso, o óleo e o bálsamo são de confecção muito diferente daquela da Santa Âmbula. Pois esta Deus enviou toda consagrada; o vaso, ou seja, a Âmbula, é de uma matéria da qual ninguém jamais viu semelhante e a qual não se poderia copiar; e ninguém saberia perfumar com aroma mais delicioso o líquido que nela está contido. Com ele foi ungido o sábio, piedoso e bom rei Carlos VI, assim nomeado, como se disse antes, no dia da festa da Trindade, por eleição de santa devoção. Assim como Deus Pai disse a seu filho na unção do batismo *Hic est filius meus dilectus in quo michi complacui*;[61] assim como o Espírito Santo desceu em forma de pomba, que o ungiu *oleo leticie pre participibus suis*;[62] e assim como o filho em carne humana recebeu aquela santa consagração, assim também o citado senhor recebeu em verdadeira fé da Santíssima Trindade a santa sagração, e por tal graça que contra ele ou contra seu reino não tiveram nem poder nem razão seus inimigos ingleses e outros; quando ele retornava, vieram a seu encontro vários importantes prisioneiros, capturados na batalha de Cocherel; eles haviam tentado impedir a citada sagração,[63] mas aconteceu bem diversamente do que imaginaram. Em agradecimento àquela abençoada Trindade, nosso bom rei fez, em sua volta a Paris, várias belas esmolas aos pobres religiosos mendicantes e a vários outros pobres, pois sentiu bem a graça piedosa da unção, que foi feita conforme preceitua o pontifical do arcebispo de Reims e da qual, em seguida, será declarado o significado."

Aqui, é descrita a sagração, com explicações sobre o sentido simbólico (o "significado misterioso") dos diferentes ritos. Notem-se as seguintes particularidades:

Cura das escrófulas (*ff.* 46-46v). Uma vez terminada a cerimônia, a Santa Âmbula será reconduzida "à igreja Saint-Denis ou à capela Saint-Nicolas".[64]

Saint-Denis representa a fé que esse santo trouxe para a França, o que de fé jurada se deve atribuir àquela âmbula. A capela Saint-Nicolas representa o óleo milagroso que sempre emanou dos santos membros de s. Nicolau.[65] [...]

Porque, quando o rei é ungido e consagrado, assim como os ungidos com o óleo que flui dos membros de s. Nicolau são curados, assim também os atacados da doença das alporcas, se tocados pela mão do rei ungido com aquela âmbula, ficam imediatamente curados e sãos. Se alguém que não seja rei verdadeiro e que haja sido indevidamente ungido ousar tocar os doentes, sem demora ele provocará o mal de s. Remígio, assim como outrora essa moléstia se manifestou.[66]

A estátua de Constantino em Sens. Comentário sobre o juramento da sagração, em que o rei promete proteger a Igreja (f. 47): "e isso representa os juramentos que os reis de Israel faziam aos sacerdotes e que Alexandre fez na história narrada antes;[67] e assim também o fez Constantino na igreja de Sens, como consta na fachada daquela igreja, onde, em letras de ouro ao lado de sua imagem, está escrito este seu juramento: *Regnantis veri cupiens verus cultor haberi/Juro rem cleri libertatesque tueri*".[68]

Comparação entre as vestimentas régias e as litúrgicas (f. 47). "[...] a cota [...] feita à maneira de uma túnica de subdiácono <e de uma dalmática>. Com ela, uma sobrecota por cima [...] <saco à moda de uma casula, de um lado, e de um mantelete, do outro, sendo cortado em quadrado>."

Origem das flores-de-lis. Após a enumeração e explicação das vestimentas régias, todas ornadas de flores-de-lis, diz-se (f. 48): "Eis por que traz todos esses paramentos o abade de Saint-Denis: porque s. Denis deu aos reis da França as armas de flores-de-lis <não, porque Deus enviou-as por milagre a Montjoie>".[69]

A sagração "limpa" os pecados do rei (f. 48). "Quando o rei se despe, isso significa que dali em diante ele deixa o estado mundano e assume o da religião régia; e, se o rei o assume com a devida devoção, julgo que ele está de seus pecados tão limpo quanto aquele que entra novamente em religião provada; como diz s. Bernardo no livro *de precepto et dispensacione*, lá pelo final: que, assim como no batismo os pecados são perdoados, assim também à entrada na religião; e o original de s. Bernardo começa: *Audire vult* etc.[70] Portanto, se se persevera na intenção de viver em penitência a Deus, os pecados são perdoados, tanto mais àquele que assume a posição na qual há tantas diferentes ansiedades e penas."

Etimologia da palavra Chapelain *(f. 48*v*).* "[...] por aquela vitoriosa fé os nobres reis da França tinham outrora por ordem e costume usar nas batalhas a capa [*chappe*] de s. Martinho, a qual era de lã [*laine*], e os padres guardavam-na como relíquia de grande devoção; pelo que se deixou de chamá-los padres e tiveram o nome capelães [*chappelains*], por sua reverência à dita capa de lã; [...]."

As luvas, insígnia régia; respeito devido ao santo crisma (*f.* 49v). Depois da entrega das insígnias: "Depois, juntam-se e abençoam-se as luvas; e então o arcebispo coloca-as nas mãos ungidas, para proteger de outro contato o santo crisma. Alguns dizem que se devem enxugar com algodão os lugares ungidos e depois pôr as luvas nas mãos. Porque o rei da França é mais especialmente ungido nas mãos que os outros reis, retratam-no a usar luvas.[71] Quando s. Luís esteve na prisão dos sarracenos no Outremer e pediram-lhe que escolhesse quando queria lavar as mãos, se antes de comer ou se depois, ele escolheu lavá-las depois de comer; e, depois que as lavava, ele colocava umas luvas, em reconhecimento ao santo crisma ou santa unção a que devia reverência. Por motivo similar, após a unção da cabeça o arcebispo coloca nela o barrete e deve usá-lo sempre, como sinal de que recebeu na cabeça a santa unção de mais digna santidade. A fim de que a tenha sempre na memória, ele deve usar o barrete a vida toda, e sua cabeça não deve conhecer navalha: ele é nazireu santo, consagrado a Deus". Da mesma forma, a camisa que o arcebispo usou no dia da sagração será queimada.

A partir do f. 50, col. 2, descreve-se a sagração da rainha. Depois:

Comunhão dos dois soberanos (*f.* 51). "O rei e a rainha devem descer de seu tablado, vir humildemente ao altar e tomar da mão do arcebispo o corpo e o sangue de Nosso Senhor; nisso é demonstrada a dignidade régia e sacerdotal — pois, afora aos padres, não se dá a ninguém mais o sangue separadamente."

Enfim, bênção do estandarte régio (*f.* 51v). "Segue-se a bênção do estandarte régio: '*Inclina, Domine, aurem tuam ad preces...*'. Quando o rei quer ir a uma batalha, essa bênção deve ser feita sobre o estandarte régio em Reims[72] e, depois, sobre a auriflama na igreja Monseigneur Saint-Denis de France."

Segue a história das origens da auriflama. Manuel, imperador de Constantinopla atacado pelos sarracenos, viu em sonho um cavaleiro que, montado a cavalo e armado da cabeça aos pés, estava aos pés de sua cama, segurando uma lança "toda reluzente, como se fosse dourada", da qual saía "um facho de fogo"; após Manuel acordar, apareceu-lhe um anjo, que lhe revelou que esse cavaleiro libertaria dos sarracenos seu império. Então, Manuel lembrou-se dos traços de Carlos Magno, reconheceu neste a personagem de seu sonho e escreveu-lhe, pedindo que viesse em seu socorro. Descreve-se o recebimento da auriflama por Carlos Magno em Saint-Denis.

Legenda sobre Turpin (*f.* 52v). "Algumas histórias relatam que o primeiro a ter levado o referido estandarte contra os infiéis em companhia de Carlos Magno foi Turpin, o qual por nove anos fora monge de Jumièges (na abadia onde se alojam os debilitados), depois fora feito arcebispo de Reims e fizera muitas preces pela fé contra os inimigos de Jesus Cristo, [...]; seu corpo jaz em Leschans, vizinha a Arle le Blanc, na Provença; e, embora esteja sob o vento e a chuva numa tumba de pedra, ele está ainda com sua pele natural e com seu corpo inteiro — isso eu vi claramente."[73]

Origem celeste dos dois estandartes régios (*f.* 52v). "Essas duas bandeiras da França foram dadas, uma, a das três flores-de-lis, pelo santo eremita de Joyenval, e a outra pela revelação de anjos numa maravilhosa visão e clara aparição e por nobre vitória aprovada e demonstrada."

A exposição das duas bandeiras prossegue longamente.

Os reis não levam para a guerra a verdadeira auriflama (*f.* 53). "Quando os reis da França vão para a batalha, eles fazem cópia da auriflama que Carlos Magno trouxe de Constantinopla, mandam benzê-la e levam-na consigo, deixando a de Carlos Magno; depois da vitória, trazem-na de volta a Saint-Denis."

Anedota correlativa às origens da águia romana (*falsamente atribuída a Plínio*) (*f.* 53). Quando o imperador Augusto estava num jardim, "uma águia que voava sobre ele deixou cair de suas garras uma galinha muito branca, a qual trazia no bico um ramo de louro carregado de sementes"; essa foi a origem da coroa de louros "com que eram coroados os vencedores que haviam lavrado um tento em batalha, especialmente os imperadores", e da águia nas armas dos imperadores e no "estandarte imperial";[74] no tempo do autor, essa águia ainda pode ser vista no estandarte vermelho da "comunidade de Roma"; a esse estandarte se acrescentaram (obliquamente, de um canto ao canto oposto) quatro letras: "S. P. Q. R.", que uns interpretam como "o sinal do povo romano" e outros como "Senatus Populusque Romanus".

França e Império (*ff.* 53-53v). "Assim querem alguns dizer que aquela bandeira dada pela visão do imperador de Constantinopla a Carlos Magno prognosticava que este se tornaria imperador do povo romano, tal qual ele foi depois, sendo chamado patrício e imperador; e aquela insígnia imperial foi deixada na França como sinal de Império perpétuo por sucessão de herdeiro masculino, e não por eleição como no império de Roma e da Alemanha. Assim é coisa muito certa que o imperador da França, ungido com tão precioso unguento trazido do Céu, seja mais digno e gere filhos que tenham a sucessão como herança paternal e ordenada por Deus."

Uma vez explicada a origem celeste das duas bandeiras e do óleo com o qual os reis são ungidos, trata-se de extrair dessas premissas as conclusões necessárias.

Conclusões; a cura das escrófulas; a sucessão em linha masculina; atitude de Carlos V para com o poder taumatúrgico (*ff.* 53v-54). "Pelo que se mostram duas conclusões: que o estado régio da França é de grande dignidade, pois o rei é ungido com a santa unção trazida do Céu, mediante a qual [...] ele cura da prodigiosa doença que se chama alporcas; não que com isso se deva entender que a pessoa seja dita santa ou fautora de milagres; mas por causa do digno estado régio ele tem essa prerrogativa sobre todos os outros reis, sejam eles quais forem.

"E devemos entender que, por ter-se sagrado na ordem de padre, ele pode consagrar como ministro o corpo de Jesus Cristo, pronunciando as palavras da consagração; mas com isso não se quer dizer que seja padre santo ou fautor de milagres, pois um padre que estivesse em pecado poderia consagrar pela autoridade e caráter assumidos na consagração — como também não digo que o rei tem tal caráter por causa da unção, pois ele tem tal dignidade por causa da consagração e da linhagem sagrada, com a qual Nosso Senhor quis dar-lhe a virtude contra aquela feia doença das alporcas. E, assim como diz o apóstolo *Qui bene presunt presbiteri dupplici honore digni habentur*,[75] 'Os padres que bem presidem ou que têm boa presidência devem ter dupla honra', uma pela autoridade do sacerdócio, que é dignidade espiritual, e a outra pela bondade que deve estar neles, e esta é pessoal, assim também a autoridade régia sobre a qual está baseada a virtude de curar as alporcas é mais originada da autoridade espiritual da santa unção do que da pessoal, ainda que a bondade pessoal seja aí bem digna de comparar à bondade sacerdotal. Por isso, não se deve dizer que o rei seja nem santo nem fautor de milagres, nem tampouco o padre; pois um usurário ou notório pecador que fosse padre poderia consagrar pela dignidade sacerdotal, e não se diria que ele faz milagres como tanto. O mesmo vale para a nobreza e dignidade régia; e sabe-o bem a grande prudência do soberano senhor que me faz traduzir está consagração — a saber, o sábio e piedoso rei Carlos v, o qual não quer que o pintem nem como santo nem como fautor de milagres, pois prefere o mérito diante de Deus à adulação no mundo. Todavia, não pretende que a condição régia seja menos valorizada do que o quer a razão, de acordo com que o apóstolo s. Paulo diz *Quamdiu quidem ego sum gencium apostolus ministerium meum ego honorificabo* etc.,[76] 'Enquanto for apóstolo de Deus, honrarei meu ministério e ofício'. E o apóstolo chamava-se homem de pouca valia e não santo, e atribuía a Deus e a Sua glória os milagres que os santos faziam."

Da mesma forma, Cristo disse a João Batista (Lucas 7, 28) que não havia ninguém maior que João entre os nascidos de mulher, mas que mesmo o menor do Reino dos Céus era ainda maior:

"Assim, não se mantenha que seja do consentimento do rei que se lhe diga 'Fazeis milagres em vossa vida', pois lhe daríamos uma glória vã, à qual ele não dá importância; esta, ele dá toda a Deus, por quem reina e reinará, para honra Dele e para humilhação de seus inimigos. Desse modo se manifesta a primeira conclusão".

A segunda resulta do fato de que a rainha jamais é ungida e de que no final de sua sagração não se abençoa nem o estandarte das flores-de-lis nem a auriflama (ff. 54-54*v*):

"Jamais uma mulher recebeu nem a ordem sacerdotal nem a unção régia, e jamais uma mulher foi encarregada de curar a citada doença. Por isso, manifesta-se que mulheres não podem nem devem herdar na França, o que seria um erro para o reino. Pois por via da sucessão carnal o primeiro rei ungido dispôs que a unção da Santa Âmbula não pertencesse a mulher. *Ergo* não pertence a mulher por sucessão ou por eleição, pois Carlos Magno (a quem foi dada a auriflama e a ordenação da eleição do papa, do imperador e do rei da França) ordenou com a Igreja, lá onde estava o papa, o santo colégio de Roma, diversos prelados, reis, duques e outros príncipes cristãos, por acordo de todos, que o reino da França fosse mantido por sucessão de herdeiro masculino o mais próximo da linhagem, pois todo homem razoável pode concluir que à mulher não pertence a dignidade de tal unção receber e de tais armas governar; pois isso, à semelhança da Santíssima Trindade, parece mais ordenação divina que humana; pois pela insígnia das flores-de-lis (que é a insígnia régia soberana) pode ser entendido o Pai que tem toda a soberania; pois as outras pessoas, ainda que tenham igualdade com a pessoa do Pai quanto à divindade, também têm comparativamente (porque o filho assumiu humanidade) alguma inferioridade, do que está escrito no símbolo da fé que *Filius est equalis Patri secundum divinitatem, minor Patre secundum humanitatem*;[77] assim, podem-se comparar as três flores-de-lis à soberana soberania; das quais, ainda que tudo permaneça, elas separam-se misteriosamente na unção, que significa o Espírito Santo; também sob a forma de pomba ele quis trazer a citada âmbula, e assim apareceu no batismo de Jesus Cristo, sobre o qual a Igreja canta: *In specie columbe Spiritus Sanctus visus est*; a auriflama vermelha significa o filho sob a forma humana, erguido na cruz tingida com seu precioso sangue e pintada de vermelho. Do que fica assaz evidente que essa dignidade pertence melhor a homem do que a mulher; e que o rei da Inglaterra, Eduardo (o qual sustentou por longo tempo aquele erro, dizendo que por causa de sua mãe tinha algum direito ao trono da França), não estava bem informado sobre seu feito; ou, se ele o estava, a cobiça iludiu-o, e seu pecado (que o põe e o porá sob o julgamento de Deus) negou-a. A esse julgamento envia-o meu citado soberano senhor, o Rei Carlos v, o qual não atribui a si os milagres que Deus faz em seu reino, mas à bondade e graça de Deus, que por sua misericórdia dá-lhe conhecimento e entendimento para dizer o que dizia Davi no saltério com grande devoção: *Tu es Deus solus qui facis mirabilia magna et qui facis mirabilia magna solus.*[78] E, se alguns que não estão acostumados aos termos da teologia atribuem à criatura aquilo que deve ser atribuído ao Criador, isso não é surpresa, porque muito se diz: 'este santo faz milagres e aquele cura de tal doença'. Mas é pela virtude de Deus que está neles e não por seus méritos, segundo o que diz s. Bernardo no quarto livro ao papa Eugênio: *virtus vero in sanctis manens ipsa facit opera.*[79]

Assim, não tenho esta matéria tão ajustada que possa contradizer meu mestre Raoul de Praesles, o qual diz em seu prólogo à *Cidade de Deus* que meu citado senhor faz milagres em sua vida e que foi-lhe atribuído esse poder que cura as alporcas.[80] Mas eu o fiz a fim de que os que virão depois nos tempos futuros, menos sutis e menos exercitados em ciência ou prudência do que meu antes citado senhor, não vejam aí a oportunidade de vanglória ou de apresentarem-se como santos e fazendo milagres. E por isso não foi sem motivo gravado nos cunhos das moedas: *Christus vincit, Christus regnat, Christus imperat.*[81] E disso Deus deu a graça a meu citado senhor, que pôs seu sutil engenho a estudar, tanto que ele entende os termos de teologia para sua salvação e honra de Deus, e das outras ciências, tanto que ele está próximo do governo de seu reino, como transparece claramente. Por isso Gervaise fez o livro *de ociis imperialibus* para os nobres avisar".[82]

Apêndice 5
A peregrinação dos reis da França a Corbeny depois da sagração e o transporte do relicário de s. Marcoul para Reims

Agrupo aqui algumas referências relativas às devoções dos reis da França a s. Marcoul, depois da sagração, com as quais não quis travancar minhas notas.

Sobre a sagração de s. Luís, ver Lenain de Tillemont, *Vie de saint Louis* (Soc. de l'Hist. de France), I, pp. 429 ss.; sobre a fidelidade dos parisienses durante a minoridade, ver Joinville, c. XVI. É certo que s. Luís passou diversas vezes por Corbeny, o que não tem nada de surpreendente, pois esse burgo estava situado junto a uma estrada bastante movimentada (uma antiga via romana); deve-se supor que a cada vez o rei não deixou de fazer suas preces ao santo do lugar; mas a mais antiga de suas passagens atestadas por documento é de 28 de maio de 1248 (*Histor. de France*, XXI, p. 275 J; para as outras, ver *ibid.*, pp. 399 C, 400 B, 402 A e G; Lenain de Tillemont, IV, p. 70, e VI, p. 276, em que *novembro* deve ser corrigido por *dezembro*; IV, pp. 126 e 388; V, p. 22). Ora, em 1248 o piedoso rei decerto tocava as escrófulas havia muito tempo. Cerf, "Du toucher", p. 236, e Ledouble, *Notice sur Corbeny*, p. 193 (que reconheceram a impossibilidade de a peregrinação ter seguido imediatamente a sagração), afirmam que Luís viajou para Corbeny em 1229 (Cerf especifica: a 1º de dezembro de 1229). Não encontrei vestígios desse fato nem em Lenain de Tillemont nem nas "Mansiones et itinera" levantados pelos editores dos *His-*

toriens de France, t. XXI. S. Luís não poderia ser considerado o iniciador do costume da viagem a Corbeny, pois o traço característico desse costume é precisamente que as devoções a s. Marcoul deviam ocorrer imediatamente após a sagração.

O itinerário de Filipe, o Belo, depois de sua sagração é conhecido graças às tabuinhas do tesoureiro do palácio: *Histor. de France*, XXII, pp. 492-3.

Luís X: o registro da chancelaria, Arch. Nat. JJ 52, f. 118*v*, nº 229, contém um ato desse príncipe, pronunciado em agosto de 1315 (o mês da sagração) num lugar chamado *Corberiacum*; os autores do itinerário publicado no t. XXI dos *Historiens de France*, p. 465, propõem a correção *Corbeniacum* (Corbeny), o que é verossímil; deve-se encontrar outra cópia desse ato (confirmação da fundação de um hospital em Saint-Just *in Angelo*, por Jean de Clermont, senhor de Charolais, e sua mulher, Jeanne, condessa de Soissons) no registro colocado outrora sob o nº 51 do Trésor des Chartres e conservado hoje em Petrogrado, pois é uma duplicata do nº 52 (para concluir, ver H. François-Delaborde, *Catalogue des actes de Philippe-Auguste*, p. lxv); naturalmente, não pude vê-lo.

Filipe VI certamente não passou por Corbeny após a sagração: Jules Viard, "Itinéraire de Philippe VI de Valois", *Bibliothèque de l'Ec. de Chartres*, 1913, p. 89, com as "Additions", *ibid.*, 1923, p. 168.

O itinerário de João, o Bom, estabelecido pelo sr. E. Petit, "Séjours de Jean II", *Bullet. Historique et Philologique*, 1896, p. 587, dá para 30 de setembro de 1350 (o rei fora sagrado dia 26) *Cormisiacum*. Deve-se ler *Corbeniacum*. Encontra-se nos arquivos de Saint-Rémi de Reims, liasse 190, nº 2, um extrato autêntico (feito por ordem dos "senhores" da Chambre des Comptes a 28 de novembro de 1355) da conta do palácio do período natalino de 1350; o extrato está assim redigido: "de gisto habitatorum villarum de Corbeniaco et de Craonne xxv^{a}, octobris cccl pro gisto quod rex cepit de iure suo apud Corbeniacum supradictum adreditum sacri, die xxx^{a} septembris precedentis, computatum per Renerum Coranci i^{c}j xxiij l. x s. v d. p.".

A passagem de Carlos V não é confirmada por documentos seguros; pode-se, com alguma verossimilhança, induzi-la de seu itinerário; assim conclui Delachenal, *Histoire de Charles V*, II, 1916, p. 97.

A de Carlos VI é certa: E. Petit, "Séjours de Charles VI", *Bullet. Historique et Philologique*, 1893, p. 409; cf. Douët d'Arcqu, *Comptes de l'Hôtel des rois de France aux XIVe et XVe siècle* (Soc. de l'Hist. de France), pp. 6 e 64. Também a de Carlos VII é confirmada por inúmeros testemunhos: cf. aqui, p. 234, n. 95; Vallet de Viriville, *Histoire de Charles VII*, II, 1863, p. 102, e De Beaucourt, *Histoire de Charles VII*, II, 1882, p. 234. Igualmente a de Luís XI, *Lettres*, ed. Dupont (Soc. de l'Hist. de France), XI, p. 4.

De Carlos VIII a Francisco II, a passagem de todo rei é conhecida graças a testemunhos seguros, os quais se corroboram uns aos outros. Limitar-me-ei a indicar Godefroy, *Ceremonial*, I, pp. 208, 234, 265, 293, 311; para Luís XII, cf. aqui, p. 235, n. 98; para Henrique II, p. 254, n. 10.

Sobre as passagens de Carlos IX e de Henrique III, não encontrei nada, mas não há nenhuma razão para supor que esses príncipes hajam interrompido a tradição.

É certo que Henrique IV (o qual se sagrou em Chartres) não fez a peregrinação a Corbeny. Oudard Bourgeois, *Apologie*, p. 62, afirma que o rei fez sua novena ao santo no castelo de Saint-Cloud, antes de entrar em Paris; não conheço nenhum texto que sustente essa afirmação; d. Oudard Bourgeois, sempre preocupado em louvar a glória de seu santo, é um informante bastante suspeito.

Para Luís XIII, ver Godefroy, *Ceremonial*, I, p. 417; nos arquivos de Saint-Rémi, liasse 190, nº 5, há um certificado notarial de que o rei começou sua novena (29 de outubro de 1610).

Transporte do relicário de s. Marcoul para Reims, quando da sagração de Luís XIV: proclama de 17 de junho de 1654, liasse 190, nº 14 (o rei estava impedido de ir a Corbeny "por causa de negócios urgentes e da ruína e desolação do burgo"); carta de salvaguarda de 3 de julho de 1654 (numa colação de 10 de julho do mesmo ano), *ibid.*, nº 15 ("lugar a que teríamos feito nossa visita e devoção se não houvéssemos sido impedidos pela presente guerra"). Os estragos feitos pelos soldados em Corbeny, em 1642 e 1653: mesmo liasse, nºs 9 e 13.

Mesmo transporte, no reinado de Luís XV: H. Dieudonné, "La châsse de saint Marcoul au sacre de Louis XV", *Revue de Champagne*, 1911, p. 84; cf. aqui, p. 306, n. 41.

Reinado de Luís XVI: Leber, *Des cérémonies du sacre*, 1825, p. 447; cf. aqui, p. 307, n. 46.

Du Tillet, em suas *Mémoires et recherches*, in-4º, Paris, 1578, pp. 147 ss., e (copiado dele, mas não fielmente) Godefroy, *Ceremonial*, I, p. 1, publicaram a tradução de um *ordo* da sagração que teria sido usado por Filipe Augusto em

1170. O sr. H. Schreuer, seguindo diversos outros historiadores, entre os quais A. Luchaire, negou essa atribuição; o sr. Buchner defendeu-a contra ele (para uma bibliografia dessa controvérsia, ver *Revue Historique*, CVIII, p. 136). O *ordo* menciona a peregrinação a Corbeny (Du Tillet, p. 156; Godefroy, p. 11). Portanto, seria indispensável tomarmos partido na discussão — se da edição de Du Tillet (truncada por Godefroy) não resultasse claramente que a frase relativa à peregrinação é uma interpolação devida ao próprio Du Tillet, que acreditou ser bom acrescentar ao texto uma exposição do toque, na qual ele se refere a Filipe, o Belo. Para 1179, o anacronismo é um pouco gritante! Aliás, não é o único exemplo de um comentário dessa espécie inserido pelo bom escrivão no texto do mesmo *ordo*; na p. 155, lê-se uma observação referente ao duque do Berry, filho de João II. As conclusões negativas do sr. Schreuer parecem-me corretas. Mas, para poder fazer um julgamento positivo sobre a data do *ordo*, falsamente atribuído a Filipe Augusto, seria necessário ter em mãos algo além de uma tradução retocada.

Adições e retificações

O REPUBLICANISMO PRIMITIVO DOS POVOS GERMÂNICOS

Pp. 80 ss.

Talvez me reprovem ter deixado, um pouco desdenhosamente demais, passar em silêncio uma teoria outrora célebre: a do republicanismo primitivo dos germanos. Ninguém ignora que toda uma escola de historiadores, em sua maior parte alemães, viu na realeza germânica uma instituição tardia, nascida (pelo menos entre os germanos do Ocidente) da grande desordem causada pelas invasões. Mas vale realmente a pena discutir em detalhes essa ideia? Como procura apoiar-se em textos e não reflete apenas as sedutoras miragens da *Aufklärung* ou do romantismo, ela acaba por repousar sobre um duplo mal-entendido. Primeiro, a terminologia dos escritores latinos é interpretada sem crítica; quando descrevem a sociedade germânica, eles ordinariamente reservam o nome *rex* para os chefes dos grandes agrupamentos; conforme esses escritores, os chefes dos pequenos grupos tribais eram apenas *príncipes*; transpondo-se sua linguagem para o francês ou para o alemão, sem uma explicação prévia, chegaríamos simplesmente a um contrassenso; com respeito ao vocabulário sociológico corrente, tudo indica que tanto *principes* quanto *reges* são *reis*, ou seja, monarcas providos de prestígio hereditário. Eu emprego de propósito a palavra hereditário, pois é com ela que os partidários desse republicanismo retrospectivo cometem sua segunda confusão. Pelo fato de que certamente a eleição desempenhava um papel na designação dos *principes* e mesmo na dos *reges*, eles inclinam-se a ver tanto nuns quanto nos outros (mais sobretudo nos primeiros) magistrados puramente eletivos e, se posso dizê-lo, presidentes de pequenas repúblicas. É esquecer que ao lado da legitimidade pessoal pode existir uma legitimidade familiar; há hereditariedade se a escolha do povo exerce-se tão somente no interior de uma família, sempre a mesma, dotada de um poder transmitido pelo sangue; essa parece ter sido a regra normal entre os antigos germanos. Sobre essas questões, permitam-me simplesmente remeter ao belo capítulo de Heinrich Brünner, "Königtum und Fürstentum", no tomo I de sua *Deutsche Rechtsgeschichte* (2ª ed., 1906, pp. 164-75; cf. também *Grundzüge der deutschen Rechtsgeschichte*, 7ª ed., 1921, pp. 14-5); e, para desculpar-me de ter sido tão breve sobre um problema tão grave, permitam-me citar, por fim, a opinião que, muito recentemente, foi expressa por um historiador para com o qual não sou suspeito de uma condescendência demasiado cega, o sr. Alfons Dopsch: "Heute kann wohl kaum mehr ein Zweifel darüber obwalten, dass das Königtum bei den Germanen von allem Anfang an vorhanden ist" [hoje, quase não existe dúvida de que entre os germanos, desde o início, havia realeza] (*Wirischaftliche und soziale Grundlagen der europäischen Kulturentwicklung*, t. II, 1920, p. 23).

OS REIS FRANCOS QUALIFICADOS DE SACERDOTES

Ao texto de Fortunato citado aqui, p. 86, decerto é preciso acrescentar a carta que os bispos reunidos no concílio de Orléans, em 511, endereçaram a Clóvis para comunicar-lhe suas decisões: "Quia tanta ad religionis catholicae cultum gloriosae fidei cura vos excitat, ut *sacerdotalis mentis affectum* sacerdotes de rebus necessariis tracturos iu unum collegi iusseritis [...]" (*Concilia aevi merovingici*; *Monum. Germ.*, *Concilia*, I, p. 2). Infelizmente, o texto não é muito claro. Todos os manuscritos dão *affectum*, o que surpreendeu o editor; provavelmente, é preciso supor que *affectu* foi incorretamente grafado. Admitindo-se essa interpretação, toda a ambiguidade desaparece: é o espírito de Clóvis o que os padres do concílio pretenderam qualificar de *sacerdotal*. Nisso, a aproximação com o estilo dos concílios orientais (cf. aqui, p. 174, n. 4) é muitíssimo óbvia; aliás, para o historiador, quão interessante é ver o episcopado das Gálias empregar, em favor do conquistador franco, uma terminologia verdadeiramente imperial!

ICONOGRAFIA DA LEGENDA DAS FLORES-DE-LIS

P. 204 e n. 100.

1. Tapeçarias do casamento de Carlos, o Temerário: substituir a referência dada nas *Mémoires* de Jean de Haynin por esta: *Mémoires de Jean, sire de Haynin et de Louvignies*, ed. dd. Brouwers (Soc. des Bibliophiles Liégeois), Liège, 1906, II, p. 25.

2. Obras não indicadas neste livro:

A popularidade da legenda na Alemanha quatrocentista traduz-se nas duas seguintes obras:

— *Triunfo do imperador Maximiliano*, gravada por H. Burgmair, ed. de 1796, pl. 105; ali, Clóvis é representado com um escudo; este tem à direita três sapos e à esquerda três flores-de-lis;

— estátua de Clóvis, na Hofkirche de rück (conjunto escultural do túmulo de Maximiliano); o rei franco é representado com o mesmo escudo, mas este está dividido em sentido inverso, trazendo os lírios à direita (cf. K. Zimmeter, *Führer durch die Hofkirche*, ilustração junto à p. 6); a estátua foi executada com base em desenhos de Christophe Amberger.

A SAGRAÇÃO DOS DUQUES DA NORMANDIA

P. 178, n. 16.

As indicações aqui dadas sobre os manuscritos que nos transmitiram o ritual dessa cerimônia estão inteiramente erradas e precisam ser retificadas, como se verá; devo o fato de ter podido reconhecer e corrigir meus erros à gentileza do sr. Henri Labrosse, diretor das Bibliothèques et Archives Historiques de la Ville de Rouen.

Só graças a cópias seiscentistas Chéruel e Delachenal conheceram o ritual ducal normando, e parece que graças a cópias diferentes: o primeiro, à que está no manuscrito conservado nos Archives Municipales de Rouen sob a cota A/38; o segundo, à do ms. s 1 do mesmo depósito. Entretanto, existe uma transcrição muito mais antiga desse texto. Pode ser lida no f. 181 do célebre bendicionário de Robert de Jumièges, conservado na Bibliothèque de Rouen sob a cota Y 7 e publicado em 1903 pelo sr. H. A. Wilson, *The benedictional of archbishop Robert* (*Bradshaw Soc.*, XXIV). O bendicionário foi redigido na Inglaterra, provavelmente em Winchester, por volta do final do século X, e trazido a Jumièges, na Normandia, em 1052, pelo arcebispo de Canterbury, Robert, o qual fora exilado após o triunfo de seu inimigo, o conde Godwin. Mas os ff. 181-3 apresentam uma caligrafia que é muito diversa do conjunto do manuscrito e muito mais recente. Sem dúvida, é necessário datá-los (seguindo o sr. Omont, *Catalogue général des ms. des Bibliothèques des Départements, Rouen*, nº 369) do século XII. O sr. Wilson acredita que eles sejam do final do século XIII (*op. cit.*, p. 157, n. 4); mas o sr. Labrosse, depois de um exame pessoal do manuscrito, teve a gentileza de informar-se de que certamente essa data é adiantada demais. O texto dado pela ed. Wilson está inteiramente de acordo com o de Martene, que não indicou sua fonte.

Aliás, o sr. Wilson (p. 196) mostrou muito bem que o redator do *Officium ad ducem constituendum* simplesmente extraiu da *Consecratio regis* anglo-saxã contida na parte antiga do bendicionário (pp. 140 ss. da edição) a matéria de sua liturgia. Em suma, esse redator compôs com extratos do ritual da sagração régia o ritual da sagração ducal: 1º juramento do rei; 2º fórmulas litúrgicas relativas à entrega do anel e à entrega do gládio; 3º bênção, que conclui o ritual ducal, mas que no ritual régio se situa antes da entronização. É instrutivo ver o cerimonial da ascensão de um grande feudatário ser decalcado dos ritos da ascensão régia; mas, a bem dizer, essa cópia é apenas um resumo; a unção, sobretudo, continua a ser um ato puramente monárquico.

MILAGRE PÓSTUMO DO REI JAIME II

P. 303, n. 26.

No *Bulletin de la Soc. Académique de Laon*, XV (1865), pp. 14-22, o sr. Matton publicou o auto, com data de 28 de setembro de 1703, de uma cura miraculosa obtida graças à intercessão de Jaime II; uma jovem, hospitalizada no Hôtel-Dieu de Fère-en-Tardenois, onde a consideravam atingida pelo "mal caduco", teria sido curada após haver feito uma novena ao piedoso rei; do relatório deduz-se (muito claramente, aliás) que com o nome "mal caduco" se haviam designado distúrbios nervosos subsequentes a um susto; eles persistiam havia nove anos.

GRATIA GRATIS DATA

Diversos textos citados aqui (especialmente os de Felix Fabri, p. 146; de Benedito XIV, p. 241, n. 108; de Du Laurens, p. 272) qualificam de *gratia gratis data* ou *donum gratis datum* o dom de curar concedido por Deus a diversos príncipes. Reproduzindo e, às vezes, traduzindo esses textos, omiti a observação de que eles só são inteligíveis se temos presente uma teoria teológica, outrora familiar a todas as inteligências cultivadas, mas hoje talvez menos universalmente conhecida: a distinção entre a *gratia gratis data* e a *gratia gratum faciens.* A primeira dessas graças não modifica o ser íntimo daquele que a recebe: torna-o simplesmente capaz de, mediante certos atos, cooperar para a saúde de outros homens. A segunda é de natureza muito mais elevada; ela torna agradável aos olhos de Deus a pessoa que dela é objeto: "une-a a Deus", segundo as próprias palavras de s. Tomás de Aquino (*Summa theol.* Ia, IIae, qu. CXI, a. 1). O dom do milagre é um clássico exemplo de *gratia gratis data;* as curas régias eram apenas uma forma particular do milagre; daí as expressões destacadas acima.

OS SÉTIMOS FILHOS OU FILHAS, A FLOR-DE-LIS E S. MARCOUL

Livro 2, cap. 4, §3.

Ao que foi dito sobre os poderes dos sétimos filhos, acrescentar as seguintes informações, que distribuo por país ou região:

Hungria. "Segundo uma antiga crença difundida em Folso-Boldogfalva (Udyarhely), o sétimo filho de uma mãe, se for piedoso, não blasfemar e aos sete anos tiver a unha do polegar da mão direita besuntada com óleo de papoula, tem o dom de descobrir tesouros escondidos olhando através de sua unha, tornada transparente." *Revue des Traditions Populaires*, XIII (1898), pp. 120-1. Observe-se a obsessão do número sete: *sétimo* filho, *sete* anos.

Bretanha. "Correspondência entre o intendente e os srs. De Breteuil e Malesherbes para a execução das ordens do rei, determinando fiscalizar um sr. Fouquet, da paróquia de Lecousse, próximo a Fougères, que pretende curar miraculosamente as escrófulas, por ser o sétimo varão de sua família e ter no queixo uma espécie de flor-de-lis." *Inventaire sommaire des Archives Départementales, Ille-et-Vilaine*, c 206; cf. *Rev. des Trad. Popul.*, XXI (1906), p. 405.

Região de Dol-de-Bretagne. Os sétimos filhos ou filhas trazem sobre uma parte qualquer do corpo a flor-de-lis e tocam as escrófulas durante as Têmporas. "Se as escrófulas são fatais, não se passa uma semana depois do toque sem que chegue a morte." *Rev. des Trad. Popul.*, VIII (1893), p. 374.

Região de Nantes e da Vendée. O sétimo filho tem uma flor-de-lis embaixo da língua ou no braço e cura todas as espécies de doença. *Rev. des Trad. Popul.*, XV (1900), p. 591.

Baixa Normandia. Os sétimos filhos ou filhas "touchent du carreau". *Rev. des Trad. Popul.*, XXIV (1909), p. 65.

Loir-et-Cher. "O mais jovem de sete meninos, numa família em que só há meninos, tem o dom de curar os humores frios [as escrófulas]. Dá-se-lhes o nome *Marcou.*" *Rev. des Trad. Popul.*, XV (1900), p. 123. Cf. *ibid.*, p. 381, em que se vê que o *Marcou* cura também algumas outras doenças.

Berry. Informam-me de que, num vilarejo do Berry, um sétimo filho exercia muito recentemente (e talvez exerça ainda) seu poder miraculoso. Ao que parece, ele tocava para curar todas as espécies de enfermidade, mas apenas na noite de Quinta ou Sexta-feira Santas (reconhece-se aí essa característica especialmente favorável às curas que, como já indiquei, distingue a sexta-feira, particularmente a Sexta-feira Santa). Numerosa clientela o procurava; não era composta somente de pobres: dizem-me que, numa dessas noites, "podia-se ver à sua porta, além de muitas carruagens, um automóvel".

Enfim, devo assinalar que o sr. F. Duine, *Rev. des Trad. Popul.*, XIV (1899), p. 448, dá a propósito dos sétimos filhos a seguinte referência, que não pude utilizar: L. Morel, em sua edição de *Macbeth* (texto inglês, Paris, Hachette, 1888, p. 226).

P. 132. A etimologia do nome Davi dada por frei Guillaume de Sauqueville é visivelmente copiada de s. Jerônimo, *De nominibus hebraicis*; Migne, *P. L.*, t. 23, col. 857.

P. 133, n. 87. Bibliografia de Tolomeo da Lucca: parece tratar-se dos escritos políticos de Tolomeo em J. Bauermann, *Studien zur politischen Publizistik in der Zeit Heinrichs VII und Ludwigs des Bayern*, Breslau (Auszug einer Breslauer Diss.); dessa obra, porém, só conheço a curtíssima exposição que lhe dedicou Buchner, *Histor. Jahrbuch*, XLI (1921), pp. 336-7.

P. 147, linha 30. Na tradução do texto de Alvarez Pelayo, substituir as palavras "o rei Sancho" por "o ilustre rei d. Sancho".

P. 227. *Culto a s. Marcoul.* Acrescentar Blois, igreja Saint-Nicolas (*Rev. des Trad. Popul.*, XV, 1900, p. 123).

P. 186, n. 42. Sobre a história da comunhão sob as duas espécies, pode-se ver agora o resumo colocado por G. Constant no começo de sua obra intitulada *Concession à l'Allemagne de la communion sous les deux espèces* (*Biblioth. des Ecoles de Rome et d'Athènes*, fasc. 128), 1923, pp. 1 ss.; para indicações muito breves sobre a comunhão imperial e régia, ver pp. 7, n. 1, e 6; o sr. Constant parece acreditar, certamente sem razão, que os reis da França, desde a bula de Clemente VI, só no dia de sua sagração usaram o cálice; sobre a concessão da comunhão *sub utraque* a Maximiliano II, ver *ibid.*, p. 153.

P. 199, n. 83. Sobre as falsificações de Hincmar, faltou indicar também E. Lesne, "La lettre interpolée d'Hadrien Ier à Tilpin et à l'église de Reims au IXe siècle", *Le Moyen Age*, 1913, pp. 325 e 389.

P. 231 e n. 77. Errei ao situar na Alsácia as localidades de Saales, Bourg e Bruche; tendo sido anexadas pela Alemanha em 1871, fazem parte hoje da província do Bas-Rhin; mas, na realidade, são lorenas; no Ancien Régime, integravam a Lorena ducal.

P. 282, linha 9. Não encontrei em Celso a passagem a que Forcatel alude. É provável que as referências desse inventivo jurisconsulto não devam ser aceitas como artigos de fé.

P. 283, n. 145. Na *Revue des Traditions Populaires*, XVII (1902), p. 417, algumas cifras referentes a doentes tocados por Luís XIII são dadas seguindo a *Gazette de France.*

Pp. 288-9. Atitude da realeza francesa para com os sétimos filhos. Relacionar às medidas tomadas pelo arcebispo de Bordeaux a correspondência setecentista assinalada aqui, pp. 392-3; quando encontrei a indicação, era demasiado tarde para conseguir uma cópia.

P. 324. Falando de George Bull, de quem cito um sermão, eu decerto teria feito bem se indicasse a época exata na qual viveu esse teólogo, que teve reputação europeia, mas cujo nome hoje está bastante esquecido. A edição que utilizei e que está indicada em nota é de 1816, o que poderia induzir a erro; G. Bull nasceu em 1634 e morreu em 1710; seus sermões só foram publicados depois de sua morte.

P. 351. *Carlos II toca as escrófulas.* Na *Revue Historique*, t. 119 (1915), p. 431, encontrar-se-á uma resenha da edição da *History of England* de Macaulay, edição essa organizada por C. H. Firth (tt. IV, V e VI); conforme a resenha, uma das ilustrações dessa edição mostra "Carlos II ao tocar as escrófulas". Não pude ver a obra; trata-se, segundo tudo indica, de uma reprodução de uma das obras classificadas aqui sob os nºs 12 e 13. Aliás, convém acrescentar às reproduções do nº 13 indicadas aqui a que Chr. Barfoed colocou em seu *Haands-paalaeggelse*, junto à p. 72.

P. 365. *Diadema e coroa.* Segundo o sr. J. Maurice (*Bulletin de la Soc. Nationale des Antiquaires*, 1921, p. 233), a "coroa articulada com cabochões e pingentes", em oposição ao diadema "dos reis do Oriente" e de Diocleciano, foi introduzida no Império romano por Constantino, o Grande, numa imitação aos reis de Israel; ela ter-se-ia tornado a insígnia dos imperadores, por oposição ao diadema, que permanecera a insígnia dos césares. Dela derivaria a coroa dos reis da França.

Pp. 373-4. Sobre Jean Golein, haveria bons motivos para citar a bibliografia dada por A. Molinier, *Les sources de l'histoire de France*, IV, nº 3344; note-se que não tem razão de ser a referência a Ant. Thomas, *Mél.* [*d'archéologie et d'histoire*] *de l'École de Rome...*, II, 455.

Notas

PREFÁCIO DE JACQUES LE GOFF (PP. 9-42)

1. A revista, fundada em 1929 sob o título *Annales d'Histoire Economique et Sociale*, com a guerra passou a chamar-se *Annales d'Histoire Sociale* (1939-41 e 1945) e depois *Mélanges d'Histoire Sociale (1942-4),* obedecendo às leis de Vichy, as quais principalmente exigiam que o nome judeu Marc Bloch desaparecesse da capa da revista. De início, em maio de 1941, Marc Bloch manifestara numa carta a Lucien Febvre sua hostilidade a que a revista continuasse depois do estabelecimento do governo de Vichy; não obstante, colaborou nela sob o pseudônimo Marc Fougères e em outubro de 1942, em nova carta a Lucien Febvre, reviu sua desaprovação e reconheceu o acerto da decisão de Febvre. Sobre se tencionava retomar seu lugar após a guerra, os testemunhos são contraditórios. Em 1946, a revista passou a chamar-se *Annales: Economies — Sociétés — Civilizations,* nome que tem até hoje.

2. Foi isso que Georges Duby reconheceu em seu prefácio à 7ª edição de *Apologie pour l'histoire ou Métier d'historien* (1974): "Quando aos 56 anos, nas últimas linhas que escreveu, o Bloch da Resistência afirma mais uma vez que as condições sociais são, 'em sua natureza profunda, mentais' (p. 158), não está ele nos convocando a retomar seu primeiro, seu verdadeiro grande livro, a reler *Os reis taumaturgos* e a prosseguir essa história das mentalidades que ele abandonara, mas da qual o jovem Bloch, há precisamente cinquenta anos, foi talvez o inventor?" (p. 15).

3. Em primeiro lugar, agradeço a Etienne Bloch, filho de Marc Bloch, ter colocado a meu dispor as informações e os documentos a respeito de *Os reis taumaturgos* e ter-me autorizado a trabalhar sobre o fundo de papéis de Marc Bloch depositados nos Archives Nationales, os quais pude, graças à amabilidade da sra. Suzanne d'Huart, conservadora-chefe, consultar nas melhores condições. Esse fundo traz o código AB XIX 3796-3852 (o código AB XIX designa a documentação dos grandes eruditos depositada nos Archives Nationales). A maior parte das citações

deste Prefácio que não têm referências provém desse fundo. Também agradeço a meu amigo André Burguière diversas indicações preciosas.

4. Publicado na *Nouvelle Revue Historique du Droit Français et Etranger*, t. XXXVI, mars-avril 1912, pp. 141-77, e reeditado em Marc Bloch, *Mélanges historiques*, Paris, 1963 (Bibliothèque Générale de l'École Pratique des Hautes Études, VIe section, SEVPEN), t. I, pp. 189-209.

5. Referências precisas sobre esses dois trabalhos encontram-se no citado artigo de Marc Bloch, *Mélanges historiques*, I, p. 190, n. 2.

6. Como estudo (anterior a *Os reis taumaturgos*) de um rito jurídico por Marcel Granet, ver "Le dépôt de l'enfant sur le sol", publicado em 1922 em *La Revue Archéologique*.

7. Dessas informações sobre o grupo Bloch-Gernet-Granet na Fondation Thiers em 1909-12, devo o essencial a Ricardo Di Donato, professor da Scuola Normale Superiore di Pisa, o qual prepara um grande trabalho sobre Louis Gernet e a quem agradeço calorosamente.

8. *L'étrange défaite*, publicação póstuma, Paris, 1946 (nova edição está sendo preparada pelas Éditions Gallimard).

9. Ver Marc Bloch, "Souvenirs de guerre 1914-1915", *Cahiers des Annales*, 26, Paris, 1969. Quando, como oficial, precisou garantir a defesa de homens levados a conselho de guerra, Marc Bloch pôde enriquecer sua experiência da psicologia do soldado. Dessas defesas se conservaram algumas notas. Ver o catálogo da Exposition Marc Bloch (preparado por André Burguière e Claude Chandonnay), École des Hautes Études en Sciences Sociales, mai 1979.

A influência que a experiência da Grande Guerra teve sobre o interesse de Marc Bloch pela psicologia coletiva foi judiciosamente destacada por Carole Fink, cuja introdução à tradução inglesa das *Mémoires de guerre* de Marc Bloch ainda é o melhor esboço da vida e do pensamento do grande historiador.

M. Bloch, *Memoirs of war*, 1914-1915. Trad. e introd. de Carole Fink, Cornell University Press, Ithaca e Londres, 1980. Ver também o forçosamente rápido artigo "Marc Bloch" de J.-Cl. Schmitt, em *La nouvelle histoire*, J. Le Goff, R. Chartier e J. Revel (eds.), Paris, 1978, pp. 79-82.

10. *Revue de Synthèse Historique*, t. 33, 1921, pp. 13-35, retomado em *Mélanges historiques*, t. I, Paris, 1963, pp. 41-57.

11. Carlo Ginzburg, prefácio à tradução italiana *I re taumaturghi*, Turim, Einaudi, 1973, pp. XI-XIX.

12. Comentário da obra de G. Lefebvre por Marc Bloch, "L'erreur collective de la 'grande peur' comme symptôme d'un état social", em *Annales d'Histoire Economique et Sociale*, V, 1933, pp. 301-4.

13. Prefácio de Ch.-Éd. Perrin a Marc Bloch, *Mélanges historiques*, *op.cit.*, p. XI.

14. Ver Lucien Febvre, "Souvenirs d'une grande histoire: Marc Bloch et Strasbourg", em *Mémorial des années 1939-1945*, Estrasburgo, Faculté des Lettres; retomado em *Combats pour l'histoire*, Paris, A. Colin, 1953.

15. "Mémoire collective, tradition et coutume à propos d'un livre récent", *Revue de Synthèse Historique*, t. 40, 1925, pp. 73-83.

16. J.-L. Fabiani, artigo "Durkheim (Emile)", em *La nouvelle histoire*, J. Le Goff, R. Chartier e J. Revel (eds.), Paris, 1978, p. 149.

17. Ver Carole Fink, *op. cit.*, n. 9.

18. *Apologie pour l'histoire ou Métier d'historien*, 7ª ed., 1974, p. 27. Sobre Durkheim, a

história e Marc Bloch, ver Robert N. Bellah: "Durkheim and history", em *American Sociological Review*, 24, 1959, pp. 447-61, e R. Colbert Rhodes, "Emile Durkheim and the historical thought of Marc Bloch", em *Theory and Society*, 6, n. 1, 1978, pp. 45-73.

19. Em "Marc Bloch et Strasbourg", retomado em *Combats pour l'histoire*, p. 400. É claro, Marc Bloch também explorou os recursos da Bibliothèque Nationale em Paris e da British Library em Londres e escreveu inúmeras cartas a arquivistas na França e no estrangeiro.

20. Ver n. 5.

21. Ver aqui, p. 25.

22. *Les rois thaumaturges. Étude sur le caractère surnaturel attribué à la puissance royale, particulièrement en France et en Angleterre.*

23. F. Braudel, "Histoire et sciences sociales. La longue durée", *Annales E. S. C.*, 1958, pp. 725-53, retomado em *Écrits sur l'histoire*, Paris, Flammarion, 1969, pp. 41-83.

24. O texto latino (editado no tomo 207 da *Patrologia Latina* de Migne, col. 440 D) que Marc Bloch examinou no manuscrito da Bibliothèque Nationale de Paris, Nouvelles acquisitions latines 785, f. 59, e que mandei verificar nos manuscritos mais antigos (pois por um momento pensei que o texto autêntico podia ser não *inguinariae pestis*, a peste inguinal, a peste negra, mas *igniariae pestis*, o mal do fogo, ou seja, o fogo de santo antônio, causado pelo ergotismo do centeio e atestado na época), diz: "fidem ejus plenissimam faciet defectus inguinariae pestis, et curatio scrophularum" (*Os reis taumaturgos*, pp. 61-2 e p. 62, n. 25).

25. Dr. Jean-Noël Biraben, *Les hommes et la peste en France et dans les pays européens et méditerranéens*, 2 vols., Paris-Haia, 1976. Dr. J.-N. Biraben e J. Le Goff, "La peste dans le haut Moyen Age", em *Annales E. S. C.*, 1960, pp. 1484-508.

26. Devo agradecer a Marie-Claire Gasnault, que me ajudou nessa pesquisa.

27. Jean Beleth, *Summa de ecclesiasticis officiis*, ed. H. Douteil, Turnholt, 1976. "Corpus christianorum, Continuatio medievalis", XLI, pp. 232-4.

28. Iacopo da Varezze, *Legenda aurea*, a litania maior e a litania menor. Jean de Mailly, *Abbrevatio in gestis et miraculis sanctorum*, Paris, Bibliothèque Mazarine, ms. 1731, ff. 55*v*-56, cujo conhecimento devo a Marie-Claire Gasnault.

29. Frank Barlow, "The king's evil", em *English Historical Review*, 1980, pp. 3-27. O autor desse importante artigo, que rende homenagem à obra pioneira de Marc Bloch, diz (p. 25) que o milagre régio "was not a manifestation of holiness but of regality". Não se trata de santidade e sim de sacralização, de realeza *sagrada*.

30. Sobre os *ordines* da sagração dos reis da França, o estudo clássico é o de P. E. Schramm, "Ordines — Studien II: Die Kronung bei den westfranken und den Franzosen", em *Archiv für Urkunden Forschung*, 15, 1938, pp. 3-55. Mas nele fervilham erros causados por mau conhecimento e má datação dos manuscritos. Importantes e judiciosas retificações foram feitas por Hervê Pinoteau, "La tenue du sacre de saint Louis IX, roi de France", em *Itinéraires*, nº 162, avril 1972, pp. 120-66, e por Richard A. Jackson, "Les manuscrits des *ordines* du couronnement de Charles V, roi de France", em *Le Moyen Age*, 1976, pp. 67-88. O grupo de antropologia histórica do Ocidente medieval, da École des Hautes Études en Sciences Sociales, espera (no quadro do estudo e da edição de um dos mais interessantes manuscritos de um desses *ordines*, o ms. lat. 1246 da Bibliothèque Nationale de Paris) propor nova classificação e cronologia dos *ordines* régios franceses do século XIII.

31. Marc Bloch tendia a acreditar que as iniciativas e os primeiros sucessos tinham vindo da monarquia francesa, imitada pela monarquia inglesa. As retificações cronológicas propostas por Frank Barlow e por mim mesmo não colocam em discussão esse modelo, embora o desloquem no tempo. Como bem havia visto Marc Bloch, é preciso lembrar que, a respeito da sagração régia, as relações entre França e Inglaterra remontam à alta Idade Média: "Os ritos francos e anglo-saxões desenvolveram-se paralelamente, e pode-se acreditar que com influências recíprocas" (*Os reis taumaturgos*, p. 366). Nos *ordines* franceses do século XIII, encontram-se referências precisas aos ritos anglo-saxões.

32. "[...] as estatísticas do toque merecem o interesse do historiador que procura retraçar em nuanças a evolução do lealismo monárquico" (*Os reis taumaturgos*, pp. 112-3).

33. H. Robert Jauss, *Pour une esthétique de la réception* (trad. do alemão), Paris, Gallimard, 1978.

34. Ver R. Zapperi, *L'uomo incinto. La donna, l'uomo e il potere* (*L'homme enceint. La femme, l'homme et le pouvoir*, trad. francesa no prelo, PUF), Cosenza, 1979, o qual mostra que o mito do homem grávido, instrumento de dominação do homem sobre a mulher, é objeto, no final da Idade Média e na Renascença, de uma justificativa fisiológica "científica", que ratifica a ideologia religiosa.

35. A produção dos *cramp-rings* pelos reis da Inglaterra, por exemplo, realiza-se na Sexta-feira Santa.

36. Ver Pierre Gasnault, "La Sainte Ampoule de Marmoutier", em *Analecta Bollandia. Mélanges offerts à Baudouin de Gaiffier et François Halkin*, t. 100, 1982, pp. 243-57. Notar-se-á a persistência de um modelo estrutural, com suas variações nos intermediários divinos, sem que a função (no sentido de Propp) mude. No século IX, aparição da Santa Âmbula de Reims (batismo de Clóvis, começo do século VI), trazida por uma *pomba* (Espírito Santo); no começo do século XIV, apresentação da Âmbula de Thomas Becket (ofertada pela *Virgem*, final do século XII); a Santa Âmbula de Marmoutier, convocada no final do século XVI, necessita de um dossiê mais rico, porquanto é menos notória (dádiva feita por um *anjo* a s. Martinho, final do século IV; sagração de Luís VI, começo do século XII; relação com Luís XI, final do século XV).

37. Onde estão conservadas pelo menos desde meados do século XII, pois (contrariamente ao que pretendeu P. E. Schramm fixando em 1260 o momento em que o rei confiou-as a s. Denis) elas decerto estavam lá quando da sagração de Filipe Augusto, em 1179. Cf. *Recueil des historiens de la France*, t. 12, p. 215, e E. Berger, "Annales de Saint-Denis", em *Bibliothèque de l'École des Chartres*, t. 40, 1879, pp. 279-88. Sobre a auriflama, ver Ph. Contamine, "L'oriflamme de Saint-Denis aux XIVe et XVe siècles. Étude de symbolique religieuse et royale", em *Annales de l'Est*, 1973, n. 3, pp. 179-244.

38. Cf. J. Le Goff: "Les mentalités, une histoire ambiguë?", em J. Le Goff e P. Nora (eds.), *Faire de l'histoire.*

39. Ver E. Patlagean, "L'histoire de l'imaginaire", em *La nouvelle histoire*, *op. cit.*, pp. 249-69.

40. Ver J.-Cl. Schmitt, artigo "Gestes", em *La nouvelle histoire*, *op. cit.*, pp. 194-5.

41. Ver D. Harmening, *Supersitio Uberlieferungs und Theorie: geschichtliche Untersuchungen zur kirchlich-theologischen Aberglaubensliteratur des Mittelalters*, Berlim, 1979, e J.-CI. Schmitt, "Les traditions folkloriques dans la culture médiévale", em *Archives de Sciences Sociales de Religions*, 52, 1, pp. 5-20, 1981.

42. O principal produto desse estado de espírito é um documento inestimável, as obras do abade Jean-Baptiste Thiers, *Traité des superstitions selon l'Ecriture sainte, les décrets des Conciles et les sentiments des Saints Pères et des théologiens*, Paris, 1679, e *Traité des superstitions qui regardent tous les sacrements*, Paris, 1703-4, reunidos numa só obra, 4 vols., Paris, 1741, reeditada em Avignon, 1777.

43. L. Febvre, *Combats pour l'histoire*, p. 393.

44. Prefácio aos *Mélanges historiques* de Marc Bloch, t. I, p. XI. É preciso notar que, em janeiro de 1932, Marc Bloch fez uma conferência em Gand intitulada "Traditions, rites et légendes de l'ancienne monarquie française".

45. Trata-se do tomo VI, 1, da *Histoire de Moyen Age* (na *Histoire générale* publicada sob a direção de G. Glotz): *L'Europe occidentale de 1270 à 1380*, de R. Fawtier, Paris, 1940. Mais tarde, R. Fawtier modificou sua opinião. Na *Histoire des institutions françaises au Moyen Age*, t. II, Institutions royales, Paris, 1958, ele escreveu, remetendo a Marc Bloch: "Sem medo de errar muito, podemos estimar que o caráter sagrado da realeza francesa desempenhou considerável papel no progresso desta" (pp. 28-9).

46. Particularmente M. Hoenigswald, *Language change and linguistic reconstructions*, Chicago, 1965. Aliás, era isso o que Marc Bloch fazia em seu artigo, apoiando-se sobretudo em Meillet.

47. Jean de Pange, em *Le roi très chrétien*, Paris, 1949, pp. 39 ss., estuda a unção régia nos "três grupos de sociedades humanas" em que é encontrada: "o do Pacífico e da América; depois o da índia; e, finalmente, o da Babilônia, do Egito e de Israel".

48. Ver J. Le Goff, "Note sur société tripartie, ideologie monarchique et renouveau économique dans la chrétienté du IXe ou XIIe siècle" (em *L' Europe aux IXe-XIe siècles*, Varsóvia, 1968), retomado em *Pour un autre Moyen Age*, pp. 80-90.

49. Ver Claude Lévi-Strauss, "Introduction à l'oeuvre de Marcel Mauss", em M. Mauss, *Sociologie et anthropologie*, Paris, 1950, e Marc Augé, artigo "Magia" na *Enciclopedia Einaudi*, t. 8, pp. 708-23.

50. Nova edição em Chicago, 1970; trad. francesa *Rois et courtisans*, Paris, Ed. du Seuil, 1978, com notável introdução de Rodney Needham.

51. Esses ataques podem ser de uma negatividade sistemática, às vezes tendendo ao escandaloso. Assim é o artigo que lhe foi consagrado na *Encyclopaedia universalis*, t. VII, 1968, pp. 372-3

52. Artigo "Théories de l'interprétation des mythes", em *Dictionnaire des mythologies*, Y. Bonnefoy (ed.), t. I, Paris, Flammarion, 1981, pp. 568-73.

53. J. Le Goff, "Is politics still the backbone of history?", em *Historical Studies Today*, F. Gilbert e St. R. Graubard (eds.), Nova York, 1972, pp. 337-55.

INTRODUÇÃO (PP. 46-54)

1. Existe uma pequena dificuldade a respeito dessa personagem. O documento veneziano citado abaixo, n. 2, chama-o Ricardo: "fratri Ricardo Dei gratia Bisaciensis episcopus, incliti principis domini regis Roberti capellano et familiari domestico". Mas em 1340 o bispo de Bisaccia, que era pregador e, por conseguinte, "frade", chamava-se Francesco: cf. Eubel, *Hierarchia*

catholica, 2ª ed., 1913, e Ughelli, *Italia sacra*, t. VI, in-4º, Veneza, 1720, col. 841. Não há possibilidade de dúvida de que tenha sido frei Francesco quem tomou a palavra diante do doge; o escriba veneziano deve ter cometido um engano de escritura ou de leitura (falsa interpretação de uma inicial?); acreditei dever corrigi-lo.

2. Veneza, Archivio di Stato, Commemoriali, vol. III, p. 171; analisado em *Calendar of state papers, Venice*, I, nº 25. Devo uma cópia dessa curiosa peça à extrema gentileza do sr. Cantarelli, professor na Universidade de Roma. Em E. Deprez, *Les préliminaires de la Guerre de Cent Ans*, 1902 (*Bibliot. Athènes et Rome*), não há menção da embaixada do bispo de Bisaccia. A análise do *Calendar* não é isenta de erros; traduz *comitatum de Pontyus in Picardiam* (o Ponthieu) por *the counties* [...] *of Pontoise*.

3. "[...] ne tanta strages Christianorum, que ex dicto belo orta et oritur et oriri in posterum creditur, ipsi serenissimo principi Eudoardo imputaretur aliquatenus, in principio dicte guerre suas literas supradicto destinavit Philipo, continentes quod ad evitandum mala super inocentes ventura eligeret alterum trium: silicet quod de pari ipsi duo soli duelum intrarent, vel eligeret sibi sex vel octo aut quot velet, et ipse totidem, et si[c] questio terminaretur inter paucos, Altissimo de celo justitiam querenti victoriam tribuente; aut si verus rex Francie esse[t], ut asserit, faceret probam offerendo se leonibus famelicis qui verum regem nullactenus lesunt; aut miraculum de curandis infirmis, sicut solent facere ceteri reges veri, faceret [ms.: facerent]; alias indignum se regni Francie reputaret. Que omnia supradicta, ac plures et diversos [ms.: diversi] pacis tractatus contempsit, se in superbiam elevando."

4. Para a crença relativa aos leões, ver aqui, pp. 218-9. Para a viagem dos quatro venezianos, ver aqui, p. 117.

5. Cl. d'Albon, *De la maiesté royalle, institution et preeminence et des faveurs Divines particulieres envers icelle*, Lyon, 1575, p. 29*v*.

6. Aliás, de nenhum modo escondo que, em minha investigação, nem sempre consegui manter o equilíbrio entre os dois países cujos destinos queria seguir paralelamente. Talvez às vezes a Inglaterra fique um pouco sacrificada. Lá, acredito que pude, com alguma minúcia, estudar a história dos ritos curativos quase tão completamente quanto na França, mas não a história da realeza sagrada em geral. A atual situação da Europa, pouco favorável às viagens e às compras de livros estrangeiros pelas bibliotecas públicas ou privadas, torna mais complicadas que nunca as pesquisas de história comparada. Sem dúvida, o remédio seria uma boa organização de empréstimo internacional dos livros impressos e dos manuscritos; sabemos que principalmente a Grã-Bretanha ainda não entrou nessa via. Ademais, meu trabalho só se tornou possível, como já disse, graças à generosidade do doador (o sr. de Rothschild) a quem o Institut de France deve sua *Maison* de Londres. Infelizmente, só pude estar na Inglaterra uma única vez, no começo, ou quase no começo, de minhas pesquisas — ou seja, num momento em que os problemas jamais se mostram com toda a amplitude e complexidade que se descobre mais tarde. Daí certas lacunas que, malgrado a gentileza de meus amigos londrinos, nem sempre pude suprimir.

7. 17 de maio de 1691; o discurso foi impresso: *Speculum boni principis in Henrico Magno Franciae et Navarrae rege exhibitum exercitatione politica Deo annuente, in inclyta Argentoratensium Academia... Argentorati, Literis Joh. Friderici Spoor*, plaqueta in-4º, 54 pp. Essa pequena obra deve ser muito rara; não conheço outros exemplares afora os que estão na Bibliot. Nat. e na Bibliot. Wilhelmitana de Estrasburgo. Na p. 12, lê-se um elogio ao Edito de

Nantes que, embora muito breve, pode em sua época ter parecido significativo. Sobre a carreira de Zentgraff (além dos artigos da *Allgemeine deutsche Biographie* e da *France protestante*), pode-se ver O. Berger-Levrault, *Annales des professeurs des Académies et Universités alsaciennes*, Nancy, 1892, p. 262.

LIVRO PRIMEIRO

1. OS PRIMÓRDIOS DO TOQUE DAS ESCRÓFULAS (PP. 57-76)

1. Ainda hoje, os tratados de medicina previnem da possibilidade de confusão com afecções da face os praticantes: cf. De Gennes em Brouardel, Gilbert e Girode, *Traité de médecine et de thérapeutique*, III, pp. 596 ss. Confusão com doenças dos olhos: ver, por exemplo, Browne, *Adenochairedologia*, pp. 140 ss.; 149; 168. Cf. Crawfurd, *King's evil*, p. 99.

2. Para a Itália (região de Lucca), ver o testemunho de Arnau de Villanueva citado em H. Finke, *Aus den Tagen Bonifaz VIII (Vorreformations-geschichtliche Forschungen*, 2), Münster, 1902, p. 105, n. 2. Para a Espanha, ver aqui, p. 254, n. 7.

3. O que segue foi extraído de *De pignoribus sanctorum* de Guibert de Nogent, cuja edição mais acessível é Migne, *P. L.*, t. 156.

4. *P. L.*, t. 156, cols. 651 ss.

5. Col. 664 no início da 1. III § IV: "in eorum libello qui super dente hoc et sanctorum loci miraculis actitat".

6. Col. 607 "nobis contigui"; col. 651 "finitimi nostri".

7. Col. 652 "Attendite, falsarii...".

8. É o ms. latin 2900 da Bibliot. Nat., o qual procede do próprio mosteiro de Nogent.

9. Ver especialmente a interessantíssima memória do sr. Abel Lefranc, *Le traité des reliques de Guibert de Nogent et les commencements de la critique historique au moyen âge; Études d'histoire du moyen âge dédiées à Gabriel Monod*, 1896, p. 285. O sr. Lefranc parece-me exagerar um pouco o senso crítico de Guibert, que, no entanto, é incontestável. Cf. Bernard Monod, *Le moine Guibert et son temps*, 1905.

10. Cols. 615 e 616. No meio da exposição, a passagem relativa às escrófulas intercala-se (aliás, de modo bastante bizarro) entre os exemplos antigos e a recordação das profecias de Balaão e de Caifás. Todo o tratado é muito mal composto. Os exemplos invocados por Guibert de Nogent eram, na maioria, clássicos em seu tempo; ver, por exemplo, o partido que tira da profecia de Caifás (dado com o tipo do simoníaco) s. Pedro Damião, *Líber gratissimus*, c. X, *Monumenta Germaniae, Libelli de lite*, I, p. 31.

11. Cito copiando do manuscrito, f. 14: "Quid quod dominum nostrum Ludovicum regem consuetudinario uti videmus prodigio? Hos plane, qui scrophas circa jugulum, aut uspiam in corpore patiuntur, ad tactum eius, superadito crucis signo, vidi catervatim, me ei coherente et etiam prohibente, concurrere. Quos tamem ille ingenita liberalitate, serena ad se manus obuncans, humillime consignabat. Cuius gloriam miraculi cum Philippus pater ejus alacriter exerceret, nescio quibus incidentibus culpis amisit". O texto de Migne, *P. L.*, t. 156, col. 616, é, grafias à parte, correto.

12. Cf. G. Bourgin, "Introduction" a sua edição de Guibert de Nogent, *Histoire de sa vie* (*Collect. de textes pour l'étude et l'ens. de l'histoire*), p. XIII. O sr. G. Bourgin parece não ter prestado atenção à passagem do *De pignoribus sanctorum* relativa à cura das escrófulas; caso contrário, não teria considerado simplesmente "prováveis" os encontros de Guibert e do rei.

13. Orderic Vital, 1. VIII, c. XX, ed. Leprévost, III, p. 390.

14. Poder-se-á encontrá-los reunidos aqui, p. 131.

15. Du Peyrat, *Histoire ecclesiastique de la cour*, p. 817. Notar-se-á que em nossos dias sir James Frazer retomou a velha teoria de Du Laurens e de Pierre Mathieu, sem dar-se conta das dificuldades históricas que ela levanta: *Golden bough*, I, p. 370.

16. *Historia Francorum*, IX, c. 21: "Nam caelebre tunc a fidelibus ferebatur, quod mulier quaedam, cuius filius quartano tibo gravabatur et in strato anxius decubabat, accessit inter turbas populi usque ad tergum regis, abruptisque clam regalis indumenti fimbriis, in aqua posuit filioque bibendum dedit; statimque, restincta febre, sanatus est. Quod non habetur a me dubium, cum ego ipse saepius larvas inergia famulante nomen eius invocantes audierim ac criminum propriorum gesta, virtute ipsius discernente, fateri".

17. *Bibliotheca hagiographica Latina*, I, p. 555.

18. *Histoire ecclesiastique de la cour*, p. 806.

19. *Histor. de France*, X, p. 115 A, e Migne, *P. L.*, t. 141, col.931: "Tantam quippe gratiam in medendis corporibus perfecto viro contulit divina virtus ut, sua piissima manu infirmis locum tangens vulneris et illis imprimens signum sanctae crucis, omnem auferret ab eis dolorem infirmitatis". Devo mencionar que a interpretação dessa passagem, que será desenvolvida aqui, já fora indicada em suas linhas gerais pelo dr. Crawfurd, *King's evil*, pp. 12 e 13.

20. "Du toucher des écrouelles", p. 175, n. 1.

21. Sobre esse ponto, assim como sobre tudo o que concerne à explicação crítica do milagre régio, ver aqui, Livro Terceiro.

22. *Journ. des Savants*, 1881, p. 744.

23. Migne, *P. L.*, t. 207, ep. XIV, col. 42; ep. CL, col. 439.

24. Por exemplo, A. Luchaire em seu agradável artigo sobre Pierre de Blois, *Mém. Acad. Sc. Morales*, t. 171 (1909), p. 375. Para julgar a correspondência de Pierre de Blois e a sinceridade de suas cartas, talvez seja útil lembrar que ele compôs um manual de arte epistolar, o *Libellus de arte dictandi rhetorice*: cf. Ch.-V. Langlois, *Notices et Extraits*, XXXIV, 2, p. 23. Sobre a carreira de Pierre, ver por fim J. Armitage Robinson, "Peter of Blois", em seus *Somerset historical essays* (*Published for the British Academy*), Londres, 1921.

25. *P. L.*, t. 207, col. 440 D: "Fateor quidem, quod sanctum est domino regi assistere; sanctus enim et christus Domini est; nec in vacuum accepit unctionis regiae sacramentum, cujus efficacia, si nescitur, aut in dubium venit, fidem ejus plenissimam faciet defectus inguinariae pestis, et curatio scrophularum". O texto do ms. nouv. acqu. lat. 785 da Bibliot. Nat., f. 59, está conforme ao das edições, salvo a insignificante inversão: "unctionis regiae accepit sacramentum".

26. *King's evil*, pp. 25 e 26. Devo muito a esse excelente comentário.

27. Esses textos serão citados aqui, pp. 123 ss. e 133 ss.

28. *Charisma*, p. 84. Embora com menos segurança, Tooker também propõe que o instaurador do rito inglês tenha sido José de Arimateia. Lucius (cuja fama Beda, *Historia ecclesiastica*, I, 4, contribuiu para difundir na Inglaterra) deve sua origem, como sabemos, a uma menção do

Liber Pontificalis relativa a uma carta que "Lucius, rei bretão", teria endereçado ao papa Eleutério. Harnack provou que o redator da vida de Eleutério despropositadamente transformara um rei de Edessa em príncipe bretão: *Sitzungsberichte der kgl. Preussischen Akademie,* 1904, I, pp. 909-16.

29. Cf. J. F. Payne, *English medicine in the Anglo-Saxon times* (*Fitzpatrick Lectures*). Oxford, 1904, p. 158.

30. IV, cena III:

"[...] *strangely-visited people,*
All sworn and ulcerous, pitiful to the eye,
The mere despair of surgery, he cures,
Hanging a golden stamp about their necks,
Put on with holy prayers: and 'tis spoken,
To the succeeding royalty he leaves
The healing benediction".

Cf. Holinshed, *Chronicles of England, Scotland and Ireland,* l. VIII, cap. 7, ed. de 1807, I, in-4º, Londres, p. 754.

31. Em relação a tudo o que concerne às vidas que se escreveram de Eduardo, o Confessor, remeto de uma vez por todas à "Introduction" de minha edição de Osbert de Clare, *Analecta Bollandiana,* XLI (1923), pp. 5 ss.

32. "Vita Aeduuardi regis qui apud Westmonasterium requiescit", em *Lives of Edward the Confessor*, ed. Luard (*Rolls Series*), p. 428; William of Malmesbury, *Historia regum,* II., I, § 222, ed. Stubbs (*Rolls Series*), I, p. 272; Osbert de Clare, cap. XIII; Ailred, ed. R. Twysden, *Historiae Anglicanae scriptores X*, in-fólio, Londres, 1652, col. 390, e Migne, *P. L.*, t. 195, cot. 761.

33. *Loc. cit.*, p. 273: "unde nostro tempore quidam falsam insumunt operam, qui asseverant istius morbi curationem non ex sanctitate, sed ex regalis prosapiae hereditate fluxisse".

34. "Super aliis regibus qualiter se gerant in hac re, supersedeo; regem tamen Anglicum neutiquam in talibus audere scio." Pelo menos, esse era o texto primitivo do manuscrito, que foi adotado pelos editores; cf. Migne, *P. L.*, t. 156, col. 616. Alguém com uma escrita que parece do século XII procurou corrigir *scio* para *comperio* (substituindo o grupo *sc* por um *p* barrado e escrevendo acima da linha o grupo *c o* encimado por um sinal de abreviação).

35. Por exemplo, Mabillon, *AA. SS. ord. s. Bened.*, IV, 2, p. 523; ainda hoje, é a interpretação do sr. Delaborde.

36. *King's evil*, p. 18. O dr. Crawfurd, o qual não considera que Henrique I tenha tocado as escrófulas, vê na frase de Guibert uma alusão aos milagres de s. Eduardo.

37. P. 429: "Quod, licet nobis novum videatur, hoc eum in adolescentia, cum esset in Neustria quae nunc Normannia nuncupatur, saepius egisse Franci testantur".

38. Para o que segue, minha "Introduction" à vida por Osbert de Clare, principalmente pp. 20 e 35.

39. Falta em Ailred a referência aos milagres normandos. Em sua época, no reinado de Henrique II, a crença no poder taumatúrgico dos reis estava firmemente estabelecida; não havia mais interesse em insistir no grande número de curas realizadas por s. Eduardo. Além disso,

esse apelo a fatos mal conhecidos, supostamente ocorridos no estrangeiro, devia parecer bizarro; sem dúvida, foi por isso que Ailred, oficialmente encarregado de emendar o texto de Osbert, suprimiu a frase em questão.

40. O Ashmolean Museum, em Oxford, possui uma medalha (de origem escandinava ou anglo-saxã) encontrada no século XVII perto da própria Oxford. Ela é furada na parte superior, e vê-se uma inscrição difícil de reconstituir. Na época da descoberta, acreditou-se ler nela as letras E. C.; por singular aberração, alguns eruditos interpretaram-nas como *Eduardus Confessor*, como se Eduardo tivesse usado em vida seu título hagiológico. Ora, as moedas distribuídas pelos reis ingleses dos tempos modernos aos escrofulosos que eles tocavam (tecnicamente conhecidas como *touch-pieces*) eram também furadas, para poder ser penduradas no pescoço dos pacientes; portanto, esses eruditos demasiado criativos imaginaram que se tivesse encontrado uma *touch-piece* de s. Eduardo. Não há necessidade de refutar sua opinião. Cf. Farquhar, "Royal charities", I, pp. 47 ss.

41. Entre Henrique I e Henrique II, intercala-se o reinado de Estêvão de Blois. Estêvão era apenas o sobrinho do primeiro desses dois reis; ainda assim, somente pelo lado materno. Ele reinou a despeito das últimas vontades de seu tio. Reivindicou o poder curativo de que Henrique I fora o iniciador? Ou Henrique II, chegando ao trono, teve de reiniciar uma tradição que por algum tempo fora interrompida? Na falta de documentos, esse pequeno problema permanece sem solução.

2. AS ORIGENS DO PODER CURATIVO DOS REIS: A REALEZA SAGRADA NOS PRIMEIROS SÉCULOS DA IDADE MÉDIA (PP. 77-100)

1. *Cultes, mythes et religions*, II, p. 21.

2. *Lettres persanes*, 1. 24.

3. *Golden bough*, I, p. 371: "[...] royal personages in the Pacific and elsewhere have been supposed to live in a sort of atmosphere highly charged with what we may call spiritual electricity, which, if it blasts all who intrude into its charmed circle, has happily also the gift of making whole again by a touch. We may conjecture that similar views prevailed in ancient times as to the predecessors of our English monarchs, and *that accordingly scrofula received its name of the King's Evil from the belief that it was caused as well as cured by contact with a king*". O grifo é meu. Cf. *ibid.*, III, p. 134.

4. Para toda a exposição que vem a seguir, devo muito ao belo livro de Kern, *Gottesgnadentum*. Nessa obra, encontrar-se-á abundante bibliografia (infelizmente, desprovida de classificação); em larga medida, permitiu-me reduzir aqui as indicações bibliográficas, sobretudo no que concerne à sagração. Talvez seja prestar um serviço aos pesquisadores assinalar que não encontrarão nada de útil no artigo de Jos. von Held, "Königtum un Göttlichkeit", *Ur-Quell, Monatschrift für Volkskunde*, III (1892). Sobre a sagração, depois do livro de Kern apareceram a útil obra de Reginald Maxwell Woolley, *Coronation rites* (*The Cambridge handbook of liturgical study*), in-12, Cambridge, 1915, e uma tese da Faculté de Droit de Toulouse, Georges Péré, *Le sacre et le couronnement des rois de France dans leurs rapports avec les lois fondamentales*, s. 1., 1921, em que poderão ser levantadas algumas indicações judiciosas, as quais, infelizmente, são

comprometidas por uma ignorância espantosa da literatura sobre o assunto; cf. também Ulrich Stutz, "Reims und Mainz in der Königswahl des x. und zu Beginn des xi. Jahrhunderts; *Sitzungsberichte der Kgl. Preussischen Akademie*, 1921, p. 414.

5. O caráter sagrado da antiga realeza germânica foi inúmeras vezes estudado. Consultar-se-á com proveito sobretudo H. Munro Chadwick, "The ancient Teutonic priesthood", *Folk-Lore*, 1900; cf., do mesmo autor, *The origin of the English nation*, Cambridge, 1907, p. 320; indicações sugestivas em J. Flach, *Les origines de l'ancienne France*, iii, pp. 236 e 237, e Paul Vinogradoff, *Outlines of historical jurisprudence*, i, Oxford, 1920, p. 352. Aqui serão utilizadas algumas informações extraídas do grupo escandinavo. Não ignoro que nessas populações o caráter sagrado da realeza era fortemente acentuado, em consequência da falta de um sacerdote especializado, o qual, ao contrário, parece ter existido em muitas outras tribos germânicas. Os reis do Norte continuaram sempre a ser sacerdotes; na época das invasões, a maior parte dos reis da Germânia propriamente dita não tinha ou não mais tinha funções desse tipo. Mas essas diferenças, por importantes que sejam, não nos interessam aqui; tanto no Sul quanto no Norte, a ideia fundamental era a mesma — e isso é tudo o que convém reter.

6. *Germ.* vii: "Reges ex nobilitate, duces ex virtute sumunt". Com razão amiúde se aproximou essa frase de Tácito da que se lê em Gregório de Tours, *Histor. Franc.*, ii, 9, a respeito das origens dos francos: "ibique iuxta pagos vel civitates reges crinitos super se creavisse de prima, et, ut ita dicam, de nobiliori familia".

7. *Getica*, *c.* xiii, ed. Mommsen (*Mon. Germ. AA.*, v), p. 76, a propósito da família real dos *hamalis* [isto é, os descendentes de Amala]: "iam proceres suos, quorum quasi fortuna vincebant, non puros homines, sed semideos id est Ansis uocauerunt". Sobre o sentido da palavra *Ase*, cf. Maurice Cahen, *Le mot "Dieu" en vieux-scandinave* (*Collect. linguistique Soc. linguistique de Paris*, x, e thèse Fac. Lettres, Paris), 1921, p. 10, n. 1. E. Mogk, artigo "Asen" em Hoops, *Reallexikon der germ. Altertumskunde*, parece acreditar que a palavra se aplicava só aos reis divinizados após a morte; não vejo nada semelhante em Jordanes. Num texto curioso de Justino, *Histor. Philippic.*, vii, 2, veem-se os macedônios fazer-se acompanhar ao combate por seu rei ainda criança, "tanquam deo victi antea fuissent, quod bellantibus sibi regis sui auspicia defuissent"; percebe-se aí uma crença análoga àquela que o texto de Jordanes testemunha sobre os godos.

8. Cf., entre outros, Kemble, *The Saxons in England*, ed. de 1876, Londres, i, p. 336; W. Golther, *Handbuch der deustschen Mythologie*, 1895, p. 299; J. Grimm, *Deustsche Mythologie*, 4ª ed., Berlim, 1878, iii, p. 377. O mais recente estudo sobre as genealogias é a dissertação de E. Hackenberg, *Die Stammtafeln der anglo-sächsischen Königreiche*, Berlim, 1918. Não pude vê-la; as principais conclusões podem ser encontradas resumidas por Alois Brandl em *Archiv für das Studium der Neueren Sprachen*, t. 137 (1918), pp. 6 ss. (principalmente p. 18). Em frase de uma célebre carta escrita por Avitus, bispo de Viena, a Clóvis quando do batismo deste, talvez haja uma alusão à pretensa origem divina dos merovíngios. Cf. Junghans, *Histoire de Childerich et de Chlodovech*, trad. Monod (Bibl. Hautes Études, fasc. 37), p. 63, n. 4.

9. Cassidoro, *Variae*, viii, 2: "quoniam quaevis claritas generis Hamalis cedit, et sicut ex vobis qui nascitur, origo senatoria nuncupatur, ita qui ex hac familia progreditur, regno dignissimus approbatur". ix, 1: "Hamali sanguinis purpuream dignitatem".

10. É o que exprimem os historiadores alemães, opondo o *Geblütsrecht* [direito de sangue] ao *Erbrecht* [direito de sucessão].

11. Procópio, *De Bello Gothico*, II, 15. Cf. Kern, *Gottesgnadentum*, p. 22. Para Procópio, os hérulos estabelecidos em "Thule" são um grupo vindo tardiamente da região do mar do Norte, onde o povo hérulo vivera "durante toda a antiguidade" (II, 14); erro evidente e unanimemente rejeitado.

12. *Heimskringla*, ed. Finnur Jonsson, I, *Halfdana Saga Svarta*, K, 9. Para a tradução desse texto e dos outros da mesma fonte que serão citados mais adiante, devo muito ao auxílio que me prestou meu colega sr. Maurice Cahen.

13. É o que se deduz de um texto do historiador dinamarquês Saxo Grammaticus (lib. XIV, ed. Holder-Egger, Estrasburgo, 1886, p. 537). Segundo esse texto, quando Valdemar I da Dinamarca atravessou a Alemanha em 1164 para ir à dieta de Dole, as mães teriam pedido que ele tocasse suas crianças, e os camponeses teriam pedido que tocasse seus trigais, esperando obter tanto para uns quanto para outros um feliz crescimento. Assim, mesmo no estrangeiro se teria acreditado no poder maravilhoso de Valdemar — manifesto exagero em que o chauvinismo de Saxo Grammaticus deve ter pesado muito. Essa historieta, entretanto, é bem instrutiva. Informa-nos não sobre o estado de espírito dos alemães, mas sobre o dos dinamarqueses. Que imaginou Saxo para louvar um rei de seu país? Que os próprios povos vizinhos recorriam à sagrada mão do príncipe. Provavelmente, um gesto similar por seus compatriotas ter-lhe-ia parecido demasiado banal para merecer ser mencionado. Ele decerto não inventou a crença que coloca em cena; de onde teria tirado a ideia? Devemos supor que simplesmente mudou-a de país. Talvez dela partilhasse; fala da crença com evidente simpatia, embora (sem dúvida por respeito às doutrinas da Igreja) não tenha pensado poder abster-se de indicar que ela tinha caráter supersticioso: "Nec minus supersticiosi agrestes [...]".

14. Amiano Marcelino, XXVIII, 14: "Apud hos generali nomine rex appellatur Hendinos, et ritu ueteri potestate deposita remouetur, si sub e o fortuna titubauerit belli, vel segetum copia negauerit terra, ut solent Aegyptii casus eiusmodi suis adsignare rectoribus". Para a Suécia, *Heimskringla*, I, "Ynglinga", K. 15 e 43: na segunda dessas passagens, observem a aparição da ideia de que as más colheitas devem-se não à ausência desse poder misterioso no rei, dessa *quasi-fortuna* de que fala Jordanes, mas a uma falta precisa cometida pelo monarca (negligência no cumprimento dos sacrifícios); é um começo de interpretação racionalista, deformando uma velha crença. Entre os primitivos, há superstições análogas; por fim, ver L. Lévy-Bruhl, *La mentalité primitive*, 1922, pp. 366 ss.

15. *Heimskringla*, II, "Olafs Saga Helga Konungs", II, K 155 e 189. Olavo morreu em 1030. W. Ebstein, "Zur Geschichte der Krankenbehandlung", *Janus*, 1910, p. 224, tirou partido desses textos (no segundo deles, vê-se Olavo curar de um tumor no *pescoço* um menino) para atribuir origem escandinava ao toque das escrófulas: o costume teria passado dos países do Norte para a Inglaterra (no reinado de Eduardo) e, de lá, para a França. Sem dúvida, não há por que refutar longamente essa teoria. Basta recordar as datas: o poder curativo de Olavo é atestado apenas por um documento do século XIII, sem que, aliás, nada permita acreditar no exercício de um dom dinástico dos reis da Noruega; os milagres de s. Eduardo só são conhecidos graças a um texto do começo do século XII, de todos os pontos de vista muito suspeito; na França, o rito decerto vigorou desde a segunda metade do século XI (Filipe I), e muito provavelmente a virtude taumatúrgica dos príncipes franceses remonta ao final do século X — ou seja, a uma época anterior não apenas à saga a que devemos o relato das curas realizadas por s. Olavo, mas até mesmo ao reinado desse monarca e ao de s. Eduardo.

16. Podem-se acrescentar aí algumas famílias nobres da Arábia, cujo poder curativo, especializado nas curas da hidrofobia, parece remontar ao período pré-islâmico: cf. aqui, p. 100, n. 64. A respeito da Antiguidade clássica, os textos são obscuros. Uma passagem de Plutarco, *Pyrrhus*, c. III, informa-nos que se atribuía a Pirro o dom da cura, estando essa virtude maravilhosa localizada no dedão do pé; mas nada indica que Pirro partilhasse do privilégio com os outros reis do Épiro; talvez se trate de um caso análogo ao do merovíngio Gontrão: a crença no caráter mágico da realeza é aplicada a um indivíduo particularmente ilustre, mas não a toda uma dinastia. Por outro lado, duas doenças, a lepra e a icterícia, aparecem nos textos antigos qualificadas como *morbos regius* (referências principalmente em Law Hussey, "On the cure of scrofulous diseases", p. 188), sem que seja possível determinar se essa denominação tinha em suas origens alguma relação com um "milagre" régio.

17. Aqui, limito-me às remanescências seguras. Outras foram invocadas. Segundo alguns historiadores (por exemplo, Grimm, *Deutsche Rechtsaltertümer*, 4ª ed., I, pp. 314 ss., e Munro Chadwick, *loc. cit.*), os carros atrelados com bois sobre os quais Einhard mostra-nos os últimos merovíngios seriam carros sagrados, análogos aos que, segundo Tácito (*Germ.* 40), eram usados nas procissões da deusa Nertus; hipótese talvez sedutora, mas, afinal, pura hipótese. Uma legenda, atestada pela primeira vez pelo pseudo-Fredegário (III, c. 9), faz de Meroveu o filho de um monstro marinho. Vestígio de um velho mito pagão? Ou mera lenda etimológica, cujo princípio seria um jogo de palavras nascido na Gália do nome de Meroveu? Como sabê-lo? É preciso ser prudente. Permitam-me indicar aqui um divertido exemplo do excesso em que os folcloristas muito ardorosos arriscam cair. Lemos em Grimm, *loc. cit.*, I, p. 339, esta frase que se apoia numa referência ao poema provençal *Fierabras* [Ferrabrás]: "Der könig, der ein pferd tödtet, hat kein recht im reich" [O rei que mata um cavalo não tem direito de reinar]. Seria isso um "tabu"? Reportemo-nos aos textos. Ferrabrás é rei pagão, mas bravo cavaleiro. Combate Olivier. Por acidente, mata o cavalo de seu inimigo — grave dificuldade nas regras dos combates corteses; não há nada mais desagradável que triunfar sobre um adversário eliminando sua montaria. Daí a reprovação manifestada por Olivier: um rei que faz semelhante coisa não merece mais reinar — "rey que caval auci non a dreg en regnat", diz o texto provençal citado por Grimm (I. Bekker, *Der Roman von Fierabras*, Berlim, 1829, v. 1388); "Rois ki ceval ocist n'a droit en ireté" [Rei que mata cavalo não tem direito de herdar], diz o poema francês (ed. Guessard em *Les anciens poètes de la France*, 1860, v. 1119). Então, Ferrabrás desce de seu cavalo; os dois heróis ficam agora em igualdade, e o combate pode prosseguir sem incorreção. Se isolarmos de seu contexto o verso que acabo de citar, ele parece trazer a mais curiosa informação sobre a magia régia; foi assim que Grimm o entendeu. Mas vamos ler a cena inteira: nela, não encontraremos nada além de informações bastante banais sobre a esgrima cavaleiresca.

18. Sem dúvida, os testemunhos mais antigos são Claudiano IV, *Consul. Honor.*, 446; *Laud. Stilic.*, I, 203; Avitus, carta a Clóvis sobre o batismo deste, ed. U. Chevalier, *Oeuvres de st. Avit*, Lyon, 1890, ep. XXXVIII, p. 192; Prisco, *Ιστορία Γοθίχη*, c. 16. No campo de batalha de Vézeronce, o cadáver de Clodomiro foi reconhecido graças a seus longos cabelos, "honra da raça régia": ver a interessantíssima passagem de Agatias, *Histor.*, I, c. 3. O costume que impunha aos francos adultos o uso dos cabelos raspados é atestado por Gregório de Tours, *Histor.*, III, 18. Não tive como pesquisar se também os outros povos germânicos consideravam a cabeleira longa uma insígnia régia. Pelo menos entre alguns deles, é certo que o privilégio de usá-la era comum a

todos os homens livres: para os suevos, no tempo de Tácito, *Germ.*, XXXVIII; para os godos, F. Dahn, *Die Könige der Germanen*, III, p. 26. Sobre o valor mágico dos cabelos longos, cf. J. Frazer, *Folk-lore in the Old Testament*, II, Londres, 1919, pp. 480 ss.

19. O mesmo fato foi assinalado em Bizâncio por Bréhier (em sua obra indicada aqui, p. 84, n. 21), p. 72: "Outro fato significativo (da sobrevivência do culto imperial) é a frequência das canonizações imperiais".

20. Os textos relativos ao cerimonial da elevação nas dinastias bárbaras podem ser encontrados, comodamente reunidos e inteligentemente comentados, em W. Schuecking, *Der Regierungsantritt*, Leipzig, 1889. Em resumo, entre os merovíngios a tomada do poder pelo novo rei é acompanhada de diversas práticas, variáveis, que jamais parecem ter sido agrupadas e fixadas num ritual coordenado: elevação sobre o escudo, investidura pela lança, viagem solene pelo reino... Todas essas práticas têm uma característica comum: permanecem inteiramente laicas (na medida em que as consideremos esvaziadas de seu antigo caráter religioso, o qual era pagão); delas não participa a Igreja. Para uma opinião oposta, recentemente expressa por d. Germain Morin, cf. aqui, Apêndice 3, pp. 358-9.

21. Ver Louis Bréhier e Pierre Batiffol, *Les survivances du culte impérial romain*, 1920; especialmente pp. 35, 43, 59; cf. J. Ebersolt; *Moyen âge*, 1920, p. 286.

22. Para Vespasiano, ver Tácito, *Hist.*, IV, 81; Suetônio, *Vesp.*, 7; Dio Cássio, LXVI, 8. Para Adriano, *Vita Hadriani*, c. 25. Cf. Otto Weinreich, *Antike Heilungswunder* (*Religionsgeschichtliche Versuche*, VIII, I), Giessen, 1909, pp. 66, 68, 75; H. Dieterich, *Archiv für Religionswissensch.*, VIII, 1905, p. 500, n. 1. Sobre Vespasiano e o messianismo, ver as belas páginas de Renan, *L'Antéchrist*, capítulo IX.

23. O sr. Batiffol (*loc. cit.*, p. 17, n. 2) observa justamente que no reino ostrogodo da Itália podem ser encontrados vestígios do culto imperial; no reinado de Teodorico, adorava-se a púrpura: Cassiodoro, *Variae*, XI, 20 e 31. Mas, do ponto de vista político, o reino de Teodorico estava em situação incerta; pelo menos teoricamente, ainda fazia parte do Império; é na qualidade de magistrados imperiais que os *primiscrinii* e os *primicerii*, mencionados nas fórmulas de Cassiodoro, cumprem os ritos tradicionais.

24. Sem querer entrar numa discussão sobre esse assunto, a qual seria aqui descabida, será suficiente eu assinalar que uma inscrição italiana dá a Teodorico (o qual, sem dúvida, foi *magister militer, ou* seja, funcionário imperial) o título *semper augustus*: *C. I. L.*, X, 6851. Portanto, o costume não impedia semelhantes confusões de linguagem num país romanizado submetido aos bárbaros. Seguramente, mais de um ponto permanece obscuro (sobretudo no que concerne ao título preciso dado a Clóvis pelo imperador Anastácio) no texto de Gregório de Tours.

25. Sobre as teorias político-religiosas da época carolíngia, encontrar-se-á útil coletânea de referências e de indicações inteligentes em H. Lilienfein, "Die Anshauungen von Staat und Kirche im Reiche der Karolinger", *Heidelb. Abh. zur Mittleren und Neveren Gesch.*, I, Heidelberg, 1902; infelizmente, o autor tende a explicar tudo pela antítese do "romanismo" e do "germanismo". Quando se decidirá deixar de lado essa dicotomia pueril? Extraí pouca coisa de W. Ohr, *Der karolingische Gottesstaat in Theorie und in Praxis*, Leipzig, 1902.

26. I, I, 3; Migne, *P. L.*, t. 98, *cols.* 1014 e 1015. Bem mais tarde, Frederico Barbarossa (o qual, porém, teria tanto a censurar-se sobre a questão) não hesitou em reprovar o emprego da palavra

santo aplicada ao imperador bizantino: ver Tageno de Passau em *Monum. Germaniae, SS.*, XVII, p. 510, linhas 51 ss.

27. Em *Festschrift G. v. Hertling dargebracht*, p. 268, n. 3, E. Eichmann cita alguns exemplos; poder-se-iam acrescentar muitos outros; será suficiente remeter aos índices dos *Capitularia regum Francorum* e dos *Concilia* nas edições dos *Monum. Germ.*; cf. também Sedulius Scottus, *Liber de rectoribus Christianis*, c. 9, ed. S. Hellmann (*Quellen und Unters. zur latein. Philologie des Mittelalters*, I, 1), p. 47; Paschase Radbert, *Epitaphium Arsenii*, l. II, cc. 9 e 16, ed. Duemmler (*Kgl. Preussische Akademie, Phil.-hist. Klasse, Abhandl.* 1900, II), pp. 71 e 85.

28. *De ordine palatii*, c. XXXIV, ed. Prou (*Bibl. Éc. Hautes Études*, fasc. 58), p. 90: "in sacris ejus obtutibus". Sabe-se que esse tratado de Hincmar é apenas o remanejamento de uma obra anterior, composta por Adalard de Corbie, hoje perdida. A expressão que acabo de destacar conviria melhor às ideias de Adalard que às de Hincmar; talvez este a tivesse tirado de sua fonte.

29. Podemos encontrá-lo em uso na Alemanha, no tempo dos imperadores saxões: Waitz, *Verfassungsgeschichte*, 2ª ed., VI, 155; naturalmente, sob os Hohenstaufen ele ganha nova popularidade: cf. Max Pomtow, *Ueber den Einfluss der altrömischen Vorstellungen vom Staat auf die Politik Kaiser Friedrichs I*, Halle, 1885, sobretudo pp. 39 e 61. Ver também aqui, p. 279.

30. Aqui, pp. 359-60; para a controvérsia relativa à introdução da unção em Bizâncio, aqui pp. 368-9.

31. Gênesis 14, 18; cf. Salmos 110 (109), 4; o papel simbólico de Melquisedec já é abundantemente evidenciado na Epístola aos Hebreus.

32. *Mémoires de l'Acad. des Inscriptions*, XXXII, 1, p. 361.

33. II, 10: "Melchisedek noster, merito rex atque sacerdos,/ Complevit laicus religionis opus". Sobre o papel iconográfico de Melquisedec nos primeiros tempos da Idade Média, pode-se ver um artigo de F. Kern, "Der Rex und Sacerdos in biblischer Darstellung", *Forschungen und Versuche zur Gesch. des Mittelalters und der Neuzeit, Festschrift Dietrich Schäfel... dargebracht*, Jena, 1915. A palavra *sacerdos* aplicada a um soberano leigo lembra certas fórmulas de adulação oficial das quais se encontra o vestígio em Bizâncio, no século V, e às quais a própria chancelaria pontifical, nessa mesma época, às vezes não deixava de recorrer quando se dirigia ao imperador; cf. aqui, p. 174, n. 4 e, sobretudo, pp. 277-8. Mas, entre os versos de Fortunato e a linguagem que, mais de cem anos antes, se usava correntemente para com Teodósio II, Marciano ou Leão I, decerto não há nenhuma ligação além dos hábitos de espírito implantados nas almas por séculos de religião imperial.

34. Texto da carta de Adu Nirari, J. A. Knudtzon, *Die El-Amarna Tafeln*, Leipzig, 1915, I, nº 51, cf. II, p. 1103 e, também, p. 1073. Sobre a unção no culto hebraico, pode-se ver, entre outros, T. K. Cheyne e J. Sutherland Black, *Encyclopaedia biblica*, na palavra "Anointing". A carta de Adu Nirari leva-nos naturalmente a perguntar se a unção régia era praticada no antigo Egito. A respeito disso, o sr. Montet, meu colega, escreveu-me o seguinte: "No Egito, em todas as cerimônias começa-se por lavar o herói da festa, deus, rei ou defunto: em seguida, ele é untado com um óleo perfumado [...] Depois, começa a cerimônia propriamente dita. Na festa da coroação, as coisas não se passam de outro modo: primeiro, as purificações e unções; depois, entregam-se ao herdeiro do trono suas insígnias. Portanto, não é a unção o que transforma esse herdeiro, esse candidato régio, num faraó, soberano das Duas Terras". A tabuinha de Tell-el-

-Amarna parece referir-se a um rito no qual a unção desempenhava papel mais importante, sem dúvida a um rito sírio, ao qual o faraó consagrador talvez se tenha curvado.

35. L. Duchesne, *Origines du culte chrétien*, 5ª ed., 1920; cf. *Liber Pontificalis*, II, in-4º, 1892, p. 38, n. 35. Sobre o caráter da unção dada aos catecúmenos no rito galicano (a unção que Clóvis recebeu em Reims), levantou-se uma controvérsia entre liturgistas, ou melhor, entre teólogos, a qual não nos interessa aqui: ver os artigos de d. De Puniet e do r. p. Galtier, *Revue des Questions Historiques*, t. 72 (1903), e *Rev. d'Histoire Ecclésiastique*, XIII (1912).

36. Para tudo o que concerne aos começos da unção régia, ver referências e discussões aqui, Apêndice 3, p. 357.

37. Cf. P. Fournier, "Le Liber ex lege Moysi et les tendances bibliques du droit canonique irlandais", *Revue celtique*, XXX (1909), pp. 231 ss. Pode-se notar que a comparação do rei com Davi e Salomão é o laço comum de todos os rituais de sagração. Os papas, por seu lado, usam-na correntemente em sua correspondência com os soberanos francos: ver alguns exemplos reunidos em *Epistolae aevi carolini* (*Monum. Germ.*), III, p. 505, n. 2; cf. também E. Eichmann em *Festschrift G. von Hertling dargebracht*, p. 268, n. 10. Carlos Magno não era por seus familiares apelidado Davi? Deve-se comparar a história da unção régia à do dizimo; também essa instituição foi reproduzida do código mosaico; durante longo tempo, permanecerá no estado de simples obrigação religiosa, sancionada só por penalidades eclesiásticas; Pepino deu-lhe força de lei.

38. *Monum. Germaniae, Diplomata Karolina*, I, nº 16, p. 22, "divina nobis providentia in solium regni unxisse manifestum est".

39. Cf. aqui, Apêndice 3, pp. 365-6.

40. Aqui, p. 362.

41. Pode-se também observar que na França, malgrado as perturbações dinásticas dos séculos IX e X, o único rei a ter morte violenta (e, ainda assim, no campo de batalha) foi um notório usurpador, Roberto I. Entre os anglo-saxões, Eduardo II foi assassinado em 978 ou 979; mas fez-se dele um santo: s. Eduardo, *o Mártir*.

42. "Quaterniones", Migne, *P. L.*, t. 125, col. 1040: "Quia enim — post illam unctionem qua cum caeteris fidelibus meruistis hoc consequi quod beatus apostolus Petrus dicit 'Vos genus electum, regale sacerdotium' —, episcopali et spirituali unctione ac benedictione regiam dignitatem potius quam terrena potestate consecuti estis". Concílio de Sainte-Macre, Mansi, XVII, 538: "Et tanto est dignitas pontificum major quam regum, quia reges in culmen regium sacrantur a pontificibus, pontifices autem a regibus consecrari non possunt". No mesmo sentido, cf. uma bula de João VIII, endereçada ao arcebispo de Milão em 879, *Monum. German.*, *Epist.* VII, 1, nº 163, p. 133, l. 32. A importância atribuída por Hincmar à sagração traduz-se especialmente no *Libellus proclamationis adversus Wenilonem*, redigido em nome de Carlos, o Calvo, mas cujo verdadeiro autor foi indubitavelmente o arcebispo de Reims: *Capitularia*, ed. Boretius, II, p. 450, c. 3.

43. Aliás, convém não esquecer que na França oriental, ou Alemanha, a tradição parece nesse tempo ter imposto a sagração com menos força que na França propriamente dita todavia, Conrado, predecessor imediato de Henrique I, decerto recebeu a sagração; e os descendentes e sucessores de Henrique I também seriam todos sagrados. Sobre a recusa de Henrique I, referências e discussão aqui, Apêndice 3, pp. 367-8.

44. Cf. Lilienfein, "Die Anschauungen vom Staat und Kirche", pp. 96, 109, 146. A mesma ideia já fora expressa com vigor (a propósito das pretensões dos imperadores bizantinos) pelo

papa Gelásio I, numa passagem do *De anathematis vinculo* frequentemente citada no decorrer das grandes polêmicas dos séculos XI e XII: Migne, *P. L.*, t. 59, cols. 108-9. Na própria época de Hincmar, cf. também Nicolau I: Mansi, *Concília*, XV, p. 214.

45. Falta-nos ainda (para todos os países) um levantamento verdadeiramente crítico dos *ordines* da sagração. Portanto, tive de limitar-me aqui a indicações rápidas, decerto muito incompletas, mas suficientes ao objetivo que tenho em vista. O antigo ritual galicano publicado por d. Germain Morin, *Rev. Bénédictine*, XXIX (1912), p. 188, traz a bênção: "Unguantur manus istae de oleo sanctificato unde uncti fuerant reges et profetae". A prece "Coronet te Dominus corona gloriae [...] et ungat te in regis regimine oleo gratiae Spiritus sancti sui, unde unxit sacerdotes, reges, prophetas et martires" foi empregada por Carlos, o Calvo (*Capitularia regum Francorum*, ed. Boretius, II, p. 457) e Luís, o Gago (*ibid.*, p. 461); nós a reencontramos num pontificial de Reims: G. Waitz, "Die Formeln der deutschen Königs- und der römischen Kaiser-Krönung", *Abh. der Gesellsch. der Wissensch. Göttingen*, XVIII (1873), p. 80; ela talvez se origine de uma *Benedictio olei* dada (evidentemente, sem aplicar-se à unção régia) pelo *Sacramentário gelasiano*, ed. H. A. Wilson, Oxford, 1894, p. 70. A prece anglo-saxã "Deus [...] qui [...] iterumque Aaron famulum tuum per unctionem olei sacerdotem sanxisti, et postea per hujus unguenti infusionem ad regendum populum Israheleticum sacerdotes ac reges et prophetas perfecisti [...]: ita quaesumus, Omnipotens Pater, ut per hujus creaturae pinguedinem hunc servum tuum sanctificare tua benedictione digneris, eumque [...] et exempla Aaron in Dei servitio diligenter imitari [...] facias": no *Pontifical* de Egbert, ed. da *Surtees Society*, XXVII (1853), p. 101; o *Benedicionário* de Robert de Jumièges, ed. H. A. Wilson, *Bradshaw Society*, XXIV (1903), p. 143; o *Missal* de Leofric, ed. F. E. Warren, in-4º, Oxford, 1883, p. 230; com algumas diferenças no *ordo* dito de Ethelred, ed. J. Wickham Legg, "Three coronation orders", *Bradshaw Society*, XIX (1900), p. 56; as duas compilações fazem essa prece ser precedida por outra, que lembra bastante a prece carolíngia usada por Carlos, o Calvo, e Luís, o Gago; talvez deixassem a escolha entre as duas. O poeta das *Gesta Berengarii*, parafraseando a liturgia da sagração, menciona que entre os hebreus os santos óleos serviam para ungir os reis e os *profetas* (IV, v. 180: *Monum. German.*, *Poetae Latini*, IV, 1, p. 401).

46. *Gesta Berengari*, IV, vv. 133-4 (*Monum. German.*, *Poetae Latini*, IV, 1, p. 399).

47. O *libellus* fora redigido por Paulino de Aquileia, *Monum. German.*, *Concilia*, II, 1, p. 142: "Indulgeat miseratus captivis, subveniat oppressis, dissolvat fasciculos deprimentes, sit consolatio viduarum, miserorum refrigerium, sit dominus et pater, sit rex et sacerdos, sit omnium Christianorum moderantissimus gubernator [...]". Pode-se notar que, por uma espécie de contradição (não rara nesse gênero de matéria), na frase precedente os bispos haviam oposto ao combate do rei contra os inimigos *visíveis* da Igreja a luta dos bispos contra os seus inimigos *invisíveis* — o que muito claramente significa opor ao secular o espiritual. Cf. aqui, pp. 175-6).

48. Jaffé-Wattenbach, 2381; texto original, *Prima Petri*, II, 9. A citação é encontrada em Hincmar, *Quaterniones* (passagem reproduzida aqui, p. 91, n. 42), mas aplicada a todos os fiéis com quem os reis partilhavam a primeira unção (a unção batismal); não se poderia duvidar de que assim Hincmar (visando à instrução de Carlos, o Calvo) muito conscientemente devolvia à palavra bíblica seu sentido primitivo.

49. *Histor. de France*, X, carta XL, p. 464 E; LXII, p. 474 B. Fulbert (l. LV, p. 470 E, e l. LVIII, p. 472 C), chama igualmente *sacra* as cartas régias; segundo um velho costume imperial romano, reavivado na época carolíngia (exemplo: Loup de Ferrières, *Monum. Germ.*, *Epist.*, VI, 1, nº 18,

p. 25). Mais tarde, Eudes de Deuil (*De Ludovici Francorum regis profectione in Orientem*, Migne, *P. L.*, t. 185, I, 13, e II, 19) parece reservar essa palavra para as cartas *imperiais* (trata-se do imperador bizantino).

50. *In gloria martyrum*, c. 27; *De virtutibus s. Martini*, I, c. 11.

51. Jacques de Vitry, *Exempla ex sermonibus vulgaribus*, ed. Crane (Folk-lore Society), Londres, 1890, p. 112, nº CCLXVIII.

52. Jaffé-Wattenbach, nº 5164; Jaffé, *Monumenta Gregoriana* (*Bibliotheca rerum germanicarum*, II), p. 413: "Illud interea non praetereundum, sed magnopere apostolica interdictione prohibendum videtur, quod de gente vestra nobis innotuit: scilicet vos intemperiem temporum, corruptiones aeris, quascunque molestias corporum ad sacerdotum culpas transferre. [...] Praeterea in mulieres, ob eandem causam simili immanitate barbari ritus damnatas, quicquam impietatis faciendi vobis fas esse, nolite putare".

53. Jacques de Vitry, *loc. cit.*

54. Sobre as superstições medicinais relativas às coisas sagradas, encontrar-se-á utilíssima compilação de fatos nas duas obras de Ad. Franz, *Die Messe im deutschen Mittelalter*, Freiburg in B., 1902, pp. 87 e 107, e *Die kirchlichen Benediktionen im Mittelalter*, Freiburg in B., 1909, especialmente II, pp. 329 e 503. Cf. também A. Wuttke, *Der deutsche Volksaberglaube*, 2ª ed., Berlim, 1869, pp. 131 ss.; sobre a eucaristia, ver d. Chardon, *Histoire des sacrements*, livre I, section III, cap. XV, em Migne, *Theologiae cursus completus*, XX, cols. 337 ss. A eucaristia e a água benta foram igualmente consideradas capazes de servir para fins mágicos maléficos; nessa qualidade, desempenharam papel considerável nas práticas (reais ou supostas) da bruxaria medieval; ver numerosas referências em J. Hansen, *Zauberwahn, Inquisition und Hexenprozess im Mittelalter* (*Histor. Bibliothek*, XII), 1900, pp. 242, 243, 245, 294, 299, 332, 387, 429, 433, 450.

55. P. Sébillot, *Le paganisme contemporain*, in-12, 1908, pp. 140 e 143; A. Wuttke, *loc. cit.*, p. 135. Sobre o vinho de missa, cf. Elard Hugo Meyer, *Deutsche Volkskunde*, 1898, p. 265.

56. *In gloria martyrum*, c. 84. Trata-se de um "conde" bretão e de um "duque" lombardo que, independentemente um do outro, teriam tido essa singular fantasia.

57. Além das obras citadas anteriormente, p. 94, n. 54, ver Vacant e Mangenot, *Dictionnaire de théologie catholique*, palavra "Chrême", e d. Chardon, *loc. cit.*, livre I, section II, cap. II, col. 174; sobre o uso dos santos óleos em malefícios, ver Hansen, *Zauberwahn*, p. 128, n. 3, pp. 245, 271, 294, 332, 387. Pode-se também recordar que Luís XI, moribundo, mandou trazer a Plessis-les-Tours a Santa Âmbula de Reims e o bálsamo miraculoso que se julgava ter sido entregue pela Virgem a s. Martinho; o rei fez-se ungir com esses dois crismas, esperando receber deles a saúde: Prosper Tarbé, *Louis XI et la sainte ampoule*, Reims, 1842 (Soc. des Bibliophiles de Reims), e M. Pasquier, *Bullet. Histor. et Philolog.*, 1903, pp. 455-8. Leber, *Des cérémonies du sacre*, pp. 455 ss., já aproximou do poder curativo reivindicado pelos reis aquele que comumente se atribuía ao santo crisma. Mas, naturalmente, a unção não era a única fonte desse poder ou da ideia que se fazia dele, pois nem todos os reis ungidos exerceram-no; pensava-se que também era preciso uma virtude hereditária: cf. aqui, pp. 197-8.

58. *Lettres*, ed. J. Havet (*Collection pour l'étude... de l'histoire*), nº 164, p. 146. Sobre a oposição aos primeiros capetíngios, ver especialmente Paul Viollet, "La question de la légitimité à l'avènement de Hugues Capet", Mém. Academ. Inscriptions, XXXIV, 1 (1892). Não preciso recordar que sobre os acontecimentos de 987 e os primeiros tempos da dinastia capetíngia é sem-

pre necessário reportar-se aos clássicos livros do sr. Ferdinand Lot, *Les derniers Carolingiens*, 1891, e *Etudes sur le règne de Hugues Capet*, 1903.

59. IV, 11: "Sed si de hoc agitur, nec regnum iure heredi ario adquiritur, nec in regnum promovendus est, nisi quem non solum corporis nobilitas, sed et animi sapientia illu trat, fides munit, magnanimitas firmat".

60. *Canones*, IV (*Histor. de France*, x, p. 628): "Tres namque electiones generales novimus, quarum una est Regis vel Imperatoris, a tera Pontificis tertia Abbatis".

61. Na Europa, depois da Guerra dos Cem Anos, quando os monarcas da Inglaterra ainda ostentavam também o título de reis da França, acreditava-se comumente que essa pretensão era a causa de eles posarem de curandeiros de escrófulas: a propósito de Jaime I, ver (entre outros) a carta do enviado veneziano Scaramelli e o relato de viagem do duque João Ernesto de Saxe Weimar, citados aqui, p. 269, n. 80. Os fatos relatados mais adiante tornam inútil discutir aqui essa teoria.

62. Ver sobretudo o quarto tratado, *De consecratione pontificum et regum*, em que o ritual da sagração é comentado incessantemente: *Libelli de lite* (*Mon. Germ.*), III, pp. 662 ss. Sobre o Anônimo de York, cf. H. Boehmer, *Kirche und Staat in England und in der Normandie im XI. und XII. Jahrhundert*, Leipzig, 1899, pp. 177 ss. (extratos antes inéditos, pp. 433 ss.).

63. Cf. H. Boehmer, *loc. cit.*, pp. 287 ss.; minha "Introduction" a Osbert de Clare, *Analecta Bollandiana*, 1923, p. 51.

64. J. Wellhausen, *Reste arabischen Heidentums* (*Skizzen und Vorarbeiten*, H. 3, Berlim, 1887), p. 142; cf. G. W. Freytag, *Arabum proverbia*, I, Bonn, 1838, p. 488; E. W. Lane, *An Arabic-English lexicon*, I, 7, Leipzig, 1884, p. 2626, 2ª col. A superstição deve ser de origem pré-islâmica. O mesmo poder (atribuído ao sangue dos Banu-Sinan) é mencionado numa antiga poesia compilada na *Hamasa*, tradução de G. W. Freytag, II, 2, in-4º, Bonn, 1847, p. 583.

65. Tal como foi frequentemente assinalado pelos escritores do Ancien Régime; eles viam nessa observação um excelente argumento contra a tese naturalista de que o poder curativo seria um atributo familiar (de alguma forma fisiológico) da estirpe régia (cf. aqui, p. 320): por exemplo, Du Laurens, *De mirabili*, p. 33. É claro, não ignoro que no tempo de Roberto II da França ou de Henrique I da Inglaterra o princípio da primogenitura ainda estava longe de ser universalmente reconhecido; mas já estava solidamente assentado; na França, apesar das tradições carolíngias, fora aplicado desde a ascensão de Lotário, em 954. Pelo que sei, o estudo da introdução dessa nova ideia no direito monárquico jamais foi feito seriamente; mas este não é o lugar de tentar realizá-lo. Será suficiente observar que a própria força das ideias monárquicas levou certos espíritos a considerar digno do trono não o filho mais velho, mas aquele que, não importando sua colocação na escala etária, houvesse nascido depois de seu pai ter sido proclamado rei ou consagrado como tal; na opinião desses juristas, para ser mesmo uma criança régia era necessário nascer não de um príncipe, mas de um rei. Essa concepção jamais assumiu força de lei, mas serviu de pretexto para a revolta de Henrique de Saxe contra seu irmão Oto I (cf. Boehmer-Ottenthal, *Regesten des Kaiserreichs unter den Herrschern aus dem sächsischen Hause*, pp. 31 e 33), e pode-se encontrar seu eco em diversos textos: por exemplo, Eadmer, *Vita s. Dunstani* (*Memorials of St Dunstan*, ed. Stubbs, *Rolls Series*, p. 214, c. 35); Mathieu Paris, *Historia Anglorum*, ed. Madden, *R. S.*, I, P. 353, e *Chronica majora*, ed. Luard, *R. S.*, IV, p. 546.

1. O TOQUE DAS ESCRÓFULAS E SUA POPULARIDADE ATÉ O FINAL DO SÉCULO XV (PP. 103-52)

1. Exemplo do uso terapêutico do sinal da cruz: em *Garin le Lorrain* (*Li romans de Garin le Loherain*, ed. P. Paris: *Les romans des douze pairs*, I, p. 273), veem-se os médicos, depois de ter colocado um emplastro sobre o ferimento do duque Bégon, fazer sobre ele o sinal da cruz. Como rito de bênção e de exorcismo, o sinal da cruz era tão usual em todas as ações correntes da existência que a *Regula coenobialis* de s. Colomba punia com seis golpes o monge que deixasse de traçá-lo sobre sua colher antes de servir-se dela ou sobre a lâmpada que acabava de acender; a punição era dada por um monge mais velho: *Zeitschrift für Kirchengeschichte*, XVII (1897), p. 220.

2. Um exemplo, entre muitos outros: R. O., Chancery Miscellanea, IV, 1, f. 17*v*, 27 May 1378, "xvij egrotis *signatis* per regem xvij d".

3. Para a interpretação de um texto obscuro de Etienne de Conty, ver aqui, p. 105, n. 5.

4. Cf. a *Vita* anônima, ed. Luard, *Lives of Edward the Confessor*, p. 429, e, sobretudo, Osbert de Clare, caps. XIV, XV, XVI, XVII (em que se encontram as referências às passagens correspondentes das outras biografias); ver também Ad. Franz, *Die kirchlichen Benediktionen*, I, pp. 79 ss. e, principalmente, p. 84.

5. Bibl. Nat. lat. 11730, f. 31*v*: "Item post dictam sanctam unctionem et coronacionem regum Francie omnes predicti reges singulares quilibet ipsorum fecit pluries miracula in vita sua, videlicet sanando omnino de venenosa, turpi et inmunda scabie, que Gallice vocatur *escroelles*. Item modus sanandi est iste: postquam rex audivit missam, affertur ante eum vas plenum aque, statim tunc facit oracionem suam ante altare et postea manu dextra tangit infirmitatem, et lavat in dicta aqua. Infirmi vero accipientes de dicta aqua et potantes per novem dies jejuni cum devotione sine alia medicina omnino sanantur. Et est rei veritas quod quasi innumerabiles sic de dicta infirmitate fuerunt sanati per plures reges Francie". Essa passagem já foi reproduzida por D'Achery em suas notas sobre a *De vita sua* de Guibert de Nogent e copiada dele por Migne, *P. L.*, t. 156, cols. 1022-3. Sobre o autor, ver a informação de L. Delisle, *Le cabinet des manuscrits de la Bibl. Nationale*, II, p. 127 (publicada anteriormente em *Bibl. Éc. Chartres*, 1860, p. 421). O pequeno tratado sobre a realeza francesa está colocado na frente de uma continuação da crônica martiniana, a qual se deve igualmente a Etienne de Conty (um fragmento dessa continuação foi publicado por J. H. Albanès e U. Chevalier, *Actes anciens et documents concernant le bienheureux Urbain V*, p. 73) e na qual o último acontecimento relatado é a batalha de Nicopoli (25 de setembro de 1396). O texto citado no começo desta nota contém algumas obscuridades: segundo se atribua à palavra *lavat* um sentido ativo ou neutro (dois significados que são, tanto um quanto o outro, perfeitamente conformes ao uso clássico), dever-se-á entender ou que o rei lava as chagas, ou que ele lava-se depois de tê-las tocado. Prefiro a segunda interpretação, pois a primeira (geralmente aceita, no entanto) é absolutamente contrária a tudo o que por outras fontes sabemos sobre o rito francês.

6. *Histor. de France*, XX, p. 20, c. XXXV (texto citado aqui, p. 175, n. 10).

7. Ives de Saint-Denis, *Histor. de France*, XXI, p. 207 C e D: "primogenitum iterum ad se

vocatum secretius, praesente scilicet solo confessore, instruxit de modo tangendi infirmos, dicens ei sancta et devota verba quae in tangendo infirmos dicere fuerat assuetus, Similiter docuit eum quod cum magna reverentia, sanctitate et puritate deberet illum contactum infirmorum et mundis a peccato manibus exercere". A entrevista de 26 de novembro de 1314 entre o moribundo Filipe, o Belo, e o herdeiro do trono é também atestada pelo relato do enviado do rei de Maiorca (o qual não sabe o que é dito), *Bibl. Éc. de Chartres*, LVIII (1897), p. 12.

8. Aqui, p. 237.

9. Aqui, p. 110, n. 20.

10. Para as contas, ver, entre muitos outros exemplos: R. O., Chancery Miscellanea, IV, 1, f. 20, 3 June 1278: "tribus egrotis benedictis de manu Regis"; E. A. 352, 18, 8 April 1289: "Domino Henrico elemosinario [...] die Parasceue, apud Condom [...] pro infirmis quos Rex benedixit ibidem: xxj. d. st.". Bradwardine: texto citado aqui, p. 110, n. 20. John of Gaddesden, *Praxis medica seu Rosa anglica dicta*, in-8º, s. 1. n. d. [1492], f. 54*v* (cf. aqui, p. 125).

11. Para s. Luís, ver sua biografia por Guillaume de Saint-Pathus, ed. Delaborde (*Collection de textes pour servir à l'étude... de l'histoire*), p. 99. Para Filipe, o Belo, e os soberanos ingleses, ver as contas enumeradas aqui, Apêndice 1, pp. 333-4. Sobre Luís XI, ver Commines, VI, c. VI, ed. Maindrot (*Collection de textes pour servir à l'étude... de l'histoire*) II, p. 41.

12. Carta de remissão datada de Romorantin, 23 de outubro de 1454, e outorgada a Henri Payot, "pobre homem simples, ferrador, morando em Persay le Petit no bailiado de Sens e diocese de Langres": Arch. Nat. JJ. 187, f. 113*v* (assinalado por Charpentier, suplemento ao artigo "scroellae" do *Glossarium* de Du Cange).

13. Segundo as contas régias estudadas aqui, Apêndice 1.

14. Sem nenhuma dúvida, em moeda *parisis*, seguindo os hábitos do palácio, embora as contas não o indiquem expressamente.

15. Os mais pobres podiam também receber um auxílio alimentar suplementar: E. A. 350, 23, semana começada no domingo, 12 de julho de 1277: "Sexaginta et undecim egrotis benedictis de manu regis per illam ebdomadam de dono regis per elemosinarium suum v. s. xj. d. In pascendis quinque pauperibus dictorum egrotorum per elemosinarium regis vij d. ob.".

16. Para todos os detalhes técnicos sobre as contas inglesas ou francesas, ver Apêndice 1. Ali, encontrar-se-á a lista das contas da chancelaria do palácio inglesas que consultei; estão indicadas ano a ano, o que me permitirá simplificar aqui as referências. Para interpretar as informações fornecidas pelas contas de Eduardo I, recorri a Henry Gough, *Itinerary of king Edward the First*, 2 vols. in-4º, Paisley, 1900; cf. também o itinerário do mesmo príncipe por Th. Craib, do qual existe no Record Office de Londres um exemplar datilografado. Sobre as estadas de Eduardo I na Aquitânia, ver Ch. Bémont, *Rôles gascons* (*Doc. inédits*), III, pp. IX ss. Para Eduardo II, utilizei C. H. Hartshorne, "An itinerary of Edward II", British Archaeological Association, *Collectanea Archaeologica*, I (1861), pp. 113-4. Não ignoro que esses diversos itinerários, traçados com base em documentos de chancelaria, precisariam ser verificados (e sem dúvida retificados) nos pormenores, com a ajuda das próprias contas do palácio; mas não tive tempo de fazer esse trabalho; ademais, para o objetivo que eu tinha em vista, só as linhas gerais eram importantes.

17. O 28º ano do reinado vai de 20.11.1299 a 19.11.1300; o 32º, de 20.11.1303 a 19.11.1304; o 18º, de 20.11.1289 a 19.11.1290; o 25º, de 20.11.1296 a 19.11.1297; o quinto, de 20.11.1276 a 19.11.1277; o 17º, de 20.11.1288 a 19.11.1289; o 12º, de 20.11.1283 a 19.11.1284. Obtive os totais

apresentados no texto somando as cifras dadas com mais detalhes pelas diferentes contas que se encontram mencionadas nas p. 338, nn. 14-6. De Eduardo I existe (no Record Office, Chancery Miscellanea, IV, 1) uma espécie de livro-caixa da chancelaria do palácio, indo de 31 de janeiro de 1278 a 19 de novembro do mesmo ano. Não pude utilizá-lo para as estatísticas do toque porque, ao lado de menções perfeitamente claras, como "pro x x x egrotis egritudinis Regis" (9*v*), "pro c_{iiii}^{xx} xij egrotis de morbo regio curatis" (11*v*), ele contém outras que se apresentam simplesmente na forma "pro egrotis", de modo que não se pode determinar se se trata de esmolas feitas a quaisquer doentes ou, então, a escrofulosos tocados pelo rei. Da mesma forma, não se podem levar em conta as menções "pro infirmis" da lista de esmolas do ano 21, E. A. 353, 16.

18. A primeira cifra foi fornecida pelo Brit. Mus. Add. mss. 9951, f. 3*v*; a segunda, pelo Add. mss. 17632, f. 5; a terceira, resultado da adição dos artigos detalhados da conta analisada em *Archaeologia*, XXVI, pp. 319-20 (cf. aqui, p. 113, n. 25).

19. A primeira cifra vem de E. A. 388, 5 (rolo, última membrana); a segunda, R. O., Treassury of Receipt, Miscell. Books, 203, f. 177; a terceira, Brit. Mus. Cotton Nero C VIII, f. 208 (uma indicação relativa ao sustento diário dos pobres, f. 207*v*, permite determinar, para essa última conta, o período a que se refere a cifra dos doentes tocados). Observar-se-á que há um cruzamento dos números do Cotton Nero C VIII com os do E. A. 388, cf. aqui, p. 112, n. 23.

20. Thomae Bradwardini... *De causa Dei contra Pelagium et de virtute causarum ad suos Mertonenses libri tres*, grande in-8º, Londres, 1618, I, c. I, corol. pars. 32, p. 39. "Quicumque etiam negas miracula Christiana, veni et vide ad oculum, adhuc istis temporibus in locis Sanctorum per vices miraculosa gloriosa. Veni in Angliam ad Regem Anglorum praesentem, duc tecum Christianum quemcunque habentem morbum Regium, quantumcunque inveteratum, profundatum et turpem, et oratione fusa, manu imposita, ac benedictione, sub signo crucis data, ipsum curabit in nomine Jesu Christi. Hoc enim facit continue, et fecit saepissime viris et mulieribus immundissimis, et catervatim ad eum ruentibus, in Anglia, in Alemannia, et in Francia circumquaque: sicut facta quotidiana, sicut qui curati sunt, sicut qui interfuerunt et viderunt, sicut populi nationum et fama quam celebris certissime contestantur. Quod et omnes Reges Christiani Anglorum solent divinitus facere, et Francorum, sicut Libri Antiquitatum et fama Regnorum concors testantur: Unde et morbus Regius nomen sumpsit." A obra (que tem certo destaque na história da filosofia medieval) data de 1344. Cf. F. Ueberweg, *Grundriss der Geschichte der Philosophie*; II, *Die mittlere... Zeit*, 10ª ed., 1915, p. 586.

21. Na verdade, esse número não pode ser estabelecido com precisão absoluta. De acordo com a lista de esmolas E. A. 351, 15, oito doentes foram tocados durante a semana começada a 12 de março (festa de s. Gregório Papa). Devemos atribuí-los ao período anterior a 15 de março (ou seja, à Inglaterra) ou ao período posterior (ou seja, ao País de Gales)? Adotei a primeira opção, que me parece mais provável. Escolhendo a segunda, aliás, pouca coisa mudaria em nossos resultados.

22. Semana começada a 17 de setembro (domingo anterior à festa de s. Mateus).

23. 108 de 25 de janeiro de 1336 a 30 de agosto de 1337; 136 de 10 de julho de 1337 a 10 de julho de 1338; total: 244; mas os números cruzam-se. Podemos notar que o controle da Garderobe nos anos 8 a 11 de Eduardo III, Brit. Mus., Cotton Nero C VIII (o qual nas ff. 200*v*-208 contém um *Titulus de elemosina* que se estende de 31 de julho do ano 8, 1334, a 30 de agosto de 1337), não apresenta para o período de 31 de julho do ano 8 a 24 de janeiro do ano 10 (isto é, de

31 de julho de 1334 a 24 de janeiro de 1336) nenhuma indicação de doentes tocados. Durante quase todo esse período, Eduardo esteve na Escócia ou, então, nos condados setentrionais, ocupado com a aventura escocesa.

24. T. F. Tout, *The place of the reign of Edward II in English history* (*Manchester Historical Series*, XXI), 1914, p. 9, escreve: "Chroniclers do not often all agree, but their agreement is absolutely wonderful in dealing with the character of Edward of Carnarvon".

25. Para ser inteiramente exato, convém observar que, de 20 de junho de 1320 a 21 de julho do mesmo ano, Eduardo II fez curta viagem à Picardia (cf. *Collectanea Archaeologica*, I (1861), pp. 135 ss.). Portanto, é preciso deduzir dezoito dias de ausência do período de 20 de março a 7 de julho de 1320 (durante o qual ele tocou 93 doentes) e catorze dias do 14º ano de reinado (começando a 8 de julho de 1320) — reduções muito insignificantes, que não afetam sensivelmente os totais que compõem um período de quatro meses e outro de um ano inteiro. Conheço a conta do décimo ano de reinado (18 de julho de 1316 a 7 de julho de 1317) apenas pela análise de *Archaeologia*, XXVI, pp. 318 ss.; essa análise contém menções de toque para apenas o período que vai de 27 de julho a 30 de novembro de 1316; a ausência de menções dessa espécie para o restante do ano parece-me difícil de explicar. A conta acha-se conservada na biblioteca da Society of Antiquaries of London. Oxalá este trabalho convencesse um erudito inglês a pesquisar a solução para o pequeno problema que acabo de indicar!

26. Cf. J. C. Davies, *The baronial opposition to Edward II*, Cambridge, 1918, p. 109.

27. Catálogo de esmolas, E. A. 352, 18. Entre 29 de junho e 1º de julho, Eduardo ficou no Poitou; desembarcou em Dover a 12 de agosto; no intervalo, ficou no reino da França fora de seu feudo aquitânico e, naturalmente, não tocou ninguém. É verdade que ao menos de 29 de julho a 4 de agosto ele permaneceu em seu pequeno condado de Ponthieu, na foz do Somme; ali, não parece ter exercido seu poder. O último toque no continente corresponde à semana terminada a 26 de junho; o primeiro na Inglaterra, à semana terminada a 14 de agosto (membrana 4).

28. Também para a viagem de 1289, na França fora da Aquitânia, cf. a nota anterior.

29. Eduardo III desembarcou em Antuérpia a 16 de julho de 1338; deixou o continente a 20 de fevereiro de 1340: T. F. Tout, em W. Hunt e Reginald L. Poole, *The political history of England*, III, pp. 335 e 344. Os "Itinéraires d'Edouard III d'Angleterre pendant ses expéditions en France", dados por Jean Lemoine em apêndice a sua edição da *Chronique* de Richard Lescot (Soc. de l'Hist. de France), são de todo insuficientes.

30. "Mémoire touchant l'usage d'écrire sur des tablettes de cire", *Mém. Acad. Inscriptions*, XX (1753), p. 307: "marcava-se aí o nome, a qualidade e o país das pessoas a que elas [as esmolas] eram feitas: *o que merece ser observado em detalhe*".

31. As tabuinhas de Renaud de Roye estão publicadas no *Recueil des Historiens de France*, XXII, pp. 545-65; as referências que seguirão são dadas nas páginas desse volume. As tabuinhas são de leitura difícil, e para alguns dos artigos relativos ao toque a menção do lugar de origem não pôde ser lida pelos editores; não consideraremos esses artigos. Confrontei a edição com a cópia antiga das tabuinhas de 1307, contida no ms. Bibl. Nat. latin 9026.

32. 554 d.: "Domicella Johanna de Torre, patiens morbum regium, ibi tunc, LX s. per Vivianum". Para as funções de Vivien, cf. *ibid.*, 511*j*, 538*f*, 543*e*.

33. 560*k*, 557*h*, 553*k*.

34. 558*b*, 559*b*, 558*b*.

35. Souterraine (Creuse): 557*e*, Marche (?), 557*h*; Toulouse e Toulousain: 554*c*, 558*g*, 558*l*; Bigorre: 561*a*; Borgonha: 558*l*; Nantes: 557*c*; Guingamp: 557*c*; Montpellier: 558*c*; Bordeaux: 553*k*. Para a situação política ou feudal dessas regiões ou dessas cidades, será suficiente já remeter a Aug. Longnon, *La formation de l'unité française*, 1922. A soma doada a irmã Agnès, franciscana de Bordeaux, é anormalmente elevada: doze libras, cifra que só encontramos para cada um dos quatro lombardos e navarros que, pouco antes, vieram ser tocados (553*j*). Será que o governo régio tentava seduzir com uma bela esmola os doentes que eram súditos do rei da Inglaterra? (Para a política seguida no século XVI em relação aos espanhóis, cf. aqui, p. 254.)

36. 561*a*: "Guillelmus de Alba in Bigorra, paciens morbum regis, ibi tunc, xx s. per Petrum de Carnoto". A identificação de *Alba* com Hauban (Altos Pireneus, cant. Bagnères-de-Bigorre) não é conjetural; aliás, isso pouco importa, pois a localização regional é dada de maneira segura pela palavra *Bigorra*.

37. Aqui, p. 110, n. 20. Em 1344 (data do tratado de Bradwardine), os franceses, aos olhos de um leal partidário dos Plantagenet, podiam ser considerados súditos de Eduardo III; os alemães, porém, permaneciam incontestavelmente estrangeiros.

38. É o próprio título do bem conhecido livro de F. Kern, *Die Anfänge der französischen Ausdehnungspolitik bis zum Jahr 1308*, Tübingen, 1910.

39. Metz: 558*b*; Lorena: 553*k*; Lausanne: 554*d*; Savoia: 551*g*; Tarascon: 554*b*. Sobre Metz e a diplomacia capetíngia, cf. Kern, *loc. cit.*, pp. 172 e 144. Notar-se-á que as somas entregues aos estrangeiros, embora às vezes muito elevadas, em outros casos descem a até vinte sous, cifra mínima e (sem dúvida) normal das esmolas do toque.

40. Navarra: 552*c*, 553*j*, 554*a*; Espanha: 553*m*, 554*c*, 557*c*, 559*e* ("Maria de Garda in Esturia, paciens morbum regis, [...] apud Longum Pontem"); Lombardia: 553*j*. e lat. 9026, p. 13 das tabuinhas. "[...] de Lombardia paciens morbum regium" (omitido na edição); Milão: 560*a*; Parma: 551*h*; Piacenza: 560*f*; *Johannes de Verona*, 558*d*; Veneza: 553*f*; Romanha: 558*h*, 560*h*; Bolonha: 553*m*; Toscana: 554*c*; Urbino: 557*k*; "Gando", próximo a Perugia: 560*k*.

41. "Purgatório", XX, 43 ss.

42. 560*k*: "Frater Gregorius de Gando prope Perusium, ordinis sancti Augustini, paciens morbum regis [...]"; 553*m*: "Clara de Bononia Crassa et Maria de Hispania, patientes morbum regium [...]" (a vírgula colocada pelo editor entre *Bononia* e *Crassa* deve, evidentemente, ser suprimida).

43. Cf. Ives de Saint Denis, *Histor. de France*, XXI, pp. 202 a 205; Wenck, *Philipp der Schöne*, p. 67, n. 2.

44. P. Dupuy, *Histoire du differend d'entre le pape Boniface VIII et Philippe le Bel*, in-4º, 1655, p. 519: "apertaque miracula Deus infirmis, Deus per manus eius ministrat". Sobre a data da memória, cf. R. Holtzmann, *Wilhelm von Nogaret*, Freiburg in B., 1890, p. 200; Georges Lizerand, *Clément V et Philippe IV le Bel* (thèse lettres, Paris), 1910, p. 209.

45. Texto de Fortescue, citado aqui, nota seguinte; textos medicais, pp. 123-4; textos diversos (teologia, filosofia política...), pp. 133 ss.

46. "De titulo Edwardi comitis Marchie", c. X, em *The works of sir John Fortescue... now first collected by Th. lord Clermont* — formando o t. I de *Sir John Fortescue, knight, his life, work and family history*, in-4º, Londres, 1869 ("printed for private distribution"; um exemplar no British Museum), p. 70*: "virtute cujus debitae sibi unctionis per mundissimorum suarum manuum

contactum labe aliqua utpote sanguine homicidii et fame luxuriae incontaminatarum, languentes morbo regio, de quibus medici expertissimi desperarunt, usque in hodiernum diem optatam Domino conferente recipiunt sospitatem ad Dei omnipotentis laudem, de cujus gratia venit gratia sanitatum, ad videntium et assistentium fidelitatis ad ipsum regem constantiam, et sui indubitatissimi tituli, Domino approbante, confirmationem". Para a sequência da passagem, ver aqui, p. 198. Do mesmo autor, cf. outro escrito da mesma época, a *Defensio juris domus Lancastriae* (ed. Clermont, p. 508; passagem também publicada por Freind, *The history of Physick*, 5ª ed., II, 1758, p. [32], e Crawfurd, *King's evil*, p. 45 (cf. aqui, p. 167, n. 37). Entre os dons régios recusados às rainhas, Fortescue coloca a cura dos escrofulosos. A passagem da *Defensio* está traduzida quase textualmente num terceiro tratado, também de mesma época: *Of the title of the House of York* (ed. Clermont, p. 498; Crawfurd, *loc. cit.*, p. 46). Sobre a vida de Fortescue e a cronologia de suas obras, ver Ch. Plummer, "Introduction" a sua edição do tratado *On the governance of England*, Oxford, 1885.

47. Exatamente $22\frac{2}{9}$ grãos, pelo menos até o 18º ano de reinado; o grão vale 0,0648 g. Mais tarde, o denier decresce progressivamente a dezoito grãos: E. Hawkins, *The silver coins of England*, 3ª ed. (revisada por R. L. Kenyon), Londres, 1887, p. 207.

48. Exatamente oitenta grãos: R. L. Kenyon, *The gold coins of England*, Londres, 1884, p. 89. O peso é dado para o reinado de Henrique VIII; sem dúvida, porém, era praticamente o mesmo sob Henrique VII. Para tudo o que concerne à história monetária do toque sob os Tudor, ver Farquhar, "Royal charities", I.

49. Farquhar, I, p. 84. Simplifico um pouco dizendo "a mesma moeda de ouro", pois o nome da moeda mudou então e iria ainda mudar depois; mas aqui isso importa pouco.

50. Para o denier, "Statute of Labourers de 1350", *Statutes*, I, p. 311: "et que nul preigne en temps de sarcler ou *feyns faire* for que j. d. le jor" [e que, em tempo de sachar ou de remexer a forragem, ninguém peça mais que um penny por dia]; acredito que deva traduzir *feyns faire* por *faner* [remexer o feno para secá-lo] porque há a proximidade com *sacher* [sachar] e, sobretudo, porque nos artigos seguintes o salário dos ceifadores é previsto; naturalmente, é mais elevado: cinco pence o acre ou, então, cinco pence por dia. Para o angel ver Farquhar, I, p. 73

51. Aqui, p. 253, n. 3. No reinado de Luís XII, em virtude do decreto de 19 de novembro de 1507, o *grand blanc*, que valia doze deniers tournois, pesava pouco menos de 2,85 g; a mesma coisa no reinado de Francisco I, até 1519. De 1519 a 1539, o *blanc* (doze d. t.) pesará pouco menos de 2,66 g; de 1540 a 1547, o *douzain* (também doze d. t.) pouco mais de 2,68 g. Cf. A. Blanchet e A. Dieudonné, *Manuel de numismatique française*, II, pp. 308 e 314.

52. Ed. de Lyon, in-4º, 1510, no capítulo "De scrophulis et glandulis": "et vocantur scrophule [...] et etiam morbus regis quia reges hunc morbum curant". Temendo que essa frase tivesse sido incluída mais tarde, fiz questão de dirigir-me a um dos manuscritos antigos do *Compendium*, o ms. 173 da Bibliothèque de Vendôme, que é do século XIII; ela ali se encontra (f. 122*a*). A data do tratado é estabelecida do seguinte modo: a propósito das doenças dos olhos, Gilberto menciona "collirium quod feci Bertranno filio domini H. de Jubileto" (ms. de Vendôme, f. 94*b*; p. 137 da edição de Lyon). Os De Giblet (Djebail) eram uma das grandes famílias senhoriais da Terra Santa; sua genealogia pode ser encontrada em Du Cange, *Les familles d'Outremer*, ed. E. G. Rey (*Doc. inéd.*), 1869, p. 325; aqui, só pode tratar-se de Bertrand II, filho de Hugue. Bertrand participou da cruzada de 1217 e, nesse mesmo ano, figurou como testemunha de um ato; Hugue

morreu depois de 1232. Essa passagem foi assinalada por Littré, *Histoire littéraire*, XXI, p. 394. O sr. J. F. Payne, "English medicine in the Anglo-Norman period" (*British Medical Journal*, 1904, II, p. 1283) rejeita-a, considerando-a uma intercalação; apenas um estudo aprofundado do manuscrito permitiria resolver definitivamente a questão; contudo, devo assinalar que o ms. de Vendôme contém o texto litigioso. O sr. Payne data de aproximadamente 1200 a atividade de Gilberto; ele aceita a tradição (da qual a primeira menção atestada é do século XVII) de que Gilberto foi o médico do arcebispo de Canterbury, Hubert Walter; mas como dar crédito a uma informação tão posterior, a qual não se apoia em nenhuma referência de um texto antigo? Não pude ver H. E. Handerson, *Gilbertus Anglicus* (*published posthumously for private distribution by the Cleveland Medical Library Assoc.*), Cleveland, Ohio, 1918, indicado por Lynn Thorndike, *A history of magic and experimental science*, II, Londres, 1923, p. 478, n. 1; a nota de Thorndike sobre Gilberto não fornece nenhuma precisão sobre o problema da data.

53. *Lilium medicinae*, ed. de 1550, pars. I, p. 85; o *Lilium* foi escrito por volta de 1305.

54. *Collectio Salernitana*, II, Nápoles, 1853, p. 597; a atribuição a autores franceses é verossímil, mas não é segura: cf. Gurlt, *Geschichte der Chirurgie*, I, p. 703.

55. J. L. Pagel, *Leben, Lehre und Leistungen des Heinrich von Mondeville, Theil I, Die Chirurgie des Heinrich von M.*, Berlim, 1892 (texto editado pela primeira vez em *Archiv für Klinische Chirurgie*, XL e XLI), Tract. II, "Notabilia introductoria", p. 135: "Et sicut praedictum est, quod Salvator noster, Dominus Jhesus Christus, officium cyrurgicum propriis manibus exercendo voluit cyrurgicos honorare, ita et eodem modo Princeps Serenissimus, Francorum rex, ipsos et eorum status honorat, qui curat scrophulas solo tactu [...]"; cf. Tract. III, doctr. II, cap. IV, p. 470. As duas passagens não aparecem na tradução francesa (em que falta todo o terceiro tratado e em que o prólogo do segundo só figura de forma muito resumida): *La chirurgie de maître Henri de Mondeville*, ed. A. Bos, 2 vols., 1897-8 (Soc. des Anc. Textes). Sobre as datas de Henri de Mondeville, ver uma nota de Wenck, *Philipp der Schöne*, p. 16, n. 4.

56. "La chirurgie de maître Jehan Yperman", ed. Broeckx, *Annales Académ. Archéolog. Belgique*, XX (1863), p. 259: "Van des conincs evele sal men jou nou segghen her hebben vele lieden ghelove ane den coninc van Vranckerike dat hem God macht heeft ghegheven scrouffelen te ghenesene die loepen ende dat alle met sin begripe van der hant ende dese lieden ghenesen vele bi hore ghelove ende onder wilen ghenesen si niet". Devo a tradução desse trecho a meu colega de Bruxelas, sr. Ganshof. Sobre Jean Yperman, ver a introdução de Broeckx; foi encarregado do serviço médico no exército de Ypres durante a guerra contra o conde Luís, em 1325 (p. 134). Cf. Gurlt, *Geschichte der Chirurgie*, II, p. 137.

57. Tract. II, doct. I, cap. IV; texto latino: *Chirurgia magna Guidonis de Gauliaco*, in-4º, Lyon, 1535, p. 79; texto francês: *Grande chirurgie*, ed. E. Nicaise, in-4º, 1890, p. 127.

58. *Praxis medica, rosa anglica dicta*, lib. II, no § intitulado "Curatio scrophularum...", ed. de 1492, in-8º, s. l. n. d., p. 54*v*.

59. *Breviarium Bartholomaei*, British Museum, Harleian ms. 3, f. 41, col. 1 (já citado em Crawfurd, *King's evil*, p. 42). Não sei por que Lanfrank — que em sua *Science off cirurgie* (*Early English Texts*, O. S. 102, III, II, 13) dedica um capítulo às escrófulas — não assinala o poder curativo dos reis; é possível que ele copiasse um autor mais antigo que não mencionasse esse poder.

60. *Compendium medicinae practicae*, lib. II, cap. V (ed. de Lyon, in-4º, 1586, pp. A 54*v* ss.).

61. Até onde sei, o primeiro médico que, fora da França e da Inglaterra, menciona-o, parecen-

do acreditar nele, é o italiano Girolamo Mercuriale, em seu *De morbis puerorum*, publicado pela primeira vez em 1583: ed. de 1588, in-4º, Veneza, p. 35. Em seguida, outro italiano, Fabrizio d'Acquapendente, um dos fundadores da anatomia científica, menciona esse poder em seu *Pentateuchus*, publicado primeiramente em 1592 (citado por Gurlt, *Geschichte der Chirurgie*, II, p. 451).

62. *Loc. cit.*: "Finaliter oportet recurrere ad manum chirurgicam [...] et si non, vadamus ad reges". John of Mirfield emprega expressões análogas.

63. *Loc. cit.*: "Et si ista sufficiant, vadat ad Regem, ut ab eo tangatur atque benedicatur: quia iste vocatur morbus regius; et valet tactus nobilissimi serenissimi regis anglicorum. Ultimo tamen si ista non sufficiunt tradatur cirurgico".

64. Seria inteiramente absurdo pretender dar aqui uma bibliografia, mesmo muito sumária, do movimento gregoriano. Os trabalhos recentes foram vantajosamente arrolados por J. P. Whitney, "Gregory VII", *Engl. Historical Review*, 1919, p. 129. Para a história das doutrinas políticas durante esse período, a mais recente obra de conjunto é R. W. e A. J. Carlyle, *A history of mediaeval political theory in the West*, III e IV, Edimburgo e Londres, 1915 e 1922. Confesso ter obtido muito pouca coisa de E. Berheim, *Mittelalterliche Zeitanschauungen in ihrem Einfluss auf Politik und Geschichtsschreibung*, I, Tübingen, 1918; em compensação, será sempre proveitoso reportar-se a F. Kern, *Gottesgnadentum*.

65. *Ad Gebehardum liber*, c. XXX (*Monum. German.*, *Libelli de lite*, I, p. 365): "Neque enim populus ideo eum super se exaltat, ut liberam in se exercendae tyrannidis facultatem concedat, sed ut a tyrannide ceterorum et improbitate defendat. Atqui, cum ille, qui pro coercendis pravis, probis defendendis eligitur, pravitatem in se fovere, bonos conterere, tyrannidem, quam debuit propulsare, in subiectos ceperit ipse crudelissime exercere, nonne clarum est, merito illum a concessa dignitate cadere, populum ab eius dominio et subiectione liberum existere, cum pactum, pro quo constitutus est, constet illum prius irrupisse? [...] Ut enim de rebus vilioribus exemplum trahamus, si quis alicui digna mercede porcos suos pascendos commiteret ipsumque postmodo e os non pascere, sed furari, mactare et perdere cognosceret, nonne, promissa mercede etiam sibi retenta, a porcis pascendis cum contumelia illum amoveret?". Sobre Manegold, ver (entre outros) A. Fliche, "Les théories germaniques de la souveraineté à la fin du XI siècle", *Revue Historique*, CXXV (1917), pp. 41 ss., e R. W. e A. J. Carlyle, *op. cit.*

66. Ph. Jaffé, *Gregorii VII registrum* (*Bibliotheca rerum Germanicarum*, II), VIII, 21, pp. 453 ss., sobretudo p. 457: "Quis nesciat reges et duces ab iis habuisse principium qui, Deum ignorantes, superbia, rapinis, perfidia, homicidiis, postremo universis pene sceleribus, mundi principe, diabolo videlicet, agitante, super pares, scilicet homines, dominari caeca cupidine et intolerabili praesumptione affectarunt". Sobre a inferioridade do rei para com o exorcista, ver p. 459: "Meminisse etiam debet fraternitas tua: quia maior potestas exorcistae conceditur, cum spiritualis imperator ad abiciendos demones constituitur, quam alicui laicorum causa saecularis dominationis tribui possit". Sobre o sacerdote, ver p. 460, principalmente: "Et quod maximum est in christiana religione, quis eorum valet proprio ore corpus et sanguinem Domini conficere?". Ainda hoje, as palavras "spirituales imperadores ad abjiciendos daemones" encontram-se numa das preces determinadas pelo Pontifical Romano para a ordenação do exorcista; a fórmula é antiga; ver, por exemplo, os diversos *ordines* compilados por d. Martene, *De antiquis ecclesiae ritibus*, ed. de Bassano, 1788, in-fólio, II, pp. 30 ss. A questão de saber se Gregório VII realmente atribuía ao poder civil uma origem diabólica foi levantada com frequência: ver especialmente a

interessante discussão do cônego Cauchie (*Revue d'Histoire Ecclésiastique*, v (1904), pp. 588-97), que se esforça por conciliar as diferentes declarações de Gregório VII a respeito disso — diferenças que, é preciso dizê-lo, dependiam das razões que o papa tinha para ser agradável ou desagradável a este ou àquele soberano temporal. Mons. Cauchie conclui (p. 593): "não há nenhuma contradição em dizer; 1º, de fato, o poder se estabelece de maneira diabólica; 2º, em princípio, malgrado esse vício original, é preciso considerá-lo desejado ou permitido por Deus". Isso não significa dizer que Gregório VII achava que nada no mundo é feito, mesmo pelo diabo, sem a permissão de Deus? Ou, em outros termos, que ele era maniqueísta? Em suma, não se poderia duvidar de que ele não haja visto nada de diabólico na origem das realezas; também é esse o sentido da célebre resposta do bispo de Liège, Wazon (gregoriano *avant la lettre*) ao imperador Henrique III sobre a comparação entre a unção régia e a sacerdotal, a segunda tendo sido criada *ad vivificandum*, mas a primeira *ad mortificandum*: *Anselmi Gesta Episcop. Leodensium* em *Monum. German.*, *SS.*, VII, p. 229.

67. *Loc cit.*, p. 462: "Namque, ut de apostolis et martyribus taceamus, quis imperatorum vel regum aeque ut beatus Martinus, Antonius et Benedictus miraculis claruit? Quis enim imperator aut rex mortuos suscitavit, leprosos mundavit, cecos illuminavit? Ecce Constantinum piae memoriae imperatorem, Theodosium et Honorium, Carolum et Lodoicum, iustitiae amatores, christianae religionis propagatores, ecclesiarum defensores, sancta quidem ecclesia laudat et veneratur; non tamen e os fulsisse tanta miraculorum gloria indicat".

68. Ver, por exemplo, s. Tomás de Aquino, *Summa theolog.*, II, 2, *quaest.* 178, art. 2.

69. Aqui, p. 73, n. 33.

70. Ed. Luard (*Rolls Series*), nº CXXIV, p. 350. Pode-se também notar que Giraud de Cambrie, escrevendo no tempo de Filipe Augusto seu *De principis instructione*, tão favorável à dinastia capetíngia, nem se refere ao milagre régio.

71. *De vita sua*, I, c. VII, ed. G. Bourgin (*Collection de textes pour servir à l'étude et l'ens. de l'histoire*), p. 20.

72. Foi o chanceler do arcebispo Richard, que sucedeu Thomas Becket em Canterbury e cuja política parece ter sido muito diferente da de seu predecessor. Cf. J. Armitage Robinson, *Somerset historical essays*, 1921, p. 108.

73. É justo acrescentar que, tanto quanto posso ver, o silêncio mantido pelos autores de ficção parece ter-se prolongado até bem depois do momento no qual, como observaremos daqui a pouco, o ostracismo de que se acabou de falar deixou de atingir o milagre régio, mesmo nos meios eclesiásticos mais rígidos. Não conheço nenhuma obra romanesca medieval que haja utilizado o toque das escrófulas. Talvez essa abstenção (afinal de contas, singular) deva explicar-se pelo espírito ramerraneiro dos romancistas; nesse final de Idade Média, eles não faziam mais que repetir os temas transmitidos pelas épocas anteriores. Aliás, apresso-me a assinalar que minha pesquisa sobre esse ponto não poderia ter a pretensão de ser completa e que, ademais, não encontrei para a literatura dos últimos séculos os mesmos auxílios que encontrei para a primeira epopeia medieval. O estudo desta e de alguns romances de aventuras foi-me facilitado por algumas dissertações alemãs, muito úteis como coletâneas de referências, de que dou aqui a lista: A. Euler, *Das Königtum im altfranzösischem Epos* (*Ausg. u. Abh. 65*), Marburg, 1886; O. Geissler, *Religion und Aberglaube in den mittelenglischen Versromanzen*, Halle, 1908; M. Hallauer, *Das wunderbare Element in den Chansons de Geste*, Basileia, 1918; O. Kühn, *Medizi-*

nisches aus der altfranzösischen Dichtung (*Abh. zur Gesch. der Medizin*, 8), Breslau, 1904; F. Laue, *Ueber Krankenbehandlung und Heilkunde in der Literatur des alten Frankreichs*, Göttingen, 1904; F. Werner, *Königtum und Lehenswesen im französischen Nationalepos*. (*Roman. Forsch.*, 25), 1908. De uma indicação de Funck-Brentano, *Le roi*, p. 177, n. 4, poder-se-ia concluir que o *Mystère de st. Remy*, conservado num ms. do século XV, Arsenal 3364, contém uma passagem relativa ao toque; mas, após uma verificação, vê-se que não há nada nele; o *Mystère* põe em cena somente o milagre da Santa Âmbula.

74. Poderíamos ficar tentados a aproximar do Anônimo, como teórico político, seu contemporâneo, o francês Hugue de Fleury, cujo *Tractatus de regia potestate et sacerdotali dignitate* é dedicado a Henrique I da Inglaterra; mas, a despeito da célebre frase em que Hugue compara o rei a Deus Pai e o bispo a Cristo somente (I, c. 3; *Monum. Germ.*, *Libelli de lite*, III, p. 468) — frase que, aliás, como mostrou o sr. A. J. Carlyle, *A history of mediaeval political theory*, IV, p. 268, parece ser apenas uma reminiscência livresca —, esse autor não poderia ser tido como partidário decidido do *regnum*; ele pertence ao grupo que o sr. Luchaire, colocando Hugue de Fleury ao lado de Ive de Chartres, denominou justamente "terceiro partido" francês (Lavisse, *Histoire de France*, II, 2, p. 219).

75. *Histor. de France*, XXIII, p. 597*c*; "Dicebant autem aliqui qui eum visitabant quod hic erat morbus regius, id est lupus".

76. *Histor. de France*, XXIII, p. 565, § XXXVI: "morbus erat scrophularum, a quo rex Franciae tactu manuum suarum divinitus curat". Sobre a obra e seu autor, ver Paulin Paris, *Hist. littéraire*, XXXI, p. 65, e Léopold Delisle, *Mémoire sur le bienheureux Thomas de Biville*, Saint Lô, 1912. Na tradução em versos franceses editada por De Pontaumont, *Vie du B. Thomas Hèlie de Biville*, Cherbourg, 1868, faltam os milagres e, consequentemente, o trecho de que tratamos. Um sermão em louvor a s. Marcoul, sermão que é verossimilmente do século XIII, mas ao qual não se poderia atribuir data precisa, emprega também a expressão *morbus regius*: cf. aqui, p. 225, n. 11. Du Cange (ou melhor, os beneditinos, completando o *Glossarium* de Du Cange) cita no artigo "Scroellae" a seguinte frase, que pedem emprestada a um glossário latino-francês da biblioteca da abadia Saint-Germain des Prés (restabeleci o texto exato, segundo o ms.): "a Escrófula, uma doença que aparece no pescoço, é o mal do rei". Graças a uma obsequiosa comunicação do sr. Antoine Thomas, pude identificar esse glossário com um manuscrito da Bibliothèque Nationale, o qual traz o nº 13032 do setor latino; lê-se a frase em questão na f. 139*v*; esse ms. é do século XIV — sensivelmente posterior, portanto, aos textos indicados aqui. Ainda mais tardios são os milagres de s. Fiacre, citados por Carpentier em Du Cange, na palavra "Malum Regis": *AA. SS. Aug.*, VI, p. 618.

77. Ver aqui, p. 107, n. 11.

78. *Histor. de France*, XX, p. 20, c. XXXV: "In tangendis infirmitatibus, que vulgo scroalae vocantur, super quibus curandis Franciae regibus Dominus contulit gratiam singularem, pius Rex modum hunc praeter reges caeteros voluit observare. Cum enim alii reges praedecessores sui, tangendo solummodo locum morbi, verba ad hoc appropriata et consueta proferrent, quae quidem verba sancta sunt atque catholica, nec facere consuevissent aliquod signum crucis, ipse super consuetudinem aliorum hoc addidit, quod, dicendo verba super locum morbi, sanctae crucis signaculum imprimebat, ut sequens curatio virtuti crucis atrribueretur potius quam regiae majestati". Passagem reproduzida por Guillaume de Nangis, *ibid.*, p. 408.

79. Alguns escritores do Ancien Régime (por exemplo, Du Laurens, *De mirabili*, p. 17, e Raulin, *Panegyre*, p. 179) citam como um reconhecimento quase oficial do dom taumatúrgico atribuído aos reis da França uma frase da bula de canonização de s. Luís: "strumis beneficium liberationis impendit"; mas, evidentemente, essa frase (*Hist. de France*, XXIII, p. 159*d*) só se aplicava aos milagres realizados pelo corpo santo, depois da morte do rei; ninguém teria podido incluir a cura das escrófulas (privilégio hereditário dos reis da França) entre as provas da santidade de Luís IX; a bula não tinha por que falar dela. Depois da morte de s. Luís, é natural que a ele se tenha pedido (entre outros milagres de cura) o alívio de uma doença sobre a qual em vida o rei já tivera algum poder. Frequentemente, achou-se que os restos de s. Luís tinham um poder especial contra as escrófulas; cf. Jacobus Valdesius, *De dignitate regum regnorumque Hispaniae*, in-4º, Granada, 1602 (relíquias de Poblet, na Catalunha), e Cabanès, *Remèdes d'autrefois*, p. 40, n. 2.

80. Aqui, p. 119, n. 44.

81. M. Goldast, *Monarchia S. Romani Imperii*, in-4º, Hannover, 1612, I, p. 49. Original latino, *ibidem*, II (ed. Amsterdã, 1631), p. 102; mas cito copiando diretamente de um dos manuscritos, Arch. Nat. JJ. 28, f. 250: "Secundo, hoc idem probant aperta miracula, universo orbi manifeste notoria et notorie manifesta. Unde Dominus Rex, de iusto titulo suo respondens, dicere potest illud Euangelicum quod respondit Dominus Ihesus contra calumpnias Judeorum: *Si mihi non uultis credere, operibus credite*. Sicut enim hereditario iure succedit patri filius in adoptionem regni, sic quasi hereditario iure succedit, faciente Deo, alter alteri in simili potestate huiusmodi miraculi faciendi". Sobre a obra, ver Richard Scholz, *Die Publizistik zur Zeit Philipps des Schönen und Bonifaz VIII* (*Kirchenrechtliche Abhandl. hgg. von U. Stutz*, 6-8), pp. 224 ss.; muito recentemente, o sr. P. Fournier, em seu *Bulletin du Jubilé*, publicado pelo Comité Français Catholique pour la Célébration du Sixième Centenaire de Dante, p. 172, n. 1, formulou a hipótese (mas sem nela insistir) de que a *Quaestio* poderia ser de Plaisians. A bem dizer, é pouco provável que a identidade do autor seja algum dia desvendada.

82. *Histor. de France*, XXII, p. 175, vv. 198 ss.: "Diex di ciel, li souverains peres,/ Si grant bonne aventure done/ A quiconques a la couronne/ De la terre ramenteue/ Qu'il fait, puis qu'il la receue,/ Tout son vivant miracles beles;/ Car il guerist des escroeles/ Tant seulement par y touchier,/ Sans emplastres dessus couchier;/ Ce qu'autres roys ne puent faire" [Deus dá tão grande bem-aventurança àquele a quem reconhece a coroa desta terra que, depois que a recebe, este faz belos milagres durante toda a sua vida, pois cura as escrófulas tão somente por tocá-las, sem deitar emplastros em cima, o que outros reis não podem fazer].

83. Cf. aqui, p. 106, n. 7.

84. Mateus 21, 9.

85. Cf. Paul Fournier, "La *Monarchia* de Dante et l'opinion française", Comité Français Catholique pour la Célébration du Sixième Centenaire de la Mort de Dante Alighieri, *Bulletin*, 1921, pp. 155 ss.

86. Bibl. Nat. latin 16495, ff. 96*d* ss.; o sermão é em louvor a s. Nicolau, mas o santo aparece pouquíssimo. A frase do início, "Quilibet heres Francie, ex quo inunctus et coronatus, habet specialem giatiam et virtutem a Deo quod tactu manus suae curat infirmos: propter quod habentes infirmitatem regiam veniunt ad regem de multis locis et terris diversis", é reproduzida no artigo de N. Valois sobre Guillaume de Sauqueville, *Histoire littéraire*, XXXIV, pp. 298 ss., de que tomei emprestadas as informações aqui dadas sobre o autor e a data do sermão.

87. Existe abundante literatura sobre Tolomeo da Lucca, mas nenhuma obra verdadeiramente exaustiva. A maior parte dos trabalhos que é útil conhecer foi indicada e utilizada por G. Mollat, *Etude critique sur les Vitae paparum Avenionensium d'Etienne Baluze*, 1917, pp. 1 ss.; deve-se acrescentar ainda o recente artigo de Martin Grabmann, "La scuola tomistica italiana", *Rivista di Filosofia Neo-scolastica*, XV (1923), cujo § IV é consagrado a Tolomeo. Também é proveitoso reportar-se à dissertação de Karl Krüger, *Des Ptolomäus Lucensis Leben und Werke*, Göttingen, 1874; ver igualmente a introdução de Mario Krammer à edição citada aqui, p. 133, n. 88; para o demais, contento-me em remeter às referências dadas pelo sr. Mollat. De modo geral, os autores que trataram das ideias políticas de Tolomeo — como, por exemplo, Albert Bazaillas, "Etude sur le *De regimine principum*", *Rec. Académ. Sciences Belles Lettres et Arts de Tarn et Garonne*, 2e série, VIII (1892), sobretudo pp. 136-43, e Jacques Zeiller, *L'idée de l'Etat dans saint Thomas d'Aquin*, 1910, p. 161 — não me parecem ter dedicado suficiente atenção às relações dele com o partido angevino. Sobre as relações dos lucanos com a casa de Anjou, cf. Krammer, *loc. cit.*, pp. XVI-XVII. Tolomeu chama Carlos de Anjou *rege nostro Karolo*, no *De regimine*, IV, 8; e *dominus noster rex Karolus*, na *Determinatio* (aqui, p. 133, n. 88). No *De regimine*, IV, 8, insiste na perfeita semelhança dos franceses com os nativos do reino de Nápoles. Enfim, toda a *Determinatio* tem por objetivo defender contra Rodolfo de Habsburg e contra o próprio papa Martinho IV os direitos de Carlos de Anjou ao vicariato da Toscana; além da introdução da edição Krammer, ver, sobre o assunto, F. Kern "Die Reichsgewalt des deutschen Königs nach dem Interregnum", *Histor. Zeitschrift*, CVI (1911), pp. 71-4. Sobre o episódio de 1315, R. Davidsohn, *Forschungen zur Geschichte von Florenz*, IV, Berlim, 1908, p. 368.

88. Ed. Mario Krammer, Hannover e Leipzig, 1909 (*Fontes iuris Germanici antiqui*), p. 39, c. XVIII: "Hoc etiam apparet in modernis principibus viris catolicis et ecclesiasticis, quod ex speciali divina influentia super eos, ex ampliori participatione Entis, singuliorem habent virtutem super populum egritudine laborantem, ut sunt reges Francie, dominus noster rex Karolus, et de rege Anglie fertur". Cf. H. Grauert, "Aus der kirchenpolitischen Litteratur des 14. Jahrh.", *Histor. Jahrbuch*, XXIX (1908), principalmente pp. 502 e 519. Grauert acreditava que o tratado tivesse sido escrito em 1300: nesse caso, o *rex Karolus* teria sido não Carlos de Anjou, mas o filho deste, Carlos II; prefiro aderir à data estabelecida por Krammer. Que Tolomeo seja o autor da *Determinatio é* algo de que não se poderia mais duvidar desde que Martin Grabmann, *Neues Archiv*, XXXVII (1912), p. 818, descobriu em outra obra de nosso autor (o *Exaemeron*) uma referência a esse *libellus sive tractatus de iurisdictione Imperii et Summi Pontificis.*

89. *De regimine principum ad regem Cypri*, II, cap. XVI; *Sancti Thomae Aquinatis... opera omnia*, in-fólio, Parma, 1864, p. 250, cols. 1 e 2: "Cujus sanctitatis etiam argumentum assumimus ex gestis Francorum de beati Remigii super Clodoveum regem primum Christianum inter reges Francorum, et delatione olei desuper per columbam, quo rex praefatus fuit inunctus et inunguntur posteri, signis et portentis ac variis curis apparentibus in eis ex unctione praedicta". Sobre o *De regimine*, ver, por fim, o excelente trabalho de Martin Grabmann, *Die echten Schriften des hl. Thomas von Aquin*, Munique, 1920 (*Beiträge zur Gesch. der Philosophie des Mittelalters*, XXII, 1-2), pp. 216 ss. A atribuição da continuação (que decerto não é de s. Tomás) a Tolomeo é, se não certa, pelo menos muito provável; acrescento que a passagem relativa ao milagre régio, relacionada à passagem mais desenvolvida da *Determinatio*, parece-me um argumento a mais, e muito forte, a favor dessa tese. A data em que se compôs a continuação é contestada; eu

de bom grado concordaria com as conclusões de A. Busson, *Sitzungsber. der Phil.-hist. Klasse der K. Akademie Wien*, LXXXVIII (1877), p. 723.

90. Por exemplo, Meurier, *De sacris unctionibus*, p. 261; Mauclerc, *De monarchia divina*, col. 1567; Du Peyrat, *Histoire ecclesiastique de la cour*, p. 806; Oroux, *Histoire ecclésiastique de la cour*, I, p. 180.

91. Original nos Arch. de Reims, fonds du chapitre métropolitain, Vauclerc, liasse 1, nº 4; ed. d. Marlot, *Historia ecclesie Remensis*, II, p. 660 (edição francesa com o título *Histoire de la ville de Reims*, IV, in-4º, Reims, 1846, p. 631), e *Le théâtre d'honneur*, p. 757 (parcialmente). A carta parece não ter sido vista por E. Dupont, que nas *Notices et documents publiés par la Soc. de l'Hist. de France à l'occasion du cinquantième anniversaire de sa fondation*, 1884, pp. 187-218, recenseou certo número de cartas "à *vignettes*". Também está ausente da lista de cartas cujas iniciais fornecem "representações" de Carlos V, levantada por L. Delisle, *Recherches sur la Librairie de Charles V*, I, 1907, p. 61. Cito copiando do original: "quando in sancta egregie civitatis Remensis ecclesia a Clodoveo, tunc Francorum rege, audita est gloriosissimi confessoris beati Remigii eiusdem clare urbis episcopi predicacio, cui, dum ibidem prefatum regem cum suo populo baptizaret, Spiritus Sanctus seu angelus Dei in columbe specie, de Celo descendens, apparuit, portans et ministrans sibi ampulam sancti chrismatis liquore refertam de quo ipse Rex et omnes deinceps Francorum reges predecessores nostri in eorum et nos eciam in nostra consecracione et coronacione, Deo propicio, suscepimus unctionem, per quam ipsis regibus, diuina operante clemencia, virtus infunditur et gracia qua solo contactu manuum infirmos servant ab egritudine scrofularum, quod in personis innumeris per facti evidenciam constat esse probatum".

92. Redação latina: Goldast, *Monarchia S. Romani Imperii*, I, lib. I, caps. CLXXII e CLXXIII, pp. 128-9; redação francesa: J. L. Brunet, *Traitez des droictz et libertez de l'église gallicane*, in-fólio, 1731, II, livro 1, caps. LXXIX e LXXX, pp. 81-2. O autor do *Songe du vergier*, aliás, reproduz quase textualmente Occam (cf. aqui, p. 140, n. 104), conforme mostrou Carl Müller, *Zeitschrift für Kirchenrecht*, XIV (1879), p. 142, mas com uma modificação que não é sem importância; teremos ocasião de voltar ao assunto (ver aqui, pp. 196-7).

93. Ed. de 1531, in-fólio, Paris, f. *a*III*v*. Depois de relembrar a unção e o milagre da Santa Âmbula (Raoul dirige-se diretamente a Carlos V): "E nem vós nem outrem considerai que essa consagração seja sem grandíssimo digno e nobre mistério, pois por ela vossos antecessores e vós tendes tal virtude e poder que vos é dado e atribuído por deus que em vossa vida façais milagres tais, tão grandes e tão manifestos que curais de uma horrível doença, que se chama escrófulas, da qual nenhum outro príncipe terreno, exceto vós, pode curar". A passagem foi reproduzida por Guillebert de Metz em sua *Description de Paris*, composta pouco depois de 1434: Leroux de Lincy e L. M. Tisserand, *Paris et ses historiens* (*Hist. génér. de Paris*), in-4º, 1867, p. 148.

94. C. E. Bulaeus [Du Boulay], *Historia Universitatis Parisiensis*, IV, in-4º, Paris, 1668, p. 408: "ex sanctissima unctione spirituali, et divina, non humana, qua inungitur Rex ipse, propter quam sanctificatus est [...] et exinde curat morbos in signum sanctissimae unctionis". Para o autor do discurso e as circunstâncias em que foi pronunciado, ver R. Delachenal, *Histoire de Charles V*, III, 1916, pp. 517 ss. (especialmente p. 518, n. 5).

95. "Le roi très chrétien", em *La France chrétienne dans l'histoire, ouvrage publié... sous la direction du r. p. Baudrillart*, 1896, pp. 317 ss. Aos textos citados pelo sr. Valois podem-se acrescentar Jean Golein, em seu tratado sobre a consagração (aqui, Apêndice 4, p. 375, l. 17), e uma

passagem do pequeno tratado de Etienne de Conty sobre a realeza francesa, o qual é pouco posterior a Carlos v (cf. aqui, p. 105, n. 5) e reflete bem as teorias correntes no círculo desse rei, Bibl. Nat. latin 11730, f. 32*v*, col. 1: "Romani pontifices omnes semper scripserunt et scribunt cotidie regi Francie *cristianissimo* [sic], quasi suppelativo in fide catholica, sed aliis regibus omnibus et principibus scribunt: tali regi *christiano*, in simplici positivo". O sr. Valois percebeu claramente todo o trabalho de propaganda que se realiza em torno de Carlos v: "O trono é agora cercado por clérigos hábeis em descobrir no passado os fatos mais adequados a realçar o prestígio da realeza. [...] Quem afirmou mais frequentemente que eles o caráter sagrado da monarquia? Quem falou mais à vontade sobre a Santa Âmbula ou recordou a origem celeste das flores-de-lis?" (p. 323).

96. Aqui, pp. 202-3 e 205.

97. Léopold Delisle, *Recherches sur la Librairie de Charles V*, II, *Inventaire général des livres ayant appartenu aux rois Charles V et Charles VI*, nos 227-33, 226 e 59.

98. Aqui, Apêndice 4, p. 382.

99. Delachenal, *Histoire de Charles V*, II, p. 369: "Mesmo antes de ser rei, Carlos v teve [...] muito nítido o sentimento da força da opinião pública". Sobre o movimento antinobiliário, encontrar-se-á reunido nessa mesma obra (I, pp. 395 ss.) certo número de testemunhos característicos. Não seria muito difícil acrescentar outros.

100. Sobre tudo o que precede, basta-me remeter ao Apêndice 4, no qual se encontrará análise e longos extratos do tratado de Jean Golein. Notar-se-á (pp. 382-3) que Raoul de Presles é ali (muito cortesmente, mas muito expressamente) questionado.

101. Ver aqui, p. 105, n. 5. A esses autores do século XV que falaram do toque pode-se acrescentar Nicolas de Larisvilla, em "um tratado [...] sobre a consagração da igreja de S. Remy [...] em 1460" citado por Marlot, *Le théâtre d'honneur*, p. 758.

102. Diante de Pio II, em Mântua, a 30 de novembro de 1459, D'Achery, *Spicilegium*, in-fólio, 1723, III, p. 821, col. 2; cf. Du Fresne de Beaucourt, *Histoire de Charles VII*, VI, p. 256. Diante de Sixto IV, em 1478, De Maulde, *La diplomatie au temps de Machiavel*, p. 60, n. 2; cf. J. Comblet, *Louis XI et le Saint Siège* (thèse Lettres, Nancy), 1903, p. 170. O primeiro texto menciona expressamente a cura das escrófulas; o segundo, os "milagres" realizados pelos reis, sem outros esclarecimentos.

103. Arch. Nat., X 1 A. 4834, f. 141 (5 févr. 1493): "Similarmente, o rei não é simples leigo *quia non solum coronatur et inungitur, sicut ceteri, ymo consecratur*; e há mais, pois, como diz Jehan André *in* N[ovel]la *in* D[ecretales], *c.* licet, *ad solum tactum dicitur sanare languidos et egrotos*, e, por isso, não é preciso maravilhar-se se ele tem direito de regalia". Sobre o processo, cf. *ibid.*, f. 122*v*, e a *Gallia Christiana*, VII, cols. 155-6.

104. *Octo quaestiones super potestate ac dignitate papali*, quaest. V, caps. VII-IX; Goldast, *Monarchia S. Romani Imperii*, II, p. 372. (Para a data do opúsculo, ver A. G. Little, *The Grey Friars in Oxford*, Oxford, 1892, p. 233.) A questão debatida é a seguinte: "an rex hereditarie succedens ex hoc quod a persona ecclesiastica inungitur et consecratur et coronatur, gratiam consequatur doni spiritualis". Entre as razões propostas a favor da opinião afirmativa, figura está: "Naturalis curatio aegritudinis corporalis est gratia Dei spiritualis. Quibusdam autem regibus, scilicet Franciae et Angliae, sicut fertur, per unctionem regalem confertur potestas curandi et sanandi specialiter scrophulas patientes. Ergo per huiusmodi unctionem rex consequitur

gratiam doni spiritualis". Em conformidade com as regras da discussão escolástica, Occam dá em seguida as razões para a negativa. Entre outras: "Ad secundum motivum respondetur, quod si reges Angliae et Franciae habent gratiam curandi de scrophulis, non habent potestatem propter unctionem regalem: quia multi alii reges, quamvis inunguntur, huiusmodi gratia non decorantur: sed sunt digni huiusmodi gratia propter aliam causam, que nec licet nec potest ab homine indicari". Tendo a opinião afirmativa a última palavra na sequência do desenvolvimento (cap. x), não se poderia duvidar de que ela seja a de Occam. Mas é preciso reconhecer que em toda a obra (um entrelaçado de proposições, réplicas, duplicidades etc.) é extremamente difícil seguir o verdadeiro pensamento do autor; compreende-se o horror que os procedimentos expositivos de Occam infundiram nos homens da Renascença. Foi em Occam que se inspirou o autor do *Songe du vergier*; cf. aqui, p. 135, n. 92, e pp. 196-7.

105. "Collirium super hereses novas", em R. Scholz, *Unbekannte kirchenpolitische Streitschriften aus der Zeit Ludwigs des Bayern*, Teil II, Roma, 1914 (*Bibl. des Kgl. Preuss. Instit. in Rom*, x), p. 509: "Nec dicat hereticus quod reges Francie et Anglie gratiam curationis habere consueverant, quia hoc apocrifum enim vel sompnium [...] Item constat quod hec virtus curationis non est virtus corporis sed anime [...] sicut nec regnum, quod institutum est ad bene regendum, datur sanguini, sed vite [...]". Sobre Alvarez e suas obras, ver R. Scholz, *Unbekannte Streitschriften*, I (*Bibliothek*, IX), 1911, pp. 197 ss. (com referências bibliográficas). Nem sempre Alvarez teve a mesma atitude para com o milagre régio: aqui, p. 147.

106. Livro VI. Cito segundo o texto dado por J. Quicherat, *Procès... de Jeanne d'Arc* (Soc. de l'Hist. de France), IV, pp. 514-5 (sobre a peregrinação de Carlos VII a Corbeny à qual se faz alusão nesta passagem, ver aqui, p. 233): "Mos enim Franciae regibus este, die quae coronationem sequitur, templum quoddam peregrinando petere, cui sanctus *Marchoul* praesidet, atque ibi aegrotos curare. Miraculum Galli vulgaverunt, morbum quemdam humano in gutture nasci, qui solo regis tactu et arcanis quibusdam curetur verbis; idque post coronationem in hoc templo fieri [...] quarta die peregrinatio facta est, in qua de curatione morborum nihil satis compertum habeo, quamvis Gallici omnia illa credant fieri miraculose".

107. Aqui, p. 110, n. 20.

108. Joannis Andreae, *J. C. Bononiensis, In sextum Decretalium librum Novella Commentaria*, in-fólio, Veneza, 1581, lib. III, tit. IV, *De praebendis et dignitatibus*, cap. II, f. 94*v*, expõe as razões pelas quais, no dizer dos franceses, os reis da França e da Inglaterra têm certos direitos de colação eclesiástica: "Item ad solum manus tactum certos infirmos sanare dicuntur". Giovanni Andrea morreu em 1348; cf. aqui, p. 140, n. 103. Felino Sandei (1444-1503): *Commentaria in V libros Decretalium*, in-fólio, Basileia, 1567, lib. II, tit. XX, cap. LII, p. 823; o autor explica que, para um santo ser canonizado, é necessário comprovar não apenas seus milagres mas também "sanctimonia vitae": "quia multi non sancti faciunt miracula, aut vi verborum: ut consecratio eucharistiae aut vi parentelae, ut Rex Franciae, vel illi de domo sancti Pauli arte magica". Sobre a "família de s. Paulo", feiticeiros italianos que alegavam ter origem no Apóstolo dos Gentios, ver aqui, p. 246 e n. 145. Sobre a teoria de Sandei, cf. aqui, p. 320.

109. Aqui, p. 47, n. 3.

110. De Maulde, *Les origines de la Révolution française*, pp. 26-7 (27 de dezembro de 1478).

111. Elphinstone (o futuro bispo de Aberdeen), enviado de Jaime III a Luís XI em 1479; o discurso é reproduzido (e talvez retocado) por Hector Boetius, *Murthlacencium et Aberdonen-*

sium episcoporum vitae, ed. J. Moir (New Spalding Club), in-4º, Aberdeen, 1894, p. 73 (a primeira edição das vidas é de 1522).

112. Ver aqui, Apêndice 2, nº 1 (para a miniatura representando o milagre de s. Eduardo) e nº 2 (para o vitral do monte Saint-Michel).

113. *Histor. de France*, XXII, p. 175; vv. 204 ss.; cf. aqui, p. 132, n. 82. Também Jean Golein (aqui, p. 380) considera que o rei da França possui "essa prerrogativa sobre todos os outros reis, sejam eles quais forem"; na época, o rei da Inglaterra era o inimigo.

114. Texto citado aqui, p. 123, n. 53. Na passagem reproduzida aqui, p. 110, n. 20, Thomas Bradwardine também reconhece, mesmo sendo inglês, o poder miraculoso da dinastia francesa; mas, escrevendo em 1344, ele decerto considerava seu soberano (Eduardo III) o herdeiro legítimo tanto dos capetíngios quanto dos Plantagenet — o que retira de sua imparcialidade todo o valor.

115. P. H. B. P. (Jérome Bignon), *De l'excellence des Roys et du royaume de France*, pequeno in-8º, 1610, p. 510; Besian Arroy, *Questions décidées*, 1634, pp. 40-1. Não há nenhuma menção dessa tradição (evidentemente de todo fictícia) na obra que um erudito dinamarquês, Chr. Barfoed, escreveu sobre a cura das moléstias pelo toque: *Haands-Paalaeggelse*, Copenhague, 1914.

116. O poder de curar a icterícia (assim como o poder de curar, tal qual os reis da Inglaterra (?), as picadas venenosas) é reconhecido aos reis da Hungria pelo jesuíta Melchior Inchofer, *Annales ecclesiastici regni Hungariae*, ed. de 1797, III, Pressburg, pp. 288-9; a primeira edição aparecera em 1644. Na França, a mesma tradição é atestada por Du Laurens, *De Mirabili*, p. 31; Mathieu, *Histoire de Louis XI*, p. 472 (seguindo o qual Du Peyrat, *Histoire ecclesiastique*, p. 793; Balthasar de Riez, *L'incomparable piété des tres chrestiens rois de France*, 1672, II, pp. 151-2); em terra espanhola por Armacanus [Jansenius], *Mars Gallicus*, p. 69; é visível que esses autores copiam-se uns aos outros. O trecho citado encontra-se em *Bibliothèque raisonnée*, XVI, 1 (Amsterdã, 1736), p. 153 (c. r. de Mathias Bel, *Notitia Hungariae novae*). Para a expressão *morbus regius*, ver aqui, p. 82, n. 16.

117. XXIV, 9, ed. Förstemann, III, pp. 15-6: "Aber Wunder ist es (dass ich dieses auch sage, dess ich gewiss bericht bin), dass grosser Fürsten und Herrn Arznei, die sie selbs geben und appliciren, kräftig und heilsam sind, sonst nichts wirkte, wenns ein Medicus gäbe. Also höre ich, dass beide Kurfürsten zu Sachsen etc., Herzog Friedrich und Herzog Johanns, haben in Augenwasser, das hilft, wem sie es geben, es komme die Ursach der Augenweh aus Hitze oder aos kälte. Ein Medicus dürfte es nicht wagen noch geben. Also in Theologia, da den Leuten geistlich gerathen wird, hat ein Prediger mehr Gnade, betrübte Gewissen zu trösten und lehren, denn ein ander". A edição dos *Tischreden* por Förstemann reproduz a edição *princeps* dada em 1566, em Eisleben, por Aurifaber; ora, como se sabe, o texto de Aurifaber é sempre um pouco duvidoso. Infelizmente, na edição crítica das obras, dita de Weimar, os *Tischreden* ainda estão incompletos; e a ausência de índice torna quase impossível a pesquisa nos volumes publicados.

118. E. S. Cyprianus, *Catalogus codicum manuscriptorum bibliothecae Gothanae*, in-4º, 1714, p. 22, nºs LXXII-LXXIV.

119. Felicis Fabri *monachi Ulmensis Historiae Suevorum*, lib. I, c. XV, em Goldast, *Rerum Suevicarum Scriptores*, in-fólio, Ulm, 1727, p. 60: "Legimus enim in Chronicis Comitum de Habspurg, quod tantum donum gratis datum habeant, ut quicunque strumosus aut gutture globosus de manu alicuis Comitis de Habspurg potum acceperit, mox sanum, aptum et gracile

guttur reportabit: quod sepe visum est in valle Albrechztaal in Alsatia superiori, in qua sunt homines strumosi naturaliter, qui passim praedicto modo sanabantur, dum vallis adhuc esset illorum Comitum vel Austriae Ducum. Insuper notorium est, et sepe probatum, quod dum quis balbutiens est, vel impeditioris linguae, si ab uno Principe de praemissis sine alio quocunque suffragio osculum acceperit, officum loquendi disertissime aetati suae congruum mox patenter obtinebit". Sobre o autor, ver, por fim, Max Haeussler, *Feliz Fabri aus Ulm und seine Stellung zum geistlichen Leben seiner Zeit* (*Beiträge zur Kulturgeschichte des Mittelalters...*, 15), 1914.

120. O. Redlich, *Rudolf von Habsburg*, Innsbruck, 1903, p. 87; Th. Nartz, *Le Val de Villé*, Estrasburgo, 1887, p. 17; *Das Reichsland Elsass-Lothringen*, III, pp. 1191-2.

121. A tradição de que os Habsburg teriam possuído o poder de curar os escrofulosos (negada por Camerarius, *Operae horarum subcisivarum*, 1650, p. 145) encontra-se em Armacanus [Jansenius], *Mars Gallicus*, 1636, p. 69; no jesuíta Melchior Inchofer, *Annales ecclesiastici regni Hungariae*, ed. 1797, III, p. 288. Raulin, *Panégyre*, p. 176, pensa que eles "curaram papeiras ou papos".

122. *Speculum regum*, ed. R. Scholz, *Unbekannte Kirchenpolitische Streitschriften*, II, p. 517: "Reges Francie et Anglie habere dicuntur virtutem; et reges devoti Yspanie, a quibus descendis, habere dicuntur virtutem super energuminos et super quibusdam egritudinibus laborantes, sicut vidi, cum essem puer, in avo tuo, inclito domino rege Sancio, qui me nutriebat, quod a muliere demoniaca ipsum vituperante tenentem pedem super guttur eius et legentem in quodam libelo ab ea demonem expulsit et curatam reliquit".

123. Seria demasiado longo e desinteressante citar todos os autores seiscentistas que consideraram a tradição relativa à cura dos endemoninhados pelos reis de Castela. É suficiente remeter a Gutierrez, *Opusculum de fascino*, 1653, p. 153, e a Gaspar a Reies, *Elysius*, 1670, pp. 261 e 342; tanto um quanto outro fornecem abundantes referências. Na França, a mesma tradição encontra-se em D'Albon, *De la maiesté royalle*, Lyon, 1575, p. 29*v*; em Du Laurens, *De mirabili*, p. 31; e em diversos autores que, visivelmente, inspiraram-se em Du Laurens.

124. Gutierrez, *Opusculum de fascino*, 1653, pp. 155-6: "vana eius est arguties, ab actu negative ad potentiam, quasi diceret Deus non produxit creaturas possibiles, imo non producet, ergo non est illarum productiuus, haec illatio undique falsa est, sed Reges nostri humili majestate ducti illius virtutis exercitio non intendunt, omne huiuscemodi ius sacris Sacerdotibus relinquentes. Tum quia minus, quam exteri, his nouitatibus Hispani delectamur". Só conheço a obra de d. Sebastián de Soto, *De monialium clausura licite reseranda ob morbos*, pela refutação de Gutierrez.

125. A mencionada investigação, relatada por um cônego de Maiorca, Antoni de Busquets, foi editada pelo sr. Aguilo em *Calendari Català pera l'any 1902*, publicação dirigida pelo sr. Joan Bta. Batle. Infelizmente, não pude conseguir essa obra. Conheço apenas a tradução do trecho relativo às escrófulas, dada pelo sr. Batista y Roca, *Notes and Queries*, 1917, p. 481. Sobre os milagres póstumos e o culto de d. Carlos, ver G. Desdevises du Désert, *Don Carlos d'Aragon, prince de Viane*, 1889, pp. 396 ss. Carta de Luís XI na ed. da Soc. de l'Histoire de France, II, nº XIII. Sobre as relíquias de Poblet, ver o curioso testemunho no relato do viajante francês Barthélemy Joly, que visitou o mosteiro em 1604, *Revue Hispanique*, XX (1909), p. 500. Segundo J. Valdeius, *De dignitate regum regnorumque Hispaniae*, 1602, venerava-se em Poblet um braço de s. Luís, que acreditavam também ser capaz de curar as escrófulas. Teria havido confusão entre os poderes atribuídos às duas relíquias?

126. Por exemplo, J. Valdesius, *De dignitate regum regnorumque Hispaniae*, in-4º, Granada, 1602, p. 140; Armacanus [Jansenius], *Mars Gallicus*, p. 69; Gaspar a Reies, *Elysius*, p. 275 (que atribuem todos uma origem aragonesa ao poder); Gutierrez, *Opusculum de fascino*, p. 153. Esses autores remetem todos a P. A. Beuter, *Cronica generale d'Hispagna*. Assim como o sr. Batista y Roca (*Notes and Queries*, p. 481), não consegui encontrar nesse escritor a passagem visada.

127. Aqui, p. 255.

128. Aqui, p. 133.

2. O SEGUNDO MILAGRE DA REALEZA INGLESA: OS ANÉIS MEDICINAIS (PP. 153-71)

1. Cf. *Liber quotidianus contrarotulatoris garderobae* (Soc. of Antiquaries of London), in-4º, Londres, 1787, "Glossary", p. 365; Hubert Hall, *The antiquities and curiosities of the Exchequer*, 2ª ed., in-12, Londres, 1898, p. 43.

2. Migne, *P. L.*, t. 147, col. 51: "Adoratio omnium ita fiat, ut uniuscuiusque venter in terra haereat; dum enim juxta Augustinum in psalmo XLIII genuflectitur, adhuc restat quod humilietur; qui autem sic humiliatur ut totus in terra haereat, nihil in eo amplius humilitatis restat". Sobre esse rito, cf. J. D. Chambers, *Divine worship in England in the thirteenth and fourteenth centuries*, in-4º, Londres, 1877, "Appendix", p. XXXI, e E. K. Chambers, *The mediaeval stage*, II, p. 17, n. 3 (bibliografia).

3. Lat. 5716, f. 63; reproduzido Joinville, ed. N. de Wailly, in-4º, 1874, p. 2.

4. J. A. H. Murray, *A new English dictionary*, na palavra "creep" (o texto mais antigo data das proximidades de 1200).

5. *Household Ordinance d'York*, juin 1323: a melhor edição em T. F. Tout, *The place of the reign of Edward II in English history*, Manchester, 1914, p. 317: "Item le roi doit offrer de certein le jour de graunde venderdy a crouce v s., queux il est acustumez recivre divers lui a le mene le chapeleyn, a faire ent anulx a doner pur medicine a divers gentz, et a rementre autre v s." [Na Sexta-feira Santa, o rei deve oferecer à cruz cinco shillings, os quais está acostumado a receber do capelão, para deles fazer anéis dados por remédio a diversas pessoas, e a repor outros cinco shillings]. Para as contas, que nos fornecem a melhor descrição do rito, ver p. 445. Cf. Murray, *loc. cit.*, na palavra "cramp-ring".

6. Jacobus Valdesius, *De dignitate regum regnorumque Hispaniae*, in-4º, Granada, 1602, p. 140.

7. Twysden, *Historiae Anglicanae scriptores*, X, col. 409; Migne, *P. L.*, t. 195, col. 769.

8. *Analecta Bollandiana*, 1923, pp. 58 ss.

9. Certo número de obras de arte foi indicado por John Dart, *Westmonasterium*, I, Londres, in-fólio, 1742, p. 51, e por Waterton, "On a remarkable incident", pp. 105 ss. (a miniatura do século XIII, reproduzida por Waterton em face da p. 103, foi também mostrada mais recentemente por Hubert Hall, *Court life under the Plantagenets*, Londres, 1902, pl. VII). Sem pretender ser completo, pode-se acrescentar à enumeração deles: 1º, um vitral da igreja de Ludlow (mencionado por W. Jones, *Finger-ring lore*, p. 118, n. 1); 2º, um azulejo de faiança na Chapter House da Westminster Abbey, reproduzido por Kunz, *Rings for the finger*, p. 342; 3º, duas tapeçarias do começo do século XIII (?), hoje perdidas, executadas para Westminster (*Notes and documents*

relating to Westminster Abbey, nº 2: *The history of Westminster Abbey by John Flete*, ed. J. A. Robinson, Cambridge, 1909, pp. 28-9); 4º, na França, um vitral da catedral de Amiens, do século XIII (G. Durand, *Monographie de la cathédrale d'Amiens*, I, p. 550). Conserva-se na biblioteca da Universidade de Cambridge, sob o código Ee III 59, um manuscrito do século XIII que contém um poema francês, a *Estoire de seint Aedward le Rei*, dedicado à rainha Leonor, mulher de Henrique III. Três miniaturas (já assinaladas por Waterton e sumariamente descritas por Luard, *Lives of Edward the Confessor*, p. 16) são consagradas à legenda do anel. Outra, do mesmo manuscrito (reproduzida por Crawfurd, "Cramp-rings", pl. XXXIX), representa doentes a aproximar-se das relíquias do santo; sobre o relicário veem-se duas estatuetas: uma com o rei estendendo o anel, e a outra com s. João como peregrino. Não sei se essa pequena pintura dá uma imagem exata do relicário doado por Henrique III a Westminster e derretido no reinado de Henrique VIII. Para outras obras de arte consagradas à mesma legenda, hoje perdidas, ver também a nota seguinte.

10. Encomenda de Henrique III: John Stow, *A survey of the cities of London and Westminster*, I, Londres, 1720, p. 69. Para Eduardo II, Dart, *loc. cit.*

11. Pelo menos é o que afirma John Flete em sua *História de Westminster*, ed. J. A. Robinson (*Notes and documents relating to Westminster Abbey*, 2), p. 71. A bem dizer, Flete é um autor tardio; foi monge em Westminster de 1420 a 1425; mas a tradição que divulga é muito verossímil; ela concorda com o testemunho de Osbert de Clare, o qual, escrevendo em 1139, assinalava que Eduardo fora enterrado com seu anel: *Analecta Bollandiana*, 1923, p. 122, 1. 1.

12. *Mirk's Festial*, ed. Th. Erbe, *Early English Text Society, Extra Series*, XCVI, p. 149: "Then whoso lust to have this preuet sothe, go he to Westminstyr; and ther he may se the same ryng that was seuen yere yn paradys". Finalmente, sobre o autor, ver Gordon Hall Gerould, *Saints' legends*, in-12, Boston e Nova York, 1916, pp. 184 ss.

13. Polydorus Virgilius, *Historia Anglica*, lib. VIII, ed. de Leiden, in-12, 1615, p. 187; reencontra-se a mesma teoria no século XVII, em Richard Smith, *Florum historiae ecclesiasticae gentis Anglorum libri septem*, 1654, in-4º, p. 230; e em Nicholas Harpsfield, *Historia Anglorum ecclesiastica*, in-fólio, Douai, 1622, p. 219, citado por Crawfurd, "*Cramp-rings*", p. 179. Nela, os historiadores modernos acreditaram encontrar uma espécie de confirmação de um dos nomes populares da epilepsia, chamada na Idade Média (por razões que desconhecemos) mal de são joão (Laurence Joubert, *La première et seconde partie des erreurs populaires touchant la medecine*, 1587, 2ª parte, p. 162; Guillaume Du Val, *Historia monogramma*, in-4º, 1643, p. 24; H. Günter, *Legenden-Studien*, Colônia, 1906, p. 124, n. 1; M. Höfler, *Deutsches Krankheitsnamen-Buch*, in-4º, Munique, 1899, palavras "*Krankheit*", "*Sucht*", "*Tanz*"). Mas por que a epilepsia foi inicialmente chamada assim? E de qual s. João ela recebeu o nome? Nada sabemos. Vemos que contra ela eram invocados tanto s. João Batista quanto s. João Evangelista. Em Amiens, a cabeça de s. João Batista, conservada desde 1206 na catedral, era objeto de uma peregrinação muito frequentada pelos epilépticos: cf. O. Thorel, "Le mal monseigneur Saint-Jean Baptiste au XVIᵉ siècle à Amiens", *Bullet. Trimestriel Soc. Antiquaires Picardie*, 1922, p. 474. Segundo Antoine Mizauld (*Memorabilium... centuriae IX*, in-12, Colônia, 1572, cent. V, 11), a festa de s. João de verão — como sabemos, dedicada a s. João *Batista* — era particularmente propícia à cura dos epilépticos; talvez, como supôs principalmente Günter, *loc. cit.*, o termo mal de são joão tenha tido origem numa comparação que o imaginário popular estabeleceu entre os gestos desordenados dos epilépticos

e as danças rituais da festa de s. João. Mais tarde, o próprio termo sugerirá a ideia de atribuir ao santo, cujo nome a doença carregava, um poder especial sobre ela. Depois, por um erro muito natural, as virtudes que haviam sido atribuídas ao Batista passaram ao Apóstolo, seu homônimo — exemplo de confusão bastante frequente entre santos de mesmo nome; foi assim que s. Humberto de Brétigny, por analogia com s. Huberto de Liège, acabou também curando a hidrofobia (H. Gaidoz, *La rage et st. Humbert Bibliotheca mythica*, 1887, p. 173). Evidentemente, tudo isso são apenas conjeturas, e esse pequeno problema hagiológico continua bem pouco claro. Mas, aqui, sua solução importa-nos bem pouco. A aproximação do nome vulgar da epilepsia ao episódio da legenda do Confessor (a qual põe s. João em cena) não parece ter sido feita antes do século XIX (cf. Waterton, "On a remarkable incident", p. 107, em que ela aparece timidamente; e, mais claramente, Crawfurd, "Cramp-rings", p. 166); deve-se ver nela apenas uma teoria engenhosa, obra de eruditos demasiado bem informados, não uma ideia popular.

14. Sobre o poder mágico e medicinal dos anéis, cf., além das obras de G. F. Kunz e de W. Jones, citadas na Bibliografia, 5: *Archaeologia*, XXI (1827), pp. 119 ss.; *Archaeological Journal*, III (1846), p. 357; IV (1847), p. 78; *Notes and Queries*, 4th series, VI (1870), p. 394; 8th series, IX (1896), p. 357, e X (1896), p. 10; Pettigrew, *On superstitions connected with the history and practice of medicine*, p. 61; O. Geissler, *Religion und Aberglaube in den mittelenglischen Versromanzen*, pp. 67 ss.

15. *Procès de condamnation*, ed. P. Champion, I, 1920, p. 25 (interrogatório de 1º de março): "Item dicit quod nunquam sanavit quamcumque personam de aliquo anulorum suorum".

16. Gotschalc Hollen, *Preceptorium diuine legis*, Nuremberg, 1497, p. 25*v* (sobre a cura da epilepsia): "Hoc genus demoniorum non ejicitur nisi in jejunio et oration"; Ad. Franz, *Die kirchlichen Benediktionen*, II, pp. 501 e 503. Cf. a prece inglesa citada aqui, pp. 169-70.

17. *Germania*, 1879, p. 74; cf. Ad. Franz, *Die kirchlichen Benediktionen*, II, p. 507.

18. Pregos ou ornamentos metálicos do caixão: W. G. Black, *Folk-medicine* (*Publications of the Folk-lore Society*, XII), Londres, 1883, p. 175; J. C. Atkinson, *Cleveland glossary*, 1878 (citado por Murray, *A new English dictionary*, na palavra "cramp-ring"); A. Wuttke, *Der deutsche Volksaberglaube*, 2ª ed., 1869, p. 334. Pregos em que um homem enforcou-se: Grimm, *Deutsche Mythologie*, 4ª ed., II, p. 978.

19. J. Brand, *Popular antiquities*, ed. de 1870, III, pp. 254 ss. (a primeira edição apareceu em 1777; as edições posteriores foram completadas graças aos manuscritos do autor, que morreu em 1806). Outra prática do mesmo tipo está em Black, *loc. cit.*, pp. 174-5 (Northamptonshire). Eis ainda outra receita, que me foi comunicada pelo sr. J. Herbert, do British Museum; observar-se-á aí a coleta feita na porta da igreja, traço comparável aos costumes relativos aos *sacrament-rings* assinalados aqui, p. 159; dou a palavra a meu amável correspondente: "From 1881 until his death in 1885 my father was Rector of Northlew in Devonshire, a village about 9 miles west of Okehampton. During that time (I think in 1884) my mother wrote me a description of what had happened on the previous Sunday: At the end of the morning service a girl stood at the church door, and collected 29 pennies, one from each of 29 young men. She gave these to a 30th young man in exchange for a half-crown, and took the half-crown to the local 'White Witch' (a farmer's wife who kept a small shop in the village), who was to return it to her eventually in the form of a silver ring, as a sovereign remedy for fits" [De 1881 até sua morte em 1885, meu pai foi reitor da paróquia de Northlew em Devonshire, um povoado cerca de quinze quilô-

metros a oeste de Okehampton. Nessa época (em 1884, eu acho), minha mãe escreveu-me descrevendo o que acontecera no domingo anterior: ao final do culto da manhã, uma garota parou na porta da igreja e coletou 29 pennies, cada um de um rapaz. Ela deu-os a um trigésimo rapaz, em troca de uma meia-coroa, e levou a meia-coroa para a 'feiticeira branca' local (a mulher de um fazendeiro, a qual mantinha uma pequena loja no povoado), que posteriormente devia devolvê-la a ela na forma de um anel de prata, como supremo remédio para convulsões].

20. *S. Bernardi Senesis... opera*, in-fólio, Veneza, 1745, I, p. 42*a*, "Quadragesim le de religione christiana": "Contra malum gramphii portant annulos fusos dum legitur Passio Christi, dies et horas contra Apostolum observantes".

21. Brit. Mus., Arundel, ms. 276, f. 23*v*; citado pela primeira vez (mas com uma referência inexata, depois sempre repetida) por Stevenson, "On cramp-rings", p. 49 (*The Gentleman's Magazine Library*, p. 41): "For the Crampe [...] Tak and ger gedir on Gude Friday, at fyfe parisch kirkes, fife of the first penyes that is offerd at the crose, of ilk a kirk the first penye; than tak tham al and ga befor the crosse and say v. pater noster in the worschip of fife wondes, and bare thaim on the. v. dais, and say ilk a day als meki on the same wyse; and than gar mak a ryng ther of withowten alay of other metel, and writ within *Jasper, Bastasar, Attrapa*, and writ withouten *Jhc Nazarenus*; and sithen tak it fra the goldsmyth apon a Fridai, and say v. pater noster als thou did be fore and vse it alway aftirward". Devo à gentileza do sr. J. Herbert, do British Museum (que conferiu o manuscrito para mim), a possibilidade de dar aqui um texto mais exato que aquele publicado anteriormente.

22. Para os Reis Magos, cf. Jones, *Finger-ring lore*, p. 137 e, sobretudo, pp. 147 ss.; para as Cinco Chagas, *ibid.*, p. 137 (inscrição de um anel encontrado no Coventry Park).

23. Aqui, pp. 159-60.

24. J. Labarte, *Inventaire du mobilier de Charles V roi de France* (*Doc. inéd.*), in-4º, 1879, nº 524.

25. Do mesmo modo, as fórmulas que se copiavam da Paixão eram consideradas eficazes contra as dores da tortura: Edmond Le Blant, "De l'ancienne croyance à des moyens secrets de défier la torture", *Mém. Acad. Inscriptions*, XXXIV, 1, p. 292. Em Flandres, no início do século XVII, as crianças nascidas numa Sexta-feira Santa tinham a reputação de ser curandeiros natos (Delrio, *Disquisitionum magicarum*, I, cap. III, qu. IV, p. 57); na França, no século XVII, os sétimos varões, considerados capazes de curar as escrófulas, preferiam exercer seu poder de preferência às sextas-feiras (aqui, p. 251 e n. 161); a mesma coisa na Irlanda, ainda em nossos dias (*Dublin University Magazine*, 1879, p. 218).

26. Esses anéis são conhecidos com o nome *sacrament-rings*. Sobre eles, ver Black, *Folk-medicine*, p. 174 (costume da Cornualha, segundo o qual a moeda de prata proveniente de oferendas deve ser comprada mediante trinta pence obtidos mendigando na porta da igreja — mendicância silenciosa, pois é proibido pedi-los expressamente —; depois, uma vez recebida, é ainda objeto de um rito santificador suplementar, devendo o doente, carregando-a, dar três voltas em torno da mesa de comunhão) e p. 175; Notes *and Queries*, 2nd series, I, p. 331, C. J. S. Thompson, *Royal cramp and other medycinable rings*, p. 10.

27. *Traité des superstitions*, p. 439; cf. 4ª ed., com o título *Traité des superstitions que regardent les sacremens*, 1777, I, p. 448.

28. Análise do ms. da Bibliothèque de la Ville de Saint-Gall 932, p. 553, em Ad. Franz, *Die kirchlichen Benediktionen*, II, p. 502.

29. Aqui, p. 154, n. 5.

30. Pelo menos, elas não constam da série "Household and Wardrobe" das *Exchequer Accounts* do Record Office.

31. As contas de Eduardo I que pude examinar estão relacionadas aqui, p. 338, nn. 15 e 17; as de Eduardo II, p. 339, n. 24.

32. Sobre esse caso, aqui, pp. 206 ss.

33. Sobre todos esses parentes de santos, ver sobretudo J. B. Thiers, *Traité des superstitions*, 4ª ed., I, p. 438-48; sobre os parentes de s. Huberto, ver H. Gaidoz, *La rage et st. Hubert*, pp. 112 ss., e aqui, p. 296. Sobre os parentes de s. Paulo, cf. o texto de Felino Sandei aqui, p. 141, n. 108, e Pomponazzi, *De naturalium effectuum causis*, Basileia [1567], p. 48; sobre os de s. Catarina, ver aqui, p. 246. O texto relativo à picada de s. Paulo está em Atos 28, 3-6.

34. Controle do palácio, 13 de fevereiro a 27 de junho do ano 43 do reinado (1369), Record Office, *Exchequer Accounts* 396, 11, f. 122*r*: "In consimilibus oblacionibus domine regine factis adorando crucem in precio quinque solidorum argenti in capella sua ibidem eodem die v s. In denariis solutis pro eisdem oblacionibus reassumptis pro anulis medicinalibus inde faciendis v s.".

35. Aqui, p. 110, n. 20.

36. Para Maria Tudor, isso sobressai claramente de seu próprio missal, no texto relativo à consagração dos *cramp-rings*, aqui, pp. 169-70; para Maria, filha de Jaime II, e para Vitória, destaca-se dos documentos relativos a suas coroações: Leopold G. Wickham Legg, *English coronation records*, pp. 328 e 370; para Elisabete e Ana, não conheço nenhuma prova, mas não havia por que deixar-se de seguir, para a primeira, o precedente de Maria Tudor e, para a segunda, o da outra Maria. Nos diferentes rituais de sagração ingleses, transparece nitidamente que a unção das mãos foi proibida às mulheres: Legg, *loc. cit.*, pp. 101, 177, 235, 266-7, 310.

37. O texto, já publicado por J. Freind, *The history of physick*, 5ª ed., II, 1758, p. [32], foi dado pelo dr. Crawfurd, *King's evil*, p. 45, seguindo o ms. do Brit. Mus. Cotton [Claud. A. VIII?]. Mas o dr. Crawfurd erra ao acreditar que a *Defensio juris domus Lancastriae* seja inédita. Foi impressa (ou, pelo menos, liberada para publicação) por lorde Clermont, em sua edição das obras de Fortescue (cf. aqui, p. 120, n. 46), pp. 505 ss. A passagem que nos interessa está na p. 508; nessa edição, ela apresenta algumas diferenças em relação ao texto do dr. Crawfurd, que me parece melhor e que reproduzo aqui: "Item aurum et argentum sacris unctis manibus Regum Angliae in die Parascevae, divinorum tempore (quemadmodum Reges Angliae annuatim facere solent), tactum devote et oblatum, spasmaticos et caducos curant: quemadmodum per annulos ex dicto auro seu argento factos et digitis huiusmodi morbidorum impositos, multis in mundi partibus crebro usu expertum est. Quae gratia Reginis non confertur, cum ipsae in manibus non ungantur". Em forma quase idêntica, o mesmo argumento é reproduzido num pequeno tratado em inglês, *Of the title of the House of York*, escrito por Fortescue mais ou menos na mesma época: Crawfurd, p. 46; lorde Clermont, p. 498. Na França, no reinado de Carlos V, pode-se notar que também Jean Golein considerava o fato de uma mulher não poder curar as escrófulas um argumento a favor da sucessão em linha masculina: aqui, pp. 380-1.

38. Aqui, Apêndice 1, p. 342.

39. Pelo que sei, existem ao menos três manuscritos desse cerimonial: 1º, Bibl. Nat. anglais 29, que parece datar do 13º ano do reinado de Henrique VIII (f. 1*v*); texto sobre os *cramp-rings* na f. 14*v*; seguindo esse ms., a passagem sobre *os cramp-rings* foi publicada em *The Gentleman's*

Magazine, 1834, I, p. 48 (*The Gentleman's Magazine Library*, III, p. 39); e decerto copiada do *Gentleman's Magazine* por Crawfurd, "Cramp-rings", p. 167; 2º, um ms. de aproximadamente 1500, proveniente da coleção de Anstis, rei de armas da Ordem da Jarreteira, e conservado na coleção dos duques de Northumberland; seguindo esse ms., a passagem sobre *os cramp-rings* foi publicada por Th. Percy, *The regulations and establishment of the household of Henry Algernon Percy, the fifth earl of Northumberland*, Londres, 1827 (reimpressão), p. 436, e copiado de Percy por Maskell, *Monumenta ritualia*, 2ª ed., III, p. 390, n. 1, assim como por *The Gentleman's Magazine*, 1774, p. 247 (*The Gentleman's Magazine Library*, III, p. 38); 3º, um ms. conservado com o nº 7 no College of Arms, em Londres; ele data da primeira metade do século XVI: cf. Farquhar, "Royal charities", I, p. 67, n. 6, e p. 81, n. 1 (e comunicação pessoal da srta. Farquhar). Confrontei o texto dado pelo dr. Crawfurd com o do ms. da Bibl. Nat. e achei-o correto (note-se, entretanto, que as palavras entre parênteses, linha 5, foram acrescentadas pelo dr. Crawfurd).

40. Apêndice 2, nº 19.

41. Nesse ponto, perdia-se no reinado de Maria Tudor o sentido do resgate, se confiarmos no relato (que será citado mais adiante) do veneziano Faitta, segundo o qual a rainha, na Sexta-feira Santa, também consagrava anéis que lhe eram remetidos por particulares e que ela, sem dúvida, devolvia tão logo se cumpria o rito. Provavelmente, esse fato explica (como observa o sr. C. J. Thompson, *Royal cramp and other medycinable rings*, p. 9) que em alguns textos se encontrem, a partir do final do século XV, a menção de *cramp-rings* providos de pedra preciosa. Se esses *cramp-rings* forem considerados anéis benzidos pelo rei, evidentemente só se poderá reputá-los anéis entregues por particulares para esse fim; mas, como nada nos textos especifica que se trate de *cramp-rings* "régios", podemos supor que estamos tratando de quaisquer anéis mágicos tidos como eficazes contra a cãibra.

42. Sobre o missal de Maria Tudor, hoje conservado na biblioteca da catedral (católica) de Westminster, cf. aqui, Apêndice 2, nº 6. A liturgia dos *cramp-rings* dada por esse missal foi diversas vezes publicada, especialmente por Gilbert Burnett, *The history of the Reformation*, ed. Pocock, V, Londres, 1865, p. 445; Wilkins, *Concilia Magnae Britanniae et Hiberniae*, IV, f. 1737, p. 103; S. Pegge, *Curialia Miscellanea*, Londres, 1818, p. 164; Crawfurd, "Cramp-rings", p. 182. Para a tradução inglesa dessa liturgia, que sem dúvida data do reinado de Jaime II, ver aqui, p. 301, n. 15.

43. *Calendar of state papers, Venice*, VI, 1, nº 473, p. 436. Faitta era secretário do cardeal Pole; viu Maria benzer os anéis a 4 de abril de 1556.

44. "Omnipotens sempiterne Deus, qui [...] quos ad regalis sublimitatis fastigium extulisti, insignioribus gratiis ornatos, donorumque tuorum organa atque canales esse voluisti, ut sicut per te regnant aliisque praesunt, ita te authore reliquis prosint, et tua in populum beneficia conferant" (Crawfurd, pp. 182-3). "Deus [...] hos annulos propitius benedicere et sanctificare digneris: ut omnes qui eos gestabunt sint immunes ab omnibus Satanae insidiis, sint armati virtute coelestis defensionis, nec eos infestet vel nervorum contractio, vel comitialis morbi pericula" (*ibid.*, p. 183). "[...] facessat omnis superstitio, procul absit diabolicae fraudis suspicio" (*ibid.*, mesma página). "Sanctifica Domine annulos istos, et rore tuae benedictionis benignus asperge, ac manuum nostrarum confricatione, quas, olei sacra infusione externa, sanctificare dignatus es pro ministerii nostri modo, consecra, ut quod natura metalli praestare non possit, gratiae tuae magnitudine efficiatur" (*ibid.*, p. 184).

3. A REALEZA MARAVILHOSA E SAGRADA: DESDE AS ORIGENS DO TOQUE DAS ESCRÓFULAS ATÉ A RENASCENÇA (PP. 172-221)

1. *Summa gloria de Apostolico et Augusto*; *Monumenta Germaniae, Libelli de lite*, t. III, c. 9, p. 69: *Quod rex sit laicus* "Aut enim rex est laicus aut clericus. Sed si non est laicus, tunc est clericus. Et si est clericus, tunc aut est ostiarius aut lector aut exorcista aut acolithus aut subdiaconus aut diaconus aut presbyter. Si de his gradibus non est, tunc clericus non est. Porro si nec laicus nec clericus est, tunc monachus est. Sed monachus eum excusat uxor et gladius". Cf. também c. 28, p. 78. A personalidade de Honorius, escritor extremamente fecundo, continua bastante enigmática, apesar de todas as pesquisas; mas não se poderia duvidar de que era alemão (ver especialmente Jos. Ant. Endres, *Honorius Augustodunensis, Beitrag zur Geschichte des geistigen Lebens im 12. Jahrhundert*, Kempten e Munique, 1902).

2. Cf. aqui. p. 177, n. 14; p. 189, nn. 50 e 53. Sobre o assunto, encontrar-se-ão observações imaginosas, embora um tanto exageradas, na obra de P. Thurston, *The coronation ceremonial*, p. 36, citada na nota seguinte. Sobre as dificuldades que existiam para definir juridicamente o estado de clérigo, cf. R. Génestal, *Le privilegium fori en France du Décret de Gratien à la fin du XIV*[e] *siècle* (*Bibl. École Hautes Études, Sc. religieuses*, vol. 35).

3. Alguns autores anglicanos, o sr. Wickham Legg em primeiríssimo lugar, insistiram com muito vigor (e às vezes com certo excesso) no caráter quase sacerdotal da realeza medieval; fizeram isso com claramente confessada intenção de apologética religiosa: "It seemed [escrevia o sr. Legg em 1902 no *Church Times*] as it might be an useful thing if it were shown that, so far from the claims of the king to govern the Church beginning with Henry the Eight bis rights began much earlier. [...] And with this, that the king was a minister of the Church, consecrated to this special office by the Church herself" [Pareceu poder ser útil demonstrar que, longe de as reivindicações do Rei de governar a Igreja terem começado com Henrique VIII, seus direitos começaram muito antes [...] E, com isso, que o rei era um ministro da Igreja, pela própria Igreja consagrado a esse ofício especial]. Daí uma tentativa de refutação empreendida (com objetivo igualmente fácil de perceber) por um jesuíta inglês, o padre H. Thurston, *The coronation ceremonial*, 2ª ed., Londres, 1911; quando se opõe aos exageros da escola contrária, trata-se de discurso hábil e, às vezes, penetrante; mas é demasiado absoluto na negação e, a meu ver, muito mais distante da verdade que a tese do sr. Legg. Aliás, como é curioso para o historiador constatar que essas velhas querelas ainda têm sua atualidade!

4. Entre as origens dessa concepção de realeza sacerdotal, tão familiar na Idade Média, é necessário dar um lugar às influências romanas? A partir de Graciano, em 382, os imperadores cristãos haviam renunciado ao velho título pagão *pontifex maximus*; mas, pelo menos até o século V, continuou-se a atribuir-lhes, em algumas fórmulas de veneração oficial, o nome sacerdotes (sobre os fatos, cf. J. B. Sägmüller, *Lehrbuch des katholischen Kirchenrechts*, 3ª ed., I, Freiburg in B., 1914, pp. 51-2). "ἀρχιερεῖ βασιλεῖ [πολλὰ τὰ ἔτη]", exclamavam em 444, em suas aclamações oficiais, os padres do Sínodo de Constantinopla; a mesma coisa em 451, no Concílio de Calcedônia: "τῷ ἱερεῖ, τῷ βασιλεῖ" (Mansi, *Concilia*, VI, col. 733, e VII, col. 177). Pouco mais tarde, o papa Leão, o Grande, escrevia ao imperador Leão I: "sacerdotalem namque et apostolicum tuae pietatis aninum" (Cp. CLVI, Migne, *P. L.*, t. 54, col. 1131). Mas esses textos (que as grandes compilações canônicas latinas não coligiram) não parecem ter sido citados nem conhe-

cidos pelos escritores da Idade Média ocidental; o mesmo em relação à famosa passagem de Eusébio de Cesareia em que se vê Constantino denominar-se "τῶν ἐχτὸσ [...] ἐπισχοποσ" (cf. aqui, p. 277, n. 111). Só mais tarde (no século XVII) essas velhas reminiscências iriam encontrar algum uso, graças à erudição renascente: cf. aqui, pp. 277-8. Por outro lado, de uma passagem de Guillaume Durand deduz-se que alguns juristas, para provar o caráter sacerdotal atribuído ao imperador, utilizaram um texto extraído das compilações jurídicas romanas: *Rationale divinorum officiorum*, II, 8 (ed. de Lyon, pequeno in-8º, 1584, p. 56*v*): "Quidam etiam dicunt ut not. ff. de rerum diuisio 1. sancta quod fit presbyter, iuxta illud, Cuius merito qui nos sacerdotes appellat, Imperator etiam pontifex dictus est, prout in tratactu de Episcopo dicetur" (cf. *ibid.*, I, II, p. 62: "Vnde et Romani Imperatores pontifices dicebantur"). O trecho apontado é *Dig.* I, I, 1 (Ulpiano); na realidade, refere-se não aos imperadores, mas aos jurisconsultos.

5. *Anselmi Gesta Episcop. Leod.*, c. 66; *Monum. Germ.*, *SS.*, VII, pp. 229-30: "Imperator vero, utpote qui eiusmodi homo esset, qui sibi super episcopos potestatem nimis carnaliter, ne dicam ambiciose, quereret usurpare: 'Ego vero, inquit, similiter sacro oleo, data mihi prae caeteris imperandi potestate, sum perunctus'. Quem contra antistes veritatis zelo institiaeque fervore vehementer accensus, talibus breviter instruendum esse censuit: 'Alia, inquiens, est et longe a sacerdotali differens vestra haec quam asseritis unctio, quia per eam vos ad mortificandum, nos auctore Deo ad vivificandum ornati sumus; unde quantum vita morte praestantior, tantum nostra vestra unctione sine dubio est excellentior". Para os fatos, ver E. Steindorff, *Jahrb. des deutschen Reichs unter Heinrich III*, II, pp. 50-1.

6. *Summa gloria*, c. 9: "Sed garruli fortasse tumido fastu contendunt regem non esse de numero laicorum, cum untus sit oleo sacerdotum".

7. *De controversia inter Hildebrandum et Heinricum imperatorem*; *Libelli de lite*, I, p. 467: "Unde dicunt nulli laico umquam aliquid de ecclesiasticis disponendi facultatem esse concessam, quamvis rex a numero laicorum merito in huiusmodi separetur, cum oleo consecrationis inunctus sacerdotalis ministerii particeps esse cognoscitur". Para outras citações extraídas de polemistas do mesmo partido e para as refutações do partido contrário, ver Heinrich Böhmer, *Kirche und Staat in England und der Normandie*, p. 235; Kern, *Gottesgnadentum*, p. 86, n. 152; cf. também a linguagem conferida por um cronista do partido pontifical ao círculo de Henrique V: "Quid referam, quosdam comites eius [...] eum regem pariter et summum sacerdotem [...] praedicasse"; Laurentius, *Gesta episcop. Virdunensium*; *Monum. Germ.*, *SS.*, XVIII, p. 502.

8. *Monum. Germ.*, *Libelli de lite*, III, p. 677: "Quare non est appellandus laicus, quia Christus Domini est [...]".

9. *Vie de Louis le Gros*, c. XIV, ed. A. Molinier (*Collection de textes pour servir à l'étude... de l'hist.*), p. 40: "abjectoque secularis militie gladio, ecclesiastico ad vindictam malefactorum accingens". Na mesma ordem de ideias, cf. *ibid.*, XVIII, p. 62: "partem Dei, cujus ad vivificandum portat rex imaginem, vicarius ejus liberam restituat suppliciter implorant". Não sei se devemos ver na primeira passagem uma alusão à célebre alegoria dos dois gládios, tirada de Lucas 22, 38, da qual os partidários do poder pontifical e os defensores do poder temporal extraíram argumentos opostos; Geoffroi de Vendôme, no próprio tempo de Suger, usara-a, precedendo s. Bernardo: cf. Paul Gennrich, *Die Staats-und Kirchenlehre Johanns von Salisbury*, Gotha, 1894, p. 154, n. 1, e E. Jordan, "Dante et st. Bernard", *Bulletin du Comité Catholique Français pour le Sixième Centenaire de Dante*, 1992, pp. 277 e 278.

10. A. Luchaire, *Études sur les actes de Louis VII*, in-4º, 1885, nº 119 (acrescentar às edições mencionadas por A. Luchaire a de R. De Lasteyrie, *Cartulaire de Paris* (*Hist. Générale de Paris*), nº 302, que agora é a melhor): "Scimus quod ex auctoritate Veteris Testamenti, etiam nostris temporibus, ex ecclesiastica institutione soli reges et sacerdotes sacri crismatis unctione consecrantur. Decet autem ut qui, soli pre ceteris omnibus sacrosancta crismatis linitione consociati, ad regendum Dei populum perficiuntur, sibi ipsis et subditis suis tam temporalia quam spiritualia subministrando provideant, et providendo invicem subministrent". Poder-se-ia perguntar se não convém traduzir *sacerdotes* por *bispos*, já que o crisma (no estrito sentido da palavra) é privilégio episcopal e não sacerdotal (cf. aqui, p. 182). Nos textos da época, porém, *chrisma* possui algumas vezes o sentido simples *santos óleos*. É prudente manter a tradução natural: *sacerdotes*, embora não esquecendo que, no pensamento dos clérigos de Luís VII, sobretudo os bispos eram considerados aliados naturais dos reis — tanto que o próprio diploma era concedido em favor de um bispo. Pode-se comparar o preâmbulo de Luís VII ao que, poucos anos mais tarde, Otto von Freising escrevia a propósito da sagração de Frederico Barbarossa; o bispo eleito de Münster fora consagrado no mesmo dia que o imperador, na mesma igreja e pelos mesmos bispos: "ut revera summus rex et sacerdos presenti iocunditati hoc quasi prognostico interesse crederetur, qua in una aecclesia una dies duarum personarum, quae solae novi ac veteris instrumenti institutione sacramentaliter unguntur et christi Domini rite dicuntur, vidit unctionem" (*Gesta Friderici*, II, c. 3; *Scriptor. rer. Germ. ad usum scholarum*, 3ª ed., p. 105). Enfim, era uma ideia análoga a que se exprimia numa fórmula litúrgica comum às sagrações régias francesas e alemãs: "Accipe coronam regni, quae [...] episcoporum [...] manibus capiti tuo imponitur [...] et per hanc te participem ministerii nostri non ignores, ita ut, sicut nos in interioribus pastores rectoresque animarum intelligimur, tu quoque in exterioribus verus Dei cultor [...] semper appareas [...]" (Waitz, "Die Formeln der Deutschen Königs- und der römischem Kaiserskrönung", Göttingen, 1872, pp. 42, 74, 82; e, com algumas variações, Dewick, *The coronation book of Charles V of France* (*Henry Bradshaw Society*, XVI), in-4º, Londres, 1899, col. 36).

11. *Histoire des institutions monarchiques*, 2ª ed., 1890, I, p. 42. Na mesma obra, I, p. 41, o sr. Luchaire cita um diploma de Henrique I outorgado à Igreja de Paris (F. Soehnée, *Catalogue des actes de Henri Ier*, *Biblioth. École Hautes Études*, p. 161, nº 29) em que se trataria do "divino ministério" da realeza; verificamos que as palavras "divinum ministerium", no preâmbulo desse diploma, designam o divino ministério da generosidade (para com as igrejas).

12. Sobre esses fatos, ver Luchaire na *Histoire de France* de Lavisse, III, 1, p. 5, e Vacandard, *Saint Bernard*, in-12, s. d., II, p. 183.

13. *Epistolae*, ed. Luard (*Rolls Series*), nº CXXIV, p. 351, cf. Leopold G. Wickham Legg, *English coronation records*, p. 67: "Hec tamen unccionis prerogativa nullo modo regiam dignitatem prefert aut etiam equiparat sacerdotali aut potestatem tribuit alicuius sacerdotalis officii".

14. *Summa Decretorum*, XXII, qu. 5, c. 22: "Si opponatur de iuramento fidelitatis, quod hodie episcopi faciunt imperatori, respondeatur non omnia, que consuetudo habet, canones permittere. Vel dicatur imperatorem non omnino laicum esse, quem per sacram unctionem constat consecratum esse"; ed. J. F. v. Schulte, Giessen, 1892, p. 360; ed. H. Singer, Paderborn, 1902, p. 403.

15. Saxo Grammaticus, 1. XIV, ed. A. Holder, p. 539: "prouinciarum reges".

16. Para os duques da Normandia, ver Benedict of Peterborough, *Gesta Henrici regis*, ed. Stubbs, *Rolls Series*, II, p. 73 (a 20 de julho de 1189, no altar da Notre-Dame de Rouen, Ricardo

Coração de Leão recebeu, em presença do arcebispo, dos prelados e dos barões, o "gladium ducatus Normanniae"); Mathieu Paris, *Chronica majora*, ed. Luard, *R. S.*, II, p. 454, e *Historia Anglorum*, ed. Madden, *R. S.*, II, p. 79 (João sem Terra, 25 de abril de 1199: gládio e coroa); bem mais tarde, os testemunhos da entronização de Carlos da França, irmão de Luís XI, estão em H. Stein, *Charles de France, frère de Louis XI*, 1921, p. 146 (anel, espada, estandarte); ritual conhecido graças a apenas duas cópias do século XVII, nos Archives Communales de Rouen (cf. Chéruel, *Histoire de Rouen à l'époque communale*, II, 1844, p. 8, e R. Delachenal, *Histoire de Charles V*, I, p. 137, n. 1), publicadas por Duchesne, *Historiae Normannorum scriptores*, in-fólio, 1619, p. 1050, e Martene, *De antiquis Ecclesiae ritibus*, II, col. 853 (anel e gládio). Para os duques da Aquitânia, possuímos um *ordo ad benedicendum* que, redigido só no começo do século XIII pelo primeiro-chantre Elie de Limoges, infelizmente não poderia ser considerado um documento muito seguro, no que concerne aos costumes antigos; as insígnias são o anel (denominado "de s. Valéria"), a coroa ("circulum aureum"), o estandarte, a espada e as esporas (*Histor. de France*, XII, p. 451). Ver também, fora do reino da França propriamente dito, para o Delfinado, R. Delachenal, *Histoire de Charles V*, I, p. 40. O *Pontifical* de Guillaume Durand (Bibl. Nat. ms. latin 733, f. 57) contém a rubrica *De benedictione principis siue comitis palatini*; aí, há apenas uma fórmula de bênção, visivelmente extraída do ritual de sagração imperial (*ibid.*, f. 50*v*) e, ademais, perfeitamente banal; como se vê, não temos nenhuma menção da unção.

17. Aliás, a unção era considerada pelos reis uma prerrogativa tão importante que as dinastias nas quais ela não era tradicional procuraram frequentemente adquirir esse privilégio. O mais tardar no século XIII, estabeleceu-se a ideia de que para isso era necessário autorização do papa; os reis de Navarra obtiveram-na em 1257, e os reis da Escócia, em 1329, depois de tê-la solicitado longamente. Assim, pelo menos em alguns países, o papado acabara encontrando no velho rito monárquico um elemento de influência. Em 1204, Inocêncio III ungiu pessoalmente Pedro II de Aragão, o qual viera a Roma para tornar-se vassalo da Santa Sé; essa foi a primeira unção aragonesa. Cf. aqui, p. 356 e n. 45.

18. Em termos de teologia pós-escolástica, confundiam-se então sob o mesmo nome os sacramentos e os *sacramentalia*. A respeito disso, pode-se ver uma exposição muito clara em G. L. Hahn, *Die Lehre von den Sakramenten in ihrer geschichtlichen Entwicklung innerhalb der abendländischen Kirche bis zum Concil von Trient*, Breslau, 1864, sobretudo p. 104.

19. Ives de Chartres, ep. CXIV (*Histor. de France*, XV, p. 145); Pier Damiani, sermo LXIX, Migne, *P. L.*, t. 144, cols. 897 ss., e *Liber gratissimus*, c. X (*Monum. Germ.*, *Libelli de lite*, I, p. 31); Thomas Becket, carta a Henrique II, *Materials for the history of Th. B.*, *Rolls Series*, V, nº CLIV, p. 280. Cf. Pierre de Blois, textos citados aqui, p. 179, n. 25; Hugue de Rouen, citado por Hahn, *loc. cit.*, p. 104; Otto von Freising, *Gesta Friderici*, II, c. III (*Scriptor. rer. Germ.*, 3ª ed., p. 104: "dum finito unctionis sacramento diadema sibi imponeretur"). Boa exposição da questão em Kern, *Gottesgnadentum*, p. 78; cf. p. 87, n. 154.

20. Texto citado aqui, p. 177, n. 13: "unccionis sacramentum".

21. Baronius-Raynaldus, ed. Theiner, XXII (1257, nº 57, e 1260, nº 18); cf. Potthast, *Regesta*, II, nºs 17054 e 17947. Sobre a atitude de João XXII em 1318, porém, ver aqui, pp. 207-8.

22. *Histoire littéraire*, XXVI, p. 122.

23. *De catechizandis rudibus*, c. XXVI (Migne, *P. L.*, t. 40, col. 344): "signacula quidem rerum divinarum esse visibilia, sed res ipsas invisibiles in eis honorari".

24. 1 Samuel 10, 6.

25. Wipo, *Gesta Chuonradi*, c. III, ed. H. Bresslau, *Scr. rer. Germ. in usum scholarum*, 3ª ed., p. 23; Pierre de Blois, ep. 10, Migne, *P. L.*, t. 207, col. 29; nos dois casos, a palavra *bíblica* serve de tema para conselhos ou reprovações. Alexandre IV, bula de 6 de outubro de 1260: Raynaldus-Baronius, ed. Theiner, XXII, 1260, nº 18, Potthast, *Regesta*, nº 17947.

26. Texto citado aqui, p. 177, n. 13 (ed. Luard, p. 350): "regalis inunccio signum est prerogative suscepcionis septiformis doni sacratissimi pneumatis".

27. Aqui, Apêndice 4, p. 377. Na frase seguinte, dando tom moralizador a seu pensamento, Jean Golein restringe um pouco seu alcance: a dignidade régia deve gozar os mesmos privilégios que o estado de religioso, pois comporta muito mais "ansiedades e penas".

28. Cf. aqui, Apêndice 3, pp. 370-1.

29. *De idolatria politica et legitimo principis cultu commentarius*, p. 73. Sobre a obra, ver aqui, p. 279, n. 124.

30. Cf. J. Wickham Legg, "The sacring of the English kings", *Archaeological Journal*, LI (1894), p. 33, e Woolley, *Coronation rites*, p. 193.

31. *Corpus iuris canonici*, ed. Friedberg, II, cols. 132-3 (*Decretal.* I, tit. XV): "Refert autem inter pontificis et principis unctionem, quia caput pontificis chrismate consecratur, brachium vero principis oleo delinitur, ut ostendatur, quanta sit differentia inter auctoritatem pontificis et principis potestatem"; cf. Kern, *Gottesgnadentum*, p. 115; em 1260, a mesma teoria é reproduzida na bula de Alexandre IV para a sagração dos reis da Boêmia (Baronius-Raynaldus, ed. Theiner, XXII, 1260, nº 18; Potthast, nº 17947). Guillaume Durand, *Rationale*, I, c. VIII, ed. de Lyon, 1584, p. 40: desde o advento da Nova Lei, a unção régia "a capite ad brachium est translata, ut princeps a tempore Christi non ungatur in capite sed in brachio siue in humero vel in armo"; para a unção do bispo sobre a cabeça, cf. p. 40*v*. No *ordo* para a coroação dos reis, conforme as prescrições canônicas que G. Durand dá em seu *Pontifical* (Bibl. Nat., ms. latin 733), lê-se, na f. 54*v*: "Post hec metropolitanus inungit in modum crucis cum oleo exorcisato de [x] trum illius brachium et inter scapulas".

32. Woolley, *Coronation rites*, pp. 68; 71, 104; H. Schreuer, *Ueber altfranzösische Krönungsordnungen*, pp. 39 e 48; Legg, *Coronation records*, p. XXXV. Bem cedo, a unção da cabeça desapareceu do ritual da sagração imperial (Kern, p. 115, n. 207), mas manteve-se na sagração do rei dos romanos como soberano alemão (Schreurer, *Die rechtlichen Grundgedanken*, p. 82, n. 3, e Woolley, p. 122). O cardeal Enrico da Susa (conhecido na literatura canônica por seu título cardinalício, Hostiensis), em sua *Summa aurea*, escrita entre 1250 e 1261, lib. I, c. XV (ed. de Lyon, in-fólio, 1588, f. 41*v*), nota que, apesar das prescrições de Inocêncio III e dos textos oficiais do Pontifical Romano, "sed et consuetudo antiqua circa hoc obseruatur, nam supradictorum Regum Franciae et Angliae capita inunguntur".

33. Bulas de Inocêncio III e Alexandre IV e texto de Guillaume Durand, citados aqui, p. 182, n. 31; cf. J. Fluck, *Katholische Liturgie*, I, Giessen, 1853, pp. 311 e 322; Vacant e Mangenot, *Dictionnaire de théologie catholique*, na palavra "Chrême". Já no século XII, o pequeno poema conhecido com o nome *De anulo et baculo versus* (*Mon. Germ. histor.*, *Libelli de lite*, III, p. 726, v. 9) dizia: "Presulis est autem sacra *crismatis* unctio [...]". Para o costume francês confirmado por numerosos textos, ver, por exemplo, Dewick, *The coronation book of Charles V of France* (*Henry Bradshaw Society*, XVI), cols. 8 e 25 ss. (ao crisma era misturada uma gota do óleo da Santa Âmbula); para o costume inglês, Legg, *Coronation records*, p. XXXV.

34. Sobre esses fatos, será suficiente remeter a A. Diedmand, "Das Ceremoniell der Kaiserkrönungen", *Histor. Abh.*, hgg. von Th. Heigel und H. Grauert, 4, Munique, 1894, p. 65, n. 3, e p. 74; e, sobretudo, a E. Eichmann, "Die Ordines der Kaiserkrönung", *Zeitschr. der Sav. Stiftung für Rechtsgesch., Kan. Abt.*, 1912, *passim.* A despeito do que Diemand diga, não há prova de que o costume de receber o imperador no cabido de S. Pedro de Roma seja imitação do costume que requeria que o imperador fosse membro do cabido de Aix-la-Chapelle; ao contrário, o canonicato de Aix-la-Chapelle é que pareceria uma imitação do romano: cf, Beissel, "Der Aachener Königsstuhl", *Zeitschr. des Aachener Geschichtsvereins*, IX (1887), p. 23 (mais útil pelos fatos citados que por sua interpretação). Aqui, é oportuno lembrar que não pude ver o recente trabalho de Eva Sperling, *Studien zur Geschichte der Kaiserkrönung und Weihe*, Stuttgart, 1918.

35. Eichmann, *loc. cit.*, pp. 39 e 42 (*ordo* da coroação imperial, "terceiro período"). Em sua dissertação, Eichmann (que esclareceu bem o significado do canonicato atribuído ao imperador) não me parece ter dado suficiente importância ao diaconato imperial.

36. *Rationale*, II, 8, ed. de 1584, p. 56*v*: "Canon † Adriani Papae lxiij distinct. Valentinianus in fine videtur innuere, quod Imperator debet ordinem subdiaconatus habere, ubi dicitur, Adiutor et defensor tuus, ut meum ordinem decet, semper existam, sed non est ita. gerit tamen illud officium, quoniam in die ordinationis sue, receptus est primum in canonicam, a canonicis sancti Petri, ministrat domino papae in missa in officio subdiaconatus, parando calicem et huiusmodi faciendo". A citação refere-se a *Decret. Grat.*, dist. LXIII, c. III; mas é errônea, pois o cânone em questão é, na realidade, um extrato da *Historia tripartita*; é no c. II que se menciona o papa Adriano II.

37. João Cantacuzeno, *Histor.*, lib. I, cap. XLI (Migne, *P. G.*, t. 153, col. 281, cf. para a comunhão 288), e Codinus, *De officiis Constantinopolitanis*, c. XVII (*P. G.*, t. 157, col. 109; para a comunhão, cf. col. 111), fazem do imperador um *δεποτάτοσ* (cf. Brightman, *Journal of Theological Studies*, II, 1901, p. 390, n. 1); Simão de Tessalonica, *De sacro templo*, c. CXLIII (*P. G.*, t. 155, col. 352), faz dele (a propósito da comunhão) um diácono.

38. Para Carlos IV, R. Delachenal, *Histoire de Charies V*, I, 1909, p. 278, n. 1 (a miniatura citada está agora reproduzida no t. IV da *Chronique de Jean II et Charles V*, ed. Delachenal, Soc. de l'Hist. de France, pl. XXXII). Sobre Sigismundo, ver *Chronique du Religieux de Saint-Denys*, ed. L. Bellaguet (*Doc. inéd.*), V, p. 470. No cerimonial pontifical de Pier Amelii (1370-5), lê-se a respeito da missa papal de Natal: "Si imperator vel rex sit in curia hac nocte, sacrista et clerici praesentant sibi librum legendarum, in quo debet legere quintam lectionem, et eum honeste instruunt de ceremoniis obsevandis in petendo benedictionem, in levando ensem cum vagina, et extrahendo, ipsum vibrando [...]" (Mabillon, *Museum Italicum*, II, in-4º, 1689, p. 325). Por outro lado, deve-se considerar pura fantasia a seguinte afirmação, reproduzida por Martene, *De antiquis Ecclesiae ritibus, 1*, II, c. IX, ed. de Bassano, in-fólio, 1788, II, p. 213 "ex codice Bigotiano", sem outra indicação de data ou de origem: na missa rezada quando (depois da eleição) o imperador entra em Roma, ele "deve dizer o evangelho; e o rei da Sicília, a epístola. Mas, se o rei da França ali se encontra, ele deve dizê-la antes deste".

39. H. Schreuer, *Ueber altfranzösische Krönungsordnungen*, Weimar, 1909 (tiragem em separado, revista, da *Zeitschrift der Savigny-Stiftung*, G. A., 1909), pp. 38 e 46; E. S. Dewick, *The Coronation book of Charles V of France*, col. 8; Jean Golein, aqui, Apêndice 4, p. 377. Creio dever mais uma vez recordar que, na ausência de uma classificação verdadeiramente crítica dos *ordi-*

nes da sagração francesa (os trabalhos de H. Schreuer apoiaram-se apenas em fontes impressas), é vago e incerto tudo o que se pode dizer sobre o ritual dessa cerimônia.

40. Sobre as luvas, Dewick, *loc. cit.*, col. 32: "Postea si uoluerit rex cirotecas subtiles induere sicut faciunt episcopi dum consecrantur"; cf. a nota, col. 82. Preces: "Christe perunge hunc regem in regimen unde unxisti sacerdotes [...]"; "Deus electorum [...] Iterumque sacerdotem aaron"; "Accipe coronam [...]" (com a fórmula "per hanc te participem ministerii nostri non ignores [...]", *ibid.*, cols. 29 e 36. As luvas parecem ter sido originariamente introduzidas no cerimonial para responder a uma necessidade de ordem ritual: após a unção das mãos, as luvas serviam para proteger de qualquer profanação o crisma: cf. Dewick, *loc. cit.*, e, sobretudo, Jean Golein, aqui, p. 378. Mas depois seu uso sugeriu a comparação com o costume episcopal; note-se que Jean Golein (o qual, por via de regra, evita insistir no caráter sacerdotal da realeza) desconhece essa comparação ou silencia sobre ela.

41. Brit. Mus. Cotton Nero, C. IX, f. 173, citado por Legg, *Coronation records*, p. XL, n. 4.

42. Indicações gerais sobre a história e a doutrina da comunhão estão em Vacant e Mangenot, *Dictionnaire de théologie catholique*, artigo "Communion". Sobre a comunhão sob as duas espécies pelos imperadores, ver A. Diemand, "Das Ceremoniell der Kaiserkönungen", p. 93, n. 2. Pio IV, por uma espécie de condescendência para com as simpatias luteranas de Maximiliano II, iria devolver-lhe o direito de usar o cálice (cf. J. Schlecht, *Histor. Jahrbuch*, XIV (1893), p. 1), mas não se sabe se foi daí que voltou definitivamente o antigo costume, atestado no reinado de Leopoldo II. Para a França, ver bulas de Clemente VI, de 1344, em favor de Filipe VI, da mulher deste, do duque e da duquesa da Normandia, em Baronius-Raynaldus, *Annales*, ed. Theiner, XXV, analisadas (exceto a relativa ao duque, que é publicada na íntegra); deve-se crer que tinham todas o mesmo teor. Sem dúvida, é como consequência de um lapso que Mabillon, *Museum Italicum*, II, in-4º, 1689, p. lxij, afirma que na mesma época o mesmo privilégio foi concedido ao duque da Borgonha. A bula em favor do duque da Normandia (e, segundo todas as probabilidades, também as outras) comporta igualmente a autorização: "ut quae sacra sunt, praeterquam corpus Dominicum, quod per alios quam per sacerdotes tractari non convenit, tangere quoties opportunum fuerit [...] valeas". Comunhão sob as duas espécies na sagração de Carlos V: Dewick, *The coronation book of Charles V of France*, cols. 43 e (para a rainha) 49; cf. col. 87. Sobre a mudança que se produziu sob Henrique IV, ver Du Peyrat, *Histoire ecclesiastique de la cour*, pp. 727-9; Du Peyrat atribui-a apenas "à inadvertência dos que, no momento da conversão do rei, começaram a governar sua Capela"; prefiro supor o motivo indicado acima; para o costume do século seguinte, cf. Oroux, *Histoire ecclesiastique de la cour*, I, p. 253, n. [1]. Segundo um teólogo católico da segunda metade do século XVI, Gasparus Cassalius, *De caena et calice Domini*, Veneza, 1563, c. II, citado por Henriquez, *Summa theologiae moralis*, grande in-8º, Mainz, 1613, lib. VIII, c. XLIV, § 7, n. n. o., o rei da França só teria usado esse privilégio em sua sagração e no momento de sua morte. Se a informação é exata, ela prova que desde antes de Henrique IV o medo de parecer ceder ao protestantismo levara à redução do exercício dessa prerrogativa cultual. É curioso que o cerimonial da comunhão régia contido no ms. 2734 da Bibl. Mazarine, o qual data do século XVII (provavelmente do reinado de Luís XIII), preveja a comunhão sob as duas espécies; possivelmente, seu autor limitou-se a reproduzir um cerimonial mais antigo; esse texto foi publicado por Franklin, *La vie privée, Les médecins*, p. 300; ele falta no ms. análogo conservado na Bibl. Nat., cote français 4321; cf. aqui, p. 283, n. 145. A dissertação de Gabriel

Kehler, *Christianissimi regis Galliae communionem sub utraque*..., in-4º, Wittenberg [1686], é um panfleto protestante desprovido de interesse. Não pude ver J. F. Mayer, *Christianissimi regis Galliae communio sub utraque*, Wittenberg, mesma data. Na Inglaterra, não há vestígio de que antes da Reforma os reis hajam comungado sob as duas espécies: Legg, *Coronation records*, p. lxi. Documentos ilustrados relacionados à comunhão do rei da França sob as duas espécies: aqui, Apêndice 2, nºs 2 e 3, e Dewick, *The coronation book*, pl. 28.

43. Ferdinand Kattenbusch, *Lehrbuch der vergleichenden Confessionskunde*, I, 1892, pp. 388 e 498; e aqui, p. 184, n. 37.

44. Texto de Jean Golein, aqui, Apêndice 4, p. 378; para a interpretação da comunhão sob as duas espécies, tal como esta era dada no século XVII, ver aqui, p. 276.

45. V. 340 e v. 3066. Cito da ed. J. Bédier.

46. Sobre Turpin, ver especialmente vv. 1876 ss. Este trecho já estava escrito quando pude conhecer o livro do sr. P. Boissonnade, *Du nouveau sur la Chanson de Roland*, 1923. A comparação com Manassé de Reims também ocorreu ao sr. Boissonnade (p. 327). Por outro lado, devo acrescentar que aqui tenciono falar apenas de uma simples comparação e que de modo algum pretendo mostrar Turpin considerando-o uma espécie de pseudônimo poético de Manassé; o *Roland* não tem nada de *roman à clef*! Mas como pôde o sr. Boissonnade escrever que o autor da *Chanson* "professa as ideias de um adepto da reforma gregoriana ou teocrática"? (p. 444; sobre a personagem Carlos Magno interpretada como o "soberano ideal da grande teocracia sonhada por Gregório VII", cf. p. 312). Os vv. 3094 e 373, citados em apoio a essa tese, provam simplesmente que "Turold" sabia que Carlos Magno tivera um bom relacionamento com os papas; quanto ao v. 2998, também invocado, ele mostra que nosso poeta considerava s. Pedro um grande santo — mas quem jamais duvidou disso? Se quiséssemos seguir (o que não é nossa intenção) a ideia do rei-sacerdote na literatura, decerto poderíamos tirar partido do ciclo do Graal, tão carregado de elementos arcaicos e pré-cristãos.

47. Versão rimada dos ms. de Châteauroux e de Veneza VII, em W. Foerster, *Altfranzösische Bibliothek*, VI, str. XXXI (v. 340); para o v. 3066 str. CCLXXXVIII. Poderia parecer que essa absolvição dada por um imperador não deveria chocar muito os mais ortodoxos espíritos desse tempo; pois, até a Contrarreforma, um hábito muito difundido (que só tardia e assaz hesitantemente os teólogos combateram) permitia que, em casos de urgência, leigos ministrassem a confissão; Joinville relatou-nos que, numa hora de perigo, *messire* Gui d'Ibelin confessou-se a ele: "e eu lhe disse: 'Eu vos absolvo com o poder que Deus me deu'" (c. LXX; ed. da Soc. de l'Hist. de France, pp. 125-6); cf. Georg Gromer, *Die Laienbeicht im Mittelalter* (*Veröffentlich. aus dem Kirchenhistor. Seminar München*, III, 7), Munique, 1909, e C. J. Merk, *Anschauungen über die Lehre... der Kirche im altfranzösischen Heldenepos* (*Zeitschr. für Romanische Philologie*, Beiheft XLI), p. 120. Mas essas confissões recebidas e essas absolvições dadas (com reservas: "com o poder que Deus me deu") num momento de necessidade urgente, quando nenhum padre estava ao alcance, não podem ser comparadas ao gesto de Carlos Magno, cumprido no seio de um exército que a tradição mostrava estar provido de abundante clero.

48. *Chronique*, § 184, ed. Delaborde (Soc. de l'Hist. de France), I, p. 273: "His dictis, petierunt milites a rege benedictionem, qui, manu elevata, oravit eis a Domino benedictionem [...]".

49. Cf. H. François-Delaborde, *Recueil des actes de Philippe-Auguste*, I, pp. XXX-XXXI. Num estudo abrangente sobre a realeza francesa, por certo haveria lugar para insistir na influência

(provavelmente muito profunda) que a tradição carolíngia e a literatura concernente a Carlos Magno exerceram sobre nossos reis e seus círculos; por ora, posso indicar apenas de passagem esse ponto, talvez para voltar a ele mais tarde, em outro lugar.

50. *Apparatus in librum sextum*, lib. III, tit. IV: *De praebendis*, c. II, *Licet*; Bibl. Nat. latin 16901, f. 66*v*: "Item reges, qui inuncti sunt, partem [?] laici meri obtinere non videtur, sed excedere eandem". Sobre o cardeal Le Moine, cf. R. Scholz, *Die Publizistik zur Zeit Philipps des Schönen*, pp. 194 ss.

51. *Tractatus de officio regis*, ed. A. W. Pollard e Ch. Sayle, Londres, 1887 (*Wyclif's Latin Works, ed. by the Wyclif Society X*), pp. 10-1: "Ex istis patet quod regia potestas, que est ordo in ecclesia [...]"; o *Tractatus*, alguns meses posterior ao Grande Cisma, foi escrito num momento em que esse acontecimento ainda estava longe de ter produzido suas consequências doutrinais.

52. Aqui, pp. 380-2, 377.

53. Lib. III, tit. 2; ed. de 1525, Londres, in-4º, p. 92*v*: "nonobstante quod rex unctus non sit mere persona laica, sed mixta secundum quosdam".

54. *Opera omnia*, in-4º, Leiden, 1604, ep. CXXXVII: "Ideo autem Regnum sacerdotale esse debere Dominus adstruit, quia propter sacram chrismatis unctionem Reges in christiana religione ad similitudinem Sacerdotum sancti esse debent [...]".

55. P. Pithou, *Preuves des libertez de l'eglise gallicane*, II, in-4º, 1639, p. 995.

56. Aqui, p. 140, n. 103.

57. Discurso de Framberge pelo sr. Pierre *de Croisay*, querelante, contra o cardeal D'Estouteville, querelado: 14 de julho de 1477; Arch. Nat. X 1 A 4818, ff. 258*v* ss. F. 262: "Sed ponis ex institucione canonica subsequente, que non excludit regem sacratissimum unctione sacra miraculose et celitus missa, qui tanquam persona sacrata capax est rerum spiritualium large accipiendo [...] E ainda que, pelos direitos canônicos, queira-se dizer que *interdicta est administracio spiritualium laycis*, deve-se entender *de mere laicis, et non de personis sacratis et sublimibus qui ecclesie temporalitates obtulerunt in habundancia* [...]". Mais adiante, na mesma folha: "regi, qui est sacrata persona". E na f. 262*v*: "ut dictum est, rex non est mere laicus". Minha atenção foi atraída para esse texto por R. Delachenal, *Histoire des avocats au parlement de Paris*, 1885, p. 204.

58. Memória endereçada a Carlos VII, em Noël Valois, *Histoire de la Pragmatique Sanction*, 1906, p. 216: "E, como soberano e primeira pessoa eclesiástica [...]"; discurso sobre a diferença entre os reis da França e da Inglaterra, citado por Godefroy, *Ceremonial*, p. 77: "O rei da França consagrado é pessoa eclesiástica"; exortação ao rei Carlos VII, *ibid.*, e J. Juvénal des Ursins, *Histoire de Charles VI*, ed. Godefroy, in-fólio, 1653, "Annotations", p. 628: "Com respeito a vós, meu soberano senhor, não sois simplesmente pessoa leiga, mas prelado eclesiástico, o primeiro em vosso reino depois do papa, o braço direito da Igreja".

59. Bibl. Nat., ms. français 1029, f. 90*a*; tradução latina nas *Opera*, ed. de 1606, in-fólio, pars. IV, col. 644; cf. E. Bourret, *Essai historique et critique sur les sermons français de Gerson*, 1858, pp. 56 ss. e p. 87, n. 1.

60. Cf. Grassaille, *Regalium Franciae iura omnia*, lib. II, p. 17; P. Pithou, *Preuves*, p. 13; R. Hubert, *Antiquitez historiques de l'eglise royale de Saint Aignan d'Orléans*, in-4º, Orléans, 1661, pp. 83 ss.; E. R. Vaucelle, *La collégiale de Saint-Martin de Tours, des origines à l'avènement des Valois* (*Bullet. et Mém. Soc. Archéol. Tours, Mém. XLVI*), pp. 80-1. Segundo Vaucelle, Carlos VII apresentou diante do Concílio de Basileia seu título de abade de Saint-Martin (p. 81, n. 2, sem referências).

61. Sobre as ideias de Lyndwood, cf. F. W. Maitland, *Roman canon law in the Church of England*, Londres, 1898, pp. 1 ss.

62. Panormitanus, *Super tertio decretalium*, in-fólio, Lyon, 1546, comentário sobre o tit. xxx, "De decimis", c. xxi, f. 154*v*: "Quarto, nota quod laici etiam reges non possunt aliquid donare de iure ecclesiastico nec possunt possidere jus spirituale. Ex quo infertur quod reges sunt puri laici: ita quod per coronationem et unctionem nullum ordinem ecclesiasticum recipiunt". Para a doutrina do Panormitano nesse momento, ver a glosa do livro i dos *Decretales*, vi, 4 (ed. de 1546, f. 199*v*), na qual, a propósito dos que (erroneamente, segundo ele) consideram ilegítimo o juramento que o papa exige dos metropolitanos como ilegítimo, pois os concílios não o preceituam, o Panormitano declara: "romana ecclesia prestat autoritatem conciliis et per ejus autoritatem robur accipiunt, et in conciliis semper excipit eius autoritas". Mais tarde, no Concílio de Basileia, parece que o Panormitano (por motivos de ordem política) mudou de atitude em grande parte. Sobre ele, ver a informação da *Realencyclopädie für protestantische Theologie*, no verbete "Panormitanus", no qual se encontrará a bibliografia. Com frequência, o Panormitano é citado e combatido pelos partidários franceses do caráter quase sacerdotal dos reis — por exemplo, Arnoul Ruzé na passagem mencionada aqui, p. 276, n. 103.

63. Essas concepções arcaicas parecem, ao contrário, praticamente ausentes do *Defensor Pacis* de Jean de Jandum e Marsilio da Padova, cujo espírito é muito mais racionalista.

64. Hincmar, aqui, p. 91, n. 42; Rathier da Verona, *Praeloquium*, iv, 2 (Migne, *P. L*, t. 136, col. 249); Hugue de Saint-Victor, *De sacramentis*, ii, pars. ii, cap. 4 (*P. L.*, t. 176, col. 418); John of Salisbury, *Policraticus*, iv, 3 ed. C. C. J. Webb, Oxford, 1909, i, pp. 240-1; Inocêncio iii, resposta aos enviados de Filipe da Suábia, em 1202, *P. L.*, t. 216, col. 1012: "Minor est autem qui ungitur quam qui ungit et dignior est ungens quam unctus"; Egídio Colonna, *De ecclesiastica sive de summi pontificis potestate*, c. iv, ed. Oxilio-Boffito, *Un trattato inedito di Egidio Colonna*, Florença, 1908, p. 14. Evidentemente, só a título de exemplo cito esses nomes: cf. E. Jordan, *Nouv. Rev. Historique du Droit*, 1921, p. 370. Texto da Epístola aos Hebreus, vii, 7, citado por Hugue de Saint-Victor, John of Salisbury, Egidio Colonna.

65. A legenda é narrada no manifesto de Manfredo aos romanos, 24 de maio de 1265: *Monum. Germ.*, *Constitutiones*, ii, p. 564, 11. 39 ss., texto por corrigir seguindo as indicações de Hampe, *Neues Archiv*, 1911, p. 237. Sobre o provável redator desse manifesto — Pietro da Prezza —, ver Eugen Müller, *Peter von Prezza* (*Heidelberger Abh. zur mittleren und neueren Gesch.*, H. 37); cf. também E. Jordan, *Rev. Histor. du Droit*, 1922, p. 349.

66. *De investigatione Antichristi*, i, 40; ed. F. Scheibelberger, Linz, 1875, p. 85: "[...] apparet reges ac duces per sacerdotum benedictionem non creari, sed ex divina ordinatione per humanam electionem et acclamationem creatis, ut praedictum est, sacerdotes Domini benedicunt, ut officium, ad quod divina ordinatione assumpti sunt, sacerdotali benedictione prosequente congruentius exequantur". Cf. "De quarta vigilia noctis", *Oesterreichische Vierteljahrsschrift für Katholische Theologie*, 1871, i, p. 593: "Sicut enim primus Adam primo de limo terrae legitur formatus et postea, Deo insufflante illi spiraculum vitae, animatus atque animantibus cunctis ad dominandum praelatus: sic imperator vel rex primo est a populo vel exercitu creandus tanquam de limo terrae, ac postea principibus vel omnibus vel melioribus in eius principatu coadunatis per benedictionem sacerdotalem quasi per spiraculum vitae animandus, vivificandus et sanctificandus est". Cf. W. Ribbeck, "Gerhoh von Reichersberg und seine Ideen über das Verhältniss

zwischen Staat und Kirche", *Forsch. z. Deutschen Geschichte*, XXIV (1884), pp. 3 ss. A atitude de meio-termo assumida por Gerhoh e suas variações fizeram que um historiador recente o tratasse (talvez um pouco severamente) de "sehr unklarer Kopf" [cabeça bem confusa]: Schmidlin, *Archiv für Katholisches Kirchenrecht*, XXIV (1904), p. 45.

67. Johannes Parisiensis, *De potestate regum et papali*, c. XIX, em Goldast, *Monarchia*, II, p. 133 (cf. R. Scholz, *Die Publizistik*, p. 329); *Somnium Viridarii*, I, caps. CLXVI-CLXXI e CLXXIV-CLXXIX (Goldast, *Monarchia*, I, pp. 126-8 e 129-36), com reproduções diretas de Occam, *Octo quaestiones*, V-VII (Goldast, II, p. 369-78); Gerson, *De potestate ecclesiastica et laica*, quaest. II, caps. IX-XI, ed. de 1606, pars. I, cols. 841 ss. (em que se encontra esta definição da sagração: "illud est solum solemnitatis, et non potestatis"). Sobre a mesma teoria nos tempos modernos, aqui, pp. 280-1.

68. Para a atitude da monarquia francesa, cf. Schreuer, *Die rechtlichen Grundgedanken*, pp. 91 ss., sobretudo pp. 99 ss. Para o cálculo dos anos de reinado: na França, Schreuer, *loc.cit.*, p. 95 (o interesse da questão parece ter escapado a Giry; mereceria ser tratada mais atentamente); na Inglaterra, J. E. W. Wallis, *English regnal years and titles* (*Helps for studentes of history*), in-12, Londres, 1921, p. 20; deve-se acrescentar que, durante muito tempo, a associação do herdeiro presuntivo ao trono (praticada com muita frequência, principalmente pela monarquia capetíngia) tornou bastante anódino o costume de calcular a partir da sagração os anos de reinado, pois a sagração do filho era usualmente realizada em vida do pai. Exclamação "O rei está morto, viva o rei": R. Delachenal, *Histoire de Charles V*, III, 1916, p. 21. Cerimônia quando da morte de Carlos VI: *Chronique d'Enguerran de Monstrelet*, ed. Doüet-d'Arcq (Soc. de l'Hist. de France), IV, p. 123; cf. Petit-Dutaillis, *Rev. Historique*, CXXV (1917), p. 115, n. 1. Evidentemente, no que concerne à dignidade imperial a questão colocava-se diversamente. Até o final da Idade Média — para ser exato, até Maximiliano I (1508) —, não houve imperador que não fosse coroado pelo papa; mas, havia muito tempo, a teoria alemã era que o "rei dos romanos", regularmente eleito, tinha direito ao governo do Império, mesmo sem o título imperial. Cf. a n. seguinte; e ver, sobretudo, F. Kern, "Die Reichsgewalt des deutschen Königs nach dem Interregnum", *Histor. Zeitschr.*, CVI (1911); K. G. Hugelmann, "Die Wirkungen der Kaiserweihe nach dem Sachsenspiegel", em seus "Kanonistische Streifzügen durch den Sachsenspiegel", *Zeitschr. der Sav. Stiftung, Kanon. Abt*, IX (1919), e a nota de U. Stutz, em seguida a esse artigo.

69. "Propositiones Henrici regis", *Monum. Germ.*, *Constitutiones*, V, p. 411, c. 4: "Quia quanquam homines intelligentes sciant, quod ex quo dictus rex legitime eledus et per dictum papam approbatus habere debeat administrationem in imperio, acsi esset coronatus, tamen quidam querentes nocere et zizaniam seminare, suggerunt simplicibus, quod non est ei obediendum, donec fuerit coronatus". Cf. E. Jordan, *Rev. Histor. du Droit*, 1922, p. 376.

70. Carta de três fidalgos angevinos (17 de julho de 1429), Quicherat, *Procès de Jeanne d'Arc*, V, p. 128; cf. p. 129.

71. *Hist. de France*, XXI, p. 661: "Tibi dixeram diu ante quod quando Ecclesia papa careret, et regnum Franciae rege et regina, et Imperium imperatore, quod tunc esset tibi vitae terminus constitutus. Et haec vides adimpleta. Ille enim quem tu regem Franciae reputas non est unctus adhuc nec coronatus et ante hoc non debet rex nominari". Cf. G. Péré, *Le sacre et le couronnement des rois de France*, p. 100.

72. Quicherat, *Procès de Jeanne d'Arc*, IV, p. 513: "negantque [Galli] verum esse regem qui hoc oleo non sit delibutus".

73. Para as *Grandes Chroniques* e Froissart, cf. R. Delachenal, *Histoire de Charles V*, III, pp. 22 e 25. Adoção do título régio por Carlos VII: De Beaucourt, *Histoire de Charles VII*, II, 1882, p. 55 e n. 2. Na Inglaterra, no final do século XII, a crônica atribuída a Benedict of Peterborough (ed. Stubbs, *Rolls Series*, II, pp. 71-82) teima em, com um cuidado pedante, dar a Ricardo Coração de Leão, após a morte de seu pai, apenas o título *conde* (de Poitiers); após sua sagração ducal em Rouen, o título *duque* (da Normandia); e, após sua sagração régia, só o título *rei*.

74. Farquhar, "Royal charities", IV, p. 172 (para Carlos II e Jaime II; Jaime II seguia o costume de seus predecessores protestantes).

75. Ver, aqui, o capítulo 4. Sobre o caso de Henrique IV (caso que nada prova com respeito ao costume anterior), ver aqui, p. 281.

76. Passagem citada aqui, p. 135, n. 92; para Occam, cf. p. 140, n. 104.

77. Aqui, pp. 170-1.

78. *Charisma*, cap. X, citado por Crawfurd, *King's evil*, p. 70; v. também a "Epistola dedicatoria", p. [9].

79. Fortescue, *De titulo Edwardi comitis Marchie*, cap. X, cf. aqui, p. 120, n. 46, e também (sobre a importância que, a propósito dos *cramp-rings*, nosso autor reconheceu à unção), p. 166. Jean Golein, aqui, pp. 377 e 380.

80. Pelo menos, essa é a versão primitiva; mais tarde (desde o final do século X), algumas vezes se preferirá substituir a pomba por um anjo: Adso, *Vita S. Bercharii*, Migne, *P. L.*, t. 137, col. 675; *Chronique de Morigny*, l. II, c. XV, ed. L. Mirot (*Collection de textes pour l'étude... de l'hist.*), p. 60; Guillaume Le Breton, *Philippide*, v. 200; Etienne de Conty, Bibl. Nat. ms. latin 11730, f. 31*v*, col. 1 (cf. aqui, p. 105, n. 5); cf. d. Marlot, *Histoire de la ville, cité et université de Reims*, II, p. 48, n. 1). Os espíritos conciliadores diziam: um anjo em forma de pomba, Philippe Mouskes, *Chronique*, ed. Reiffenberg (*Coll. des chron. belges*), vv. 432-4.

81. *Vita Remiggi*, ed. Krusch (*Mon. Germ. histor.*, *Scriptor rer. Merov.*, III), c. 15, p. 297. A ata da cerimônia de 869 foi inserida por Hincmar nos anais oficiais do reino da França ocidental, chamados *Annales Bertiniani*: ed. Waitz (*Scriptores rer. germanic*), p. 104, e *Capitularia* (*Mon. German. histor.*), II, p. 340; sobre os fatos, cf. R. Parisot, *Le royaume de Lorraine sous les Carolingiens*, 1899 (thèse lettres, Nancy), pp. 345 ss. Há uma referência (mas imprecisa) aos milagres que teriam marcado o batismo de Clóvis; ela está no falso privilégio do papa Hormisdas que Hincmar em 870 inseria em seus *Capitula* contra Hincmar de Laon: *P. L.*, t. 126, col. 338; cf. Jaffé-Wattenbach, *Regesta*, nº 866. Sobre Hincmar, é suficiente remeter a Carl von Noorden, *Hinkmar, Erzbischof von Reims*, Bonn, 1863, e a Heinrich Schrörs, mesmo título, Freiburg in B., 1884; cf. também B. Krusch, "Reimser-Remigius Fälschungen", *Neues Archiv*, XX (1895), especialmente pp. 529-30, e E. Lesne, *La hiérarchie épiscopale... depuis la réforme de saint Boniface jusqu'à la mort de Hincmar* (*Mém. et travaux publiés par des professeurs des fac. catholiques de Lille*, 1), Lille e Paris, 1905. Este não é o lugar para dar uma bibliografia completa sobre a Santa Âmbula; apenas observamos que é sempre proveitoso consultar, além da obra de Chiflet, *De ampulla Remensi*, 1651, o comentário de Suysken, *AA. SS.*, oct., I, pp. 83-9.

82. Escrevia Jul. Weiszäcker em 1858: "Der Erste ist in solchen Fällen der Verdächtigste" [Em casos assim, o primeiro é o mais suspeito]: "Hinkmar und Pseudo-Isidor", *Zeitschr. für die Histor. Theologie*, 1858, III, p. 417.

83. Sobre as acusações de Nicolau II, ver Lesne, *Hiérarchie épiscopale*, p. 242, n. 3. Dessa vez,

parece que a crítica não era de todo justificada. Mas sobram muitas outras ilustres fraudes de Hincmar, como, por exemplo, a falsa bula do papa Hormisdas; cf. também os fatos levantados por Hampe, "Zum Streite Hinkmars mit Ebo von Reims", *Neues Archiv*, XXIII (1897), e Lesne, *Hiérarchie*, p. 247, nº 3. As apreciações do sr. Krusch, *Neues Archiv*, XX, p. 564, são de uma severidade apaixonada; mas é curioso ver o grande adversário do sr. Krusch, o historiador católico Godefroy Kurth, protestar energicamente que, "não importa o que o sr. Krusch diga, ele jamais foi o avalista da veracidade de Hincmar (*Études Franques*, 1919, II, p. 237); isso porque, na verdade, tal "veracidade" não é defensável.

84. *De ampulla Remensi*, p. 70; cf. 68.

85. Artigos "Colombe" e "Colombe eucharistique" em Cabrol, *Dictionnaire d'archéologie chrétienne*. Naturalmente, nada se pode concluir do fato de no século XVIII (sem dúvida, desde muito tempo) a Santa Âmbula ser conservada em Reims num relicário com forma de pomba; esse relicário poderia ter sido ulteriormente concebido com essa forma, para recordar a lenda: cf. Lacatte-Joltrois, *Recherches historiques sur la Sainte Ampoule*, Reims, 1825, p. 18, e a litografia no frontispício do volume; sobre a forma do relicário na época em que a lenda nasceu, só podemos fazer conjeturas. Em Reims, no tempo de Hincmar, exibia-se pelo menos outro objeto que se dizia ter pertencido a s. Remígio; era um cálice no qual se lia uma inscrição versificada: *Vita Remigii*, c. II, p. 262. Num interessante artigo intitulado "Le baptême du Christ et la Sainte Ampoule" (*Bullet. Acad. Royale Archéologie de Belgique*, 1922), o sr. Marcel Laurent fez-nos notar que, a partir do século IX, aparece em certas representações do batismo de Cristo uma característica nova: a pomba segura em seu bico uma âmbula. O sr. Laurent acredita que esse detalhe suplementar acrescentado à iconografia tradicional tem origem na legenda de Reims sobre a Santa Âmbula; por uma espécie de reflexo, o batismo de Cristo teria sido concebido à imagem do de Clóvis. Poder-se-ia também pensar num efeito inverso: a âmbula e a pomba poderiam ter sido sugeridas à imaginação dos fiéis ou dos clérigos de Reims pela visão de uma obra de arte que representava o batismo do Salvador. Infelizmente, o mais antigo testemunho da legenda e o mais antigo documento iconográfico conhecido a colocar uma âmbula no bico da pomba que voa sobre o Jordão (nesse caso específico, um marfim do século IX) são praticamente contemporâneos; portanto, a menos que haja uma nova descoberta, ficará sem solução o problema de saber em que sentido produziu-se a influência.

86. Lista dos lugares de sagração e dos prelados consagradores: R. Holtzmann, *Französische Verfassungsgeschichte*, Munique e Berlim, 1910, pp. 114-9 (751-1179), 180 (1223-1429), e 312 (1461-1775). Bula de Urbano II: Jaffé-Wattenbach *Regesta*, nº 5415 (25 de dezembro de 1089). Sagração de Luís VI: A. Luchaire, *Louis VI le Gros*, nº 57. Sagração de Henrique IV: aqui, p. 271-2. Notar-se-á que a bula de Urbano II também confere aos arcebispos de Reims o direito exclusivo de colocar a coroa no rei, quando estiverem presentes a uma dessas cerimônias em que o soberano aparecia com a coroa na cabeça.

87. Aparentemente, legenda atestada pela primeira vez por Philippe Mouskes, *Chronique* (*Collect. des chron. belges*), vv. 24221 ss., e por uma nota escrita no século XIII numa das folhas do ms. Bibl. Nat. latin 13578 e publicada por Hauréau, *Notices et extraits de quelques manuscrits*, II, 1891, p. 272; mais tarde, é encontrada em Froissart, II, § 173, e Etienne de Conty, lat. 11730, f. 31*v*, col. 1. Podemos perguntar se já não há uma alusão a essa crença em Nicolas de Bray, *Gesta Ludovici VII*, *Hist. de France*, XVII, p. 313, em que o v. 58 certamente está adulterado.

88. Robert Blondel, "Oratio historialis" (composta em 1449), cap. XLIII, 110, em *Oeuvres*, ed. A. Héron (Soc. de l'Hist. de la Normandie), I, p. 275; cf. a tradução francesa, *ibid.*, p. 461; B. Chassanaeus (Chasseneux), *Catalogus gloriae mundi*, in-4º, Frankfurt, 1586 (a primeira edição é de 1579), pars. V, consideratio 30, p. 142.

89. René de Ceriziers, *Les heureux commencemens de la France chrestienne*, 1633, pp. 188-9; aliás, o padre De Ceriziers rejeita tanto essa crença quanto a precedente.

90. Jean Golein, aqui, Apêndice 4, p. 375. Em todos os países, devotava-se ao óleo da sagração um respeito mesclado com terror, cujas manifestações lembram um pouco as práticas que os etnógrafos classificam de tabu: cf. Legg, *Coronation records*, p. XXXIX; mas, sobretudo na França, o caráter miraculoso do crisma levou os doutores a refinar seus preceitos: não vai Jean Golein ao ponto de pretender que o rei, tal como um "nazireu" da Bíblia (cf. Juízes 13, 5), não deve jamais fazer passar a navalha sobre a cabeça que a unção tocou e deve, durante toda a vida, pela mesma razão, usar um "barrete" (aqui, p. 378)?

91. *La vie de Saint Remi, poème du XIIIe siècle, par Richier*, ed. W. N. Bolderston, in-12, Londres, 1912 (a edição é claramente insuficiente), vv. 8145 ss. No reinado de Carlos V, Jean Golein (que talvez houvesse lido Richier, de cuja obra figuravam dois exemplares na biblioteca régia: cf. Paul Meyer, *Notices et Extraits des Manuscrits*, XXV 1, p. 117) empregava expressões análogas: aqui, Apêndice 4, p. 375, linhas 16 ss.

92. Sobre a história das flores-de-lis, há toda uma literatura do Ancien Régime; de nosso ponto de vista, convém reter sobretudo as três obras ou memórias seguintes: J. J. Chifletius, *Lilium francicum*, Antuérpia, in-4º, 1658; Sainte-Marthe, *Traité historique des armes de France*, in-12, 1683 (o trecho relativo aos lírios é reproduzido por Leber, *Collect. des meilleures dissertations*, XIII, pp. 198 ss.); De Foncemagne, "De l'origine des armoiries en général, et en particulier celles de nos rois", *Mém. Acad. Inscriptions*, XX; e Leber, XIII, pp. 169 ss. Dos trabalhos modernos, ver as notas de P. Meyer em sua edição do *Débat des hérauts d'armes de France et d'Angleterre* (Soc. Anc. Textes), 1877, no § 34 do debate francês e no § 30 da réplica inglesa; e, sobretudo, Max Prinet, "Les variations du nombre des fleurs de lis dans les armes de France", *Bullet. Monumental*, LXXV (1911), pp. 482 ss. A brochura de J. van Malderghem, *Les fleurs de lis de l'ancienne monarchie française*, 1894 (extr. dos *Annales de la Soc. d'Archéologie de Bruxelles*, VIII), não estuda a legenda que nos interessa aqui. A dissertação de Renaud, "Origine des fleurs de lis dans les armoiries royales de France", *Annales de la Soc. Histor. et Archéolog. de Château-Thierry*, 1890, p. 145, é dessas obras que só devem ser citadas para aconselhar os eruditos a evitar o trabalho de lê-las.

93. L. Delisle, *Catalogue des actes de Philippe-Auguste*, "Introduction", p. LXXXIX.

94. *De principis instructione*, dist. III, cap. XXX, ed. das *Rolls Series*, VIII, pp. 320-1. Sobre o leão dos Welf, especialmente o de Oto IV (o vencido de Bouvines), ver Erich Gritzner, *Symbole und Wappen des alten deutschen Reiches* (*Leipziger Studien aus dem Gebiete der Geschichte*, VIII, 3), p. 49.

95. *Chapel*: ed. Piaget, *Romania*, XXVII (1898); *Dict*, ainda inédito; consultei o ms. da Bibl. Nat. latin 4120, f. 148; cf. Prinet, *loc. cit.*, p. 482.

96. É bem evidente que o célebre grito de guerra é muito anterior ao século XIV; sob a forma Montjoie (*Meum Gaudium*), é atestado pela primeira vez por Orderic Vital, em 1119: XII, 12; ed. Le Prevost (Soc. de l'Hist. de France), IV, p. 341. Mas sua origem permanece misteriosa.

97. Bibl. Nat. ms. latin 14663, ff. 35-36*v*. O ms. é uma coletânea de diversos textos históricos, feita por diferentes mãos e compilada em cerca de meados do século XIV, sem dúvida na escola Saint-Victor de Paris (ff. 13 e 14); extratos do prefácio feito por Raoul de Presles para a *Cidade de Deus* coadunam-se com nosso poema (ff. 38-38*v*). Que o poema haja sido escrito em Joyenval deduz-se de numerosas passagens do próprio texto, especialmente do início da quadra final: "Zelator tocuis boni fundavit Bartholomeus/ locum quo sumus coloni [...]". Sobre Montjoie próximo a Conflans, ver abade Lebeuf, *Historie de la ville et de tout le diocèse de Paris*, ed. F. Bournon, II, 1883, p. 87. Sobre os Montjoie em geral, ver principalmente Ad. Baudoin, "Montjoie Saint-Denis", *Mém. Acad. Sciences Toulouse*, 7e série, V, pp. 157 ss. Poderíamos ficar tentados a explicar por uma razão iconográfica a localização da legenda dos lírios em Joyenval — interpretação dada ao brasão da abadia, o qual, talvez por concessão régia, usava as flores-de-lis. Entretanto, para dar alguma verossimilhança a essa hipótese seria necessário provar que esse brasão, desde antes do momento em que apareceram os nossos primeiros testemunhos da legenda, já era o mesmo — coisa que, no estado atual de nossos conhecimentos, parece impossível de atestar. Em 1364, encontram-se flores-de-lis num contrasselo abacial; em 1245, porém, elas estão ausentes do sinete da comunidade (Douët d'Arcq, *Collection de sceaux*, III, nos 8776 e 8250).

98. Ed. de 1531, f. *a* III; o rei adversário de Clóvis chama-se Caudat (alusão à lenda popular que atribuía uma cauda aos ingleses, *caudati Anglici*?); cf. Guillebert de Metz, ed. Leroux de Lincy, p. 149.

99. Jean Golein, aqui, Apêndice 4, p. 377 (mas cf. a n. 69), Etienne de Conty, latin 11730, f. 31*v*, col. 2 (relato particularmente desenvolvido, no qual é mencionada a aparição do anjo a s. Denis: "in castro quod gallice vocatur Montjoie, quod castrum distat a civitate Parisiensi per sex leucas vel circiter"); Gerson (?), "Carmen optativum ut Lilia crescant", *Opera*, ed. de 1606, pars. II, col. 768; Jean Corbechon, tradução de Bartolomeu Inglês, *Les propriétés des choses*, ed. de Lyon, in-fólio, cerca de 1485 (Bibliothèque de la Sorbonne), livre XVII, cap. CX; o trecho visado é seguramente uma adição ao texto de Bartolomeu; cf. Ch. V. Langlois, *La connaissance de la nature et du monde au moyen âge*, in-12, 1911, p. 122, n. 3 (na nota do sr. Langlois sobre Bartolomeu Inglês encontrar-se-á a bibliografia concernente a J. Corbechon); *Songe du vergier*, I, c. LXXXVI, cf. c. XXXVI (Brunet, *Traitez*, pp. 82 e 31); texto latino, I, c. CLXXIII (Goldast, I, p. 129). Sobre as anotações do ms. de Jean Golein (que, segundo toda a probabilidade, não são da mão de Carlos V, mas poderiam ter sido ditadas por ele a um escriba qualquer), ver aqui, p. 374.

100. Claude Fauchet, *origines des chevaliers, armoiries et héraux*, livre I, chap. II; *Oeuvres*, in-4º, 1610, pp. 513*r*-513*v*. A hipótese iconográfica foi retomada por Sainte-Marthe, Leber, *loc. cit.*, p. 200.

101. Rudolf Brotanek, "Die englischen Maskenspiele", *Wiener Beiträge zur Englischen Philologie*, XV (1902), pp. 317 ss.; cf. p. 12 (eremita de Joyenval; sapos).

102. Brit. Mus. Add. mss. 18850; cf. George F. Warner, *Illuminated manuscripts in the British Museum*, 3rd Series, 1903.

103. Uma tapeçaria que representava a história das flores-de-lis é mencionada por Jean de Haynin em sua descrição das festas do casamento de Carlos, o Temerário, com Margarida de York: *Les mémoires de messire Jean, seigneur de Haynin*, ed. R. Chalon (Soc. Bibliophiles Belges), I, Mons, 1842, p. 108. Chiflet, *Lilium francicum*, p. 32, reproduziu em gravura um fragmento de outra tapeçaria (que em seu tempo encontrava-se no palácio de Bruxelas), na qual se

vê Clóvis (que supostamente parte para uma guerra contra os alamanos) seguir o estandarte com os três sapos; o desenho a pena utilizado para a prancha de gravação está conservado em Antuérpia, no Musée Plantin, nº 56; é de autoria de J. van Werden. Cf. também aqui, Adições e Retificações.

104. Excepcionalmente, atribuiu-se a Carlos Magno a origem das flores-de-lis que lhe teriam sido trazidas por um anjo vindo do céu. Tal lenda é contada pelo escritor inglês Nicholas Upton, que em 1428 participara do cerco de Orléans: *De studio militari*, lib. III, in-4º, Londres, 1654, p. 109; cf. também *Magistri Johannis de Bado Aureo tractatus de armis*, editado ao mesmo tempo que a obra de Upton, na mesma encadernação, por E. Bissaeus (que, aliás, considera-o escrito igualmente por Upton, sob pseudônimo). Essa variante da tradição não parece ter tido grande sucesso. Upton parece remeter a Froissart, no qual não vejo nada similar.

105. Sobre a auriflama, ainda não há nada melhor que a dissertação de Du Cange, "De la bannière de saint Denys et de l'oriflamme", *Glossarium*, ed. Henschel, VII, pp. 71 ss. De forma geral, a literatura moderna é mais abundante que verdadeiramente útil; entretanto, ver Gustave Desjardins, *Recherches sur les drapeaux français*, 1874, pp. 1-13 e 126-9. Naturalmente, aqui trato apenas da história legendária da auriflama.

106. Diploma de Luís VI para Saint-Denis (1124): J. Tardif, *Monuments historiques*, nº 391 (Luchaire, *Louis VI*, nº 348); Suger, *Vie de Louis le Gros*, ed. A. Molinier (*Collect. de textes pour servir à l'étude... de l'histoire*), c. XXVI, p. 102. Sobre o uso dos estandartes das igrejas, ver um texto curioso, *Miracles de saint Benoît*, V, 2, ed. E. de Certain (Soc. de l'Hist. de France), p. 193 (a respeito das *milices de paix* do Berry).

107. É a opinião exposta por Guillaume Guiart, "Branche des royaux lignages", em Buchon, *Collection des chroniques*, VII, vv. 1151 ss. (ano 1190). Observar-se-á que, segundo Guiart, os reis da França só devem levantar a auriflama quando se tratar de combater "turcos ou pagãos" ou, então, "falsos cristãos condenados"; para todas as outras guerras, eles podem usar uma bandeira que é feita à semelhança da auriflama, mas que não é a autêntica auriflama (vv. 1180 ss.). De fato, no tempo de Raoul de Presles (prefácio à *Cidade de Deus*, ed. de 1531, f. *a* II) havia em Saint-Denis duas bandeiras semelhantes, "uma das quais era chamada a bandeira de Carlos Magno [...] E é essa a que se chama propriamente auriflama". Cf. também Jean Golein, aqui, pp. 378-9, segundo o qual os reis, a cada campanha, mandariam fazer nova pseudoauriflama. É a Guiart que peço emprestadas as palavras "cendal vermelho".

108. Vv. 3093 ss.; cf. o comentário de J. Bédier, *Légendes épiques*, II, 1908, pp. 229 ss. Sobre o mosaico, ver Ph. Lauer, *Le Palais du Latran*, grande in-4º, 1911 (thèse lettres, Paris), pp. 105 ss. Sobre a auriflama quando considerada o *signum regis Karolis, o vexillum Karoli Magni*, cf. Gervase of Canterbury, *Chronica* (*Rolls Series*), I, p. 309, a. 1184; Richer de Senones, *Gesta Senoniensis eccl.*, III, c. 15, *Monum. Germ.*, *SS.*, XXV, p. 295.

109. Raoul de Presles, prefácio à tradução da *Cidade de Deus*, ed. de 1531, f. *a* IIIv; cf. Guillebert de Metz, ed. Leroux de Lincy, pp. 149-50. Lancelot, "Mémoire sur la vie et les ouvrages de Raoul de Presles", *Mémoires Acad. Inscriptions*, XIII (1740), p. 627, cita de Raoul um *Discours sur l'oriflamme*, que não conheço; ali, também atribuía a origem da auriflama a Carlos Magno, ao qual aparentemente s. Denis a teria enviado (*loc. cit.*, p. 629); Jean Golein, aqui, Apêndice 4, pp. 378-9. A formação da legenda da auriflama coincide com a introdução (no cerimonial da sagração) de uma bênção desse estandarte; ao que consta, esse texto litúrgico aparece pela primeira

vez num pontifical de Sens, Martene, *De antiquis Ecclesiae ritibus*, in-4º, Rouen, 1702, III, p. 221; depois no *Coronation book of Charles V of France*, ed. Dewick, p. 50; no Brit. Mus. Add. ms. 32097, também contemporâneo de Carlos V (citado em Ul. Chevalier, *Bibl. liturgique*, VII, p. XXXII, nº 2); em Jean Golein, aqui, pp. 378-9; cf. a miniatura reproduzida por Montfaucon, *Monuments de la monarchie française*, III, pl. III, as do *Coronation book*, pl. 38, e do ms. français 437 da Bibl. Nat., contendo a obra de Jean Golein (ver aqui, p. 378, n. 72).

110. Por exemplo, ver o tratado *Des droiz de la Couronne*, que foi composto em 1459 ou 1460 e será citado aqui, p. 205, n. 111; e o *Débat des hérauts d'armes de France et d'Angleterre*, escrito entre 1453 e 1461: ed. L. Pannier e P. Meyer (Soc. des Anc. Textes), 1877, § 34, p. 12. Parece que a mesma teoria reflete-se nas intenções bastante imprecisas dos embaixadores de Carlos VII junto a Pio II; aqui, p. 205, n. 111. Ver também, mais tarde, R. Gaguin, *Rerum gallicarum annales*, lib. I, cap. 3, ed. de 1527, Frankfurt, p. 8. Por uma confusão análoga, mas de sentido inverso, a invenção das flores-de-lis foi às vezes atribuída a Carlos Magno: aqui, p. 205, n. 104.

111. D'Achery, *Spicilegium*, in-fólio, 1723, III, p. 821, col. 2; para as flores-de-lis, cf. o discurso dos enviados de Luís XI ao papa, em 1478, em De Maulde, *La diplomatie au temps de Machiavel*, p. 60, n. 2. "Os brasões de flores-de-lis com a auriflama e a Santa Âmbula", os três enviados por Deus a Clóvis, são também mencionados pelo pequeno tratado *Des droiz de la Couronne de France* (composto em 1459 ou 1460), o qual, aliás, é apenas uma tradução (embora amiúde apresente sensíveis diferenças em relação ao original) da *Oratio historialis* de Robert Blondel; o texto latino é menos claro: "celestia regni insignia et ampulam" (*Oeuvres de Robert Blondel*, ed. A. Héron, pp. 402 e 232).

112. *Ordo* da sagração dita de Luís VIII; ed. H. Schreuer, *Ueber altfranzösische Krönungsordnungen*, p. 39: "Regem qui solus inter universos Reges terrae hoc glorioso praefulget Privilegio, ut oleo coelitus misso singulariter inungatur".

113. *Chron. majora*, ed. Luard (*Rolls Series*), V, p. 480, a. 1254: "Dominus rex Francorum, qui terrestrium rex regum est, tum propter ejus caelestem inunctionem, tum propter sui potestatem et militiae eminentiam"; *ibid.*, p. 606 (1257): "Archiepiscopus Remensis qui regem Francorum caelesti consecrat crismate, quapropter rex Francorum regum censetur dignissimus". Vimos que também Tolomeo da Lucca louva a unção régia francesa.

114. Conforme a bula de João XXII, Avignon, 4 de junho de 1318, da qual o texto mais completo foi dado por L. G. Wickham Legg, *English coronation records*, nº X. Mas o sr. Wickham erra ao julgá-la inédita; em grande parte, ela já está em Baronius-Raynaldus, *Annales*, Joann. XXII, ano 4, nº 20. Na bula, o dominicano enviado pelo rei da Inglaterra é designado simplesmente "fratris N., ordinis predicatorum nostri penitentarii"; evidentemente, deve ser identificado como Nicholas of Stratton, antigo provincial da Inglaterra e desde 13 de fevereiro de 1313 penitenciário da diocese de Winchester; cf. C. F. R. Palmer, "Fasti ordinis fratrum praedicatorum", *Archaeological Journal*, XXXV (1878), p. 147.

115. O sr. Kern, *Gottesgnadentum*, p. 118, n. 214, escreve a respeito da bula de João XXII: "Es wurde also nicht an eine Einwirkung auf die öffentliche Meinung, sondern an eine ganz reale Zauberwirkung des Oels durch physischen Influx gedacht" [Assim, pensava-se não em influenciar a opinião pública, mas em obter, pelo efeito físico do óleo, uma ação mágica bem real]. Está muito bem que Eduardo II acreditasse na possibilidade de uma ação "mágica" dessa espécie; mas da própria recusa do papa parece resultar que o rei também desejava uma cerimônia com gran-

de publicidade, capaz de agir sobre "a opinião pública". Acerca do tom que o papa habitualmente adotava para com os soberanos, cf. N. Valois, *Histoire littéraire*, XXXIV, p. 481.

116. Podemos perguntar se também em outro ponto Eduardo II não procurou imitar as tradições capetíngias. Tanto quanto posso ver, é em seu reinado que aparece pela primeira vez a menção a um *chevage* [um tributo de servidão] anual pago pelos reis ingleses ao esquife de s. Tomás Becket em Canterbury (controle do palácio, 8 de junho a 31 de janeiro, ano 9: E. A. 376, 7, f. 5*v*; Decreto de York de junho de 1323, em Tout, *The place of the reign of Edw. II*, p. 317; para os reinados seguintes, cf.: *Liber Niger Domus Regis Edw. IV*, p. 23; e Farquhar, "Royal charities", I, p. 85); não seria isso uma simples cópia do *chevage* que os reis da França, desde Filipe I ou Luís VI, pagavam a Saint-Denis, provavelmente a título de vassalos da abadia? Sobre o costume francês, ver H. F. Delaborde, "Pourquoi saint Louis faisait acte de servage à Saint-Denis", *Bullet. Soc. Antiqu.*, 1897, pp. 254-7, e também o falso diploma de Carlos Magno, *Monum. Germ.*, *Dipl. Karol.*, nº 286, ao qual o sr. Delaborde não parece ter dado atenção, embora seja nosso mais antigo testemunho desse curioso rito; no momento, o diploma é objeto de um estudo de Max Buchner na *Histor. Jahrbuch*, do qual até agora só pude ver a primeira parte (t. XLII, 1922, pp. 12 ss.).

117. Sobre a sagração de Henrique IV, cf. J. H. Ramsay, *Lancaster and York*, Oxford, 1892, I, pp. 4-5 e as notas. O relato oficial, divulgado pelo governo régio, foi dado com muitos detalhes pelos *Annales Henrici Quarti Regis Angliae*, ed. H. T. Riley, nas *Chronica monasterii S. Albani: Johannis de Trokelowe... Chronica et Annales* (*Rolls Series*), pp. 297 ss. A "cédula" escrita por s. Tomás reproduzida nos *Annales*, que se julgava ter sido descoberta com a âmbula, foi também reproduzida na França pelo *Religieux de Saint Denys*, ed. L. Bellaguet (*Doc. inéd.*), II, p. 726; Legg, *Coronation records*, nº XV, publicou-a seguindo dois manuscritos da Bodleian Library, Ashmol. 59 e 1393, ambos do século XV. Cf. também *Eulogium historiarum*, ed. F. S. Haydon (*Rolls Series*), III, p. 380; Thomas Walsingham, *Historia Anglicana*, ed. H. T. Riley (*Rolls Series*), II, p. 239. Detalhe de pouca importância: no novo relato da igreja de Poitiers, onde foi mantida por muito tempo, a âmbula é dedicada a s. Gregório e não mais a s. Jorge. Jean Bouchet, em seus *Annales d'Aquitaine* (ed. de 1644, Poitiers, in-4º, p. 146), conta a história do óleo de s. Tomás; ele conhece até mesmo o nome do monge da abadia Saint-Cyprien de Poitiers a quem o santo entregara a âmbula: Babilonius!

118. Wooley, *Coronation rites*, p. 173. Cf. Fortescue, *De titulo Edwardi comitis Marchie*, ed. Clermont, cap. X, p. 70*.

119. O mais antigo texto sobre a origem bíblica da pedra de Scone parece ser Rishanger, *Chronica*, ed. H. T. Riley (*Rolls Series*), p. 135, a. 1292; ver também p. 263 (1296). De acordo com o monge de Malmesbury (?) que escrevera uma *Vida de Eduardo II* (*Chronicles of the reigns of Edward I and Edward II*, ed. Stubbs, *Rolls Series*, II, p. 277), ela teria sido trazida para a Escócia por Scotia, filha de Faraó. Cf. o estudo de William F. Skene, *The coronation stone*, Edimburgo, 1869. Sobre a pedra de Tara (ou *Lia Fa'il*), ver John Rhys, *Lecture on the origin and growth of religion as illustrated by Celtic heathendom*, Londres e Edimburgo, 1888, pp. 205-7, e Loth, *Comptes rendus Academ. Inscriptions*, 1917, p. 28. Neste estudo da história legendária, deixo de lado tudo o que não concerne à realeza francesa e inglesa; sobre os carbúnculos da coroa imperial alemã e as tradições maravilhosas relacionadas a eles, cf. K. Burdach, *Walther von der Vogelweide*, Leipzig, 1900, pp. 253 ss. e 315 ss., e a dissertação, que parece bem arriscada, de F. Kampers, "Der Waise", *Histor. Jahrbuch*, XXXIX (1919), pp. 432-86.

120. Ver Giraud de Cambrie, *De principis institutione*, dist. I, cap. XX, e dist. III, cap. XXX, ed. das *Rolls Series*, VIII, pp. 141 e 319; e, mais tarde, as muito significativas zombarias do clérigo alemão que, aproximadamente na época de Filipe II, compôs a *Notitia saeculi*, ed. Wilhelm, *Mitteil. des Instituts für Österreichische Geschichtsforschung*, XIX (1898), p. 667.

121. *Histor. de France*, XXIII, p. 127, v. 100.

122. Aqui, Apêndice 4, p. 375, linhas 26-7; cf. *ibid.*, linha 27, e p. 376, linha 5.

123. *Histoire Littéraire*, XXX, p. 453: "Ex illustri prosapia oriundo domino Philippo"; p. 490: "Magnifico principi, suo domino speciali, domino Roberto". Wenck, *Philipp der Schöne*, p. 5, n. 2: "Ex regia ac sanctissima prosapia oriundo, suo domino speciali, domino Philippo".

124. Ed. Bolderston, vv. 46 ss.; texto já publicado, *Notices et Extraits*, XXXV, 1, p. 118: "Et ce doit donner remenbrance/ As Francois d'anmer la coronne/ Dont sor teil oncïon coronne/ Sains Remis son fil et son roi/ [...] Autresi doit estre aourée/ Com nus haus corsains par raison;/ Et qui por si juste occoison/ Morroit com por li garder,/ Au droit Dieu dire et esgarder/ Croi je qu'il devroit estre saus,/ S'il n'estoit en creance faus,/ Ou de teil pechié entechiés/ Qu'il fust ja a danner jugiés".

125. Atas do Concílio de Limoges: Migne, *P. L.*, t. 142, col. 1400: pronunciamento atribuído a um bispo, o qual se dirigia a um cavaleiro que, mandado pelo duque Sancho de Gasconha e ameaçado de morte se não obedecesse, matara seu próprio senhor: "Debueras pro seniore tuo mortem suscipere, antequam illi manus aliquo modo inferres, et martyr Dei pro tali fide fieres": cf. J. Flach, *Les origines de l'ancienne France*, III, p. 58, n. 3.

Li romans de Garin le Loherain, ed. P. Paris (*Romans des douze pairs de France*, III), II, p. 88: "Crois font sor aus, qu'il erent droit martir,/ Por lor seignor orent esté ocis". É evidente que nesse ponto haveria a possibilidade de distinguir entre as diversas canções de gesta: umas dominadas pelo respeito à lealdade pessoal, ademais explorando (como tantos motivos literários) o caso da consciência do vassalo; outras (cujo tipo acabado é o *Roland*) penetradas por sentimentos bastante diferentes, sobretudo pelo espírito de cruzada e, também, por certo lealismo monárquico e nacional que, talvez por em parte obedecer a inspirações livrescas (pode-se ver na própria expressão "doce França" uma reminiscência de Virgílio), não era, segundo todas as aparências, menos profundamente sincero; convém observar ainda que Rolando é tanto o vassalo quanto o súdito de Carlos Magno: cf. vv. 1010 ss. Aqui, toda essa questão, muito delicada, pode ser indicada apenas de passagem; talvez seja retomada em outro trabalho.

126. "La monarchie constitutionnelle en France", *Réforme intellectuelle et morale*, pp. 251-2. Renan parece exagerar a situação excepcional da monarquia francesa; na França, a florescência legendária e, por conseguinte, a religião monárquica desenvolveram-se bem mais que em outros países; mas, na Idade Média, a ideia de realeza sagrada era universal.

127. Guillaume le Breton, *Philippide*, l. XII, vv. 613 ss. (v. 619: o cadáver é chamado "sancto corpore"); Ives de Saint-Denis em Duchesne, *Scriptores*, V, p. 260; Al. Cartelliere, *Philipp II August*, IV, 2, Leipzig, 1922, p. 653 (extrato dos anais latinos de Saint-Denis, Bibl. Mazarine, ms. 2017). Entre Mantes e Saint-Denis, construiu-se uma capela para comemorar os milagres. Deixo de lado certas manifestações miraculosas que, durante a vida de Filipe Augusto, teriam confirmado nas guerras desse rei a proteção divina: Rigaud, §§ 29 e 61 (porque ali pode tratar-se de simples ornamentos literários inventados pelo cronista). Também não levei em conta uma visão sem interesse, relativa à morte do rei (cf. Guillaume le Breton, ed. Delaborde, *Soc. de l'Hist. de France*, II, p. 377, n. 2).

128. Sobre essa crença, remeto à Bibliografia, aqui, p. 532; pude acrescentar alguns textos novos aos (muito mais numerosos) que já haviam sido coletados antes de mim e relacionar textos que até agora só haviam sido estudados independentemente uns dos outros.

129. *Richars li Biaus*, ed. W. Foerster, in-12, Viena, 1874, vv. 663 ss. (nesta nota e nas seguintes, as referências aplicam-se às passagens relativas à "cruz régia", que será tratada mais adiante); o poema é da segunda metade do século XIII; R. Koehler, *Rev. Critique*, III, 2 (1868), p. 412, faz uma análise adequada.

130. No poema *Florent et Octavian: Hist. littéraire*, XXXI, p. 304.

131. *Ibid.*, p. 332.

132. *Macaire*, ed. Guessard, v. 1434; Jean d'Outremeuse, *Le myreur des histors*, ed. A. Borgnet (*Acad. Royale de Belgique, Collection des doc. inédits*), II, p. 51.

133. Referências coletadas por A. Stimming, *Die festländische Fassung von Bueve de Hantone*, Fassung I (*Gesellsch. für Roman. Literatur*, 25), p. 408, n. sobre o v. 7081, e Fassung II, t. II (*ibid.*, 41), p. 213, n. sobre os vv. 1312-5.

134. *Parise la Duchesse*, ed. Guessard e Larchey (*Les anciens poètes de la France*), in-16, 1860, vv. 825 e 1171.

135. *Le livre de Baudoyn, comte de Flandre*, Bruxelas, 1836, pp. 152, 172, 173.

136. No poema conhecido pelo nome *Charles le Chauve*: *Hist. littéraire*, XXVI, pp. 101-2.

137. Na canção de *Lion de Bourges* (inédita): cf. H. Wilhelmi, *Studien über die Chanson de Lion de Bourges*, Marburg, 1894, p. 48; R. Krickmeyer, *Weitere Studien zur Chanson de Lion de Bourges*, Teil I, Greifswald, 1905, pp. 8, 9, 25, 29. Para a "literatura" (composta essencialmente de dissertações saídas do "seminário" de Greifswald) que tange a esse interminável romance de cavalaria, ver a bibliografia de Karl Zipp, *Die Clarisse-Episode des Lion de Bourges*, Greifswald, 1912.

138. *Bueve de Hantone*, versão continental, ed. Stimming, 2ª versão, v. 5598.

139. *Richars li Biaus*, v. 670.

140. Em *Parise la Duchesse*, pode-se também notar que Hugue, embora seja simples filho de duque, é portador da "cruz régia" e, no fim do poema, tornar-se-á rei da Hungria. Só na *Chanson de Lion de Bourges* vejo exceção a essa regra; no final, Lion não se torna rei; ele desaparece, misteriosamente, no país das fadas. É verdade que seus filhos são coroados; sem dúvida, o poeta pensava que esse pai de reis, apenas por essa feérica aventura impedido de acabar num trono, tinha, não obstante, um destino verdadeiramente régio.

141. *Bueve de Hantone*, versão continental, ed. Stimming, 2ª versão, v. 1314.

142. G. Paris, *Histoire poétique de Charlemagne*, 1905, p. 393.

143. *I reali di Francia, di Andrea de Barberino*, ed. Vandelli (*Collezione di opere inedite o rare*), II, 2, libro II, c. I, pp. 4-5. Sobre a palavra *niello*, cf. A. Thomas, "Le 'signe royal'", p. 281, n. 3. Para outras referências aos romances de aventura italianos (imitados dos franceses), ver Pio Rajna, *Le origini dell'epopea*, pp. 294-5.

144. Walter W. Skeat, *The lay of Havelock the Dane*, in-12, Oxford, 1902, vv. 602, 1262, 2139. Sobre o poema, além da introdução de Skeat, ver Harald E. Heymann, *Studies in the Havelock tale*, diss. Upsal, 1903. No lai inglês, a cruz, enquanto sinal de reconhecimento, ajunta-se a uma singular particularidade física que todas as tradições, francesas e inglesas, concordam em reconhecer em Havelock: quando ele dorme, de sua boca sai uma chama, que espalha um odor delicioso.

145. *Wolfdietrich*, B. I, Str. 140: A. Amelung e O. Jaenicke, *Deutsches Heldenbuch*, III, 1, Berlim, 1871, p. 188. Para a data dessa versão, ver H. Paul, *Grundriss* II, 1, 2ª ed., p. 251. É divertido observar que o sr. Hermann Schneider, tratando dessa passagem em sua volumosa obra intitulada *Die Gedichte und die Sage von Wolfdietrich*, Munique, 1913, p. 278, desconhece completamente que cruzes "régias" dessa espécie tenham, na própria Alemanha, sido atribuídas a personagens históricas; por outro lado, o sr. Grauert, em seu proveitoso artigo "Zur deutschen Kaisersage", *Histor. Jahrbuch*, 1892, conhece o sinal régio apenas enquanto matéria de profecias políticas e ignora totalmente suas utilizações literárias, tanto francesas quanto alemãs.

146. Str. 143-7: ed. E. Martin e R. Schröder, *Sammlung germanis. Hilfsmittel.*, 2, pp. 17-8.

147. *Oeuvres*, ed. Coussemaker, in-4º, 1872, p. 286.

148. "Le 'signe royal' et le secret de Jeanne d'Arc", *Rev. Histor.*, CIII; peço emprestadas várias expressões à viva análise do sr. A. Thomas.

149. Eis outro texto (também relativo a Carlos VII) em que talvez haja uma alusão ao sinal régio; mas sua interpretação é extremamente duvidosa. Em sua *Oratio historialis*, composta em 1449, Robert Blondel escrevera (a respeito da sagração de Reims) "insignia regalia miraculose assumpsisti" (cap. XLIII, 110, *Oeuvres*, ed. A. Héron, I, p. 275), o que sem dúvida deve ser entendido como a entrega das insígnias régias (coroa, anel etc.). A obra foi traduzida para o francês em 1459 ou 1460, com o título *Des droiz de la couronne de France*; o trecho em questão transformou-se no seguinte (*ibid.*, p. 761): "illecque receustes vous par miracle divin les enseignes roialles dont vous estes merchié". *Merchier* quer dizer marcar; e, como já vimos, a palavra *enseigne* é a mesma que o bom Jean Battifol usava para designar a flor-de-lis impressa no corpo dos verdadeiros reis. É difícil fugir à impressão de que o tradutor conhecia a tradição segundo a qual Carlos VII (talvez apenas depois de sagrar-se) teria apresentado o sinal maravilhoso.

150. Segundo o testemunho de um cronista contemporâneo desses eventos, Peter von Zwittau, *Chronicon aulae regiae*, II, c. XII: *Die Königsaaler Geschichtsquellen*, ed. J. Loserth, *Fontes rerum austriacarum*, Abt. I, t. VIII, p. 424. Sobre Frederico, ver F. X. Wegele, *Friedrich der Friedige*, Nördlingen, 1878; cf. H. Grauert, "Zur deutschen Kaisersage", pp. 112 ss., e Eugen Müller, *Peter von Prezza*, sobretudo pp. 81 ss.

151. *Historia Suevorum*, I, c. XV, em Goldast, *Rerum Suevicarum scriptores*, p. 60: "et fama publica est, quamvis scriptum non inuenerim, quod praefati Comites de Habspurg ab vtero matris suae crucem auream in dorso habeant, hoc est, pilos candidos ut aurum in modo crucis protractos". Sobre Felix Fabri, cf. aqui, p. 146, n. 119.

152. Tradição compilada pelo pastor protestante Abraham Buchholzer, *Index chronologicus*, Görlitz, 1599, p. 504 (citado por Camerarius, *Operae horarum subcisivarum*, ed. de 1650, p. 146, e Grauert, "Zur deutschen Kaisersage", p. 135, n. 2); Joannes Rosinus, *Exempla pietatis illustris*, in-4º, Jena, 1602, p. v 3 (segundo Buchholzer); Georg Fabricius, *Saxoniae illustratae libri novem: libri duo posteriores*, in-4º, Leipzig [1606], l. VIII, p. 33. Num pequeno tratado místico-político que hoje está conservado na Bibliothèque de Colmar e que decerto foi escrito nos primeiros anos do século XVI por um reformador alsaciano ou suábio, anuncia-se a vinda de um *König vom Schwarzwalde* (também chamado imperador Frederico) que será o futuro salvador da Alemanha e trará sobre o peito uma cruz dourada; mas, não obstante o que diga Richard Schröder, *Die deutsche Kaisersage*, Heidelberg, 1891, pp. 14-5, essa cruz parece ser não um sinal corporal, mas um simples emblema adotado pelo "rei da Floresta Negra" na qualidade de chefe de uma

confraria de s. Miguel: H. Haupt, "Ein oberrheinischer Revolutionär aus dem Zeitalter kaiser Maximilians I", *Westdeutsche Zeitschr, Ergänzungsh.*, VIII, 1893, p. 209.

153. Camerarius, *Operae horarum subcisivarum*, ed. de 1650, p. 145; Phillipp Kammerer morreu em 1624.

154. Por exceção, a cruz de Wolfdietrich é vermelha, como na tradição francesa: "ein rotez kriuzelin".

155. Lança dos *Σπαρτοί*: referências agrupadas em Preller, *Griechische Mythologie*, 4ª ed. revista por C. Robert, II, 1, p. 109, n. 7, e p. 947, n. 5; peço emprestada a Juliano, *Oratio*, II, 81*c*, a expressão *τοῦ γένουσ τὰ γνωρίσματα*. Âncora dos selêucidas: Justino, II, 4; Apiano, *Syrica*, 56; Ausônio, *Oratio urbium nobilium*, vv. 24 ss. (*Monum. Germ. histor.*, *AA.*, v. 2, p. 99); sobre as moedas, E. Babelon, *Catalogue des monnaies grecques de la Bibliothèque Nationale, Rois de Syrie*, "Introd.", pp. VII e VIII; sobre os vasos de Delos, *Bulletin de Correspondance Hellénique* (XXXV), 1911, p. 434, n. 1. Juliano, *loc. cit.*, e Gregório de Nazianza, ep. XXXVIII (Migne, *P. G.*, t. 37, col. 80), também citam outro sinal de família, o ombro dos pelópidas. Para este trecho, devo muito a meu colega e amigo Pierre Roussel. Cf. também A. Thomas, "Le 'signe royal'", p. 283 (segundo uma comunicação do sr. Max Prinet).

156. Ed. Pauthier, I, 1865, cap. XXII, p. 40.

157. O padre teatino Cristoforo di Castelli, a propósito do rei Alexandre da Ibéria [no Cáucaso]; citado por H. Yule, em sua edição de Marco Polo, Londres, 1875, I, pp. 54-5; ao texto do padre Di Castelli devo a comparação com aquele versículo de Isaías que utilizarei mais adiante; segundo esse missionário, os súditos do reino da Ibéria teriam atribuído a seu soberano outra particularidade mais estranha: a de ter todas as costelas feitas de uma só peça.

158. Aqui, p. 246.

159. Pelo menos, esse é o texto da *Vulgata*. O do introito da missa de Natal apresenta uma variação sem importância: "cujus imperium super humerum ejus". Sobre o texto hebreu e o significado que é conveniente atribuir-lhe, ver B. Duhm, *Das Buch Jesaia* (*Göttinger Handkommentar zum Alten Testament*), 3ª ed., 1914, p. 66; sobre a interpretação pelo simbolismo da cruz, ver s. Jerônimo, *Commentarum in Isaiam*, Migne, *P. L.*, t. 24, col. 130; Walafrid Strabo, *Glossa ordenaria*, *ibid.*, t. 113, col. 1248; Hugues de Saint-Cher, "In libros prophetarum", *Opera*, IV, in-4º, Veneza, 1703, ff. 25*v* ss. Diemand, "Ceremoniell der kaiserkrönungen", p. 76, liga o sinal régio à unção feita nas costas dos reis "in modum crucis"; tanto quanto posso ver, porém, a unção parece ser usualmente feita entre os ombros; a cruz régia, ao contrário, aparece com mais frequência num ombro (o direito).

160. Sobre os últimos avatares do sinal régio na França, ver aqui, pp. 246-7.

161. Grande número de textos (franceses, ingleses e italianos) relativos à superstição dos leões foi compilado por E. Kölbing num artigo dos *Englische Studien*, XVI (1892), ao qual não tenho nada a criticar senão seu título, que parece mais destinado a dissimular o seu conteúdo do que a mostrá-lo: "Zu Shakespeare *King Henry IV*, Part I, Act I, 4". Não creio ser necessário reproduzir aqui as referências dadas por Kölbing. Pode-se notar que no lai francês de Haveloc, o Dinamarquês (duas versões anglo-normandas reproduzidas em Gaimar, *Estorie des Engles*, ed. Duffus-Hardy e C. T. Martin, *Rolls Series*, 1888, vv. 429 ss. do lai isolado, 235 da versão inserida na obra de Gaimar), Argentille, mulher de Haveloc, vê em sonho leões ajoelharem-se diante de seu marido (a quem, como sabemos, estava reservado um destino régio); da mesma forma, em

Florent et Octavian um leão poupa e toma por dono Octavian, criança régia (*Histoire littéraire*, XXXVI, p. 306). Sobre essa superstição, não achei nada nem nos bestiários nem nos diversos livros de ciências naturais que consultei: Alberto Magno, *De animalibus*; Bartolomeu Inglês, *De rerum proprietatibus*; Vincent de Beauvais, *Speculum naturale*. Não sei se dela há vestígios na literatura em língua alemã: O. Batereau, *Die Tiere in der mittelhochdeutschen Literatur*, diss. Leipzig, 1909, não a menciona.

162. V. 2549. Comparar à legenda (atestada já para o século IX) do combate de Pepino contra o leão: G. Paris, *Histoire politique de Charlemagne*, p. 223.

163. Aqui, p. 45; Kölbing ignorou esse texto.

164. Regra relativa ao ordálio: F. Liebermann, *Die Gesetze der Angelsachsen*, in-4º, Halle, 1898, I, p. 386. Minha atenção foi atraída para essa passagem pelo interessante artigo de Heinrich Böhmer, "Die Entstehung des Zölibates", *Geschchtliche Studihen Albert Hauck... dargebracht*, Leipzig, 1916. O sr. Böhmer mostrou a importância de certas representações populares de mentalidade verdadeiramente "primitiva" na luta pelo celibato, durante a época gregoriana; como mais de um autor protestante, porém, ele não parece dar justo valor à força que possuíam, já nos meios cristãos primitivos, essas quase mágicas concepções sobre a castidade. A corrente era bem mais antiga que a Idade Média; na Idade Média, ela triunfou definitivamente porque nesse tempo, mais que nunca, a pressão da religião popular sobre a religião erudita foi eficaz. A participação dos leigos no combate contra os padres casados é bem conhecida; além da *Pataria* milanesa,* será suficiente recordar aqui o significativo título do opúsculo de Sigebert de Gembloux: *Epistola cuisdam adversus laicorum in presbyteros conjugatos calumniam*. Foi sobretudo nos círculos laicos que se deve ter concebido a ideia de que os sacramentos ministrados pelos padres casados eram ineficazes (cf., por exemplo, *Vita Norberti*, c. 11, *SS.*, XII, p. 681). Certas declarações imprudentes do papado podiam dar a impressão de favorecer essa ideia; mas sabemos que, no conjunto, a teologia católica sempre negou firmemente que a validade do sacramento dependesse da dignidade do ministro.

4. ALGUMAS CONFUSÕES DE CRENÇAS: S. MARCOUL, OS REIS DA FRANÇA E OS SÉTIMOS FILHOS (PP. 222-52)

1. Para todo este capítulo, utilizei amplamente os arquivos do priorado de Corbeny, que fazem parte do fundo de Saint-Remi, conservado em Reims, na seção dos Archives Départamentales de la Marne que está depositada nessa cidade. Portanto, todas as indicações de maço [liasse] que forem dadas sem outro esclarecimento devem entender-se: Arch. de Reims, fonds de Saint-Remi. A classificação desse fundo, estabelecida no século XVIII, é bastante singular. Primeiro, os arquivistas da abadia selecionaram os documentos que julgaram mais importantes; agruparam-nos em certo número de maços, providos de numeração contínua. Com os documentos que consideravam pouco interessantes (e que para nós são frequentemente os mais

* A *Pataria* era um movimento religioso lombardo que, aproximadamente de 1055 a 1075, lutou contra a riqueza do alto clero. (N. T.)

preciosos) formaram maços anexos, colocando cada um deles em sequência a um dos maços precedentes e incorporando-o na mesma *cote*, mas com a menção *renseignements* [esclarecimentos]. Para dar apenas um exemplo, em seguida se verá muitas vezes citado, ao lado da liasse 223, a liasse 223 (renseignements). Será que preciso acrescentar o quanto minha tarefa em Reims foi facilitada pela amável solicitude do arquivista, sr. G. Robert?

2. *Marcoul* é a forma propriamente francesa do nome; é a que usarei aqui, pois o culto a s. Marcoul, como veremos, teve seu centro principal no Laonnois, a partir do século X; a forma normanda é *Marcouf*; com muita frequência, também se pronunciou e se escreveu *Marcou*. Cf. aqui, p. 225, n. 13. A forma *Marcoulf*, que se encontra às vezes no século XVII (por exemplo, liasse 223, nº 10, procès-verbal de prélèvement de reliques, 17 avril 1643), é evidentemente um decalque do nome latino, de origem "erudita".

3. Mancha, cantão Montebourg. O mais antigo ato datado com precisão no qual se encontra o nome parece ser uma carta de Roberto I, arcebispo de Rouen, que deve ser situada entre 1035 e 1037; publicada por Ferdinand Lot, *Études critiques sur l'abbaye de Saint-Wandrille* (*Bibl. Hautes Études*, 104), 1913, p. 60; cf. *ibid.*, p. 63. Ainda hoje, venera-se em Saint-Marcouf uma fonte miraculosa: A. de Caumont, "La fontaine St. Marcouf", *Annuaires des Cinq Départements de la Normandie, publié par l'Assoc. Normande*, XXVII (1861), p. 442.

4. Para essa vida (a vida A) e para a outra, ligeiramente posterior (chamada vida B, da qual se tratará), remeto ao bom estudo crítico de Baedorf, *Untersuchungen über Heiligenleben der westlichen Normandie*; encontrar-se-ão ali as indicações bibliográficas necessárias; cf. *Bibliographia hagiographica Latina*, nºs 5266-7.

5. Nesse opúsculo, encontramos também os nomes de certo número de localidades por onde se julga que o santo tenha passado. Mas, como em tantos outros escritos análogos, não figuram elas ali para ligar aos lugares sobre os quais os monges tinham direitos ou pretensões a legenda do padroeiro do mosteiro?

6. Esse episódio só é conhecido graças a Wace, que o relatou em seu *Roman de Rou*, v. 394 (ed. H. Andresen, Heilbronn, 1877, t. I), decerto baseando-se em anais hoje perdidos; ele atribui o saque e o incêndio da abadia a Hasting e Björn; cf. G. Koerting, *Ueber die Quellen des Roman de Rou*, Leipzig, 1867, p. 21. Os versos "A Saint Marculf en la riviere/ Riche abeie ert e pleniere" [Em Saint-Marcoul, junto ao rio/ há rica e grande abadia] criam uma dificuldade, pois não há rio em Saint-Marcouf; sem dúvida, Wace fez alguma confusão topográfica, mais ou menos levado pelas necessidades da rima. W. Vogel, *Die Normannen und das fränkische Reich* (*Heidelb. Abh. zur mittleren und neueren Gesch.*, 14), p. 387, dá por única prova da destruição de Nant o diploma de Carlos, o Simples, que estabelecia em Corbeny os monges fugitivos; Vogel parece desconhecer a passagem do *Roman de Rou*.

7. Diploma de Carlos, o Simples, de 22 de fevereiro de 906: *Histor. de France*, IX, p. 501. Aliás, o mosteiro foi consagrado a s. Pedro; o costume da época exigia que, em princípio, os padroeiros de estabelecimentos religiosos fossem apóstolos ou santos os mais ilustres; mais tarde, s. Marcoul suplantou inteiramente s. Pedro: cf. *Saint-Pierre* des Fossés, que se tornou *Saint-Maur* des Fossés; etc.

8. Sobre o que precede, ver os diplomas de Carlos, o Simples, de 19 de abril de 907 e de 14 de fevereiro de 917, *Histor. de France*, IX, pp. 504 e 530; Flodoard, *Annales*, ed. Lauer (Soc. pour l'Etude et l'Ens. de l'Histoire), Année 938, p. 69, e *Historia ecclesie Remensis*, IV, c. XXVI,

reproduzido por Lauer, *op. cit.*, p. 188; para os diplomas de Lotário, ver *Recueil des actes de Lothaire et de Louis V*, ed. Halphen e Lot (*Charles et Diplômes*), n°s III e IV; A. Eckel, *Charles le Simple* (*Bibl. École Hautes Études*, f. 124), p. 42; Ph. Lauer, *Louis IV d'Outremer* (*Bibl. École Hautes Études*, f. 127), pp. 30 e 232. No século XVI, a importância militar de Corbeny ainda era notável; construíram-se fortificações em 1574: liasse 199, nº 2. Ademais, sabe-se o papel das posições de Corbeny-Craonne durante a guerra de 1914-8. Da igreja do priorado, demolida em 1819, restavam antes da guerra ruínas bastante consideráveis: cf. Ledouble, *Notice sur Corbeny*, p. 164; hoje, elas desapareceram por completo, conforme me informou muito gentilmente o sr. cura de Corbeny.

9. Mabillon, *AA. SS. Ord. S. Bened.*, IV, 2, p. 525, e *AA. SS. maii*, VII, p. 533.

10. E. A. Pigeon, *Histoire de la cathédrale de Coutances*, Coutances, 1876, pp. 218-20; para o episódio do caçador, ver *AA. SS. maii*, I, p. 76 (vida A) e p. 80 (vida B).

11. Publicado (com o título bastante inexato *Miracula circa annum MLXXV Corbiniaci patrata*) por Mabillon, *AA. SS. Ord. S. Bened.*, IV, 2, p. 525 e, seguindo-o, *AA. SS. maii*, VII, p. 531; Mabillon usara um manuscrito pertencente à abadia Saint-Vincent de Laon, o qual não consegui achar; assinala também um ms. da Saint-Victor de Paris, que ele inexatamente data de por volta de 1400; evidentemente, é o latin 15034 da Bibl. Nat. (cf. *Catal. codic. hagiog.*, III, p. 299), o qual é do século XIII; o sermão encontra-se também no ms. 339B da Bibl. de la Ville de Tours, escrito no século XIV. A frase (f. 14 do ms. latin 15034): "Nam illius infirmitatis sanande, quam regium morbum vocant, tanta ei gracia celesti dono accessit, ut non minus ex remotis ac barbaris quam ex vicinis nationibus ad eum egrotantium caterve perpetuo confluant".

12. Chap. XXXVIII, ed. Ristelhuber, II, 1879, p. 311.

13. Os atestados de cura do século XVII, dos quais trataremos mais adiante (pp. 231 ss.), fornecem-nos bons exemplos da ortografia popular: com frequência, escrevem *Marcou*. Desde o século XV, também é essa a ortografia dada pelas contas da igreja Saint-Brice de Tournai (aqui, p. 228, n. 49); ver igualmente as cartas patentes de Henrique III (sept. 1576) e de Luís XIII (8 nov. 1610), liasse 199, n°s 3 e 6; para o século XIX, ver a frase em patoá *beauceron* transcrita na *Gazette des Hôpitaux*, 1854, p. 498. Sobre o papel dos calembures no culto aos santos, pode-se consultar H. Delehaye, *Les légendes hagiographiques*, Bruxelas, 1905, p. 54. A teoria do calembur considerado origem do poder curativo de s. Marcoul foi defendida inúmeras vezes: por exemplo, Anatole France, *Vie de Jeanne d'Arc*, I, p. 532. Laisnel de la Salle, *Croyances et légendes du centre de la France*, II, 1875, p. 5 (cf. I, p. 179, n. 2), parece ser o único autor a fazer alusão à palavra *mar*.

14. *AA. SS. maii*, I, p. 80, c. 21. Esse episódio é também relatado numa das vidas de s. Ouen, a vida II (*Bibliotheca hagiographica Latina*, nº 753), redigida em Rouen na metade do século IX. Daí um problema de filiação e uma pequena polêmica erudita: W. Levison, *Monum. Germ., SS. rer. Merov.*, V, pp. 550-2, e, seguindo-o, Baedorf, *Untersuchungen über Heiligenleben*, p. 35, acham que nisso o autor da segunda biografia de s. Marcoul (a vida B) inspirou-se na de s. Ouen. O sr. Vacandard, *Analecta Bollandiana*, XX (1901), p. 166, e *Vie de saint Ouen*, 1902, p. 221, n. 1, julga, ao contrário, que o plágio deve ser atribuído à de s. Ouen; a biografia de s. Marcoul apresentaria o relato original. Não hesito em aderir à segunda teoria. De início, a historieta (evidentemente destinada a afirmar a posse, pelos monges de Nant, da cabeça do padroeiro) não podia ter tido curso senão na abadia cujos interesses servia; ela corresponde a um tipo corrente nas

legendas hagiográficas: cf. um episódio análogo na vida de Eduardo, o Confessor, por Osbert de Clare, *Analecta Bollandiana*, XLI (1923), p. 61, n. 1.

15. A recensão de Saint-Wandrille e uma recensão (representada por um ms. de Paris e um ms. do Vaticano) que parece originária das dioceses de Bayeux, Avranches e Coutances, *AA. SS. novembre*, II, 1, p. [53].

16. Além de Saint-Marcouf, Mancha, cant. Montebourg (a antiga Nant), há Saint-Marcouf, Mancha, comuna de Pierreville, e Saint-Marcouf, Calvados, cant. Isigny. Em frente de S. Marcouf, cant. Montebourg, estão as ilhas Saint-Marcouf, as quais sem dúvida devemos identificar como as ilhotas chamadas *duo limones* que as vidas carolíngias do santo mencionam: cf. A. Benoist, *Mém. Soc. Archéol. Valognes*, III (1882-4), p. 94.

17. E. A. Pigeon, *Histoire de la cathédrale de Coutances*, pp. 184, 218, 221. Para os breviários, ver *Catal. codic. hagiogr. lat. in Bibl. Nat. Par.*, III, p. 640; aliás, o mais antigo não é anterior ao século XIV; note-se que, entre os mais de 350 ms. litúrgicos examinados pelos bolandistas na Bibliothèque Nationale, apenas esses três breviários de Coutances forneceram o nome de s. Marcoul.

18. Por exemplo, os seguintes ms. da Bibl. de Reims, provenientes de estabelecimentos religiosos da região de Reims (para mais detalhes, ver o Catalogue; os mais antigos são do século XII); 264, f. 35; 312, f. 160; 313, f. 83*v*; 314, f. 325; 346, f. 51*v*; 347, f. 3; 349, f. 26; 1410, f. 179; *Martyrologe de l'église cathédrale de Reims* (segunda metade do século XIII), em Ul. Chevalier, *Bibliothèque liturgique*, VII, p. 39; *codex Heriniensis* do martirológio de Usuard, Migne, *P. L.*, t. 124, col. 11 (final do século XI). O único texto litúrgico da Idade Média relativo a s. Marcoul que foi arrolado por Ul. Chevalier, em seu *Repertorium hymmologicum*, é uma prosa do século XIV , a qual vem de um missal de Saint-Remi de Reims (nº 21164). Em Laon, não mencionam Marcoul as orações aos santos, contidas em dois ordinários de missa da catedral, datados do começo do século XIII (Ul. Chevalier, *Bibliothèque liturgique*, VI).

19. Naturalmente, mesmo em Corbeny devia desde muito cedo haver representações do santo, mas estamos mal informados sobre elas. Uma pequena estatueta de prata, que servia de relicário, é assinalada nos inventários de 1618 e de 1642 (Ledouble, *Notice*, p. 121, e liasse 190, n. 10); não sabemos de quando ela podia datar. O mesmo se aplica à estátua que, em 1642, dominava o altar-mor. Pelos desenhos de Ledouble, p. 166, e de Barthélemy, "Notice", p. 261, o baixo-relevo conhecido como "pedra de s. Marcoul" (que se conservou até a última guerra na igreja paroquial do vilarejo) não parece ter sido executado antes do século XVI, no mínimo. Algumas vezes, considerou-se que uma estátua do século XVI que pude ver em Reims, nos Archives, representava s. Marcoul; nada parece justificar essa atribuição. Para a iconografia do santo em Saint-Riquier (no Ponthieu) e em Tournai, ver aqui, pp. 228 e 236.

20. Cf. E. Langlois, *Table des noms propres de toute nature compris dans les chansons de geste imprimées*, 1904, e C. J. Merk, *Anschauungen über die Lehre... der Kirche im altfranzösischen Heldenepos*, p. 316.

21. L XXII, c. II: "Marculfus abbas Baiocacensis sanctitate claruit in Gallia".

22. Em vão, procurei s. Marcoul em Bernard Gui (*Notices et extraits des Ms.*, XXVII, 2, pp. 274 ss.); na hagiografia latina anônima, de meados do século XIII, da qual Paul Meyer deu o índice (*Histoire littér.*, XXXIII, p. 449); nas hagiografias francesas estudadas por esse mesmo erudito (*ibid.*, pp. 328 ss.); no *Catalogus sanctorum* de Pietro *de Natalibus* (ed. de 1521); em Pierre de Calo (*Analecta Bollandiana*, XXIX (1910)); na *Legenda aurea*.

23. Bibl. Nat., latin 10525: cf. Léopold Delisle, *Notice de douze livres royaux du XIII*[e] *et du XIV*[e] *siècle*, in-4º, 1902, p. 105. S. Marcoul também não figura nem no ms. latin 1023 (atribuído a Filipe, o Belo); nem no "belíssimo breviário" de Carlos V (latin 1052), cf. Delisle, *loc. cit.*, pp. 57 e 89; nem no livro de horas de Carlos VIII (latin 1370).

24. Ver S. Faroul, *De la dignité des roys de France*... (o autor era deão e provisor de Mantes), e M. A. Benoît, "Um diplôme de Pierre Beschebien...". A data de invenção dos pretensos corpos santos é dada por Benoît (p. 45), talvez seguindo um manuscrito da cura Chèvremont (fim do século XVII): 19 de outubro de 1343; mas ela não parece confirmada por nenhum documento sério; Faroul ignora-a. O inventário de 1383 é citado por Benoît; o ato de trasladação de 1451, por Faroul e Benoît. Faroul cita as relíquias assim (p. 45): "Primeiramente, como relicário, um grande repositório de madeira, no qual estão os ossos dos três corpos santos que se diz ter sido encontrados no caminho de Rouen e trazidos para esta igreja de Mantes". É curioso que André du Saussay, *Martyrologium Gallicanum*, in-fólio, Paris, 1637, I, pp. 252-4, não conheça (ou simule não conhecer) relíquias de s. Marcoul senão em Mantes e silencie sobre Corbeny.

25. A *Apologie* de d. Oudard Bourgeois, surgida em 1638, é uma resposta ao livro de S. Faroul.

26. Procès-verbal, 6 juin 1681, liasse 223 (renseignements), n. 8, f. 47.

27. Faroul, *loc. cit.*, p. 223.

28. Sébillot, *Petite légende dorée de la Haute-Bretagne*, 1897, p. 201.

29. L. Maître, "Les saints guérisseurs et les pèlerinages de l'Armorique", *Rev. d'Hist. de l'Eglise de France*, 1922, p. 309, n. 1.

30. Louis Texier, *Extraict et abrégé de la vie de saint Marcoul abbé*, 1648 (portanto, culto atestado na primeira metade do século XVII).

31. Blat, *Histoire du pèlerinage de Saint Marcoul*, p. 13.

32. J. Corblet, *Hagiographie du diocèse d'Amiens*, IV, 1874, p. 430.

33. Corblet, *loc. cit.*, p. 433.

34. Corblet, *Mém. Soc. Antiquaires Picardie*, 2e série, X (1865), p. 301.

35. Corblet, *Hagiographie du diocèse*, IV, p. 433.

36. Dancoisne, *Mém. Acad. Arras*, 2e série, XI (1879), p. 120, n. 3.

37. Louis Lallement, *Folk-lore et vieux souvenirs d'Argonne*, 1921, p. 40: o mais antigo testemunho citado é de 1733.

38. *Revue de Champagne*, XVI (1883), p. 221.

39. Rodolphe de Warsage, *Le calendrier populaire wallon*, in-12, Antuérpia, 1920, nºs 817-9; e Jean Chalon, *Fétiches, idoles et amulettes*, I, Namur [1920], p. 148.

40. Broc de Seganges, *Les saints patrons des corporations*, II, s. d., p. 505 (segundo uma plaqueta de 1748).

41. R. de Warsage, *loc. cit.*, nº 1269.

42. J. Chalon, *loc. cit.*

43. E. Van Heurck, *Les drapelets de pèlerinage en Belgique*, pp. 124 e 490; em Zellick, atestado por uma bandeirola de 1698.

44. J. Chalon, *loc. cit.*

45. Van Heurck, *loc. cit.*, p. 473; atestado desde 1685.

46. Atestado em 1672: cf. aqui, p. 229, n. 58. Nenhuma relíquia de s. Marcoul é assinalada

por Gelenius, *De admiranda sacra et civili magnitudine Coloniae*, in-4º, Colônia, 1645. Corrigindo as provas, percebi que é necessário acrescentar a essa lista a igreja Saint-Jacques de Compiègne, onde hoje há uma capela dedicada a s. Marcoul; cf. aqui, Apêndice 2, nº 24.

47. Cf. o que se diz nas notas, aqui, sobre Saumur e Russé, Saint-Thomas de Argonne, Zellick e Wondelgem.

48. O martirológio é o *codex Centulensis* do martirológio de Usuard: Migne, *P. L.*, t. 124, col. 11. Para a iconografia, deve-se indicar (além do afresco citado aqui, pp. 236-7) uma estátua do santo datada do começo do século XVI (G. Durand em *La Picardie historique et monumentale*, IV, p. 284 e fig. 37) e uma estatueta de prata usada como relicário, que foi destruída em 1789 e cuja época eu não saberia precisar (Corblet, *Hagiographie*, IV, p. 433).

49. Conta da igreja Saint-Brice, 1468-9: "A Jacquemart Blathon, pedreiro, como salário por ter chumbado o candelabro de fiel usado diante de uma imagem de s. Marcou e, fazendo-o, ter feito três buracos na parede" (*Annales Soc. Histor. Tournai*, XIII, 1908, p. 185). Em 1481-2, a conta fala de um "altar de S. Marcou". (Sigo uma amável informação do sr. Hocquet, arquivista da cidade de Tournai.)

50. Gautier, *Saint Marcoul*, p. 56. Em Angers, a catedral da cidade e a igreja Saint-Michel du Tertre parecem ter conjuntamente venerado s. Marcoul.

51. Duplus, *Histoire et pèlerinage de saint Marcoul*, p. 83. Sobre Gissey-sur-Ouche há uma nota nas *Mémoires de la Commission des Antiquités de la Côte d'Or*, 1832-3, p. 157, a qual não contém nenhuma informação acerca de nosso santo.

52. L. Dancoisne, "Les médailles religieuses du Pas de Calais", *Mém. Acad. Arras*, 2e série, XI, 1879, pp. 121-4. O sr. Dancoisne crê que a igreja Sainte-Croix de Arras foi originariamente colocada (quando de sua fundação, no século XI) sob a proteção de s. Marcoul; mas essa afirmação é feita sem nenhuma prova e não parece justificar-se por nenhum texto.

53. Ul. Chevalier, *Repertorium hymnologicum*, nº 21164; cf. aqui, p. 226, n. 18. No século XVII, a colegiada Saint-Etienne de Troyes possuía relíquias de s. Marcoul, conforme testemunha N. des Guerrois, *La saincteté chrétienne, contenant la vie, mort et miracles de plusieurs saincts... dont les reliques sont au diocese et ville de Troyes*, in-4º, Troyes, 1637, p. 296*v*.

54. O roubo acontecera numa data não especificada, provavelmente aí pelo final do século XVI. O auto que o relata só foi lavrado a 17 de junho de 1637; encontra-se na liasse 229, nº 9, e foi incorretamente reproduzida por Oudard Bourgeois, *Apologie*, p. 120 (O. Bourgeois escreve "Bué" em vez de "Bueil", e esta é a grafia que o texto autêntico dá). A cabeça fora inicialmente transferida para Bueil; Corbeny recuperou-a, mas o povo de Bueil parece ter guardado um fragmento do crânio: cf. Gautier, *Saint Marcoul*, p. 30.

55. *Notice sur la vie de s. Marcoul et sur son pèlerinage à Archelange*, p. 22. Sobre a popularidade que a peregrinação, ainda em nossos dias, tem na Borgonha, ver *Rev. des. Traditions Populaires*, II (1887), p. 235.

56. Ledouble, *Notice*, p. 220 (reprod. junto a p. 208). A única medalha de s. Marcoul que o Cabinet des Médailles de la Bibl. Nat. possui corresponde também a esse tipo, como pude verificar graças ao molde que o sr. conservador, por intermédio do sr. Jean Babelon, teve a gentileza de fazer chegar a mim.

57. R. Toustain de Billy, *Histoire ecclésiastique du diocèse de Coutances* (Soc. de l'Hist. de Normandie), III, Rouen, 1886, p. 239.

58. Gautier, p. 29.

59. Cf. aqui, p. 251.

60. Daire, *Histoire de la ville d'Amiens*, II, in-4º, 1757, p. 192. A confraria, fundada em seguida a um voto feito em tempo de peste, tinha por patronos s. Roque, s. Adriano, s. Sebastião e s. Marcoul. Naturalmente, a instauração de uma confraria não é nenhuma prova de que o culto ao santo haja nascido na data exata em que se fundou a confraria; mais adiante, ver o que é dito sobre Tournai; acrescente-se que em Wondelgem, onde o culto é atestado desde 1685, a confraria só foi instituída em 1787; mas um fato desse tipo comprova incontestavelmente um progresso do culto.

61. Ch. Gautier, *Saint Marcoul*, p. 30.

62. Schépers, "Le pèlerinage de Saint-Marcoul à Grez-Doiceau"; Van Heurck, *Les drapelets de pèlerinage*, pp. 157 ss. Uma instrução, dando o regime que os doentes que solicitavam a intervenção de s. Marcoul deviam seguir, foi impressa em Louvain em 1656; se foi redigida especialmente para os peregrinos de Grez-Doiceau (as indicações do sr. Van Heurck não são muito precisas sobre esse ponto: p. 158), a peregrinação dataria então, o mais tardar, de 1656.

63. *AA. SS. maii*, I, p. 70*c*.

64. É atestada pela primeira vez nas contas em 1673-4 (informação do sr. Hocquet). Em 1653, a 27 de maio, o túmulo de Childerico fora descoberto num terreno pertencente ao deão de Saint-Brice; alguns objetos que haviam sido encontrados foram enviados a Luís XIV; de acordo com uma tradição local (que não se apoia em nenhum texto), o rei da França, em recompensa pelo presente, teria enviado ao deão uma relíquia de s. Marcoul: cf. a brochura religiosa intitulada *Abrégé de la vie de s. Marcou... honoré en l'église paroissiale de S. Brice à Tournai*, p. 3. Também em Reims, o culto ao santo (culto que ali era quase imemorial) parece ganhar novo impulso no século XVII: por volta de 1650, funda-se um hospital sob a proteção de s. Marcoul; pouco depois, é criada no próprio hospital uma confraria em louvor ao santo; cf. Jadart, "L'Hôpital Saint-Marcoul de Reims", *Travaux Acad. Reims*, CXI (1901-2), pp. 178 e 192, n. 2.

65. Bibl. Nat., Cabinet des Estampes, Collection des Saints; reprod. Landouzy, *Le toucher des ecrouelles*, p. 19.

66. Ver o *Dictionnaire topographique de l'Aisne*. Cf. o texto de 1671 publicado por R. Durand, *Bulletin de la Soc. d'Hist. Moderne*, p. 458, e as cartas patentes de Luís XIII, 8 nov. 1610, liasse 199, nº 6.

67. Sobre as corporações e os "reis" dos armarinheiros, pode-se ver Pierre Vidal e Léon Duru, *Histoire de la corporation des marchands merciers... de la ville de Paris* [1911]: cf. E. Levasseur, *Histoire des classes ouvrières... avant 1789*, 2ª ed., 1900, I, pp. 612 ss.; A. Bourgeois, *Les métiers de Blois* (*Soc. Sciences et Lettres du Loir-et-Cher, Mém.*, XIII, 1892), pp. 172 e 177; H. Hauser, *Ouvriers du temps passé*, 4ª ed., 1913, pp. 168 e 256. Tanto na França quanto no exterior, numerosas profissões tiveram "reis"; aqui não é o lugar para dar a bibliografia dessa curiosa forma de linguagem. Sobre a corporação dos armarinheiros de Corbeny somos informados por documentos bastante numerosos: ato de Jean Robertet, representando o camareiro-mor, 21 de novembro de 1527: liasse 221, nº 1; acordo do "rei" e do prior, 19 de abril de 1531; *ibid.*, nº 2 (De Barthélemy, "Notice", p. 222, n. 1); decreto do Conselho Privado de 26 de agosto de 1542: Oudard Bourgeois, *Apologie*, p. 126; e alguns outros documentos do fim do século XVI: liasse 221, nºs 3 e 4; Oudard Bourgeois, pp. 127 ss.; De Barthélemy, p. 222. O cargo

decerto ainda existia no tempo de Bourgeois (1618). O sinete é reproduzido por O. Bourgeois, p. 146; um exemplar foi descrito por G. Soultrait, *Société de Sphragistique de Paris*, II (1852-3), p. 182; cf. *ibid.*, p. 257.

68. Na liasse *195* (renseignements), ver as contas de 1495-6, f. 12*v* e 28*v*; de 1541-2, pp. 30 e 41; de 1542-3, p. 31. Parece que nenhuma dessas medalhas foi conservada. O Sena, que forneceu tantas gravações em chumbo, não mostrou entre elas nenhuma imagem de s. Marcoul (cf. A. Forgeais, *Collection de plombs historiés trouvés dans la Seine*, II, 1863, e IV, 1865).

69. Ver as contas citadas na nota precedente. A primeira, a mais explícita, fala simplesmente de "garrafinhas de grés nas quais eles [os peregrinos] levam lavagem"; mas o folheto intitulado *Avertissement à ceux qui viennent honorer...* (aqui, p. 230, n. 70) esclarece: "Os doentes [...] lavarão seu mal com a água que se benze pela imersão da relíquia do santo e poderão até mesmo usá-la para beber". O regulamento da peregrinação de Grez-Doiceau, inspirado no de Corbeny, diz ainda hoje: "Na dita igreja, sempre se poderá obter água benta em louvor de s. Marcoul, para beber ou para com ela lavar tumores ou chagas": Schépers, "Le pèlerinage de Saint-Marcoul à Grez-Doiceau", p. 179. Sobre usos similares em outras peregrinações, ver, por exemplo, H. Gaidoz, *La rage et st. Hubert* (*Bibliotheca Mythica*, I), 1887, pp. 204 ss.

70. Um desses folhetos (do século XVII, mas sem data), intitulado *Avertissement à ceux qui viennent honorer le glorieux saint Marcoul, dans l'église du prieuré de Corbeny au diocèse de Laon*, é conservado na Bibl. Nat., cote L k^7 2444: outro, bem diferente, intitulado *La vie de sainct Marcoul abbé et confesseur* e datado de Reims, 1619, encontra-se nos Arch. de Reims, St. Remi, liasse 223. Em 1673, estabeleceu-se em Corbeny um *hôpital* para os peregrinos: liasse 224, nº 10.

71. Naturalmente, em conformidade com um costume geral, os doentes que suas doenças, sua idade ou qualquer outra razão impediam de vir a Corbeny podiam ser substituídos na peregrinação por um parente, por um amigo ou até por um assalariado. Os atestados de cura de que trataremos mais adiante contêm numerosos exemplos dessa prática. Outras pessoas, curadas após ter feito devoções ao santo, realizavam apenas uma peregrinação de ação de graças a Corbeny; esses casos, porém, eram bastante raros.

72. Encontrar-se-á o regulamento intitulado *Les ceremonies que l'on a acoustumé d'observer par ancienne tradition en la neufiesme qui se doibt observer au pèlerinage de saint Marcoul à Corbeny*, com anotação (em latim) por Gifford, liasse 223 (renseignements); não tem data; um arquivista do século XVIII anotou no alto da folha: 1627. Não consegui identificar esse Gifford. Junto ao artigo 4º, em que se vê o prior ordenar aos peregrinos que compareçam aos ofícios e não saiam do território de Corbeny, lê-se a anotação: "Si respiciatur in eo perseverantia in bono opere, licet; alias non videtur carere superstitione"; junto ao 5º (proibição de tocar objetos metálicos): "Omnia ista sunt naturaliter agentia; ideo si sint noxia merito prohibentur"; ao 6º (proibições alimentares): "Idem ut supra, modo constat judicio medicorum tales cibos naturaliter esse noxios"; ao 7º (concernente aos substitutos, submetidos às mesmas observâncias que os próprios peregrinos): "Hoc non videtur carere superstitione, quia non est ratio cur naturaliter noxia prohibeantur illi que est sanus". O regulamento inscrito em 1633 no registro da confraria de Grez-Doiceau (cf. aqui, p. 231) não contém a proibição de tocar objetos metálicos. A título de comparação, podem-se ler os preceitos relativos à conduta que deve ser observada durante a novena, os quais ainda estão em uso na peregrinação de Saint-Hubert, nas Ardenas: H. Gaidoz, *La rage et saint Hubert* (*Bibliotheca Mythica*), 1887, p. 69.

73. Ver a carta de um desses escrupulosos, Louis Douzinel, de Arras, 22 de fevereiro de 1657, liasse 223 (renseignements), nº 7.

74. Liasse 223 (renseignements), nº 6. Oudard Bourgeois, *Apologie*, pp. 47 ss., analisa quatro certificados, o mais antigo dos quais se refere a uma cura realizada em 1610.

75. Liasse 223 (renseignements), nº 7: *Bus*.

76. Inúmeros atestados, demasiado abundantes para poder ser citados, estão na liasse 223 (renseignements).

77. Atestado emitido pelo pároco de Saales, Bruche e Bourg, 31 de dezembro de 1705: liasse 223 (renseignements), nº 8.

78. Remiremont, St.-Clément, próximo a Lunéville, Val de St.-Dié: 1655, liasse 223 (renseignements), nº 8.

79. Pithiviers: atestado de 22 de maio de 1719: liasse 223 (renseignements), nº 7; Gisors, *ibid.*, 12 de julho de 1665; Rosoy-en-Brie, Grisy, Maintenon, Dreux (1655), *ibidem*, nº 8; Paris, 9 de maio de 1739, liasse 223, nº 11.

80. Jurques, diocese de Bayeux: 30 de junho de 1665; liasse 223 (renseignements), nº 7; localidade situada entre os Andelys e Louviers, 1665 (*ibidem*).

81. Laval: 4 de julho de 1665: liasse 223 (renseignements), nº 7; Corné, diocese de Angers: 1655, *ibidem*, nº 8.

82. Atestado emitido por dois médicos de Auray: liasse 223 (renseignements), nº 7, 25 de março de 1669.

83. Localidades das dioceses de Nevers e de Langres, Joigny, próximo a Auxerre, 1655; liasse 223 (renseignements), nº 8; Sancerre, 11 de junho de 1669, *ibidem*, nº 11.

84. Vorly, diocese de Bourges: certificado de 30 de março de 1659: liasse 223 (renseignements), nº 7; Nassigny, mesma diocese, 1655: *ibidem*, nº 8.

85. *Jaro* (?), próximo a Cusé, diocese de Clermont, 1655: liasse 223 (renseignements), nº 8.

86. Charlieu "em Lionnois", Dammartin (diocese de Lyon): 1655, liasse 223 (renseignements), nº 8.

87. "Bourg-le-Namur, a seis léguas de Grenoble, na direção do Piemonte": liasse 223 (renseignements), nº 7.

88. Schépers, "Le pèlerinage de Saint-Marcoul à Grez-Doiceau", p. 179.

89. Em Amiens, em 1581, encontra-se s. Marcoul associado a três grandes santos protetores dos pestilentos: s. Roque, s. Adriano, s. Sebastião: aqui, p. 229, n. 59.

90. O. Bourgeois, *Apologie*, p. 60; Marlot, *Théâtre d'honneur*, p. 718. É ainda a tese da *Gallia Christiana*, IX, col. 248. Alguns diziam mesmo: Carlos, o Simples (pequena compilação sobre s. Marcoul redigida depois da sagração de Luís XV: liasse 223 (renseignements)). A efígie de s. Luís no sinete da confraria dos armarinheiros fez até nascer a ideia de que esse príncipe houvesse sido o fundador da confraria: O. Bourgeois, p. 63: *Gallia*, *loc. cit.*; *AA. SS. maii*, I, p. 70. G. Ledouble, *Notice*, chega a escrever (p. 116) que s. Luís "escreveu seu nome, Louis de Poissy, no cabeçalho do registro da associação". Por causa de uma confusão muito divertida, imaginou-se que os reis da França, e não os reis dos armarinheiros, haviam sido os primeiros confrades dessa piedosa associação (ver o atestado de A. Baillet de 24 de setembro de 1632, aqui, pp. 249-51).

91. Auto de uma investigação sobre o roubo da cabeça de s. Marcoul (18 de julho de 1637): Oudard Bourgeois, *Apologie*, pp. 123-4 (cf. aqui, p. 229, n. 54).

92. Liasse 190 *bis*, nº 2; conta do final do século xv, descrevendo a destinação de somas recebidas pelo prior "para reparar os campanários e o pavilhão do rei". Para os testemunhos relativos às peregrinações régias, ver aqui, Apêndice 5.

93. Apêndice 5, pp. 384-5.

94. Ed. Vallet de Viriville, in-12, 1859, chap. 59, p. 323.

95. Para a *Chronique de la Pucelle*, ver a nota precedente; Jean Chartier, *Chronique de Charles VII*, ed. Vallet de Viriville, in-16, 1858, I, chap. 48, p. 97; os outros textos, Quicherat, *Procès de Jeanne d'Arc* (Soc. de l'Hist. de France), IV, pp. 187, 433, 514; V, p. 67.

96. Ed. Goubaud, e P. A. Lemoisne (Soc. de l'Hist. de France), I, p. 170. Cf. Grassaille, *Regalium Franciae iura*, p. 65, que não se pronuncia: "Alij dicunt, quod hanc potestatem capiunt in visitatione corporis beati Marcolphi, quam post coronationem facere consueverunt Reges".

97. Hubertus Thoma Leodius, *Annalium de vita illustrissimi principis Friderici II...*, ed. de 1624, in-4º, Frankfurt, p. 97; sobre as inexatidões de H. Thomas, cf. aqui, p. 253, n. 1.

98. Toque efetuado por Carlos VIII: Godefroy, *Ceremonial*, I, p. 208; por Luís XII: registro da Aumône, Arch. Nat., K K 77, f. 124*v*; por Henrique II: aqui, p. 254, n. 10; por Luís XIII: Godefroy, p. 457 (860 doentes), e J. Héroard, *Journal*, 1868, II, p. 32 ("novecentos e tantos"); por Luís XV e Luís XVI, aqui, pp. 306 e 308. O fato de Luís XII não ter tocado nenhum doente antes da cerimônia de Corbeny é concluído do exame de seu registro de esmolas, citado anteriormente; em princípio, toda a literatura do milagre régio no século XVII partilha dessa conclusão.

99. O que precede está segundo a relação contemporânea, publicada por Godefroy, *Ceremonial*, I, pp. 184 ss. Cf. as "Mémoires du sieur Fouquart, procureur syndic de la ville de Reims", *Revue des soc. savantes*, 2ᵉ série, VI (1861, 2ᵉ sem.), pp. 100 e 102; sobre o papel de G. Coquillart, ver uma nota de Rathery, *ibid.*, p. 98, n. 2.

100. "O Marculphe tuis medicaris cum scrofulosis/ Quos redigis peregre partibus incolumes/ Morbigeras scrofulas Franchorum rex patienti/ Posse pari fruitur [te tribuente] medicus/ Miraculis igitur qui tantis sepe coruscas/ Astriferum merear sanus adire palum." Cf. Apêndice 2, nº 20.

101. Bibl. Nat. latin 1429, ff. 108-12. Sobre esse celebérrimo manuscrito, será suficiente remeter à exposição de Léopold Delisle, *Annuaire-bulletin de la Soc. de l'Hist. de France*, 1900, p. 120.

102. Sobre essas obras de arte, ver aqui, Apêndice 2, nºs 14, 15, 16, 10, 21, 22 e 23; cf. a figura 3. Em Grez-Doiceau, o mesmo tema é encontrado numa estatueta e num quadro, cujas datas não conheço. Naturalmente, existem também representações de s. Marcoul conformes ao tipo abacial comum, nas quais o rei não aparece: por exemplo, as imagens das confrarias de Falaise e dos carmelitas da Place Maubert, citadas aqui, p. 229, n. 65, e p. 251, n. 164; uma gravura do século XVII, conservada na Collect. des Saints no Cabinet des Estampes (reproduzida por Landouzy, *Le toucher des ecrouelles*); duas gravuras da mesma época, provenientes de livretos para os peregrinos, reproduzidas *ibid.*, pp. 21 e 31; uma gravura em [Bourgoing de Villefore], *Les vies des SS. Pères des déserts d'Occident*, I, in-12, 1708, junto à página 170, também no Cab. des Est. Collect. des Saints e na Bibl. Ste.-Geneviève, collection Guénebault, carton 24, nº 5108 (ali, s. Marcoul, em companhia de dois outros eremitas, é representado como anacoreta e não como abade); uma imagem de devoção do século XVII, na qual o santo é tentado por um demônio disfarçado de mulher: collection Guénebault, carton 24, nº 5102 (informação do sr. Ch. Mortet).

Não é menos verdadeiro que o atributo realmente característico do santo, tão logo se sai da iconografia hagiográfica mais banal, é o rei da França. S. Marcoul não é mencionado por A. M. Pachinger em seus "Ueber Krankheitspatrone auf Heiligenbildern" e "Ueber Krankheitspatrone auf Medaillen", *Archiv. für Gesch. der Medizin*, II (1908-9) e III (1909-10).

103. Forcatel, *De Gallorum imperio*, pp. 128 ss.; Du Laurens, *De mirabili*, pp. 14-5; Du Peyrat, *Histoire ecclesiastique de la cour*, p. 807. Cf. também Mauclerc, *De monarchia divina*, 1622, col. 1567. O autor que mais expressamente atribuiu o poder curativo à intercessão de s. Marcoul foi talvez Robert Ceneau, *Gallica historia*, in-fólio, 1557, p. 110. Sobre a atitude dos escritores dos séculos XVI e XVII para com a unção, considerada como origem do milagre régio, ver aqui, pp. 280-1.

104. *Apologie*, p. 65; cf. p. 9. A mesma teoria conciliante é encontrada em d. Marlot, *Théâtre d'honneur*, pp. 717 ss.; cf. aqui, pp. 241-2.

105. Liasse 223 (renseignements), nº 7; atestado emitido a 25 de março de 1669 por dois médicos de Auray, para um escrofuloso que fora curado "quando retornava de ter sido tocado por sua cristianíssima majestade e da peregrinação de s. Marcoul". Liasse 223, nº 11: atestado emitido a 29 de abril de 1658 pelo pároco de Neufchâtel, perto de Menneville (decerto Neufchâtelsur-Aisne, Aisne; e Meneville, mesmo cantão); a doente fora tocada por Luís XIV no dia seguinte à sagração, "de modo que pouco depois, por intercessão de s. Marcoul, a quem rogara, ela teria recebido a cura"; em seguida, o mal retornou; ela foi a Corbeny, fez ali sua novena e ficou inteiramente curada. Por fim, ver o atestado citado aqui, p. 241, n. 107.

106. Schépers, "Le pèlerinage de Saint-Marcoul à Grez-Doiceau", p. 181.

107. Liasse 223 (renseignements), nº 7.

108. Benedito XIV, *Opera omnia*, in-fólio, Veneza, 1788: "De servorum Dei beatificatione et beatorum canonizatione", l. IV, pars. I, cap. III, c. 21, p. 17: "Ad aliud quoddam genus referendum est illud, quod modo a Nobis subnectitur, ad privilegium videlicet Regum Galliae strumas sanandi: illud quippe non hereditario jure, aut innata virtute obtinetur, sed Gratia ipsa gratis data, aut cum Clodoveus Clotildis uxoris precibus permotus Christo nomen dedit, aut cum Sanctus Marculphus ipsam pro Regibus omnibus Galliarum a Deo impetravit".

109. *Théâtre d'honneur*, p. 718; a frase é reencontrada em Regnault, *Dissertation*, p. 15.

110. *Apologie*, p. 9.

111. É verdade que, segundo uma teoria cujo autor parece ser Carte em sua *General History of England*, 1747, I, IV, § 42 (cf. Law Hussey, "On the cure of scrofulous diseases", p. 208, n. 9; Crawfurd, *King's evil*, p. 17), os reis da Inglaterra teriam tocado as escrófulas num aposento do palácio de Westminster chamado Câmara de S. Marcoul. De fato, em várias oportunidades os *Rotuli Parliamentorum* mencionam uma *Câmara Marcolf ou Marcholf* que existiria nesse palácio (cf. o *Index*, p. 986); mencionam-na pela primeira vez em 1344 (II, p. 147*a*), pela última em 1483 (VI, p. 238*a*). Mas nada indica que os reis tenham ali tocado alguém. Esse aposento, que de ordinário servia como local de reunião para a comissão de *triagem de petições*, composta de no máximo uma dezena de membros, devia ser de dimensões bastante exíguas; que indicação existe de que se tenha podido agrupar ali a numerosíssima clientela das curas régias? Ademais, devemos observar que, citada nos *Rotuli* 73 vezes, ela aparece sempre com o nome *Câmara Marcolf* (ou *Marcholf*, jamais *S. Marcolf*); se seu nome tivesse sido tirado do de um santo, isso seria absolutamente contrário ao uso da época. Provavelmente, esse *Marcolf* era uma personagem de

todo profana, bem diferente do abade de Nant; pode-se pensar (mas é apenas uma hipótese) no divertido Marcoul cujas conversas com o bom rei Salomão fizeram a alegria do público medieval (entre outros, cf. G. Paris, *La littérature française au moyen âge*, § 103); não haveria nas paredes da sala alguma pintura que representasse essas agradáveis conversações? Além disso, parece que s. Marcoul jamais teve grande popularidade na Inglaterra, o que não é muito surpreendente, se considerarmos que mesmo no continente a expansão de seu culto foi, como sabemos, em grande parte posterior à Reforma. Ele não figura nem no *Sanctilogium Angliae* de John of Tynemouth, que morreu por volta de 1348 (C. Horstmann, *Nova legenda Angliae*, I, Oxford, 1901, p. IX), nem no *Martiloge in englyshe* de Richard Whytford, in-4º [1526]. Não há nenhum indício de que alguma igreja inglesa lhe tenha sido dedicada; cf. Frances Arnold-Forster, *Studies in church dedications*, III, 1899.

112. Essa expressão é inúmeras vezes encontrada nos atestados de cura conservados nos Archives de Reims.

113. Sobre esse ponto, pode-se remeter a W. H. Roscher, "Die Siebenund Neunzahl im Kultus und Mytus der Griechen", *Abh. der Phil.-histor. Klasse der Kgl. Sächsischen Gesellsch. der Wissensch.*, XXIV, 1 (1904). Cf. também Petri Bungi Bergomatis, *Numerorum mysteria*, in-4º, Paris, 1618, pp. 282 ss.; e F. V. Adrian, "Die Siebenzahl im Geistesleben der Volker", *Mitteil. der Anthropol. Gesellschaft in Wien*, XXXI (1901).

114. W. Henderson, *Notes on the folk-lore of the northern counties of England*, 2ª ed. (*Publications of the Folk-lore Society*, II), Londres, 1879, p. 306 (o fato é citado seguindo uma informação do prof. Marecco). De acordo com F. v. Adrian, "Die Siebenzahl", p. 252, os sétimos filhos ou filhas eram às vezes considerados demônios; também saem demônios ou do sétimo ovo de uma galinha preta ou dos ovos de uma galinha de sete anos.

115. *Revue des Traditions Populaires*, IX (1894), p. 112, nº 17 (em Menton). A concepção popular, que explica o caráter favorável ou molesto atribuído ao poder do sétimo filho, é bem expresso por este comentário de uma camponesa inglesa, relatado por Charlotte Sophia Burne, *Shropshire folk-lore*, Londres, 1885, p. 187: "The seventh son 'll always be different tille the others" [O sétimo filho será sempre diferente dos outros rebentos].

116. Laisnel de la Salle, *Croyances et légendes du centre de la France*, 1875, II, p. 5.

117. Tiffaud, *L'exercice illégal de la médicine dans le Bas-Poitou* (thèse médicine, Paris), 1899, p. 31.

118. F. Liebrecht, *Zur Volkskunde*, Heilbronn, 1879, p. 346 (com referências).

119. Theophilo Braga, *O povo portuguez*, II, in-12, Lisboa, 1885, p. 104.

120. Joseph Sirven, "Les saludadors" (1830), *Soc. Agricole, Scientifique et Littéraire des Pyrénées-Orientales*, XIV (1864), pp. 116-8 (Catalunha e Roussillon).

121. Mais adiante, encontrar-se-á, citado no texto ou nas notas, certo número de testemunhos antigos e modernos relativos à presença dessa superstição na França. Aqui, limito-me a indicar os que não terei ocasião de nomear: Leonardus Vairus (L. Vairo), *De fascino libri tres*, Paris, pequeno in-4º, 1583, lib. I, c. XI, p. 48 (o autor, italiano, dá a superstição por propalada "in Gallia et Burgundia"; como se vê, cito de uma das edições francesas, a única que pude consultar; o livro foi traduzido para o francês com o título *Trois livres de charmes*, 1583, e pôde assim contribuir para propagar a crença em nosso país); Thomas Platter, em suas memórias redigidas em 1604-5: tradução L. Sieber, *Mémoires Soc. Histoire Paris*, XXIII (1898), p. 224; Petri Bungi

Bergomatis, *Numerorum mysteria*, 1618, p. 302 (sétimo filho e sétima filha); De l'Ancre, *L'incrédulité et mescreance du sortilege...*, 1622, p. 157; Laisnel de la Salle, *Croyances et légendes du centre de la France*, II, p. 5; Jaubert, *Glossaire du centre de la France*, 1864 (na palavra "Marcou"); M. A. Benoît, *Procès-verbaux Soc. Archéol. Eure-et-Loire*, V (1876), p. 55 (Beauce); Tiffaud, *L'exercice illégal de la médicine dans le Bas-Poitou*, pp. 19, 31, 34, n. 2; Amélie Bosquet, *La Normandie romanesque et merveilleuse*, Rouen, 1845, p. 306 (sétima filha); Paul Sébillot, *Coutumes populaires de la Haute-Bretagne* (*Les littératures populaires de toutes les nations*, XXII), p. 13; Paul Martellière, *Glossaire du Vendômois*, Orléans e Vendôme, 1893 (na palavra "Marcou").

122. M. Delrio, *Disquisitionum magicarum*, I, cap. III, qu. IV, ed. de 1606, t. I, p. 57 (Flandres); Eug. Monseur, *Le folklore wallon*, in-12, Bruxelas [1892], p. 30, § 617 (Valônia).

123. Aqui, sigo para as referências a mesma regra que para a França (ver a n. 121, p. 243). Algumas das passagens indicadas concernem também à Escócia: *Diary of Walter Yonge esqu.*, ed. G. Roberts (*Camden Society*, 41), Londres, 1848 (o diário é de 1607), p. 13; Crooke, *Body of man* (surgido em 1615); esse testemunho, só o conheço graças a E. Murray, *A new English dictionary*, na expressão "king's evil"; John Bird, *Ostenta Carolina*, 1661, p. 77; *Χειρεξοχη* 1665, p. 2; Thiselton-Dyer, *Old English social life as told by the parish registers*, in-12, Londres, 1898, p. 77; W. G. Black, *Folk-medicine*, Londres, 1883, pp. 122 e 137; W. Henderson, *Notes on the folk-lore of the northern counties*, 2ª ed., pp. 304 e 306; Henry Barnes, *Transactions of the Cumberland and Westmoreland Antiquarian and Archaeological Society*, XIII (1895), p. 362; John Brand, *Popular antiquities of Great Britain*, in-4º, Londres, 1870, p. 233; Charlotte Sophia Burne, *Shropshire folk-lore*, Londres, 1885, pp. 186-8 (sétimo filho e sétima filha); *Notes and Queries*, 5th series, XII (1879), p. 466 (sétima filha); *The Folk-lore*, 1895, p. 205; 1896, p. 295 (sétima filha); por esse último exemplo, vê-se que em Somerset os toques deviam acontecer em duas séries de sete manhãs, separadas por sete dias sem tocar; no mesmo condado, atribui-se poder ainda maior aos sétimos filhos de sétimas filhas; o número sagrado domina tudo.

124. Robert Kirk, *Secret commonwealth*, in-4º, Edimburgo, 1815, p. 39 (a obra foi composta em 1691); J. G. Dalyell, *The darker superstitions of Scotland*, Edimburgo, 1834, p. 70; *Notes and Queries*, 6th series, VI (1882), p. 306; *The Folk-lore*, 1903, p. 371, n. 1, e pp. 372-3; 1990, p. 448.

125. *Dublin University Magazine*, IV (1879), p. 218; *The Folk-lore*, 1908, p. 316. No condado de Donegal, assim como em Somerset, chega-se a requintes sobre o sete; o toque do sétimo filho deve ser aplicado em *sete* manhãs sucessivas: *The Folk-lore*, 1897, p. 15. Também em Donegal, a parteira que recebe o sétimo filho coloca na mão do bebê um objeto que ela escolhe; com objetos feitos dessa mesma substância o sétimo filho deverá esfregar seus pacientes, para curá-los: *ibid.*, 1912, p. 473.

126. F. Sessions, "Syrian folklore. Notes gathered on Mount Lebanon", *The Folk-lore*, IX (1898), p. 19.

127. *De occulta philosophia*, II, c. III, grande in-8º, s. l. n. d. [1533], p. CVIII. Cornelius Agrippa menciona também a sétima filha.

128. Raoul de Presles, em sua tradução já citada várias vezes, da *Cidade de Deus*, tratando (na exposição sobre o 31º capítulo do livro XI), das virtudes do sete, não menciona os poderes maravilhosos do sétimo filho. Mas desse silêncio não poderíamos deduzir nada; Raoul pode muito bem ter-se recusado a mencionar uma superstição popular.

129. Na Idade Média, o uso dos números sagrados, sobretudo do sete, foi familiar ao pensa-

mento erudito, particularmente à teologia. Os *sete* sacramentos são o exemplo mais célebre disso e não são o único (cf. Hauck-Herzog, *Realencyclopädie der prot. Theologie*, art. "Siebenzahl"); aqui, pretendo falar apenas das superstições *populares*.

130. Os documentos do processo, analisados no *Calendar of state papers, Domestic, Charles I*, 30 de setembro e 18 de novembro de 1637, foram publicados em parte por Green, "On the cure by touch", pp. 81 ss. É necessário acrescentar que no nascimento da criança sua avó paterna já anunciara que o menino faria curas. Mas ele só começou a exercer seu poder depois que o *yeoman*, Henry Poyntynge, tendo lido o livro de Lupton, fez que sua sobrinha lhe fosse enviada.

131. [Th. Lupton], *A thousand notable things of sundry sortes*, pequeno in-4º, Londres [1579], II, § 2, p. 25; cf. o *Dictionary of national biography*, no nome do autor.

132. Antonii Mizaldi, *Memorabilium, utilium ac iucundorum Centuriae novem*, pequeno in-8º, 1567, cent. III, c, 66, p. 39*v*.

133. J. B. Thiers (passagem citada aqui, p. 245, n. 143) crê que eles curam também "febres terçãs ou quartãs". Na Escócia, curam diversas doenças além das escrófulas: *The Folk-lore*, 1903, p. 372. Em Roussillon, onde se misturam influências espanholas e francesas, eles curam tanto a hidrofobia (como na Catalunha) quanto as escrófulas (como na França): *Soc. Agricole des Pyrénées-Orientales*, XIV (1864), p. 118. Segundo Thiers (4ª ed., p. 443), as sétimas filhas curam as "frieiras nos calcanhares".

134. Não temos nenhum testemunho relativo à Escócia quando esta era independente.

135. Aqui, pp. 289 e 380-1.

136. Curioso exemplo desse tipo é-nos revelado por uma correspondência analisada no *Calendar of state papers, Domestic, Charles I*, 10 de junho, 20 de outubro, 22 de outubro de 1632.

137. Sobre a atitude das duas monarquias para com os sétimos filhos, ver aqui, pp. 288-9.

138. Mme. de Sévigne: carta ao conde de Gontaut, 18 de maio de 1680 (trata-se, aliás, de uma sétima filha; *Briefe der Prinzessin Elizabeth Charlotte von Orleans*... ed. W. Menzel (*Biblioth. des Literarischen Vereins in Stuttgart*, VI), 1843, p. 407; cf. aqui, p. 287.

139. O médico Felix Platter, de Basileia, estudou em Montpellier de 1552 a 1557 e conheceu ali esse indivíduo, que nascera em Poitiers: ver F. Platter, *Praxeos... tomus tertius: de nitiis*, I, c. III, Basileia, 1656, in-4º; curiosamente, essa passagem não parece constar das edições anteriores da obra; Platter não mencionou o fato em suas memórias, sobre as quais se pode ver G. Lanson, *Hommes et livres*, in-12, Paris, 1895.

140. Por L. C. D. G., pequeno in-4º, Aix, 1643; o autor pensa que apenas na França os sétimos filhos gozam esse dom, se são nascidos de ascendentes franceses (até o quarto grau), "não concubinários, bons católicos e não tendo cometido assassínios".

141. Cf. aqui, p. 250.

142. *Correspondance*, ed. Ch. Urbain e E. Levesque, VII, p. 47, nº 1197 (27 de março 1695). Essa curiosa carta foi-me gentilmente indicada pelo sr. abade Duine.

143. Thiers, 4ª ed., p. 442; Sainte-Beuve, III, CLXX[e] cas, pp. 589 ss. Comparar à atitude análoga tomada por Thiers e Jacques de Sainte-Beuve para com as superstições que floresciam em torno da peregrinação de s. Huberto: Gaidoz, *La rage et saint Hubert*, pp. 82 ss.

144. Dr. Menault, "Du marcoul. De la guérison des humeurs froides", *Gazette des Hôpitaux*, 1854, p. 497; resumo no *Moniteur Universel* de 23 de outubro.

145. Leonardus Vairus, *De fascino libri tres*, 1. II, c. XI, ed. de 1583, p. 141; Théophile Ray-

naud, S. J., *De stigmatismo sacro et prophano*, sectio II, c. IV, nas *Opera*, in-fólio, Lyon, 1665, XIII, pp. 159-60; J. B. Thiers, *Traité des superstitions*, 4ª ed., pp. 438-9 (as expressões entre aspas são reproduzidas dessa última obra).

146. T. Braga, *O povo portuguez*, II, p. 104 ("uma cruz sobre a língua"); J. Sirven, *Soc. Agricole Pyrénées Orientales*, XIV (1864), p. 116: "O vulgo [...] afirma que eles têm uma marca distintiva no céu da boca, como uma cruz ou uma flor-de-lis". Como sempre, em Roussillon as influências misturam-se; a cruz é espanhola, e o lírio, francês: cf. aqui, p. 244, n. 133.

147. O testemunho mais antigo parece ser Raulin, *Panegyre... des fleurs de lys*, 1625, p. 178.

148. In-fólio, 1670, I, p. 181. E. Molinier, *Les politiques chrestiennes*, 1621, livre III, chap. III, p. 310, a propósito de famílias designadas por Deus para exercer a autoridade, famílias régias ou nobres, escreve: "Digo que os que descendem de tais casas trazem do ventre de sua mãe não a marca de uma espada ardente impressa sobre a coxa, como os de nossos velhos romances, mas a autoridade de um crédito hereditário gravado sobre seu nome" (cf. Lacour-Gayet, *Education politique*, p. 353). Evidentemente, isso é apenas reminiscência literária. J. Barbier, em seu tratado sobre *Les miraculeux effects de la sacrée main des roys de France*, publicado em 1618, menciona (p. 38) a lança, marca hereditária dos "espartas tebanos", e a âncora dos selêucidas (cf. aqui, pp. 215-6); ele não parece suspeitar de que na França haja existido um sinal régio.

149. De Ceriziers, *Les heureux commencemens*, p. 194; [Regnault], *Dissertation historique*, p. 8.

150. Ao menos, é o que parece depreender-se de uma frase escrita por Bossuet na carta citada aqui, p. 245, n. 142: "O rei não toca mais esse tipo de gente [os sétimos varões] senão no caso em que toca os outros, isto é, no caso das escrófulas".

"Não toca *mais*": portanto, outrora os reis haviam tido o hábito de tocar, mesmo fora do "caso de escrófulas", esses sétimos rapazes...; é lastimável que (pelo menos até onde sei) nenhum outro texto permita-nos dar a essas palavras um pouco enigmáticas uma interpretação absolutamente segura.

151. E. Monseur, *Le folklore wallon*, p. 30, § 617: "Para possuir o poder de curar, [...] são também duas predisposições muito grandes chamar-se Louis e ser o sétimo filho da família". Penso que as duas "predisposições" estão ordinariamente reunidas na mesma pessoa.

152. Vairus, *loc. cit.*; Raynaud, *loc. cit.*, e *Naturalis theologia*, dist. IV, nº 317, nas *Opera*, V, p. 199; Thiers, *loc. cit.*

153. Ver aqui, p. 245, n. 144. O feiticeiro de Vovette distribuía a seus pacientes uma imagem (provavelmente de s. Marcoul) que trazia escritas no alto as palavras "Le Roi te touche, Dieu te guérisse!" (*ibid.*, p. 499); era a fórmula que, no fim da monarquia, os reis empregavam ao tocar os doentes. Eis outra sobrevivência (um pouco deformada) desse mesmo tipo de crença: na *Revue des Traditions Populaires*, IX (1894), p. 555, nº 4, lê-se que no Bocage Normand, "quando há sete filhas numa família, a sétima traz uma *flor-de-lis* numa parte qualquer do corpo e *touche du carreau*, isto é, ela cura as inflamações de intestino das crianças".

154. Du Laurens, *De mirabili*, p. 20; Favyn, *Histoire de Navarre*, p. 1059; De l'Ancre, *L'incrédulité et mescreance du sortilege*, p. 161; Raulin, *Panegyre*, p. 178.

155. *AA. SS. maii*, V, pp. 171 ss. Cf. Du Broc de Seganges, *Les saints patrons des corporations*, I, p. 391.

156. J. Sirven, *Soc. Agricole des Pyrénées-Orientales*, XIV (1864), pp. 116-8. Nessas regiões, o

nome *saludadors* era comum a todos os feiticeiros-curandeiros; J. B. Thiers aplica-o aos "parentes de s. Catarina", que não eram sétimos filhos (passagem indicada aqui, p. 246, n. 145).

157. Os documentos relativos à construção (com desenhos) estão na liasse 223. Cf. Barthélemy, "Notice historique sur le prieuré", p. 235 (com gravura). Sobre d. O. Bourgeois, ver a nota do necrológio de Saint-Rémi, Bibliothèque de la Ville de Reims, ms. 348, f. 14.

158. Liasse 223 (renseignements), nº 7. No essencial, é similar ao de Antoine Baillet. Algumas diferenças serão indicadas mais adiante.

159. O atestado de Elie Louvet especifica que o sétimo filho cura "pelas preces e méritos do glorioso s. Marcoul, protetor da coroa da França".

160. "Caritativamente e *sem pagamento*", diz com mais clareza o atestado de E. Louvet. O *Septennaire* de Vovette também não aceitava retribuição em dinheiro, mas recebia abundantes presentes em gêneros. Nesse último ponto, ele decerto seguia a tradição.

161. O atestado de E. Louvet indica como únicas datas autorizadas para o toque as sextas-feiras das Têmporas e a Sexta-feira Santa.

162. Sobre essa qualidade atribuída aos reis da França (decerto confundidos com os "reis" dos armarinheiros), cf. aqui, p. 232, n. 90.

163. Promessa de doação de uma vértebra do santo por Ana da Áustria a 17 de abril de 1643: liasse 223, nº 10 (dois documentos). Doação aos carmelitas da Place Maubert: nota no cabeçalho de um volume que contém atestados de cura; liasse 223 (renseignements).

164. Bibl. Nat. Estampes Re 13, f. 161; cf. Cahier, *Caractéristiques des saints dans l'art populaire*, in-4º, 1867, I, p. 264, n. 3, e Jean Gaston, *Les images des confréries parisiennes avant la Révolution* (*Soc. d'Iconographie Parisienne*, II, 1909), nº 34.

165. Tal como a interdição "de comer todas as cabeças de animais [...] e também as de todos os peixes". As escrófulas eram consideradas uma doença da cabeça. Não devemos ver na origem desse preceito uma ideia relacionada às práticas da magia simpática? Ainda hoje, a mesma proibição é imposta pela brochura que se vende aos peregrinos que vêm venerar s. Marcoul no *hospice* de Dinant: J. Chalon, *Fétiches, idoles et amulettes*, I, p. 148.

166. M. A. Benoît, *Procès-verbaux Soc. Archéol. Eure-et-Loir*, V (1876), p. 55, é o único a mencionar o costume que consiste em dar o prenome Marcoul aos sétimos varões; mas o emprego de *marcou* como nome comum para designá-los é comprovado por numerosíssimos testemunhos (ver aqui, p. 252, n. 167); parece-me natural supor que o nome comum originou-se do nome de batismo.

167. Entre outras, ver as obras de Laisnel de la Salle, Jaubert, Tiffaud e Martelliére citadas aqui, p. 243, n. 121, e o artigo do dr. Menault citado aqui, p. 245, n. 144. Não há razão para considerar a etimologia que Liebrechet, *Zur Volkskunde*, p. 347, dá ao nome *marcou* aplicado aos curandeiros. A palavra *marcou* tem em alguns dialetos ou patuás românicos (sobretudo na Valônia) ainda outro sentido, completamente diverso: ela designa os gatos, ou melhor, o gato macho. Esse significado parece bastante antigo: cf. Leduchat em sua edição de H. Estienne, *Apologie pour Hérodote*, Haia, 1735, III, p. 250, n. 1; o mesmo, no *Dictionnaire étymologique* de Ménage, ed. de 1750, na palavra "marcou" (cita um rondó de Jean Marot); L. Sainéan, *La création métaphorique en français... Le chat*; *Beihefte zur Zeitschr. für Römanische Philologie*, I, 1905, *passim* (ver o sumário); J. Chalon, *Fétiches, idoles et amulettes*, II, p. 157. Devemos supor uma relação qualquer entre s. Marcoul, os sétimos filhos e os gatos machos? Foi o que acreditou

Leduchat: "*Marcou*, de resto, é também o nome de um gato, animal cujo pelo dá, segundo se diz, escrófulas. Assim, um *Marcou* cura o mal que outro *Marcou* faz" (nota sobre H. Estienne citada acima). Portanto, seria necessário imaginar que a palavra, a qual se tornara uma espécie de nome comum designativo dos curandeiros de escrófulas, foi, por novo transporte de ideias, aplicada secundariamente a um animal tido como capaz de causar a mesma doença. Mas parece que tal explicação, demasiado engenhosa, deve ser rejeitada. Não encontrei outra fonte em que se mencione que o gato era considerado possuidor de semelhante propriedade; pergunto a mim mesmo se Leduchat não a atribuiu ao gato, sem prova, a fim de fundamentar a sua própria interpretação. Provavelmente, como sugere Sainéan, o nome *marcou* foi dado ao gato por uma espécie de onomatopeia, que tem origem numa vaga imitação do ronronar. Depois de tudo que se disse mais acima, não me parece necessário discutir a ideia (para a qual Sainéan parece inclinar-se: p. 79) de que os sétimos filhos teriam tomado seu nome emprestado ao gato.

5. O MILAGRE RÉGIO NA ÉPOCA DAS LUTAS RELIGIOSAS E DO ABSOLUTISMO (PP. 253-94)

1. Com a época moderna, encontramos para o estudo dos ritos curativos uma nova categoria de fontes: os relatos de viagens e, acessoriamente, os guias para viajantes. Como regra geral, são documentos pouco seguros. Muitos deles (decerto redigidos mais tarde, com base em notas incompletas ou lembranças deformadas) contêm erros espantosos. Alguns exemplos serão suficientes. Abraham Gölnitz, *Ulysses Belgico-gallicus*, in-12, Amsterdã, 1655, pp. 140 ss., fornece da cerimônia francesa uma descrição que parece em parte construída sobre informações de origem livresca, em parte inteiramente inventada; ele afirma que em todas as vezes se levam ao rei dois cetros, um encimado pela flor-de-lis e o outro pela mão da justiça. O cardeal Chigi, no relato de sua legação (1664), faz o rei da França jejuar três dias antes de cada toque; o cardeal mostra o rei beijar os doentes (tradução E. Rodocanachi, *Rev. d'Histoire Diplomatique*, 1894, p. 271). Acrescente-se essa curiosa incapacidade de observar exatamente, a qual é o defeito de certos espíritos: Hubert Thomas, de Liège, visitou a França, onde viu Francisco I tocar em Cognac, e a Inglaterra, onde Henrique VIII entregou-lhe pessoalmente *os cramp-rings* (aqui, p. 262, n. 50); de modo geral, ele parece confiável; mas declara expressamente que os reis da Inglaterra não tocam as escrófulas: Hubertus Thoma Leodius, *Annalium de vita illustrissimi principis Frederici II...*, in-4º, Frankfurt, 1624, p. 98. No entanto, alguns relatos de viagem, obras de espíritos particularmente precisos e corretos, constituem as exceções. É o caso do que o secretário do embaixador veneziano Girolamo Lippomano, encarregado de missão à corte da França em 1577, redigiu: *Relations des ambassadeurs vénitiens*, ed. Tommaseo (*Doc. inédits*), II; em todas as vezes em que pude confrontá-lo com outros documentos perfeitamente seguros, encontrei nele rigorosa exatidão.

2. Para mais detalhes, ver aqui, Apêndice 1, pp. 335 ss.

3. Em princípio, cada doente recebia dois sous tournois (excepcionalmente: 1º, a 31 de outubro de 1502, dois carolus, o que perfazia, segundo Dieudonné, *Monnaies royales françaises*, 1916, p. 305, apenas vinte deniers tournois; o total em moeda dado pelo livro de esmolas é, então, visivelmente falso: Bibl. Nat. franç. 26108, f. 392; 2º, a 14 de agosto de 1507, dois sous e seis

deniers: KK 88, f. 209*v*). Entretanto, talvez no reinado de Carlos VIII eles não tenham recebido durante algum tempo mais que um sou tournois; pelo menos, é o que poderia fazer supor um artigo do livro de esmolas, KK 77, f. 17 (24 de outubro de 1497); mas esse artigo ("A^{xx}_{iiij} xij doentes de escrófulas [...] cada um xij d. t., para ajudá-los a viver [...]") está redigido com tanta imprecisão que não se sabe se refere-se a esmolas distribuídas no momento do toque ou, então, entregues aos escrofulosos que esperavam ao bel-prazer do rei-curandeiro. A 28 de março de 1498, último dia em que Carlos VIII praticou o rito das escrófulas, os doentes receberam dois sous por cabeça, como nos reinados seguintes (KK 77, f. 93).

4. Segundo KK 88. A 28 de março de 1498, Carlos VIII tocara sessenta pessoas: KK 77, f. 93. Em Corbeny, ao voltar da sagração, Luís XII tocou oitenta: *ibid.*, f. 124*v*; durante o mês de outubro de 1502, 92 (e não 88, como afirma por engano De Maulde, *Les origines*, p. 28): Bibl. Nat. franç. 26108, ff. 391-2.

5. Segundo KK 101, completado por Bibl. Nat. franç. 6732; o registro apresenta lacunas bastante numerosas (sobretudo para 1529), de modo que só se pode chegar às cifras mínimas; cf. aqui, pp. 335-6. Toques feitos por Francisco I são mencionados no *Journal d'un bourgeois de Paris*, ed. V.-L. Bourrilly (*Collect. de textes pour servir à l'étude... de l'histoire*), p. 242 (Tours, 15 de agosto de 1526), e na "Chronique" publicada por Bourrilly em apêndice à obra, p. 421; cf. aqui, p. 257, n. 26.

6. Segundo KK 111. Barthélemi de Faye d'Espeisse [B. Faius], em seu pequeno tratado de polêmica antiprotestante intitulado *Energumenicus*, 1571, p. 154, refere-se ao papel desempenhado por Amyot, como esmoler, na cerimônia do toque; aliás, o tratado é dedicado a Amyot.

7. Henrique II: KK 111, ff. 14, 35*v*, 36, 37*v*, 38*v*, 39*v*. Carlos IX: KK 137, ff. 56*v*, 59*v*, 63*v*, 75, 88, 89, 94 (da qual se extraiu a citação relativa à esmola especial concedida aos espanhóis), 97*v*, 100*v*, 108. Cf. relato da viagem de Girolamo Lippomano, p. 54; sobre o toque, o autor diz: "pare quasi cosa incredibile et miracolosa, ma pero tanto stimata per vera et secura in questo regno et in Spagna, dove piu che in ogni altro luogo del mondo questo male e peculiare" [parece coisa incrível e miraculosa, mas muito tida como verdadeira e segura neste reino e na Espanha, onde, mais que em qualquer outro lugar do mundo, esse mal é peculiar]. Também Faius, *Energumenicus*, p. 155.

8. André Du Chesne, *Les antiquitez et recherches de la grandeur et maiesté des roys de France*, 1609, p. 167, menciona "[...] o grande número de tais doentes que ainda vêm todos os anos da Espanha, para fazer-se tocar por nosso piedoso e religioso rei; sobre os quais o capitão que os conduziu em 1602 trouxe a comprovação dos prelados da Espanha referente a grande número de curados pelo toque de sua majestade".

9. Sobre o grande número de franceses estabelecidos na Espanha, cf. em Bodin, *République*, livro V, § 1, ed. de 1579, in-fólio, Lyon, p. 471, toda a exposição que termina assim: "de fato, a Espanha quase só é populada por franceses"; sobre o movimento inverso, pode-se ver J. Mathorez, "Notes sur la pénétration des Espagnols en France du XIIe au XIIIe siècle", *Bulletin Hispanique*, XXIV (1922), p. 41 (trata apenas dos estudantes). Pagamento de 275 libras tournois a uma dama espanhola vinda para fazer-se tocar: *Catal. des actes de François I*, III, nº 7644 (21 de dezembro de 1534); a uma dama espanhola vinda para fazer tocar sua filha: *ibid.*, VIII, nº 31036 (janeiro de 1539). A popularidade do milagre francês na Espanha encontrou eco num teólogo, Luis de Granada; cf. aqui, p. 279, n. 126.

10. KK 111, f. 39*v*: "Aos doentes de escrófulas espanhóis e outros estrangeiros a soma de 47 libras e dez sous tournois, a eles outorgada pelo referido sr. esmoler-mor, para ajudá-los a viver e ir a Saint-Marcoul esperar ser tocados". O toque em Corbeny foi realizado a 31 de julho de 1547: referências aqui, pp. 386-7.

11. Carlos VIII em Roma, a 20 de janeiro de 1495: André de la Vigne, *Histoir du voyage de Naples*, em Godefroy, *Histoire de Charles VIII*, in-fólio, 1684, p. 125; em Nápoles, a 19 de abril: *ibid.*, p. 145. Luís XII em Pavia, a 19 de agosto de 1502, e em Gênova, a 1º de setembro seguinte: Godefroy, *Ceremonial françois*, I, pp. 702 e 700. Francisco I em Bolonha, a 15 de dezembro de 1515: *Journal de Jean Barillon*, ed. P. Vaissière (Soc. de l'Hist. de France), I, p. 174; Le Glay, *Nègociations diplomatiques entre la France e l'Autriche* (*Doc. inédits*), II, p. 88; Caelio Calcagnini, *Opera*, in-fólio, Basileia, 1544, *Epistolicarum quaestionum*, lib. I, p. 7. Sobre um afresco do século XVII que representa a cerimônia de Bolonha, cf. aqui, p. 284.

12. Sobre os céticos, ver aqui, p. 264; sobre os médicos, aqui, p. 124, n. 61.

13. A. Champollion-Figeac, *Captivité du roi François I*[er] (*Doc. inédits*), 1847, p. 253, nº CXVI (18 de julho 1525). Cf. M. Gachard, Études et notices historiques, I, 1890, p. 38.

14. Iani Lascaris Rhyndaceni, *Epigrammata*, in-4º, Paris, 1544, p. 19*v*: "Ergo manu admota sanat rex choeradas, estque/ Captivus, superis gratus, ut ante fuit./ Iudicio tali, regum sanctissime, qui te/ Arcent, inuisos suspicor esse deis". Dísticos citados com frequência ainda no século XVII: por exemplo, Du Laurens, *De mirabili*, pp. 21-2; Du Peyrat, *Histoire ecclésiastique*, p. 817.

15. Commines, VI, c. VI, ed. Maindrot (*Collection de textes pour servir à l'étude et l'ens. de l'histoire*), II, 1903, p. 41: "Quando os reis da França querem tocar os doentes de escrófulas, eles confessam-se, e, uma vez por semana, nosso rei jamais deixa de fazê-lo. Se os outros não o fazem, fazem muito mal, pois há sempre grande número de doentes". De Maulde, *Les origines*, p. 28, vê nessa frase uma alusão a Luís XII. Mas o livro VI das *Mémoires* de Commines foi redigido no reinado de Carlos VIII. Por outro lado, de 1º de outubro de 1497 a 8 de abril de 1498 (morte do rei), o livro de esmolas de Carlos VIII (KK 77) só assinala um toque, a 28 de março de 1498 (f. 93), dia que, aliás, não corresponde a nenhuma festa; pode-se acrescentar uma menção obscura, referente a 24 de outubro de 1497 (f. 17): cf. aqui, p. 253, n. 3. Em suma, uma frequência bem baixa no exercício do poder curativo.

16. KK 101, ff. 273*v* ss.

17. KK 101, f. 68, abril de 1529: "Ao acima referido esmoler, para entregar a soma de cinco sous tournois a uns doentes de escrófulas que o rei curara no campo". É preciso acrescentar que, com frequência, as pessoas de categoria elevada tinham o privilégio de ser tocadas à parte da multidão; mas esses toques privados podiam acontecer no mesmo dia em que se dava a cerimônia geral; ver um exemplo (para Henrique IV) aqui, p. 272, n. 89 (texto de Thou).

18. A 26 de maio de 1530, em Angoulême, quando a corte viajava pelo sudoeste da França, o esmoler-mor distribuiu a 87 doentes de escrófulas dois sous tournois por cabeça, "a fim de afastá-los para que não voltassem antes da festa de Pentecostes", KK 101, f. 360*v*. Menção com o mesmo sentido: *ibidem*, f. 389.

19. Ou as vésperas dessas festas; às vezes, a véspera e o próprio dia.

20. KK 101, f. 380*v*.

21. KK 101, f. 29*v*, agosto 1528: "Ao acima referido esmoler, para entregar a soma de 41 sous tournois a mestre Claude Bourgeoys, cirurgião do rei, que visitou os doentes de escrófulas". Cf. o

relato de viagem de Girolamo Lippomano (citado aqui, p. 253, n. 1), p. 545: "Prima che il re tocchi, alcuni medici e cerusichi vanno guardando minutamente le qualita del male; e se trovano alcuna persona che sia infetta daltro male che dalle scrofole, la scacciano" [Antes que o rei toque, alguns médicos e cirurgiões examinam minuciosamente os doentes; se encontram alguma pessoa que esteja atacada de outro mal que não escrófulas, afastam-na]; e Faius, *Energumenicus*, p. 155.

22. Aqui, Apêndice 2, nº 3; e figura 1. Cf. o que foi dito, pp. 141-2, sobre o vitral do Mont Saint-Michel.

23. Atestado pela primeira vez no relato da viagem de Girolamo Lippomano, p. 545. No século XVII, há certa divergência nos testemunhos dessa fórmula. Alguns textos dão a seguinte redação, na qual o subjuntivo parece colocar uma nuança de dúvida: "O rei te toca, Deus te cure" (ou outras formas de expressão análogas, comportando igualmente o uso do subjuntivo). Mas só em escritores de medíocre autoridade encontramos semelhantes redações: num obscuro hagiógrafo, Louis Texier, *Extrait et abrégé de la vie de saint Marcoul*, 1648, p. 6; no absurdo autor do *Traité curieux de la guérison des écrouelles... par l'attouchement des septennaires*, Aix, 1643, p. 34; em Menin, *Traité historique et chronologique du sacre*, 1724, p. 328, e em diversos autores do mesmo nível, citados por Du Peyrat, *Histoire ecclésiastique de la cour*, p. 819; sobretudo, nos relatos de viagens, cujo valor, como se sabe, é quase sempre ínfimo: Goelnitz, *Ulysses Belgicogallicus*, p. 143; Nemeiz, *Séjour de Paris*, Frankfurt, 1717, p. 191; relato do conde Gyldenstope, 1699, *Archiv für Kulturgeschichte*, 1916, p. 411. Os testemunhos mais dignos de fé — Du Laurens, *De mirabili*, p. 9; Favyn, *Histoire de Navarre*, p. 1057; De l'Ancre, p. 170; Barbier, p. 26; Du Peyrat, p. 819 — unanimemente dão a fórmula no indicativo; também o Cerimonial do século XVII, ed. Franklin, *La vie privée. Les médecins*, p. 304; cf. aqui, p. 283, n. 145. Du Peyrat vai expressamente contra os autores que atribuíram ao rei a outra fórmula. Portanto, não pode haver dúvida sobre o texto oficial; mas parece que se produziu certa flutuação na tradição corrente. Para Luís XV e seus sucessores, ver aqui, pp. 307-8. O "e" que juntava as duas partes do período parece ter desaparecido muito cedo.

24. No que concerne à liturgia das escrófulas, não encontrei nada nem no livro de horas de Carlos VIII (Bibl. Nat. lat. 1370), nem no de Luís XII (latin 1412), nem, para o século seguinte, no belo livro de horas de Luís XIV (latin 9476).

25. Relato de viagem de Girolamo Lippomano, p. 545: "essendo gl'infermi accomodati per fila [...] il re li va toccando d'uno in uno [...]" [estando os enfermos dispostos em fila, o rei vai tocando-os um a um].

26. KK 101, f. 34: "A 205 doentes tocados pelo referido senhor na igreja Notre-Dame de Paris no oitavo dia do dito mês a soma de vinte libras e dez sous tournois". A *Chronique* publicada por V.-L. Bourrilly, em sequência a sua edição do *Journal d'un bourgeois de Paris*, p. 421, menciona essa cerimônia ("mais de duzentos doentes"). Outros exemplos de toque nas igrejas: KK 88, f. 142*v* (Grenoble), 147 (*Morant*?); K 101, ff. 273*v*, 274 e 274*v* (Joinville, Langres, *Torchastel*). Cf. relato de viagem de Girolamo Lippomano, p. 545: "essendo gl'infermi accomodati per fila o nel cortile regale, o in qualche gran chiesa" [estando os doentes dispostos em fila, ou no pátio real ou em alguma grande igreja].

27. George Cavendish, *The life of cardinal Wolsey*, ed. S. W. Singer, Chiswick, 1825, I, p. 104.

28. KK 137, f. 94; aliás, nesse dia (excepcionalmente) só catorze doentes foram tocados.

29. Cf. aqui, p. 340 e p. 339, n. 19.

30. A liturgia do tempo de Maria Tudor está contida no missal dessa soberana, hoje conservado na biblioteca da catedral católica de Westminster; ele constantemente faz menção de um rei, jamais de uma rainha; portanto, não foi composto expressamente para Maria; pode-se supor que estivesse em vigor sob Henrique VIII, ao menos no começo do reinado (antes do cisma ou antes que as consequências deste se desenvolvessem), e talvez até antes do próprio Henrique VIII. Foi impresso diversas vezes: notadamente Sparrow Simpson, "On the forms of prayer", p. 295; Crawfurd, *King's evil*, p. 60.

31. Em 1686, o impressor Henry Hills publicou "por ordem de sua majestade" (*by His Majesties Command*) um pequeno in-4º de doze páginas que continha *The ceremonies us'd in the time of king Henry VII for the healing of them that be deseas'd with the king's evil* (reimpresso em *The literary museum*, Londres, 1792, p. 65; W. Maskell, *Monumenta ritualia Ecclesiae Anglicanae*, 2ª ed., III, p. 386; Crawfurd, *King's evil*, p. 52; texto em latim, naturalmente; outro volume, publicado ao mesmo tempo, dava a tradução inglesa, estando reimpresso em Crawfurd, *ibid.*, p. 132). Assim, possuir-se-ia o serviço das escrófulas tal como ele vigorava sob Henrique VII. Mas a autenticidade desse documento deve ser considerada absolutamente certa? Eu não ousaria afirmar tal coisa. Ele reproduz exatamente a liturgia do tempo de Maria Tudor e de Henrique VIII (ver a nota precedente). Isso não tem nada de suspeito. Mas as condições em que foi liberado para impressão deixam alguma margem a dúvida. Se Jaime II ordenou que fosse publicado, foi porque, como veremos, esse rei esforçava-se por recolocar em uso para o toque as antigas formas católicas. Num caso assim, haveria algo mais natural que tentar ligar-se ao último soberano anterior à Reforma, o qual, ademais, era o ancestral direto dos Stuart? Podemos perguntar se o impressor régio não utilizou pura e simplesmente um manuscrito que dava (de forma talvez anônima) o serviço de Henrique VIII ou de Maria atribuindo-o a Henrique VII. Enquanto não se descobrir um manuscrito que autentique o texto liberado para publicação por H. Hills, será necessário, decerto, não acusar de falsa a tradicional atribuição proposta por esse texto, mas ao menos evitar aceitá-la por rigorosamente segura.

32. Cf. *Decretais*, l. III, t. XLI, 2 (segundo o sínodo de Seligenstadt, de 1023): "Quidam etiam laicorum et maxime matronae habent in consuetudine ut per singulos dies audiant evangelicum: 'In principio erat verbum...' et ideo sancitum est in eodem concilio ut ulterius hoc non fiat, nisi suo tempore".

33. Apêndice 2, nºˢ 12 e 13; e figura 5.

34. Apêndice 2, nº 1. A observação é da srta. Farquhar, I, p. 5.

35. A antiga fórmula "Per Crucem tuam salva nos Christe Redemptor": Farquhar, I, p. 70 (para uma variante, sob Henrique VII, ver *ibid.*, p. 71). A nova (extraída do Salmo 117, 23): "A Domino factum est istud, et est mirabile in oculis nostris"; *ibid.*, p. 96. Convém lembrar que a obra da srta. Farquhar esclareceu a história numismática do rito inglês.

36. *Calendar of state papers, Venice*, VI, 1, nº 473, pp. 436-7: cf. aqui, p. 169, n. 43.

37. Tooker, *Charisma*, p. 105.

38. Refletem grande embaraço as explicações de Browne sobre esse assunto: *Adenochoiradelogia*, pp. 106-8, 139, 142, 148; cf. Wiseman, *Severall chirurgical treatises*, I, p. 396. Sobre a superstição da moeda de ouro no século XVII, ver também *Relation en forme de journal du voyage et séjour que le sérénissime et très puissant prince Charles II roy de la Grande Bretagne a fait en Hollande*, in-4º, Haia, 1660, p. 77.

39. Cf. Browne, pp. 106, 148; Douglas, *Criterion*, p. 199.

40. Isbrandi de Diemerbroeck, *Opera omnia anatomica et medica*, Utrecht, 1683, "Observationes et curationes medicae centum", obs. 85, p. 108. Esse oficial chegava a requintes até na crença comum; ele pensava que, se viesse a desfazer-se de sua moeda de ouro, nada, nem mesmo outro toque régio, poderia prevenir sua recaída; de modo geral, considerava-se que o segundo toque e a entrega da segunda moeda de ouro, cuidadosamente guardada desta vez, eram suficientes para restabelecer a cura: cf. Browne, *Adenochoiradelogia*, p. 106. Moeda de ouro carregada ainda em 1732 por um velho (evidentemente, membro da *gentry*) que a recebera de Carlos II: Farquhar, IV, p. 160 (segundo uma carta de Th. Hearne, *Reliquiae Hearnianae*, 1857, II, p. 680).

41. Contas dos *churchwardens* de Minchinhampton, *Archaeologia*, XXXV (1853), pp. 448-52.

42. Citado por Nicolas, *Privy purse of Henry VIII*, p. 352: "Amongst the Conway Papers (MSS.) there is an order for a proclamation dated 13th May 1625 [...] that for the future all shall bring certificates from the minister etc. of the parish, for that many being healed, have disposed of their pieces of gold otherwise than was intended, and thereby fall into relapse". Tratava-se de exigir certificados que assegurassem que as pessoas vindas ao rei não haviam já sido tocadas: cf. p. 288, n. 170.

43. Browne, *Adenochoiradelogia*, p. 93: "were this not true and very commonly put in practice, without all question His Majesties touching Medals would not be so frequently seen found in Gold-Smiths shops" [se isso não fosse verdade e muito comumente posto em prática, sem nenhuma dúvida as medalhas de toque de sua majestade não seriam vistas e encontradas tão frequentemente nas ourivesarias]. Cf. *ibid.*, p. 139, a história do comerciante russo atingido por escrófulas a quem uma dama inglesa traz um angel de Carlos I e que fica curado. Caso de empréstimo de uma *touch-piece*: ver Farquhar, IV, p. 159.

44. Pelo menos na ilha de Lewis: William Henderson, *Notes on the folk-lore of the northern countries of England and the Borders*, 2ª ed. (*Publications of the Folk-lore Society*, II), Londres, 1879, p. 306; *Folk-lore*, XIV (1903), p. 371, n. 1. Sob Carlos I, Boisgaudre (aventureiro francês que nascera por último numa série de sete filhos e tocava as escrófulas na prisão onde estava encarcerado por dívidas) pendurava no pescoço de seus pacientes um simples pedaço de papel, no qual se escrevera: "In nomine Jesus Christi, ipse sanetur": *Calendar of state papers, Domestic, Charles I*, 7 de junho de 1632.

45. Superstição atestada por Browne, pp. 106-7 (que, aliás, a combate).

46. Sobre lorde e lady Lisle, ver artigo "Plantagenet (Artur)" no *Dictionary of national biography*. Cartas analisadas em *Letters and papers, foreign and domestic, Henry VIII*, XIII, 1, nºˢ 903, 930, 954, 1022, 1105; XIV, 1, nºˢ 32, 791, 838, 923, 1082, 1145; XIV, 2, nº 302. Cf. Hermentrude, "Cramp-rings"; Crawfurd, "Cramp-rings", pp. 175 e 176. Parece-me que o uso dos anéis contra as dores de parto depreende-se da seguinte passagem, extraída de uma carta do conde de Hertford a lady Lisle publicada por Hermentrude, *loc. cit.*, e Crawfurd, p. 175: "Hussy told me you were very desirous to have some cramp-rings against the time that you should *be brought a bedd* [...]" [o grifo é de Marc Bloch] [Hussy disse-me que a senhora desejava muito ter alguns *cramp-rings* para a época em que deveria dar à luz]; mas devo acrescentar que o *Dictionary of national biography* não menciona nenhum filho de lady Lisle nascido em Calais.

47. *Wills and inventories from the registers of the commissary of Bury St-Edmunds*, ed. S. Tymms (Camden Society), Londres, 1850, p. 41 (1463); p. 127 (1535); Maskell, *Monumenta ritualia*, 2ª ed., III, p. 384 (1516). Convém acrescentar que esses anéis são qualificados simples-

mente de *cramp-rings*; por isso, não se pode estar absolutamente seguro de que não se tratava de anéis mágicos quaisquer, eficazes contra a "cãibra"; entretanto, parece que desde então esse termo aplicava-se preferencialmente aos anéis consagrados pelos reis.

48. Thomas Magnus em Wolsey, 20 de março de 1526: *State Papers, Henry VIII*, IV, nº CLVII, p. 449; fragmento em J. Stevenson, "On cramp-rings", p. 41 de *The Gentleman's Magazine library*. Cf. uma remessa feita por Cromwell à rainha Margarida da Escócia, filha de Henrique VII (14 de maio de 1537): *ibid.*, IV, 2, nº CCCXVII, e R. B. Merriman, *Life and letters of Thomas Cromwell*, II, n. 185.

49. *Letters and papers, foreign and domestic, Henry VIII*, XVII, 1, nº 17 (7 de janeiro de 1543); só a 1º de julho Oliphaunt foi libertado em definitivo (*ibid.*, n. 805); mas desde janeiro o governo inglês negociava com ele e com os outros lordes prisioneiros, esperando obter seu apoio depois que voltassem à Escócia (*ibid.*, nº 37); provavelmente, não foi para uso pessoal que, a 7 de janeiro, ele recebeu doze *cramp-rings* de ouro e 24 de prata.

50. Hubertus Thoma Leodius, *Annalium de vita illustrissimi principis Frederici II...*, ed. de 1624, in-4º, Frankfurt, p. 182: "Discedenti autem mihi dono dedit [...] sexaginta anulos aureos contra spasmum". Segundo C. J. S. Thompson, *Royal cramp and other medycinable rings*, p. 7, haveria numa conta de Henrique VIII, de 1533, indícios dessa liberalidade.

51. *Letters and papers, foreign and domestic, Henry VIII*, XV, nº 480; R. B. Merriman, *Life and letters of Thomas Cromwell*, II, nº 185; a carta de Th. Cromwell, publicada por Merriman (30 de abril de 1536), é endereçada ao bispo Gardiner, nesse momento embaixador na França; em 1547, o mesmo Gardiner escrevia a Nicholas Ridley a respeito dos *cramp-rings*: "And yet, for such effect as they have wrought, when I was in France, I have been myself much honoured; and of all sorts entreated to have them, with offer of as much for them, as they were double worth" [Quanto ao efeito para o qual foram forjados, quando estava na França fui eu mesmo muito lisonjeado; e todo tipo de gente suplicava para tê-los, com ofertas de até o dobro do que valiam] (carta citada aqui, p. 267, n. 67).

52. *Letters and papers, foreign and domestic, Henry VIII*, II, 2, nºs 4228 e 4246; XX, 1, nº 542. A mesma coisa no tempo de Maria, quando da estada do imperador em Bruxelas, antes de ele abdicar: *Calendar of state papers, foreign, Mary*: 25 de abril, 26 de abril e 11 de maio de 1555. Em contrapartida, aparentemente o sr. Crawfurd enganou-se ao acreditar ler em W. Stirling, *The cloister life of emperor Charles the Fifth*, Londres, 1853, que o imperador possuía em seu tesouro *cramp-rings* ingleses; ali (p. 290), achei apenas a menção de anéis mágicos contra hemorroidas.

53. *Letters and papers, foreign and domestic, Henry VIII*, XVIII, 1, nº 576.

54. Livro de contas do palácio, em *Trevelyan papers* (Camden Society), I, p. 150: "to Alexander Grey, messenger, sente the vj-th day of Aprill [1529] to Rome with letters of great importance, at which tyme the Kinges cramp rings were sent" [a Alexander Grey, mensageiro, enviado a 6 de abril a Roma, com cartas de grande importância, no momento em que foram expedidos os cramp-rings régios]. Carta de Ana Bolena a Gardiner, 4 de abril de 1529: Gilbert Burnet, *The history of the reformation*, ed. Pocock, V, 1865, p. 444.

55. *Letters and papers, foreign and domestic, Henry VIII*, II, 1, nº 584 (15 de junho de 1515). Venda de *cramp-rings* na própria Inglaterra: Hubertus Thoma Leodius, *loc. cit.*, p. 98: "[Rex Angliae] anulos aureos et argenteos quibusdam ceremoniis consecrat, quos dono dat, et *vendunt* aurifabri".

56. *La vita di Benvenuto Cellini...*, ed. A. J. Rusconi e A. Valeri, Roma, 1901, l. II, c. I, p. 321: "Al ditto resposi, che l'anello che Sua Eccellenzia [o duque de Ferrara] m'aveva donato, era di valore d'un dieci scudi in circa, e che l'opera che io aveva fatta a Sua Eccellenzia valeva piu di ducento. Ma per mostrare a Sua Eccellenzia che io stimavo l'atto della sua gentilezza, che solo mi mandassi uno anello del granchio, di quelli che vengon d'Inghilterra che vagliono un carlino in circa: quello io terrei per memoria di Sua Eccellenzia in sin che io vivessi [...]" [Respondi que o anel que sua excelência me dera valia cerca de dez escudos e que a obra que eu realizara para sua excelência valia mais de duzentos. Mas, para mostrar a sua excelência que eu estimava seu gesto de gentileza, pedi que ele me mandasse apenas um anel de cãibra, daqueles que vêm da Inglaterra, os quais valem cerca de um carlino: em recordação de sua excelência, enquanto eu vivesse guardaria esse anel].

57. Fragmento de carta citada, em tradução, pela sra. Henry Cust, *Gentlemen errant*, Londres, 1909, p. 357, n. 1; como a sra. Cust absteve-se de dar qualquer referência, não pude encontrar a carta em questão; não obstante, creio poder utilizá-la, pois pude verificar que as indicações da sra. Cust são confiáveis. A popularidade do rito dos anéis na Alemanha é, desde o final do século XV, confirmada por G. Hollen, *Preceptorium divinae legis*, Nurembergue, 1497, f. 25*v*, col. 1.

58. *Epistolae Guillelmi Budei*, in-4º, Paris, 1520, p. 18 (Linacre a Budé, 10 de junho de 1517); f. 16*v* (Budé a Linacre,10 de julho). A respeito dos anéis, Budé escreve: "*ὧν δὴ τοὺσ πλείουσ ἤδη ταῖσ τῶν φίλων χαὶ συγγενῶν διενειμάμην γυναιξί. παραδούσ τε μεγαλοπρεπῶσ χαὶ ἐπομοσάμενοσ ἦ μὴν ἀλεξιχάχουσ εἶναι χαὶ νὴ Δία χαὶ συχοφντου γε δγματοσ*", "distribuí a maior parte às mulheres de meus parentes e amigos; entreguei-os solenemente e jurei que eles protegiam contra os males e até mesmo contra as mordidas da calúnia". A remessa era de um anel de ouro e dezoito anéis de prata.

59. *De mirabile*, p. 29: "Reges angliae [...] curavere comitialem morbum, datis annulis quos epileptici pro amuleto gestarent, quales hodie dicuntur extare nonnulli in thesauris plerisque Galliae".

60. A primeira edição: *Claudii Ptolomaei Alexandrini geographicae enarrationis libri octo*, in-fólio, Lyon, Trechsel, atlas, f. 6*v*: "De Rege Galliae duo memoranda feruntur. Primum quod sit in Remensi ecclesia vas crismati perenni redundans, ad regis coronationem coelitus missum, quo Reges omnes liniuntur. Alterum, quod Rex ipse solo contactu strumas sive scrofulas curet. Vidi ipse Regem plurimos hoc langore correptos tangentem, an sanati fuissent non vidi". A segunda edição, in-fólio, Lyon, Delaporte, 1541, atlas, f. 6*v*; a última frase (depois de "tangentem") está "pluresque senatos [sic] passim audivi". Devo a indicação dessa curiosa divergência ao "Extrait d'une lettre de m. Des Maizeaux à m. De La Motte" que foi publicado na *Bibliothèque raisonnée des ouvrages des savans de l'Europe*, III, 2, 1729, p. 179. Sobre as duas edições de Ptolomeu (a segunda está cuidadosamente expurgada), cf. Julien Baudrier, "Michel Servet: ses relations avec les libraires et imprimeurs lyonnais", *Mélanges Emile Picot*, I, 1913, pp. 42 e 50. No exemplar que a Bibl. Nat. possui da segunda edição, falta o atlas; consultei o do British Museum.

61. Para as informações bibliográficas relativas à escola naturalista italiana (geralmente conhecida pelo nome escola "paduana"), ver aqui, pp. 319 ss., em que se encontrarão também indicações precisas sobre sua atitude para com o milagre régio. Seria em parte por sua influência que o embaixador veneziano Contarini, enviado à corte de Henrique II, exprimia algum ceticis-

mo sobre a eficácia do toque? Ver seu relato traduzido por Armand Baschet, *La diplomatie vénitienne. Les princes de l'Europe au XVIe siècle*, 1862, p. 436.

62. Lucien Romier, *Le royaume de Catherine de Médicis*, II, in-12, 1922, p. 222.

63. Para Lutero, ver aqui, pp. 145-6: para Katharina von Schwarzburg, p. 262.

64. Em 1549, o *creeping to the cross* foi proibido pelo decreto que proscrevia as crenças e as práticas de culto da antiga fé: G. Burnet, *The history of the Reformation*, ed. N. Pocock, IV, Oxford, 1865, p. 244, art. 9, e David Wilkins, *Concilia Magnae Britanniae*, in-4º, 1737, IV, p. 32. Ainda em 1536, o *creeping* figurava entre as cerimônias recomendadas pela *Convocation*: Burnet, *loc.. cit.*, p. 284.

65. Sobre as contas de Eduardo VI que o mostram consagrar os anéis, ver aqui, p. 342, n. 37. Não temos testemunho seguro de que Eduardo haja tocado os escrofulosos; entretanto, não se conceberia que ele houvesse mantido um dos dois ritos (sobretudo o mais estreitamente associado às cerimônias do antigo culto e justamente aquele que Elisabete aboliria) e, ao mesmo tempo, rejeitasse o outro. Sobre sua atitude para com os *cramp-rings*, ver também aqui, pp. 266-7. Não sabemos qual liturgia era seguida para o toque em seu reinado; pode-se supor que ele modificou o costume precedente dando-lhe um sentido protestante. Ignoramos igualmente se já não houvera mudanças no reinado de Henrique VIII, depois do cisma; a bem dizer, a coisa parece pouco provável, mas não poderíamos dá-la como absolutamente impossível: o serviço de Henrique VIII só nos é conhecido graças a sua reprodução no missal de Maria Tudor (aqui, p. 257, n. 30), e, evidentemente, Maria mandou copiá-lo tal como era usado antes da ruptura com Roma; se houve retoques posteriores, ela decerto não os levou em consideração. Hamon l'Estrange, que escrevia em 1659 (*Alliance of divine offices*, p. 240), afirma que Eduardo VI (tal qual depois Elisabete) conservou o sinal da cruz. Mas que valor tem esse testemunho tardio? Para as informações numismáticas (que também nos levam a supor que Eduardo tocou), cf. Farquhar, I, p. 92.

66. Texto citado aqui, p. 269, n. 81.

67. Carta publicada em *The works of Nicholas Ridley* (The Parker Society), Cambridge, 1841, p. 495.

68. Em 1548, pouco tempo depois do sermão de Ridley, a água benta (após muita hesitação) foi definitivamente proscrita; ver W. P. M. Kennedy, *Studies in Tudor history*, in-12, Londres, 1916, p. 99.

69. Nas obras de Tooker e de Clowes sobre o toque (ver aqui, p. 268), jamais se faz menção dos *cramp-rings*.

70. O historiador inglês (católico) Richard Smith, que morreu em 1654, conservava alguns que haviam sido benzidos por Maria Tudor (texto citado aqui, p. 299, n. 7); também na França, no reinado de Henrique IV, certas pessoas ainda os guardavam ciosamente em seus cofres (Du Laurens, testemunho citado aqui, p. 263, n. 59). Na literatura inglesa do século XVII e mesmo do século XVIII, às vezes ainda se encontra a menção de *cramp-rings* (cf. C. J. S. Thompson, *Royal and other medycinable rings*, pp. 9-10); mas trata-se de *cramp-rings* régios ou, então, de anéis que outras práticas mágicas tornaram eficazes contra a "cãibra"? É impossível determinar. Por outro lado, é certo que no tempo de Jaime II a lembrança do rito da Sexta-feira Santa não se perdera no círculo desse rei, parece que se concebeu o projeto de ressuscitá-lo: aqui, pp. 300-1.

71. O fato foi amiúde observado: por exemplo, Waterton, "On a remarkable incident", pp.

112-3; Thompson, *Royal and other medycinable rings*, p. 10. É claro que isso está essencialmente ligado à ausência de qualquer sinal distintivo nos anéis consagrados pelos reis; ao contrário, as moedas destinadas ao toque (sem falar das medalhas que, desde Carlos II, eram especialmente cunhadas para esse uso) são sempre reconhecíveis pelo furo através do qual passa a fita. Mas, se a crença no poder dos *cramp-rings* régios se tivesse mantido até tempos suficientemente próximos aos nossos, é provável que ao menos alguns desses anéis tivessem chegado autenticados a nós.

72. Mais tarde, imaginou-se que Elisabete hesitara antes de resolver tocar os doentes; o dr. Crawfurd, *King's evil*, pp. 75-6, mostrou muito bem que essa tradição repousa numa interpretação errônea de uma passagem do *Charisma* de Tooker.

73. A liturgia do tempo de Elisabete, nós a conhecemos graças a Tooker, *Charisma* (reproduzido por Sparrow Simpson, "On the forms of prayer", p. 298; traduzido por Crawfurd, *King's evil*, p. 72). Tooker a dá em latim, mas como acreditar que era realmente usada nessa forma? O inglês era então a língua oficial da Igreja; por que o serviço do toque seria uma exceção à regra geral? Ademais, sabemos seguramente que desde Jaime I esse serviço era celebrado em inglês (aqui, p. 270, n. 83). Como já supuseram Crawfurd, *loc. cit.*, p. 71, e a srta. Farquhar, "Royal charities", I, p. 97, é provável que Tooker, ao publicar apenas um texto latino desse serviço, tenha simplesmente desejado manter em seu livro uma espécie de harmonia linguística, pois todo ele é escrito em latim; ali, uma longa citação inglesa teria sido uma mácula.

74. Entretanto, é preciso reconhecer que as poucas cifras conservadas de doentes tocados por Elisabete são bastante modestas: 38 na Sexta-feira Santa que precedeu o aparecimento do livro de Tooker (1597 ou 1598, por conseguinte: Tooker, *loc. cit.*, citado por Crawfurd, *King's evil*, p. 74); nove no castelo de Kenilworth, 18 de julho de 1575 (relato contemporâneo de Laneham, citado por Farquhar, I, p. 70, n. 1, e *Shakespeare's England*, I, Oxford, 1917, p. 102). Mas de informações tão rarefeitas não se pode tirar nenhuma conclusão.

75. *The discoverie of witchcraft*, ed. Brinsley Nicholson, Londres, 1886, I. 13, chap. IX, p. 247; a propósito do poder curativo reivindicado pelos reis da França: "But if the French King use it no woorse than our Princesse doth, God will not be offended thereat: for hir maiestie onelie useth godlie and divine praier, with some almes, and refereth the cure to God and to the physician" [Mas, se o rei francês usa-o tanto quanto nossa princesa faz, Deus não será ofendido por isso: pois o rei usa somente boa e divina prece, com algumas esmolas, e atribui a cura a Deus e ao médico]. É digno de nota que Scot cite Pomponazzi, talvez o mais importante daqueles pensadores italianos citados anteriormente. A primeira edição saiu em 1584.

76. John Howson, *A sermon preached at St. Maries in Oxford the 17 Day of November, 1602, in defence of the festivities of the Church of England and namely that of her Maiesties Coronation*, 2ª ed., in-4º, Oxford, 1603. Enumerando as graças concedidas por Deus aos reis, Howson exclama: "Thirdly, they have gifts of healing incurable diseases, which is miraculous and above nature, so that when *Vespasian* was seen to perform such a cure the people concluded he should be Emperour, as Tacitus notes" [Em terceiro lugar, eles têm o dom de curar doenças incuráveis, o que é miraculoso e sobrenatural, tanto que, quando Vespasiano foi visto realizando semelhante cura, o povo concluiu que ele deveria ser imperador, como assinala Tácito]. Sobre uma alusão à história romana, cf. aqui, p. 84, n. 22.

77. Para o título exato, ver aqui, p. 526. Polêmicas com os católicos, Tooker, *Traité*, pp. 90 ss. (especialmente pp. 91-2, a edificante história de um católico que, tendo sido curado pelo

toque régio, reconheceu que a excomunhão era "nullius plane [...] momenti"); contra os puritanos, p. 109. A epístola dedicatória é assinada "Sacratissimae Maiestatis vestrae — humillimus capellanus — Guilielmus Tooker".

78. Para o título exato, ver aqui, p. 526. Talvez, a mais antiga gravura inglesa que representa o toque date também do tempo de Elisabete: aqui, Apêndice 2, nº 7.

79. Cf. aqui, pp. 277-8.

80. Carta de um informante anônimo ao bispo de Camerino, núncio na França (janeiro de 1604). Arch. Vatic., Francia Nunzª, t. XLIX, f. 22: cópia no Record Office, Roman Transcripts, General Series, t. 88, ff. 8 ss.; extratos em Crawfurd, *King's evil*, p. 82: "E pero anco vero, che il Ré dal principio della sua entrata nel Regno d'Inghilterra desidero, e dimando queste tre cose [...] 2ª di non toccare le scrofole, non volendosi vanamente arrogare tal virtu et divinita di potere col solo tatto guarire le malatie [...] intorno alle quali dimande fu'risposto dalli consiglieri, che non potea sua Maesta senza suo gran pericolo e del Regno fuggir quelle cose" [Mas também é verdadeiro que o rei, tão logo chegou ao reino da Inglaterra, desejou e pediu estas três coisas [...] segundo, não tocar as escrófulas, pois não queria vãmente arrogar-se a virtude e divindade de bastar-lhe o tato para curar as doenças [...] a respeito de tais pedidos, os conselheiros responderam-lhe que sua majestade não podia, sem grande risco para si e para o reino, fugir daquelas coisas]. Ver também uma carta do enviado veneziano Scaramelli, *Calendar of state papers, Venetian*, x, nº 69 (4 de julho de 1603); uma passagem do historiador Arthur Wilson, *The history of Great Britain, being the life and reign of James I*, 1653, p. 289 (citado em Farquhar, IV, p. 141); um relato da viagem que em 1613 o duque João Ernesto de Saxe Weimar fez à corte da Inglaterra, publicado por Von Kundhardt, "Am Hofe König Jacobs I von England", *Nord und süd*, p. 109 (1904), p. 132. Sobre os sentimentos religiosos de Jaime, ver as muito argutas observações de G. M. Trevelyan, *England under the Stuarts* (A history of England, ed. by Ch. Oman, VII), p. 79, e lembrar-se de que ele parece ter sido o primeiro soberano a recusar a consagração com o miraculoso óleo de s. Tomás Becket: aqui, p. 209.

Talvez (embora nenhum texto mencione essa interpretação) devamos supor que a antipatia de Jaime pelo rito do toque, nascida de suas convicções calvinistas, foi ainda aumentada pela repulsa que uma tarefa tão pouco atraente não podia deixar de inspirar a esse nervoso.

81. Extrato de uma carta (anônima) enviada de Londres, datada de 8 de outubro de 1603: Arch. Vatic., Inghilterra: cópia no Record Office, Roman Transcripts, General Series, t. 87; fragmentos em Crawfurd, *King's evil*, p. 82: "Il Ré s'abbia questi giorni intricato in quello ch'haveva di fare intorno di certa usanza anticha delli Ré d'Inghilterra di sanare gl'infermi del morbo regio, et cosi essendogli presentati detti infermi nella sua antecamera, face prima fare una predicha per un ministro calvinista sopra quel fatto, et poi lui stesso disse che se trovava perplesso in quello ch'haveva di fare rispetto, che dell'una parte non vedeva come potessero guarire l'infermi senza miracolo, et già li miracoli erano cessati et non se facevano più: et cosi haveva paura di commettere qualche superstitione; dell'altra parte essendo quella usanza anticha et in beneficio delli suoi sudditi, se risolveva di provarlo, ma solamente per via d'oratione la quale pregava a tutti volessero fare insiemi con lui; et con questo toccava alli infermi. Vederemo presto l'effeto che seguitarà. Si notava che quand'il Ré faceva il suo discorso spesse volte girava l'occhi alli ministri Scozzesi che stavano appresso, com' aspettando la loro approbatione a quel che diceva, havendolo prima conferito com loro".

82. Cf. Tooker, *Charisma*, p. 109.

83. A liturgia do tempo de Jaime I é conhecida graças a um *broadside* (volante, folha impressa numa só face) conservado na biblioteca da Society of Antiquaries of London e publicado por Crawfurd, p. 85. É idêntica à de Carlos I, bem conhecida graças a sua presença no *Book of common prayer* de 1633 e reproduzida diversas vezes: Beckett, *A free and impartial inquiry*; Sparrow Simpson, "On the forms of prayer", p. 299; Crawfurd, p. 85. Ela é quase idêntica à de Elisabete; mas, entre as indicações relativas aos gestos do soberano, desapareceu a que se referia ao sinal da cruz. Diversos testemunhos compilados por Crawfurd, p. 88, confirmam, a respeito dessa modificação sofrida pelo rito antigo, as conclusões que o simples exame da liturgia seria suficiente para estabelecer. Há um testemunho discordante, que será citado na nota seguinte; diante da unanimidade dos outros, ele só pode ser considerado errôneo. Acharam-se católicos para sustentar que o rei Jaime fazia às escondidas o sinal da cruz (aqui, p. 299, n. 8) — puro mexerico destinado a explicar de maneira ortodoxa as curas que o rei herético supostamente realizava.

Desaparecimento da cruz nos angels (ela figurava no reverso, sobre o mastro de um barco) e supressão na fórmula "A Domino factum est istud et est mirabile in oculis nostris" das palavras "et est mirabile in oculis nostris": Farquhar, I, pp. 106-7; a autora (erroneamente, em minha opinião) não parece dar importância à última modificação.

84. Carta "from mr. Povy to sir Dudley Carleton" citada (com uma referência inexata) por Crawfurd, *King's evil*, p. 84. Segundo sir John Finett, que foi mestre de cerimônias no reinado de Carlos I, Jaime teria feito sobre a criança turca o sinal da cruz; mas, sem dúvida, sir John foi traído por sua memória: *Finetti Philoxenis: some choice observations of s*[r] *John Fineti, knight, and master of ceremonies to the two last kings touching the reception... of forren ambassadors*, pequeno in-8º, Londres, 1656, p. 58. De l'Ancre, *La mescreance du sortilege*, 1622, p. 165, conta que Jaime I tocou uma vez o embaixador da França, marquês de Trenel; não sei que base pode ter essa história. A 30 de março e 1º de abril de 1617, o rei tocou em Lincoln, cinquenta e 53 doentes, respectivamente (John Nichols, *Progresses of James I*, III, pp. 263-4, citado por Farquhar, I, p. 109). O príncipe Oto de Saxe viu-o cumprir o rito curativo em 1611; Feyerabend em *Die Grenzboten*, 1904, I, p. 705.

85. Versos citados aqui, p. 71, n. 30.

86. *Oeuvres*, ed. Malgaigne, I, 1840, p. 352. Esse silêncio devia parecer ainda mais notável porque a literatura medical da época, herdeira da literatura medieval, comumente dava espaço ao milagre régio: na França, cf. Jean Tagault, *De chirurgica institutione libri quinque*, in-4º, 1543, l. I, c. XIII, p. 93; Antoine Saporta (morto em 1573), em seu tratado *De tumoribus praeter naturam* (citado por Gurlt, *Geschichte der Chirurgie*, II, p. 677); na Inglaterra, Andrew Boorde, em seu *Breviary of health*, que saiu em 1547 (cf. Crawfurd, p. 59), Thomas Gale, em seu *Institution of a chirurgian* de 1563 (citado por Gurlt, *Geschichte der Chirurgie*, III, p. 349), John Banister, em seu tratado *Of tumors above nature* (*ibid.*, III, p. 369). Para os italianos, ver aqui, p. 124, n. 61; cf. também o que na p. 268 se disse de Clowes e o que nas pp. 272-3 se dirá de Du Laurens; mas, para um caso análogo ao de Paré, ver a nota seguinte.

87. "Premier discours. Des miracles", chap. XXXVI, § 4; ed. de 1602, Rouen, in-12, p. 183. Sobre o autor, cf. H. Brémond, *Histoire littéraire du sentiment religieux en France*, I, 1916, pp. 18 ss., e Henri Busson, *Les sources et le développement du Rationalisme dans la littérature française de la Renaissance* (thèse lettres, Paris), 1922, p. 452. Não sei se o médico de que Richeome

fala deve ser identificado com o "Petrus de Crescentiis, Medicus Gallus" que, segundo Le Brun (*Histoire critique des pratiques superstitieuses*, II, p. 120, na nota, que o relaciona a Crusius (?), *De preeminentia*), teria negado as curas régias. Poderíamos igualmente pensar em Jacques Daleschamps (1513-88), a quem devemos uma célebre edição de Plínio (consultei a impressão de Lyon, in-fólio, 1587, na qual não encontrei nada que nos diga respeito); é fato que Daleschamps (no chap. XXXV de sua *Chirurgie françoise*, Lyon, 1573, no qual trata "des Escroueles") silencia, assim como Paré, sobre o milagre régio; mas não me parece que ele fosse protestante.

88. *De sacris unctionibus*, p. 262. (O livro, datado de 1593, deve ter sido redigido aí por 1591, pois traz uma aprovação de Jean Dadré, penitenciário de Rouen, e de Jean Boucher, pro-chanceler de Paris, de 17 de outubro desse ano.) J. J. Boissardus (que morreu em 1602), *De divinatone et magiicis praestigiis*, in-4º, Oppenheim, s. d., p. 86, crê que a "admirável virtude" da cura terminou no reinado do filho de Henrique II. Um eco da tradição relativa ao insucesso de Henrique III, nós o encontramos em David Blondel (*Genealogiae francicae plenior assertio*, in-4º, Amsterdã, 1654, I, f. LXX*), o qual justifica o rei pelo exemplo de s. Paulo, que foi, diz Blondel, incapaz de curar Timóteo. Na verdade, como era de esperar, Henrique III tocou da mesma forma que seus predecessores e, pode-se crer, com o mesmo sucesso: como curandeiro, atuou notadamente em Chartres, em 1581, 1582 e 1586 (J. B. Souchet, *Histoire de la ville et du diocèse de Chartres* (Public. Soc. Histor. Eure-et-Loir), VI, Chartres, 1873, pp. 110, 111, 128); e em Poitiers, a 15 de agosto de 1577 (Cerf, "Du toucher des écrouelles", p. 265).

89. L'Estoille, *Mémoires, Journaux*, ed. Brunet, IV, p. 204 (6 de abril de 1594); J. A. Thuanus, *Historia sui temporis*, lib. CIX, t. V, in-fólio, 1620, p. 433: "ICLX egenis strumosis in area, ac circiter XX honestioris condicionis seorsim ab aliis in conclavi"; Favyn, *Histoire de Navarre*, p. 1555.

90. Du Laurens, *De mirabili*, p. 5; Du Laurens declara que, uma vez, viu apresentarem-se 1500 doentes (p. 6); eram numerosos sobretudo no Pentecostes. Na Páscoa de 1608, o rei, segundo seu próprio testemunho, tocou 1250 doentes: carta para a marquesa de Verneuil, 8 de abril, *Recueil des lettres missives de Henri IV*, ed. Berger de Xivrey (*Doc. inéd.*), VII, p. 510. A 23 de dezembro de 1599, Thomas Platter, um médico de Basileia, viu Henrique IV tocar no Louvre: *Souvenirs*, trad. L. Sieber, *Mém. Soc. Hist. Paris*, XXIII (1898), p. 222. Cf. também l'Estoille, 6 de janeiro de 1609.

91. Ver a carta para a marquesa de Verneuil, citada na nota precedente.

92. Cap. IX: "Mirabilem strumas sanandi vim Regibus Galliae concessam supra naturam esse, eamque non a Daemone. Vbi Daemones morbos inferre variis modis eosdemque sanare demonstratur"; cap. X: "Vim mirabilem strumas sanandi Galliae Regibus concessam, gratiam esse a Deo gratis datam concluditur".

93. A bem dizer, jamais à parte, mas na reedição de 1628 das *Oeuvres complètes* (em latim) e nas quatro ou cinco edições dessas mesmas obras que se distribuem de 1613 a 1646 e, talvez, a 1661: ver o artigo de E. Turner citado aqui, p. 525, n. (*); a poesia de Gui Patin é citada, p. 416: "Miranda sed dum Regis haec Laurentius/ Sermone docto prodit, et ortam polis/ Aperire cunctis nititur potentiam,/ Dubium relinquit, sitne Rex illustrior/ Isto libello, sit vel ipse doctior".

94. Apêndice 2, nº 8; e figura 4.

95. Observar também, na mesma legenda, a seguinte frase (em que a intenção de propaganda exprime-se claramente, com uma alusão característica ao restabelecimento da paz nacional): "Por

isso, pensei ser meu dever gravar em cobre a dita figura, para (admirando a virtude divina agir em nosso rei) ser-se incitado a honrá-lo e a render-lhe obediência pela união da paz e concórdia que ele mantém neste Reino da França e pelas comodidades que para nós resultam disso".

96. Temos dele um retrato de Henrique IV e outro de Luís XIII, gravado por volta de 1610: cf. E. Benezet, *Dictionnaire des peintres, sculpteurs et dessinateurs de tous les temps et de tous les pays*, II.

97. Infelizmente, não possuímos sobre as doutrinas absolutistas (encaradas não como teoria de filosofia social própria a este ou àquele escrito, mas como a expressão de um movimento de ideias ou de sentimento comum a toda uma época) nenhuma obra de conjunto verdadeiramente satisfatória. Evidentemente, as sumárias indicações que seguirão não têm de forma alguma a pretensão de preencher essa lacuna. Em Figgis, *The divine right of the kings*, e em Hitier, "La doctrine de l'absolutisme", encontramos apenas considerações muito rápidas, de natureza teórica demais. Cf. também, no mesmo espírito demasiado estritamente jurídico, André Lemaire, *Les lois fondamentales de la monarchie française d'après les théoriciens de l'ancien régime* (thèse droit, Paris), 1907. O livro de Lacour-Gayet *L'éducation politique de Louis XIV* fornece grande número de informações úteis, que em vão se procurariam em outros lugares; ali, porém, os problemas são apenas aflorados. Também é proveitoso consultar Henri Sée, *Les idées politiques en France au XVIIe siècle*, 1923. Para a literatura de propaganda realista monárquica, ver a bibliografia (ainda hoje adequada na *Bibliotheca historica* de Struve, reeditada por J. G. Meusel, x, 1, Leipzig, 1800, p. 179: *Scriptores de titulis, praerogativis, majestate et auctoritate Regum* [Franciae].

98. Aliás, talvez, as épocas mais mal conhecidas sejam precisamente as que vemos mediante uma tradição literária sempre viva. Uma obra de arte vive apenas quando cada geração sucessiva coloca nela um pouco de si mesma; assim, seu sentido vai sendo progressivamente deformado, às vezes chegando ao contrassenso; ela cessa de informar-nos sobre o meio em que nasceu. Formados pela literatura antiga, os homens do século XVII compreenderam muito imperfeitamente a Antiguidade. Hoje estamos em relação a eles um pouco na mesma situação em que eles se encontravam em relação aos gregos e aos romanos.

99. *De corpore politico*, II, VIII, 11 (ed. Molesworth, IV, p. 199): "And though kings take not upon them the ministerial priesthood, yet they are not so merely laic, as not to have sacerdotal jurisdiction".

100. *Aristippe, Discours septiesme*, 2ª ed., in-12, 1658, p. 221. Sobre as concepções políticas de Balzac, pode-se ver J. Declareuil, "Le idées politiques de Guez de Balzac", *Revue de Droit Public*, 1907, p. 633.

101. As obras de Ferrault, Raulin, Grassaille são citadas aqui, Bibliografia, p. 525; a de D'Albon, p. 49, n. 5. Pierre Poisson, sieur de la Bodiniere, *Traité de la majesté royale en France*, 1597; H. Du Boys, *De l'origine et autorité des roys*, in-12, 1604; Louis Roland, *De la dignité du roy ou est montré et prouvé que sa majesté est seule et unique en terre vrayment sacrée de Dieu et de Ciel*, pequeno in-4º, 1623; o r. p. Balthasar de Riez, pregador capuchinho, *L'incomparable piété de tres chretiens rois de France et les admirables prerogatives qu'elle a méritées à leurs majestés, tant pour leur royaume en général que pour leurs personnes sacrées en particulier*, 2 vols., in-4º, 1672-4; André Du Chesne, *Les antiquitez et recherches de la grandeur et maiesté des roys de France*, 1609; o mesmo autor, sob o pseudônimo Théophile Dujay, *La grandeur de nos roys et leur souveraine puissance*, 1615.

102. Os textos que poderiam ser citados são incontáveis. Será suficiente lembrar que Bossuet, em sua *Politique tirée des propres paroles de l'Ecriture Sainte*, intitula o artigo II do livro terceiro *L'autorité royale est sacrée* [A autoridade régia é sagrada] e a II proposição desse artigo *La personne des rois est sacrée* [A pessoa dos reis é sagrada].

103. Em seu *Regalium Franciae iura omnia*, 1538, ver o segundo capítulo do livro II. Arnoul Ruzé, em seu célebre tratado sobre o direito de regalia (*Tractatus juris regaliorum*, "Praefatio", pars. III na *Opera*, pequeno in-4º, 1534, pp. 16-7), contenta-se bastante timidamente em atribuir ao rei uma situação "mista", graças à qual será "considerado clérigo"; "ratione illius mixturae censentur ut clerici". Em compensação, a 16 de novembro de 1500, "Lemaistre, [falando] pelo procurador-geral do rei", declarava no parlamento de Paris, em conformidade com os princípios antigos: "Nam licet nonnulli reges coronentur tantum, alii coronentur et ungantur, ipse tamen rex Francie his consecracionem addit, adeo quod videatur non solum laicus, sed spiritualis"; e, imediatamente depois, invocava em apoio a essa tese a regalia espiritual: Arch. Nat. X 1A 4842, f. 47*v* (cf. Delachenal, *Histoire des avocats*, p. 204, n. 4).

104. *Gallica historia in duos dissecta tomos*, in-fólio, 1557, p. 110: "Regia enim Francorum maiestas non prorsus laica dici debet. Primum quidem ex recepta coelitus unctione sacra: deinde ex coelesti privilegio curandi a scrophulis, a beato intercessore Marculpho impetrato: quo regni Francici successores in hunc usque diem fruuntur. Tertio iure regaliae magna ex parte spirituali in conferendis (ut passim cernere est) ecclesiasticis peculiari iure beneficiis". Sobre esse autor pode-se ver A. Bernard, *De vita et operibus Roberti Cenalis* (thèse lettres, Paris), 1901.

105. *Les antiquitez et recherches*, p. 164; cf. Sée, *loc. cit*., p. 38, n. 3.

106. In-4º, Paris, 1611, sobretudo pp. 220-2. Villette conhecia o *Traité du sacré* de Jean Golein (cf. aqui, pp. 373-4). Modificando a fórmula mais prudente usada por Golein a propósito da comunhão sob as duas espécies, ele escreve: "[o rei] comunga sob as duas espécies, como faz o padre, e, diz o velho autor, *a fim de que o rei da França saiba ser sua dignidade presbiterial e régia*".

107. *Histoire ecclésiastique de la cour*, p. 728. Cf. o relato da sagração de Luís XIII, Godefroy, *Cérémonial*, p. 452: "Ele comunga o precioso corpo e sangue de Nosso Senhor sob as duas espécies do pão e do vinho, depois do que lhe é dada a ablução como aos padres, para mostrar que sua dignidade é régia e Presbiterial".

108. *L'incomparable piété des très chrétiens rois de France*, I, p. 12: "[...] aqui podemos e devemos dizer que a sagração de nossos reis não é necessária a assegurar-lhes seu direito à coroa da França, a qual eles obtêm pelo nascimento e pela sucessão. Mas que é uma santa cerimônia, atrai para eles graças particulares do Céu e torna sagradas e, de alguma maneira, sacerdotais as suas pessoas. Assim, estão nesse ato vestidos com uma vestimenta similar a uma túnica de nossos diáconos e com um manto régio de aparência semelhante à de uma capa ou antiga casula de um padre".

109. "It may be, I am esteemed by my deniers sufficient of myself to discharge my duty to God as a priest; though not to men as a prince. Indeed I think both offices, regal and sacerdotal, might well become the same person, as anciently they were under one name, and the united rights of primogeniture." Citado por Figgis, *Divine right*, p. 256, n. 1. O autor do *Eikon* falava seriamente. É curioso que a mesma ideia, transformada em gracejo, se encontrasse um dia na boca de Napoleão I, prisioneiro em Santa Helena: "O senhor se confessa", dizia ele ao barão

Gourgaud — "Muito bem, sou ungido, pode confessar-se a mim!" (general Gourgaud, *Sainte--Hélène*, s. d., II, p. 143).

110. *Oeuvres*, ed. Pardessus, 1819, I, p. 261. Sobre o texto do concílio e os outros textos análogos, cf. aqui, p. 174, n. 4.

111. Eusébio, IV, 24. E.-Ch. Babut, *Revue critique*, nouv. série, LXVIII (1909), p. 261, pensa que Constantino desejava dizer "bispo dos pagãos".

112. Por exemplo: B. de la Roche-Flavin, *Treize livres des parlemens de France*, livro XIII, chap. XLIV, § XIV, in-fólio, Bordeaux, 1617, p. 758: "Bispo comum da França: que é o elogio que o fragmento dos Concílios faz ao imperador Constantino"; D'Aguesseau, *loc. cit.*, p. 261 ("bispo exterior"). Ainda no século XVIII, decreto do Conselho de 24 de maio de 1766 (Isambert, *Recueil général*, XXII, p. 452): "bispo de fora".

113. *Basilikon Doron*, livro I, ed. Mac Ilwain (*Harvard political classics I*), 1918, p. 12: "Therefore (my Sonne) first of all things, learne to know and love that God, whom-to ye have a double obligation; first, for that he made you a man; and next, for that he made you a little God to sit on his Throne, and rule over other men".

114. Terceiro tratado *De la souveraineté du Roy*, 1620, p. 3: "O todo-poderoso, [...] tendo--vos estabelecido Seu vigário temporal de vosso reino, constituído como um Deus corporal para ser respeitado, servido, obedecido por todos os vossos súditos [...]".

115. *Les antiquitez et recherches*, p. 124; cf. p. 171.

116. Declaração da Assembleia do Clero, trazendo a censura de dois libelos, intitulados *Misteria Politica* e *Admonition de G. G. R. theologien au tres chretien roy de France et de Navarre Louis XIII*, ambos condenando a aliança da França com as potências protestantes: *Mercure François*, XI (1626), p. 1072. Depois, o bispo de Chartres esclarece seu pensamento e atenua um pouco a forma, no que ela poderia ter de chocante demais: "Todavia, resulta que aqueles que são chamados deuses o são não por essência, mas por participação, não por natureza, mas por graça, não para sempre, mas por certo tempo, estando como verdadeiros lugar-tenentes de Deus Todo-poderoso e, pela imitação de sua divina majestade, representando sua imagem aqui embaixo".

117. C. Moreau, *Bibliographie des mazarinades* (Soc. de l'Hist. de France), II, nº 1684. Ver outras citações características em Lacour-Gayet, *L'éducation politique de Louis XIV*, pp. 357-8. Aliás, a essa obra devo a indicação dos três últimos textos citados. Cf. também Du Boys, *De l'origine et autorité des roys*, 1604, p. 80 (a comparar com a p. 37).

118. *Sermon sur les devoirs des rois* (2 de abril de 1662). *Oeuvres oratoires*, ed. Lebarq, revista por Ch. Urbain e E. Levesque, IV, p. 362.

119. *Opera* (*Corpus reformatorum*), XXXII, Psalm C X[1], col. 160; ver uma passagem mais desfavorável aos reis-deuses *In Habacuc*, I, 11, col. 506. Os versículos 6 e 7 do Salmo 82, citados aqui, embaraçaram os comentaristas modernos; alguns viram neles uma ironia endereçada aos reis dos povos não judeus, que se qualificavam de deuses: cf. F. Baethgen, *Die Psalmen* (*Handkommentar zum Alten Testament* de Göttingen), 1897, p. 252.

120. *De la maiesté royalle*, p. 6: "o príncipe, por sua virtude, generosidade, magnanimidade, doçura e liberalidade para com seu povo, ultrapassa tanto todos os outros homens que, com justa razão, diversos dos antigos filósofos consideraram-no mais que homem, na verdade Deus. E aqueles que não o fizeram chamaram-nos e julgaram-nos (em razão de suas perfeições) pelo menos semideuses.

121. *Policraticus*, III, X, ed. C. C. J. Webb, I, p. 203: "Voces, quibus mentimur dominis, dum singularitatem honore multitudinis decoramur, natio haec invenit"; como se vê, trata-se aqui do plural majestático; um pouco antes, porém, John of Salisbury falou das apoteoses imperiais e acrescentou (pp. 202-3): "Tractum est hinc nomen quo principes uirtutum titulis et uerae fidei luce praesignes se diuos audeant nedum gaudeant appellari, ueteri quidam consuetudine etiam in vitio et aduersus fidem catholicam obtinente".

122. Goffredo da Viterbo, *Speculum regum*; *Monum. Germ.*, *SS.*, XXII, p. 39, v. 196: "Nam Troianorum tu regna tenebis avorum/ Filius illorum deus es de prole deorum"; cf. a exposição evemerista, p. 138, vv. 178 ss. Cf. também, um pouco mais tarde, em 1269, expressões análogas na *Adhortatio* redigida por um partidário italiano dos Hohenstaufen, Pietro da Prezza, já mencionado aqui, p. 194, n. 65: texto citado por Grauert, *Histor. Jahrbuch*, XIII (1892), p. 121.

Des magisters Petrus de Ebulo liber ad honorem Augusti, ed. Ed. Winckelmann, Leipzig, 1874, citações compiladas na p. 82, n. 9 (há outra edição, por G. B. Siragusa, *Fonti per la storia d'Italia*, 1906). Atribuído assim ao imperador, o nome divino também teria algumas vezes sido aplicado a seu grande adversário, o papa? Na *Revue des Sciences Religieuses*, II (1922), p. 447, o sr. abade Jean Rivière perguntou: "Le pape est-il un 'Dieu' pour Innocent III?". Naturalmente, ele responde com uma negativa. Mas o abade parece ignorar que o erro doutrinal muito erroneamente atribuído a Inocêncio III figura entre as superstições que, em 1260, o "Anônimo de Passau" reprovava a seus contemporâneos: *Abhandl. der Histor. Klasse der Bayer. Akademie*, XIII, 1 (1875), p. 245: "Peregrinacioni derogant [...] qui dicunt quod Papa sit deus terrenus, maior homine, par angelis et quod non possit peccare, et quod sedes romana aut invenit sanctum aut reddit; quod sedes romana non possit errare [...]".

123. *De regimine principum*, Veneza, 1498, 1. I, pars. I, cap. IX: "quare cum regem deceat esse totum diuinum et semideum"; cf. cap. VI: "dictum est enim quod decet principem esse super hominem et totaliter diuinum".

124. Em 1615, um teólogo de Paris, Jean Filesac, publicou um tratado, *De idolatria politica et legitimo principis cultu commentarius*, cujo título parecia prometer uma discussão interessante. Infelizmente, essa pequena obra testemunha um pensamento muitíssimo indeciso; o autor parece bem pouco favorável à ideia de que a unção confere caráter sacerdotal ao rei (p. 72), mas não a combate abertamente; os súditos devem ao rei o mesmo "culto" que um filho deve a seu pai. Aliás, a reputação de volubilidade de Filesac estava bem estabelecida entre seus contemporâneos: era chamado "monsier le voici, le voilà". (P. Féret, *La Faculté de Théologie de Paris, Epoque moderne*, IV, 1906, p. 375). Na Idade Média, o uso do nome divino aplicado aos príncipes temporais foi criticado, por exemplo, por Carlos Magno e por John of Salisbury (aqui, p. 85, n. 25, e p. 278, n. 121).

125. Cf. os trabalhos de J. de la Servière, S. J., *De Jacobo I Angliae rege, cum card. Roberto Bellarmino, super potestate cum regia tum pontificia disputante*, 1900. "Une controverse au début du XVIIe siècle: Jacques Ier d'Angleterre et le cardinal Bellarmin", *Études*, tt. 94, 95, 96 (1903).

126. Frei Luis de Granada, *Segunda parte de la introduction del symbolo de la fe*, Saragoça, 1583 (pude ver apenas a edição *princeps*, Antuérpia, 1572), p. 171, § VIII: "la virtud que los reyes de Francia tienem para sanar um mal contagioso, y incurabile, que es delos lamparones".

127. D. Marlot, *Théâtre d'honneur*, p. 760, 5 de janeiro de 1547: "Civitas Remensis, in qua

Christianissimi Francorum Reges sibi coelitus missum Sanctae Unctionis, et curandorum languidorum munus, a pro tempore existente Archiepiscopo Remensi suscipiunt, et Diademate coronantur".

128. É curioso que Bernard de Girard du Haillan não cite o toque, nem em seu tratado *De l'estat et succez des affaires de France* (a primeira edição é de 1570; consultei a de 1611, em que no começo do livro IV enumera as "prerrogativas, direitos, dignidades e privilégios" dos reis) nem, aparentemente, em sua *Histoire générale des rois de France*, in-fólio, 1576. A bem dizer, a monarquia que tem as preferências de Du Haillan é uma monarquia comedida e razoável, a qual ele teoriza sem sombra de misticismo.

129. Aqui, p. 247, n. 150.

130. B. de Girard du Haillan, *De l'estat et succez des affaires de France*, 1611 (a primeira edição é de 1570), p. 624: "sem o coroamento e a sagração, que são cerimônias cheias de reverência, concernentes apenas à aprovação pública, não à essência da soberania, o rei não deixa de ser rei". A mesma teoria em Belleforest e De Belloy: G. Weill, *Les théories sur le pouvoir royal en France pendant les guerres de religion*, 1892 (thèse lettres, Paris), pp. 186 e 212. Para a posição do problema no começo do reinado de Henrique IV, ver sobretudo as decisões da Assembleia do Clero de Chartres, em 1591, em Pierre Pithou, *Traitez des droitz et libertez de l'église gallicane*, p. 224, e o curioso opúsculo escrito em janeiro de 1593 por Claude Fauchet, *Pour le couronnement du roy Henri III roy de France et de Navarre. Et que pour n'estre sacré, il ne laisse d'estre roy et légitime seigneur* (compilado na edição das *Oeuvres*, in-4º, 1610). Para a Inglaterra, cf. Figgis, *Divine right*, p. 10, n. 1. Sobre a importância que, no século XVIII, o papado atribuía à sagração, ver um fato curioso, relativo aos Habsburg, em Battiffol, *Leçons sur la messe*, in-12, 1920, p. 243.

131. D. Oudard Bourgeois afirma que Henrique IV fizera sua novena a s. Marcoul no castelo de Saint-Cloud; mas seu testemunho é suspeito: aqui, p. 386. A opinião comum e quase oficial sobre a origem do poder curativo é claramente expressa por um cerimonial do século XVII, ed. Franklin, *La vie privée. Les médecins*, p. 303 (aqui, p. 283, n. 145). "A caridade de nossos reis é grande nessa cerimônia a que o Céu os obrigou, entregando-lhes os privilégios superiores aos dos outros reis, no dia de sua sagração" (o grifo é meu).

132. Os embaixadores de Carlos VII junto a Pio II, no discurso citado anteriormente, p. 139 e n. 102, exprimem-se como se pensassem que Clóvis já curava as escrófulas; mas parecem ter sido simplesmente levados por um impulso de eloquência, e não estar fazendo alusão a um traço legendário preciso.

133. Ver Berriat de Saint-Prix, *Vie de Cujas*, em apêndice a sua *Histoire du droit romain*, Paris, 1821, pp. 482 ss., em que se cita o comentário de Papire Masson, o qual já mencionava (a propósito da legenda da cura das escrófulas por Clóvis) Du Peyrat, *Histoire ecclesiastique de la cour*, p. 802. Sobre o autor, algumas palavras em G. Weill, *Les théories sur le pouvoir royal en France pendant les guerres de religion*, p. 194. Kurt Glaser, "Beiträge zur Geschichte der politischen Literatur Frankreichs in der zweiten Hälfte des 16. Jahrhunderts", *Zeitschrift für Französische Sprache und Literatur*, XLV (1919), p. 31, dedica-lhe apenas uma menção desdenhosa.

134. Duas reedições à parte em 1580 e 1595, sem contar as reimpressões nas obras completas: ver o catálogo da Bibl. Nat.

135. *De gallorum imperio*, p. 128.

136. Segundo Mézeray, *Histoire de France depuis Faramond jusqu'au régne de Louis le Juste*, in-fólio, 1685, l. VI, p. 9, a casa de Montmorency teria alegado remontar a Lanicet. André Duchesne, *Histoire généalogique de la maison Montmorency*, in-fólio, 1624, e Desormeaux, *Histoire de la maison de Montmorenci*, 2ª ed., 5 vols., 1768, desconheciam ou desdenhavam essa tradição, reproduzida ainda por Menin, *Traité historique et chronologique du sacre*, 1724, p. 325.

137. *De sacris unctionibus*, p. 260.

138. Por exemplo: [Daniel de Priezac], *Vindiciae Gallicae adversus Alexandrum Patricum Armacanum, theologum*, 1638, p. 61; Balthasar de Riez, *L'incomparable piété*, I, pp. 32-3, e II, p. 151; Oudard Bourgeois, *Apologie*, p. 9. Cf. também De l'Ancre, *L'incrédulité et mescreance du sortilege*, 1622, p. 159. Entre os historiadores, P. Mathieu, *Histoire de Louys XI*, 1610, p. 472, e, com algumas hesitações, Charron, *Histoire universelle*, in-fólio, Paris, 1621, chap. XCV, pp. 678-9; a propósito da história de Lanicet, Charron escreveu: "um de meus amigos assegurou-me também tê-la lido em Reims, num manuscrito muito antigo". D. Marlot, *Le théâtre d'honneur*, p. 715, refere-se também a esse manuscrito, cuja existência parece-me, entretanto, mais que problemática.

139. Du Peyrat, *Histoire ecclésiastique de la cour*, pp. 802 ss; sobre suas tentativas de persuadir Du Laurens da falsidade da lenda, p. 805; cf. aqui, pp. 61-2; S. Dupleix, *Histoire générale de France*, II, pp. 321-2. A atitude de Mézeray (passagem citada aqui, p. 282, n. 136) é de dúvida cortês.

140. *De mirabili*, pp. 10 ss. Cf. também Mauclerc, *De monarchia divina*, 1622, col. 1566.

141. Batista y Roca, "Touching for the king's evil", assinala-a em Esteban Garibay, *Compendio historial de las chronicas y universal historia de todos los reynos de Espana*, III, Barcelona, 1628, l. XXV, c. XIX, p. 202.

142. Pp. 46, 4. Sobre a obra, que traz a data (certamente fictícia) 1643, ver Lacour-Gayet, *Education politique*, pp. 88 ss. Sobre o título de santo atribuído a Clóvis, cf. Iean Savaron, *De la saincteté du roy Louys dit Clovis avec les preuves et auctoritez, et un abrégé de sa vie remplie de miracles*, 3ª ed., in-4º, Lyon, 1622 (obra em que, aliás, ele não menciona o toque).

143. No livro XXV; a criança que Clóvis cura não é mais Lanicet, mas o filho do burgúndio Genobalde. Na edição de 1673 (em que a disposição dos livros está modificada), o episódio faz parte do livro XIX.

144. Ocasionalmente, atribuiu-se a outros príncipes que não Clóvis a honra de ter sido os primeiros curandeiros de escrófulas; Charron, *Histoire universelle*, in-fólio, 1621, p. 679, revela uma tradição que dá esse papel a Carlos Martel; o historiador espanhol Anton Beuter, *Segunda parte de la Coronica general de España...*, in-4º, Valência, 1551, chap. L, f. CXLIII, considera que o privilégio de cura foi conferido a s. Luís (prisioneiro durante a cruzada do Egito) pelo mesmo anjo que, segundo lenda muito mais antiga, fez que ele encontrasse seu breviário. Essa parece ser também a teoria de Luis de Granada, na passagem já citada aqui, p. 279, n. 126.

145. Descrição muito precisa do toque está em Du Peyrat, *Histoire ecclesiastique de la cour*, p. 819, plenamente de acordo com a que Du Laurens dera no final do reinado de Henrique IV em *De mirabili*, p. 6. A Bibl. Nat. possui (cote ms. franç. 4321) um *Recueil general des ceremonies qui ont esté observées en France et comme elles se doibvent observer*, que data do século XVII (provavelmente, do reinado de Luís XIII); ali, pp. 1 e 2, encontra-se a "Ceremonie a toucher les malades des escrouelles". O mesmo texto foi publicado conforme o ms. 2734 da Mazarine por

Franklin, *La vie privée. Les médecins*, pp. 303 ss. Johann Christian Lünig, em seu *Theatrum ceremoniale historico-politicum*, II, p. 1015, dá do toque francês uma descrição que não mostra nada de novo. Para Luís XIII, inúmeras informações e cifras no diário de seu médico Héroard: *Journal de Jean Héroard sur l'enfance et la jeunesse de Louis XIII*, ed. Soulié e De Barthélemy, II, 1868; infelizmente, essa publicação é fragmentária; em diversos pontos, completei-a com o ms. conservado na Bibl. Nat. (ver as notas seguintes). Para Luís XIV, há informações úteis, mas amiúde numericamente imprecisas, em diversas memórias, como no *Journal* de Dangeau e, sobretudo, nas *Mémoires* do marquês de Sourches, preboste do palácio real e preboste-mor da França (1681-1712), cujas funções levavam-no a dedicar particular atenção ao toque: ed. Cosnac e Bertrand, 13 vols., 1882 ss. Os jornais da época encerram também indicações interessantes: por exemplo, sabemos pelo jornalista Robinet que, no Sábado de Aleluia de 1666, Luís XIV tocou oitocentos doentes: *Les continuateurs de Loret*, ed. J. de Rothschild, 1881, I, p. 838. Para as informações iconográficas, ver aqui, Apêndice 2.

146. Saint-Simon, *Mémoires*, ed. Boislisle, XXVIII, pp. 368-9: Luís XIV "sempre comungava com o colar da Ordem, *rabat* e manto, cinco vezes ao ano, no Sábado de Aleluia na paróquia, nos outros dias (que eram a véspera de Pentecostes, o dia da Assunção e a missa cantada depois, a véspera de Todos os Santos e a véspera de Natal) na capela, [...] e todas as vezes ele tocava os doentes". Na verdade, a regularidade não parece ter sido assim tão absoluta.

147. Podem ser encontrados na Bibl. Nat., na série dos *Registres d'affiches et publications des jurés crieurs de la Ville de Paris*. Embora essa série (F 48 a 61) comporte catorze volumes in-fólio, indo de 1651 a 1745, só os dois primeiros contêm cartazes relativos ao toque: no F 48, f. 419, o que anuncia a cerimônia da Páscoa de 1655; no F 49, ff. 15, 35, 68, 101, 123, 147, 192, os que anunciam as cerimônias de Todos os Santos de 1655; de 1º de janeiro, Páscoa e Todos os Santos de 1656; de 1º de janeiro e Páscoa de 1657; de 1º de janeiro de 1658. Todos são redigidos com o mesmo estilo. Cf. Lecoq, *Empiriques, somnambules et rebouteurs*, p. 15. O costume de mandar publicar com antecedência, sob responsabilidade do preboste-mor, o anúncio da cerimônia "na cidade de Paris ou em outro local onde sua majestade se encontre" é assinalado por Du Peyrat, p. 819.

148. Héroard, *Journal*, II, p. 32: "Ele empalidecia um pouco, por causa da fadiga, mas nunca quis demonstrá-lo"; p. 76: "Ele está enfraquecido".

149. Um mandado de Henrique IV, de 20 de outubro de 1603, comunicando que, por causa da "doença contagiosa" que reina em algumas cidades e províncias, não haverá toque no dia de Todos os Santos seguinte foi publicado por J. J. Champollion-Figeac, *Le palais de Fontainebleau*, in-fólio, 1866, p. 299.

150. Héroard, *Journal*, II, p. 237.

151. Héroard, *Journal*, II, pp. 59, 64, 76 (e Bibl. Nat., ms. franç. 4024); Héroard, ms. franç. 4026, ff. 294, 314*v*, 341*v*, 371*v*; Héroard, *Journal*, II, p. 120.

152. *Gazette de France*, 1701, p. 251.

153. Dangeau, *Journal*, ed. Soulié. V, p. 348.

154. *Ibid.*, XV, p. 432.

155. *De Galliae regum excellentia*, p. 1641, p. 27: "Imperium non Pyrenaeorum jugis aut Alpium, non Rheni metis et Oceani cicumscriptum, sed ultra naturae fines ac terminos, in aegritudinen ipsam et morbos, a quibus nulla Reges possunt imperia vindicare, propagatum acceperunt [...]. Ita Galliae Regum arbitrio subiectam esse naturam".

156. *Des miraculeux effects*, p. 25.

157. Héroard, ms. franç. 4026, f. 341*v* (15 de agosto de 1620): "tocados dois jesuítas portugueses doentes"; A. Franco, *Synopsis annalium Societatis Jesu*, texto citado aqui, p. 327, n. 42 (as datas tornam pouco verossímil que o jesuíta ali mencionado, o qual morreu em 1657, decerto bem poucos anos após ter sido tocado, seja uma das duas personagens assinaladas por Héroard em 1620).

158. Aqui, Apêndice 2, nº 11. Sobre o papel dos Farnese e o apoio que, a partir de 1658, a França lhes dá contra o papado, ver Ch. Gérin, *Louis XIV et le Saint Siège*, 2 vols., 1894; em 1667, o cardeal Farnese foi colocado na lista dos candidatos à tiara agradáveis ao rei da França (*ibid.*, II, p. 185).

159. Dos numerosos testemunhos, há, por exemplo: Héroard, II, pp. 215, 233; Du Laurens, p. 8; De l'Ancre, p. 166; Du Peyrat, p. 819; René Moreau, *De manu regia*, 1623, p. 19; cerimonial publicado por Franklin, p. 305. No reinado de Luís XIII, os estrangeiros recebiam esmola maior que a dos franceses: um quarto de escudo em vez de dois sous: Du Peyrat, p. 819; cf. Héroard, II, p. 33. Sob Luís XIV, segundo Oroux, *Histoire ecclésiastique de la cour*, I, p. 184, o valor das esmolas em geral (ao menos em moeda escritural) aumentara, mas ainda subsistia uma diferença entre os estrangeiros e os "naturels françois": trinta sous para os primeiros, quinze para os segundos. De acordo com Bonaventure de Sorria, *Abrégé de la vie de tres auguste et tres vertueuse princesse Marie-Thérèse d'Austriche reyne de France et de Navarre*, in-12, 1683, p. 88, essa rainha mandou estabelecer um asilo em Poissy "a fim de ali alojar todos os doentes que vinham de países distantes" para ser tocados. Mas dos documentos citados por Octave Noël, *Histoire de la ville de Poissy*, Paris, 1869, p. 254 e pp. 306 ss., resulta a impressão de que o asilo de Poissy foi fundado para os soldados do acampamento de Achères e "outros soldados passantes". Como no passado, fazia-se (pelo menos no reinado de Luís XIII) que os doentes que chegavam fora dos dias de toque esperassem, dando-lhes uma esmola: Du Peyrat, p. 819. Espanhóis tocados por Luís XIV, cujo estado de saúde impedia-o de tocar os outros doentes: Sourches, *Mémoires*, IX, p. 259; XI, p. 153; espanhóis e italianos tocados nas mesmas condições: *ibid.*, p. 175.

160. A anedota encontra-se num panfleto de André Rivet: *Andreae Riveti Pictavi... Jesuita Vapulans, sive Castigatio Notarum Sylvestri Petrasanctae Romani, Loyolae Sectarii, in epistolam Petri Molinaei ad Balzacum...*, Leiden, 1635, c. XIX, p. 388. Sobre a polêmica a que esse pequeno livro deve seu nascimento, cf. C. Sommervogel, *Bibliothèque de la Compagnie de Jésus*, artigo "Pietra-Santa", VI, col. 740, nº 14. O engraçado é que Morhof, *Princeps medicus* (*Diss. academicae*), p. 157, parece ter levado a sério essa brincadeira.

161. *De excellentia*, pp. 31 ss.

162. Francisco Marti y Viladamor, *Cataluna en Francia*, 1641 (cf. aqui, p. 528). No frontispício do livro, duas dedicatórias: a Luís XIII e a Richelieu; o capítulo sobre as escrófulas é seguido de um sobre as legendas das flores-de-lis e da auriflama.

163. *Mars Gallicus*, ed. de 1636, pp. 65 ss. Ver no milagre das escrófulas a prova de que os reis da França possuem poder mais "sublime" que o dos outros reis seria "fidei Christianae fides [...] evellere", ser mais tolo que os hussitas, para os quais a legitimidade da autoridade dependia da virtude de seus depositários, mas os quais pelo menos não chegavam a exigir destes graças extraordinárias. Deus fez falar dos asnos: "An forte et asinis inter asinos tribues praerogativas alicujus potestatis?". O *Mars Gallicus* — sobre o qual se pode consultar G. Hubault, *De politicis*

in Richelium lingua latina libellis (thèse lettres, Paris), Saint-Cloud [1856], pp. 72 ss. — era uma resposta ao livro de Arroy citado aqui, p. 525. O ilustre médico Van Helmont, que era brulense, elogiou-o e adotou o ponto de vista pró-espanhol: "De virtute magna verborum ac rerum", *Opera omnia*, in-4º, Frankfurt, 1707, p. 762, col. 2.

164. Ver o curioso opúsculo de Joachim Christoph Nemeiz, *Séjour de Paris* (apenas o título é francês, o texto está em alemão), Frankfurt, 1717, p. 191; em 1714, Nemeiz viera a Paris com os dois filhos do general sueco conde Stenbock, seus alunos.

165. Pp. 69-73 (a obra apareceu em 1618). Sobre o autor, ver *France protestante*, 2ª ed., I, col. 797, e Jacques Pannier, *L'Eglise réformée de Paris sous Louis XIII* (thèse théolog. prot., Strasbourg), 1922, p. 501.

166. Cf. Amyraut, pp. 77-8.

167. *Briefe der Prinzessin Elisabeth Charlotte von Orleans an die Raugräfin Louise*, ed. W. Menzel (*Bibliothek des Literarischen Vereins in Stuttgart*, VI), 1843, p. 407; 25 de junho de 1710: "Man meint hier auch dass der 7bente sohn die Ecruellen durch anrühren könte. Ich glaube aber dass Es eben so Viel Krafft hatt alss der König In frankreich ahnrühren".

168. Aqui, p. 306.

169. Certo número de proclamações do reinado de Carlos I (e uma de Carlos II), fixando as datas do toque, interditando o acesso dos doentes à corte durante epidemias ou regulando de alguma forma as condições da cerimônia, foram publicadas por Crawfurd, *King's evil*, pp. 163 ss. Cf. *Calendar of state papers, Domestic, Charles I*, nas datas: 13 de maio e 18 de junho de 1625; 17 de junho de 1628; 6 de abril e 12 de agosto de 1630 (esta, na p. 554 do volume relativo aos anos 1629-31); 25 de março, 13 de outubro e 8 de novembro de 1631; 20 de junho de 1632; 11 de abril de 1633; 20 de abril, 23 de setembro e 14 de dezembro de 1634; 28 de julho de 1635; 3 de setembro de 1637.

170. Aparentemente exigidos pela primeira vez por uma proclamação de 13 de maio de 1625, citada aqui, p. 260, n. 42 (prescrição renovada a 18 de junho de 1626: Crawfurd, *King's evil*, p. 164), os certificados continuarão em vigor nos reinados seguintes. Sob Carlos II, determinou-se que cada paróquia manteria um registro: *Notes and Queries*, 3th series, I (1862), p. 497. Por conseguinte, a partir desse período foram muito bem conservados. Muitos, sobretudo referentes ao reinado de Carlos II, foram assinalados ou conservados; ver, por exemplo, J. Charles Cox, *The parish registers of England* (*The antiquary's Books*), Londres [1910], p. 180; Pettigrew, *On superstitions connected with the history... of medicine*, p. 138; Thiselton-Dyer, *Social life as told by parish registers*, 1898, p. 79; Barnes em *Transactions of the Cumberland... Antiquarian Society*, XIII, p. 352; Andrews, *The doctor*, p. 15; *Notes and Queries*, 8th series, VIII (1895), p. 174; 10th series, VI (1906), p. 345; Farquhar, III, pp. 97 ss. Essa abundância é mais uma prova da popularidade do toque. Na Inglaterra como na França, os doentes eram submetidos a exame médico prévio; sob Carlos I, o médico encarregado distribuía aos que eram admitidos senhas metálicas que lhes serviam de bilhetes de ingresso: Farquhar, I, pp. 123 ss.; sem dúvida, a mesma coisa acontecia sob Carlos II: Farquhar, II, pp. 124 ss.

171. *The boke of common prayer*, 1633, British Museum, 3406, f. 5. Desde a Restauração, o serviço reapareceu no *Book of common prayer*: ed. de 1662 (Brit. Mus. C 83, e, 13); cf. já [Simpson] *A collection of articles... of the Church of England*, Londres, 1661, p. 223; ele mantém-se nas edições posteriores do livro, mesmo depois que os reis da Inglaterra cessaram de praticar o

milagre: aqui, p. 302, n. 24. Descrição (sem grande interesse) do rito inglês: J. C. Lünig, *Theatrum ceremoniale historico-politicum*, II, pp. 1043-7.

172. Tal qual na França, havia o toque privado, para pessoas cuja posição não permitia misturar-se ao vulgo; aparentemente, a filha de lorde Poulett, de que falaremos mais adiante, foi curada assim.

173. Ordem citada por G. Brunet, "Notice sur les sculptures des monuments religieux du départament de la Gironde", *Rev. Archéolog.*, 1re série, XII, 1, (1855), p. 170: "em 1679 tocava-se ali [na capela Saint-Louis, na igreja Saint-Michel de Bordeaux] ainda os doentes afetados com as escrófulas; uma ordem do arcebispo Henri de Sourdis, de 23 de agosto desse ano, proibiu essa prática porque "esse privilégio de tocar tais doentes é reservado à sagrada pessoa de nosso cristianíssimo rei, e, mesmo que se encontrasse alguma pessoa que tivesse esse dom, ela não poderia exercê-lo sem nossa expressa permissão por escrito". Por essa última frase, vê-se que a interdição talvez não fosse absoluta. Quanto à data de 1679, é com certeza o resultado de um equívoco, pois Henri de Sourdis foi arcebispo de Bordeaux de 1629 a 18 de junho de 1645, data de sua morte. O sr. Brutails, arquivista da Gironde, informou-me de que não parece haver vestígio desse texto nos arquivos de seu *département*. Ao ver os benzedeiros de escrófulas de Bordeaux exercer sua arte numa capela, não devemos surpreender-nos; mais adiante, veremos que, nessa época, um charlatão da mesma espécie, o cavaleiro de Saint-Hubert, obteve da autoridade diocesana a permissão para, numa capela de Paris, efetuar o toque contra a hidrofobia.

174. Em 1632, caso de Jacques Philippe Gaudre ou Boisgaudre: *Calendar of state papers, Domestic, Charles I*, 13 de janeiro e 7 de junho de 1632. Em 1637, processo de Richard Leverett (diante da Star Chamber): Charles Goodall, *The Royal College of Physicians of London*, in-4º, Londres, 1684, pp. 447 ss: *Calendar of state papers, Domestic, Charles I*, 19 de setembro de 1637; cf. Crawfurd, *King's evil*, p. 95. Também em 1637, caso de Gilbert (de Prestleigh, em Somerset): aqui, p. 243.

175. Carta (de 30 de abril de 1631), publicada por Green, "On the cure by touch", p. 80. Cf. *Calendar of state papers, Domestic, Charles I*, nessa data. "Ye returne of my sicke childe with so much amendment hath much revived a sick Father. [...] I am much joyed that his Majesty was pleased to touch my poor child with his blessed hands, whereby, God's blessing accompanying that means, he hath given me a child which I had so little hope to keep, that I gave direction for her bones, doubting she would never be able to return, but she is come safe y home and mends every day in her health; and ye sight of her gives me as often occasion to remember his Majestees gratrious goodness towards her and me, and in all humilitye and thankfulness to aknowledge it". Sobre John Poulett, primeiro barão Poulett (1586-1649), ver o *Dictionary of national biography*.

176. Para o título, ver aqui, Bibliografia, pp. 526-7. Sobre a doença, na p. 4 chamada "that miraculous and supernatural evill" [esse mal miraculoso e sobrenatural], diz-se na página 6: "all maladies may have a remedy by physick but ours, which proceeding from unknowne mysterious causes claime onely that supernaturall meanes of cure which is inherent in your sacred Majesty" [todas as doenças podem ter um remédio físico, exceto a nossa, a qual, derivando de causas misteriosas, clama apenas por esse modo de cura, que é inerente a vossa sagrada majestade]. Na mesma página, os peticionários declaram não querer envolver-se com as desgraças e iniquidades da época, "having enough to reflect and consider our owne miseries" [tendo o sufi-

ciente para refletir e considerar sobre nossas próprias misérias]. Na p. 8, queixam-se de não poder aproximar-se do rei "so long as your Majestie resides at Oxford, invironed with so many legions of souldiers, who will be apt to hinder our accesse to your Court and Princely Person, which others that have formerly laboured with our Malady have so freely enjoyed at London" [enquanto vossa majestade residir em Oxford, cercado por tantas legiões de soldados, que poderão impedir nosso acesso a vossa corte e a vossa principesca pessoa, acesso que outros que sofreram de nossa doença puderam usufruir tão livremente em Londres]. Na mesma página: "your palace at Whitehall, where we all wish your Majestie, as well as for the cure of our infirmitie, as for the recovery of the State, which hath languished of a tedious sicknesse since your Highnesse departure from thence, and can no more be cured of its infirmitie then wee, till your gracious returne thither" [seu palácio em Whitehall, onde todos desejamos vossa majestade, tanto para a cura de nossa enfermidade quanto para a recuperação do Estado, que, desde a partida de vossa alteza, definhou com uma lenta doença e que, até o retorno de vossa graça, não pode ser curado de sua enfermidade mais do que podemos ser curados da nossa].

177. *Journal of the House of Lords*, IX, p. 6: carta dos comissários encarregados de vigiar o rei, datada de 9 de fevereiro de 1647. Elas assinalam que durante a viagem do rei, tanto em Ripon quanto em Leeds, "many deseased Persons came, bringing with them Ribbons and Gold, and were only touched, without any other Ceremony" [muitos doentes vinham, trazendo consigo fitas e moedas de ouro, e eram apenas tocados, sem mais cerimônia]. Enviam cópia da declaração que publicaram em Leeds a 9 de fevereiro: "Whereas divers People do daily resort unto the Court, under Pretence of having the Evil; and whereas many of them are in Truth infected with other dangerous Diseases, and are therefore altogether unfit to come into the Presence of His majesty" [Considerando que, diariamente, várias pessoas afluem à corte pretextando ter o mal; e considerando que, na verdade, muitas estão infectadas com perigosas doenças e, portanto, são indignas de ser admitidas à presença de sua majestade]. Sobre o ardor com que, durante essa viagem, os doentes vinham ao rei, ver também o testemunho citado por Farquhar, I, p. 119. Mesmo antes de ter sido aprisionado durante a guerra civil, Carlos, não tendo ouro, tivera de substituí-lo por prata nas esmolas do toque: *χειρεξοχη*, p. 8; Wiseman, *A treatise of the king's evil*, p. 247. Dos textos de Browne citados na nota seguinte conclui-se que os doentes que procuravam Carlos durante o cativeiro desse rei traziam algumas vezes uma moeda de ouro e às vezes uma moeda de prata; quando o rei fornecia a moeda, esta era de prata.

178. *Journal of the House of Commons*, V, datado de 22 de abril de 1647. A Câmara recebeu "a letter from the Commissionners from Holdenby of 20º *Aprilis* 1647, concerning the Resort of great Numbers of People Thither, to be Touched for the Healing". É designado um comitê para preparar "a Declaration to be set forth to the People, concerning the Superstition of being Touched for the Healing of the King's Evil". Os comissários deverão "take care that the Resort of People thither, to be touched for the Evil, may be prevented" [cuidar que se impeça a afluência de gente vinda para ser tocada por causa do mal] e farão divulgar-se a declaração no país. Cf. B. Whitelock, *Memorials of the English affairs*, in-fólio, Londres, 1732, p. 244. Não consegui encontrar essa proclamação; ela não figura na abundante coleção de lorde Crawfurd, inventoriada por Robert Steele, *A bibliography of royal proclamations, 1485-1714* (*Bibliotheca Lindesiana* V-VI). Caso de uma criança tocada em Holmby: Browne, *Adenochoiradelogia*, p. 148; outros casos de pessoas que, mais tarde, foram tocadas pelo rei prisioneiro: *ibid.*, pp. 141-6. Cf. também *ibid.*, p. 163, e aqui pp. 297-8.

179. P. 4.

180. Browne, *Adenochoiradelogia*, pp. 109 e 150 ss.; de uma historieta contada na p. 150 concluir-se-ia que relíquias dessa espécie eram conservadas e consideradas eficazes mesmo por oficiais do exército parlamentar, coisa que, afinal, não é impossível. Cf. os panfletos monarquistas de 1649 e 1659 citados em *The Gentleman's Magazine*, 81 (1811), p. 125 (reproduzido em *The Gentleman's Magazine Library*, ed. G. L. Gomme, III, 1884, p. 171); Wiseman, *Severall chirurgical treatises*, I, p. 195; Crawfurd, *King's evil*, p. 101; Farquhar, "Royal charities", II, p. 107; W. G. Black, *Folk-medicine*, p. 100.

181. Browne, p. 181.

182. Browne, *Adenochoiradelogia*, pp. 156 ss.; *Relation en forme de journal du voyage et séjour que le sérénissime et tres puissant prince Charles II roy de la Grande-Bretagne a fait en Hollande*, in-4º, Haia, 1660, p. 77

183. Farquhar, II, pp. 103-4, segundo os testemunhos de Blount e Pepys, monarquistas contemporâneos dos eventos; cf. Crawfurd, *King's evil*, p. 102 (sem referências).

184. *Relation* (citada aqui, p. 291, n. 182), pp. 75 e 77.

185. Pepys, *Diary* e *Mercurius Politicus*, ambos na data 23 de junho de 1660, citados por Farquhar, "Royal charities", II, p. 109; *Diary and correspondence of John Evelyn*, ed. W. Bray, pequeno in-8º, Londres, 1859, I, p. 357 (6 de julho de 1660). O ritual de Carlos II é o mesmo de seu pai. É encontrado nos *Books of common prayer*: cf. aqui, p. 288, n. 171; reproduzido por Crawfurd, p. 114. Descrição muito detalhada em Evelyn, *Diary*, *loc. cit.*

186. W. S[ancroft], *A sermon preached in St. Peter's Westminster on the first Sunday in Advent*.... Londres, 1660, p. 33: "therefore let us hope well of the *healing* of the *Wounds of the Daughter of our People*, since they are under the Cure of *those* very *Hands*, upon which God hath entailed a *Miraculous Gift of Healing*, as it were on purpose to raise up our Hopes in some Confidence, that we shall ow one day to those *sacred Hands*, next under God, the healing of the *Church's*, and the *People's* Evils, as well, as of the King's" [Portanto, contemos com a cura das chagas de nosso povo, pois serão saradas dessas sagradas mãos a que Deus outorgou um miraculoso dom da cura, sendo Seu propósito animar nossas esperanças de que, um dia, deveremos a essas sagradas mãos, inferiores apenas às de Deus, tanto a cura dos males da Igreja e do povo quanto a do mal das escrófulas].

187. Bird parece considerar que os sucessos de Carlos II serão tais que esse monarca fará desaparecer de seu reino, para sempre, tanto as escrófulas quanto o raquitismo (*reckets*).

188. Dedicado ao duque de York (o futuro Jaime II). *χειρεξοχη* deve traduzir-se *Excelência da mão.*

189. Tal como o tratado de Du Laurens, a *Adenochoiradelogia* constitui um estudo apenas medical das escrófulas. Só a terceira parte, intitulada "Charisma Basilikon", diz respeito exclusivamente ao toque.

190. Farquhar, II, pp. 134 ss.

191. P. 105: "l do believe near half the Nation hath beem Toucht and Healed by His Sacred Majesty since His Happy Restauration".

192. O número de doentes tocados por Carlos II nos é fornecido por duas fontes:

1. Browne, que (num apêndice a sua *Adenochoiradelogia*, pp. 197-9) segue: *a.* Um registro mantido por Thomas Haynes, "sergeant" [servidor] da capela real, o qual dá os números mês a mês, de maio de 1660 a setembro de 1664; *b.* um registro mantido por Thomas Donkly, "keeper of his Majesties closet" [guardião do gabinete de sua majestade], e conservado na capela real, o qual também dá os números mês a mês, de maio de 1667 a abril de 1682;

2. pelos certificados (relativos às medalhas entregues) de que trataremos no Apêndice 1, pp. 342-3.

Evidentemente, essa segunda fonte é a mais segura; no que se refere a bom número de meses, podem-se comparar as cifras que ela apresenta e as de Browne; encontram-se algumas divergências; segundo todas as probabilidades, a maior parte deve explicar-se ou por erros de cópia (cometidos por Browne ou por seu informante) ou, simplesmente, por erros de impressão; nelas, porém, não há nada que possa modificar significativamente os totais ou alterar de algum modo a ordem de grandeza das estatísticas. As indicações que dou no texto são reproduzidas:

1. de Browne, para o período de maio de 1660 a setembro de 1664 (número exato: 23801);

2. dos certificados conservados no Record Office, para o período de 7 de abril de 1669 a 14 de maio de 1671; a restrição "pelo menos" 6666 impõe-se porque nossos certificados apresentam algumas lacunas (de 15 de junho a 4 de julho de 1670; de 26 de fevereiro a 19 de março de 1671), sendo impossível saber se são efeito do acaso ou se correspondem a lapsos em que o toque não se realizou;

3. também dos certificados, para o período de 12 de fevereiro de 1684 a 1º de fevereiro de 1685 (com uma só lacuna: de 1º a 14 de janeiro de 1684).

O total das cifras dadas por Browne para os dois períodos por ele considerados (ou seja, para todo o reinado menos dois intervalos de cerca de dois anos e meio cada um: 1º de outubro de 1664 a 1º de outubro de 1667 e 1º de maio de 1682 a 6 de fevereiro de 1685) é 90761 (cf. Farquhar, II, p. 132); daí minha aproximação para o reinado inteiro: cerca de 100 mil. Entretanto, convém não esquecer que nos falta um elemento de apreciação: tudo indica que, a despeito das ordens tão amiúde renovadas, alguns doentes apresentavam-se várias vezes para o toque. Qual a proporção desses reincidentes? Jamais saberemos. Sobre a agitação nos dias de toque, cf. J. Evelyn, *Diary*, II, p. 205 (28 de março de 1684), citado por Crawfurd, *King's evil*, p. 107, n. 2.

193. Crawfurd, *King's evil*, pp. 111-2.

194. *Cobbett's complete collection of state trials*, X, pp. 147 ss. O acusado, certo Rosewell, foi condenado pelo júri, com base em testemunhos pouco confiáveis; mas acabou perdoado pelo rei. O governo de Carlos II era muito mais cioso da prerrogativa miraculosa do rei do que o de Carlos I. É notável que Greatrakes (sobre o qual ver aqui, pp. 297-8) jamais tenha sido perturbado. Cf. Crawfurd, *King's evil*, p. 120.

195. Green, "On the cure by touch", pp. 86 *ss.*, *cf. The Gentlemen's Magazine*, t. 81 (1811), p. 125 (reproduzido em *The Gentleman's Magazine Library*, ed. G. I. Gomme, III, Londres, 1884, p. 171).

196. T. B. Howell, *State trials*, XI, col. 1059.

6. O DECLÍNIO E A MORTE DO TOQUE (PP. 295-311)

1. Scaevola Sammarthanus, *Gallorum doctrina illustrium qui nostra patrumque memoria floruerunt elogia*, 1ª ed., 1598. Vi a edição de 1633: *Scaevolae et Abelii Sammarthanorum... opera latina et gallica*, I, pp. 155-7 (decerto, a notícia foi pelo menos modificada após a morte de Hen-

rique IV). Cito a tradução de Colletet: Scevole de Sainte-Marthe, *Eloge des hommes illustres*, in-4º, Paris, 1644, pp. 555 ss. Sobre a obra, ver Aug. Hamon, *De Scaevolae Sammarthani vita et latine scriptis operibus* (thèse lettres, Paris), 1901. Genealogias dos De Bailleul estão em François Blanchard, *Les présidents à mortier du parlement de Paris*, in-fólio, 1647, p. 399, e o p. Anselme, *Histoire généalogique de la maison royale de France*, II, in-fólio, 1712, p. 1534, que não fazem, nem um nem outro (assim como o p. Pierre Le Moine, em sua *Epistre panegyrique à mgr. le président de Bailleul*, que seguiu *Le ministre sans reproche*, in-4º, 1645), alusão ao dom miraculoso. Não me parece impossível que Nicolas II (o qual Sainte-Marthe diz expressamente ter participado do dom paterno) haja mais tarde cessado de exercê-lo.

2. Sobre os parentes dos santos em geral, ver aqui, p. 165, n. 33, e p. 246. Sobre os de S. Huberto (mais particularmente, sobre Georges Hubert), é suficiente remeter a Henri Gaidoz, *La rage et st. Hubert*, pp. 112-9, nas quais se encontrará uma bibliografia. As informações relativas ao prospecto de 1701 e a passagem sobre o toque régio, eu as extraí de Le Brun, *Histoire critique des pratiques superstitieuses*, II, pp. 105 e 112. Tiffaud, *L'exercice illégal de la médecine dans le Bas-Poitou*, 1899, p. 18, também assinala descendentes de s. Marcoul.

3. Du Laurens, *De mirabili*, p. 21; Favyn, p. 1058; Du Peyrat, *Histoire ecclesiastique de la cour*, p. 794; *Traité curieux de la guérison des écrouelles par l'attouchement des septennaires*, pp. 13 e 21; Thiers, *Traité des superstitions*, p. 443. Muitas vezes, esses autores retificam-se uns aos outros (ver, por exemplo, Du Peyrat, *loc. cit.*): prova de que não se copiaram apenas. Relacionava-se o poder maravilhoso dessa casa às Relíquias dos Reis Magos, que, transportadas de Milão para Colônia no reinado de Frederico Barbarossa, teriam sido momentaneamente depositadas em Aumont; e também a uma fonte sagrada, venerada no mesmo lugar. Em tal caso, é lícito suspeitar da existência de contaminações de crença, análogas à que fez de s. Marcoul o patrono do milagre régio. K. Maurer, "Die bestimmten Familien zugeschriebene besondere Heilkraft", *Zeitschrift des Vereins für Volkskunde*, 1896, p. 443, estudou alguns exemplos de famílias que estariam hereditariamente dotadas de um poder curativo; mas ele localizou-as na Sicília (cf. *ibid.*, p. 337) e nas legendas escandinavas. Thiers, *loc. cit.*, p. 449, assinala "a casa de Coutance no Vendômois" cujos membros são considerados capazes de curar "as crianças da doença chamada *le carreau*, tocando-as". [Tecnicamente, *carreau* é a opilação do baço.]

4. As indicações necessárias e a bibliografia são encontradas no *Dictionary of national biography*; ver também Crawfurd, *King's evil*, p. 143, e Farquhar, III, p. 102.

5. *Adenochoiradelogia*, pp. 133 ss. (com uma carta que testemunha a veracidade da história, endereçada a Browne pelo *warden* do Winchester College).

6. Tooker, *Charisma*, p. 83; Browne, *Adenochoiradelogia*, p. 63; cf. aqui, p. 71.

7. É a teoria de Smitheus (Richard Smith), *Florum historiae ecclesiasticae gentis Anglorum libri septem*, 1654, in-fólio, Paris, 1. III, cap. 19, sectio IV, p. 230, que na questão das curas realizadas por Elisabete faz participar também a influência de s. Eduardo, o Confessor; a rainha curava "non virtute propria [...1 sed virtute signi Crucis et ad testandam pietatem S. Edwardi, cui succedebat in Throno Angliae". Smith (que foi vigário apostólico na Inglaterra de 1625 a 1629) não parece admitir as curas realizadas pelos sucessores de Elisabete.

8. De L'Ancre, *L'incrédulité et mescreance du sortilege*, 1622, p. 165, é exceção; ele admite as curas realizadas por Jaime I, mas pensa que esse rei (sem dúvida às escondidas) depunha "sua mão em forma de cruz".

9. *Disquisitionum*, ed. de 1606, pp. 60 ss.

10. Du Laurens, *De mirabili*, p. 19; Du Peyrat, *Histoire ecclesiastique de la cour*, pp. 796-801.

11. *Loc. cit.*, p. 64: "sed ea cogimur dicere, vel fictitia, si non vere aegri: vel fieri physica aliqua vi emplastrorum, aut aliorum adhibitorum: vel ex pacto tacito vel expresso cum daemone". Para a observação sobre as pessoas tocadas mas não curadas, ver p. 61; cf. aqui, p. 324. O ano em que apareceu a primeira edição das *Disquisitionum* (1593) é o mesmo da conversão de Henrique IV; nesse momento, mal se podia considerar que a França estivesse sendo regida por reis católicos; Delrio, em sua exposição, referia-se a essa dificuldade? Não sei, não pude ver a edição anterior à de 1606, na qual se encontra, na p. 65, a prudente fórmula "De Franciae regibus; quorum adhuc nullus aperte haeresim professus fluit", reproduzida nas edições seguintes.

12. A Surgeon General's Library, em Washington, D. C., possui (numa coleção de documentos relativos ao toque das escrófulas) uma pequena brochura in-8º de oito páginas intitulada *The ceremonies of blessing cramp-rings on Good Friday, used by the Catholick kings of England.* Devo uma cópia desse documento à extrema gentileza do tenente-coronel F. H. Garrison, que o indicara em seu artigo intitulado "A relic of the king's evil"; o mesmo texto foi reproduzido: 1º, seguindo um manuscrito, pela *The Literary Magazine*, 1792; 2º, por W. Maskell, *Monumenta ritualia*, 2ª ed., III, p. 391 (Maskell usara um ms. datado de 1694 encadernado em sequência a um exemplar das *Ceremonies for the healing of them that be diseased with the king's evil, used on the time of king Henry VII*, impressas em 1686 por ordem do rei: cf. Sparrow Simpson, "On the forms of prayer", p. 289); 3º, decerto seguindo Maskell, por Crawfurd, "Cramp-rings", p. 184. Trata-se da tradução fiel da antiga liturgia, tal como é apresentada no missal de Maria Tudor. A brochura conservada em Washington traz a data 1694; portanto, foi impressa após a queda de Jaime II (1688). Mas uma nota em *Notes and Queries*, 6th series, VIII (1883), p. 327, assinala a existência desse mesmo opúsculo e indica que é preciso considerá-lo apenas uma reimpressão; a primeira edição parece ser de 1686. É o mesmo ano em que o impressor régio publicou, "por ordem de sua majestade", a antiga liturgia das escrófulas (*infra*, n. 15); na qual, por outro lado, Jaime II esforçava-se mais e mais para livrar-se da intervenção do clero anglicano na cerimônia do toque. De resto, parece que nos meios jacobitas correu o rumor de que os últimos Stuart haviam benzido os anéis: a respeito de Jaime III, ver a carta (que, aliás, nega o fato) do secretário do príncipe, citado por Farquhar, IV, p. 169.

13. De acordo com os certificados relativos à distribuição das medalhas, conservados no *Record Office*: aqui, Apêndice 1, pp. 342-3.

14. *The diary of dr. Thomas Cartwright, bishop of Chester* (*Camden Society*, XXII, 1843), pp. 74 e 75.

15. Encontrar-se-ão todos os testemunhos da atitude de Jaime II (diligentemente compilados e judiciosamente discutidos pela srta. Farquhar) em "Royal charities", III, pp. 103 ss. A bem dizer, não conhecemos exatamente o serviço usado por Jaime II. Apenas sabemos que em 1686 o impressor régio publicou a antiga liturgia católica atribuída a Henrique VII, e isso em dois volumes diferentes, um com o texto em latim (cf. aqui, p. 257, n. 31), o outro com uma tradução inglesa: Crawfurd, *King's evil*, p. 132. Por outro lado, uma carta confidencial do bispo de Carlisle, datada de 3 de junho de 1686 (ed. Magrath, *The Flemings in Oxford*, II, *Oxford Historical Society's Publications*, LXII, 1913, p. 159: citada por Farquhar, III, p. 104), traz as seguintes palavras: "Last week, his Majesty dismissed his Protestant Chaplains at Windsor from at-

tending at ye Ceremony of Healing which was performed by his Romish Priests: ye service in Latin as in Henry 7th time" [Semana passada, sua majestade dispensou seus capelães protestantes em Windsor de ajudar na cerimônia de cura, que foi cumprida por seus padres romanos; o serviço foi em latim, como no tempo de Henrique VII] — o que parece resolver definitivamente a questão. Sobre o escândalo levantado pelas formas "papistas" do serviço, cf. os testemunhos da cerimônia do toque que ocorreu em 1687 em Bath, reunidos por Green, "On the cure by touch", pp. 90-1.

16. Em 1726, sir Richard Blackmore, *Discourses on the gout...*, "Preface", p. lxviij, considera claramente a "superstição" do toque uma impostura dos padres papistas.

17. *Gazette de France*, nº de 23 de abril 1689, p. 188. "De Londres, a 28 de abril de 1689. Dia 7 deste mês, o príncipe de Orange jantou com lorde Newport. No dia seguinte, ele devia, conforme o costume usual, realizar a cerimônia de tocar os doentes e lavar os pés de vários pobres, como sempre fizeram os reis legítimos. Mas declarou acreditar que essas cerimônias não eram isentas de superstição; e deu apenas a ordem de que as esmolas fossem distribuídas aos pobres, de acordo com o costume." Cf. também sir Richard Blackmore, *Discourses on the gout...*, "Preface", p. lx; Rapin Thoyras, *Histoire d'Angleterre*, livre V, capítulo relativo a Eduardo, o Confessor, ed. de Haia, 1724, in-4º, t. I, p. 446; Macaulay, *The history of England*, chap. XIV, ed. Tauchnitz, I, pp. 145-6; Farquhar, "Royal charities", III, pp. 118 ss.

18. Macaulay, *loc. cit.*

19. Oldmixon, *The history of England during the reigns of king William and queen Mary, queen Anne, king George I*, in-fólio, Londres, 1735 (de inspiração *whig*), p. 301; o toque recomeçou o mais tardar em março ou abril de 1703: Farquhar, "Royal charities", IV, p. 143. Muitas vezes, mencionou-se que o dr. Johnson, quando criança, foi tocado pela rainha Ana: Boswell, *Life of Johnson*, ed. Ingpen, Londres, 1907, in-4º, I, p. 12, cf. Farquhar, IV, p. 145, n. 1. Nesse reinado, pôs-se em vigor um novo ritual: a liturgia é mais curta, e o cerimonial, consideravelmente simplificado; os doentes são apresentados ao soberano apenas uma vez; cada um recebe a moeda de ouro imediatamente após ter sido tocado: Crawfurd, *King's evil*, p. 146 (publica o texto do serviço); Farquhar, "Royal charities", IV, p. 152. O Wellcome Historical Medical Museum, Londres, possui um ímã que veio da família de John Rooper, *deputy cofferer* [tesoureiro assistente] da rainha Ana, e que se julga ter sido usado por essa soberana para o toque: a fim de evitar o contato direto com os doentes, ela teria segurado esse ímã ao realizar o gesto curativo, interpondo-o entre seus dedos e as partes afetadas. Cf. Farquhar, IV, pp. 149 ss. (com fotografia); devo também informações úteis à gentileza do sr. C. J. S. Thompson, conservador do Wellcome. É difícil pronunciar-se no valor dessa tradição. Sobre um anel adornado com um rubi que Henrique VIII usava nos dias de toque, aparentemente para defender-se do contágio, ver Farquhar, p. 148.

20. *An ecclesiastical history of Great Britain*, ed. Barnham, I, Londres, 1840, p. 532 (a primeira edição é de 1708): "King Edward the Confessor was the first that cured his distemper, and from him it has descended as an hereditary miracle upon all his sucessors. To dispute the matter of fact is to go to the excesses of scepticism, to deny our senses, and be incredulous even to ridiculousness".

21. *Journal to Stella*, carta XXII (28 de abril de 1711), ed. F. Ryland, p. 172.

22. Aqui, Apêndice 2, nº 17.

23. Green, "On the cure by touch", p. 95.

24. Nas edições em inglês, até 1732; nas edições em latim, até 1759: ver Farquhar, "Royal charities", IV, pp. 153 ss., cujas pesquisas anulam os trabalhos anteriores.

25. Robert Chambers, *History of the rebellion in Scotland in 1745-1746*, ed. de 1828, in-16, Edimburgo, I, p. 183. Também se conta que Jorge I, solicitado por uma dama, consentiu não em tocá-la, mas em deixar-se tocar por ela; não nos dizem se ficou curada: Crawfurd, p. 150.

26. Jaime II em Paris e Saint-Germain: Voltaire, *Siècle de Louis XIV*, chap. XV, ed. Garnier, XIV, p. 300; *Questions sur l'Encyclopédie*, art. "Ecrouelles", *ibid.*, XVIII, p. 469 (no *Dictionnaire philosophique*). Jaime III em Paris: Farquhar, "Royal charities", IV, p. 161 (?); em Avignon: aqui, p. 303, n. 29; nos Banhos de Lucca: Farquhar, p. 170; em Roma: aqui, nota seguinte. Para os documentos numismáticos, ver Farquhar, pp. 161 ss. Julga-se que Jaime II, como um santo, realizou milagres póstumos — mas na lista não consta nenhuma cura de escrófulas (ver G. du Bosq de Beaumont e M. Bernos, *La cour des Stuarts à Saint-Germain en Laye*, 2ª ed., in-12, 1912, pp. 239 ss.); cf. também Farquhar, "Royal charities", III, p. 115, n. 1.

27. Para o título, ver aqui, p. 527: "For shame, *Britons*, awake, and let not an universal Lethargy seize you; but consider that you ought to be accounted unworthy the knowledge and Benefits you may receive by this extraordinary Power, if it be despised or neglected".

28. Reproduzido em *The Gentleman's Magazine*, t. 7 (1737), p. 495.

29. *A general history of England*, 1. IV, § III, p. 291, n. 4: "the eldest lineal descendant of a race of kings, who had indeed, for a long succession of ages, cured that distemper by royal touch". Sobre a localidade em que se realizou o toque, ver Farquhar, IV, p. 167.

30. *The Gentleman's Magazine*, t. 18 (1748), pp. 13 ss. (*The Gentleman's Magazine Library*, III, pp. 165 ss.); cf. Farquhar, "Royal charities", IV, p. 167, n. 1.

31. Robert Chambers, *History of the rebellion in Scotland in 1745-1746*, ed. de 1828, I, p. 184. Jaime III já tocara na Escócia, em 1716: Farquhar, "Royal charities", IV, p. 166.

32. Parece até que sua irmã Maria (a qual jamais fora reconhecida por Carlos II) tocou: Crawfurd, p. 138.

33. Toque praticado por Carlos Eduardo em Florença, Pisa e Albano, em 1770 e 1786: Farquhar, "Royal charities", IV, p. 174. A numismática do toque sob os Stuart exilados foi estudada pela srta. Farquhar com seu cuidado habitual: IV, pp. 161 ss.

34. Farquhar, IV, p. 177 (reprodução). Possivelmente na época das guerras da Revolução, parece que "Henrique IX" precisou recorrer a moedas de cobre ou de estanho argentados: Farquhar, *loc. cit.*, p. 180.

35. Chap. III, ed. de 1792, p. 179: "[...] the practice was first dropped by the present royal family, who observed, that it could no longer give amazement to the populace, and was attended with ridicule in the eyes of all men of understanding". Voltaire, nas *Questions sur l'Encyclopédie*, artigo "Ecrouelles", ed. Garnier, t. XVIII, p. 470, escreve: "Quando o rei da Inglaterra, Jaime II, foi reconduzido de Rochester a Whitehall [por ocasião de sua primeira tentativa de fuga, a 12 de dezembro de 1688], decidiu-se deixá-lo praticar alguns atos de realeza, como o toque das escrófulas; ninguém se apresentou". Essa história é pouco provável e deve ser considerada meramente caluniosa.

36. *Archaeologia*, XXXV, p. 452, n. a. Sobre o uso de uma moeda no reinado de Jorge I, cf. Farquhar, IV, p. 159.

37. Pettigrew, *On superstitions*, pp. 153-4. Na França, as moedas de s. Luís (as quais se perfuravam para pendurar no pescoço ou no braço) foram algumas vezes usadas como talismãs contra as enfermidades: cf. Le Blanc, *Traité historique des monnoyes*, in-4º, Amsterdã, 1692, p. 176.

38. Farquhar, IV, p. 180 (e informação pessoal da srta. Farquhar).

39. Sheila MacDonald, "Old-world survivals in Ross-Shire", *The Folk-lore*, XIV (1903), p. 372.

40. *Loc. cit.*, p. 372: "An old shepherd of ours who suffered from scrofula, or king's evil, often bewailed his inability to get within touching distance of Her late Gracious Majesty. He was convinced that by so doing his infirmity would at once be cured. 'Ach! no' he would say mournfully 'I must just be content to try and get to Lochaber instead some day, and get the *leighiche* (healer) there to cure me'".

41. Relato impresso, publicado pela *Gazette de France*, Arch. Nat., K 1714, nº 20.

42. Páscoa de 1739: Luynes, *Mémoires*, ed. L. Dussieux e Soulié, II, 1860, p. 391; Barbier, Journal, ed. Soc. de l'Hist. de France, II, p. 224 ("isso causou grande escândalo em Versalhes e provocou muito rumor em Paris"; aliás, Barbier julga que "estamos bem o bastante com o papa para que o filho mais velho da Igreja tivesse uma dispensa de fazer suas Páscoas em qualquer situação, sem sacrilégio e com tranquilidade de consciência"); marquês de Argenson, *Journal et mémoires*, ed. E. J. B. Rathery (Soc. de l'Hist. de France), II, p. 126. Páscoa de 1740: Luynes, III, p. 176. Natal de 1744: Luynes, VI, p. 193. A indicação de P. de Nolhac, *Louis XV et Marie Leczinska*, in-12, 1902, p. 196 (para 1738), é certamente errônea: cf. Luynes, II, p. 99. Na Páscoa de 1678, o p. De Champ (que substituía como confessor o p. De la Chaise, doente) já recusara a absolvição a Luís XIV (marquês de Sourches, *Mémoires*, I, p. 209, n. 2); é provável que durante essa festa o rei não tenha tocado.

43. Cf. aqui, p. 78.

44. Ed. Boislisle, XVII, pp. 74-5. Saint-Simon acredita também (decerto erroneamente) que vários dos filhos de madame de Soubise morreram de escrófulas. Depois da frase citada sobre o pretenso milagre, ele escreve esta, cujo significado exato não pude determinar: "a verdade é que, quando eles [os reis] tocam os doentes, é ao sair da comunhão".

45. *Questions sur l'Encyclopédie*, artigo "Ecrouelles" (ed. Garnier, no *Dictionnaire philosophique*, XVIII, p. 469). Na p. 470, encontramos a historieta sobre Francisco de Paula: "O santo não cura o rei, o rei não cura o santo".

Essai sur les moeurs, "Introduction", XXVI (t. XI, pp. 96-7), em que se lê a propósito da recusa de Guilherme III: "Se algum dia acontecer na Inglaterra uma grande revolução que a faça mergulhar de novo na ignorância, então ela terá milagres todos os dias"; e chap. XLII, *ibid.*, p. 365, em que está a frase citada no texto; ela não aparece na primeira versão desse capítulo publicado no *Mercure* de maio de 1746, pp. 29 ss. Não pude consultar a verdadeira edição *princeps*, a de 1756; a de 1761, I, p. 322, contém nossa frase.

Carta a Frederico II, 7 de julho de 1775 (historieta sobre a amante de Luís XIV).

Cf. também as notas manuscritas conhecidas pelo nome *Sottisier* [Coleção de disparates], t. XXXII, p. 492.

46. Relato impresso, publicado pela *Gazette de France*: Arch. Nat. K 1714, nº 21 (38); Voltaire a Frederico II, 7 de julho de 1775. Quadro que mostra Luís XVI rezar diante do relicário de s. Marcoul: Apêndice 2, n. 23.

47. Para Luís XV, relato citado aqui, p. 306, n. 41 (p. 598). Cf. Regnault, *Dissertation*, p. 5.

Para Luís XVI, relato citado na nota anterior (p. 30); *Le sacre et couronnement de Louis XVI roi de France et de Navarre*, in-4º, 1775, p. 79; [Alletz], *Ceremonial du sacre des rois de France*, 1775, p. 175. Notar-se-á que, segundo o relato da sagração de Luís XV e os diversos textos relativos à sagração de Luís XVI, a ordem dos dois elementos da frase foi igualmente invertida: "Dieu te guérisse, le roi te touche" [Deus te cura, o rei te toca]. Clausel de Coussergues, *Du sacre des rois de France*, 1825, fornece da sagração de Luís XIV um relato que apresenta a fórmula com o subjuntivo (p. 657, cf. p. 150); mas ele não cita sua fonte. Sobre os textos oficiais do século XVII, ver aqui, p. 256, n. 23. Carlos X também usou o subjuntivo, que se tornara tradicional; mas vê-se que erroneamente Landouzy, *Le toucher des écrouelles*, pp. 11 e 30, atribuiu-lhe a iniciativa.

48. *Journal et mémoires du marquis d'Argenson*, I, p. 47.

49. A carta de Rouillé d'Orfeuil e a resposta de Bertin: Arch. de la Marne, C. 229. A primeira está publicada: Ledouble, *Notice sur Corbeny*, p. 211. Devo à amabilidade do sr. arquivista do *département* uma cópia da segunda.

50. Atestados publicados por Cerf, "Du toucher des écrouelles", pp. 253 ss.; e (com duas correções) por Ledouble, *Notice sur Corbeny*, p. 212; datas extremas: 26 de novembro e 3 de dezembro de 1775. Nenhum dos dois editores indica com precisão a fonte; aparentemente, teriam consultado os arquivos do Hospice Saint-Marcoul; entretanto, o inventário do fundo de s. Marcoul, nos Archives Hospitalières de Reims (do qual há uma cópia nos Arch. Nat., F^2 I 1555), não indica nada de similar. As localidades dos doentes curados são Bucilly, na circunscrição de Soissons (dois casos), e Condé-les-Herpy e Château-Porcien, na de Châlons.

51. À primeira vista, pareceria natural procurar nos jornais da época a solução do enigma. Nenhum dos que pude examinar (a *Gazette de France* para todo o reinado; numerosas investigações no *Mercure* e no *Journal de Paris*) menciona a solenidade do toque, mesmo no período em que, segundo todas as probabilidades, ela ainda se realizava. Já assinalei que, naquele tempo, tinham essa espécie de pudor de falar de um rito tão propenso a chocar os espíritos "esclarecidos". Poder-se-ia também pensar em consultar o *Journal* [Diário] de Luís XVI; para o período 1766-78, foi publicado pelo conde de Beauchamp em 1902 (sem ser posto à venda; tive acesso ao exemplar dos Arch. Nat.); ali, não se encontra nenhuma menção do toque.

52. *Odes et ballades*, "Ode quatrième", VII. A nota (p. 322 da edição das *Oeuvres complètes*, Hetzel e Quantin) diz: "Tu es sacerdos in aeternum secundum ordinem Melchisédech. A Igreja chama o rei *bispo de fora*; na missa da sagração, ele comunga sob as duas espécies".

53. *Mémoires*, II, 1923 p. 65. No apêndice ao tomo II, pp. 305-6, encontrar-se-á uma nota sobre o toque, redigida por Damas em 1853, depois de uma visita que fez a mons. Gousset, arcebispo de Reims. Vamos utilizá-la mais adiante.

54. Léon Aubineau, p. 14 da *Notice* citada aqui, p. 309, n. 56. Sabe-se que L. Aubineau fez às teorias de Augustin Thierry uma crítica que não é destituída de valor.

55. 9 de novembro de 1825, p. 402.

56. Sobre o papel do abade Desgenettes, ver Léon Aubineau, *Notice sur m. Desgenettes*, in-18, 1860, pp. 13-5 (reproduzida na "Notice biographique" colocada pelo abade G. Desfossés nas *Oeuvres inédites de m. Charles-Eléonore Dufriche Desgenettes*, in-8 [1860], pp. LXVI-LXVII). Cf. também Cahier, *Caractéristiques des saints*, 1867, I, p. 264. Petição dos habitantes de Corbeny publicada por S. A. *L'hermite de Corbeny ou le sacre et le couronnement de sa majesté Charles X roi de France et de Navarre*, Laon, 1825, p. 167, e Ledouble, *Notice sur Corbeny*, p. 245.

57. Os relatos mais completos da cerimônia do Hospice Saint-Marcoul acham-se no *Ami de la Religion*, 4 de junho e, sobretudo, 9 de novembro de 1825, e em F. M. Miel, *Histoire du sacre de Charles X*, 1825, pp. 308 ss. (em que, na p. 312, lê-se: "Depois da visita do rei, um dos doentes dizia que sua majestade era o primeiro-médico de seu reino"). Ver também o *Constitutionnel*, o *Drapeau Blanc*, o *Quotidienne* (os três na data de 2 de junho) e estes dois opúsculos: *Précis de la cérémonie du sacre et du couronnement de s. m. Charles X*, in-12, Avignon, 1825, p. 78, e *Promenade à Reims ou journal des fêtes et cérémonies du sacre... par un témoin oculaire*, in-12, 1825, p. 165; cf. Cerf, "Du toucher", p. 281. Sobre o Hospice Saint-Marcoul (cujos belos edifícios seiscentistas, semiarruinados pelo bombardeamento, abrigam hoje a Ambulance Américaine), ver H. Jadart, "L'Hôpital Saint-Marcoul de Reims", *Travaux acad. Reims*, CXI (1901-2). Em Reims, procurou-se aproveitar o acontecimento para reavivar o culto a s. Marcoul; reimprimiu-se um *Petit office* do santo que aparecera em 1773 (Biblioth. de la Ville de Reims, R. 170 *bis*). Quanto à fórmula pronunciada pelo rei, o *Constitutionnel* escreve que ele tocou "sem pronunciar uma única vez a fórmula de antigo uso: 'O rei te toca, Deus te cure'". Mas, conforme a unanimidade dos outros testemunhos, parece que isso seja um erro, já apontado pelo *Ami de la Religion*, 4 de junho de 1825, p. 104, n. 1. Acerca do número de doentes, as fontes dão indicações ligeiramente diferentes: 120, segundo o barão de Damas; 121, segundo F. M. Miei; cerca de 130, segundo o *Ami de la Religion* de 9 de novembro (p. 403); 130, segundo Cerf (p. 283).

58. Aqui, p. 325, n. 35.

59. Ed. de 1860, IV, p. 306.

60. 2 de junho, *Correspondance particulière de Reims*. No mesmo número, há um "Extrait d'une autre lettre de Reims", com o mesmo tom. Comparar às palavras que Miel, *loc. cit.*, p. 312, atribui ao próprio Carlos X: "O rei, deixando os enfermos, teria dito: 'Meus caros amigos, eu vos trouxe palavras de consolo; espero vivamente que vos cureis'".

61. *Oeuvres*, ed. de 1847, II, p. 143.

62. "Du toucher", p. 280. No mesmo sentido, pode-se ver ainda o padre Marquigny, "L'attouchement du roi de France guérissait-il des écrouelles?", *Etudes*, 1868, e o abade Ledouble, *Notice sur Corbeny*, 1883, p. 215. Em 1853, mons. Gousset, arcebispo de Reims, exprimia ao barão de Damas sua fé no toque; mas o arcebispo não considerava seus efeitos inteiramente miraculosos: Damas, *Mémoires*, p. 305, e aqui, p. 326, n. 37.

LIVRO TERCEIRO

CAPÍTULO ÚNICO (PP. 315-29)

1. *Charisma*, p. 2: "I shall presume, with hopes to offer, that there is no Christian so void of Religion and Devotion, as to deny the Gift of Healing: A Truth as clear as the Sun, continued and maintained by a continual Line of Christian Kings and Governors, fed and nourished with the same Christian Milk" [Presumirei confiantemente não haver cristão tão destituído de religião e devoção que negue a dádiva da cura: uma verdade tão clara quanto o sol, continuada e mantida por uma linha contínua de reis e governantes cristãos, alimentados e nutridos com o mesmo leite cristão].

2. [Matthieu], *Histoire de Louys XI roy de France*, in-fólio, 1610, p. 472. A expressão "milagre perpétuo" foi retomada por Du Peyrat, *Histoire ecclésiastique de la cour*, p. 818; também por Balthasar de Riez, *L'incomparable piété des tres chretiens rois de France*, II, 1672, p. 151.

3. *L'incrédulité et mescreance du sortilege*, p. 164: "pois, se em seu anel de cura houver pé de alce ou raiz de peônia, por que se atribuirá a esse milagre o que pode acontecer por um agente natural?".

4. Para as obras de Morhof, Zentgraff e Trinkhusius, ver aqui, Bibliografia; para Peucer, aqui p. 321, n. 19.

5. Para o título completo do livro de Douglas (do qual foi obtida a citação feita aqui), ver a Bibliografia, p. 527. A obra é dedicada a um cético anônimo, que não é outro senão Adam Smith. A interpretação sobrenatural do milagre régio é rejeitada, como por Hume, em termos depreciativos: "This solution might, perhaps, pass current in the Age of *Polydor Virgil*, in that of mr. *Tooker*, or in that of mr. *Wiseman*, but one who would account for them so, at this Time od Day, would be exposed, and deservedly so, to universal Ridicule" [Essa solução poderia, talvez, ser aceita na época de Polidoro Vergilio, na do sr. Tooker ou na do sr. Wiseman, mas alguém que hoje lhes desse razão estaria exposto, merecidamente, ao ridículo universal] (p. 200). Em seu Essay, Hume também aludira aos milagres do diácono Paris; é praticamente o único exemplo concreto que ele menciona.

6. "Mirifica eventuum ludibria"; cf. aqui, p. 321, n. 19.

7. *De papa*, c. 6: *English works of Wyclif...*, ed. F. D. Matthew, *Early English Textes*, 1880, p. 469; cf. Bernard Lord Manning, *The people's faith in the time of Wyclif*, p. 82, n. 5, nº III.

8. *Disquisitionum*, p. 64; cf. aqui, p. 300, n. 11.

9. Cf. aqui, pp. 286-7.

10. Peucer parece afastar claramente a hipótese demoníaca: texto citado aqui, p. 321, n. 19.

11. Sobre a escola naturalista italiana, encontrar-se-ão informações úteis em J. R. Charbonnel, *La pensée italienne au XVIe siècle et le courant libertin*, 1919; cf. também Henri Busson, *Les sources et le développement du rationalisme dans la littérature française de la Renaissance (1533--1601)*, 1922, pp. 29 ss. e 231 ss.

12. A opinião de Junctinus é citada por Morhof, *Princeps medicus* (*Dissertationes Academicae*), p. 147. Desse autor, Franciscus Junctinus, Florentinus, só conheço um *Speculum astrologiae*, 2 vols. in-4º, Lyon, 1581, em que nada encontrei sobre o milagre régio.

13. Passagem do *Contradicentium medicorum libri duo*, citado inúmeras vezes, notadamente por Delrio, *Disquisitionum*, ed. de 1624, p. 27 (a ed. de 1606 não traz a indicação); por Du Peyrat, *Histoire ecclésiastique de la cour*, p. 797; por Gaspard a Reies, *Elysius jucundarum*, p. 275; mas, por falta de índices adequados no *Contradicentium*, não consegui achá-la. Segundo Delrio, *loc. cit.*, Cardano havia sido "dignum scutica Ioann. Brodaei, lib. 8 miscellan. c. 10". Na Bibliothèque Nationale, a única edição das *Miscellaneorum* de Jean Brodeau (Basileia, 1555) tem apenas seis livros.

14. Caelio Calcagnini, *Opera*, Basileia, in-fólio, 1544, *Epistolicarum quaestionum*, liber I, p. 7: carta a seu sobrinho, Tomaso Calcagnini: "Quod Bononiae videris Franciscum Galliarum regem saliua tantum pollice in decussem allita strumis mederi, id quod gentilitium et peculiare Gallorum regibus praedicant: non est quod mireris, aut ulla te rapiat superstitio. Nam et saliuae humanae, ieiunae praesertim, ad multas maximasque aegritudines remedium inest". Calcagnini

(1479-1541) não pertence ao mesmo grupo de, por exemplo, Pomponazzi, ou Cardano, nem à mesma geração, mas decerto é um espírito livre: tomou partido pelo sistema de Copérnico, e Erasmo o elogiou. Sobre Calcagnini, ver Tiraboshi, *Storia della letteratura italiana*, VII, 3, Módena, 1792, pp. 870 ss. Quanto à ideia do poder curativo da saliva, era uma velha noção popular: cf. C. de Mensignac, *Recherches ethnographiques sur la salive et le crachat* (*Extrait des bulletins de la Soc. Anthropologique de Bordeaux et du Sud-Ouest*, 1890, t. VI), Bordeaux, 1892; e Marignan, *Études sur la civilization française*, II, *Le culte des saints sous les Mérovingiens*, p. 190. Na Inglaterra, os sétimos filhos, antes de tocar, às vezes molhavam seus dedos com saliva: *Folklore*, 1895, p. 205. Sobre a ideia de uma régia impostura, cf. a hipótese de Delrio a respeito dos "emplastros" secretos dos reis da Inglaterra: aqui, pp. 299-300.

15. Texto de Sandei citado aqui, p. 429, n. 108. Jacques Bonaud de Sauset: obra e passagem indicadas na Bibliografia, p. 3. Também o italiano Leonardo Vairo (que não é racionalista) considera o milagre régio francês o efeito de uma "virtude hereditária": L. Vairus, *De fascino libri tres*, 1583, lib. I, C. XI, p. 48.

16. Petri Pomponatti, *Mantuani,... de naturalium effectuum causis*, ed. de Basileia (1567), cap. IV, p. 43: "Secundo modo hoc contingere posset, quoniam quemadmodum dictum est in suppositionibus, sicuti contingit aliquam esse herbam, vel lapidem, vel animal, aut liud, quod proprietatem sanandi aliquam aegritudinem habeat [...] ita contingit aliquem hominem ex proprietate individuali habere talem virtutem"; e na p. 48, na enumeração dos exemplos: "Reges Gallorum nonne dicuntur strumas curasse". Sobre Pomponazzi e sua atitude para com o sobrenatural, ver uma penetrante página de L. Blanchet, *Campanella*, 1922, pp. 208-90. É curioso constatar que Campanella, querendo dar-se ares de defender contra Pomponazzi os milagres (nos quais ele, no fundo, parece não ter acreditado), tenha também escolhido, entre outros exemplos, o milagre régio: *De sensu rerum*, IV, c. 4, in-4º, Frankfurt, 1620, pp. 270-1; cf. Blanchet, p. 218.

17. Julii Caesaris Vanini..., *De admirandis naturae reginae deaeque mortalium arcanis*, Paris, 1616, pp. 433 e 441; aliás, a passagem é bastante obscura (decerto por prudência) e entremeada de elogios aos reis da França.

18. Douglas dá também espaço à coincidência: "in those Instances when Benefit was received, the Concurrence of the Cure with the Touch might have been quite accidental, while adequate Causes operated and brought about the Effect" [nesses casos, quando o benefício era recebido, a coincidência de cura e toque podia ter sido inteiramente acidental e causas adequadas ter produzido o efeito] (p. 202). Entre os autores nossos contemporâneos, Ebstein, "Heilkraft der Könige", p. 1106, acha que o toque era, na realidade, uma espécie de massagem, eficaz como tal; não achei necessário discutir essa teoria.

19. Peucer inclina-se a considerar a crença no dom taumatúrgico uma superstição, mas não se pronuncia sobre as diferentes hipóteses que, em seu tempo, foram apresentadas para explicar as curas: "De incantationibus", no *Commentarius de praecipuis divinationum generibus*, ed. de 1591, pequeno in-8º, Zerbst, p. 192: "Regibus Francicis aiunt familiare esse, strumis mederi aut sputi illitione, aut, absque hac, solo contactu, cum pronunciatione paucorum et solennium verborum: quam medicationem ut fieri, sine Diabolicis incantationibus manifestis, facile assentior: sic, vel ingenita vi aliqua, constare, quae a maioribus propagetur cum seminum natura, ut morbi propagantur, et similitudines corporum ac morum, vel singulari munere divino,

quod consecratione regno ceu dedicatis [*sic*] contingat in certo communicatum loco, et abesse superstitionis omnis inanem persuasionem, quaeque chan sanciunt mirifica eventuum ludibria, non facile crediderim: etsi, de re non satis explorata, nihil temere affirmo". As exposições de Morhof e de Zentgraff valem apenas como compilações. Nessa qualidade, são preciosíssimas: mas de forma alguma seu pensamento visa à originalidade. A atitude de Morhof é bastante difícil de precisar; ele parece considerar o poder taumatúrgico dos reis uma graça sobrenatural concedida por Deus (p. 155), mas a conclusão tem tom ligeiramente cético (p. 157). Zentgraff quer simplesmente mostrar que uma explicação de ordem natural é possível; não se sente obrigado a escolher uma entre as que foram propostas antes dele; parece tender à ideia de uma espécie de impostura (os reis besuntariam as mãos com um bálsamo especial), mas sem nela insistir; e conclui prudentemente: "Ita constat Pharaonis Magorum serpentes, quos Moses miraculose produxit, per causas naturales productos esse, etsi de modo productionis nondum sit res plane expedita" (p. B²*v*).

20. Sobre as perturbações de origem emocional ou pitiática, ver principalmente J. Babinski, "Démembrement de l'hysterie traditionnelle, pithiatisme", *Semaine Médicale*, XXIX, 1909, pp. 3 ss. Segundo o sr. Gaidoz, uma confusão clínica do mesmo gênero explica pelo menos certo número de curas aparentes da hidrofobia observadas entre os peregrinos de Saint-Hubert: "As convulsões e os furores da raiva assemelham-se aos de diversas doenças nervosas e mentais". *La rage et saint Hubert*, p. 103.

21. Por exemplo, Wiseman, *Severall chirurgical treatises*, I, p. 396; Heylin, em sua réplica a Fuller, citada aqui, p. 326, n. 37; Le Brun, *Histoire critique des pratiques superstitieuses*, II, p. 121. É curioso observar que, em 1853, mons. Gousset, arcebispo de Reims (crente tardio no milagre régio), pensava que, "em nossos dias, as crianças são curadas mais facilmente" porque não se pode ser curado sem ter fé (opiniões relatadas pelo barão de Damas, *Mémoires*, II, p. 306).

22. Cf. especialmente Déjerine, *Seméiologie du système nerveux*, 1904, pp. 1110 ss.; J. Babinski, "Démembrement de l'hystérie traditionnelle", *Semaine Médicale*, 1909; J. Babinski e J. Froment, *Hystérie, pithiatisme et troubles nerveux d'ordre réflexe en neurologie de guerre*, 2ª ed., 1918, pp. 73 ss.

23. Essa facilidade para aceitar por real uma ação miraculosa, mesmo que esta tenha sido persistentemente desmentida pela experiência, encontra-se em todos os "primitivos" e pode até ser considerada um dos traços essenciais da chamada mentalidade "primitiva". Ver, entre outros, um exemplo curioso em L. Lévy-Bruhl, *La mentalité primitive*, 1922, p. 343 (ilhas Fiji).

24. Crawfurd, p. 109.

25. *Adenochoiradelogia*, p. 106: "Others again having been healed upon His second Touch, which could not receive the same benefit the first time". Sabe-se que na Inglaterra, a partir de Carlos I, exigia-se dos doentes um atestado, o qual provasse que ainda não haviam sido tocados.

26. Ver Browne, p. 91, que evidentemente combate essa crença.

27. *Gazette des Hôpitaux*, 1854, p. 498.

28. *Criterion*, pp. 201-2: "it never was pretended that the Royal Touch was beneficial in every Instance when tried". Nas *Mémoires* do barão de Damas, t. II, cf. a informação sobre o toque, p. 305: "Nem todos são curados".

29. *Disquisitionum*, p. 61 (cf. aqui, p. 300); segundo Tooker, *Charisma*, p. 106. Cf. Browne, *Adenochoiradelogia*, p. 111.

30. *Les miraculeux effects*, pp. 70-3. Citações bíblicas: Naamã, o Sírio: Lucas 4, 27; piscina probática de Betesda: João 5, 4.

31. *Some important points of primitive Christianity maintained and defended in several sermons...*, Oxford, 1816, p. 136: "And yet they say some of those diseased persons return from that sovereign remedy *reinfecta*, without any cure done upon them. [...] God hath not given this gift of healing so absolutely to our royal line, but still keeps the reins of it in his own hand, to let them loose, or restrain them, as he pleaseth". Na p. 134, a exposição sobre s. Paulo e os apóstolos que haviam recebido de Cristo o dom da cura "as not to be at their own absolute disposal, but to be dispensed by them, as the Giver should think fit". Veja-se também o que diz Regnault, *Dissertation historique*, 1722, p. 3: "Bem sei que nem todos os enfermos são curados; confessemos também que nossos reis não têm mais poder que os Profetas e os Apóstolos, os quais não curavam todos os doentes que imploravam sua ajuda".

32. *Adenochoiradelogia*, p. 111: "Thus every unbelieving Man may rest satisfied, that without he brings Faith enough with him, and in him, that His Majesty hath Virtue enough in His Touch to Heal him, his expectation will not be answered" [Portanto, todo homem descrente pode ficar convencido de que, se não tiver bastante fé, sua majestade não poderá curá-lo].

33. *Dissertation*, p. 4. Cf. as proposições de mons. Gousset, arcebispo de Reims, relatadas pelo barão de Damas, *Mémoires*, II, p. 306: "Essas curas devem ser consideradas graças privilegiadas [...] as quais dependem da fé do rei que toca e, ao mesmo tempo, da fé do doente que é tocado". É a mesma explicação que os fiéis de s. Huberto das Ardenas davam (e, sem dúvida, dão ainda) para explicar que certos doentes, apesar de uma peregrinação ao túmulo do santo, sucumbem à hidrofobia: Gaidoz, *La rage et saint Hubert*, p. 88.

34. *AA. SS. aprilis*, I, p. 155, nº 36.

35. Cinco casos de cura foram constatados por um auto datado de 8 de outubro de 1825 e duplamente estabelecido: primeiro, a atestação das religiosas do Hospice Saint-Marcoul; depois, a de um médico, o dr. Noël: *Ami de la Religion*, 9 de novembro de 1825; reproduzido por Cerf, "Du toucher des écrouelles", p. 246. Em 1867, uma religiosa (que, aliás, só em 1826 ingressara no hospital) testemunhou três outros casos que conhecera: Marquigny, "L'attouchement du roi de France guérissait-il des écrouelles?", p. 389, n. 1. Todos os cinco casos de cura observados em 1825 concerniam a crianças. Ora, também adultos haviam sido tocados. As freiras não puderam fazer-lhes o acompanhamento? Isso seria mais um motivo para não considerar que a estatística correspondesse à proporção usual. Em 1853, o barão de Damas (que conhecia somente esses cinco casos) escrevia: "A superiora do hospital acredita que houve número maior, mas que negligenciaram de verificá-lo". Não sei onde L. Aubineau, *Notice sur m. Desgenettes*, p. 15, descobriu que "os onze primeiros doentes tocados pelo rei foram curados".

36. Para Eduardo, o Confessor, ver textos citados aqui, p. 72, n. 32. Para Carlos I, ver fragmento do diário de Oudert, citado por Edward Walford, *Old and new London*, III, Londres, s. d., p. 352.

37. Em sua *Church history of Britain*, publicada em 1655, Fuller exprimira-se com alguma tibieza a respeito do milagre (era a época de Cromwell): "Others ascribe it to the power of fancy and an exalted imagination" [Outros o atribuem ao poder da fantasia e de uma imaginação exaltada] (f. 145). Nesse ponto como em muitos outros, Fuller foi violentamente atacado por Peter Heylin, *Examen historicum or a discovery and examination of the mistakes... in some modern histories*,

pequeno in-8º, Londres, 1659. Fuller, numa réplica intitulada *The appeal of injured Innocence*, in-4º, Londres, 1659, respondeu nestes termos: "though I conceive fancy may much conduce, in *Adultis*, thereunto, yet I believe it *partly Miraculous*. [...] I say *partly*, because a complete Miracle is done *presently* and *perfectly*, whereas this cure is generally advanced by Degree and some Dayes interposed" [embora pense que nos *adultos* a fantasia possa em muito contribuir para a cura, ainda assim a reputo *parcialmente miraculosa*. Digo *parcialmente* porque um completo milagre é feito imediata e perfeitamente, ao passo que em geral essa cura se dá por etapas e alguns dias depois]. Já em 1610, Th. Morton (anglicano e bom monarquista, mas de uma tendência que hoje seria qualificada de *Low Church*), em sua obra intitulada *A catholike oppeale for protestants*, in-4º, Londres, p. 428, recusava-se a considerar propriamente miraculosas as curas régias: primeiro, porque não eram instantâneas; segundo, porque o toque era muitas vezes seguido de tratamento médico. Conforme o barão de Damas (*Mémoires*, II, p. 306), mons. Gousset, arcebispo de Reims, também não achava que as curas constituíssem um milagre, no estrito sentido da palavra; mas o arcebispo dava uma razão diferente: porque, no fato de as escrófulas ser curadas, não há nada "contrário às leis que governam o mundo". Ademais, o barão de Damas, informado pelo arcebispo, sabia muito bem que "as curas não são instantâneas" (*ibid.*, mesma p.).

38. Texto citado por Crawfurd, *King's evil*, p. 77.

39. Archives de Reims, fonds de Saint-Rémi, liasse 223, rens., nº 7.

40. Archives de Reims, fonds. de Saint-Rémi, liasse 223, nº 11 (29 de abril de 1658).

41. Crawfurd, p. 157. Nossas informações sobre o fim de Lovel derivam unicamente de uma carta que, a 13 de janeiro de 1747, um correspondente de Bristol (assinando-se Amicus Veritatis) endereçou ao *General Evening Post* (ed. *Gentleman's Magazine Library*, III p. 167); o testemunho tem pouco valor intrínseco; mas o que tende a provar sua veracidade é que não parece ter havido desmentido do lado *tory*. Sobre o caso Carte, ver aqui, p. 303.

42. Antonius Franco, *Synopsis Annalium Societatis Jesu in Lusitania*, Augsburg, in-4º, 1726, p. 319: [...] Michael Martinus, scholasticus, a longo morbo probatus est. Ad sanandas strumas in Galliam missus, ut a Rege Christianissimo manu contingeretur, salvus in Lusitaniam rediit, sed alio malo lentae tabis consumptus".

43. Crawfurd, pp. 122-3; sobre essas confusões, cf. Ebstein, "Die Heilkraft", p. 1104, n. 2. Abscesso dentário tomado por um caso de *king's evil* e, por isso, confiado aos cuidados da sétima filha de uma sétima filha (que, naturalmente, fracassou): A. G. Fulcher, em *The Folk-Lore*, VII, (1896), pp. 295-6. Devemos observar que o mal régio era considerado (ao menos pelo povo) bastante difícil de reconhecer: é o que prova o singular procedimento para o diagnóstico, indicado por uma pequena compilação de receitas medicinais do século XVII, publicada por *The Folk-Lore*, XXIV (1912), p. 494. Além disso, convém acrescentar que ocasionalmente outro tratamento podia juntar-se ao toque. Pelo menos, foi o caso dos cinco pequenos doentes "curados" por Carlos X; o atestado emitido pelo dr. Noël, datado de 8 de outubro de 1825, diz: "Atesto [...] que para sua cura foi empregado apenas o tratamento habitualmente em uso" (Cerf, "Du toucher des écrouelles", p. 246). Em circunstância similar, a quem atribuir a cura? Ao rei? Ou ao "tratamento habitual"? Também cf. aqui, p. 326, n. 37, as observações de Morton.

44. R. Carr, *Epistolae medicinales*, p. 154: "Verbo itaque expediam quod sentio: Contactus regius potest esse (si olim fuit), proficuus; solet subinde esse irritus, nequit unquam esse nocivus". Cf. Crawfurd, *King's evil*, p. 78; sobretudo, Ebstein, "Die Heilkraft", p. 1106.

1. Para mais detalhes, ver Ch. -V. Langlois, "Registres perdus des archives de la Chambre des Comptes de Paris", *Notices et Extraits*, XL, p. 1. Lenain de Tillemont (*Vie de saint Louis*, ed. Soc. de l'Histoire de France, v, p. 301) havia visto uma conta das despesas do casamento de Luís IX, em que "há vinte libras para os doentes que tinham vindo encontrá-lo em Sens". Mas esses doentes eram escrofulosos vindos para ser tocados?

2. É o que se conclui das indicações de origem dadas pelas tabuinhas de Renaud de Roye: todas se referem ou a outros países, ou a regiões do reino afastadas: cf. aqui, pp. 114 ss.; se se admitisse que todos os doentes tocados recebiam uma esmola, seria necessário concluir que o milagre régio só era popular no estrangeiro ou, pelo menos, fora das regiões em que se sentia mais diretamente a autoridade do rei; conclusão que, no mínimo, é altamente improvável.

3. Documentos publicados nos tt. XXI e XXII do *Recueil des Historiens de France* e estudados por Borrelli de Serres, *Recherches sur divers services publics*, I, 1895, pp. 140-60, e II 1904, pp. 69-76.

4. Documentos publicados na *Histor. de France*, XXII, pp. 545-5 e 555-65. Para as tabuinhas de 1307, utilizei a cópia antiga constante no ms. latin 9026 da Bibl. Nat., o qual, em alguns pontos, é mais completo do que a edição; cf. aqui, p. 117, n. 40. Sobre Renaud de Roye, ver Borrelli, *loc. cit.*, II, p. 75; sobre nossas tabuinhas, *ibid.*, pp. 72-3.

5. Há uma exceção: *Histor. de France, loc. cit.*, 554B: "Thomas Jolis, patiens morbum regium"; o lugar de origem foi omitido.

6. Ver as contas publicadas ou analisadas por L. Douët d'Arcq, *Comptes de l'hôtel des rois de France aux XIVe et XVe siècles* (Soc. de l'Hist. de France), 2 vols., 1865.

7. O ms. français 11709 da Bibl. Nat. inclui (ff. 147-59) um fragmento (do século XIV) de regulamento para a Aumônerie. Nele, não se acha nenhuma menção do toque.

8. KK 111 é um registro artificial, formado de diversos fragmentos colocados na mesma encadernação; provém (como o indica uma anotação na própria encadernação) da coleção de A. Monteil, embora tenha sido omitido no inventário dessa coleção que consta do *Tableau méthodique des fonds* de 1871, col. 686. Todos os fragmentos que o compõem estão inventariados aqui (pois são todos partes isoladas de livros de esmolas), com exceção do último (f. 54), que parece ser a última folha de um registro de contas, provavelmente também oriundo da Aumône, o qual foi transmitido à Chambre des Comptes em dezembro de 1489 (menção de uma soma de vinte libras paga em 14 de dezembro de 1489 a um porteiro da Chambre, "encarregado de receber e pagar as pequenas necessidades daquela câmara"). Na parte dedicada às despesas, os registros de esmolas não estão dispostos numa ordem mensal estritamente cronológica: primeiro, encontramos as oferendas; depois, as esmolas propriamente ditas. Ambos os capítulos, no entanto, obedecem à ordem das datas.

9. A pasta O[1] 750 dos Arch. Nat. contém documentos relativos à Grande Aumônerie (reinado de Luís XVI); ali, não se acha nada que diga respeito à história do toque. Oroux, no reinado de Luís XVI, parece ainda ter visto registros de esmolas do tempo de Luís XIV nos quais havia menções do toque: *Histoire ecclésiastique de la cour*, I, p. 184, n. q.

10. Sobretudo, penso nos belos trabalhos do prof. T. F. Tout; cf. aqui, p. 337, n. 11.

11. É claro, devo muito ao livro do sr. T. F. Tout, *Chapters in the administrative history of medieval England: the Wardrobe, the Chamber and the Small Seals* (*Public of the Univ. of Man-*

chester: Historical Series, XXXIV), 2 vols., 1920. Infelizmente, essa obra notável cobre apenas parte bastante pequena do período que eu era obrigado a considerar, e os problemas de que trata não são inteiramente aqueles que se colocavam à minha frente. Cf. também A. P. Newton, "The King's Chamber under the early Tudors", *Engl. Historical Review*, 1917. Pelo menos no que concerne à Idade Média, a bibliografia da história financeira inglesa é dada por Ch. Gross, *The sources and literature of English history*, 2ª ed., Londres, 1915. O dr. Crawfurd e a srta. Farquhar utilizaram grande número de contas para suas pesquisas sobre o rito curativo, mas sem um estudo sistemático. Para este Apêndice, o sr. Hilary Jenkinson teve a gentileza de fazer chegar a mim diversas informações e, sobretudo, diversas retificações de que tirei grande proveito; insisto, porém, em dizer que não pode ser responsabilizado pelas faltas que provavelmente cometi. Se eu tivesse desejado evitar toda possibilidade de erros, teria renunciado a escrever este pequeno trabalho, o qual tive grande dificuldade em redigir estando longe de Londres; preciso eu confessar que, várias vezes, tive a tentação de renunciar a ele? No fim de contas, preferi expor-me a censuras (decerto muito bem fundamentadas) a utilizar documentos sem nem mesmo tentar fazer sua crítica. Malgrado tudo, creio ter lançado alguma luz sobre uma questão muito obscura; e pedirei que perdoem a minha temeridade, em favor do pequeno número de indicações úteis que pude fornecer.

12. As citações que seguem são feitas em conformidade com as regras indicadas na Bibliografia, pp. 532-3. A cifra entre colchetes indica o ano do reinado; para restabelecer em nosso calendário os anos de reinado, utilizar-se-á com proveito a pequena brochura de J. E. W. Wallis, *English regnal years and titles* (Society for Promoting Christian Knowledge, *Helps for Students of History*, nº 40), Londres, 1921. Marquei com um asterisco os documentos que nada me forneceram sobre o toque das escrófulas. Limitado pelo tempo, tive de circunscrever meus exames ao que me ofereciam o Record Office, os manuscritos do British Museum e as compilações impressas. Isso significava resignar-me antecipadamente a não ser completo. Os dois grandes depósitos londrinos contêm a grande maioria dos arquivos financeiros da antiga monarquia inglesa; mas ainda poderiam encontrar-se informações em outras coleções públicas ou privadas. Não foi feito um recenseamento das contas do palácio. O sr. Tout diz muito bem (*Chapters*, I, p. 48): "The wide dispersion of the existing wardrobe accounts makes it very difficult to examine them very systematically" [A grande dispersão das contas existentes do Wardrobe torna bastante difícil examiná-las muito sistematicamente].

13. Examinei sem resultado duas contas de despesas de Henrique III, E. A. *349, 23 e *349, 29.

14. Examinei E. A. 350, 23 [5]; 351, 15 [12]; 352, 18 [17]; *353, 16 [21]; *361, 21 [30].

15. Examinei R. O. Chancery Miscellanea, IV, 1 [6, somente a partir de 31 de janeiro]; *IV, 3 [14]; IV, 4 [18]; Exch. Treasury of Receipt, Misc. Books *202 [22-3]; Brit. Mus., Add. mss. 7965 [25]; 35291 [28]; 8835 [32]. Add. mss. *35292 — que é um diário de caixa (*Jornale Garderobe de receptis et exitibus eiusdem*, anos 31-3 — não me forneceu nada, assim como o Add. mss. *37655 [34], que é de natureza análoga.

16. Por causa dessa ambiguidade, fui levado a consultar certo número de contas da Garderobe, no estrito sentido da palavra, as quais, aliás, não me forneceram nada. Para Eduardo III, E. A. *384, 1 [2 e 3]; *388, 9 [11 e 12], ambos procedentes do controlador. Para Ricardo II, **Archaeologia*, LXII, 2 (1911), p. 503 [16-7]. Para Eduardo IV, Brit. Mus., Harleian *4780. Para Ricardo III, **Archaeologia*, I (1770), p. 361.

17. Examinei o *Liber quotidianus contrarotulatoris garderobe...*, publicado pela Society of Antiquaries of London, in-4º, Londres, 1787 [28; a comparar com Brit. Mus., Add. mss. 35291, citado aqui, p. 338, n. 15]; Brit. Mus., Add. mss. *7966 A [29].

18. Todavia, há ainda entre os Exchequer Accounts uma conta de esmolas de Eduardo III: E. A. *394, 1 (na qual não encontrei nada).

19. Cf. *Second report of the royal commission on public records*, II, in-fólio, Londres, 1914, 2ª parte, p. 172. Atualmente, o depósito da Royal Almonry não contém documentos anteriores a 1723.

20. Cf. a obra citada na nota precedente, p. 69.

21. O mais tardar a partir de Eduardo III, o exercício deixa de coincidir exatamente com o ano do reinado; sua duração varia amiúde, sintoma seguro da desordem que se introduziu na administração financeira.

22. A conta do décimo ano de Eduardo II (8 de julho de 1316 a 7 de julho de 1317), a qual só conheço pela descrição de Th. Stapleton, *Archaeologia*, XXVI (1836), pp. 319 ss., parece ter sido organizada de acordo com a maneira antiga.

23. Exemplo: Brit. Mus., Add. mss. 9951, Controle (?) de Eduardo II, para o ano 14 de reinado (8 de julho de 1320 a 7 de julho de 1321), f. 3*v*: "Eidem [elemosinario] pro denariis per ipsum solutis lxxix infirmis benedictis ab ipso rege per diversas vices infra annum presentem predictum; videlicet cuilibet pauperi j d: vj s. vij d.".

24. Para Eduardo II, examinei (além do artigo da *Archaeologia* indicado aqui, n. 22) E. A. *376, 7 [9; controle notável tanto pela brevidade do período que cobre — de 31 de janeiro a 9 de junho — quanto pelo caráter sumário das diversas indicações que contém); Brit. Mus., Add. mss. 17362 [13; conta do Garderobe]; 9951 [14: controle?]; por engano, uma conta das despesas pessoais do controlador: E. A. *376, 13 [8 e 9]. Para Eduardo III: Brit. Mus., Cotton Nero C. VIII [8-11: controle]; E. A. 388, 5 [11-2: controle]; R. O. Treasury of Receipt, Misc. Books, 203 [12-14: conta da Garderobe]; E. A. *396, 11 [43: controle]. Além disso, para Eduardo II, o Brit. Mus., Add. mss. *36763, rolo de despesas, 8 de julho a 9 de outubro de 1323, é, em suma, uma espécie de livro-caixa do palácio; embora organizado dia a dia, indica simplesmente os desembolsos feitos, departamento por departamento (incluindo a esmolaria), sem que seja especificada sua finalidade.

25. Para os reinados seguintes ao de Eduardo III, eis a lista das contas que vi:

Ricardo II, Brit. Mus., Add. mss. *35115 [16: controle]; E. A. *403, 10 [19: controle].

Henrique IV: E. A. *404, 10 [2: rolo, guardião da Garderobe]; Brit. Mus., Harleian *319 [8: controle; cf. *Archaeological Journal*, IV (1847), p. 78].

Henrique V: E. A. *406, 21 [1: tesoureiro do palácio].

Henrique VI: E. A. *409, 9 [20-1: controle].

Eduardo IV: E. A. *412, 2 [6-7: guardião da Grande Garderobe]. As *Enrolled Accounts* do Tesouro não forneceram nada; as despesas do palácio são ali indicadas de forma absolutamente sumária; consultei *Exch. Enrolled Accounts, Wardrobe and Household*, *5.

26. Para compreender essa disposição, não há nada melhor que um exemplo. Eis, inteiramente ao acaso, um dia da conta da Garderobe, no sexto ano de reinado de Eduardo IV; estamos a 7 de outubro de 1466; o rei encontra-se em Greenwich: "Dispensa: xxvij s. vj d. Buttillaria: cxv s. j. d. ob. Garderoba: xxxj s. xj d. ob. Coquina: vj 1. xij s. iij d. Pullieria: lxj s. viij d. Scuttillaria:

vj s. vj d. ob. Salsaria: ij s iiij d. Aula et camera: xviij s, ix d. Stabulum: xxix s. ix d. ob. Vadia: lxxvj s. x d. ob. *Elemosina*: iiij s. Summa: xxv l. vj s. ix d. ob.". E. A. 412, 2, f. 5*v*.

27. Para Henrique VII, vi o controle do oitavo ano: E. A. *413, 9. Para Henrique VIII, o controle do 13º e 14º ano: E. A. *419, 6; a conta do guardião da Grande Garderobe, Brit. Mus., Add. mss. *35182 [23-4]. Para Eduardo VI, o controle E. A. *426, 6 [2 e 3]. Para Eduardo VI [6] e Maria [1], a conta do palácio, Brit. Mus., Add. mss. *35184. Para Elisabete, a conta E. A. *421, 11 [2], e o controle E. A. *421, 8 [1-3]. Para Henrique VIII, cf. as indicações dadas pela srta. Farquhar, "Royal charities", I, p. 73, n. 3.

28. Para Henrique VII, E. A. 415, 3 [15-7]; Brit. Mus., Add. mss. 21480 [20-1]; Samuel Bentley, *Excerpta Historica*, Londres, 1831 (fragmentos de livros de pagamentos, copiados dos extratos feitos por C. Ord, com base nos originais; os livros de contas de C. Ord. estão no Brit. Mus., Add. mss. 7099). Para Henrique VIII, N. H. Nicolas, *The privy purse expenses of king Henry the Eighth from november MDXXIX to December MDXXXII*, Londres, 1827 (livro de Bryan Tuke, tesoureiro da Câmara, hoje Brit. Mus., Add. mss. 20030). Para Henrique VIII, Eduardo VI e Maria, ver também diversos extratos de livros análogos, nos *Trevelyan Papers*, I e II (Camden Society), Londres, 1857 e 1836: cf. Farquhar, I, p. 82, n. 1. Não há nenhuma menção de pagamento para o toque, mas a indicação de numerosos reembolsos feitos ao esmoler, por despesas não especificadas, no *Boke of payments* de Henrique VII [21-4] e Henrique VIII, R. O. Treasury of the Exchequer Misc. Books *214; nada também sobre o toque no livro de pagamentos de Henrique VIII, Brit. Mus., Add. mss. *2182 [1-8]. Examinei (também em vão) o livro-caixa de Eduardo VI [2-3], E. A. *426, 6, e um borrador do tempo de Elisabete, E. A. *429, 11. A srta. Farquhar examinou com muito cuidado as contas da época dos Tudor: especialmente, ver as informações que ela dá, I, pp. 79; 81; 88, n. 3; 91, n. 4.

29. Nicolas, *Privy purse expenses*, p. 249 (31 de agosto de 1549); trata-se de "master Hennage", que sabemos ser o "Chief Gentleman of the Privy Chamber".

30. Por descargo de consciência (mas, naturalmente, em vão), consultei dois controles de Carlos II, R. O. Lord Steward's Dept *1, 3 e 10.

31. Sobre a história numismática do toque, cf. aqui, pp. 120-1 e 293.

32. A srta. Farquhar, II e III, estudou com o maior cuidado esses documentos.

33. Parece ter sido estabelecido por uma série de decisões do Treasury Board nos primeiros meses de 1668, notadamente a 2 de março; cf. Farquhar, II, pp. 143 ss., sobretudo p. 149, embaixo; o método transparece muito claramente, por exemplo, da conta de Baptist May, *Keeper of the Privy Purse*, de 12 de fevereiro de 1668 a 25 de março de 1673: R. O. Pipe Office, Declared Accounts 2795.

34. Textos editados ou analisados por F. H. Garrison, "A relic of the king's evil"; cf. Farquhar, II, p. 130 (fac-símile), e, para uma retificação do texto de Garrison, III, pp. 117-8.

35. Exchequer of Receipt, Miscellaneous Books, E. 407, 85 (1). Conduziu-me a esse maço uma indicação contida numa nota de G. Fothergill, *Notes and Queries, 10th series*, IV (1905), p. 335. Esses documentos vão de abril de 1669 a dezembro de 1685; sobre as cifras que eles contêm, cf. aqui, pp. 293; 293, n. 192; e 301.

36. É claro, se excetuarmos os documentos relativos à fabricação dos *touch-pieces*, pois estes são encontrados até os últimos dias do rito: cf. Farquhar, IV, p. 159.

37. Encontrar-se-á aqui, nn. 14-28, a indicação das contas do palácio que foram por mim

examinadas. Darei agora, reinado por reinado, a lista das que me forneceram alguma coisa sobre o rito dos anéis. Notar-se-á que, de Eduardo III a Eduardo VI, só falta nesta enumeração o reinado de Eduardo V, o qual (tendo sido demasiado curto e, assim, não incluindo nem uma única Sexta--feira Santa) não poderia figurar nela, e o de Ricardo III (que incluiu somente duas). Cf. aqui, p. 163 e n. 30. A data entre colchetes é a Sexta-feira Santa em que os anéis foram consagrados.

Eduardo III: Cotton Nero, C. VIII, ff. 202 [14 de abril de 1335], 205 [29 de março de 1336], f. 206*v* [18 de abril de 1337] (os dois primeiros artigos estão reproduzidos em Stevenson, "On cramp-rings", p. 49; *Gentleman's Magazine Library*, p. 40; os três em Crawfurd, pp. 169-70); E. A. 388, 5 [10 de abril de 1338]; R. O. Treasury of Receipt, Misc. Books, 203, ff. 150 [26 de março de 1339] e 153 [14 de abril de 1340]; E. A. 396, 11, f. 12 [30 de março de 1369]; "Account Book of John of Ypres" [12 de abril de 1370], reproduzido por Crawfurd, p. 170.

Ricardo II: Brit. Mus., Add. mss. 35115, f. 33*v* [4 de abril de 1393]; E. A. 403, 10, f. 36 [31 de março de 1396], reproduzido por Crawfurd, p. 170.

Henrique IV: Brit. Mus., Harleian 319, f. 39 [25 de março de 1407], reproduzido pelo *British Archaeological Journal*, IV (1847), p. 78.

Henrique V: E. A. 406, 21, f. 37 [21 de abril de 1413].

Henrique VI: E. A. 409, 9, f. 32 [30 de março de 1442].

Eduardo IV: E. A. 412, 2, f. 31 [27 de março de 1467]. Para o dia 15 de abril de 1468, citação sem referências, Crawfurd, p. 171.

Henrique VII: E. A. 413, 9, f. 31 [5 de abril de 1493].

Henrique VIII: Brit. Mus., Add. mss. 35182, f. 31*v* [11 de abril de 1533].

Eduardo VI: E. A. 426, 1, f. 19 [8 de abril de 1547]; Brit. Mus., Add. mss. 35184, f. 31*v* [31 de março de 1553].

Comparando esta lista às das contas examinadas, poder-se-á notar que, sem razão aparente, algumas contas da Garderobe não mencionam as despesas provocadas pelo rito dos anéis — outro exemplo das anomalias a que o historiador que utiliza os documentos administrativos medievais deve resignar-se por antecipação.

38. Exemplos: reinado de Eduardo III, 14 de abril de 1335: "In oblacionibus domini regis ad crucem de Gneyth, die Paraceues, in capella sua infra manerium de Clipstone, in precio duorum florenciorum de Fflorentia, xiiij die aprilis, vj s. viij d.; et in denariis quos posuit pro dictis florenciis reasumptis pro anulis inde faciendis, ibidem, eodem die, vj s. Summa xij s. vjjj d.". Brit. Mus., Cotton Nero C. VIII, f. 202; publicado em Stevenson, "On cramp-rings", p. 49 (*Gentleman's Magazine Library*, p. 40); Crawfurd, p. 169. Reinado de Henrique V, 21 de abril de 1413: "In oblacionibus domini regis factis adorando crucem in die Parasceues in ecclesia fratrum de Langley, videlicet in tribus nobilibus auri et quinque solidis argenti xxv s. In denariis solutis decano Capelle pro eisdem denariis reassumptis pro anulis medicinalibus inde faciendis xxv s.". E. A. 406, 21, f. 19. No texto referente a Eduardo III, observar-se-á ligeira diferença de valor entre os dois lançamentos sucessivos. Ela explica-se facilmente: a necessidade de realizar em espécies preciosas o primeiro lançamento levou à utilização de moedas estrangeiras, cujo valor não pôde ser transformado numa soma redonda em moeda nacional.

39. Henrique VI, 30 de março de 1442: "In oblacionibus domini Regis factis ad orandam crucem die Parasceues in Auro et argento pro Anulis medicinalibus inde fiendis xxv s.". E. A. 409, 9, f. 32*v*. Fórmulas análogas: E. A. 412, 2, f. 31 (Eduardo IV); E. A. 413, 9, f. 31 (Henrique VII).

40. Henrique VIII, 29 de março de 1532: "In oblacionibus domini Regis factis in adorando crucem die Parasche [ues] et pro redempcione, anulis medicinalibus inde fiendis, aurum et argentum, infra tempus huius compoti xxv s.". Add. mss. 35182, f. 31*v*. A fórmula de E. A. 426, 1, f. 18 (Eduardo VI, 8 de abril de 1547), também é bastante mal executada: "In oblacionibus domini Regis secundum antiquam consuetudinem et ordinem pro adhorando crusem die Parascheues et pro rede[m]ptione Anulorum Medicinalium inde fiendum [*sic*] aurum et argentum, infra tempus huius computi xxxv s. [provável engano, em vez de xxv s.]"; é quase textualmente repetida por Add. mss. 35184, f. 31*v* (Eduardo VI: 31 de março de 1553).

41. E. A. 396, 11, f. 12.

42. Cf. aqui, p. 167.

43. Para Eduardo IV, ver Privy Seal Account, citado por Crawfurd, "Cramp-rings", p. 171; cf. "Liber Niger Domus Regis" em *A collection of ordinances and regulations for the government of the Royal Household* (Soc. of the Antiquaries), in-4º, Londres, 1790, p. 23 (pagamento à "jewel-house"). Henrique VII: W. Campbell, *Materials for a history of Henry VII* (*Rolls Series*), II, p. 142. Henrique VIII: livro de pagamentos do palácio, Brit. Mus., Add. mss. 2181, ano 2, 19 de abril de [1511]; *Letters and papers, foreign and domestic, Henry VIII*, XV, nº 862; XVIII, 1, nº 436; 2, nº 231, pp. 125 e 127. No reinado de Henrique VIII, o mais tardar a partir de 1542, as despesas ocasionadas pelo rito dos anéis medicinais eram atribuídas ao fundo da *Augmentations*, sustentado pelas rendas dos estabelecimentos religiosos confiscados (sobre esse fundo, cf. F. A. Gasquet, *Henry VIII and the English monasteries*, II, 6ª ed., 1895, p. 9). Maria Tudor: (J. Nichols), *Illustrations of the manners and expences of antient times in England*, in-4º, Londres, 1797, *New Year's gifts presented to queen Mary*, p. 27.

44. Cf. também aqui, nºs 14, 15 e 16.

45. O primeiro rei de Aragão a obter a unção parece ter sido Pedro II, que a recebeu do próprio papa Inocêncio III, a 11 de novembro de 1204: cf. G. de Blancas, *Coronaciones de los serenissimos reyes de Aragon*, Saragoça, 1641, pp. 1 ss.

46. Sobre o uso da coroa no reino visigodo, cf. Felix Dahn, *Die Könige der Germanen*, IV, 1885, Leipzig, pp. 530-1.

47. O trabalho de P. G. Preobrazenskij sobre Teófanes (em russo), só o conheço graças a E. W. Brokks, *Byzant. Zeitschrift*, XXII (1913), pp. 154-5. O autor considera interpolações as passagens que não são simultaneamente comuns a nossos ms. gregos da *Chronographia* e à tradução latina do Anastácio; entretanto, essa dúvida não deveria estender-se ao trecho relativo à unção.

48. C. XII. *Monum.*, pp. 23-4: "Duodecimo sermone sanximus, ut in ordinatione regum nullus permittat pravorum praevalere assensum, sed legitime reges a sacerdotibus et senioribus populi eligantur, et non de adulterio vel incaestu procreati: quia sicut nostris temporibus ad sacerdotium secundum canones adulter pervenire non potest, sic nec christus Domini esse valet, et rex totius regni, et heres patrie, qui ex legitimo non fuerit connubio generatus". As mesmas decisões haviam sido tomadas por um concílio realizado (na presença de um dos legados pontificais) no reino da Nortúmbria. Os atos dos dois concílios correspondiam-se ponto por ponto, mas na Nortúmbria (decerto porque a ocasião não se prestava a isso) não parece ter havido nesse momento unção régia.

49. Sobre uma redação resumida dessa *vita* (que por muito tempo se acreditou ser anterior

a Adaman, mas que, na realidade, é apenas um resumo da própria obra do abade de Iona), ver G. Bruning, "Adamnans Vita Columbae", *Zeitschr. für Celtische Philologie*, XI (1916).

50. Da mesma forma, o rei inglês Edgar, que só se sagrou ao fim de dezesseis anos de reinado (cf. aqui, p. 365), usou a coroa bem antes da coroação propriamente dita. *A Vita Oswaldi* (em J. Raine, *The historians of the Church of York, Rolls Series*, I, p. 437) mostra-o entrar na igreja, no dia da cerimônia, com coroa na cabeça, depositando em seguida a insígnia sobre o altar e fazendo-se enfim coroar (uma vez recebida a unção) pelo arcebispo Dunstan.

51. Convém indicar que o artigo de W. Fischer, "Eine Kaiserkrönung in Byzantion", *Zeitschr. für Allg. Geschichte*, IV (1887), é apenas uma paráfrase (sem interesse) da descrição de João Cantacuzeno citada aqui.

52. Sickel, *loc. cit.*, p. 547, n. 80, para provar a antiguidade da unção em Bizâncio, invoca um texto armênio do século X (*Histoire d'Arménie*, de João Katholicos, c. 17, trad. Saint-Martin, p. 125) em que se vê o rei da Armênia ser simultaneamente ungido e coroado; segundo Sickel, a Armênia só poderia ter imitado de Bizâncio esse rito. Sou ignorante demais a respeito das coisas orientais para poder discutir o sentido desse texto ou analisar se, verdadeiramente, a unção armênia só pode ter sido uma imitação do uso bizantino. Em todo o caso, parece-me difícil nada opor ao silêncio do Porfirogênito.

53. *Ἀντὶ δὲ τοῦ Χριομένου ἐλαίου τοῖσ βασιλεῦσι χαὶ τοῖσ ἀρχιερεῦσι, χατὰ τὸν παλαιὸν νόμον, εἶπον ἀρχεῖν τοῖσ ἀρχιερεῦσι τοὺ ἐπιχείμενον ζυγὸν τοὺ Εὐαγγελι΄ου τῷ τραχήλῳ αὐτῶν, χαὶ δἰ ἐπιχλήσεωσ τοῦ αγίου πνεύματοσ σφραγῖδα τοῦ χειροτονοῦτοσ.*

54. *The coronation book of Charles V of France*, ed. E. S. Dewick, 1899 (*Bradshaw Soc.*, XVI).

55. *Le racional des divins offices*, Paris, 1503.

56. *Les raisons de l'office et ceremonies qui se font en l'Eglise catholique, apostolique et romaine, ensemble les raisons des ceremonies du sacre de nos roys de France, et les douze marques uniques de leur royauté céleste, par dessus tous les roys du Monde* [As razões do ofício e das cerimônias que se realizam na Igreja católica, apostólica e romana, junto com as razões das cerimônias de sagração de nossos reis da França e os doze atributos únicos de sua celeste realeza, acima de todos os reis do mundo], in-4º, 1611. "Ian Goulain" é expressamente citado na dedicatória (à rainha-mãe). Para a sagração, ver pp. 211-50; para referência a Jean Golein, ver especialmente, p. 220.

57. Mas, por causa de um erro de numeração, a f. 56 segue diretamente a f. 54. O tratado da sagração é adornado com três miniaturas; unção do rei (44*v*); unção da rainha (50); e bênção da auriflama (51*v*).

58. Rubrica copiada da edição impressa; não há rubrica no ms.

59. Ms. ccc lx; de fato, 19 de maio de 1364, domingo da Santíssima Trindade. Essa primeira frase, construída incorretamente, termina abruptamente; é encontrada tal e qual (com a variação: "a bendita Santa Trindade") no ms. franç. 176, que vem da biblioteca do duque de Berry (f. 26).

60. *Sic*; cf. mais adiante, p. 304. Entretanto, mais adiante ainda, pp. 307 e 308, Jean Golein chama seu rei "Carlos Quinto".

61. 2 Pedro 1, 17.

62. Salmo 45(44), 8: "oleo leatitiae prae consortibus suis".

63. Esse curioso detalhe não parece ter sido mencionado pelas crônicas.

64. A igreja Saint-Denis, construída no século x pelos cônegos, do lado de fora das muralhas da época (Marlot, *Histoire de Reims*, II, p. 689); a capela Saint-Nicolas, no Hôtel-Dieu; cf. *The coronation book*, ed. Dewick, col. 7, e Godefroy, *Ceremonial*, p. 247.

65. Nada encontrei sobre essa tradição.

66. O mal de s. Remígio é a peste; cf. L. du Broc de Seganges, *Les saints patrons des corporations*, II, p. 303; não conheço a historieta a que Jean Golein se refere: cf. aqui, p. 198.

67. Anteriormente (f. 47, col. 1), Jean Golein já aludiu a um juramento feito por Alexandre, o Grande, ao sumo sacerdote de Jerusalém.

68. É a estátua que, mais tarde, pensou-se representar Filipe de Valois; pretendo publicar em outro lugar uma nota sobre ela.

69. No próprio texto de Jean Golein, mais adiante, p. 306, a origem das flores-de-lis é atribuída ao eremita de Joyenval: cf. aqui, pp. 202-4.

70. *De praecepto et dispensatione*, XVII, 54 (Migne, *P. L.*, t. 182, col. 889): "Audire et hoc vultis a me, unde inter caetera paenitentiae instituta monasterialis disciplina meruerit hanc praerogativam, ut secundum baptisma nuncupetur".

71. Seria necessário verificar minuciosamente a exatidão dessa regra iconográfica; à primeira vista, ela não me parece ter sido, em geral, aplicada de forma muito rigorosa.

72. Isto é, a bandeira com flores-de-lis; a miniatura no mesmo fólio, entretanto, representa a bênção da auriflama. O texto da bênção em d. Martene, *De antiquis ecclesiae ritibus*, III, p. 221, e Dewick, *Coronation Book*, p. 50 (em que também a miniatura, pl. 38, mostra a auriflama).

73. Na realidade, Turpin fora muito simplesmente enterrado em Reims, em sua catedral (Flodoard, *Historia Remensis ecclesie*, II, 17; *Monumenta*, *SS.*, XIII, p. 465). Mas por que a legenda contentou-se com uma sepultura tão banal? Mostrava-se seu túmulo em mais de um local: na igreja Saint-Romain de Blaye, ao lado de Rolando e de Olivier, segundo a *Chanson de Roland* (v. 3961); em Vienne, segundo a pretensa carta do papa Calisto II, a qual serve de prefácio à célebre *Historia Karoli Magni et Rotholandi* que se fez circular com próprio nome de Turpin (o *pseudo-Turpin*): ed. F. Castets (*Publicat. de la Soc. pour l'Etude des Langues Romanes*, VII), p. 65. Dos autores que conheço, Jean Golein é o único a expressamente atribuir-lhe por lugar de repouso o velho cemitério romano de Aliscamps; mas já a *Karlamagnussaga* (trad. alemã, *Romanische Studien, hgg. v.* Ed. Böhmer, III, p. 348) situava ali os túmulos dos doze pares: era natural reunir a seus companheiros de armas o valente prelado, morto, dizia-se, em Roncesvalles.

74. Essa tradição não é mencionada por Arturo Graf, *Roma nella memoria e nelle immaginazioni del Medio Evo*, II, Turim, 1883, nas poucas páginas (pp. 453 ss.) que ele dedica à águia.

75. 1 Timóteo 5, 17.

76. Romanos 11, 13.

77. Símbolo dito de Atanásio (H. Denzinger, *Enchiridion Symbolorum*, 12ª ed., Freiburg in B., in-12, 1913, p. 19): "aequalis Patri secundum divinitatem, minor Patre secundum humanitatem".

78. Salmo 86(85), 10: "Quoniam magnus es tu, et faciens mirabilia: tu es Deus solus"; LXXI, 18: "Benedictus Dominus Deus Israel, qui facit mirabilia solus"; 136(135), 4: "Qui facit mirabilia magna solus".

79. Aqui, Jean Golein parece designar o quarto livro do tratado *De Consideratione*, dedicado

por s. Bernardo ao papa Eugênio III. Mas a citação indicada não está ali, e não consegui encontrá-la em nenhum lugar nas obras de s. Bernardo.

80. Cf. aqui, p. 135, n. 93.

81. Divisa tirada dos laudes de Páscoa, que desde s. Luís figurava na maior parte das moedas de ouro francesas: cf. G. Froehner, *Annuaire de la Soc. Française de Numismatique*, 1889, p. 45. Jean Golein já a citara antes, f. 45, col. 2.

82. Trata-se das *Otia imperialia* de Gervase of Tilbury, compostas para o imperador Oto IV.

Bibliografia

Aqui, encontrar-se-ão duas categorias de indicações bibliográficas.

As da primeira, muito menos numerosas, formam a seção 1, concernem a certo número de obras relativas à realeza em geral ou à realeza francesa ou inglesa em particular e estão destinadas a ser citadas diversas vezes no decorrer de minha exposição; seu único objetivo é facilitar as chamadas; de nenhum modo procurei dar sobre esse ponto uma bibliografia (nem mesmo uma bibliografia *selecionada*) de caráter exaustivo. Para todo livro ou memória, quando havia possibilidade, indiquei entre parênteses as páginas que dizem respeito particularmente à realeza taumatúrgica.

As indicações da segunda ordem (seção 2 e seguintes) referem-se mais precisamente ao poder curativo e (na seção 7) a essa outra forma de crença na natureza miraculosa dos reis, a superstição do "sinal" régio. Eu as fiz tão completas quanto possível — não absolutamente completas, porém. Com essa restrição, não estou pretendendo apenas resguardar as omissões involuntárias que decerto cometi. Com todo o conhecimento de causa, deixei de lado alguns raros artigos de revista que me pareceram demasiado insignificantes. Num assunto que sempre ofereceu muitos atrativos aos amantes de "curiosidades" históricas e que tentou algumas vezes, sobretudo na Inglaterra, escritores mais arrojados ou mais ingênuos que competentes, esse tipo de corte era indispensável. Procedi a ele com muita discrição. Lembrei-me de que frequentemente, no decorrer de minhas pesquisas, uma nota curta, de fundo sem importância, dera-me uma referência preciosa; quando as fontes são tão dispersas, o trabalhador mais inexperiente deve ser bem-vindo se acrescenta um texto inédito ao dossiê.*

* Acrescento que os excelentes artigos publicados pela srta. H. Farquhar com o título "Royal charities" (aqui, seção 4) tornaram inútil tudo o que antes deles se escreveu sobre a numismática do toque inglês; permitiram-me eliminar vários trabalhos mais antigos que teriam atravancado inutilmente minhas listas.

Ao lado de trabalhos dedicados especialmente ao poder taumatúrgico ou ao sinal régio, coloquei nesta bibliografia um grande número de livros ou de artigos que, tratando de assuntos mais gerais, forneciam ocasionalmente indicações úteis sobre uma ou outra dessas duas manifestações de uma mesma ideia; fiz isso mencionando a cada vez as páginas a ser consultadas. As obras desse gênero não são sempre as menos preciosas. Naturalmente, deixei de lado tudo o que era apenas simples alusão a fatos já bem conhecidos por outras vias, sem ideias originais.

Marquei com VERSALETE alguns trabalhos de que conheço apenas os títulos; era importante assinalá-los aos pesquisadores, os quais poderão talvez descobri-los nas coleções a que não tive acesso.

Em princípio, a ordem seguida no interior de cada subdivisão é a ordem alfabética dos nomes dos autores (ou, para os anônimos, dos títulos). A única exceção é a seção 3, na qual estão recenseadas as obras sobre o toque das escrófulas publicadas antes do começo do século XIX. Ali, adotei a classificação cronológica; pretendi fornecer assim um quadro mais fiel do desenvolvimento de uma literatura cuja evolução interessa, em alto grau, à história da crença no milagre régio.

Para ser conciso, suprimi toda indicação de formato quando se tratava de volumes in-8º, e toda indicação de lugar quando se tratava de volumes publicados em Paris. A mesma regra foi seguida para as referências indicadas no decorrer do livro.

1. OBRAS GERAIS SOBRE A REALEZA

John Neville Figgis, *The divine right of the kings*, 2ª ed., Cambridge, 1914.

J. G. Frazer, *The golden bough*, 12 vols., 3ª ed., Londres, 1922; "Part I, The magic art and the evolution of kings", I, pp. 368-71; cf. "Part II, Taboo and the perils of the soul", p. 134.

J. G. Frazer, *Lectures on the early history of kingship*, Londres, 1905 (especialmente p. 126).

Frantz Funck-Brentano, "Le ancienne France", *Le roi*, 1912 (especialmente pp. 176-81).

J. Hitier, "La doctrine de l'absolutisme", *Annales de l'Université de Grenoble*, XV (1903).

Fritz Kern, *Gottesgnadentum und Widerstandrecht im früheren Mittelalter: zur Entwicklungsgeschichte der Monarchie*, Leipzig, 1914 (cf. minha resenha, *Revue Historique*, CXXXVIII (1921), p. 247).

G. Lacour-Gayet, *La éducation politique de Louis XIV*, 1898.

Hans Schreuer, *Die rechtlichen Grundgedanken der französischen Königskrönung*, Weimar, 1911.

2. O PODER CURATIVO DOS REIS: BIBLIOGRAFIAS

Ulysse Chevalier, *Topobibliographie*, I, in-4º, 1894-9, no verbete "Ecrouelles" (ver também o verbete "Corbeny" e, na *Biobibliographie*, II, 2ª ed., 1907, o verbete "Marcoul (st)").

Index Catalogue of the Surgeon General's Office, U. S. Army, XII, in-4º, Washington, 1891, no verbete "Scrophula", pp. 793 ss., sobretudo pp. 805 ss.; *second series*, XV, 1910, p. 347.

Alphonse Pauly, *Bibliographie des sciences médicales*, 1874, cols. 1092-4.

Julius Rosenbaum, *Addimenta ad Lud. Choulant Bibliothecam medico-historicam*, Halle, 1842-7, I, p. 43; II, pp. 63-4.

3. O TOQUE DAS ESCRÓFULAS: OBRAS ANTERIORES AO SÉCULO XIX

Obras francesas

Vincentius [Cigauld], *Allegationes super bello Ytalico*, 1512, último capítulo, p. XXXIXV; reimpresso em V. Gigauld, *Opus laudabile et aureum* [1516].

Johannes Ferraldus (J. Ferrault), *Insignia peculiaria christianissimi Francorum regni, numero viginti, seu totidem ilustrissimae Francorum coronae prerogativae ac preeminentiae*, 1520; "Ius quartum", pp. 45-7.

Jacques Bonaud de Sauset, "Panegyricus ad Franciam Franciaeque regem", em apêndice a Joannes de Terra Rubea, *Contra rebelles suorum regum* (três tratados editados pelo próprio Bonaud), Lyon, 1526, p. CXV.

Carolus Degrassalius (Ch. de Grassaille), *Regalium Franciae jura omnia*, Lyon, 1538, lib. I, pp. 62-5.

Bartholomeus Faius (B. Faye d'Espeisse), *Energumenicus*, 1571, pp. 154-6.

Stephanus Forcatulus (Et. Forcatel), *De Gallorum imperium et philosophia libri VII*, Lyon, 1595, pp. 128-32.

H. Morus (Meurier), *De sacris unctionibus libri tres*, 1593, pp. 260-2.

Andreas Laurentius (A. Du Laurens), *De mirabili strumas sanandi vi solis Galliae regibus christianissimis divinitus concessa*, 1609.*

André Favyn, *Histoire de Navarre*, in-fólio, 1612, pp. 1055-63.

J. Barbier, *Les miraculeux effects de la sacrée main des roys de France tres chrestiens: pour la guarison des malades et conversion des heretiques*, 1618.

P. de l'Ancre, *L'incrédulité et mescreance du sortilege plainement convaincue*, in-4º, 1622, pp. 156-73.

Michael Mauclerus (M. Mauclerc), *De monarchia divina, ecclesiastica et seculari christiana, deque sancta inter ecclesiasticam et secularem illam coniuratione, amico respectu, honoreque reciproco, in ordine ad aeternam non omissa temporali felicitatem*, f. 1022, lib. VII, cap. X, cols. 1565-9.

Hippolyte Raulin, *Panegyre orthodoxe, mistérieux et prophetique sur l'antiquité, dignité, noblesse et splendeur des fleurs de lys*, 1625, pp. 116-80.

René de Ceriziers, S. J., *Les hereux commencements de la France chrestienne sous l'apostre de nos roys s. Remy*, in-4º, Reims, 1633, pp. 190-206.

Besian Arroy, *Questions décidées, sur la justice des armes des rois de France, sur les alliances avec les heretiques ou infidelles et sur la conduite de la conscience des gens de guerre*, 1634, pp. 39-46.

[Daniel de Priezac], *Vindiciae gallicae adversus Alexandrum Patricium Arcamanus, theologum*, 1634, pp. 39-46.

* Para as edições subsequentes e traduções dessa obra, assim como para a biografia de seu autor, ver E. Turner, "Bibliographie, d'André du Laurens... avec quelques remarques sur sa biographie", *Gazette Hebdomadaire de Médicine et de Chirurgie*, XVII (1880), pp. 329, 381 e 413.

Louis Maimbourg, S. J., *De Galliae regum excellentia, ad illud d. Gregorii Magni: quanto caeteros homines regia dignitas antecedit; tanto caeterum gentium regna regni Francia culmen excedit, panegyricus in solenimbus Rhotomag gymnasii comitiis... dictus XIII Kal. Decemb. anno 1640*, pequeno in-4º, Rouen, 1641, pp. 26-34.

don Guillaume Marlot, *Le théâtre d'honneur et de magnificence preparé ou sacre des roys*, in-4º, Reims, 1643; 2ª ed., 1654, pp. 710-24 e 757-60.

Guillaume du Peyrat, *L'histoire ecclesiastique de la cour ou les antiquitez et recherches de la chapelle et oratoire du roy de France*, in-4º, 1645, pp. 793-819.

Theodore e Denys Godefroy, *Le ceremonial françois*, 2 vols., in-fólio, 1649.

Jean-Baptiste Thiers, *Traité des superstitions*, in-12, 1679, pp. 424-41 (chap. XXXVI); 4ª ed. teve título *Traité des superstitions qui regardent les sacremens*, I, in-12, 1777, pp. 431-62 (livre VI, chap. IV).

Menin, *Traité historique et chronologique du sacre et couronnement des rois et reine de France*, 2ª ed., in-12. Amsterdã, 1724 (a 1ª ed. é de 1723), pp. 323-9.

[Regnault, cônego de Saint-Symphorien de Reims], "Dissertation historique touchant le pouvoir accordé aux rois de France de guerir les ecroüelles, accompagné [*sic*] de preuves touchant la verité de la Sainte Ampoule", em *Histoire des sacres de nos rois*, do mesmo autor, Reims, 1722.

Pierre le Brun, *Histoire critique des pratiques superstitieuses*, nova ed., II, in-12, 1750, pp. 112-35.

Oroux, *Histoire ecclésiastique de la cour de France*, in-4º, 1776, pp. 180-4.*

Obras inglesas

William Tooker, *Charisma sive donum sanationis seu explicatio totius quaestionis de mirabilium sanitatum gratia, in qua praecipue agitur de solenni et sacra curatione strumae, cui reges Angliae rite inaugurati divinitus medicati sunt et quan serenissima Elizabetha, Angliae, Franciae et Hibernae regina, ex coelesti gratia sibi concessa, applicatione manuum suarum, et contactu morbidarum partium, non sine religiosis ceremoniis et precibus cum admirabili et faeleci successu in dies sanat*, pequeno in-4º, Londres, 1597.

William Clowes, *A right frutefull and approved treatise for the artificiall cure of that malady called in Latin, struma, and in English, the evill, cured by kynges and queenes of England*, pequeno in-4º, Londres, 1602.

To the kings most excellent majesty the humble petition of divers hundreds of the kings poore subjects, afflicted whit that grievous infirmitie called the kings evill. Of which by his majesties absence they have no possibility of being cured, wanting all meanes to gain accesse to his majesty, by reason of his abode at Oxford, Londres, *printed for John Wilkinson, Feb. 20, Anno Dom. 1643*, plaqueta (8 pp.) (British Museum Thomasum Tracts E 90 (6)).**

* A obra de René Moreau, *De manu regia, oratio panegyrica et inauguralis habita in collegio Cameracensi regio*, Paris, 1623, citada por Rosenbaum, I, p. 43, e Pauly, col. 1092, a propósito do toque, é na realidade um panegírico de Luís XIII, no qual só incidentemente se menciona o toque (pp. 5 e, sobretudo, 18-9).

** A página de rosto foi reproduzida por Ch. Cox, *The parish register of England* (*The Antiquary's Books*), Londres [1910], p. 181.

John Bird, *Ostenta Carolina, or the late calamities of England whith the authors of them. The great happiness and happy government of k. Charles II ensuing, miraculously foreshewn by the finger of God in two wonderful diseases, the rekets and kings-evil. Wherein is also proved, I. that the rekets after a while shall seize in no more children but vanish by means of king Charles II, II. that king Charles II is the last of kings which shall so heal the kings-evil*, pequeno in-4º, Londres, 1661.

Χειρεξοχη. The excellency or handiwork of the royal hand, pequeno in-4º, Londres, 1665.

Richard Wiseman, *Severall chirurgical treatises*; book IV: "A treatise of the king's evil", chap. I, "Of the cure of the evil by the king's touch", 1ª ed., Londres, 1676; 6ª ed., 1734, I, pp. 392-7.

J. Browne, *Adenochoiradelogia; or an anatomick-chirurgical treatise of gandules and strumaes, or king's evil sweelings; together with the royal gift of healing, or cure thereof by contact or imposition of hands, performed for above 640 years by our kings of England, continued with their admirable effects and miraculous events; and concluded with many wonderful examples of cures by their sacred touch*, Londres, 1684. (A terceira parte, intitulada "Charisma Basilikon or the royal gift of healing strumaes or kings-evil", é especialmente consagrada ao milagre régio; está paginada à parte; salvo indicação contrária, minhas citações referem-se a ela.)

Richard Carr, *Epistolae medicinales variis occasionibus conscriptae*, Londres, 1691, ep. XIV, pp. 152-8.

A letter from a gentleman at Rome to his friend in London, giving an account of some very surprizing cures in the kings-evil by the touch, lately effected in the neighbourhood of that city... Translated of the Italian, pequeno in-4º, Londres, 1722.

William Beckett, *A free and impartial inquiry into the antiquity and efficacy of touching for the cure of the king's evil... Now first published in order to a compleat confutation of that supposed supernatural power lately justified in a pamphlet, intituled A letter from a gentleman at Rome to his friend in London...*, pequeno in-4º, Londres, 1722.

Richard Blackmore, *Discourses on the gout, a rheumatism and the king's evil*, in-12, Londres, 1726.

[Samuel Werenfels], "Occasional thoughts on the power of curing for the king's-evil ascribed to the kings of England", pequeno in-4º, Londres, 1748. (Forma a segunda parte, com título e paginação separados, da brochura intitulada *A dissertation upon superstition in natural things*, Londres, 1748.)

JOHN BADGER, *Cases of cures of the king's evil perfected by the royal touch*, Londres, 1748. (Indicado em *Notes and Queries, 3th series*, I (1862), p. 258; parece não constar no British Museum.)

[John Douglas], *The criterion of miracles examined with a view to expose the pretensions of pagans and papists to compare the miraculous powers recorded in the New Testament with those said to subsist in later times, and to shew the great and material difference between them in point of evidence: from whence it will appear that the former must be true, and the latter may be false*, in-12, Londres, 1754, pp. 191-205.

Obras compostas por autores nem ingleses nem franceses

Martin Delrio, S. J., *Disquisitionum magicarum libri sex*, lib. I, cap. III, qu. IV, Mainz, 1606, I, pp. 57-65;* em alguns pontos, a ser completado com a edição de 1624, in-4º, Mainz, pp. 24-7.

O. Wieselgreen, "'The king's evil', zwei gleichzeitige Berichte", *Archiv für Kulturgeschichte*, XII (1916), pp. 410-1. (Relatos dos viajantes suecos Rosenhane — em Londres, 1629 — e Gyldenstope — em Versalhes, 1699).

Alexander Patricius Armacanus (Jansenius), *Mar Gallicus seu de iustitis armorum et foederum regis Galliae libri duo: editio novissima* (2ª ed.), s. 1., 1636, lib. I, c. 13, pp. 65-72. (A primeira edição, in-fólio, é de 1635.)

doctor Francisco Marti y Viladamor, *Cataluna en Francia, Castilla sin Cataluna y Francia contra Castilla, Panegyrico glorioso al christianissimo monarca Luis XIII el Iusto*, Barcelona, 1641, cap. XI, pp. 81-4.

Philippus Camerarius, "Operae horarium subcisivarum sive meditationes historicae", *Centuria tertia*, cap. XLII, "De peculiaribus donis regum et principum nonnullorum sanandi aegrotos et peculiaribus eorum notis", in-4º, Frankfurt, 1644, pp. 143-6;** cf. a tradução francesa por S[imos] G[oulard], *Le troisiesme volume des meditations historiques de m. Philippe Camerarius*, in-4º, Lyon, 1610, pp. 171-5 (com adições).

Johannes Jacobus Chifletius (J. J. Chiflet), *De ampulla Remensi nova et accurata disquisitio*, in--fólio, Antuérpia, 1651 (especialmente pp. 57-8).

Joannis Lazari Gutierrii (J. L Gutierrez), *Opusculum de fascino*, in-4º, Lyon, 1653, pp. 153-6.

GE. TRINKHUSIUS, *De curatiane regum per contactum*, Jena, 1667. (Indicado em Rosenbaum, *Addimenta*, II, p. 64.)

Gaspar a Reies, *Elysius jucundarium quaestioum campus*, in-4º, Frankfurt am Main, 1670, qu. XXIV e qu. XXVIII.

Daniel Georgius Morhovius (Morhof), *Princeps medicus*, plaqueta, pequeno in-4º, Rostock, 1665 (48 pp.); reproduzido em D. G. Morhofi, *Dissertationes academicae*, in-4º, Hamburgo, 1699.

Johannes Joachimus Zentgraff, *Disputatio prior de tactu regis Franciae, quo strumis laborantes restituuntur*, plaqueta, pequeno in-4º, Wittenberg, 1667 (16 pp.); *Disputatio posterior de tactu regis Franciae*, plaqueta, pequeno in-4º, mesmo local e data (16 pp.).

Johann Christian Luenig, *Theatrum ceremoniale historico-politicum*, II, in-4º, Leipzig, 1720, pp. 1015 e 1043-7.

S. P. HILSCHER, *De cura strumarum contactu regio facta*, in-4º, Jena, 1730.***

* A primeira edição é de 1593, in-fólio, Mainz (não a vi).

** Indico a mais antiga das edições que pude consultar; a primeira edição da *Centuria tertia* foi publicada em Frankfurt em 1609 (cf. Meusel, *Bibliotheca historica*, I, 2, Leipzig, 1784, p. 338); a obra fez bastante sucesso e foi diversas vezes reimpressa e traduzida.

*** Rosenbaum, *Addimenta*, II, p. 64, cita como relativa ao toque ou, pelo menos, ao poder curativo dos reis a seguinte obra: Mich. Bernh. Valentin, *De herniis arcano regis Galliarum absque sectione curandis*, Giessen, 1697; provavelmente, é preciso identificá-la como a "Disputatio VI: De nova herniarum cura", incluída na *Polychresta exotica* de Michael Bernhardus Valentinus, in-4º, Frankfurt, 1700; na *Polychresta*, trata-se de um

4. O TOQUE DAS ESCRÓFULAS: OBRAS POSTERIORES A 1800

Generalidades

Chr. Barfoed, *Haands paalaeggelse* (*Medicinsk-historiske smaaskriften ved Vilhelm Maar*, 8), in-12, Copenhague, 1914.

Joseph Batista y Roca, "Touching for the king's evil", *Notes and Queries*, 12th series, III (1917), pp. 480-2.

J. R. BILLINGS, "The king's touch for scrophula", *Proceedings of Charaka Club New York*, II.

Paulus Cassel, *Le roi te touche*, Berlim, 1914 (2ª ed., Berlim, 1878).

A. Chéreau e A. Delambre, *Dictionnaire encyclopédique des sciences médicales*, t. 32, 1885, artigo "Ecrouelles", pp. 481-6.

L. Choulant, "Die Heilung der Skrofeln durch Königshand", *Denkschrift zur Feier der fünfzigjährigen Amtsführung... J. A. W. Hedenus... hgg. von der Gesellschaft für Natur- und Heilkunde in Desden*, Dresden, 1833.

Raymond Crawfurd, *The king's evil*, Oxford, 1911.

Ebstein, "Die Heilkraft der Könige", *Deutsche Mediz. Wochenschrift*, 1908, 1, pp. 1104-7.

Ebstein, "Zur Geschichte des Krankenbehandlung durch Handauflegung und verwandte Manipulation", *Janus*, 1910, pp. 220-8, e 1911, pp. 99-101.

E. Gurlt, *Geschichte der Chirurgie und ihrer Ausübung*, 3 vols., Berlim, I, 1898, pp. 104, 108 e 110; II, pp. 139 e 871; III, p. 570.

L. Landouzy, *Le toucher des écrouelles. L'Hôpital Saint-Marcoul. Le mal du roi*, in-4º, 1907 (*imprimé pour la session rémoise de l'Association Française pour l'Avancement des Sciences*; desenvolvimento de um artigo mais curto, publicado na *Presse Médicale*, 10 de maio de 1905).

M. A. STARR, "The king's evil and its relation to psychotherapy", *Medical Record New York*, 1917 e 1918.

Obras relativas ao rito francês

E. Brissaud, "Le mal du roi", *Gazette Hebdomadaire de Médecine et de Chirurgie*, XXII (1885), pp. 481-92.

dr. Cabanès, *Remèdes d'autrefois*, 2e série, in-12, 1913, pp. 5-74.

abbé Cerf, "Du toucher des écrouelles par les rois de France", *Travaux Acad. Reims*, XLIII (1865-6), pp. 224-88.

Alfred Franklin, "Les rois de France et les écrouelles", *Nouvelle Iconographie de la Salpétrière*, IV (1891), pp. 161-6; artigo reproduzido em A. Franklin, *La vie privée d'autrefois, Les medecins*, in-12, 1892, pp. 254-68.

---

remédio para hérnia chamado "o segredo do rei", simples receita farmacêutica com nome destinado a tocar a imaginação do povo, mas sem nenhuma relação com o milagre régio.

A. Jal, *Dictionnaire critique de biographie et d'histoire*, no verbete "Ecrouelles", 2ª ed., 1872, pp. 522-3.
C. Leber, *Des cérémonies du sacre*, 1825, pp. 447-61 e 523-4.
Ad. Lecocq, *Empiriques, somnambules et rebouteurs beaucerons*, Chartres, 1862, pp. 11-9.
E. Marquigny, "L'attouchement du roi de France guérissait-il des écrouelles?", Études Religieuses, Historiques et Littéraires, 4e série, I (1868), pp. 374-90.
Giovanni Martinotti, "Re taumaturghi: Francesco I a Bologna nel 1515", *L'Illustrazione Medica Italiana*, IV (1922), pp. 134-7.
R. de Maulde-La-Clavière, *Les origines de la Révolution française au commencement du XVIe siècle*, 1889, pp. 26-8.
R. de Maulde-La-Clavière, *La diplomatie au temps de Machiavel*, 1892, I, pp. 52 e 60. (Também publicado em 1893, com o título *Histoire de Louis XIII, Deuxième partie: La diplomatie*, I.)
Roshem, "Les écrouelles, leur étiologie, leur traitment vers 1690", *Paris Medical*, XIII (1923, exemplar de 17 de março), "Variétés", pp. VI-X.
Karl Wenck, *Philipp der Schöne von Frankreich, seine Persönlichkeit und das Urteil der Zeitgenossen*, Marburg, 1905, pp. 54-7.

Obras relativas ao rito inglês

William Andrews, *The doctor in history, literature, folklore etc.*, Hull e Londres, 1896, pp. 8-23.
H. François-Delaborde, "Du toucher des écrouelles par les rois d'Angleterre", *Mélanges d'histoire offerts à m. Ch. Bémont*, 1913.*
Helen Farquhar, "Royal charities", *The British Numismatic Journal*, XII (1916), pp. 39-135; XIII (1917), pp. 95-163; XIV (1918), pp. 89-1209; XV (1919), pp. 141-84.
Karl Feyerabend, "Bilder aus der englischen kulturgeschichte: I. Die königliche Gabe", *Die Grenzboten*, 1904, I, pp. 703-14 e 763-73.
Fielding H. Garrison, "A relic of the king's evil in the Surgeon General's Library (Washington, D. C.)", *Proceedings of the Royal Society of Medicine*, pp. 227-34.**
Emanuel Green, "On the cure by touch, with notes on some cases in Somerset", *Proceedings of the Bath Natural History and Antiquarian Field Club*, V (nº 2, 1883), pp. 79-98.
Edward Law Hussey, "On the cure of scrofulous diseases attributed to the royal touch", *The Archaeological Journal*, X (1853), pp. 187-211; cf. *ibid.*, p. 337.
Thomas Lathbury, *A history of the convocation of the Church of England*, 2ª ed., Londres, 1853, pp. 428-39.
W. E. H. Lecky, *History of England in the eighteenth century*, Londres, 1892, I, pp. 84-90.
Cornelius Nicholls, "On the obsolete custom of touching for the king's evil", *The Home Counties Magazine*, XIV (1912), pp. 112-22.

* O artigo de mesma autoria publicado com o título "Le toucher des écrouelles par les rois d'Angleterre", *Bulletin Soc. Antiquaires de France*, 1913, é uma espécie de resumo do artigo dos *Mélanges Bémont*.

** Um resumo desse artigo aparecera em alemão com o título "Medizinisch-historische Denkmäler des Königsübels in der medizinischen Bibliothek des Kriegsministeriums zu Washington", *Archiv für die Geschichte der Naturwissenschaften und der Technik*, VI (1913), pp. 113-6.

Thomas Joseph Pettigrew, *On superstitions connected with the history and practice of medicine and surgery*, Londres, 1844, pp. 117-54.
"The royal cure for the king's evil", *British Medical Journal*, 1899, II, pp. 1182-4; cf. *ibid.*, p. 1234.
W. Sparrow Simpson, "On the forms of prayer recited 'at the healing' or touching for the king's evil", *The journal of the British Archaeological Association*, 1871, pp. 282-307.
Archibald John Stephens, *The book of common prayer with notes legal and historical* (Ecclesiastical History Society), in-4º, Londres, 1850, II, pp. 990-1005.

5. OS ANÉIS CURATIVOS*

Raymond Crawfurd, "The blessing of cramp-rings. A chapter in the history of the treatment of epilepsy", *Studies in the history and method of science, edited by Charles Singer*, I, Oxford, 1917, pp. 165-87.
Georg F. Kuntz, *Rings for the finger, from the earliest known times to the present*, Filadélfia e Londres, 1917, pp. 336 ss.
Hermentrude, "Cramp rings", *Notes and Queries, 5th series*, IX (1878), p. 514.
William Jones, *Finger-ring lore*, 2ª ed., Londres, 1890, pp. 522-6. (Reprodução, quase textual, do artigo de Waterton indicado aqui.)
J. Stevenson, "On cramp-rings", *The Gentleman's Magazine*, 1834, I, pp. 48-50; reproduzido em *The Gentleman's Magazine Library*, ed. G. L. Gomme (t. III), *Popular superstitions*, Londres, 1884, pp. 39-42.
C. J. S. Thompson, *Royal cramp and other medycinable rings*, plaqueta, pequeno in-4º, Londres, 1921 (10 pp.).
Edmund Waterton, "On a remarkable incident in the life of st Edward the Confessor, with notes of royal cramp-rings", *The Archaeological Journal*, XXI (1864), pp. 103-13.

6. S. MARCOUL E A PEREGRINAÇÃO A CORBENY

Balthazar Baedorf, *Untersuchungen über Heiligenleben der westlichen Normandie*, Bonn, 1913, pp. 24-42.
Ed. de Barthélemy, "Notice historique sur le prieuré Saint-Marcoul de Corbeny", *Soc. Académique des Sciences, Arts... de Saint-Quentin*, 3e série, XII (1874-5), pp. 198-299.
M. A. Benoit, "Un diplôme de Pierre Beschebien, évêque de Chartres: les reliques de saint Marcoul", *Procès-verbaux, Soc. Archéolog. Eure-et-Loire*, V (1876), pp. 44-55.
Blat, *Histoire du pèlerinage de saint Marcoul à Corbeny*, 2ª ed., in-12, Corbeny, 1853.
Oudard Bourgeois, *Apologie pour le pèlerinage de nos roys à Corbeny au tombeau de s. Marcoul*,

* Convém notar que várias das obras arroladas nas seções 3 e 4 desta Bibliografia incluem, ocasionalmente, algumas indicações sobre os anéis curativos.

abbé de Nanteuil, contre la nouvelle opinion de monsieur Faroul, licencié aux droits, doyen et official de Mantes, pequeno in-4º, Reims, 1638.*

H. M. Duplus, *Histoire et pèlerinage de saint Marcoul*, in-18, Dijon, 1856.

Simon Faroul, *De la dignité des roys de France et du privilege que Dieu leur a donné de guarir les escroüelles: ensemble la vie de saint Marcoul abbé de Nanteuil*, 1633.

Charles Gautier, *Saint Marcoul ou Marculphe abbé de Nanteuil, sa vie, ses reliques, son culte*, in-16, Angers, 1899.

Emile H. van Heurck, *Les drapelets de pèlerinage en Belgique et dans les pays voisins. Contribution à l'iconographie et à l'histoire des pèlerinages*, in-4º, Antuérpia, 1922.

abbé Ledouble, *Notice sur Corbeny, son prieuré et le pèlerinage à Saint-Marcoul*, Soissons, 1883.

Le Poulle, *Notice sur Corbeny, son prieuré et le pèlerinage de Saint-Marcoul*, Soissons, 1883.

Notice sur la vie de saint Marcoul et sur son pèlerinage à Archelange, in-16, Citeaux, 1879.

C. J. Schépers, "Le pèlerinage de Saint-Marcoul à Grez-Doiceau (canton de Wavre)", *Wallonia*, t. VII (1899), pp. 177-83.

Louis Texier, *Extrait et abregé de la vie de s. Marcoul Abbé*, plaqueta, Saumur, 1648 (8 pp.) (Sequência do *Discours touchant la fondation de la chapelle Nostre-Dame de Guarison à Russé.*)

7. O "SINAL RÉGIO"**

Otto Geissler, *Religion und Aberglaube in den mittelenglischen Versromanzen*, Halle, 1908, pp. 73-4.

H. Grauert, "Zur deutschen Kaisersage", *Histor. Jahrbuch*, XII (1892), pp. 122 e 135-6.

Ferdinand Lot, "La croix des royaux de France", *Romania*, XX (1891), pp. 278-81 (com uma nota de Gaston Paris).

Pio Rajna, *Le origini dell'epopea francese*, Florença, 1884, cap. XII, pp. 294-9.

Antonie Thomas, "Le 'signe royal' et le secret de Jeanne d'Arc", *Revue Historique*, CIII (1910), 278-82.

8. NOTA RELATIVA ÀS CITAÇÕES DE DOCUMENTOS MANUSCRITOS E À CRONOLOGIA

Com as abreviações seguintes, indiquei os principais arquivos a que as chamadas se referem:
Arch. Nat.: Archives Nationales

* E. de Barthélemy, em sua "Notice historique sur le prieuré Saint-Marcoul", p. 210, escreve: "No mesmo ano, Oudard Bourgeois publicou mais uma obra: *Traité des droits, privileges et immunités de l'église et monastre de Corbeny*, in-12, 1638". Não consegui esse livro, o qual a Bibliothèque Nationale não possui. Não terá havido alguma confusão no espírito de E. De Barthélemy? O abade Ledouble (*Notice sur Corbeny*, p. 131) também procurou o *Traité* e não o achou.

** Acrescente-se a esta lista, como obra antiga, o trabalho de Camerarius, "Operae horaum subcisivarum", recenseado na seção 3 desta Bibliografia.

Bibl. Nat.: Bibliothèque Nationale
Brit. Mus.: British Museum
E. A.: *Exchequer Accounts*, Public Record Office, Londres
R. O.: Record Office, Londres (outros fundos que não os *Exchequer Accounts*)

Salvo menção contrária, todas as datas foram convertidas para o novo estilo (com o ano começando em 1º de janeiro). As datas inglesas anteriores a 14 de setembro de 1752 (assim como as datas francesas anteriores a 20 de dezembro de 1582) são dadas segundo o calendário juliano.

1ª EDIÇÃO [1993] 3 reimpressões
2ª EDIÇÃO [2018] 2 reimpressões

ESTA OBRA FOI COMPOSTA EM MINION PELA PÁGINA VIVA
E IMPRESSA EM OFSETE PELA GRÁFICA BARTIRA SOBRE PAPEL PÓLEN SOFT
DA SUZANO S.A. PARA A EDITORA SCHWARCZ EM MAIO DE 2021

FSC
www.fsc.org
MISTO
Papel produzido a partir de fontes responsáveis
FSC® C105484

A marca FSC® é a garantia de que a madeira utilizada na fabricação do papel deste livro provém de florestas que foram gerenciadas de maneira ambientalmente correta, socialmente justa e economicamente viável, além de outras fontes de origem controlada.